乐中問道

吴建发 著

上

江西教育出版社

JIANGXI EDUCATION PUBLISHING HOUSE

·南昌·

图书在版编目（CIP）数据

乐中问道：上、下 / 吴建发著 . -- 南昌 ：江西教育出版社，2023.4
ISBN 978-7-5705-3592-7

Ⅰ．①乐… Ⅱ．①吴… Ⅲ．①人生哲学－通俗读物 Ⅳ．① B821-49

中国国家版本馆 CIP 数据核字（2023）第 037636 号

乐中问道（上、下）
LEZHONGWENDAO（SHANG，XIA）

吴建发　著

江西教育出版社出版
（南昌市学府大道 299 号　邮编：330038）

出　品　人：熊　炽
责任编辑：周　婷　涂丽娥　涂思鹏　程　莹
书籍设计：运平设计

经　　销：各地新华书店
印　　刷：南昌市红黄蓝印刷有限公司
720 毫米 ×1000 毫米　　16 开本　　55.5 印张　　816 千字
2023 年 4 月第 1 版　　2023 年 4 月第 1 次印刷

ISBN 978-7-5705-3592-7
定价：98.00 元

赣教版图书如有印装质量问题，请向我社调换　电话：0791-86710427
总编室电话：0791-86705643　　编辑部电话：0791-86710430
投稿邮箱：JXJYCBS@163.com　　网址：http://www.jxeph.com

1999年10月，在厦门与时任中央政策研究室主任滕文生同志合影

2003年5月，在抚州市委政研室办公

2008年9月，到澳大利亚新南威尔士州首府悉尼考察学习

2009年4月，出席抚州市委政研室深入学习实践科学发展观教育活动动员大会

2011年4月，出席江西省抚州市第一届医药卫生论坛活动

2011年4月，检查指导社区卫生服务工作

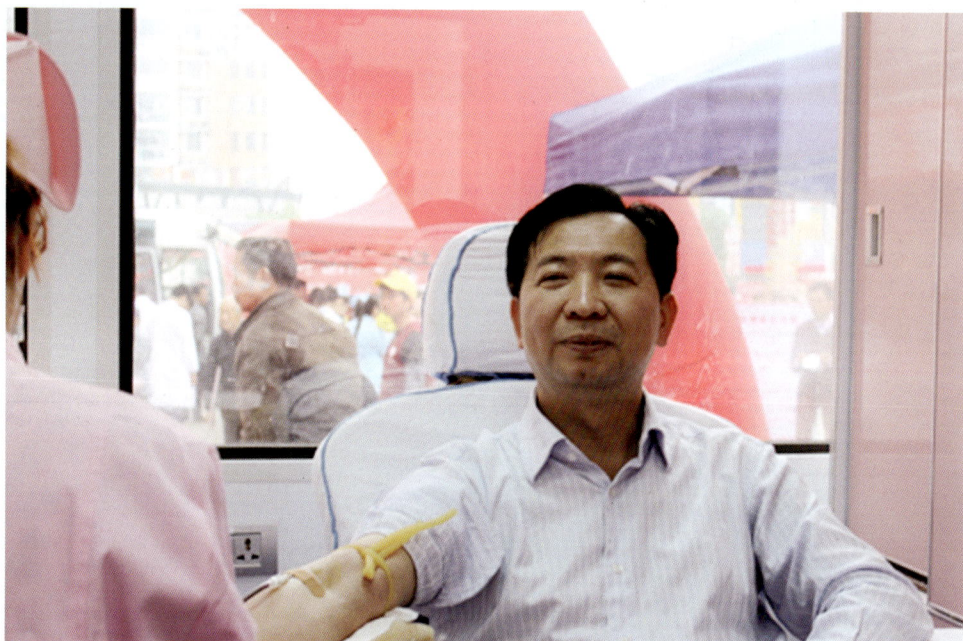

2011年7月，进行义务献血

2011年8月，出席抚州市人民政府新闻发布会

2011年9月，参加"万名专家下基层 江西专家抚州行"活动启动仪式

2011年10月，在新加坡南洋理工大学学习留影

2011年12月，参加世界艾滋病预防宣传日活动

2013年8月，访问加拿大多伦多大学，向校方赠送纪念品

2013年8月，访问加拿大多伦多大学，与抚州籍学生合影

2014年8月，与网友在线交流

　　2014年11月，出席全国综合实践活动优秀课程资源展示与交流暨"基地+学校"区域推进综合实践活动

2014年11月，陪同教育部领导考察临川一中

2014年12月，接受媒体采访

2015年6月，深入抚州市实验学校检查指导廉洁修身教育工作

2015年11月，在清华大学学习留影

2015年11月，在清华大学学习，与老师交流

2016年5月，参加临川一中国际部高三学生毕业典礼

2016年9月，陪同教育部领导出席汤显祖戏剧节

2017年12月，与临川一中实验学校股东合影

2017年12月，访问英国剑桥大学，与国王学院教授合影

2018年12月，访问台湾省台南市安平区意载小学，与校长合影

2019年9月教师节，陪同市领导走访慰问临川一中教师

2019年9月教师节，陪同市领导走访慰问抚州市保育院教师

2019年9月教师节，陪同市领导走访慰问抚州幼专教师

2020年1月，出席中共抚州市委教育体育工委"不忘初心、牢记使命"主题教育总结会

2020年4月，深入抚州市东乡区挂点企业检查指导工作

2021年4月，深入抚州市政协挂点临川区五皇殿社区检查指导工作

2021年10月，出席抚州市政协四届一次全会

序

何建辉

苦中求乐、乐中问道，是智慧的人生、奋斗的人生。

20世纪80年代，我与建发同志相识于曾家园地委大院。此处是临川古城一块凸起的高地，几间瓦房、数棵老树，与兴鲁书院一墙之隔，距王右军洗墨池数步之遥，身处此间，先哲遗风时常拂面。这里不仅是抚州市中心城区地理意义上的高地，在21世纪开端之前的很长一段时间里，也是赣东大地的思想高地、决策高地，是我们那一代人心中的精神高地。

曾家园别后，我们各奔岗位，30年间书信不断，偶有小聚，围炉品茶、谈天说地，情谊日深。建发好读书、善为文，数十年间积累丰厚，瑰意琦行深藏于柜。好友多次撺掇其整理结集，不为沽名、不为流芳，只为给时间一个交代，给人生一些建档。

壬寅年初夏一个平常的早晨，接建发来电，告知已着手整理文稿，有意付梓，并望我代为作序，欣喜之至，欣然应允。逾两月，初稿到手，挑灯夜读，一月之间品读再三，爱不释手，感触良多。

人生有很多际遇，走的路越多脚力越好，读的书越多脑力越强，经的事越多心力越坚，见的人越多处事越清。建发从建昌到抚州，先后在市委办、市委政研室、市卫生局、市教育局、市政协工作，从决策中枢到两大系统，羁旅仕途逾40年，其间从事宏观政策研究与教育管理逾30年，服务过多任市委领导，历事之广、阅人之多、积累之厚，不是很多人都能有这样的际遇。我们常说没有经历过艰难困苦的人不足以谈人生，因此我相信，经历过那么多人、那么多事而积淀下来的文字一定很精彩。

《乐中问道》精选建发自1988年至2022年发表的论文、报告、致辞、散文等共计158篇,分《感悟人生》《立德树人》《医者仁心》《履职尽责》《参谋服务》《改革探索》《观点方法》《党风廉政》八个篇章,涉及政治经济、医疗卫生、教育管理、城市城建、农业农村、治学修身、人生感悟等多个领域,有经济社会发展的大谋略、有医疗改革的大思路、有教育报国的大情怀,有工作学习的大方法、有为人处世的大智慧,更有苦中求乐、乐中问道的大追求。其前期的文章大多出自曾家园,我们都有交流,如《关于抚州融入大南昌的研究报告》《论经济欠发达地区发展工业园区的基本方略》等文章曾引起决策层重视,为地(市)委多项重大决策提供了重要参考;后期的文章是经略卫生、教育两大系统的心得心法、心声心语,虽以报告、讲话、致辞居多,但满满的都是"医者仁心"的真实故事、"立德树人"的生动写照,讲述的是《大医精诚心向民》《坚守教育报国初心使命》和《通往人民满意之路》的艰难困苦、喜怒哀乐与不懈追求;体现的是《不断提升办好人民满意教育的新境界》《奋力谱写抚州教育新篇章》的使命担当;镌刻着《加快健康抚州建设》《从胜利走向胜利》的追梦脚步。

我们很多人身上都隐藏着或多或少的理想主义色彩,向上、向好,以臻于至善。所以,他们不停地思索、探索、改变。在卫生、教育两大系统工作12年,建发始终坚守《大部门应当有大作为》的初心使命,一直跋涉在《先行先试开新路》的征途之上。无论是教育还是卫生,他相信《改革发展是根本出路》《创新机制全盘活》,他万难不屈《深入推进考试招生制度改革》;他注重规律的探究,始终认为《方法决定成败》,把跟着转、转着跟运用得得心应手,在《务虚务实促大干》中《拷问灵魂 问进事业》;他认为人是要有情怀、有担当的,无论《做人 做事 做官》一定要视《事业重如山 名利淡如水 团结如生命》……

建发是性情中人,重情重义、尊师重友,与人为善、成人之美,把缘分、情分、福分看得很重,这些文字都是真情表白。在《别情无远近 来日方久长》

的字里行间,尽是溢于言表的同志之情、同事之谊;《渔我终生》《满身寂寞也透明》《友谊需要忠诚去播种》《画出最大同心圆》《一曲清歌满樽酒》,满满都是暖心的字句,是师恩似海、同窗如友、同好如亲的流光溢彩,让人心潮澎湃、荡气回肠。而开篇的《融入是人生第一条路》《调查研究是一所大学校》《文字是磨炼出来的》《挫折是成长的财富》《大部门应当有大作为》《办法总比困难多》《缘来缘去在珍惜》《乐中问道跟党走》犹如工作学习、为人处世、问道修身的"八段锦",每篇都可做一个讲座,作为年轻后辈珍贵的学习、工作、生活、人生指南。

孔子曰:"志于道,据于德,依于仁,游于艺。"君子四美在《乐中问道》的篇章中闪烁。40余年积淀、158篇文章,不谓字字珠玑、篇篇锦绣,也是实践总结、心血凝聚,实属难能可贵。篇幅所限,恕不一一介绍。所望仁者见仁智者见智,在开卷中获益、在品读中受教。

是为序。

2022 年 8 月

目　录

第三篇　医者仁心

第四篇　履职尽责

▶ 下册

第五篇　参谋服务

第七篇　观点方法

第一篇／

感悟人生

融入是人生第一条路

如果你是一滴水,只要你愿意融入大海,整个大海就是你的了,因为你已和整个大海融合在一起,这就是融入的力量。——卢瑟福

1981年9月,我被分配到南城县饮食服务公司工作。报到那天,我从抚州坐班车到南城县汽车站,公司业务股股长吴乐立开三轮摩托到车站接我,让负笈他乡的我很是感动。

吴股长大约30岁,高高的个头,挺拔帅气,为人热情,行动干练。他自我介绍说,他当过兵,在部队任过班长,退伍后被分到公司工作,做过米粉厂厂长,现在是公司业务股股长。我肃然起敬,暗下决心,要跟着这位阳光干练的大哥好好干。

当天下午,吴股长领我拜见了公司王经理、刘副经理后,又引我到每个办公室见了同事。一次次握手,一个个微笑点头,但除了听懂出纳吴大姐的南昌话之外,其他人讲的南城话我基本没有听懂,我好不尴尬。

我有些懊恼。为了这次见面,我曾在脑海中设想了很多光鲜浪漫的场景,怎么也没有想到,是这样一种尴尬的场面,拉开了我迈向社会的序幕。

回到办公室后,我向吴股长请求,要拜他为师,跟他学南城话。吴股长说,这很容易,只要我跟他多到下面转一转,自然就会了南城话。

南城县饮食服务公司拥有员工230多名,管辖10多个国营饭店、旅社,还有照相馆、理发店、米粉厂、冰棒厂等下属单位。

吴股长果然说话算数,每隔几天就带我走几个门店,与店长、红白案师傅和

顾客聊天,还与员工一起用工作餐。不到两个月的时间,我就能用南城话与大家聊天了。

一天上午,我把下店的所见所闻,包括顾客流量、饭菜质量、环境卫生、职工思想、营业收入、存在问题等情况,用南城话向公司王经理作了汇报。王经理听了很高兴,他说我来南城时间不长,就会讲南城话,说明我很用心,很不错,并嘱咐我:"伢仂,好好干!"

王经理的鼓励,增强了我的工作信心。除了陪师父下店外,我还经常利用物价检查、成本核算、宣传政策等机会深入店堂,学习红白案操作技术。

因为会讲南城话,我与大家交流顺畅多了。师傅们看着我一个读书人,愿意满身油污地学习烹饪技术,很是认可。不久,南城饭店经理殷大花、北站饭店经理万勇、西街饭店店长饶妈仂、红案师傅饶三仂、白案师傅王胖子都成了我的师父和忘年交。

几个月下来,我的手艺有了很大进步,切菜均匀整齐,能发出有节奏的声音。红案能做鱼香肉丝、家乡炒肉、西红柿炒蛋、墨鱼孵笋、糖醋鲤鱼、糖醋排骨、香蒸东坡肉、三杯鸡、米粉蒸肉、藜蒿炒腊肉、糯米饭等10多道饭菜,白案能和面、发面、炸油条、做馒头包子等。这些手艺,常让我一展身手,不时出彩。

1982年10月,我被调入南城县商业局工作。与公司不同的是,局机关虽然只有20多人,但除了两位副局长说南城话之外,其他人都讲普通话。

商业局全系统拥有员工1300多人,下辖百货、五交化、副食品、盐业、石油、煤炭、饮食服务七大公司和食品厂、酱油厂等商办企业。在经济短缺的年代,商业系统是个好单位,局机关更是如此,干部多为官家子弟。置身这样的环境,我既怕被别人瞧不起,又担心做不好工作。

这时,我又想到了师父吴乐立,希望他能指点迷津。师父分析说,机关需要专业干部,你有文化、有知识,只要勤奋刻苦、少说多干、努力上进,不仅能和大家和谐相处,更能得到组织认可。

遵照师父指点,我主动向领导请缨,表示自己愿意多干苦活、累活,请求多交任务、多压担子。在我的争取下,局里安排我担任理论辅导员、新闻报道员和商校教师。

因为工作较多，我常常白天上课当老师，在机关单位来回跑，晚上备课写材料。有时确实觉得累，但看到报纸上有自己的名字、广播里有单位的声音，特别是听到领导表扬、同事赞扬时，我所有的疲惫都烟消云散。

大家看我总是乐呵呵的样子，都愿意与我交往。不仅急事、难事找我帮忙，还经常邀我参加周末娱乐、出游等私人活动。有的同事请我到家里吃饭，让我帮小孩补课，使我这个独在异乡的异客，倍感温馨温暖。渐渐地，我没有觉得"官家子弟"有高人一等的架子，反而感到，他们很有教养、视野开阔、学习上进、乐于助人。

一天，机关支部副书记曹大姐找我说："小吴，你来局里已经一年多了，你聪明能干、勤奋敬业，领导和同事都看在眼里。我受组织委托，找你聊聊，听听你对党的认识。"

我有些激动，把自己想加入党组织的愿望告诉了大姐，请她做入党介绍人，帮助我进步成长。曹大姐向我宣传了党的性质宗旨，告诉我如何写入党申请书以及入党程序等，使我受到了一次生动的教育。

1984年下半年，我向党支部递交了入党申请书。1985年5月，支部将我列为建党对象，确定由冀泉州、曹春萍同志对我进行培养。1987年12月，经县直属机关党委批准，我光荣地加入了中国共产党。

我在南城县商业局工作了7年多的时间，在理论辅导、新闻报道、内部审计、价格检查、文稿起草等方面小有名气，先后任政工股主办干事、商业学校副校长、审计股股长，被南城县委列为县商业局领导班子"第三梯队"，大家都觉得我年轻有为，前途无量。

1990年4月，我被选拔到南城县委办公室工作。一天晚上，县商业局局长为我举行欢送晚宴，请局班子成员和中层干部参加。席间局长用南城话说："这个伢仂真不错，县委宣传部、县委统战部都要调他，我考虑局里也要用人，每次都被我悄悄地挡回去了。这次县委办公室和县委组织部同时要调他，为伢仂的前途着想，我不能再阻拦了。"听了局长的话，我百感交集，没有从感情上责怪局长，而是从内心感受到组织认可的温暖。

我到县委办公室工作后,担任县委分管农业农村工作的副书记秘书和办公室信息员。工作更忙了,一般白天跟书记上会下乡,晚上到办公室办公。

因为我追求文字精练严谨,喜欢文白相间的行文方式。一天,办公室分管信息工作的副主任找我谈心,批评我写"八股式"文字,影响办公室文风,要求我改正过来。

我没有与领导争辩,但意识到我又一次遇到了"融入"的新问题。

如果说,在饮食服务公司和商业局是语言融入、感情融入的话,那么这一次的主要矛盾可能是文字融入。于是,我虚心向主任和同事学习文件语言、报告语言、新闻语言、信息语言、督查语言、调研语言的行文方式,并请政研室老陈做我的"家庭教师",为我出题、释疑、评卷,规范纠正我的文字表达方式。

不久,在大家的帮助下,我适应了办公室工作的行文方式。起草的文件和调研报告得到领导肯定和批示,特别是信息工作连续被省委办公厅和地委办公室评为先进,与当时督查工作"八九不离十"的尴尬境地,形成了鲜明对比。

由于我报送信息客观真实,具有较好的决策参考性,多次获得领导批示,引起地委办公室领导关注,1992年8月我被调入地委办公室信息科工作。此后,我又先后在地委办公室督查科、秘书科和地(市)委政研室、市委办公室、市卫生局、市教育局、市教育体育局、市政协工作。其间,我撰写发表过《换岗的感觉》《四十也惑》等文章,表达了换岗的忐忑不安,叙述了融入新环境的心得,阐述了学习积累的重要性,认为人生不存在"不惑"的现象,任何人都要活到老学到老。

现在想起来,我之所以走得比较顺畅、比较稳妥,主要得益于坚持发扬了主动融入的精神,把握了较好的融入方法,得到了大家的接受、认可。

达尔文说,物竞天择,适者生存。在我看来,为人处世千条路万条路,融入是第一条路。无论是语言融入、文字融入,还是政治融入、思想融入、组织融入,说到底都是感情的融入、世界观的融入,我深深地感恩那些在我人生路上接纳我融入、扶我学走路、教我学做人的老师、领导和同志。

调查研究是一所大学校

"没有调查,就没有发言权","调查就像'十月怀胎',解决问题就像'一朝分娩'"。——毛泽东

1981年5月实习时,我开始学习调查研究,先后在乐平灯泡厂、乐平针织厂进行成本调查,测算灯泡、袜子的出厂价格,我任组长,领队是肖永青老师。

在肖老师的指导下,我们翻阅账本,查看了原材料构成、采购价格、人员结构、工资福利、流动费用、资金周转、资产折旧、财务成本、企业盈利等原始凭证和财务传票,了解了工艺流程,参观了生产车间,对成本构成和价格形成了较为深刻的感性认识。

在灯泡厂我们发现废品率高达30%,钨丝损耗大是灯泡成本居高不下的主要原因。在针织厂我们了解到,原材料采购和可变成本控制不够,导致单位产品成本上升,使灯泡的出厂价格偏高,影响了市场竞争力。

针对这些问题,我们在调查报告中分析了原因,提出了对策,得到了乐平县(现为乐平市)工业局和灯泡厂、针织厂的重视。

这次开卷调研实践,给我最大的体会是,调查研究是一门大学问,值得我终生学习。

参加工作后,我在南城县先后参加了浔溪乡毛竹生产经营、天井源乡团组织建设、北站宾馆开拓经营、县五交化公司实行承包责任制、洪门库区开发建设、株良村多种经营发展集体经济等十多个课题调研,形成了许多有见地、有价值的调研报告,进入领导决策层,产生了良好反响。

这些调研实践，使我对调研的本质、主题确定、提问技巧、观点提炼、报告撰写有了深刻的理解，让我了解了社会、开阔了视野、提高了境界，为我后来从事调查研究工作和领导工作奠定了良好的实践基础。

1998年8月，我由地委办公室秘书科科长提任地委政研室副主任，走上了专业从事调查研究工作的岗位。这是我人生之幸。在我任地（市）委政研室正、副主任的10年间，我的调研成果、政策研究、文字驾驭、思想境界、党性修养、政治素质有了很大提升。

记得我到政研室工作后不久，单位就安排我带队对全市水利设施规划建设情况进行调研，课题组成员有我和周国旺、卢勇如两位科长。

这是我第一次领衔主导的调研课题，过去虽有一些调研实践，但真正由自己主导的时候，心里不是完全有底、不知从哪里着手。为了开好这次头，我请教了当时的室主任何建辉同志。他是我从事信息工作的引路人，也是推荐我到市委办公室工作的恩师。他不仅文字功底好，更对调研工作有很高的造诣，人称"何调调"，在省委办公厅和省委政研室都有名气。

他告诉我，搞课题调研，首先要确定主题，即通过调研了解什么情况、摸清哪些问题、总结什么经验，然后根据调研主题，科学拟定调研提纲。他说，提纲是决定调研成功的关键，提纲搞得好，调研就成功了一半。接着，他又把调研要领、采访对象选择、座谈会如何召开、怎么听取意见、现场察看要点等技巧，如数家珍般地传授给我，让我受益良多。那耳提面命的情形至今令我难以忘怀，那堂面对面的理论实践课，在我的专业生涯和领导工作中起了重要作用。

听了何主任讲授后，我召开了课题组成员会议，听取大家对搞好课题调研的意见和建议，对提纲起草、资料收集、调查选点、人员联络、座谈要求、访谈对象、通知下发等问题进行了分工布置。

那次调研，我们共访谈了3位分管副县长和市县13位水利局正、副局长，召开座谈会13个，深入临川、南城、东乡、南丰、广昌、宜黄22座水库，现场察看库容库貌、病险程度和除险加固情况，摸清了全市水利设施基本状况、病险水库基数，分析了出险原因，研究了除险对策，形成了《关于我市水利设施运行情况的调研和对策》的调研报告,引起市委、市政府重视,主要领导、分管领导分别作出批示,向省委、省政府呈报了专题报告,争取了国家发改委、水利部项目资金,在省市主流媒体刊发了多篇稿件,产生了良好的决策效果和社会反响。

收获的喜悦,令我对调查研究产生更加浓厚的兴趣,我反复研读了毛主席《湖南农民运动考察报告》《寻乌调查》《兴国调查》《反对本本主义》等文章、报告,深刻感受了报告之外的谋略功夫和报告之内的谋篇布局、科学结论。后来,我又读到了许多毛主席与调查研究的故事,他青年时代不带分文游学调研的壮举、"找回丢失多年的孩子"的喜悦、"成功的办法就是调查研究"的铿锵回答,矫正了我认识上的差距,认识了我使命的神圣,坚定了我走向"必然王国"的初心。

1998年至2003年期间,我从事调查研究工作渐入佳境,先后主持了"农产品营销方略""花开朋友来""水土保持""工业园区发展""撤乡并镇""人事制度改革"等10多个课题调研,撰写了关于做好招商引资、整顿机关作风等参谋服务文章,这些文章普遍进入领导决策层,获得省市领导多个批示,产生了良好的决策、落实、服务效果。这一阶段,我的政治品格经历严格锤炼,领导方法得到良好培养,是思想境界迅速提升的时期。

2004年1月,我由市委政研室副主任提任为市委政研室主任,2005年1月兼任市委副秘书长,我是市委政研室成立以来唯一一名由副转正的主任,这充分体现了市委对我的重视、关怀,极大地提振了我干事创业的积极性。

我担任市委政研室主任后,积极探索调查研究的基本规律。按照"研究无禁区、发表有纪律、调研抓重点、成果重服务"的要求,先后建立了重点课题呈报审批制、重点课题竞标制、课题组负责制、重点成果交流制、每周工作调度制、期刊编委编审制、优秀调研成果评选制等运行机制,较好地激发了政研、调研工作运行活力,每年开展重大课题调研10个以上、撰写服务文稿20个以上,推动了决策落实和事业发展。同时,培养了一批讲政治、懂政研、会调查、善思考、勤研究、有成果、求上进的政研工作行家里手。

令我印象特别深刻的是,"抚州如何参与环鄱阳湖生态经济区建设""抚州融入大南昌的基本方略""浙江发展工业园区的基本经验""广昌县实现20年平安发展的奥秘""抚州'五城'"同创的基本路径""关于建立沿向莆铁路城市联盟的建议""安徽合肥快速发展的成功经验""工业园区体制机制创新要略"等课题,我全过程参与,做出了精品成果,促进了事业,锻炼了干部,推动了政研工作迈上新的台阶。

我多次表示,在政研室工作的10年,是我人生中学习进步最快、接触社会最广、信息量最大、获得表扬最多、文字成果最丰、自我感觉最好的时期。这段经历,打牢了我的知识基础,锤炼了我的文字基础,筑就了我的本领基础,奠定了我的政治基础,夯实了我的思想基础,提升了我的"三观"境界。

2009年后,我先后任市委办公室主任、市卫生局局长、市教育局局长、市教育体育局局长、市政协副主席。每一任职,我都要高高举起"调查研究"这个重要法宝,通过调查研究摸清情况、发现问题、揭示矛盾、探索对策、指导工作、推进事业。

回顾自己的成长历程,我深切地感到,调查研究是一所大学校,每一个课题都让我学习了许多知识,每一个课题都镌刻了我成长的故事,每一个课题都是助我进步的老师,每一个课题都是助我前进的动力。在这所神圣的大学,我虽然至今没有毕业,但我要深深感激这厚天沃地,感恩一大批把我领进调查研究之门、为我传道授业解惑、教我动脑动脚动手的好先生、好领导。

文字是磨炼出来的

那些优秀的作家,总是在语言的雄关之前,经过一番苦战,打退了"艰涩""贫乏""粗疏""单调""繁冗""平板"等拦路"强人",杀出关去,才能够跨上阳关大道,进入荡荡平川。——秦牧《语林采英》

我从小钟爱文字,长期从事文字工作,深得高人指点文字门道,坚持勤学苦练文字功夫,至今依然挑着"半担水"问道山腰,滚石上山般向前攀登。

父亲是我的学前教育老师,自我懂事起就教我"拳要打、字要写"的道理。父亲在我4岁时,教我悬腕握笔练写毛笔字,向我讲解汉字结构,在横、竖、撇、捺中讲述"无心取米,未必敢来"的故事,在唐诗宋词的书写中开启我文字航程。

7岁入学时,我能够背诵《三字经》和一些经典诗词;读小学、初中时虽处"文革"时期,又在农村上学,但幸遇李思白、吴秋发等一批敢于负责、重视教学、深谙教育之道的优秀校长、教师,使我逆势成长。

记得小学五年间,我的班主任是语文老师吴秋发先生。他是"文革"前的高中毕业生,有很好的语文功底,重视教材教法,普通话讲得标准,教学能力很强。给我印象很深的是,他把汉语拼音教学、分角色朗诵、作文练习贯穿教育教学过程。通过拼音教学,让学生学会讲普通话、查字典、识别生字、练写难字,帮助学生掌握识字方法,提升识字水平;通过分角色朗诵,调动学生的课堂积极性,激发体验情感,打牢、巩固学生的普通话基础;通过讲解作文,组织学生分角色朗诵好作文,培育学生的阅读兴趣,提升学生的写作能力。

吴秋发老师的"三步教学法",紧紧抓住了拼音识字工具、普通话习惯养成、学生语言情感培养、语文写作基础能力训练等教学重要元素,展开互为因果的互动式教学,使学生容易懂、愿意听、学得进、效果好,这种教学方法实在是认识把握语文教学规律的先进创造。

我作为连续几年的班长,得到老师更多的关心、培养,先后获得全校、全乡朗诵第一名、第二名,《隆冬春意浓》《拾禾穗》《一次有意义的劳动》等作文登上学校黑板报,作为范文在学校课堂上朗读,我喜欢文字的种子萌芽了。

荣山中学校长李思白是远近闻名的教育家,具有很深的国学功底和书法造诣,他办学治校的几件事,对我坚定不移地从事文字工作产生过深刻影响。在许多学校半工半读的时候,他不仅全天安排上课,还专门开设了劳动、武术、书法课程。他不仅白天坚持教学,还安排晚上自习。学校没有通电,他就每个班级发一个气灯,照得教室亮堂堂的。他以班级为单位,组织大字报展览比赛,每周开展评比,锻炼了我的写作和书法能力。

在弘扬"白卷"精神、批判"白专"道路的那个年代,我的恩师李思白、吴秋发敢于全面贯彻党的教育方针,始终抓住教育教学不放松,把立德树人作为根本任务,培养了有用之才,他们虽然承受了压力,但深得家乡人民爱戴!

我参加工作后,因为有些文字基础,爱写通讯报道,渐渐引起大家关注。应该说,我从南城县饮食服务公司先后被调到县商业局、县委办公室、地委办公室工作,均得益于努力提升的文字能力。

在县商业局工作,我身兼商校教师、理论辅导员、政工秘书、宣传报道员、物价员、审计员、学会秘书长多职,这些头衔虽然是没有级别的职务,但都与文字工作相联系,职务的背后连着材料,履职的过程大多是文字起草过程。那时,我先后被聘为20多家报刊的通讯员、特约通讯员,每年发表大小稿件上百篇,起草材料不计其数。这段经历,使我体会到,锤炼文字,光有爱好是不够的,只有与工作结合起来,才能获得恒久的动力。

如果说,我在县商业局从事文字工作主要靠自己摸索的话,那么到了党委办公室工作后,我有幸遇到了一批好领导、好老师。他们给予我的指点和帮助,大大提升了我的文字功底、政治境界,拓宽了我的思想视野。

在南城县委办公室工作,服务领导文稿、上报省办市办信息、通讯报道稿件都有任务要求,特别是每月上报信息通报排名,起初我有些不适应,文稿质量也不能完全达到要求,心里常常忐忑。恰巧,这时县委主要领导对办公室督查工作落后作出批示、提出批评,我心里更加紧张。

就在我茫然的时候,县委办公室朱维明主任找我谈心,告诉我,重点是服务好书记,目标是信息工作排位前移,宣传报道可以练笔提功。朱主任还指出了我文字表述上的问题,对我撰写的万坊乡池塘养鱼先进典型材料和南城县生猪找销路、洪门库区开发出现实生苗等信息,进行了文字修改,重点就文稿的立意、主题、表述和定性定量问题,向我详细讲解。

他教导我,典型材料要注重经验性、操作性和可借鉴性,让人读后受到教育、启发、启迪,感到经验真实可信,方法可复制、可借鉴、可推广;上报信息,要重点反映面上重大工作动态、决策落实遇到的困难矛盾、群众关心议论较多的社会问题、服务领导决策的典型经验、基层组织的首创探索等体裁内容,要将信息采写的追逐线贴近领导决策的需求线,用最短的文字表达最大的信息量。

朱主任的指导,对我触动很大、启发很深,我更加注重把握工作重点和方法。针对白天服务书记上会下乡比较多的情况,我多听多记多思考,对每天接触、接收的信息进行分类整理加工,为撰写材料积累素材、提炼观点、打好腹稿。

晚上回到办公室,我盘点白天的信息,能够迅速确定主题,使腹稿跃然纸上,行云流水般地演绎文字,酣畅淋漓地形成一篇篇稿件。

久而久之,我习惯于晚上写材料。在寂静的夜晚,头脑清醒,思维活跃,能触类旁通、举一反三,综合运用素材,从不同的角度撰写上报信息和新闻稿件,起到"一石三鸟"的效果。一段时间后,稿件的"射门意识"明显增强,采用量迅速上升,信息工作由后进变先进,年终综合考评获得全市第一名。

我的体会是,文字功夫其实在文字之外。闭门造车是无源之水、无本之木,再好的文字能力也只能写出无病呻吟、干瘪苍白、曲高和寡的文章;反之,走出去、沉下去,熟悉情况,掌握信息,提高站位,就没有过不去的"火焰山",再难的材料也能写得有棱有角。

俗话说:"山外有山,楼外有楼。"到地委办公室工作后,我明显感到,10 多个科室都藏龙卧虎、人才济济,特别是办公室领导,文字能力极强。有时,我觉得很难表述的一段话甚至一句话,经领导拿捏,轻松一改,便峰回路转,悠然见南山,既贴切又站位高,让我豁然开朗。

初到地委办公室,我跟着吴凤雏、何建辉等领导写材料。那时没有互联网,不是人人都会打字,材料写好后由打字员统一打印。

很多时候,我只充当了记录员的角色,领导坐在对面或站在旁边,一字一句地说着文字,我用笔在稿纸上迅速记录。每形成一段文字,我便复述一遍,经领导认定后,再往前推进。

有时,一段初稿由几位领导推敲商议后才能过关。商议过程,常有热烈讨论,甚至激烈争论。这样循环往复,耳濡目染,我自然"熟读唐诗三百首,不会作诗也会吟"了,对文稿的谋篇布局、宏观架构、表达方式有了深刻理解。

莎士比亚说,"简洁的语言是智慧的灵魂,冗长的语言则是肤浅的藻饰"。那时,办公室领导常对我们感慨:小时候愁文章写不长,长大后愁文章写不短。我感同身受,不断躬身实践。

《每周汇要》是地委办公室的重要刊物,每周一期,A6 纸对折正反两面,大约能容纳 3 000 余字,除刊头和"近期要事"之外,篇幅实在有限。之前,《每周汇要》一般编 10 条左右的信息。我主编后,致力于选短编短,总是绞尽脑汁提炼标题、精简文字,常为压缩一行字或几个字,与自己较劲,不达目的决不罢休。经过艰苦努力,《每周汇要》每期编发信息增加到 15 条以上,每条标题精练鲜明,信息量成倍增加,决策参考性明显增强,得到领导充分肯定。

后来,我自己走上了领导岗位,从跟着领导写材料到带领大家写材料,从专业写材料到依靠材料领导工作,岗位、身份、职务变了,但严格锤炼文字、亲自把关文字的习惯没有改变。每个材料动工前,我都要与起草组沟通商量,明确立意、主题和结构,指定一名统稿人。多数情况下,我会列好二级提纲供大家讨论,形成统一意见后再开工。初稿形成后,由统稿人修改两遍以上再送我审阅。我改稿的习惯是,用 A6 纸输小二号仿宋体,留一半空白让我修改。自用材料一般修改三遍以上,服务领导和上报材料要反复修改,多的达一二十遍,直到满意为止。这种习惯,不仅锤炼了我自己的文字功夫,也培养了一批跟着我写材料和服务我写材料的年轻干部。他们有的在省委办公厅、市委办公室领导文字工作,有的走上了市厅处级领导干部岗位。

锤炼文字功夫,还有一个好办法,就是减少"拐杖",多说多讲,尤其即时讲话可以提升文字组织水平。我担任部门主要领导后,一般不用讲话稿。出席会议、调度工作、参加座谈、基层调研,都是先列个提纲,然后自由发挥,有时间多讲,没时间少讲。特别是每周工作调度会,我事先不列提纲,在听取大家汇报的过程中,即时形成讲话要点。这样做有几个好处:一是倒逼自己加强学习,增加知识信息储备;二是涵养即时组织文字的功夫,提升逻辑思维能力;三是激发语言功能,形成自己的表达风格。

"千淘万漉虽辛苦,吹尽狂沙始到金。"实践证明,文字是磨炼出来的,不仅磨炼文字,也磨炼工作、磨炼生活,更磨炼斗志。所谓师傅领进门,修行在个人。我衷心感恩那些把我领进文字之门的恩师,永远牢记他们的教导,坚定不移地在文字的路上"夸父追日"。

挫折是成长的财富

"不经一番寒彻骨，怎得梅花扑鼻香。"人生总要成长，成长需要付出代价，这一代价可能就是挫折。一路走来，我经历了许多挫折，这些挫折没有把我摧垮，而是让我在淬火锤炼中勇敢坚强。

参加工作时，公司为了照顾我，在南城饭店安排了一个标准间让我居住。开始，床单、被子和洗漱用品按旅客标准配备，服务员打扫房间。后来，我觉得不妥，向领导提出自带生活用品，自己管理房间。领导表扬我，认为我觉悟高。那时，我觉得自己很幸福，分到了好单位，遇到了好同事。

当年 10 月，我被抽调参加团地委整顿基层团组织工作组，任天井源乡工作组组长，很多时间吃住在乡村，只有星期天才回到县城。

一个星期六下午，我刚从乡下回来，在南城饭店大堂遇见客户部熊经理。这个女同志 50 多岁，身材矮胖，说一口南昌话，是全省劳动模范，工作热情极高。她把我拉到旁边，对我说："小吴，饭店丢了两条毛毡和一床被子，是不是你拿了？"我当时懵了，心里十分气愤，大声质问她："凭什么怀疑我？"她看到我一个小年轻，居然敢与她这个劳动模范叫板，顿时恼羞成怒，用很难听的南昌话指责我："你这只崽子，我现在是给你改正的机会，如果你不承认，我就组织人搜你的房间！"

我厉声回答："你没有权力搜我的房间，如果要搜，请警察来！"显然，她没有听进我的话。她告诉我，现在就去向公司经理汇报，今天必须搜房间。我没有理会她的话，径直走了。不一会儿，公司老廖来告诉我，经理叫我去他办公室。

我来到办公室，经理和颜悦色地让我坐下，说要与我商量事。他说，熊经理没有文化，但工作责任心极强。对公家财产严加管理，她的出发点是好的，我们这些有文化的干部，应该鼓励她履行工作职责。当时，我对经理的这番话很不理解。我说，领导不能因为她履行工作职责，而侮辱我的人格。经理听了我的申辩，没有生气，反而更加和蔼地对我说："正因为我相信你的人品，才敢出此下策，想让她去你房间看看，看了以后她也就没话可说了。"经理进一步说："采取这种办法，于她，保护了她作为劳模的自尊心，可以进一步调动她的工作积极性；于你，不仅能够证明你的清白，而且让你经受一次组织的考验。当然这个办法要征得你的同意，如果你确实不愿意，公司不会强制要求！"

听到这里，心中无鬼的我，便痛快地答应了经理的要求。这时，经理又把熊经理叫来，指示业务股吴股长带领熊经理和两名职工去我房间"参观"。进入房间后，他们没有想到，我的卧室家徒四壁，除了一张桌子、一张床之外，就剩下一个木箱。

我打开木箱，把所有的物品都拿出来放在床上，请熊经理过目审查。看到没有她要的东西，熊经理很是失望，像泄了气的皮球，呆呆地站了一阵后，悻悻地走了。

师父吴股长看到我气愤难平的样子，安慰我说："正直有时候也要用非常的方法来证明，没事就好，我们去喝酒！"于是，他带我来到西街餐厅，炒了四个菜，要了一瓶酒，我们与店长一起喝得很痛快。喝完后店长说："你们走吧，不用结账。"但师父不让，坚持财规正算，付了八块六毛钱后才肯离去。出门后，师父再次安慰我说，不要放在心上，也不要去四处张扬，努力工作、坦荡做人就好。

那晚回到房间，我彻夜未眠，翻来覆去想着几个问题：饭店是否真的丢了东西？熊经理凭什么认为是我拿的？是否有人向熊经理举报？举报的人是谁？经理采取这种办法对不对？思来想去，时而觉得他们欺负人，时而觉得有人害我，想着想着，我感到非常困惑：是照师父说的去做，还是明天再去找熊经理问个究竟？天已经亮了，一种朴素的情感，让我听从了师父的教导，我没有去找熊经理理论，也没有与人再提起过此事。

经历这件事后，大家认为我沉着、冷静，是一个经得起考验的人。这件事给了我很多启示,人生征途漫漫,不公平的事天天发生,遇到委屈就心理失衡,非要弄清是非曲直,那么即使赢得了眼前又能如何?现在想想,自己每次面对委屈,都能蹚过心中的"那条河",不屈不挠地往前走,还是得益于师父的教导。正直和善良不是争来的,经得起时间检验的正直善良,更能行稳致远!

1986年7月的一天,县商业局分管人事工作的副局长找我谈话,问我是否同意从业务股调往政工股工作。我问副局长:"是组织决定,还是征求意见?"副局长说,他有这个想法,现在听听我的意见。我听到是他个人的想法,就向他汇报了自己的思想。大意是,我愿意服从组织安排,但现在业务上的事比较多,能否让我把手上的事做完,几个月以后再过去。他回答,可以。为了慎重起见,我将此事向股长作了报告。股长说,应该没有问题,表示他会找局领导做好协调工作。

我以为这事过去了,没放在心上,也没向别人提起过。谁知,一天上午刚上班,我接到县直属党委电话,要我去接受领导谈话。

我"丈二和尚摸不到头脑",不知啥事。到了直属党委后,一位领导对我说:"你申请加入党组织,本来党委会议已经研究通过,现在你不服从组织分配,还得考验考验。"我感到愕然,把"不服从分配"的经过,向领导作了汇报。领导说:"审批材料已退回商业局党委,你要将有关情况向党委主要领导报告。"

回到局里,我没有找到局长,就找了那位分管人事工作的副局长,谈了自己的看法。副局长顿时严肃起来,他说:"你一个年轻干部,不能举起手来说为共产主义奋斗终生,放下手就不服从组织分配,这说明你还没有达到共产党员的标准,还要接受组织的考验。"

我心想,不是说征求我的意见吗?怎么就变成不服从组织分配呢?是不是这位领导对我有意见?

带着疑问,我找到了局长,希望他能纠正副局长的做法。谁知,一向平易和蔼的局长,此时也严肃起来。他语气强硬地对我说:"你的事副局长向我作了汇报,我们党委碰了头,觉得你政治上还不成熟,希望你用时间、事实和表现来接受组织考验。"

听了局长的话，我心里很难过，既觉得委屈，又感到事情严重。我虽然心里没有想通，但还是向局长作了检讨，承认了错误，表示愿意接受组织考验，不断改造自己的世界观、人生观和价值观，更加努力勤奋工作，争取早日加入党组织。

局长看到我有了认识，作了表态，神情开始转变。他微笑地对我说，不要有思想包袱，年轻人锤炼锤炼思想政治觉悟，会成熟得更快，并勉励我："好好干，我会关注你，组织上也会观察你！"局长的这番话，让我心里热乎乎的，我像做错了事的孩子，面对父母的宽容，而深深感动。

后来，两位培养人多次找我谈心，指出我工作中存在的问题，用一件件具体的事，教育我要加强修养锻炼，鼓励我完善行为规范，引导我为党和人民多做工作。我心悦诚服，一点一滴地矫正自己的思想行为，注重从政治上锤炼品格，各方面取得了很大进步。

在组织和领导的培养下，我于1987年12月31日光荣地加入了中国共产党。元旦过后，县直属党委任书记找我谈话。他说："你经受了考验，要倍加珍惜荣誉，处处发挥先锋模范作用，不要辜负党组织的期望。"

这次考验，虽然使我推迟了时间加入党组织，但让我经受了严格的党性锻炼，对贯彻落实党的宗旨、方针政策、党员的权利义务，有了政治自觉、思想自觉和行动自觉。给我的启示是，入党不在于时间先后，关键要在思想上入党。只有思想上入党的人，对党才有正确的认识，才能对党忠诚老实，为党奋斗献身。

2010年7月，我由市委副秘书长、办公室主任，改任市卫生局党委副书记、副局长（正县级），经受了巨大的压力。

那时，说什么话的人都有。有人说我犯了错误，从市委核心部门正职，降任政府部门副职；有人来到我家里，打破砂锅问到底，提了"十万个为什么"后，说一堆安慰话才走；一位获得重用的市直单位领导，在市委任前谈话表态时说，市委主要领导把自己身边的人放到市直单位去任副职锻炼，体现了公平公正，体现了干部能上能下，值得我们学习；市卫生局的班子感到愕然，有的认为我是去抢位子，有的劝我不要参与分工。

那段时间，我心里有两怕。一怕接电话。有的人在电话里拐弯抹角说一大通,最后问一个"为什么"。开始,我还能耐心地接听、解释,后来电话多了,感到身心疲惫,便有了电话恐惧症。我听见电话铃响,心里就紧张,生怕又被问个"为什么"。二怕见人。一见到熟人,就被问"怎么样? 还好吗?"然后,说一些"想开一点""看远一点"之类的话,让我啼笑皆非。有的直接问我到底犯了什么错误,落得个这样的下场,我无言以对。

面对这些关心、议论,我始料未及,是许多老领导的关心指点,让我冷静下来,主动扭转被动局面。一是坚定自己的信心。我反复告诫自己:第一,我没有犯错误,不必悲观消极,更不该精神沉沦,应当坚定信心;第二,是我自己申请到市卫生局工作,组织上照顾了我的请求,我不能辜负组织期望;第三,我不是去抢谁的位置,而是来接受挑战,走稳走实自己的人生步伐。二是振奋工作精神。根据我的请求,局里安排我分管办公室和财务工作,我坚持问题导向,从建章立制入手,通过建立完善机关管理制度,推动了机关职能转换,提高了办事效率。三是迅速进入角色。我参加全国地市卫生局长培训班,深入崇仁、乐安、南城等地调研,学习卫生业务知识,总结基层工作经验,促进卫生工作健康发展。

2010 年 10 月,正当我走出心理困境,满怀信心地投入新的工作的时候,一件没有想到的事,又让我产生新的困惑。此时,市卫生局主要领导由于年龄因素退居二线,大家都认为应该由我接任。但市委作出决定,市卫生局长岗位通过民主测评推荐产生。对此,我没有想通,我到市卫生局工作已经两个多月,凭资历、能力和经历,我应该能够胜任这一职务,为什么不让我直接接任呢?

此时,有人劝我,我必须面对现实,凭我在机关工作多年的经历和为人,打点电话"拉拉票"是没问题的;也有人告诉我,有几位同志很想到市卫生局工作,正在抓紧"拉票",我如果没有一点行动,肯定败北。面对大家的好言相劝,我的思想确实有些动摇。这时,一位老领导打电话对我说,组织的决定是正确的,也是对我的一次考验,我作为当事人最不能做的就是"拉票",我要相信自己,即使投票没有通过,也能证明我的品行,仍然会得到组织重视。他语重心长地说:"现在大家都盯着你,你'拉票'就为人家找到了借口,这样不会有好结果!"

老领导的话,像一剂强心针,让"昏迷"的我猛醒。我没有打电话,也没有

"拉票",而是以平常心参与了这次民主测评,结果高票胜出。有人说,我从市委办公室主任转任市卫生局局长的过程"像雾像雨又像风",扑朔迷离,艰难曲折。但只有我自己知道,这一过程中,组织上信任了我,领导、同事鼓励了我,矛盾困难磨砺了我。

歌德说,挫折是通往真理的桥梁。一路走来,我在这座真理的桥梁,收获了人生最大的财富,那就是面对逆境相信组织、冷静思考、沉着应对、诚实做人、坚定工作的品性,我永远感恩那些帮助我战胜挫折的人。

大部门应当有大作为

作家六六在小说《心术》扉页写道："这世界有三样东西对人类是最重要的，FATH（信），HOPE（望），LOVE（爱）。"我能看到对这三个字最好的诠释，就是医院。

我任市卫生局局长的时候，先后看了三遍《心术》，后来任市教育局局长，又看了两遍。我以为，对"信、望、爱"这三个字诠释得最好的，除了医院外，还有学校。仁心厚爱的医院和立德树人的学校，其本质都是向社会展示信用、希望和仁爱。

我何其有幸，在自己的人生履历中，先后担任卫生、教育这两个充满信用、希望和仁爱的部门主要领导。六六说，医生这个职业，与技术关系小，与道德关系大，有技术没道德，永远不是合格的医生。教育家杜威说，教育是人类生命的引导，教育的本质是爱。我深切地感到，在这两个部门任职，不仅锤炼了我的人格，更升华了我的党风、党性。

这是政府系统两个最大的部门，抚州市卫生系统有各类医疗卫生机构2 319个、医护人员2万多名、编制床位1.2万张，联系着千家万户，担负着防病治病、救死扶伤的重大职责。全市教育系统有各级各类学校1 816所、专任教师4.8万人、学生72.5万人，服务着家家户户，承载着立德树人、办好人民满意教育的光荣使命。卫生健康是人类生存发展的基础，教育树人是民族振兴的基石。

大部门，乃大事业，必须大作为。如何实现大部门大作为？我在10年治理工作实践中，进行了有益探索，取得明显成效。

高点定位大谋略。 按照"大部门、大事业、大格局、大作为、大争先"的目标定位,规划建设卫生强市、教育强市、基础教育名城,谋划从更高层面保持抚州教育卫生在全省乃至在全国领先领跑地位,让才子之乡、教育之乡、盱江医学的旗帜高高飘扬。通过创先争优,力争在全省综合目标考评中进入前四名,获得全省业务工作先进单位;在市委、市政府和部门目标考评中,全面获得综合和单项先进单位;在纵向业务比赛中全面获奖,在横向各种比赛中全面夺取冠、亚军。为实现大争先目标,制定实施了纳谏问良策、巡察看变化、考评促履责、创评激活力等一系列工作机制,搅动系统上下思想,营造比学赶超氛围,激发创先争优活力,先后获得全国医药卫生系统先进集体、全国教育改革创新先进单位、全国教育督导先进单位、全国廉洁修身教育先进单位等荣誉称号。

深化改革大探索。积极争取了全国公立医院改革试点市、全国中小学教育质量综合评价实验区、全省基础教育综合改革试验区等改革试点项目,开展了全国中医药工作先进县、全省卫生应急综合示范县、全国职业教育先进示范县等创建活动,全面激活改革创新活力。贯彻"保基本、强基层、建机制、补短板"原则,坚持医疗、医药、医保"三医"联动,深化医药卫生体制改革,巩固了基本药物制度,提升了新农合基本保障水平,完善了重大基本公共卫生服务,推进了公立医院改革,落地了基层综合配套改革,优化了医疗资源配置,解决了群众"看得上病、看得起病、看得好病"的问题,加快了卫生健康事业发展。按照"戴正帽子、建好机制、探索路子、开点口子、争取票子"的思路,围绕"兜底线、保基本、补短板、上水平"的目标,以"两区"建设为载体,深化教育领域综合改革,在创新德育模式、落实立德树人任务、探索多样办学、丰富教育内涵、强化教师管理、激活运行机制、优化资源配置、推进均衡公平等方面先行先试,取得了一系列可复制、可推广的探索性成果:校家同创德育工程获中宣部、教育部表彰,中小学教育质量综合评价模式在全国作典型发言,金溪县校长、教师交流轮岗经验获全国推广,临川一中被联合国教科文组织评为世界文化遗产教育先进单位,东乡县(现为东乡区,全书同)被评为国家职业教育示范县,中小学党建工作、千名教师访万家、"五名工程"创建等工作经验在全省推广。

突出重点大发展。抓住主要矛盾和矛盾的主要方面,坚持问题和目标导向,在重点突破中补齐短板。卫生方面,重点推进了农村卫生工作先进县创建、城市社区公共医疗卫生服务和卫生引智三项基础性、牵动性工作。举全市之力抓好全省农村卫生工作先进县创建,先后争取县级医院综合能力建设、全科医生培训项目 13 个,实际投资 23.5 亿元,改善了县级医疗卫生服务。运用"焦点访谈"形式,通过明察暗访发现问题 1 261 个,将 13 所乡镇卫生院列为重点管理单位,请8 位局长、院长作表态发言,加快了卫生标准化、规范化建设,6 个县成功创建全省农村卫生工作先进县,全面提升了县乡医疗卫生服务能力。率先规划建设卫生引智工程,紧密联系北京、上海、广州、深圳、南昌 69 家三甲医院 263 名副高以上名医,建立帮扶合作医院 12 所、科室 38 个,每年接受进修培训 120 多人次、参与抚州专家门诊 100 多人次、开展远程诊疗活动 80 多人次,促进了全市卫生事业健康发展。教育方面,围绕"优化结构、创造特色、高举旗帜、擦亮品牌、扬优成势"的思路,抓住普通高考、临川教育集团转型升级、职业教育服务产业发展、高等教育升级增量、义务教育一体均衡、学前教育普及普惠等工作重点,推动教育事业高质量发展。临川教育集团实现转型升级,3 所公办学校成功"瘦身",新增优质完中 3 所,增加学位 2.4 万个,国际教育、艺术教育、体育教育创造新的特色。八年产出高考状元 7 名,录取北大、清华 728 名,一本上线率稳居全省第一。经国务院督查评估,3 年投入专项教育资金 14.6 亿元,新增学位 15.6 万个,在全省率先实现义务教育全域均衡。按照"平等自愿、统筹发展、资源共享、合作共赢"的原则,组建了以抚州职业技术学院为龙头的职教联盟,各级职校与 150 多家企业建立紧密合作关系,32 个项目获得全国、全省竞赛第一名,全市职业教育快速发展。高等教育发展取得重大突破,崇仁师范学校升级为抚州幼儿师范专科学校,抚州医学院回归抚州独立办学,江西中医药高专按照本科院校规划建设,东华理工大学长江学院由抚州市政府独立办学,东华理工大学抚州校区建设正式启动。

　　把握规律大方法。探索形成了"围绕一个目标(立德树人、救死扶伤)、把握两项原则(群众满意、领导放心)、坚持三管齐下(抓党建强队伍、抓作风强精神、抓机制强活力)、突出四个重点(深化改革、加快发展、提高质量,促进公平)、力争五个效应(社会、安全、人才、清廉、品牌)"的基本方略,建立实施了"工作讲章法、运行有机制、用人重品行、管理讲人本"的系列操作办法,推行了每周工作调度、每年巡察看变化、年度目标综合考评、体育运动会、系统艺术节、示范学校创建、"五好医院"创评、"五名工程"评选、"十佳医师教师"评比、先进事迹报告会、读书知识竞赛等工作运行机制,形成了行动有纲领、奋斗有目标、工作有原则、运行有机制、管理有制度、创先有动力、事业有进步的集约治理生态。系统运行活力明显增强,干部职工干事创业积极性高涨,先后被评为全省社会综合治理先进单位、全国文明单位。

风清气正大文化。在卫生系统,坚持弘扬了"大医精诚、医者仁心、救死扶伤"的卫生工作精神,挖掘传承了"本草求真、精益求精、至高无上、悬壶济世"的旴江医学精神,开发整理了建昌帮中药炮制文化,干部职工精神动力明显增强。持续开展了医药阳光行动,全面查找了腐败风险点,严肃查处了违规采购药品行为,严格整治了"三素一汤""三长两短"、开单提成、接受吃请、收受红包等群众身边的腐败问题,建立健全了医调机制,着力化解医患矛盾,努力构筑医疗行业自律防线,卫生系统政风行风明显好转。在教育系统,总结推广了"艰苦奋斗、团结拼搏、爱生如子、敢于胜利"的临川一中精神,坚持弘扬了"苦中求乐、乐中问道、道中育才、才中培英"的抚州教育精神,培育形成了"面向全体、尊重个性、分层教学、多元发展"的办学模式和"品德高尚、学业优秀、身心健康、全面发展"的育人模式,制定实施了"八个一(一个核心办学理念、一个学校标志、一棵学子成长树、一个校园广播站、一排德育墙、一间校史室或荣誉室、一套校本教材和读本、一批学生社团)"的校园文化建设标准,指引抚州教育迈上新台阶。教育部组织15家中央媒体,到抚州开展专题集中采访,在中央各大媒体发稿35篇,对抚州教育高度评价、全面报道。

心中有丘壑,眉目作山河。实践证明,高点定位大谋略、深化改革大探索、突出重点大发展、把握规律大方法、风清气正大文化,体现了时代性,把握了规律性,展示了成效性,具有创新性,是谋求大系统、大作为的有益探索,值得更加深入研究。

办法总比困难多

唯物辩证法认为,矛盾无处不在、无时不有。矛盾即困难,化解矛盾的过程,就是战胜困难的过程。

卫生和教育战线从严治党、深化改革、加快发展、提高质量、促进公平的任务十分繁重,特别是转型时期的系统运行,矛盾叠加交织、困难汹涌澎湃。面对改革发展稳定的巨大压力,主要领导不仅精神压力大,而且劳动强度大。多年的治理实践,使我深切感到,治理大部门需要科学处理好几个关系。

一、处理好"跟"与"转"的关系

省厅和地方几乎天天开会、天天发文、天天检查。面对文山会海、千查万督,亦步亦趋、文会相跟,是做不好工作的。我们不仅会把时间和精力耗在"跟"上,跟得累、跟不到,而且自身的工作转不起来,处在无重无轻、无纲无常、疲于应付、穷于应对的循环之中。为了改变这种状况,我们改革"先跟后转"的运行方法,探索推行"先转后跟"的工作方略。在深刻领会中央大政方针的基础上,根据上级年度工作计划,明确本年度工作重点,按照"项目化、时间表、责任人"的要求,将工作分解落实至班子成员、科室和责任人。坚持每周一用两个小时召开调度会,由主要领导主持,分管领导汇报,科室负责人参加。传达"跟"的信息(上级会议、文件、指示精神),调度"转"的工作进度,分析"转跟"形势,衔接"跟转"关系,紧密"转跟"举措,提升"跟转"效果,化解运行矛盾。实践证明,这种方法跳出了文山会海,既突出了工作重点,又弹好了"跟"和"转"的钢琴,不仅跟得上、跟得紧、跟得好,确保了令行禁止,而且转出了好作风、转出了大职能、转出了高效率,做到了创先争优走在前列。

二、处理好发展与安全的关系

发展和安全既是卫生、教育系统两个最大的短板,又是一对相互制约的突出矛盾。发展不平衡不充分,不仅影响卫生、教育服务能力,也制约了系统安全稳定。安全投入不足,导致保障不力、事故频发,影响稳定、制约发展。统筹做好安全和发展工作,不仅是战略问题,也是操作落实的战术问题。多年来,我们坚持安全和发展"两手抓、两手硬",破解了很多难题,化解了许多矛盾,形成了发展与安全良性循环、相互促进。**一是坚持"双轮"驱动,推动发展和安全共同进步。**在议事日程、规划建设、资源配置、项目安排、资金投入等方面,做到同研究、同部署、同落实、同激励,改变畸重畸轻现象,实现同步发展。**二是用加快发展的服务能力,夯实总体安全的物质基础。**通过县级医疗服务能力提升、公共卫生服务体系建设、义务教育均衡发展、教育卫生标准化建设工程、薄弱学校改造工程、学前教育三年行动计划等政策项目实施,将安全能力建设纳入发展工程,每年分别新增投入 20 亿元左右,其中安全工程约占 20%~23%,安全能力在发展中得到有效提升。**三是用先进的安全措施,促进事业加快发展。**围绕卫生、教育现代化要求,以信息化为载体,率先启动智慧医疗、智慧教育工程建设,用好卫生引智和教育"三通两平台"成果,推进优质卫生、教育资源共享,提升系统安全治理水平,推动整体服务能力提升,自然灾害、医疗事故、医闹纠纷、学生溺水、师生安全等事故持续下降。**四是增强安全意识,保障科学发展。**通过开好安全知识课程、进行安全案例教学、开展安全比武竞赛、组织安全演练活动等措施,讲清发展与安全的辩证关系,阐明"安全压倒一切"对于发展的极端重要性,在增强安全意识、提升安全操作能力中,推动发展与安全相互促进。

三、处理好预警与应急的关系

预警与应急是卫生、教育系统天天面临、天天应对的极端复杂和重要的工作,妥善处理两者关系,全面提升预警和应急服务能力,对于有效化解系统重大矛盾、为改革发展提供有力保障至关重要。**一要把牢辩证关系。**预警决定应急的发生、范围、大小和处置,是主要矛盾和矛盾的主要方面。应急是预警的现场运用,体现预警能力落实,促进预警机制完善,是化解矛盾、维护稳定的最终检验和重要工具。要贯彻"预得精准、警得深刻、应得果断、急得有效"要求,科学认识预警与应急的辩证关系,做到预警精准研判、全面预案、常演常练,应急把握方法、果断处置、有力有效。**二要夯实工作基础。**研判要精准:同一现象大面积发生,说明体制机制或政策存在问题;某一问题小范围连续发生,说明单位治理存在问题。预案要全面:分清"天灾"与"人祸","天灾"按照规定制定标准应急预案,"人祸"重在制定应急处置预案;分清大概率事件与小概率事件:大概率事件预案要细,小概率事件预案要实。演练要"打仗":围绕启动预案、落实响应、现场处置、应急救扶、善后谈判、信息发布、舆论引导等环节,模拟真实"战场","见人见事""真刀真枪"进行演练,积累应急处置经验。**三要把握基本方法。**牢记"生命安全至上、群众利益首要、政策法纪准绳、最小损失兜底"要则,努力做到:应对及时,第一时间报告、第一时间启动预案、第一时间救援;靠前指挥,了解情况、分析原因、作出定性;领导应急,管控信息、一个口径对外、一个通稿发布、一个部门接访、一种声音引导;回应诉求,有政策法律的按政策法律办、无政策法律的按行情办、无行情的商量办;稳妥谈判,不急不慢、有礼有节、有底有限、有力有效;妥处善后,依法遵规、高举人道、舒缓矛盾、稳定大局。

四、处理好民主与集中的关系

大部门矛盾困难相对较多,决策落实事项频繁。坚持民主集中制原则,正确处理好民主与集中的关系,对于主要领导恩威并施、驾驭复杂局面、推进事业发展具有特别重要的意义。**一是坚持集体领导,确保民主集中落到实处。**集体领导既是党的组织原则,也是主要领导发扬民主作风、增进班子团结、强化廉洁自律、降低腐败风险的重要途径。要坚守集体领导原则,培养团队精神,树立班子威信,依靠集体力量打拼事业。要履行集体研究制度,严格落实会议议事规则,降低个人裁量权限。对"三重一大"事项,实行"调研→论证→预案→咨询→比选→会议"的决策程序,推进决策科学化、民主化、规范化。**二是坚持集中指导**

下的民主，实现集中有威、民主有为。注重集中指引民主，通过出课题、交任务、指方向，带领班子以上率下、率先垂范，做到集中引领民主、民主紧跟集中，把"分工负责、分兵把口"落到实处，实现民主有方向、集中有威信。坚持集中指导民主，通过对决策事项进行事前沟通、听取意见、传递意图、引导意向、凝聚共识，形成会前"有话可说、有话能说"、会上"说话有用、说话管用"、会后"无人说事、无人推事"的民主氛围，造就决策过程"大主意自己拿、好主意大家拿、正主意集体拿"的民主集中效果。三是坚持民主基础上的集中，实现民主有位集中有力。创新集中民主办法，建立开门纳谏长效机制，设立建言献策信箱，每年向机关干部征集好点子、好建议，10年间运用120多条建议推动改革发展稳定。敢于集中不同民主智慧，对基层出现不同反响、机关出现不同议论、班子出现不同声音的大是大非问题，通过调研、分析原因、找准症结、统一思想，只要符合政策法律和人民利益就大胆决策，狠抓落实。善于用好充分民主成果，对党委会议、局长办公会议、务虚会议、工作调度会议，特别是班子民主生活会议提出的各种批评和建议，倍加珍惜，认真研究，举一反三，用足用好，把民主的智慧通过集中的运用，转化为推进事业发展的原动力。

五、处理好团结与斗争的关系

教育卫生系统肩负重要职责，是意识形态的重要领域，民主党派多、知识分子多、服务人员多，思想意识相对活跃，阵地斗争比较激烈，正确处理好团结与斗争的关系，不仅是驾驭局面、推进事业的客观需要，更是维护稳定、全面从严治党的必然要求。一要善于团结。要把握团结的重点，用心搞好班子团结、用力抓好中层团结、用情营造团结氛围。要掌握团结方法，着眼全体、融入多数、关心个别。要注重团结效果，"相互补台好戏连台、相互拆台大家倒台"，以事业为中心，团结一切可以团结的力量。二要敢于斗争。要坚守原则斗争，对歪门邪道敢于批评敲打，对违法乱纪敢于严肃查处。要运用技巧斗争，提醒与敲打相结合、教育与批评相衔接、"杀鸡给猴看"与"杀猴给鸡看"相得益彰。要把握尺度斗争：以事业为尺，不斗是非；以法纪为度，不斗感情。三要在团结中斗争。团结干事创业的人,斗争阻碍事业的人,画出团结事业的最大同心圆。**四要在斗争中团结**。斗争理想信念崩塌、违法乱纪的人,团结观点不同但顾全大局的人,把支持我们的人搞得多多的。

只要思想不滑坡,办法总比困难多。实践证明,只要坚持以习近平新时代中国特色社会主义思想为指导,在党委、政府的坚强领导下,科学认识唯物辩证法矛盾运动规律,正确处理好"跟"与"转"的关系、发展与安全的关系、预警与应急的关系、民主与集中的关系、团结与斗争的关系,坚定意志、保持定力、勠力前行,砥砺奋进,就能战胜一切困难,从胜利走向胜利。

缘分的力量

白勇院士约我为浙江校友写些东西,我欣然允诺。我在酝酿写点什么的过程中,引发了几点思考:我们怎么相识的? 是什么力量把大家连在一起? 又应该以怎样的姿态相处呢?

作为校友会的亲身组织者,我感到大家能够相识相知、相向而行,皆因母校缘分使然。我是临川一中 1979 届校友,因为在教育系统工作多年,有缘结识四方校友、感受校友温暖、品茗校友文化、学习校友精神,开阔了思想视野、提升了人生境界。

缘分是什么? 缘分若水,其形无常而多姿。缘分是际遇、是邂逅、是相逢、是同行、是心连心。其质有量而厚力,缘分是人与人之间的关系,是生产关系的范畴,也是生产力的要素。讲求缘分、珍惜缘分、笃行缘分是中华传统文化的精髓,是仁义礼智信的内涵,是修身养性、齐家治国的力量源泉,而创造缘分、扩大缘分、善结缘分是唯物辨证法的重要法则,是完善生产关系、促进生产力发展的有效方略。

红尘陌上,相遇是缘起、相识是缘续、相知是缘定、相爱是缘满。人们能在茫茫人海中相拥相联、交往交集,这种机遇就是缘聚的力量。有了缘聚,朋友圈就会越扩越大,成功的机遇就会越遇越多,前进的动力就会越来越强。

"定去扬州须说与,相怜还是故乡人。"校友会是因缘的桥梁,是结缘的平台,是化缘的载体。广大校友负笈他乡、铺心为简承载了乡愁的期望,开拓天地、打拼事业书写了艰辛的诗篇,踔厉奋发、勇毅前行呼唤着缘分的动力。"好雨知时节",在校友们的深情呼吁下,钟国亮、白勇、陈显荣、万腾驰、胡振东、全建国等一批杰出校友,审时度势,先后在上海、浙江、北京、深圳、海南等省市成立了临川一中校友会,结会联谊、相互学习、取长补短、上善若水、共图奋进,这是缘分之幸,是校友之幸,更是母校之幸。

"翰林风月三千首,吏部文章二百年。"浙江校友会根植于"勤勉务实、自强不息、突破陈规、革故鼎新、打开门户、兼容百家"的临川文化高地,立足于故乡名儒王安石、曾巩、陆象山、汤显祖、谭纶等名垂青史的东海沃土,创业于国家改革开放的前沿,洗礼于"说尽千言无语、想尽千方百计、走遍千山万水、历经千辛万苦"的浙江品行,具有得天独厚的地缘、政治优势、市场经济优势和人文环境优势。只要我们坚守"艰苦奋斗、团结拼搏、勤奋敬业、敢于胜利"的临川一中精神,把王安石的改革精神与卧薪尝胆的古越文化相融合,把陆象山的心学精髓与良渚宋韵底蕴相契合,把汤显祖至情至真的大爱大德与浙江敢闯敢试的大智大勇相结合,定能炼出缘分真经、结出缘分硕果,书写新时代临川才子弄潮钱塘东海的新篇章。

"故人在千里,樽酒难独把。"我们乐见,在多方关心支持下,临川一中校友总会即将挂牌运行,这是团结校友的大平台,也是服务校友的大机遇,更是促进校友的大学校。有关部门和母校将精心呵护,通过建立基金、成立论坛、评选杰友、研究文化、推介项目、组织活动、强化通联、整合资源等多种途径,讲好校友故事、密切校友联系、推介校友成果、丰富校友文化、促进校友发展。她是凝聚临川一中学子情怀与文化的大平台,是缘分的海洋。我相信缘分的力量,相信她是促进浙江校友会更好发展的良机,更是促进浙江校友会可持续发展的动力。希冀广大校友珍惜校友缘分,耕耘校友情分,圆满人生福分,不忘结会联谊初心,为报答母校、造福乡梓,为中华民族伟大复兴,为建设社会主义现代强国而贡献力量。

最后,祝愿我们的浙江校友都能"心融浙里传文化,缘聚若水写华章"!

缘来缘去在珍惜

缘起缘灭，缘浓缘淡，不是我们能够控制的。我们能做到的，是在因缘际会的时候好好地珍惜那短暂的时光。——张小娴

人生百年，人海茫茫，能够相逢相识，这就是缘分。我先后就读过 12 所学校，在 8 个单位工作过，同学二三百人，校友几千人，领导、同事也有几百人，还有交往几十年的朋友不下百人，特别是在卫生和教育系统领导过七八万干部职工、管理过近百万在校学生，算是"领军百万、阅人无数"，是缘分深厚之人。

最温馨的是回忆缘。年纪大了，我常常习惯性地盘点过往，回忆那些同学、同事的际遇，想想那些工作生活的场景，梳理一次次握手言欢、一次次交流交心、一次次对酒当歌的故事，像穿梭时空隧道镌刻下的日记，又像品著一幕幕自编自导自演的话剧，一桩桩人情世故的碰撞，如一卷卷绚丽多彩的画册，在我记忆的回音壁上荡起圆圆的涟漪，让我沉浸在忘我的幸福之中，启迪我前行的心智，坚定我奋斗的信心。我想，这就是缘分的力量。

最浪漫的是梦中缘。梦是现实的映照，有人说，经历越厚实的人，梦想越丰富。在我的人生词典里，缘分不仅是回忆的经典素材，更是梦想驰骋的天地。不知从什么时候起，我的梦由过去的虚无缥缈变得像现实生活，场景深刻、时空分明、人文有声、山水含情。梦中醒来，每一个细节都能在记忆中复制重塑，让我的生活因梦添彩，不仅温馨甜蜜，而且常常启示现实，梦醒交融，相得益彰。我想，这就是缘分深厚的伟力。

最感恩的是师生缘。习近平总书记说："一个人遇到好老师是人生的幸运，

一个学校拥有好老师是学校的光荣,一个民族源源不断涌现出一批又一批好老师则是民族的希望。"我遇到过许多恩重如山的好老师,他们传道授业解惑的职业精神和学为人师、行为世范的高尚品格,教育了我知识、培育了我道德、引导了我生命。在这一群恩师中,有三个老师对我人生帮助最大,他就是我的小学老师吴秋发、初中老师曾均星、高中老师邓海清。

吴秋发老师是我小学的启蒙老师,他教给我汉语拼音、分角色朗诵和阅读写作技巧,那是我对知识感到最亲切、最朴素、最深刻的一段经历,奠定了我一生的学习基础。按理说,这是我最需要用行动去感恩的老师,但我与秋发老师的联系时断时续。一年放寒假回家,我和一位同学相约逛街。在街上遇见了秋发老师,老师见到我们非常亲切,邀我们中午到他家吃饭。当时,我们答应了老师的邀请,商量买点东西送老师,但商量来商量去,同学开始动摇,说好东西买不起,差东西又不像样,还是下次再去见老师。就这样,在同学的动摇下,不谙世事的我们,居然不打招呼就逃之夭夭。我难以想象,懵懂的我们给老师带来多大的失望。也许是因为这次"逃跑",老师与我来往很少,即便是家里有事,也是让师母来找我。面对这种尴尬,我在愧疚之余,很想"补补课",为老师解决点实际问题。可是,我越这么想,老师越不与我往来。我偶尔去看望,老师和家人都特别客气,显得有些生分。后来,师母告诉我,老师对待学生,就像父母对待孩子,不希望学生为自己作出多大贡献,只要心里记住老师,尊重老师,不辜负老师,老师比什么都高兴!师母的话,给我上了极其生动的一课。几年来,我在与老师"家常式"的交往中,获得了老师的理解,放下了心中的石头,治好了压抑多年的心病,感受了师生缘分的温暖。

曾均星老师是决定我前途命运的好老师。1976年上半年,受读书无用论的影响,父亲要我辍学打铁,遣大哥来学校挑回我的行李,被曾老师当即拦下。之后,曾老师又主动上门做我父亲的思想工作。他说,我年纪小,身材瘦弱,不适合打铁。他又说,我学习好,多读书会有好前程。为了打动父亲,曾老师还承诺让我评头等奖学金。在曾老师的耐心劝导下,父亲同意我返校就读。后来,粉碎了"四人帮",恢复了高考,我因读书考试脱颖而出,当了公务员,走上了领导岗位。

对这样一位好老师，我虽然心存感激，却很少抽出时间去看望他。只是在老师家里遇到困难，特别是病重住院期间，才去看望了几次，帮助老师解决了些小困难。我给予老师的确实太少，而躺在病榻上的老师，却对师弟师妹说，要记住我的帮助。现在老师驾鹤仙逝，我常想，感恩老师就是孝敬父母，既要时刻不忘，更要落地落细，不要留下"子欲养而亲不待"的遗憾！

邓海清老师是我高一的班主任，教授数学，上课形象生动。我至今还记得，他讲授三角函数时"奇变，偶不变，象限定符号"的口诀，使我们掌握了三角函数知识。更让我们敬重的是，他极端严格的管理风格，对迟到早退、逃课行为毫不留情，哪怕是校长、教师子女，也照样要罚站检讨。良好的教学方法，加上严格的管理，使邓老师从教学一线脱颖而出，带出了一届又一届优秀学生。后来，他又改行当了行政领导，同样干得风生水起，他担任乡镇领导多年，为群众办了许多实事，得到大家的赞许。前几年退休后，他经常组织同学们聚一聚，给我们创造了很多同学交流的平台，让师生之缘、同学之情，获得了缘分的升华。

最清澈的是同学缘。俗话说，"同过窗、扛过枪、下过乡"，同窗求学、同出师门是最单纯、最清澈、最透明的缘分。同学之间不一定经常来往，但心里存着底片、脑中刻着相片，偶尔把相册拿出来翻一翻，故事便会喷涌而来，是非曲直挡在"门外"，涌入的是温馨的时光、美好的过往，还有"谁娶了多愁善感的你——谁把你的长发盘起"的感慨，在感慨之中依依不舍、流连忘返。同学没有高低贵贱之分，现在的"头衔"抹不掉过去的平等，心理认同、情感认同高于世俗认同。同学来电、来信、来访，分享成功分外喜悦，传递信息增强信心，关心关怀温馨温暖，伸出援手能帮则帮。同学聚会是最放松的平台，进门好气色，出门好声色。什么话题、什么内容都可以聊，不必仰人鼻息，不必咬文嚼字，不必遣词造句，不必心中设防。家常话一打一打，儿女事一扎一扎，是轻松的哲学遨游，也是加油鼓劲的港湾。同学间，有误会，也有妒忌，甚至记恨，但历经老师的调解、同学的斡旋、微笑的握手、聚会的荡涤，就会烟消云散，和好如初。

最珍贵的是同事缘。百年修得同船渡，千年修得共枕眠。同事，是一种缘分、一种情分、一种福分，也是一种机遇、一种选择、一种幸福。同事同志，大家来自五湖四海,为了共同的事业和目标,走到了一起,在同一个"旗帜"下,牢记初心使命,心往一处想,劲往一处使。当大家共同撑起理想那片天、共同跃上胜利那层楼的时候,我分明感到,同事就是开疆拓土的豪迈,同志就是顶天立地的气概。同事同行,大家"车同轨、书同文、行同伦",在同一个"职能"下,同答一份卷、共画一张图,你搬砖我盖瓦、你拾柴我添薪、你施工我监理,分工合作、分兵把口,共同建起人民事业的大厦。当大家共同庆祝一个任务完成、一个文件实施的时候,我分明感到,同事就是胜利的喜悦,同行就是坚毅的初心。同事同舟,大家早出晚归、朝夕相处,常常加班加点,相处的时间比家人多得多,面对的矛盾比亲人多得多,交流交心的机会比爱人多得多,在同一条船上摇橹划桨,共同把事业帆船驶向成功的彼岸。当大家手拉手共同战胜困难、心连心一起忍辱负重的时候,我分明感到,同事不是亲人胜似亲人,同舟不是兄弟胜似兄弟。同事同福,天下没有不散的筵席,单位没有不散的同事。因为工作调动要分别,因为岗位变动要分别,因为年龄因素要分别。凡此种种说明,同事是一个时空的概念,分别则是一个永恒的法则,人和人不可能一辈子同事,同事只是暂时的,退出同事是必然的,不在乎同事时间长短,需要珍惜的是同事缘分,当缘分升华为情分的时候,就是同事同志同行同舟的福分。

缘分虽然珍贵,但古往今来,皆莫缘来缘去。人生聚散,时时有缘相识,刻刻无缘分手。我从求学到工作生活,几十年下来,虽然阅人无数、同事众多、朋友不少,但临近退休,反复盘点,留下情谊往来的,不过百十者也。人性的弱点决定,许多有缘相识的人,只是生命中的匆匆过客,与你握手擦肩后,不会留下多少痕迹,即使荡起了几朵涟漪,也只是短暂的。许多缘分,或为利、或谋仕、或通关,一旦目的遂达,便会懒得挥手,遁影无踪。对此,我们实在不必气馁,无情必无缘,"天要下雨,娘要嫁人",让我们打扫缘分的房间,腾出心灵的空间,安放新的缘分吧!

缘来缘去在珍惜。无论如何算账,我也是缘分的受益者,或者说是缘分的赢家。我想,把缘分刻在心里、含在嘴里、装在行囊里、扛在肩上、驮在路上,珍惜在生命中,定能收获缘分、拥有情分、装满福分。缘此,我真诚地感恩那些给予我缘分、情分、福分的人,愿他们吉祥如意、幸福安康!

乐中问道跟党走

子曰："志于道，据于德，依于仁，游于艺。""道"，是中华文化特有的哲学概念，指的是万事万物运行的规律，是事物发展变化的遵循。"问道"，即认识把握事物发展变化的规律。

听经因牧豕，问道若耕田。无论形而上天道，还是形而下人道，皆道可道非常道，必须艰辛修行、艰难追求、艰苦探索，方能认识事物内在本质的、必然的联系。

毫无疑问，问道是苦的。学习刻苦，思考辛苦，积累劳苦，抽样清苦，实验艰苦，去粗困苦，取精茹苦，失败痛苦，成功甘苦。苦是问道探索的孪生儿，与问道相伴相行。

那么，为什么又能乐中问道呢？因为苦是一种感受，乐是一种状态。有苦不说苦、吃苦感觉甜的人，就会以苦为乐、苦中求乐、变苦为乐。苦与乐又是相对的，不同境界的人对苦乐的感受不同，不同的职责、使命对苦乐的理解不同，共产党人问道，不忘初心使命，尽为人民谋幸福之责、尽为民族谋复兴之责，当然时时快乐、处处快乐。

儒家讲究忠孝仁义，崇尚礼治、德治；墨家主张非攻、兼爱；道家崇尚顺其自然，主张"无为而治"；法家主张严刑峻法，强调法术势的结合。一路走来，诸子百家教我兼收并蓄，党的召唤引我乐中问道。

天若有情天亦老，人间正道是沧桑。我将进一步弘扬乐中问道的精神，高举中国特色社会主义伟大旗帜，以习近平新时代中国特色社会主义思想为指引，增强"四个意识"，坚定"四个自信"，做到"两个维护"，听党话、跟党走、守正道、走大道，建功新征程，奋进新时代，为建设社会主义现代化国家作出贡献！

凭党性工作　凭人性做人

　　党员领导干部以普通党员的身份参加支部组织生活会议,这是党章和党内法规的要求,要站在讲政治的高度,身体力行,认真落实。今天我有机会以一名普通党员的身份参加会议,想到了两句话,与大家交流,请批评指正。第一句话是"凭党性工作",第二句话是"凭人性做人"。

　　先讲讲凭党性工作。 党性是什么? 党性就是党的本质属性。中国共产党是无产阶级的先锋队,同时是中国人民和中华民族的先锋队,是中国特色社会主义事业的领导核心。党的宗旨是全心全意为人民服务,党除了人民的利益没有自己的利益,这些都是党的本质属性。作为一名党员,从入党宣誓的那天起,就要认真履行党的义务,严格按照党的章程、纪律来规范、约束、激励自己,凭党性工作。一是必须坚持"三严三实"的要求。习近平总书记提出的"三严三实"要求,是对一名党员提出的最基本的为人处世标准。局机关全体党员要认真对照"严以修身、严以用权、严以律己,谋事要实、创业要实、做人要实"的要求规范约束自己,修正纠偏自己的言行。二是必须廉洁奉公。廉洁就是廉政清洁,在党章、政策和法律的范围内工作,不该做的事不做;奉公就是一心为公,凤夜在公,为了公家的利益和事业勤奋努力。作为一名党员,要对照廉洁奉公的要求规范言行,勤政为民。三是必须爱岗敬业。爱岗敬业是职业道德的基本要求,是要热爱岗位,做一行爱一行敬一行专一行成一行。虽然在座的同志职务有高低、分工各不同,但从事的都是党和人民的事业,都要爱岗敬业。自己的岗位都不爱,怎么能说是一名合格的党员? 四是必须无私奉献。党的宗旨是全心全意为人民服务,党始终代表中国先进生产力的发展要求,始终代表中国先进文化的前进方向,始终代表中国最广大人民的根本利益,这就决定了为党工作必须无私奉献,为最广大人民群众谋利益。如果做什么事都跟自己的利益挂钩,不仅不能干好工作,还会使自己的世界观、人生观、价值观发生偏差,偏离为人民服务的宗旨,偏离一名党员"三个代表"的本质要求。五是必须修身自律。作为党员尤其要注重锻炼品德、修身自律,否则就可能会偏离党章、政策和法律,做出与组织要求相违背的事情;既然加入了这个组织,就必须兑现对党的庄严承诺,对自己严格要求。

再谈谈凭人性做人。 什么是人性?人性就是人的本质属性。第一,人是讲信用的。信用是人的立身之本,孔子说:"人无信不立。"汉字中的"人"字之所以能站立起来,是因为人有两只"脚"支撑。我想信用就是其中一只,没有信用的人站不起来,只能做爬行动物。第二,人能够制造生产工具。人与一般动物的区别在于,人能制造生产工具,能用生产工具从事劳动。所以人不是一般动物,更不是冷血动物。第三,人生活在群体中。群体无处不在,三人为"众",就是说三个人在一起就是一个群体。要确保群体在一起团结和谐,就必须协调好与他人的关系,不能任凭个人意志行事,否则就会难以立足。第四,人的能力有大小。孔子说:"三人行必有我师。"三个人走在路上,其中必定有一个人在某一方面能做自己的师傅。人的能力有大小,也各有所长,这就决定了人要取长补短,正所谓"三个臭皮匠赛过诸葛亮",一定要集中大家的智慧才能取得成功。第五,人讲求缘分。我多次引用过一句经典的佛语"前生500次的回眸才换得今生的擦肩而过",中国也有句古话"十年修得同船渡,百年修得共枕眠",说的都是人与人之间缘分的珍贵。人生偶然的排列组合让我们聚在一起工作,这是一种非常难得的缘分,只有珍惜缘分才能形成福分。有的人不在乎缘分,破坏缘分,最终就会造成群体不和谐。第六,人有人情味。人吃五谷杂粮,有喜怒哀乐。人生活在群体中,不是生活在真空中,是有人情味的社会人。人情味就意味着人能相互理解、相互帮助。光想着索取、不求奉献的人就不是境界很高的人,也不可能是个很成功的人。第七,人有缺点、弱点。金无足赤,人无完人。人不是机器,即使机器也会出故障。人的性格、习惯、观念都有固有的弱点,所以人要相互体谅、相互理解。费孝通先生讲:"各美其美,美人之美,美美与共,天下大同",就是说人们要懂得各自欣赏自己创造的美,还要包容欣赏别人创造的美,这样将各自之美和别人之美融合在一起,就会实现理想中的大同美。做人要多一点阳光、多一点透明,多想着成人之美,不要老阴暗地想去给人使绊,想去害人。第八,人的生命有限。雷锋同志讲:"人的生命是有限的,要把有限的生命投入到无限的为人民服务中去。"这是何等的境界!正因为如此,人不能虚度光阴,应该勤奋工作。我想到以前常说的三句话:"种下养成,能收获习惯;种下习惯,能收获性格;种下性格,就能收获命运。"习惯是养成的坚持,性格是习惯的坚持,命运是性格的必然结果,所以我们常常讲性格决定命运。我记得《医者人心》中有一句话讲得很深刻:"一个人不洗澡,光靠擦香水是不会香的,人的名声和尊贵来自品德和尊严。"

做人确实不容易,特别是做一个"大写"的人,做一个有人性的人,尤其如此。党性是人性的提升,作为一名党员,凭人性做人更要体现党性的要求。一是做有担当的人。担当是什么?担当就是承担并负责任。有担当就是敢于负责、愿意负责、勇于负责、善于负责。一个对事业有担当、对家庭有担当、对朋友有担当、对社会有担当的人,才是一个充满血性、坚定坚毅、人格完善的人。梁启超先生有一篇文章《最苦与最乐》,我时常捧读,每一次读后都有深刻的感受。先生说,有了这责任,那良心便时时刻刻监督在后头,一日应尽的责任没有尽,到夜里头便是过的苦痛日子;一生应尽的责任没有尽,便死也带着苦痛往坟墓里去。人生须知道有负责任的苦处,才能知道有尽责任的乐处。这种苦乐循环,便是这有活力的人间一种趣味。却是不尽责任,受良心责备,这些苦都是自己找来的。一翻过去,处处尽责任,便处处快乐,时时尽责任,便时时快乐。这些话语深刻启示我们,人生不尽责任就会痛苦,履行责任才能获得快乐。做一个有担当的人、一个履职尽责的人才能时时快乐。二是做有底线的人。什么是底线?底线就是人们在日常生活中必须遵守的文化、道德、法纪等行为规范的最低要求或最低标准。一个社会的人,不论工作还是生活、为人还是处世都要有底线,越过底线就会失去尊严,就会违反法纪,就会成为一个"小写"的人,成为一个卑微的人,成为让人从心里贴上"标签"的人,甚至成为违法犯罪的人。三是做有爱心的人。一个人没有爱心、没有同情心、没有相互体谅和理解之心,总认为世人皆醉我独醒,世人皆浊我独清,曲高和寡,独来独往,这就不是一个有人性的人。中国传统思想说"一方有难,八方支援",当别人有困难的时候,要想着如何伸出援手,给人帮助,帮助人家共渡难关、战胜困难,正所谓,授人玫瑰,手有余香。四是做坚守信用的人。一个没有信用的人,人家会从心底看不起你,不愿意和你打交道。任何时候都要信守诺言,不能当面一套背后一套,说了的话就去做,做不到的事不去说。五是做正直善良的人。正直和善良是相辅相成的,正直如高山,笑傲风云,善良如流水,滋养生命。它们一刚一柔,共同组成生命的根基。正直是人类的脊梁,也是我们为人处世的根本。善良仿佛是一段缠绵温馨的小提琴曲,唤醒人们心中最纯真的感情,奏出世界上最美好的乐章——心灵的交响曲。做一个正直善良的人,心中有是非、行动有操守、处事有原则、行为有爱心,既能庄严自己,又能温暖别人,更能行稳致远。六是做阳光透明的人。有些人为人耿直坦率,对某个同志有意见,会真诚提出批评,对某种行为有意见,能及时跟人家交流,而有些人在与人打交道时总不说话,专门听他人讲,抓住别人的弱点,不让别人知道他内心的想法,这种人非常可怕。我认为阳光最温暖,透明最公正,正如我们常说的"透明是最好的防腐剂",人应该多一点阳光、多一点透明,做一个真诚的人。

悠悠故居情

（一）

那年腊中，大雪初霁，妻子就打包扎捆，张罗着策划已久的乔迁之事。儿子与小伙伴们在四合院里尽情地打着雪仗，乐陶陶地炫耀着就要搬进"脱鞋子"的新房。邻居们陆续来家中小坐，盘点着一个个远亲不如近邻的鲜活的故事，描绘着一串串关于未来的幸福憧憬，无限羡慕地祝贺着我家终于从"黑暗"熬到了"光明"。而夙梦有一方安静的"爬格子"天地的我，临到圆梦之时，却对陋室故居生出缕缕难舍情怀……

为了多住些日子，我这个一家之长，竟然蛮横地一再借故工作忙，而不把搬家之事列入议程。十分留恋地又过了半个多月，眼看年关吃紧了，怎么也耐不住妻儿唠叨，才择了吉日遂了妻儿之愿。

搬入新居很长的一段时间，我的心空荡荡的，无论怎样调剂，总是不停地抗议伙食无味。度过了新鲜、兴奋期的妻子，话变得少了，像是丢失什么贵重物品一样，郁郁茫茫，患得患失；刚刚懂事的儿子，更是失去了往日的天真与烂漫，常常一个人呆呆地坐在新添的沙发上剥着指甲，念叨着故居一个个小朋友的名字。

于是，我常想，那钢筋混凝结构的楼房虽然改善了人们的居住条件，却也阻碍了人们的正常交往，使人变得狭隘、自私。这样想着，我就感到人类生存的硬环境其实并不重要，重要的是拥有一个优良的软环境。过于优越的硬环境，往往使人在丧失斗志中感到寂寞和孤独，而优良的软环境却更能凝聚人心，激励人们奋发向上。

（二）

故居，是我负笈他乡、开卷人生、奋发事业，践约"秦晋"后的第一个"家"。

怎么也忘不掉第一次探望故居的激动心情。几年的马拉松恋爱，因为没有洞房，使得家庭的船总也不能扬帆。那天上午，经过不断打听信息，收集情报，请示报告，陈述理由，诉苦连天，尽力要求，终于感动了代表组织的领导，虔诚地接过了幸福之门的钥匙。

大约上午9点多钟，我顾不得请假，冒着被记上"旷工"的危险，怀揣着无限的向往憧憬，飞也似的前去探望那不曾谋面的"故居"。

推开大门，我十分吃惊，像是走入一幅美丽的风景画。只见，两排整齐悠长的葡萄架中套着一行高大的南丰蜜橘。东墙下，一口水井四周桃李争艳，西墙的大门两边，长着四棵参天的法国梧桐。树荫下，两条长方形的花池里月季花与夹竹桃竞相开放。院内两排平房为同一种结构，两房直通，厨房与居室隔开，形成一条长长的天井。我搬进去的第一天，就亲身体验到一种幸福。那时，我还是单身汉一个，只有几样简单的家具，但听说我要搬家，邻里们都来相助。隔壁的吴大哥、吴大嫂还特意准备了酒席，为我接风，并请邻里作陪。席间，邻居们十分谦虚、热情，都说："小吴你是读书人，能搬进来和我们做邻居，我们很高兴，今后有什么困难，请不要客气。"那份温馨、那种温情使我这个远离亲人的他乡之客，顿感又回到了故乡母亲的怀抱，心里热乎乎的。我想，人生还有什么比得到别人的信任和尊重更幸福、更美好呢？

在院子里住久了，我深切地感到这里就是一个大家庭。有时到外地出差，小别几日，心里就会没着没落，似有如隔三秋之感。

院子里没有写入作息时间表的铁规定，每天7点钟左右，除了出去买菜的，家家户户无论大人小孩，都会自觉地加入行列，三下五除二地搞完卫生后，大人们便会聚在一起相互询问一天之内各家的主要安排，有什么困难，需要什么帮助；然后，才各自散去吃早餐。我是一个爱睡懒觉的人，起初很不习惯，常常不是"旷工"，就是迟到。好在邻居们宽宏大量，见我又没有参加劳动，便会寻找理由互相转告:"可能是小吴昨天晚上又加班搞材料,起不来了。"有时,见我7点多钟尚未起床,就会关切地询问我是不是身体不舒服。久而久之,我无限惭愧于邻居们厚厚的关怀,更深深地被大家那种高度自觉的集体主义精神感染,痛下决心身体力行,也就没有再掉队了。

我在机关工作,经常下乡,妻子从事物价检查工作,也常常不在家。我儿便成了众家的崽,东家一餐,西家一餐,倒是天天得到伙食改善。一天,我在外出差,妻子因为临时决定下乡,粗心地忘记了交代人去幼儿园接小孩。对面的王家婆婆见12点多钟我家小孩尚未回家,便带孙女走了一里多路去幼儿园探望,幼儿园未找到后,又去了我岳母家找,岳母家未找到便发动邻居们一起寻找,结果是邻居饶大姐在盱江边上找到了走迷路而大哭的儿子。试想,面对涛涛的盱江水,如果没有邻居们无私的爱心和行动,我那天真的儿子也许就会遇到怎么估计也不过分的不测。这件事,我们夫妇受到了邻居们的严厉批评,正是这种无私、友爱、善意的批评,让我深深感到一个人、一个家庭,是多么渺小、多么无力,只有从心里都充满了爱,我们的世界才会变得越来越美好。

迁徙故居经年,我的心总好像出差在外,魂牵梦萦,聚散依依,有一种就要返家的感觉……

（本文原载于《抚州日报》1997年8月6日第3810期,有改动）

乡　情

　　迈过"而立"，又奔"不惑"，二十年望乡，四十年蹉跎，故乡的情结随风雨人生在心里发芽长大……

　　童年的时候，乡情是故事。印象最深的是乡村的夏夜。乡邻们吃过晚饭，最奢侈的头等大事，是搬着竹床、躺椅、长凳等到禾场上聚集乘凉。其规模往往是不分男女老少全部出动，偌大的禾场常常被无序的床椅里三重外三重地包围着，稍晚一点就只能靠边"站"了。乘凉的人们和着微风，浴着月光，似睡非睡地进入梦乡，这是消除一天劳顿、恢复体力最好的办法。最令我难以忘怀的是，听大人们讲那永远也讲不完的故事：从先祖的迁徙到他们的养鸭创业，从佃农为财主打工到科举赶考，从家乡的三个半秀才到李绂（清朝名人，我的同乡）的挑灯夜读，从牛郎织女鹊桥相会到月亮白云苍狗……正是这一个个故事，启蒙了我的思想，点亮了我的爱恨，开启了我的人生。那时，我常担心，自己长大了是否也能讲这么多故事。这样想着，便天天盼望童年快点长大。

　　迈入少年的门槛，人与人之间的关系演绎成阶级斗争，乡情被打上了阶级的烙印。小毛，与我同堂同龄、同学同志，亲密无间。然而，因为小毛的父亲是富农，小毛是"四类分子"子女，我与小毛的友好便被认为是同情"四类分子"的表现，我本人也成了"批判"和"改造"的对象。一天下午，约莫20多个小伙伴在丁家山放牛。刚把牛赶到山上，"司令"（放牛娃的头儿，一正二副）就找我谈话。记得他先举起毛主席语录，背诵了一段"阶级斗争必须年年讲、月月讲、天天讲"之后，对我说："如果你再跟小毛好，我们就开除你！"不知是当时觉悟太低，还是根本没有觉悟，为了友谊，我没有答应"司令"的要求，他便愤怒地恨铁不成钢地宣布,永远把我开除!并当即指示小伙伴们把我的牛赶出牛群,赶至另一个山头。于是,从这天下午开始,直至到县城读高中,大约4年多的时间,我和小毛一直被伙伴们孤立着。每天,两个人早晨一同放牛,上午一同上学,下午一同砍柴。起先,我十分害怕,特别是冬日下午,遇上灰蒙蒙的天气,天昏地暗,我们两个未成年的孩子在深山老林中听着老鹰的叫声,心里直发怵。几经磨难和斗争,慢慢地也就习惯了。为了提高效率,我们常常将柴先砍倒,待晒干后再捆绑成担,挑回家中。这样,时间多了,我们就互相讲故事。最有意思的是分角色背诵课文,东郭先生与狼的故事情节,至今仍在我记忆的心海荡起涟漪。所有这些,现在想起来,既深切地感到那时极"左"路线的可怕,又从心里感激那段特殊的岁月,正是那段独立自主的生活,炼就了我不怕困难、自立自强的性格。这一点,远在太平洋彼岸的小毛也多次来信表示与我同感。

中学毕业后,我负笈他乡,关于家乡的信息渐少,乡情成了心中梦中的一道风景。"家书抵万金",那时吟读来自家乡的书简,感受家乡的人事和沧桑,分外亲切。后来,家信少了,订阅家乡报纸,了解家乡的经济、社会动态便成了我生活中一大嗜好。偶尔有朋自故乡来,便会不亦乐乎,非要一醉方休不可。有时候,从梦乡醒来,聚散依依,一种"夕阳西下,断肠人在天涯"的感觉袭上心头。每每此时,叶落归根的情愫和决心就在心里澎湃。

近乡情更怯。一次领导的厚爱,使我有幸被调回家乡的地直单位工作。然而,当我怀揣着调令启程,那一腔深深的眷恋和思念,那旷日持久的蓄积与等待,那心中梦中的希冀,都将在这一个时日里得到兑现和印证时,激动不已的我却有几分惶惑和惧怯。随着车子渐行渐近,我愈加不安和惶恐,甚至有些犹豫,不知这样一事无成、两手空空、急急切切地回乡是否唐突、是否合宜。这时,我第一次感到,乡情其实也是一种责任。

乡情悠悠,关爱绵绵。善良纯朴的父老乡亲没有嫌弃我的空虚和浅薄。当我办完调动手续回乡探亲时,乡亲们像接待久别的亲人一般,个个嘘寒问暖,家家争着请我吃饭。一种暖融融的亲情浸透着我,更有业余闲暇,与串门的乡亲拉家常、话桑麻、品土产,实在是一种轻松之乐。这样,越是尽情地享受乡情,我对乡亲们就越有一种汗颜和知恩未报的感觉,心里无数次地发誓要为他们做点什么。因此,尽管我是一名普通干部,无权无钱,办事能力十分有限,但是,对于找上门来要求办事的乡亲们,我都热情接待。几年来,从借钱、借物、借宿到带路、治病、盖章,从升学、找工作、打官司到购物、推销、存款,能办的,我都本着"量力而行,尽力而为"的原则尽可能地办妥;不能办的,就耐心地做好说服解释工作,争取乡亲们的理解。或许是我的热情深深地感染了乡亲们,一段时间以来,找我办事的人不断增多。有时刚刚招待一批人吃完饭,躺下来午休一下,又被敲门声惊醒,只好再起来弄饭;有时晚上借宿的人多了,一个地铺不够,就铺两个。平心而论,这种"全求人"的事情常常弄得我夫妻俩筋疲力尽、心力交瘁。偶尔遇上个别霸气十足的"兵"僚,自尊心几天也难以平静。但正是这些艰难的办事过程,让我更直观、更深刻地理解了乡情的内涵,也完成了我用真情和责任践行乡情的诺言。正是这些艰难的办事过程,让我蹚过了这条"地球越来越热、人情越来越冷,人心越来越大、铜板越来越小,道路越来越阔、胸怀越来越窄"的世俗之河,使自己的灵魂得到洗涤和升华。

"身在名场翻滚,心在荒村听雨。"拥挤的人生舞台上,人人都在呼唤真情,但人人都在用狡黠和戒备的目光去看人待人;人人都想听真话,但人人都在用各种理由和借口说着各种假话;想见真心,却又紧紧包裹隐藏着自己的心。只有乡情,一如生命的醍醐,让我在"名利场"进退,并超然于"荒村听雨"的洒脱。这时,月透明,心透明,抖一抖满身的寂寞也透明!

(本文原载于《抚州日报》1998 年 8 月 26 日第 4 140 期,有改动)

换岗的感觉

依然是心驰神往，依然是忐忑不安，怀着憧憬，揣着担心，我又一次走上了新的工作岗位。

换岗像姑娘出嫁，对故土、父母的眷恋与对新夫、新生活的向往交织在一起，心漾于得失之间，虽然失得心甘情愿，得得甜甜蜜蜜，却常常使你的思想不经意地"跑火"，不自觉地"身在曹营心在汉"。记得每次到新单位工作，我都历经了一个或长或短的磨合过程。有时像梦游似的，上班时还会下意识地走到原工作单位，只是经老同事提醒后，才会恍然大悟，对自己的行为感到好笑。几经反复，也就深刻地体会到了"而那过去了的，就会成为亲切的怀恋"，也就读懂了"百年修得同船渡"的道理。于是，我变得十分珍惜同事的情缘、同志的情谊。10多年来，不管调到哪里，不管担任什么职务，我都与善良的老同事、老朋友保持联系；偶尔相逢相邀，共享快乐、共担忧愁时，便有一种置身于大家庭的温馨感。这样品茗生活，我便不知天高地厚地为当年的费尔巴哈感到可惜。我想，如果不是他老人家晚年独居乡间，把自己隔离起来，也许就不会功亏一篑，恩格斯所说的"只差一步"也许就能消除，而他的理论也许就上升到了辩证唯物论。

换岗是一次升学考试，虽然经过考察或借调的预考，发了"调令"这张通知书，在形式上已被录取，但内容上还要过很多应知、应会的考试关。在考试中，考生只有你自己，而监考和出卷者却包括领导、群众，甚至单位的周边环境。考试内容包括政治素质、理论素质、工作能力、协调能力、道德能力等考试科目，考试时间短则一两个月，长则两三年。在考试过程中，即使你具备了当工程师的素质，一般只分你干助理工程师的工作。考试期间，所有的监考教师和出卷者都有权监督你、考察你、帮助你、指导你、表扬你、批评你。你接触领导,群众说你眼睛向上;你接触群众,领导说你组织观念不强;你多说多干,有人说你爱表现,爱出风头;你只干不说,有人说你谨小慎微、性格内向;你只说不干,有人说你夸夸其谈、胸无大志。别人的议论,你不能不听,又不能多听。不听,别人讽刺你,你还以为是表扬你;多听,昨天的"错误"未来得及改,今天的"错误"又要继续犯。考试的成绩有人不公布,记在脑中,刻在心中;有人张榜,写在脸上,说在嘴上。群众的录取作用不大,领导的录取作用不小,领导与群众一起录取,才算是真正的录取。所谓"和尚出家先入为大",一旦录取,不仅可以得到领导的信任、群众的拥护,还可以堂而皇之地加入监考者和出卷者的行列。由此,我常想,换岗后的应试过程不仅是刻苦学习、积累知识、增长才干的过程,同时也是修身养性、陶冶情操、学会做人的过程。

换岗是智慧的竞争。人往高处走,水往低处流,谁不希冀从"糠箩"跳到"米箩"? 谁不梦想有一个更能锤炼自己、施展才华、实现理想的岗位? 然而"物竞天择,适者生存",不同的人,持不同的态度,付诸不同的行动,收获不同的结果。有人轻因重果,认为"一切中介都将消失在结果之中",为达到目的,顺流而下不行就逆流而上,搭桥不行就蹚水横渡。于是,左右逢源,一次次地被领导看中,一次次地调动工作、变换岗位。有人重因轻果,像求解数学二次方程,小心翼翼地从上一个步骤运算至下一个步骤,直到演绎完最后一个步骤,才发现方程无解,有的甚至走完了九十九步却在与单位商调的最后一步被卡住,究其一百条原因,有九十九条心照不宣,只有一条张榜公布,那就是:你是单位的人才、骨干,不舍割爱,将被重用。这时,本来沧桑失落的心,听说能被重用,又为之一振。多年来,我常想,岗位资源的稀缺性决定了社会必须优胜劣汰,必须对参试者进行智慧检测。这一智慧的竞争,有时是素质的竞争、人格的竞争,有时是关系的较量、权力的较量,关键就看你如何扬长避短。实践证明,只有藐视沟壑、不畏艰险、披荆斩棘的人才能成功。

换岗是社会进步的动力。所谓"树挪死,人挪活",换岗带来的新的技能要求,必然鞭策着你去学习学习再学习,而换岗带来的成功的希冀、胜利的果实,又鼓舞着你去奋斗奋斗再奋斗。换过岗的人更能珍惜生活、热爱生活,更能读懂艰难和奋斗的内涵。因此,我想,社会应该建立一个合理的换岗机制,这一机制以竞岗为核心,以劳动者拥有自由选择自己职业和岗位的权利为基础,换岗者无须向掌握岗位资源的人送礼拍马,唯一的道路便是努力学习,提高自己的知识水平和业务能力,去参与岗位资源的分配和再分配。

（本文原载于《抚州日报》1999 年 6 月 26 日第 4 401 期,有改动）

春游井冈山

"久有凌云志,重上井冈山。千里来寻故地,旧貌变新颜……"从孩提时代起便无数次地吟诵也无数次被其感动的领袖诗篇,把井冈山这座中国现代史上的名山牢牢地刻在了心间,但人事悾惚,竟到今春才成行。

仲春时节,春雨涟涟,在这个气候多变的季节,到气候多变的井冈山旅游着实下了一番决心。

久雨初晴,星期天,我们出发了。车入平野,沿路四望,果然春光无限、桃花吐蕊、李花争放,鸟儿在枝间婉转地歌唱,如茵的绿草,三五低头的牛群,一丘新犁的水田里两头水牛在尽情地嬉戏翻滚,金灿灿的油菜花在星星点点与一望无垠中交织循环往复……我沉浸于这鸟语花香中,久居城市,为高楼围墙街道铁门所锁困的疲惫心绪顿时走出"围城",激荡起来……

大约下午两点多钟,我们经碧溪、过拿山,一会儿,车子就进入了井冈山麓,性能良好的南京"伊维柯",在技术高超的师傅驾驶下,欢快地行进在盘山公路上。

这时,路旁两个巨大的牌坊映入我们眼帘:"山因革命而高,地因人杰而灵。""井冈山精神:坚定信心,敢闯新路。"品读着这些充满革命色彩的文字,井冈山革命斗争的历史在我记忆的回音壁上荡起圆圆的涟漪。

70多年前,茫茫的中国大地黑暗如漆,960多万平方千米的神州大地在血火中飘零。正当中国革命处于低潮的危难之际,以毛泽东为代表的中国共产党人用超凡的胆略和无畏的气概,在罗霄山脉的中段——井冈山点燃了星星之火,创立了中国第一个革命根据地,从此将中国革命由低谷逐步引上了坦途。在如火如荼的井冈山斗争中,毛泽东、朱德等老一辈无产阶级革命家倡导和培育的伟大的井冈山精神,是全党和全国人民极其宝贵的精神财富,也是我们的党魂、军魂、民族之魂。人是要有点精神的,如今,当中华民族正扬起风帆航行在建设美好祖国的征程中,不也正需要这种精神的领航和支撑吗?

红的是历史,绿的是青山。当我从红色的历史中回过神来,汽车已驰骋在通往茨坪的山腰。凭窗远眺,只见青山滴翠、碧水萦回、林木翁郁、花团锦簇、沟壑纵横、层峦叠嶂、百里林海、松青杉翠,那层叠的峰峦和茂密的森林、绮丽的景色,令人心旷神怡,遐思悠悠……

下午4点多钟,车子到达了我们下榻的芳竹宾馆。丢下行李,我们就赶紧驱车前往井冈山革命博物馆参观。据悉,该馆建于1959年,现有馆藏3 000多件。馆标是1962年朱德同志重上井冈山时题写的。走进博物馆,三湾改编、改造袁王、朱毛会师、三打永新、边界一大、边界二大、朱德的扁担、英雄刘仁基、王尔琢之死,一页页智慧的、坚强的、忍辱负重的、悲壮的、血染的史迹大写在我的心间,让我深刻地感受到老一辈无产阶级革命家的雄韬伟略,让我深切地体会到革命斗争的艰难困苦。我想,接受这样生动具体的革命传统教育,每一个真正的共产主义追随者和后来人,都会从灵魂深处升华出一种建设伟大社会主义国家的坚定信心和决心;每一个热爱祖国、热爱人民的人,都会更加珍惜今天美好幸福的生活,为社会作出更大的贡献。

井冈山的夜,皓月当空,逶迤绵亘的山峦在月光的照耀下朦朦胧胧,清新的空气中弥漫着淡淡的花香,潺潺的流水在静谧月夜中徜徉,际遇这样的良辰美景,我们都忘记了旅途的颠簸和疲劳。吃过晚饭,我们徒步两里多路,来到茨坪参观。

春夜的茨坪,火树银花,霓虹闪烁,虽然是旅游淡季,但街上的游人仍然不少。这里是当年井冈山革命根据地的中心,如今的市中心。这个四面环山的盆地里,错落有致地分布着大大小小的宾馆、影剧院、商场、集贸市场、电视台等。最引人注目的是矗立于北山的烈士陵园,它由纪念碑、碑林、雕塑园和纪念堂组成,左上方是思想内容丰富、书法艺术精湛的碑林,党和国家领导人、全国知名人士亲笔题写的 139 块诗词镌刻碑廊,书法遒劲有力,笔走龙蛇,气势磅礴。陵园右山顶,是全国第一座以革命历史为题材的人物群体雕塑园,毛泽东、朱德、陈毅、彭德怀等 19 座雕像矗立在这片青山翠柏中,神态逼真,栩栩如生……还有南山公园、文化中心、毛泽东旧址、挹翠湖游乐园等,构成井冈山一道道生动、形象、丰富、美丽的革命历史和文化旅游风景线!

天公真的作美,早晨起床时还在淅淅沥沥地下着雨,吃过早饭又虹销雨霁、阳光明媚了。拥着与天空一样晴朗的心情,我们开始了新的一天的旅游生活。

车近黄洋界,大家迫不及待地下车,弯进路旁的山道,寻找《朱德的扁担》中描述的那棵树。只见那树高达 20 多米,浓荫匝地,大大的倒卵形叶片边缘有波浪状的缺口,在微风中簌簌作响,仿佛缺牙的老者张嘴讲述毛泽东、朱德当年挑粮上山在此休息的情景。

著名的黄洋界哨口,是井冈山的五大哨口之一。这里海拔 1 343 米,地形险要,大有"一夫当关,万夫莫开"之势,1928 年 8 月 30 日的黄洋界保卫战就在此进行。解放后修建的"黄洋界保卫战纪念碑",由一块竖碑和一块横碑组成,横碑正面刻着毛泽东同志《西江月·井冈山》手迹,背面是朱德同志所题的"黄洋界"三个苍劲有力的大字。当年的战斗工事至今还保存着,附近名叫"五里横排"的小路是当年红军挑粮的地方。

走下黄洋界,一幅人间仙境图与我们不期而遇,只见霞岭白云,柳絮翻飞,袅袅腾腾,气势磅礴,山在云中,云在山中,树木和村庄在云雾的沐浴中缥缥缈缈,时隐时现。大家站在山巅,欢呼雀跃,指点美景,拍下了一张张梦幻般的画面。我的心一片空灵,面对这神奇雄伟的大自然,追忆昨日黄洋界的炮声,心中洋溢着许多庄严和责任。人们啊,当你们沉迷于这大自然的壮丽景色之时,千万别忘了那些用鲜血浸染和捍卫这"美哉斯土"的先烈们!因为,只有牢记历史,历史才不会重演,一切大自然的美景才不会是海市蜃楼,才会永远放射出更加灼目的光辉!

上午 9 点多钟,我们慕名来到龙潭参观。一踏进月河山门,眼前豁然开朗,只见群峰巍峨,山势险峻,悬崖嶙峋,古木竞秀,葱郁青翠,一派雄伟奇险之势。

我们踏上一条迂回曲折的青石板路,大约 20 分钟后,路分两叉,一条顺山而下,直通谷底;一条横腰而进,经"一线天""水帘瀑"等景点后,再顺山而下通谷底。没有向导,我们随机选择了一条横进的路线。不一会儿,我们都深切地感到,选择了这条路实际上就是选择了艰难险阻。崎岖的羊肠小路像毫无规则的曲线镶嵌在悬崖峭壁上,接受着潇潇春雨的洗礼。路上很滑,我们步履维艰,顾不上欣赏山中美丽的风景。我想,这大概就是天人合一、矛盾统一吧。人们在欣赏自然、改造自然的同时,自然也在考验着人们、拒绝着人们。

由于只顾埋头行路,未及抬头看景,本来为"一线天"景观而来,却不知什么时候"一线天"已从身边擦肩而过,只是到了"水帘瀑"时才恍然大悟。

"水帘瀑"是我们游览中看到的又一个壮丽景观。只见溪流从一块平展宽敞的岩石落下,水流均匀地分成无数线条下落 10 多米,酷似晶莹剔透的门帘。更令人叹为观止的是,瀑布两旁的山腰,桃花与含笑争奇斗艳,夹道欢迎匆匆的流水和匆匆的游客。我想,那雪白的含笑一定象征着流水的勇敢和圣洁,粉红的桃花一定在祝愿游人一路平安。

忘情于眼前的画面,大家争相留影,一时心在"桃花源"中,找不到前进的路。正当我们"不知有汉,更无论魏晋"时,一位同伴大胆设想路可能在瀑布下,果然,当我们朝着瀑布的方向前进时,发现一条路从瀑布下穿过。顿时,大家又兴奋起来,纷纷走进瀑布,向着飞流直下的雨帘张望,好像站在倾盆大雨之下,而回过神来看看身上的衣服,却没有沾上一点水滴。这时,我们无不惊叹于大自然的鬼斧神工和设计者的独具匠心。

过了"水帘瀑",经"海螺峰""人面岩""红军洞"逶迤而下,我们到达了缆车站下的"仙女潭"。"仙女潭"是"五潭"中最下面的一潭,抬头仰望,只见湍急的水流在错落有致的岩石上,惟妙惟肖地勾勒出仙女白皙的脸庞、手臂,高耸的胸脯和纤巧的细腰,以及扇形的纱裙。远远望去,恰似一位楚楚动人的仙女正轻歌曼舞、舒袖翩翩,观者无不啧啧赞叹这大自然的杰作!

在"仙女潭"逗留大约半个时辰,大家饥肠辘辘,两只脚也有些不听使唤了,因此一致同意坐缆车游览。缆车在慢慢向上爬行,山下的风景尽收眼底。从游览图上我们得知,自下而上的"五瀑五潭"依次是:"白龙瀑—仙女潭""黑龙瀑—飞凤潭""赤龙瀑—珍珠潭""黄龙瀑—金锁潭""青龙瀑—碧玉潭"。只见1000多米的缆程中天造地设了五个美妙绝伦的瀑布,潭潭有瀑,瀑瀑生奇,潭潭相连,瀑瀑各异;"五潭"景中有景,景中生情,情中生趣,情趣交织着人生的深刻体验和哲理。瞧啊,溪流是多么欢乐,尽管前进的路上仍有千难万险,但它们永远唱着欢乐的歌,向前奔去……

下午,我们游兴正浓时,突然接到家里电话,因故取消了原定的旅游计划,因此,主峰景区、笔架山区、桐木岭景区、湘洲景区、仙口景区等许多重要景点未来得及游览,就匆匆打道回府了。这是一件十分遗憾的事,一路上我恋恋不舍,身在车上,心却在山中。

啊,绚丽多彩的井冈山,你是一卷画、一本书、一条路,走近你却依然没有走进你,然而,我已经醉了。为你绮丽的风光而醉!为你传奇的现代史而醉!

(本文原载于《抚州日报》2000年4月2日第4 655期,有改动)

"写"出人生一段歌

有一个人，每天蹒跚着脚步走进抚州市委大院那栋青砖小楼，有条不紊地查阅着资料，起草着文稿，接听着电话。时光在他任劳任怨的默默耕耘中流逝，他卷曲的头发已夹杂着过半的银丝，他方正的脸庞已镶嵌上深深的皱纹。

这个人——抚州市委政研室综合科科长戈苏平，以他严谨细致的工作、敬业奉献的精神、顽强拼搏的斗志，如行云流水一般，"写"出了人生一首动人的歌。

连轴转，他累倒在岗位上

今年 49 岁的戈苏平，一直做文字工作。1994 年 9 月，他从原《抚州报》总编的岗位调任抚州地委政策研究室经济科科长。不到两年时间，他就完成了 20 多篇重要讲话稿和专题调研报告的起草任务，提出的许多建议和观点进入领导决策层。戈苏平迅速成为单位的业务骨干，被领导和同事们称为"秀才"和"笔杆子"，在他面前，展现出灿烂的人生前程。

然而，正当他笃志事业，憧憬进一步打开成功之门时，命运却给他开了一个巨大的玩笑。那是 1996 年，他从年初就开始连轴转，经济工作会、农村工作会、个私经济会，他都担任报告起草的主笔。接着，他又参与了"公司+农户"理论研讨会和财源建设研讨会主体报告的起草。之后，又马不停蹄地进行社会治安综合治理调查和国有商业企业经营机制调查，白天座谈访问，晚上整理笔记，提炼观点，挑灯三更，搜肠刮肚，呕心沥血。10 月 28 日早晨，他觉得头晕脑胀，但没有在意。这天是星期一，上午他还骑自行车来到几个单位收集素材，但没想到的是，下午回家的路上，他感觉到双脚发软，四肢无力，挣扎着上楼进了家门之后，一下子就瘫倒在地上,再也站不起来。

这个不知疲倦的人终因疲劳过度引发脑溢血而病倒了。

身残未敢忘"添火"

经过医生的抢救,他在昏迷了四天四夜之后慢慢苏醒过来,住院治疗了一个多月,身体开始慢慢恢复。医生说,这是一个奇迹。

出院那天,医生反复叮嘱:"你的手脚都留下了后遗症,大脑也受到了损伤,只能长期在家休养,若稍有劳顿将会前功尽弃。"背负着医生的"宣判",他回到了阔别已久的家。妻子去上班后,他大哭了一场。伴随着潸然的泪水,他回忆了自己成长的经历,想起了自己充满希望的岗位。他自言自语道:"我正值盛年,还有许多事情需要做啊。"他冷静下来,决定重新积蓄力量完成自己未竟的事业。在这天的日记中,他写道:人生无他事,添柴燃旺火。唯有在这个世界留下辛勤奋斗的汗水,才是我们共产党人本色的体现。

于是,他暗下决心,为自己制订了详细的锻炼康复计划。他开始改变过去无规律的生活习惯,注意保持良好的休息,并在休息比较充分的基础上,渐进式地进行脑力锻炼。从收看中央电视台《新闻联播》开始,慢慢地增加收看《今日说法》《经济纵横》等节目。从每周写一次心得,发展到每天写日记,经过近半年时间的适应,他的思维能力和逻辑能力逐步恢复。然后,他又订阅了《江西日报》《抚州日报》等4份报刊,增加学习分量。

他深知,体力是支撑脑力的基础,没有体力的恢复,一切无从谈起。1997年春节过后,他开始了长时间的体力锻炼。每天待妻子和邻居们上班后,他便打开家门,拖着病残的右腿,扶着栏杆,从四楼艰难地向下挪动。冬去春来,他记不清多少回跌坐在冰冷的楼梯上,多少回好腿残腿轮流受伤。看着他贴满膏药的双腿,妻子心疼得落了泪,说要请一段时间假,搀扶他锻炼,他说什么也不同意。就这样,他忍受了常人难以忍受的痛苦,以常人难以想象的毅力坚持着上下楼的锻炼。从开始时下楼后要休息近半个小时才能返回,到后来可以连续上下楼几次,他的体力得到了很大的恢复。

体力逐步恢复后,他购买了一辆轻型摩托车,为上班做准备。摩托车要靠腿踏发动,而他又正好右腿落残,开始练习时他不仅关节部位钻心的疼,而且根本发动不了。但他没有气馁,忍着剧痛,经过近一个月的反复练习,终于成功了。这一天,他高兴地骑着摩托车在宿舍大院里转了几圈,然后又试着上街,慢慢地行进在赣东大道。看着熙熙攘攘的车流和人群,久困于家的戈苏平,心灵受到了很大震撼。他想,大家都在为事业而忙碌啊,我怎么能获而不劳呢?

他再也坐不住了,多次找到单位领导要求上班。组织上经过慎重考虑,于1998年6月任命他为市委政研室综合科科长兼《谋略》编辑部主任。值此,在家锻炼康复近两年的戈苏平,经过顽强拼搏,又开始重新工作了。他在日记中写道:我要十分珍惜再次工作的机会。保尔、张海迪以顽强的斗志炼成了"钢铁",我至少也要为改革开放和现代化建设的"大炉"添一把旺火。

"官无所求,业有所创"

戈苏平同志所在的综合科,连他自己只有两个人,但这个科的工作任务却不轻。既要负责《谋略》杂志的组稿、编辑、校对、邮寄工作,还要负责全市优秀调研成果评选的组织工作和日常图书、期刊等研究资料的管理工作。

面对繁重的工作任务,戈苏平没有退却,没有应付,而是身体力行,从合理分工、科学管理、加强协作、提高效率入手,把工作做得有声有色,不仅保持了正常运转,而且在原有的基础上有了新的提高。

起初,组织上考虑他的身体因素,研究决定他可以半天上班半天休息,但戈苏平同志多数时候还是坚持全天上班,领导和同事们劝他要多注意休息,他总是说,身体恢复得不错,在家也是闲着,不如来单位做点事,心情也舒畅些。今年二月,一场大雪后,街上积雪盈尺,但他仍然拖着病残的腿,艰难地来到单位。领导心疼地说:"这样的天气你不应该来上班啊。"他笑着回答:"这种环境对我正好是一种锻炼和考验,我怎么能搞特殊呢?"

戈苏平同志常说,作为一名政研工作者,不仅要在履行工作职能中搞好决策参谋服务工作,更要学会并善于围绕全局工作思考、研究问题。去年10月,在全市党委政研系统经济形势政策动态分析会上,他所作的《国家宏观经济政策变化带给我们的机遇与挑战》的发言,以翔实的资料、独到的分析和严密的推理受到与会者的广泛好评。他还经常利用业余时间将自己的所思所得撰写成文章,自 1998 年恢复工作以来,在市以上报刊发表文章 10 余篇,展示了良好的理论素养和文字水平。

多年来,戈苏平同志把"官无所求,业有所创"作为自己的座右铭,视事业重如山,视名利淡如水。这些年来,一个个比他后进机关的干部都提拔上去了,而他却在正科级的岗位上一干就是 12 年。对此,他常告诫自己,一个只知道比职务而不肯比境界的人,是没有出息的人,也是一个走不了多远的人。鉴于他的工作表现,近几年来,组织上每次研究后备干部时,都把他作为对象向上呈报,而他却几次找到单位主要领导,说自己年龄偏大,还是应当多培养年轻干部。

这就是戈苏平,一名身残志坚的机关党员干部,以斗士般的精神默默地坚守着心灵的净土,无私地奉献于平凡的岗位。他以闪光的人生境界和高尚的人格追求,努力实践着党的宗旨,砥砺出生命的亮度,超越了世俗的平庸,奏响了嘹亮的人生之歌。

(本文原载于中央办公厅《秘书工作》2005 年第 5 期,有改动)

渔我终生

　　我是 1978 年夏季在全县高一学生选拔会考中，从荣山中学考入临川县第一中学的。那年，县城为了整合完全中学资源，创办了临川县第二中学，原临川县中学改名为临川县第一中学。所以，从严格意义上讲，我也算是临川一中的首届学生。这样想着，心里便自豪了许多。

　　学校地处县城东郊，东南面是田野和村落。走入校门，迎面是一座横亘的礼堂，沿东拐，一条小路通往校园深处。东面是几栋两层砖木楼房，西北面是教工的平房宿舍，礼堂背面是县教育局的办公楼。楼堂之间有一丘长方形的池塘，池塘四岸是学校的 400 米跑道。校园不大，房屋陈旧。印象中称得上风景的只有食堂门前的一片竹林和东边围墙外的宜惠渠。宜惠渠终年流淌着清澈的溪水，两岸水草丰茂，杨柳依依，岸边一条小路是晨读的好去处。多年后每当我吟读徐志摩的《再别康桥》时，总是想起母校旁边的这条小溪，"波光里的艳影"，"软泥上的青荇"，"在我的心头荡漾"，兴奋不已，温馨无比。

　　当时高二年级都在十七教学楼上课。我是寄宿生，开始住在大礼堂内，后来因为礼堂内太喧闹嘈杂，我和几名同学干脆在每天晚自习后，搬到教室里的课桌上睡。因此，我在临川一中的大部分时间是在十七教学楼度过的。十七教学楼是一栋坐北朝南的两层砖木结构楼房，教室内采光条件差，一年四季须终日亮灯，冬春季节偶遇停电，便无法上课。教室里的课桌和板凳也很破旧，课桌上到处都是裂缝，中午我们趴在课桌上午休，一种俗称"乌龟"的臭虫常从缝中钻出，袭击我们后便无影无踪，使人痛痒难忍。这样的条件，按现在的标准早就被列入了危房，可那时我们丝毫不觉得条件艰苦。

现在回忆起来,那时候学校以学习为中心和以成绩为核心的校风、校训和学习氛围使我终生难忘。1978年是恢复高考的第二年,这年春天召开了全国科学大会,郭沫若先生发表了《科学的春天》的著名讲话,在这科学的春天里,校园内外都争分夺秒,想用最短的时间把"十年浩劫"的耽误补回来,从低年级到高年级,大家一心读书,彼此之间很少往来,即便放学下课时也是脚步匆匆,不肯为一声招呼浪费片刻,更没有听到过谈恋爱、打架斗殴等事件。那时,苦读既是一种无形的压力,又是一种当然的习惯,大家都生活在苦读的氛围中,其乐融融。

令我记忆犹深的是一年中先后进行了六次大考、三次分班。不仅严格按成绩分班,而且严格按成绩排座位,不管你出身如何,也不管你来自何方,没有任何"后门"和照顾。当时我身染疥疮,加之两次失盗,一段时间无法集中精力学习,成绩一降再降,从一班到二班,又从二班到三班。那时的我,几乎憎恨这种残酷的办学治校制度。然而,现在回想起来,那时尚处在改革开放之初,母校的领导和老师就能排除干扰,引进和树立这种客观、公正的竞争机制和办学理念,不仅难能可贵,更表现了非凡的勇气和胆略。

俗话说,良师出高徒,强将手下无弱兵。我想母校之所以成为名校,除了良好的办学理念、办学机制外,一个根本的因素是拥有一支阵容强大的师资队伍。我虽不才,在校时,黄华昌、卢锦文、卢国兴、李抚生、周允文、颜志福、李日高、胡克亮、张昌源、兰西定等老师的师范、师德和渊博的学识都给我留下了难以忘怀的记忆。黄华昌校长平易近人,擅长做细致的思想政治工作。1978年冬天和1979年春天我国对越南进行自卫反击战,课间操时黄校长利用学校的广播向我们传达前方我军将士英勇杀敌的战况,以此鼓励我们迎接高考的斗志。卢锦文老师不紧不慢,注重板书,循循善诱,总是用普通话和充满磁性的声音解惑于我们,至今我也没有忘记上三角函数课时他教给我们的"奇变偶不变,象限定符号"的口诀。李抚生老师上课充满激情,文白相间,旁征博引,充满着幽默与风趣,他那"莫名其妙"的名言,至今在同学中广为流传和援引。颜志福老师上课从不带课本,只带几支粉笔,一边板书,一边娓娓道来,纵横捭阖中把那些生硬的政治名词演绎得通俗易懂。张昌源老师不仅课上得好，他那良好的生活习惯，也给我们留下了深刻的印象。不论刮风下雨，还是数九寒天，他都坚持晨跑，跑完后还要到宜惠渠洗一个澡，从不间断。这种坚强的意志深深感染、鼓舞着我，使一度消沉的我重新燃烧起奋斗的激情。

（本文原载于《抚州日报》2005 年 3 月 12 日第 6 445 期，有改动）

第二篇 / 立德树人

让旗帜高高飘扬

抚州市委决定让我任市教育局局长,这是一个光荣而神圣的职务,我衷心感谢市委对我的信任,衷心感谢领导的亲切关怀,借此机会,我表达三层意思:一是与大家谈点心里话,与同志们交个心;二是向市委、市政府表个态,提前向组织交个账;三是谈点个人的想法,与大家交个底。

第一层意思,我想向大家说些心里话,目的是想与大家交个心,让同志们对我履新的思想有个初步的了解。

我坦率地向大家报告,市委决定让我来教育系统工作,我没有心理准备,没有思想准备,从某种程度上讲也没有知识和能力的准备。所以这些天来,我的心情一直起起伏伏,难于平静。一方面,我对卫生系统有着深深的眷恋和难于割舍的情感,一种"其实不想走,其实我想留"的声音,在我的心头激荡。两年来,我与市卫生局的班子成员一起艰苦奋斗,团结协作,风雨同舟,和衷共济,不仅工作上取得了很好的成绩,也结下了深厚的友谊,他们听说我要调动工作,纷纷表达依依不舍的挽留之情;特别让我感动的是,一批老干部给我打电话、发信息,让我真切地感到大家与我心心相印、心手相连,让我真切地感到友谊和缘分比金子更珍贵,比什么都更重要。另一方面是组织、领导的信任与召唤,特别是大家的热情鼓励与鞭策,让我必须勇往直前。几天来,从现任四套班子领导到退下来的老同志、老领导,从市直部门领导到县(区)领导,从亲朋到好友,都以不同的形式给予我热情的鼓励和鞭策,让我深切地感到,个人再能干,力量总是有限的,有了组织的信任,有了大家的帮助,还有什么不能前行? 所以,我要真诚地告诉大家,我不是一个没有组织观念的人,不是一个怕吃苦的人,更不是一个不敢负责、没有担当的人。应该说,这两种声音都是我履新的宝贵财富,都是我人生的宝贵财富。前一种声音,会让我更加珍惜同事的缘分、同志的福分,更加依靠团队的力量、群众的力量推动工作;后一种声音,会让我更加注重自己的品德修养,以更好的工作业绩、更大的社会贡献,来报答组织、感恩亲朋、感激同事。这就是我的心声,我真诚希望同志们以事业为重、以大局为重、以人民的利益为重,关心我、帮助我、支持我,让我们携起手来共同抢抓机遇,迎接挑战,把优先发展教育的战略落到实处。

第二层意思,就是借此机会向市委、市政府表个态,向组织上先交个账,也请组织放心。

我深知教育是民族振兴、社会发展的基石,是提高国民素质、促进人类全面发展的根本途径,优先发展教育是党和国家提出并长期坚持的重大方针和重大战略。对我们抚州而言,教育的重要性更是妇孺皆知。教育作为抚州的品牌、抚州的名片、抚州的门面、抚州的文化旗帜、抚州的核心竞争力,一直以来被抚州人民说在嘴上、放在心上、落实到行动中。特别是近年来,在市委、市政府的坚强领导下,经过几代教育人的共同努力,教育事业的发展已经达到了新的巅峰。站在新的起点,能不能使抚州教育事业从胜利走向胜利,既是对我们执政能力的考验,也是对我们党性观念、政治立场、大局意识、社会责任感的检验,所以摆在新一任局领导班子面前的主要任务就是:高扬旗帜,带好队伍,创先争优,不辱使命。

一是要高扬旗帜:从更高的层面、更高的质量,继续并长期保持抚州教育在全省乃至全国领先、领跑的地位,让抚州教育这面红旗永远在抚州的上空、在江西和中国的上空高高飘扬。

二是要带好队伍:抓班子、带队伍是市委交给局党委的神圣之责。事业成功的关键在于优秀的队伍。高举抚州教育旗帜,特别需要建设一支敢于负责、勇于担当、善于落实、奋于争先的干部队伍,所以要把干部队伍建设放到十分重要的位置。

三是创先争优:教育既是国计,又是民生。既是今天,更是明天。教育工作只有更好,没有最好。我们要不断在全系统掀起创先争优的高潮,广泛地开展比学赶超竞赛活动,力争市教育局进入市直综合目标管理先进单位、全省目标考评先进单位行列。

四是不辱使命：围绕中心，服务大局，力争教育业务工作继续在全省领先，中心工作进入先进，社会工作不甘落后，样样工作奋勇争先，决不辜负市委、市政府的期望，决不辜负人民群众重托。

第三层意思，就是与大家交流一下当前和今后一个时期的基本工作思路，向大家报告我的一些想法，与大家交个底。

党的事业是接力棒，必须一棒接着一棒往前跑。新的局领导班子必须站在讲政治、顾大局的高度接好棒、跑好棒，保持工作的连续性、稳定性，不断开创工作的新局面。从当前实际出发，今后一个时期要着重把握五点：依靠上下，内增信心，外树形象，真抓实干，加压奋进。

一是依靠上下：找准依靠力量是邓小平理论的重要组成部分。摆在我们面前最重要的是必须思考清楚，我们做好工作到底要依靠谁、怎么依靠。我认为至少有五个"紧紧依靠"：第一，要紧紧依靠市委、市政府的坚强领导和对教育工作的重视，增加投入，化解矛盾，解决实际问题，特别是许多问题要靠我们锲而不舍地争取。第二，要紧紧依靠上级业务部门，特别是省教育厅对我们工作的重视、关心和支持，营造良好的上下关系，争取更多的政策、项目、资金，争取更多的业务工作指导。第三，要紧紧依靠班子成员的精诚团结、分兵把口、分工负责、狠抓落实来提高团队的向心力、凝聚力和战斗力。我作为班长，将始终把握四点：当领头羊，而不做牧羊人；肩并肩，而不面对面；手牵手，而不手推手；心连心，而不心离心。第四，要紧紧依靠"三驾马车"（抚州一中、临川一中、临川二中）提升教育地位、提升教育形象，以此为重要载体，争取社会理解、争取上级支持。"三驾马车"要并驾齐驱、互不服输、你追我赶、奋勇向前，共同领跑江西基础教育。

二是内增信心：要在局机关、在系统内增强干事创业的信心和决心，解决有人干事、有人干好事的问题。有议论认为，目前教育系统人心不齐、人心不稳。我初来乍到，没有发言权。但我想，人心思齐、人心思稳、人心思进应当是我们的主流，摆在我们面前最重要的任务是，营造心齐气顺、风清劲足的干事创业氛围，千方百计激发和增强大家干事创业的信心和决心。当前和今后一个时期，要在开展主题教育活动、提高认识中增强信心；要在转变工作作风、提高办事效能中增强信心；要在优化工作环境、净化政治生态中增强信心；要在提高一批待遇、选拔一批干部、化解一批矛盾、解决一批问题中增强信心。

三是外塑形象：对外形象决定我们在领导和群众心中的位置，决定我们到部门办事的效率，决定我们争取经费、项目的数量，决定干部职工的福利，当然也决定我们工作生活条件的改善。对外形象说到底就是建立良好的关系。我们要按照横到边、纵到底的要求，全方位、多角度地改善教育系统与上下左右的关系。要大力加强改善与人大、政协的关系，接受监督，报告工作，争取支持，赢得信任；要大力加强改善与市直部门的关系，用我们的真诚、用我们的资源、用我们的科学方法，交朋友、办事情、搞协调，建立良好的工作关系、合作关系、办事关系、通行关系；要大力改善与省厅的关系，走上去请下来，走出去请进来，用真诚、用尊重、用工作、用经费、用友谊争取省厅的关怀、理解、支持和帮助；要大力改善与下属单位、县（区）教育系统的关系，多指导少指令，多服务少索取，多帮忙少添乱，多补台不拆台，用政策、用制度、用方法、用水平、用实惠赢得基层的信任与尊重。

四是真抓实干：真抓实干是事业发展进步的根本动力。一打的纲领，不如一个实际行动。小平同志讲，世界上的事都是干出来的，不干，半点马克思主义也没有。所以，真抓实干是推进教育事业科学发展、加快发展的前提和基础。如何才能真正做到真抓实干，要在战略上做到"五个一"：每年有一个主题教育活动，每年有一批工作重点，每年有一批创新抓手，每年有一批先进典型，每年有一批工作成果；要在战术上采取项目化、时间表、责任人的方法，将工作任务层层落实分解到分管领导、科室、人员。在此基础上加强工作调度，加强督促检查，加强整改纠偏，狠抓工作落实。

五是加压奋进：加压就是要形成一定的工作压力，压力变成动力，动力就能转化为实力。奋进，就是要奋勇前进，要跳起来摘桃子，把目标定高一点，把速度搞快一点，把效能提高一点，把成果做大一点。近期的目标就是："两个"综合先进、更多的单打冠军和单项先进。

以上三层意思，综合起来，就是"三交"——交心、交账、交底，目的就是请组织放心、请同志们放心，我定会尽心、用心。

（本文系 2012 年 7 月在抚州市直教育系统领导干部会上的讲话摘要）

秋收万颗子

"春种一粒粟,秋收万颗子。"今天,礼堂外面骄阳似火,热浪灼人;里面同样热情万丈,豪情满怀。我们在这里隆重聚会,为今年临川一中被北大、清华录取的20名同学颁奖,为在今年高考中取得优异成绩的5000多名学子送行。

此时此刻,我和大家一样,心情十分激动,喜悦溢于言表。作为市教体局局长,我为临川一中取得的优异成绩和良好声誉感到无比欣慰,蝉联全国百强中学,每年全国各地考察团慕名而来,国际班、音乐班、舞蹈班等多样化办学之路越走越宽。作为一中的校友,我为母校的辉煌和胜利感到无比自豪,是你们用自己的聪明才智和辛勤汗水换来今天的成功,是你们让"临川一中"这块金字招牌更加光彩夺目、熠熠生辉。

时光荏苒,岁月如梭。转眼间,我来市教育局工作已经八年多的时间了。这八年多是我人生履历的第九个单位,是我政治履责的第四、第五个法人代表。这八年多,是我人生中最繁忙最充实的八年,是我理想信念更加坚定、思想政治更加坚毅的八年,也是得到大家帮助最多、终身受益的八年。

这八年砥砺奋进,让我深切感到百年大计教育为本的民族责任。 习近平总书记指出,教育是国之大计、党之大计;建设教育强国是中华民族伟大复兴的基础工程。我们也总说,教育摊子大、战线长、人员多、涉及面广,是一项"八千万"工程,即覆盖千村万落、面对千难万险、事关千秋万代、涉及千家万户、需要千言万语、时常千叮万嘱、人员千军万马、工作千辛万苦。实践反复证明,教育振兴的过程就是民族复兴的过程。我到教育局任职以后,深感责任重大,使命光荣,也为有幸参与事关民族振兴的教育事业而无比自豪。还记得上班第二天,我就马不停蹄地开展调研,用不到两周的时间提出了钱从哪里来、人往何处去、作风怎么转、形象怎么树、事情怎么办、旗帜怎么举等六大课题。这些年,我们围绕这些课题,着力解决教育发展的热点、难点、痛点、堵点等问题,使抚州教育发生了翻天覆地的变化。全市教育经费投入从 2012 年的 47 亿元增加到 2019 年的 86 亿元,在全省率先实现县域义务教育全域均衡。不管我们走到哪里,"最好的建筑是学校、最美的风景在校园"。这些年,我始终感受到身上肩负的特殊使命,把办好人民满意的教育作为关系国家和民族前途命运的重要工作来抓,作为为子孙后代谋福积德的首善之政来做,时刻以如履薄冰的态度对待事业,不论遇到多大的困难和挫折,始终保持心情舒畅,认真做好工作。每当我看到孩子和家长脸上洋溢着开心和幸福的笑容,都会更加坚定办好人民满意的教育的责任担当。希望各地始终坚持把教育摆在优先发展位置,不断推进教育现代化,继续扛起教育振兴发展的历史重任。

这八年尊师重教,让我深切感到教育大计教师为本的内在规律。 从事教育工作的这些年,我深切地感到,要办好教育,教师是核心、是关键、是根本。可以说,没有广大教师的辛勤耕耘就没有抚州教育的辉煌。临川一中同样如此,王昱同志自 1988 年从中山大学毕业后被分配到学校任教至今,虽然几个兄弟姐妹都在广东发展,但他自始至终扎根学校,坚守教育事业。正是因为拥有包括李抚生、卢国兴、饶祥明、王昱、胡冬莲、刘勇、刘娟、梅国福、刘王志、方飞帆、李彩霞、熊飞建等在内的一支优秀教师队伍才铸就了学校的金字招牌。在近 40 年的工作生涯中,我结交了各行各业的朋友,特别是近些年与很多老师建立了真诚友谊。他们可以直接和我打电话、发微信,分享他们的苦与乐、喜与悲;有的老师找我帮忙解决工作和生活上的困难,这让我感到很温暖,说明大家真正把我当朋友、对我很信任。我还清晰地记得在一个暑假,为留下一名高三把关老师,多次找他面谈,谈理想、谈人生、谈事业、谈感情、谈家常,最终他放弃了高薪,选择留在了临川一中。这些年,我们始终高度重视教师队伍建设,树立抓教师就是抓教育、抓未来的理念,大力实施"青蓝工程",广泛开展各类培训,不断提高教师队伍素质。我们始终高度重视提高教师待遇,协调解决 4913 名教师评而未聘的难题,市直学校教师奖励性津补贴比照公务员标准全部发放到位。设立高考奖,每年拿出 600 万元奖励优秀教师,让教师得到了实实在在的实惠。希望各地各校始终对教师高看一格、厚爱十分,在生活上、工作上多关心厚爱,把广大教师留住、用好。希望广大教师按照习近平总书记做"四有"好老师要求,继续发扬优良传统,钻研业务,安心从教,为党和国家培养、输送更多人才,为自己的教育教学生涯留下美好的回忆。

这八年扬优成势,让我深切感到高举旗帜擦亮品牌的抚州情结。 回望 1700 多年的历史,抚州因教育而兴盛,因诗书而闻达。特别是改革开放以来,抚州发扬崇文重教优良传统,培育了"苦中求乐、乐中问道、道中育才、才中培英"的抚州教育精神,铸就了闻名全国的教育品牌。临川一中更是其中的龙头学校、领军代表。一届届班子、一批批教师团结奋斗,努力拼搏,推动学校改革发展走在全省、全国的前列。作为喝着抚河水、吃着抚州米长大的抚州人,我常常提醒自己决不能让历经千百年辛苦树立起来的"才子之乡、教育之乡"的旗帜在自己手中倒下。这些年,我们紧紧围绕"一个目标",把握"两项原则",坚持"三管齐下",突出"四个重点",实现"五个效应",大力实施党建引领工程,总结探索了临川一中"把支部建在年级学科上"等 10 个党建典型经验,抚州"五引领"党建模式获得全国教育改革创新奖。我们保持高考优势,探索特色发展,鼓励百花齐放,几乎每个县区都有学生进入全省前 100 名。我们坚定不移推动临川教育集团转型升级,有效化解公办学校不能招收择校生、不能举办复读班等难题。我们百折不挠地实施教育教学改革,争取了国家级中小学教育质量综合评价改革实验区、省级基础教育综合改革试验区落户抚州,全国新高中特色发展论坛在临川一中举行。实践证明,通过这些年的辛勤付出,抚州教育的旗帜在江西的上空、在中国的上空高高飘扬!伟大事业需要矢志不渝的精神,希望大家接续奋斗,继续在名校领航、百舸争流中破浪前行,把抚州教育的旗帜举得更高、把抚州教育品牌擦得更亮。

这八年不忘初心,让我深切感到五育并举、立德树人的时代担当。 我第一次到临川一中调研的时候,就提出要忠诚于党的教育事业、全面贯彻党的教育方针,引导学生德智体美劳全面发展。这些年,我们始终把丰富抚州教育品牌内涵作为重要发力点,力争改变抚州人只会"死读书"的刻板印象。令人欣慰的是,全市各级各类学校广泛开设体育、艺术、戏剧、油画、书法等特色班,组建兴趣社团2000多个,我们的学生能歌善舞、文武兼修。还记得2013年,中央电视台《开讲啦》节目组走进临川一中,我们的学生代表既是学霸,又是才艺达人,既有文采,又有涵养,让主持人撒贝宁以及盛中国、冯喆等嘉宾赞叹不已。这些年,我们欣喜地看到传统文化、廉政文化、戏曲文化进校园等活动丰富多彩,学生的朗诵、表演等在省内外电视台展播。还记得2017年,我们启动了校园文化"八个一"创建活动,临川一中积极响应号召,我与校领导班子多次商量,交流到深夜。这些年,我们欣喜地看到中小学生文体活动如火如荼地开展,校园足球、篮球、戏曲、摔跤、拳击、轮滑等项目在国内外取得佳绩。还记得2013年,在美国洛杉矶举行的第四届好莱坞"天使杯"国际青少年音乐艺术节上,临川一中吴宜和周晨同学表演的《牡丹亭》"游园惊梦"选段荣获金奖,为祖国争光、为家乡添彩。希望临川一中继续坚持多样化特色办学道路,为落实立德树人、推进素质教育、深化五育并举作出示范。

这八年桃李芬芳,让我深切感到终身学习人人成才的教育梦想。 作为教育人,我们都有一个朴素的梦想,就是有教无类、终身学习、人人成才、桃李天下。这些年,全市每年3万余名学子录取高等院校,进入更高的学习殿堂和舞台。没有顺利录取的同学或选择复读,重整旗鼓,追寻梦想;或步入社会,通过继续教育等形式坚持学习,成为各行各业的有用之才。作为教育体育局局长,这些年我有一个很深的感受,就是不管到哪里出差,总能得到广大校友的热情接待,真切体会到在外校友始终感念芳华、心系母校、回报乡梓的浓厚情怀。临川一中已经在10多个省市成立了校友会,即将成立全国性的临一学子教育促进会;就在刚过去的这个周末,我们参加了临川一中浙江和南京校友会成立大会,气氛非常热烈,大家通过母校这个载体紧紧地连接在一起,友谊的平台、工作的舞台迅速扩大。由此,我想到了即将成为临一校友的同学们,考上北大、清华只是一个全新起点,你们一定要刻苦学习,积极进取,学有所长,学有所专,成为国家栋梁。参加工作后,要坚持终身学习,立足本职,爱岗敬业,做一行爱一行,做一行精一行,努力成为各自系统的行家里手。希望在座的同学们,不论将来身在何处、身居何位,要始终记得家乡、记得母校,为家乡和母校发展贡献自己的力量。

　　这八年朝夕相处,让我深切感到相逢是缘、奋斗是福的革命情谊。"前世五百次的回眸,换来今生的擦肩而过。"白驹过隙,弹指一挥间。我从 2012 年 7 月 13 日到市教育局工作以来,已经过去了八个年头。这八年能和大家并肩战斗、朝夕相处,是一种莫大的缘分、情分和福分,是我人生中最愉快、最难忘的一段经历,也是最为宝贵、最值得珍惜的一段时光。回望走过的路,我们始终在市委、市政府的坚强领导下,凝聚在干事创业的旗帜下,脚踏实地地工作,兢兢业业,携手同行,奋力而为,推进教育体育事业取得了一个又一个新的进步。可以说,这些年既有辛勤的付出,也有成功的喜悦;既有艰难探索的迷茫,更有矢志不渝的坚守;既有些许的工作分歧,更有目标一致的团结融洽。所有这些,都让我深切感到相逢是缘、奋斗是福的革命情谊。心若在,梦就在;情若在,缘就在;牵挂若在,守望就在。虽然我即将离开教育体育系统,到新的岗位工作,但我将始终坚守教育情怀,时刻关注教育、尽力关心教育、全力支持教育。希望各位同事不忘革命情谊,继续保持联系,经常来往走动,我们一起品茗忆当年、把酒话桑麻;希望同志们接续奋斗,踏踏实实办好人民满意的教育,争取立德树人的更大的胜利,早日实现美好抚州教育梦想。

　　"挥手自兹去,萧萧班马鸣。"此时此刻,面对一张张青春活泼的脸庞,我的心情久久不能平静。我和同学们一样,再见的时候,其实最不想说的是再见。但是,时代的脚步不能停留,事业是一场永续奋斗的接力赛,需要一棒一棒地往前跑。年年后浪推前浪,江草江花处处鲜。我相信,同学们一定会牢记母校的教诲,以大学生活为新的起点,不断攀登人生的高峰。我深信,临川一中一定能够坚守"江西领先,全国一流,世界知名"的办学定位,发扬"勤奋敬业、团结拼搏、艰苦奋斗、敢于胜利"的临川一中精神,进一步高举旗帜,擦亮品牌,为国家培养更多的优秀人才。我坚信,新任市委教育体育工委、市教育体育局领导,一定能够以习近平新时代中国特色社会主义思想为指导,全面贯彻党的教育方针,深化教育综合改革,砥砺前行,继往开来,奋力夺取才乡教育的新胜利。

　　　　　　　　　　　　(本文系 2020 年 8 月在临川一中高考颁奖大会上的讲话摘要)

别情无远近　来日方久长

时光荏苒，岁月如梭。转眼间，我来市教育体育系统工作已经八年的时间了。这些日子，总有人问我，何时到政协上班。每每这时，我总是心潮起伏，嘴上轻松地说快了，心里却有无限眷恋。想起这八年来，与大家朝夕相处，想在一起、干在一处，早已习惯了这种守望相助的工作、生活，现在却要分别了，千般留恋、万般不舍涌上心头，情不自禁地盘点那一幕幕手拉手、肩并肩、心连心的画面，在感动中感慨，在感慨中感悟，在感悟中体验缘分与福分、温暖与幸福。

此时此刻，我最想说，人生最珍贵的是缘分。 记得，2012 年 7 月 13 日，市委组织部领导送我来市教育局上任，在市直教育系统领导干部大会上，我说佛家有言，上辈子五百次的回眸，换来今生的一次擦肩而过。人生的排列组合，让我们走到一起，这是一种概率极小的缘分，这种缘分大家相互珍惜，就能结下情分，情分的累积就是福分。现在回过头来，品茗这些话语，真切地感到缘分带来的福分。因为这一缘分，我们从四面八方，为了共同的事业，在组织的关怀下走到了一起，对内是朝夕相处的一家人，对外是立德树人的教育人，工作生活在一起的时间比家人多得多，自然而然，便成了相互寄托的亲人。因为这一缘分，我们同甘共苦，同舟共济，是同事同志，更是兄弟姊妹。因为这一缘分，我们相互学习，相互帮助，有成功一起分享，有困难大家相助，亦师亦友亦兄弟。这份缘分，历经情分的淬火与洗礼，成为何其珍贵的福分。

此时此刻，我最想说，人生最温暖的是情谊。"感人心者，莫先乎情，莫始乎言，莫切乎声，莫深乎义。"情之所至，金石为开。八年多来，为了共同的事业和追求，我们从相遇、相识到相知、相助，一路并肩战斗，一路挥洒汗水，在干事创业中加深了解，走进彼此，形成默契，结下深情厚谊。与同志们的这份情谊，像冬日阳光，融释冰雪，开化大地，温暖心灵。这几天，一幅幅画卷、一幕幕场景、一个个片段，时时萦绕在我的眼前，那般清晰，那般鲜活，那般难以忘怀。我忘不了这共同的创业情。记得，初来乍到，面对人心思稳、人心思齐、人心思进的环境，我们提出"高举旗帜、内增信心、外树形象、不辱使命、创先争优"的目标，以"钱从哪里来、人往何处去、作风怎么转、形象怎么树、事情怎么办、旗帜怎么举"为主题，探路求解，破茧起舞。我忘不了这真诚的战友情。面对教育教学改革发展的繁重任务，我们委局班子统揽全局，分兵把口，精诚团结，通力合作。大家冲在一线、干在基层、走在前列；既挂帅又出征，既当指挥员又当战斗员，时时刻刻都感动着我、激励着我，给予我奋斗的激情、前进的动力。我忘不了这真挚的同志情。这八年多，我们之所以能在全省"八九不离十"的尴尬中凤凰涅槃、浴火重生，在攻坚克难中从胜利走向胜利，最主要的是有一支敢打硬仗、能打胜仗的过硬队伍。能与大家并肩战斗，我感到由衷的欣慰和自豪！这是一份用心血和汗水凝成的情谊，这份情谊既温暖了我的思想，更温暖了我的灵魂。

此时此刻，我最想说，人生最幸福的是奋斗。 幸福不会从天降，社会主义等不来。八年来，在市委、市政府的坚强领导下，委局班子带领广大党员干部、教职员工团结奋进，真抓实干，奋力拼搏，紧紧围绕"一个目标"，把握"两项原则"，坚持"三管齐下"，突出"四个重点"，实现"五个效应"，以"踏破鞋皮、磨破嘴皮、想破头皮"的坚毅，推进教育体育事业迈上了新的台阶。这八年，我们在并肩作战中高歌猛进。全市教育经费投入从 2012 年的 47 亿元增加到 2019 年的 86 亿元；高中特色发展、高考优质领先，传统优势进一步做强。崇仁师范学校升格为抚州幼儿师范高等专科学校，南昌大学抚州医学院办学体制改革取得突破，东华理工大学长江学院转设工作进展顺利，东华理工大学抚州新校区建设稳步推进，即将开工建设。这八年，我们在团结奋进中争创一流。全国中小学教育质量综合评价改革实验区、全省基础教育综合改革试验区落户抚州，我市经验在全国会议作典型发言。提前 3 年在全省率先实现县域义务教育全域均衡，抚州"五引领"党建模式荣获全国教育改革创新奖。全国新高中特色发展论坛、综合实践活动研讨会、中小学研学实践教育论坛先后在我市举办,20多个省400多支代表团先后来抚考察,抚州教育的旗帜在江西、在中国上空高高飘扬。这八年,我们在担当实干中攻坚克难。坚定不移地推进临川教育集团转型升级,有效化解举办复读班、招收择校生和跨区域招生的难题;协调解决了4913名教师评而未聘难题,市直学校教师奖励性津补贴比照公务员标准全部发放到位。在国内外大赛中,抚州籍运动员脱颖而出,徐灿、胡晨、李勐凡等人多次斩获冠军。这些成绩的取得,是市委、市政府坚强领导的结果,也是大家勠力同心、开拓进取的结果,是我们共同的财富,更是我奋勇向前的动力。

此时此刻,我最想说,人生最需要的是感恩。 古人云:"一等人忠诚孝子,两件事读书耕田。"我来自农村,是农民的儿子,一路走来,负笈他乡,铺心为简,无问西东。先后在9个单位工作过,当过5个单位的法人代表,从南城县饮食服务公司的一名物价员成长为副厅级干部。有幸在两个最大的行业系统担任主要领导,尤其是在教育体育系统工作的这八年,是我人生中最繁忙、最充实的八年,是我理想信念更加坚定、思想政治更加坚毅的八年,更是我收获最多、终身受益的八年。回望成长的路,盘点攀登的梯,我深切地感到,自己的成长与进步都是组织培养、领导关怀、同志帮助、群众支持的结果。我要感恩党的阳光雨露,感恩组织的信任关怀,感恩伟大的教育体育事业,感恩团结奋进的班子,感恩支持帮助的干部群众。我要把这份感恩,化作不忘初心、继续前进的不竭动力,转化为听党话、跟党走的实际行动。

此时此刻,我最想说,人生最大的遗憾是性格。 大家都知道,我性直性急,为工作常批评人,特别是有时不注意场合的批评,伤了同志们的自尊。这是我性格的缺憾,也是我工作方法、领导方法的缺憾!我常想,如果我与大家谈心沟通的时间多一点,可能误会分歧就会少一点,团结合作的支点就会牢一点,心齐气顺的氛围就会更好一点;我常想,如果面对干部与事业的步调误差,我少一点先入为主的批评,多一点宽容包容的引导,可能大家干事创业的积极性就会更高一点;我常想,面对个别的心术不正、少许的歪风邪气,如果我的斗争精神强一点、斗争的本领高一点,可能系统的政治生态还会更好一点。可是,面对真诚善良的同志和已经影响的事业,我已经没有了如果,这是性格的缺憾,是人生的缺憾。希望我们共同吸取教训,加强修养,改造三观,坚定党性,少一些性格、人格缺憾,多一些眼界、境界、优势,让自己的人生路越走越宽。

心若在,梦就在;情若在,缘就在;牵挂若在,守望就在。虽然我即将离开教育体育系统,到新的岗位工作,但我将始终坚守教育体育情怀,时刻关注教育体育、尽力关心教育体育、全力支持教育体育。别情无远近,来日方久长。恳请大家不忘革命情谊,长期保持联系,经常来往走动,我们一起品茗忆峥嵘,把酒话桑麻;希望大家接续奋斗,踏踏实实办好人民满意的教育,争取立德树人的更大胜利,早日实现美好抚州教育体育梦想。

(本文系 2020 年 9 月在抚州市直教育体育系统领导干部会上的讲话摘要)

务必交出满意答卷

今天是我到抚州市教育局工作的第二天,从昨天起,新一任局领导班子正式接过事业的"接力棒",正在铆足干劲往前跑了。希望大家坚定目标和信心,倍加珍惜时代给予的机遇和舞台,倍加珍惜组织赋予的信任和重托,凝心聚力,真抓实干,向党和人民交出一份满意答卷。

一、务必敢于担当,不辱使命

市教育局班子是全市教育事业的引领者、组织者、推进者,必须以新的姿态、新的作风、新的形象,始终保持饱满的热情和旺盛的斗志,全身心地投入建设教育强市的伟大征程中,为建设幸福抚州作出贡献。**首先,贵在信念。** 近几年,抚州教育事业呈现良好的发展势头,但前进中的困难与发展中的挑战同时扑面而来。必须以清醒的头脑、辩证的思维来审视形势,既不能因取得阶段性成就而沾沾自喜,在自我感觉良好中放慢了前进脚步;也不能因遭遇竞争压力而妄自菲薄,在"怕""怨""难""悲"的情绪中迷失前进方向;更不能因使命艰巨、责任重大而畏惧懈怠,在不进则退、慢进掉队、停滞就是倒退的接力赛中丧失了前进信心。站在新起点上,务必以强烈的忧患意识、机遇意识、责任意识,坚定建设教育强市的信心,迅速迈开强劲的步伐。**其次,急在进取。** 敢于开拓、勇于克难,是每位领导干部都应有的进取心。在建设教育强市的伟大实践中,面对接踵而至的困难和挑战,唯有迎难而上、排难而进,以只争朝夕的干劲、攻坚克难的闯劲、永不懈怠的韧劲,变压力为动力,化挑战为机遇,方能不断开创抚州教育事业的新局面。**再则,重在苦干。** 目标已定,重任在肩,务实、苦干、拼搏是党员干部的职责所在,各级领导干部要真正扑下身子、沉在一线,扎扎实实地把伟大的教育事业推向前进。

二、务必注重学习,增长才干

身处经济社会深刻变革的历史时期,新事物、新问题、新矛盾层出不穷。要把持之以恒地学习作为局领导班子的重要任务,切实抓紧抓好,争创学习型领导班子、学习型领导干部。要自觉在学习中提高政治觉悟。只有信念上的坚定,才有政治上的清醒;只有理论上的成熟,才有政治上的坚定。要善于学习,坚持用邓小平理论、"三个代表"重要思想和科学发展观武装头脑,增强政治敏锐性,提高政治鉴别力,在政治上、思想上、行动上始终与党中央保持高度一致,坚定不移地贯彻执行党的路线、方针、政策和市委、市政府的重大决策部署,确保令行禁止、政令畅通。要善于在学习中提升理论素养。在繁忙的事务中挤时间多读书、多思考、多研究。通过学习,不断提高理论素养,在错综复杂的矛盾中抓住本质,在发展变化的形势中把握方向,增强决策的科学性和工作的创造性。要注重在学习中提升执政能力。在加强学习中锤炼本领、增长才干,不断提高科学判断形势、驾驭工作大局、应对复杂局面的能力,为全面履行职责奠定坚实基础。

三、务必强化操作,狠抓落实

任务已明确,关键在落实。**要率先垂范抓落实。** 局领导班子既是抓落实的责任人,又是抓落实的带头人,不仅要善于谋全局、议大事、把方向,而且要身体力行抓深入、管具体、促到位,当工作落实、成果落地的表率。**要跟踪问效抓落实。**对局里作出的决策、确定的目标,必须"咬定青山不放松",雷厉风行、抓紧实施;部署了的工作必须加强督促检查,跟踪工作过程善于化解矛盾,问效工作成绩敢于动真碰硬。**要转变作风抓落实。** 倡导求真务实之风,力戒浮躁冒进之气;倡导埋头苦干之风,力戒急功近利之气;倡导低调为人之风,力戒张扬做官之气。立足抚州实际,把精力集中到加快教育发展上,为全面建设幸福抚州建功立业。

四、务必风雨同舟,齐心协力

要用党性增进团结,以党的事业为重,以人民的利益为重,以幸福抚州的大局为重,真诚相处,和谐共事,塑造心往一处想、调往一处唱、劲往一处使的领导集体。要用制度增进团结,认真执行民主集中制,不断完善党委议事和决策制度,对全局性的重大问题,坚持集体讨论决定,充分发挥班子的整体作用。要用人格增进团结,坚持做官先做人,以容人容事、不计恩怨的雅量,以光明磊落、坦诚相待的气度,以谦虚谨慎、闻过则喜的胸襟,以相互信任、主动协作的境界,做增强团结力量、增添和谐因素的表率。要用纪律保证团结,班子中的每一位成员都要严格遵守党的政治纪律、组织纪律、工作纪律,真正把"个人服从组织、少数服从多数、下级服从上级、全党服从中央"贯彻于一言一行、一举一动中。同时,注重运用批评和自我批评的武器,沟通思想,相互提醒,及时消除一切不利于团结的因素,不断增强班子的凝聚力。

五、务必以身作则,当好表率

清正廉洁是为政之要,也是领导干部的立身之本。每一位领导班子成员都要把清正廉洁作为自己的风向标,始终做到堂堂正正做人、踏踏实实干事、清清白白为官。要把权力当作责任,真正做到掌权不忘责任重,位尊不移公仆心。要把形象当作生命,时刻自警、自省、自励,像珍视自己的生命一样珍视自己的形象、人格和荣誉,坚决反对漂浮、张扬、奢侈、玩乐等不良习性,以艰苦奋斗的政治本色凝聚人心,以勤俭节约的实际行动树立形象。要严格遵守廉政准则,严格执行领导干部廉洁从政各项规定,严格管理亲属和身边工作人员,坚持从我做起,从小事做起,防微杜渐,防患于未然,决不逾越纪律这条警戒线,决不触及法律这根高压线,做到为人处世常留一份宁静给自己,履职从政多存一点淡泊在心间。要把监督当作爱护,主动把自己置身于法律监督、组织监督、舆论监督和群众监督之下,真正做到以勤政造福于民,让群众满意;以廉政取信于民,让群众放心。与此同时,坚持不懈地抓好党风廉政建设,加强对党员干部的教育、监督和管理,常吹"廉政风",常敲"警示钟",常打"预防针",把反腐倡廉的各项措施落到实处,以良好的党风带政风、促民风,推动全市教育系统治理生态持续好转。

（本文系 2012 年 7 月在抚州市教育局第一次领导班子会上的讲话摘要）

上山打"老虎"

今天大家沟通了信息,增进了感情,达成了共识,探讨了对策,很受教育,很受启发。受大家鼓舞,我想从务虚、务实的角度谈点看法,归纳起来就是"一家人、二原则、三理念、四重点、五件事"。核心意思就是,"一二三四五,上山打'老虎'"。也就是说,把这"一二三四五"抓好落实,就有勇气、有决心上山去"打老虎",就有勇气、有决心战胜一切困难,把教育事业做得更好。

一、在心灵深处永远牢记我们是"一家人"

佛语经典说,"上辈子五百次的回眸,换来今生的一次擦肩而过"。县(区)教育局局长、市局班子成员,大家都有不同的经历,从不同的地方、不同的岗位而来,汇集到教育系统,这确实是一种缘分,也是一种福分。在市直教育系统领导干部会上我讲到,我对卫生系统拥有难以割舍的情感,其中最突出的就是大家在一起共事,我真切地感受到同志之间的缘分、同事之间的福分。为了党的教育事业,大家从不同的经历、不同的岗位走到一起来,注定要风雨同舟、悲喜同心、苦乐共享。所以,无论从哪一个角度讲,我们都是一家人。什么是一家人?我认为,家是亲人共同生存的地方,家是心灵的港湾,家是奋进的动力,家是永恒的守望。俗话说,"相亲相爱一家人","不是一家人,不进一个门","一家人不说两家话"。我理解,至少有两层意思:一是同在一个屋檐下生活的一家人,一定要心往一处想,劲往一处使,不要身在曹营心在汉,更不能胳膊肘往外拐,做出有损于大家庭的事;二是一家人生活在一起,磕磕碰碰在所难免,关起门来家家都有一本难念的经,但是打开门仍然是相亲相爱的一家人。一个家庭出现一些矛盾,出现一些不和谐因素,大家都不必小题大做,也不必大惊小怪。毛主席说:"我们来自五湖四海,为了一个共同的革命目标走到一起来了,我们的干部要关心每一个战士,一切革命队伍的人都要互相关心。"大家共同走到这个系统来,就应当互相关心、互相爱护、互相提携。但是,从大家的发言情况来看,目前全市教育系统在加强联系、上下沟通方面还存在不愿、不畅、不活的现象。对此,我想讲三句话。第一,我们教育系统上上下下,首要的是按规律办事。什么是规律?规律是事物内在本质必然的联系。水往低处流,人往高处走,这就是一个规律。教育工作要与时俱进,体现时代性,把握规律性,富有创造性。任何工作都不能逆规律而动,尤其是领导干部,任何时候都要遵循、把握规律。第二,大家一起来想办法,通过规范行为、建立机制,来改变这种现状,尽可能不使大家心里有太多的委屈。第三,请大家相信市教育局有能力在实践中探索有效的解决办法,其核心是树立一家人的理念,形成相互沟通、相互理解、相互促进的工作氛围。在这里向大家报告,前不久市局组织班子成员搞了6个调研课题,收集了机关干部建言献策建议121条,让我看到问题的症结,找到了解决问题的办法。特别是近段时间,通过多种方式,我与县(区)同志做了很好的交流,对上下之间形成"一家人"的氛围充满信心。在广泛听取意见的基础上,市局将重点抓好三项工作。一是启动市教育局对县(区)教育工作考评,目的在于加强联系,增强动力,推动工作。同时通过考评,为争取党委政府支持创造条件。二是建立临川教育集团学校与县(区)高考成绩共享的机制,减轻县(区)高中发展压力。三是建立临川教育集团学校帮扶县(区)高中学校发展机制,推动全市高中学校加快发展。

二、在思想灵魂的高度坚持"多予少取"和"有纲有常"两个原则

大力推进县域教育事业优先发展,实现教育强市目标,既要坚持"多予少取"的发展原则,又要坚持"有纲有常"的管理原则,保持市、县、校政令畅通,确保全市教育事业顺利发展。

一是必须坚持"多予少取"。"多予",就是市教育局要充分履行自己的职责,多给基层政策,多送基层温暖,多为基层担责,多关心基层干部。"少取",就

是尽量不向基层伸手,少给基层增加麻烦。在实际工作中,尽可能做大做强县(区)教育事业,通过增加投入、项目推进、强校帮扶、名师下派、资源共享等多种形式巩固和发展农村教育事业,推进教育均衡,形成发展合力。

二是必须坚持"有纲有常"。儒家文化强调"三纲五常",具有明显的封建色彩。但是,从管理学的角度看,讲究纲常、有纲有常,要求做事讲规矩、办事讲章法、管理讲层级、工作讲程序,是科学的理论。所谓没有规矩不成方圆,系统内部按照有纲有常的理念,必须树立"一盘棋"的思想,上行下效,服从指挥,听从招呼,令行禁止。所以,基层学校有意见,可以向县(区)教育部门反映;县(区)解决不了的,可以向市教育局反映,但必须一级对一级负责,不要动不动就越级汇报、越级上访。市教育行政部门下达的文件通知、指示要求,必须一级一级抓落实,确保政令畅通。省、市明令禁止的,坚决不踩"红线",严禁擅自出台政策,确保教育系统安全稳定。

三、从执政为民的高度牢固树立"一切为了基层、一切为了事业、一切为了发展"三个理念

教育工作涉及千家万户,关系国计民生,党和政府高度关注,人民群众热切期盼,办好人民满意的教育必须坚守基层为要、事业为重、发展为先的理念。

一是树立"一切为了基层"的理念。 一切为了基层,就是想问题、办事情、做决策、抓落实都必须把着眼点放到基层,把立足点放到人民群众上。在具体工作中,把管理重心下移,把政策取向下调,想基层所想,急群众所急,满腔热忱地向基层学习,多为基层办实事,多为群众谋利益。

二是树立"一切为了事业"的理念。 办好人民满意的教育是光荣而神圣的事业,只要有利于教育发展的政策,都要坚决执行,用足用好;只要有利于教育发展的项目,再苦再难,都要积极争取;只要有利于教育发展的举措,都要开拓创新,大胆尝试。抚州教育承载着"才子之乡"崇文重教的优良传统,面对百舸争流发展态势,要树立"不进则退、慢进也是退"的强烈危机感,树立"百折不回、坚韧不拔"的强烈事业心,树立"围绕中心、服务全市"的强烈大局观,脚踏实地,立

足本职,把做事情升华为干事业,努力在平凡的岗位上做出不平凡的业绩。

三是树立"一切为了发展"的理念。 发展是硬道理,是党执政兴国的第一要务。当前,我市教育改革发展的任务十分繁重,更要树立一切为了发展的理念,把改变教育面貌、加快教育发展作为工作的出发点和落脚点,重点抓好以下六项工作:一是抓好县城学校规划建设,努力使教育发展跟上新型城镇化的发展步伐,解决进城儿童无书读的问题,把较高的成班率降下来;二是抓好农村学校网点规划布局,优化整合乡镇初中和中心小学教育资源,设立乡镇公办幼儿园,着力稳住农村学校生源;三是抓好高中教育特色发展,在多样化办学中提高教育整体质量,增强人民群众对教育的获得感;四是加快职业教育发展,为经济社会发展培养更多的技术工人和实用性人才;五是加快教育信息化进程,通过"三通两平台"建设,大力提升教育服务能力;六是抓好教师招聘工作,搞好教师培训,落实教师政策待遇,提高教师综合素质。

四、从全面贯彻教育方针的高度狠抓"学前教育、义务教育、高中教育、职业教育"四个重点

抚州教育的优势在高考,特色也在高考,但仅仅靠这个特色支撑不了抚州"才子之乡"的品牌,也难以可持续发展,必须优化教育结构,推进教育均衡,丰富教育内涵。

一要狠抓学前教育。 近年来,全市各级政府高度重视学前教育,在土地划拨、规费减免、手续便捷等方面出台了一系列优惠政策,投资近千万的民办幼儿园达到20余所,这是一个可喜的进步。但是,公办幼儿园太少,且面积小、校舍少,成班率高;民办幼儿园虽然较多,但经过合法审批的很少;农村小学开办了不少学前班,都是小学老师任教,保教质量不高。情况表明,破解幼儿"入园难"已成为教育发展的难题。最近,市政府下发了《关于加快发展学前教育的实施意见》,要求各地"双轮驱动",加快发展。一方面大力支持社会力量办园,确保每一个住宅小区配建一所幼儿园,大力清理整顿无证办学、非法办园行为。另一方面大力发展公办幼儿园,每个县城区新建一所公办幼儿园,采取"老校带新校"

"一校两区"的方式管理。每个乡镇都要整合闲置教育资源,尽快设立一所公办幼儿园,并努力办成中心园、示范园。要增加幼儿教师的定向培养计划,建设一支进得来、留得住、教得好的高素质幼儿教师队伍。

二要狠抓义务教育。 当前的主要矛盾是,农村学生大量进城,造成县城学校成班率居高不下,校舍和教师严重不足;农村初中、小学校舍闲置严重,师资数量不足、年龄老化、结构单一、素质偏低。为此,要加大新建、改扩建县城学校力度,加快教育园区建设;尽快招聘优秀高校毕业生进入教师队伍,满足人民群众对优质教育的需求。要加快调整农村中小学网点布局,对生源偏少的乡镇初中和中心小学,尽量整合成"九年一贯制"学校,空出校舍设立公办中心幼儿园;对生源太少而又无法撤并的农村小学,可以开展复式教学,集中师资办好中心小学。

三要狠抓高中教育。 应该看到,抚州普通高中教育名声在外、优势明显。这一优势,来自精细化管理,来自你追我赶、不甘落后的进取精神,来自出类拔萃的教育质量,不仅要全面继承,更要扬优成势、不断创新。全市要继续加大高中教育投入,千方百计扩充优质教育资源,采取名校带弱校、名校办分校等方式,扩大优质学校的办学容量。县(区)普通高中要找准自己的发展定位,正视差距,敢于竞争,勇于争先,在困境中谋求发展,在发展中创造辉煌。

四要狠抓职业教育。 首先,要办出人气。通过网点调整走综合高中的道路,让愿意读职业高中、愿意学一技之长的学生在完成职业教育的同时参加高考,提升职业教育的吸引力。其次,要办出特色。每所职业学校都要围绕当地工业园区建设集中办好一至两个特色专业,提升当地经济建设的服务水平。再次,要办出水平。充分发挥抚州职业技术学院、江西中医药高等专科学校和崇仁师范学校的龙头带动作用,用好普通中专免学费的优惠政策,通过挂靠、联办、合并等方式,做大职业教育办学规模,增强办学实力,提升办学水平。

五、从职责使命的高度全力做好"开学准备、教育收费、项目建设、主题活动、意见实施"五件事情

一要认真做好开学准备工作。 要采取措施对校舍进行安全排查,该修的要

修,该补的要补,不能让学生在危房中上课。要组织开展师德师风教育,签署廉洁从教责任书,形成风清气正的良好氛围。要组织全体教师尤其是班主任按时到岗,全面开展班级活动,确保按时开学、规范开学、和谐开学、平稳开学。

二要认真抓好教育收费工作。 加强与物价、财政等部门的沟通和协调,严格按照省发改委、省教育厅文件精神制定中小学收费标准,统一发布规范收费公告。严禁擅自制定收费政策、擅自设立收费项目、擅自提高收费标准,让人民群众和广大家长放心满意。

三要认真抓好项目建设工作。 今年以来,市政府在推动市教育园区建设方面力度很大,市本级的南昌大学医学分院扩建工程、抚州职业技术学院二期建设工程、江西中医药高等专科学校二期和三期建设工程、崇仁师范学校新校区建设工程、抚州市高级中学建设工程、市实验学校扩建工程、市幼儿园新建工程、百树集团幼儿园工程都在有序推进。希望各县(区)要加快教育园区的建设,未开工的今年之内必须全部开工,已开工的要加快进度,取得明显变化。要以贯彻落实中央苏区振兴规划为契机,积极向上争取政策、争取项目、争取支持,花大力气在人、财、物方面做好项目的研究、开发、制作、储备、规划工作。

四要认真开展"管理提升年"主题活动。 开学之初,市教育局将抽调干部组成开学工作督查组,采取不打招呼、不定时间、不定路线等方式进行明察暗访。重点开展师德师风专项检查、招生工作专项检查、教育收费专项检查、教育效能作风专项检查,希望各地认真排查,坚持问题导向,补齐工作短板,提升主题活动实际效果。

五要认真抓好"两个意见"实施。 最近市委、市政府制定下发了《关于加快发展学前教育的实施意见》和《关于实现县域义务教育均衡发展的实施意见》,这是推动教育改革发展的重要文件,要全面贯彻落实市委、市政府的决策部署,精心组织,周密安排,多管齐下,迅速落地,抓出实效。

(本文系 2012 年 8 月在抚州市教育工作座谈会上的讲话摘要)

全面提升教育科学发展水平

面对打好"三大战役"、建设幸福抚州的新形势新任务,全市教育系统必须坚持以科学发展观为指导,以办好人民满意的教育为中心,以立德树人为根本任务,积极深化教育领域综合改革,着力转变工作作风,全面提升教育科学化水平。

一、改革创新,不断推动教育科学发展

深化改革,不断创造教育发展新优势。 坚定不移地推进教育综合改革试验区建设。建设教育综合改革试验区是立足抚州实际,推进全市教育科学发展作出的重大决策。全市教育系统要迅速把思想和行动统一到决策精神上来,以实际行动积极参与改革试验区建设。进一步加强对方案的论证和完善,争取省政府尽快批准实施,争当改革的先锋。围绕"优先发展基础教育,大力提升素质教育,先行先试多样教育,努力创新体制机制,大力发展服务教育产业"等五项重点,着力攻坚破难,力求在教育重点领域和关键环节上取得新突破,努力走出一条多元化、优质化、特色化、开放化的教育办学之路。坚定不移地推进教育体制机制改革。我市已有 4 个项目被省教育厅确定为国家教育体制改革试点项目,16 个项目被确定为省级试点项目,力争在"校家同创"德育工程、多样化办学、国际合作与交流、校企合作、普职融合等方面改出成效、改出经验。坚定不移地推进教学改革。认真落实国家课程计划,开齐开足相关课程,切实减轻学生课业负担。加强教育质量监测评估,用好分析成果,指导教育教学工作。创新教学模式,打造轻负高效的优质课堂,向 45 分钟要质量、要效益。组织优秀教师编写导学案,开展校本研修,提升科研兴教水平。目前,关于全市正开展的"有效教

学"研究、宜黄县的"三大课堂"研究、金溪二中的"315 自主探究课堂"研究、临川二中的"321 实效课堂"研究等教研活动,我们要热情鼓励,加强引导,总结得失,推广运用。

优化环境,不断提高教育工作运行效率。 优化教育生态环境。努力把党和国家优先发展教育的方针政策转化为加快教育发展的强大动力,积极争取党委、政府对教育工作更多的关心、更大的支持,营造教育工作良好的政治生态;旗帜鲜明、不折不扣地贯彻落实各级对教育投入的一系列政策,特别是"三个增长""两个比例""四项税费"的政策,力争上级投入增加到位、地方投入法定安排到位、基层投入配套落实到位,营造教育工作良好的经济生态;继续推进校家同创,办好家长学校,推动政务、校务、财务、考务公开,开展阳光教育行动,争取社会对教育有更多的了解,营造教育工作良好的社会生态。优化教育运行环境。依法依规、不卑不亢、有理有节地加强与综合部门的沟通协调,通过联席会议、联合办公、联合调研、联合考察等多种形式,走上门,请进门,增加了解、增进理解、达成谅解、互动促解,争取大家多开绿灯不开红灯,多设路标不设路障,营造教育工作良好的运行环境,广泛积累推动教育改革发展的正能量。优化教育系统环境。牢固树立教育"一家人"的理念,跑上去,汇报工作,推介项目,争取资金,了解信息,增进感情,牢牢把握工作方向;走下去,调查研究,听取意见,联络感情,发现问题,化解矛盾,总结经验,抓点带面,牢牢把握工作大局;请上来,访问约谈,商量工作,研判形势,调度运行,牢牢把握工作动态。通过吃透上情、摸准下情、沟通感情、增进友情、愉悦心情的方式,把系统工作做得更好,把上下关系营造得更加和谐。优化教育开放环境。打破关起门来办教育的思想,着力提升教育对外开放水平。市教育局每年组织几次外出学习考察,重点学习外地特色办学经验、国际交流合作经验、项目运作经验、教育均衡发展经验,开拓视野,增长见识,提升理念和水平;同时举办高中教育论坛、中学校长论坛和多样化办学研讨交流会,学习前沿办学经验,促进教育快速发展。

提高质量,不断开创教育发展新局面。 不断提高人民群众的满意度。提升教育供给,加快学前教育普及步伐,推动普通高中多样化发展,完善收费管理办法,制定生均经费标准,出台支持政策,强化办学管理,规范办学行为,加强督查评估,转变教育发展方式,优化教育结构,不断提升人民群众的满意率。开展教育行风评议,加强群众满意度测评,对群众反映突出的问题及时整改,不断巩固人民群众的满意率。回应社会关切,围绕违规收费、有偿家教、乱订教辅、择校难、优质资源少等难点、热点问题,纠风治乱,加快发展,不断提升人民群众的满意率。不断提高教育发展的均衡度。加快缩小城乡之间和学校之间办学条件、教师队伍、管理水平、教育质量的差距,大力提升农村办学条件和办学水平。加快中小学标准化建设,优化农村中小学布局,整合资源设立农村九年一贯制学校,保留山区、库区和交通不便地区的小学或教学点。加快薄弱学校改造,通过多种形式帮扶薄弱学校,促进全市教育均衡发展。不断提高教育与经济发展的关联度。引导推动职业教育以就业为导向,以质量为核心,背靠产业大树,面向经济森林,对接市场需求,培养技能型、产业型、创业型人才,使职业教育有出路、有前景、有发展。探索实施"教育经济一体化"战略,通过举办抚州教育论坛、开发临川教材教辅、发展教育互联网产业、开发教育旅游项目、建设教育产业园区等多种形式,发展教育相关产业,为经济发展作出贡献。不断提高教育的公平度。推进城乡"教育一体化"进程,按标准为农村中小学配备图书、教学仪器设备、音体美和实验器材。实行城乡统一的中小学编制标准,对村小、教学点予以倾斜,吸引优秀毕业生到农村长期任教。按照就近入学的原则,保证流动人员子女和残疾儿童少年随班就读。更加关心关爱"留守儿童",加强心理健康教育。全面落实国家资助政策,鼓励社会各界以多种形式设立奖学金、助学金等助学项目,确保家庭经济困难的学生不因贫困而失学辍学。

二、加快发展,不断提升教育服务能力

全面实施教育民生工程。　更加关注弱势群体,保障特殊教育学生、进城务工人员随迁子女、农村留守儿童的受教育权益。继续抓好乐安县中小学营养改善计划试点工作,提高农村中小学生的身体素质和健康水平。认真实施义务教育阶段免学费、免费提供教科书工作,切实抓好家庭经济困难寄宿生生活补助,

认真落实免费中职教育和国家助学金政策、普通高中国家助学金政策以及高考入学政府资助政策,制定落实学前教育资助政策,确保学生资助全覆盖,全面完成教育"民生工程"目标任务。要切实加强对资助政策落实情况和资金使用情况的监督检查,把教育民生工程办成温暖工程、满意工程。

科学实施振兴苏区工程。 认真研究贯彻落实中央苏区振兴发展有关政策,积极对接国家"十二五"重大投资方向,主动汇报,加强沟通,及时掌握项目动态,进一步完善我市中央苏区振兴教育项目规划,认真策划、开发、包装一批项目,建立项目库。对农村中小学危房改造、农村寄宿制学校建设、普通高中改造、中等职业教育基础能力建设4个系统项目,逐一进行梳理,提前做好项目可研性报告、规划设计等前期工作,落实建设用地和配套资金,做好项目承接准备。

大力实施地方教育重点工程。 崇仁师范学校新校区建设工程、新区高中建设工程、市实验学校扩建工程、市保育院新校区建设工程、付家完全小学新建工程等8个教育项目已列入全市100个重点建设工程,总投资13.73亿元。这是大办教育和办大教育的具体体现,是千载难逢的机遇。我们要以敢于担当、善于落实、勇于争先的精神,全力抓好工程建设,按照时间节点,全面完成年度工作任务。

加快实施教育在建工程。 举全市教育之力组织实施好义务教育学校标准化建设工程、中小学校舍安全工程、农村初中改造工程、特殊教育学校建设工程、幼儿园建设工程、普通高中优质资源扩充工程、中等职业学校基础能力建设工程、城镇新区教育园区建设工程、农村义务教育食堂建设工程、教育赠款工程等十大工程,更加重视做好跑项争资工作,争取分得更多"蛋糕"。按照"六个一"的工作机制,抓好工程建设,加快推进速度,提高建设质量。着力提高项目资金使用效率,做到下达一批资金,实施一批工程,建设一批项目,提升一批形象,形成一批变化,打造一批亮点。

三、重点突破,不断强化教育保障机制

在作风建设上谋求新突破。 以"为民务实清廉"党的群众路线教育实践活

动为载体,改进工作作风,密切干群关系,树立良好的政风。大力开展领导干部挂牌上岗服务和"民情家访"活动,倾听民意,帮助解决实际问题,办好一批看得见、摸得着的好事实事,使干部教师受"洗礼"、家长学生得"红利"。以"廉洁修身教育"活动为载体,加强反腐倡廉,坚决纠风治乱,树立良好的行风。大力开展"廉政文化进校园、廉洁教育进课堂"活动,进一步落实党风廉政建设责任制和领导干部"一岗双责",加强"三重一大"事项监督检查,规范教材教辅资料征订和使用,坚决查处教育乱收费、乱招生、乱补课和有偿家教行为,确保教育信访数量明显下降。以示范学校创建活动为载体,加强文化建设,提升学校内涵,树立良好的校风。大力开展"素质教育月"和学雷锋活动,积极开展阳光体育运动和语言文字、现代教育技术、园林绿化、平安校园、科研兴教等示范创建活动,切实加强校园文化建设,全面提升学校管理水平。以"双十佳"评选活动为载体,激励创先争优,弘扬师德精神,树立良好的教风。在全市中小学校开展"十佳校长""十佳教师"评选活动,以此为动力推动优秀校长、优秀教师脱颖而出。每两年举行一次全市教育系统先进事迹巡回报告会,搅动思想、鼓励士气、提振精神。以"中国梦""教育强国梦"宣传教育活动为载体,争创学习型单位,争当学习型干部,树立良好的学风。坚持育人为本、德育为先,把社会主义核心价值体系融入中小学教育的全过程,着力培养学生社会责任感、创新精神和实践能力,促进学生德智体美劳全面发展。

在安全维稳上谋求新突破。　在强化安全意识上求突破。牢固树立安全责任意识,落实领导干部"一岗双责",层层签订责任书,做到上下联动、齐抓共管。深入开展安全学期、安全月、安全周活动,广泛开展安全知识、安全技能竞赛活动,形成安全治校氛围。在强化组织领导上求突破。各级各类学校明确一名副校长专门负责安全工作,聘请当地派出所所长担任综治副校长。建立一支安全管理专业队伍,切实解决有人分管、有人办事的问题。在强化安全教育上求突破。开展形式多样的中小学公共安全知识教育,广泛开展安全演练活动,努力提高学生的安全防范意识和自救互助能力。注重学生的心理安全教育,鼓励教师通过自学取得心理咨询师资格,舒缓学生情绪,化解学生心理压力,增强学生心理健康。在强化安全管理上求突破。开展平安校园创建活动,不断加强校园治安防控体系建设,落实人防、物防、技防措施,全面实施学校天网工程,消除视频监控盲点。建立健全安全隐患排查机制,加强学校应急管理工作,整治校园及周边环境,确保学校稳定安全。

在教师队伍建设上谋求新突破。 出台一批文件,强化教师激励机制。落实《江西省中小学校长管理暂行规定》,制定出台关于加强校长管理和年度履职考核的相关文件,对校长年度办学情况进行考核评估;出台《关于加强省特级教师、学科带头人、骨干教师管理和年度履职考核的实施办法》,重点考核教师自身建设、送教下乡、传帮带等相关内容;出台《关于加强"名师工作室"建设的实施意见》,在全市组建网络和实体名师工作室,形成工作梯队;出台《关于加强农村教师管理的规定》,增强农村教师的职业吸引力,引导农村教师爱岗敬业。解决一批问题,增强教师工作活力。协调解决市直学校教师扩编问题,推动乡镇中心幼儿园教师编制问题解决。加大教师队伍"退一补一"的政策督办力度,确保教师队伍总量基本稳定。抓好教育部直属师范院校免费师范生选聘工作,不断优化教师队伍结构。利用全省教师统一招考平台,选拔优秀高校毕业生到农村教学第一线工作,优化农村教师结构。妥善处理好教师职称评聘关系,推动教师职称评聘脱节问题解决。加快农村教师周转房建设,提升农村教师工作生活条件。建好一批队伍,提升教师队伍综合素质。打造一支教育家式的校长队伍。从今年开始,对校长办学目标完成情况进行年度履职考核,把考核结果作为校长任免、奖惩的重要依据,促进有理论水平、有工作经验、有操作能力的教育家式的校长队伍健康成长。打造一支学者型的骨干教师队伍。以特级教师、学科带头人和骨干教师为依托,建立名师工作室,培养一批教学能力出众、教研能力突出、引领教学潮流的骨干教师。以教师综合技能比赛活动为载体,全面考察教师教学水平,提升教师综合能力。加大教师培训力度,提高教师业务素质。打造一支专家型的教研队伍。选拔优秀教师担任专、兼职教研员和命题专家,积极开展科研教研、连片教研、校本研修、送教下乡、集体备课、教学竞赛、教学质量检测、教辅资料开发等活动,努力形成科研兴校、科研兴教的浓厚氛围。

在教育综合管理上谋求新突破。 建立完善教育综合考评机制,激发争先创优的工作动力。简化对县(区)政府的教育目标综合考评方案,在理清政府和部门教育行为的基础上,重点考核县(区)政府落实"以县为主"教育管理体制、加大教育投入、深化教育领域综合改革、实施教育重点工程、办好学前教育、促进义务教育均衡发展、统筹发展高中教育、保障教育健康发展、维护教育和谐稳定等九个方面的内容,引导推动县(区)集中精力落实教育大政方针、集中资金办教育大事。建立教育系统巡察机制,营造奋发向上的工作氛围。每年组织一次教育系统巡察看变化活动,看特色、看亮点,努力营造县自为战、校自为战、积极向上、相互竞争、创先争优的良好发展氛围。建立素质教育展示机制,落实立德树人根本任务。组织成立教育系统体育协会、书法协会、艺术协会等社会团体,推动师生博览广猎、开阔视野、修身养性。组织开展演讲比赛、书画比赛、作文竞赛等活动,促进教学相长,增进系统内在活力。每两年举办一届全市中小学生运动会,推动学校阳光体育运动,增强师生体质。每两年举办一次全市中小学生艺术节,展示素质教育成果,推动素质教育进程。

(本文原载于抚州市委《现代抚州》2013 年第 5 期,有改动)

不断提升办好人民满意教育的新境界

打造抚州教育的"升级版",必须以全面深化改革为统领,主攻"两区建设",推进"三个发展",大兴"四种风气",突出"五个重点",大力提升教育治理能力,不断提升办好人民满意的教育的新境界。

一、主攻"两区建设",全面深化教育领域综合改革

把握改革的总体要求。 经过艰苦努力,教育部和省政府先后批准抚州市设立国家中小学教育质量综合评价改革实验区和基础教育综合改革试验区。全市教育系统要按照"戴正帽子,探索路子,建好机制,争取票子,擦亮牌子"的总体要求,大力推进"两区建设",努力在发展中深化改革,在改革中加快发展。要充分调动基层和学校的改革积极性,引导基层积极探索,正确处理改革、发展与稳定的关系,切实把握改革的方法、步骤,积极稳妥地推进改革。

明确改革的主要任务。 国家中小学教育质量综合评价改革实验区建设的主要任务是:围绕学生发展的核心素养,建立学生品德发展水平、学业发展水平、身心发展水平、兴趣特长养成、学生负担状况等方面综合评价体系,开展中小学教育质量综合评价工作,为全国探索路径,积累经验。抚州基础教育综合改革试验区建设的主要任务是:在改革人才培养模式、办学体制、管理体制、提升教育服务功能等方面先行先试,巩固传统优势,增创发展特色,化解运行矛盾,探索新形势下的基础教育发展规律,为全省深化教育领域综合改革提供实践经验。

抓住改革的工作重点。 积极推进义务教育学校校长、教师交流轮岗制度改革,按照"先易后难,制度引导,待遇鼓励,重在实效,有序推进"的基本思路,通

过转变教师身份、推进集团办学、提高农村教师待遇、建立城乡校长教师交流机制等多种办法,推进校长教师交流轮岗。积极开展示范性学校创建活动,每2年进行一次市级评审,每3年进行一次复评,推动学校达标升级。积极推进考试招生制度改革,认真探索符合上级精神、体现综合评价要求、反映素质教育成果、与高考制度改革相衔接的中考科目和命题机制。积极推进中小学教育质量综合评价改革,先在县(区)和学校试点,再逐步推开。积极探索建立集团办学机制,以县城优质学校为龙头,以薄弱学校和农村学校为成员,按照"政府主导、学校牵头、自愿参与、统筹发展、稳步推进"的原则,采取合作帮扶、托管、兼并等多种形式组建学校发展集团,通过集团办学破解难点、疑点问题。积极探索建立临川教育集团学校帮扶发展机制,以临川一中、临川二中、抚州一中为龙头,以县(区)高中学校为成员,加强合作交流,建立市县(区)高中学校共同发展机制。

二、推进"三个发展",努力提高教育科学发展水平

推进教育优先发展。 当前,各地推进教育优先发展还存在不少薄弱环节,有的对中央和省财政投入的教育项目长期没有配套或配套不到位;有的对应该由财政安排的教师医保等经费长期没有安排,导致学校违规使用生均公用经费;有的城区教育资源严重不足,却多年没有安排建设项目,导致教育发展长期没有变化。针对这些情况,我们必须坚持问题导向,补齐工作短板,切实把优先发展教育真正落实到经费保障、投入增长、资源供给和发展变化上。

推进教育均衡发展。 明确政策:坚持保基本,使每一所学校都达到基本办学条件;努力上水平,不断扩大优质教育资源覆盖面。把握方略:从战略上高度重视,把推进义务教育均衡发展作为深化教育改革的重点领域和关键环节,积极争取上级支持,落实项目资金投入;从战术上取得突破,突出硬件均衡,大力实施学校标准化建设和薄弱学校改造工程,使每所学校和教学点都能达到办学标准,抓好软件均衡,以教师均衡为突破口,全面开齐开足课程。以规范办学行为为抓手,减轻学生课业负担,引导学生就近入学,推进小班化教学;以示范性学校创建活动为载体,推动学校达标升级,提高办学水平。

推进教育协调发展。 大力普及学前教育,重点抓好县城公办幼儿园、乡镇中心幼儿园、小区配套幼儿园和村级幼儿园(班)建设,发展一批层次较高的民办幼儿园,整治提升一批民间幼儿园,坚决取缔无证幼儿园。组织示范评估,加强监督管理,规范办园行为,防止和纠正"小学化"倾向,提高保育教育质量。更加关注特殊群体教育,组织实施提升计划,推进残疾儿童少年义务教育普及。实施国家特殊教育重点项目,加强普通学校特殊教育资源(中心)建设,改善特殊教育学校办学条件。积极推进"医教结合"实验,提升特殊教育发展水平。推进高中教育多样化,促进集团学校与县(区)高中帮扶发展、联合发展、共同发展,进一步形成"百花齐放"的态势。坚定不移地走特色发展道路,探索学科创新高中、普职融通高中、艺术特色高中、国际合作高中发展新路子。优化职业教育发展,围绕加快构建现代职业教育体系,积极探索面向市场、面向发展、面向未来的办学路径,着力抓好办学理念与市场导向、专业设置与产业需求、课程内容与职业标准、教学过程与生产过程的对接,努力在产教融合、职普沟通、中高职衔接、行业企业参与、"双证书"制度、提升技能人才地位等方面取得突破。

三、大兴"四种风气",着力优化教育发展环境

大兴学习交流之风。 加强学风建设。教育工作者要有"望尽天涯路"的高远追求,耐得住"昨夜西风凋碧树"的清冷和"独上高楼"的寂寞,静下心来通读苦读;教育工作者要勤奋努力,刻苦钻研,下真功夫、苦功夫、细功夫,"衣带渐宽终不悔";教育工作者要坚持独立思考,学有所悟,用有所得,在"众里寻他千百度"中获得真知,在"灯火阑珊处"领悟真谛。加强平台建设。在全市教育系统开展"五个一"学习活动,即读一本好书、观看一部红色电影、举办一次工作论坛、开展一次专题大讨论、写好一篇学习心得体会。力求通过学习活动,提升教育工作者驾驭局面的应对力、攻坚破难的操作力、推动工作的执行力。加强交流机制建设。建立和完善教育工作者谈心、协商、沟通、交流机制,通过沟通交流推进民主、增进友谊、促进团结。

大兴调查研究之风。 围绕"两区建设"和教育运行中的热点、难点问题,由

市教育局班子领导开展领题调研,通过广泛的调查研究,发现问题,梳理矛盾,问计问策,探索出路,提升工作。全市教育系统各级领导干部用三分之一以上的时间开展调查研究,每年形成两个以上的调研成果。

大兴勤政为民之风。 围绕深化改革、考试考务、招生录取、学生资助、规范办学、转学就读、教育公平等问题,出台具体为民的措施,自觉接受监督,取信于民,服务群众。围绕治理"庸、懒、散、奢、低"等问题,消除"门难进、脸难看、话难听、事难办"的服务态度病,克服"平平安安占位子、忙忙碌碌装样子、疲疲沓沓混日子、年年都是老样子"的精神状态病,治疗"胸中无底、心中无数、手中无据"的业务素质病,制止"层层当老板、个个是领导、事事搞宏观"的工作方法病,批评"只当评论员不当运动员、只当信息员不当裁判员、只当守门员不当冲锋员"的思想意识病,抨击"挑肥拣瘦,挑三拣四,挑毛拣刺"的道德行为病,在全市教育系统喊出"说办就办、马上就办、办就办好"的声音,唱出"勤劳勇敢、勤奋敬业、勤能补拙"的旋律,谱写"亲力亲为、亲民爱民、亲贤远佞"的乐章,演出"分工负责、分兵把口、分头落实"的好戏。

大兴清正廉洁之风。 落实"一岗双责",按照"谁主管、谁负责、管行业必须管行风"的原则,将党风廉政建设和反腐败工作摆上重要议事日程,切实履行"一岗双责"。回应群众关切的问题,深化义务教育阶段择校乱收费治理工作,坚决制止"以钱择校"行为;按照标本兼治、减轻学生课业负担的要求,集中开展中小学教师有偿补课行为专项治理;全面落实《中小学教师违反师德行为处理办法》,着力规范教师从业行为,坚决查处侵害群众利益的问题。弘扬清风正气,坚持以立德树人、教书育人、修身养性、学高身正、廉洁自律为核心,引导干部教师教人先教己、正人先正己、育人先育德、为师先为人;开展老师评学校、学校评机关、科室评班子、群众评教育活动,强化监督机制,推进决策民主化、规范化、科学化;树好用人导向,鼓励干事创业,激励勤奋敬业,唱响正气歌,传递正能量。

(本文原载于抚州市委《现代抚州》2014 年第 5 期,有改动)

奋力谱写抚州教育新篇章

认真落实全国全省教育工作会议精神,要围绕"一条主线、两个重点、三大保障、六项任务"的总体部署,按照"保基本、补短板、闯难关、上水平、创品牌"的基本要求,深化改革,推动升级,提高质量,促进公平,强化治理,奋力谱写抚州教育新篇章。

一、深化教育改革,提升教育发展活力

抓好校长、教师交流轮岗工作。 总结推广金溪、东乡两县试点经验,在崇仁、广昌、南丰和黎川四县协调推进,引导优秀校长、教师向农村和薄弱学校流动,实现交流轮岗工作纵深化、制度化和常态化。推进"县管校聘"政策落实,强化教育行政部门对区域义务教育教师队伍的统筹管理,推进教师"无校籍管理",努力实现教师由"学校人"向"系统人"转变。要推进"名师支教"。建立特级教师、学科带头人和骨干教师送教下乡机制,探索将支教经历纳入考核续聘指标体系。

抓好中小学教育质量综合评价工作。 重点围绕评价指标、标准检测点、电子档案系统、评价分析软件和数字化管理平台等研制工作,进一步完善评价工具,加强评价专业化队伍建设,夯实综合评价基础。在临川、东乡、广昌、南城等县选择一批学校先行试点,开展实验性测评工作,通过抓点带面、自上而下,逐步覆盖,帮助学校全力推进素质教育。对接高校招生对学生综合评价要求,引导帮助普通高中尽快建立科学、规范的评价体系和评价工具,全面有序地开展综合评价工作,降低应对成本,提升评价质量,推动普通高中升级发展。

抓好示范性学校创建工作。　将示范性学校创建活动作为强化政府教育行为、推进学校标准化建设、促进教育均衡发展的重要抓手,纳入市政府对教育工作的考评范畴,广泛宣传发动,引导动员各级各类学校积极参与,努力扩大创建工作的覆盖面。建立机制,强化激励措施,把创建工作作为学校创先争优的重要抓手,形成"比学赶超"的良好氛围。坚持示范引领,抓点带面,做到点线面结合,培育典型,树立标杆,增强创建工作的引领性和示范性。

抓好集团化办学工作。　抓好集团学校帮扶县(区)高中发展,力争每所学校至少与两所县(区)高中建立良好的合作办学关系,推动市县学校在资源共享、教师培训、教学对接、学生联考等方面取得实质性进展。推广金溪经验,按照"政府主导、统筹规划、同城一体、片区联合、强弱结对、区域推进"的原则,力争每个县(区)组建几个教育共同体,充分发挥优质教育资源的辐射带动作用,全面推进教育区域、城乡、校际均衡发展。

抓好名校升级发展工作。　市委、市政府先后两次成立调研组赴集团学校和外地调研,形成了集团学校升级发展方案,其基本思路是,按照《中华人民共和国教育法》和《中华人民共和国民办教育促进法》的有关规定,引入市场机制,鼓励引导社会资本进入教育领域,按照"五个独立"的要求,依托名牌学校兴办民办学校,实行董事会领导下的校长负责制和民营学校运行机制,力争通过名校带民校,盘活存量,扩大增量,推动学校转型升级,巩固提升抚州教育品牌。

抓好考试招生制度改革工作。　按照《国务院关于深化考试招生制度改革的实施意见》和江西省深化考试招生制度综合改革有关部署,围绕"分类考试、综合评价、多元录取"的基本模式,抓好机构整合,认真研究政策,强化工作宣传,建立应对机制,从教师、课程、课堂、教学、科研、考试、评价等环节进行全方位的跟踪对接,抓好走班和选修课程教学组织工作,消除家长疑虑,增强学生信心,提升教师操作能力,跟上全国全省改革步伐,在新的起点上赢得竞争的主动权,推动我市教育又好又快发展。

二、提高教育质量,提升教育品牌形象

树立科学的教育质量观。　坚持把立德树人作为教育的根本任务,把社会主

义核心价值观落实到文化育人、实践活动和政策制度之中,引导广大学生树立正确的世界观、人生观、价值观、荣辱观,努力培养合格的社会主义建设者和接班人。坚持"智育为用,能力为重,全面发展"的要求,尊重学生成长规律和个性发展需要,以人为本,因材施教,分层办学,创造教育教学发展新模式。要大力实施素质教育,统筹抓好体育、美育、传统文化、心理健康、综合实践和创新教育等工作,促进学生综合素质全面提升。

抓住质量提升的薄弱环节。 引导教育资源向农村薄弱地区和发展落后地区倾斜,强化教育管理,稳住农村生源,激活农村教育需求,多管齐下,各个击破,全面开花,形成循环驱动。以义务教育校长、教师交流轮岗为抓手,建立优秀教师向农村、薄弱学校流动常态化机制;努力创造更好的工作和生活条件,吸引优秀人才投身、扎根农村教育事业,让学生们能安心在家门口接受优质教育。要配足配齐教师,开齐开足课程,改变当前部分教师"一肩多挑"的现状。强化教学管理,狠抓教育质量,推进课程改革,不断提升校园文化内涵,认真办好每一所学校。以示范性学校创建活动为抓手,鼓励各地广泛开展形式多样的教学竞赛活动,推动学校苦练内功、科学管理、达标升级、创先争优,努力提高办学水平,在全市教育系统形成"你追我赶,比学赶超"的良好竞争氛围。按照"上派下挂、双向交流、共同发展"的要求,依托教育信息化手段,主动对接龙头学校,实现资源共享、良性互动,促进农村、薄弱学校质量整体提升。按照发展性、导向性、综合性、诊断性原则,市县两级科学分工,上下联动,通力合作,综合运用信息技术、大数据分析、模拟实践、行为观察和教学视导等手段,科学分析监测数据,科学研判发展趋势,有针对性地调整教学方式,不断提升全市中小学教学质量。

提升教学研究推广水平。 充分发挥好教研的牵引作用,鼓励广大教师做课题、出成果。充分发挥名师效应,做好名师工作室的组建、运行、考核等工作,大力开展"传帮带、师徒结对"等活动,全力推进科研兴教。大力开展校本教研活动,重点抓好集体备课、专题讲座、课堂教学示范、现场研讨、课堂模式研究等活动,提升校本教研水平。积极开展"一师一优课、一课一名师"活动,整合优质资源,引领专业发展。进一步提升教材教辅资料的编写质量,扩大发行范围,努力打造教辅精品,让全国全省学生享受到抚州教育改革的成果。

三、促进教育公平,提升人民群众对教育的满意度

严格落实就近入学规定。 提高思想认识,站在讲政治、守纪律的高度坚定不移地有序推进。科学制定方案,抓住就近、免试、划片等关键问题,在摸清底数、分析结构的基础上,明确招生对象、招生原则、学区划分、报名办法、资格审查、录取办法等内容。坚持阳光操作,将招生方案、招生计划、时间节点、操作办法向社会公开,在社会的监督下运行。要严明招生纪律。争取党委、政府重视,出台政策,逐步消除非政策性择校现象。要兜住公平底线。保证每个适龄儿童、小学毕业生、进城务工人员随迁子女、军烈属子女等政策法律范围内的入学对象都有学上。

切实规范学校办学行为。 统一思想,提高认识,把规范办学行为当作一件大事来抓。切实减轻学生课业负担,严格执行教育部《小学生减负十条规定》和《江西省规范义务教育办学行为若干规定》,控制义务教育阶段学生考试次数和难度,规范教辅资料订购,合理布置学生作业。切实规范招生行为,严格执行招生政策和计划,合理控制学校班额,均衡配置教师,有效化解择校、择班难题。切实规范收费行为,严格执行教育收费政策和收费公示制度,始终保持治理教育乱收费的高压态势,发现一起,查处一起。

更加关心关注弱势群体。 认真落实特殊教育政策要求,指导普通中小学校做好随班就读工作,提高残疾儿童少年义务教育入学率。建立健全农村留守儿童关爱服务体系,加强留守儿童心理健康教育、法制教育和安全教育。保障进城务工人员随迁子女平等接受义务教育。组织实施好学前教育、义务教育"两免一补"、中职免费教育和国家助学金、普通高中国家助学金和高考资助金以及生源地助学贷款等政策,全程阳光操作,确保受助对象的确定公平公正公开且及时得到实惠,确保每一个学生不因贫困而失学、辍学。拓宽社会资助渠道,引导机关、团体、企事业单位和个人捐资助学,让教育惠民政策阳光普照。

四、加强教育治理，提升教育工作运行效率

切实加强党的建设。 落实从严治党新要求，加强组织建设。深入推进"连心、强基、模范"三大工程，夯实基层党建基础；在学校推进把支部建在年级上、建在学科组上，充实教学一线组织力量。坚持"德才兼备、群众公认"的原则，完善干部考核评价制度，规范和加强局属科级干部管理，加强局机关、下属单位干部培养和学校班子、中层干部队伍建设，激发干部职工干事创业的活力。落实"三严三实"新要求，加强作风建设。坚决贯彻执行中央"八项规定"，巩固拓展教育实践活动成果，持续深入抓好整改落实，力争"三公"经费、文件会议数量较上年有明显下降。精心组织开展"三严三实"专题教育活动，把作风建设引向深入。大力开展"为民便民大服务"活动，坚决杜绝"脸难看、门难进、话难听、事难办"现象。要落实"两个责任"新要求，加强廉政建设。加强领导班子和领导干部政治纪律、组织纪律、廉政纪律建设，建立健全党内生活制度。积极推进教育系统党风廉政建设和反腐败工作，严肃查处群众反映强烈的教育违法违纪案件，持续保持惩治腐败高压态势，建设风清气正的教育生态。

深入推进依法治教。 严格执行《中华人民共和国教育法》《中华人民共和国教师法》《中华人民共和国义务教育法》等法律法规，按照"法无授权不可为"和"法定职责必须为"的原则管好、办好教育。进一步简政放权，加强教育系统权力清单、责任清单、负面清单和政务服务网等"三单一网"建设，做好审批权限下放后的教育管理和服务工作，确保工作不脱节，服务不脱节。加强民主管理，完善教职工代表大会制度，全面实行校务公开制度。制定和完善学校章程，强化学校内部治理结构，建立现代学校管理制度。引导广大教师转变观念，尊重法律，带头遵纪守法，认真履行教书育人职责，爱岗敬业、关爱学生，形成良好的教风、学风。加强法制教育，深入推进"廉政文化进校园、廉洁教育进课堂"活动，推广应用《廉洁修身教育》教材，让每一个学生从小树立良好的法制观念。

着力提升队伍素质。 加强师德师风建设。健全师德考核机制，加强师德师风教育，继续开展先进典型表彰活动，广泛开展"优秀教师、优秀教育工作者、师

德标兵、最美乡村教师"等评选活动,宣传他们的好品德、好作风、好经验,努力营造尊重先进、学习先进、追赶先进、争当先进的氛围。保障教师合理待遇。严格执行各项优惠政策,加快教师周转房建设,关心解决教师住房、就医、子女教育、配偶就业等方面的实际困难,提升教师幸福指数。提升教师队伍素质。综合运用全省统一招聘、特岗计划、高素质人才引进、免费师范生、定向培养等选聘平台,重点加强紧缺学科教师和农村地区教师补充力度,有针对性地扩充师资队伍。用好各类培训手段,保障培训经费,提升培训效果。尊重教师主体地位,激发教师参与学校民主管理的主人翁意识。加强校长队伍建设。落实普通高中、中等职业学校校长和幼儿园园长专业标准,严格校长任职资格,完善选拔任用制度,建立校长考评制度,形成科学有效的管理机制,不断提升校长队伍综合素质。

全力创建平安校园。 切实加强平安校园建设,大力开展安全知识教育和安全行为技能培训;加强重点时节、重点部位和重点对象管理,大力开展学校安全隐患排查和应急演练活动,不断增强师生安全意识和防范能力。加强学校安全形势研判,建立和完善教育舆论引导和通报工作制度。充分发挥学校医务室、心理咨询室在维护学生身心健康中的作用,切实加强对学生心理危机的识别、干预。继续抓好防溺水、防交通事故、防火灾事故、防校舍倒塌和群体性踩踏事故以及食品安全等工作,确保师生安全。进一步健全校园安全部门协作、联防联控机制,严格按照"属地管理、分级负责""谁主管、谁负责"的原则,对学生防溺水工作责任进行层层细化、逐级分解,形成部门联防联控合力。

不断加强机关管理。 创新工作抓手,坚持完善每周工作调度会、务虚工作会、中心组学习会、巡察看变化、先进事迹巡回报告会、中小学生艺术节、中小学生体育运动会、临川教育论坛等工作机制,建立系统内部审计、干部轮岗制度,坚持问题导向,强化面上指导,激发内在活力。要推进政务公开、党务公开,强化重点工作督查和过程监控,勤勉敬业,提高工作质量。要深入开展"大兴学习交流、调查研究、清正廉洁、勤政为民"之风和"为民便民大服务"活动,多读书,多调研,牢固树立为教育服务、为师生服务、为基层学校服务的思想意识,不断提升群众对教育的满意度,在办好人民满意的教育的征程中展示新作为。

（本文原载于抚州市委《现代抚州》2015年第7期,有改动）

努力开创抚州教育新局面

全市教育工作总的思路是坚持新发展理念，围绕"城乡统筹发展、学校内涵发展、校长专业发展、教师职业发展、学生全面发展、各类协调发展"的总思路，坚持稳中求进、进中创先，立足大系统、力争大作为，推动全市教育科学、协调发展，努力开创抚州教育新局面。

坚持旗帜为向，在百花齐放、全面发展中勇当基础教育的领跑者。 抚州教育能够取得今天的成绩，主要得益于始终坚持高举旗帜、创先争优，始终坚持科学发展、大办教育、办大教育，始终坚持锐意改革、开拓进取、潜心办学、科学育人，不断巩固、创造新的发展优势。高举才子之乡旗帜。教育孕育才子，才子创造才乡。抚州"才子之乡"的美名传颂千年，已经成为抚州特有的文化符号，需要精心呵护、发扬光大。面对百舸争流的新形势，要增强"兵临城下"的危机感和紧迫感，强化"功成在我"的责任感和使命感，坚定不移地高举才子之乡、教育之乡旗帜，围绕创建全国历史文化名城、争当四个"排头兵"，大力实施基础教育领跑工程，狠抓教育质量，巩固高考优势，推进百花齐放，丰富办学内涵，推动多样发展，全力打造全国基础教育名城，让抚州教育这面旗帜在江西乃至全国的上空高高飘扬。推进名校领先领跑。抚州高考成绩连续保持全省领先，在江西教育史上书写了浓墨重彩的一笔，以临川教育集团学校为代表的一批名校是抚州基础教育品牌的核心支撑。面对新的高考"战场"，必须坚定不移地推进名校领跑战略，发挥名校示范引领作用，进一步夯实办学基础，提升教学质量，鼓励抚州一中在战略突破中奋勇争先，力争进入"全国百强中学"行列，与临川一中、临川二中一道，争当全省基础教育的先锋队、主力军。促进县区百花齐放。近年来，县区高考成绩喜人,为抚州教育品牌增光添彩。但从总体来看,县区高中整体实力还比较薄弱,县区之间高考成绩还不平衡。各地要大力实施品牌提升战略,多措并举提升高考质量,力争每个县区每年都有学生被北大、清华录取,真正形成"你追我赶、争先恐后、百花齐放、整体推进"的良好态势。引领学校多样办学。随着高考自主招生改革和多元化评价体系建立,重点高校越来越青睐综合素质高、有兴趣特长、多元发展的学生。北大、清华等名校每年录取的60%以上的新生来自自主特长招生;湖南长郡中学、江西鹰潭一中通过科学组织竞赛等形式,大批学生被北大、清华等名校录取;江浙沪等发达地区新办了一大批国际学校,受到学生热烈追捧。这些都启示我们要积极转变思路,大力实施多样化办学战略,引领学校走多样化、特色化、国际化、现代化办学之路。要鼓励学校创办音体美特长班,根据学生的兴趣特长开发绘画、摄影、戏剧、表演等特色教程,抓好戏剧进校园工作,既引导学生个性发展,又为高考铺就道路;支持有条件的高中创办外省班、国际班,重点抓好自主招生和国际招生,闯出一条输送优秀学生进入国内外名牌大学的新路。

坚持发展为先,在增加供给、促进公平中提升人民群众的获得感。 发展和公平是教育永恒的主题。抚州教育虽然名声在外,但广大群众对教育发展仍然拥有强烈的期盼,对教育公平诉求热切,很多群众依然感觉教育发展成果离自己很远。要按照"兜底线、保基本、补短板、上水平"的要求,坚持发展为先、供给为重、公平为要,着力解决"有书读""读好书""有选择""更公平"的问题,扩大教育发展的受益面,让人民群众有看得见、摸得着的获得感和满足感。坚定不移保优先。始终把教育优先发展战略,落实到经济社会发展规划优先安排、财政资金优先保障、公共资源优先满足教育发展上来;落实到教育经费"三个增长"和教育投入"两个占比"的稳定提高上来;落实到合法、科学、高效使用上级教育资金上来,真正把优先发展的大政方针转化为加快发展的实际行动。千方百计强供给。随着新型城镇化进程加快和"全面二孩"政策效应显现,现有教育资源供给严重不足,我们要做到心中有数,提早谋划、先行一步,既要稳住农村生源,又要消除城镇"大班额",坚持两条腿走路,破解供求失衡难题。在农村,要完善学校规划布局,以标准化建设为突破口,大力推进"全面改薄"等工程,足额配套资金,保障项目用地,确保完成建设任务。在城镇,争取全市每年安排教育重点项目 40 个左右,完成年度投资 8 亿~10 亿元;今后,新建城区住宅小区或其他居住项目,要按每 1 万人布局 1 所完小、每 3.5 万人布局 1 所初中的原则,依法设置相应学校。鼓励新建九年一贯制学校,全力消除"大班额"现象。**多措并举促公平。** 坚持共享发展理念,以推进城乡教育均等化为目标,健全完善规则,着力推进教育起点、过程和结果公平,让教育改革发展成果在更大范围、更高层次惠及人民群众。全面实施义务教育免试就近入学政策,总结推广市属学校经验,通过合理划定范围、有序确定对象、规范办理手续、全面阳光招生、探索多校划片、落实配套措施等方式,巩固扩大就近入学成果;落实优质高中均衡招生比例稳定在70%的政策,积极向农村薄弱学校倾斜,确保招生入学起点同步、规则公正、权力公平、机会均等。规范学校内部管理,针对学生家长反映强烈的分班、排位、选干、评先等问题,坚持客观公正、实事求是、阳光透明,严禁搞"特殊照顾""区别对待""插队抢号",让教育公平的阳光温暖百姓。**一个不落兜底线。** 保障每一名适龄儿童接受义务教育是法律赋予教育部门的基本责任,也是教育公平的基本底线,要切实采取措施,一个不落地兜牢兜实。贯彻全类别、全学段、全覆盖的学生资助政策,确保学生不因贫困失学、辍学。落实"政府主导、部门协同、社会参与、家庭履责"的"四位一体"工作机制,以学校为中心为留守儿童营造良好的生活、成长场所,给予留守儿童更多的关爱。高度重视农民工子女教育,让他们能够顺利入学。加强特教学校和资源教室建设,落实"一人一案"精准施策,解决实名登记的适龄残疾儿童"有书读"问题。要全力推进教育精准扶贫,全面落实《抚州市教育精准扶贫实施方案》,推动教育项目向贫困村倾斜,引导教师资源向贫困校流动,督促帮扶队伍向贫困户靠拢,落实资助资金向贫困生发放,提高贫困地区教育质量,阻断贫困代际传递。

坚持创新为魂,在改出经验、做出示范中提升抚州品牌的认同度。 创新是抚州教育持续发展的灵魂和不竭动力。近年来,我市教育综合改革取得了明显效果,得到了各级领导的肯定。但还有不少地方、不少人刻板地认为抚州人只会高考,认为抚州教育品牌有水分。我们要以实际行动做出回应,坚持以"两区建设"为载体,以供给侧结构性改革为主线,瞄准社会焦点、选好改革重点、打通关键节点、消除任务盲点，提升改革成效，为全省提供可借鉴、可复制的经验，提升抚州教育品牌的饱满度、立体度和认同度。在综合评价上出成果。按照教育部"三年交卷"的要求，今年要向部厅报告综合评价试点成果。要按照"八个一"的工作要求，认真抓好第三轮实验性测评，探索建立与部厅文件相衔接、与高考制度改革相对接、体现现代教育规律、有利于学生健康成长的综合评价模式，形成科学实验报告，交出一份满意答卷。深入推进学业测评数据评价系统应用，推动教学质量监测从碎片化向系统化转变、从横断面研究向纵向研究转变、从传统经验型向基于数据分析的现代型转变，不断提升教学质量。在交流轮岗上作示范。经过几年的努力，我市义务教育校长教师交流轮岗工作实现了全域覆盖，金溪成为江西省样板。要按照"范围大一点、数量多一点、时间久一点、形式活一点"的要求，推动交流轮岗向常态化、深层次发展。推动市中心城区校长教师双向交流轮岗、对口帮扶、联盟办学，探索校际教学、科研、管理、考试、招生合作办学新模式。积极推进金溪"县管校聘"和教师岗位等级设置改革试点工作，探索建立教育部门统筹师资配置、学校负责岗位聘用新机制，着力破解教师资源配置不均的难题。开展全市中小学教师资格定期注册制度改革试点，建立教师更新和退出机制，提升教师规范化管理水平。在招考改革上出先招。认真研究《江西省推进高中阶段学校考试招生制度改革的实施意见（试行）》，针对初中"两考合一""非计分科目随学随考随清""实行综合素质评价""高中定额自主招生"等政策变化，提前准备，大胆探索，尽快形成基于"初中学业水平考试成绩+综合素质评价"的高中考试招生录取模式。强化高考改革应对，针对"不分文理""走班选课""外语多考"等政策调整，加强系统指导，加大"人、财、物、智"保障力度，调整完善各学科特别是等级性考试涉及科目的课程计划，稳步推进选课走班，做到无缝对接。加强考试招生制度改革与质量综合评价改革联通对接，建立学生综合评价成长档案，加强科学干预，用评价成果促进教育质量提升。在转型升级上见成效。2016年，《中华人民共和国民办教育促进法》第二次修订，出台了很多新规定，对部分客商的投资信心造成了影响。要提前谋划准备，明确学校法律身份，做好现有民办学校分类登记、分类管理工作；积极探索以购买服务、奖励等形式给予投资方补助等办法，保证民办教育平稳发展。要加快3所实验学校工程建设，开通绿色通道，实行联审联批，确保土建工程尽快开工。落实"名校带民校"帮扶政策，按照"五独立"要求，加快建立独立教师队伍，落实董事会领导下的校长负责制，完善法人治理体系和结构，提升学校办学水平。在党建创新上树标杆。省委主要领导提出"希望抚州立足教育资源优势，加大中小学党建工作创新力度，为全省出经验、树标杆"。这是省委对抚州教育的充分肯定和高度信任，要站在讲政治的高度，全面树立"党建+"新理念，大力开展"一校一品""一地多品"党建创新活动，积极探索加强中小学党建工作的新途径。经过调研梳理，市局党委总结了临川一中"党建+教学"、临川二中"党建+团建"、市实验学校"党建+礼廉教育"、南城二中"党建+队伍建设"、南城实验中学"党建+校园文化建设"、金溪县教体局"党建+联盟办学"、金溪二中"党建+关爱留守儿童"、崇仁江重实验小学"党建+青蓝工程"等八个鲜活典型，近期将出台《抚州市中小学党建工作试点方案》，计划通过先行先试、典型引路、抓点带面的方式，总结、提升经验，形成具有抚州特色的"党建+中小学教育"模式，为全省出经验、树标杆。

坚持质量为本，在城乡互动、均衡协调中提升教育之乡的支撑力。 抚州基础教育在江西省有较大影响，但主要优势在高考、在高中教育、在城区优质学校，尚未形成覆盖城乡学校、普职教育、大中小幼全学段的高质量教育体系。为此，我们要牢牢抓住质量这个根本，统筹抓好城乡和各类教育发展，提升抚州教育品牌的支撑力。坚持质量提升第一要务。树立科学的质量观，践行立德树人的根本任务，坚持"面向全体、尊重个性、分层教学、多元发展"的办学思想和"品德高尚、学业优秀、身心健康、全面发展"的育人目标，正确处理好德育与智育、身体与心理、理论与实践的关系。把坚定理想信念作为第一任务，加强和改进德育工作，引导广大青少年继承革命传统，传承红色基因，大力弘扬中华优秀传统文化和社会主义先进文化，坚定理想信念，弘扬社会主义核心价值观。把促进身心健康作为第一要求，积极开展阳光体育和校园足球活动，帮助学生养成终身锻炼的好习惯；加强和改进美育教育，提高学生人文素养和审美情趣。把知行合一作为第一原则，积极开展中小学生研学旅行活动，深入做好学生志愿服务，推动课堂教学与课外实践相融合，培养更多中国特色社会主义合格建设者和可靠接班人。推进城乡一体区域均衡。2016年，国务院出台了《关于统筹推进县域内城乡义务教育一体化改革发展的若干意见》，这是抓好城乡义务教育工作的总纲领，我们要结合抚州实际，按照"有贯彻、有突破、有操作、有成效"的要求，制定我市实施意见，抓好贯彻落实。认真抓好县域义务教育均衡迎评工作，按照"把路线画出来、把氛围搞起来、把战场拉开来、把督导动起来、把整改抓起来"的基本思路，抓紧抓实，确保6个县全面通过国家认定。近期，市局进行了一次集中巡查，可以说是有喜有忧。喜的是绝大部分县都动起来了，大投入、大手笔，比比皆是；忧的是，有的县仍然抱有"检查过关"心理，没有"对标发展"行动，校园凌乱、文化单薄、学校维修搞简单的"穿衣戴帽"等问题仍然存在，希望坚决克服这种思想，严格对标抓好落实。强化城乡互动两头发力。更加重视城乡学校办学质量一体化、资源供给均等化建设，坚持城乡互动、两头发力，缩小差距、补齐短板，切实解决"城镇挤""乡村弱"的问题。要以校长教师交流轮岗为途径，推进城区优秀教师向农村学校常态化流动，城区学校校长向农村学校制度化轮岗，新进教师资源向农村学校政策性倾斜，提升农村师资力量。要以集团化联盟办学为载体，加大对农村学校的扶持力度，建立以城区优质学校为主体的教育共同体，探索实行资源共享、活动同步、管理互动、招生对接，缩小城乡校际差距。要以示范性学校和"五名工程"名学校创建为平台，围绕建设"小而美"的农村学校，加强科学管理，开齐开足课程，狠抓教学质量，丰富校园文化，提升办学水平，认真办好每一所农村学校。统筹各类教育协调发展。学前教育抓普惠。大力实施新一轮学前教育行动计划，每个乡镇办好1所公办中心园，实行大村独立建园、小村联合办园，创造条件独立设置附属幼儿园；按照省定标准，加快民办园普惠性认定工作，大力扶持发展，规范办园行为。职业教育抓对接。贯彻职普相当的原则，加快职业教育发展，建立与经济社会发展相适应的现代职业教育体系，抓好应用技能型人才培养。抓好职业教育联盟落地工作，加强产教融合，推动学校与园区对接、专业与产业对接、课程与职业对接、教学与生产对接，确保职业学校学生招得进、稳得住、学得好、能就业，努力提高职业学校的吸引力。高等教育抓提升。稳步推进中医高专升本、抚州医学院独立办学和抚州职业技术学院发展升级，提升内涵发展水平；有序推进崇仁师范学校升格后的各项工作，加强学校管理，提高办学质量，迅速形成新品牌、新特色、新优势。

坚持法治为要，在化解矛盾、维护稳定中提升教育生态的和谐度。 坚持法治为要，以法治理念统领教育工作，以法治举措化解发展矛盾，以法治方式维护系统稳定。扎实推进依法治教，营造良好政治生态。深入开展法治教育，强化宪法学习，完善法治的育人功能。广泛宣传、认真遵守教育法律法规，把握好"法无授权不可为，法定职责必须为"的尺度，既要向党委政府争取法律有效实施，又要向社会宣传法律的权威尊严，还要教育引导干部教师和学生家长严格遵守法律，为改革发展稳定保驾护航。注重以法治方式解决教育热点、难点问题，健全法律顾问制度，提升教育规范化发展水平。不断提升政风行风，营造优质行业生态。持续深化放管服、管办评分离改革，推进简政放权，逐步建立和完善政府依法监管、学校依法办学、社会依法参与的机制。把握好尺度，拿捏好分寸，"放"不能一放了之，"管"不能大包大揽，"服"要主动作为、跟踪到位。严格监管"三单一网"的执行落实，以"为民便民"为宗旨，不断完善教育权力清单、责任清单，鼓励引导各地、各校推出更多的便民服务措施。规范评比表彰事项，制定评比评估"三评"清单，未列入清单的不能开展检查，让基层、学校、教师切实感受到教育政风行风的变化。切实规范办学行为，营造有序发展生态。认真执行政策法规，想实招、出重拳，"铁心硬手"规范整治办学行为，让群众满意，让领导放心。要遵循教育规律，切实减轻学生课业负担。建好、用好学校章程，强化学校内部治理结构，建立健全现代学校管理制度，提升学校科学管理水平。坚决维护安全稳定，营造和谐教育生态。认真落实教育部指示精神，坚持一个提高，即提高运用法治思维和法治方式研究解决影响校园安全突出问题的能力。完善两个机制，即完善校园安全风险管控机制和校园周边综合治理机制，做到安全责任全员化、全覆盖，严厉打击涉及学校和学生安全的违法犯罪行为。突出三项治理，即强化防溺水专项治理、交通安全专项治理、学生欺凌与暴力专项治理，有效遏制此类事件发生。抓好四项常规，即抓好防范能力、隐患排查、安全教育、督导检查等常规工作，有效防范和坚决防止发生校园安全责任事故。要强化意识形态工作，学校要牢固树立"守土有责、守土负责、守土尽责"的担当精神，教师要牢记"学术无禁区，课堂有纪律"的工作要求，夯实抵御和防范渗透的坚强防线，营造和谐稳定的校园环境。

坚持党建为领，在落实责任、强化组织中提升教育发展的保障力。 始终围绕"培养什么样的人、如何培养人以及为谁培养人"这一根本问题，突出重点，扛起责任，全面加强党的建设各项工作，为教育发展提供坚实保障。加大思想建设力度。下大力气加强学校思想阵地建设，推进"两学一做"学习教育常态化制度化；注重在优秀教师中培养和发展党员，增强学校党组织的凝聚力、吸引力和战斗力。进一步增强政治意识、大局意识、核心意识和看齐意识，在政治上看齐"核心"，在实践中彰显"核心"，全面贯彻党的教育方针，始终坚持社会主义办学方向。加大组织建设力度。认真贯彻落实《关于加强中小学校党的建设工作的意见》精神，规范完善学校党建工作机构、人员、经费等制度安排，切实解决学校从严治党工作中有人管事、有钱办事、有为有位等问题。切实加强教育系统基层党组织建设和工作创新，真正把支部建成教育党员的学校、团结群众的核心、攻坚克难的战斗堡垒。加大队伍建设力度。按照"有理想信念、有道德情操、有扎实学识、有仁爱之心"的要求，通过多种形式，选齐、配强教师队伍；按照"以德为先、育人为本、引领发展、能力为重、终身学习"的要求，培养一批教育家式的校长队伍；按照"绝对忠诚、干事担当、干净自律、充满活力"的要求，选好干部、配强班子，培养一支德才兼备的教育干部队伍。加强教育培训，用好各级教师培训平台，落实教师全员培训计划，推动职业教育"双师型"教师培养，提升队伍整体素质。落实好乡村教师支持计划，保障教师待遇，在工作、生活上更加关心农村教师，提升一线教师的幸福感。加大从严治党力度。认真落实全面从严治党要求，全力支持驻局纪检组工作，始终恪守严的纪律和严的要求，坚持把纪律挺在前面，压实主体责任，强化监督执纪，落实"一岗双责"，推动作风建设向规范化、常态化发展，切实把权力关进制度的笼子。要进一步加大对教育"三乱"的治理力度，实行"零容忍"，从严查处。要传承临川文化的优良传统，在教育系统深入推进家教家风建设，把家教家风纳入师德师风和干部考核内容，以好家风引领好教风，以好家教引领好学风，共同推进抚州教育持续健康发展。

（本文系 2017 年在抚州市教育工作会议上的讲话摘要）

不断提升教育综合治理能力

高举才子之乡旗帜,擦亮抚州教育品牌,打造基础教育名城,提升人民群众的满意度和获得感,需要我们以敢于担当的勇气、奉献的精神,在学习上下更多的功夫,在作风上有更大的转变,在改革上有更多的创新,在服务上有更好的机制,在工作上有更大的作为,不断提升教育综合治理能力。

在"学"上下功夫,提升驾驭能力。"人以学而立。"坚持学习,是我们党的优良作风,也是才子之乡的优良传统。当今社会是一个知识爆炸、信息爆炸的时代,不加强学习就跟不上时代的发展。教育工作者要把学习当成一种生活态度、一种工作方法、一种精神追求,带着信仰、观点和问题去学,在调研、在工作中学,向行家、向群众、向身边的同事学,学深、悟透习近平总书记一系列重要的讲话精神,学习法律法规、历史文化、名篇名著、政策法规、理论实践,学习各种新理念、新模式、新业态,提升干部教师的政治理论水平和业务工作能力。通过学习,进一步坚定理想信念,坚决贯彻执行党的教育方针,坚持立德树人根本任务,确保抚州教育始终坚持正确方向;通过学习,进一步提升办学理念,用科学、先进的教育思想武装头脑,推动学校发展;通过学习,进一步提高操作水平,推动临川集团转型升级,进行考试招生制度改革,校长、教师交流轮岗等系列改革出成效,以改革获取发展机会,以改革再创发展优势,以改革增强群众获得感;通过学习,坚定教育发展信心,促进各类教育均衡、协调发展,提升抚州教育整体质量;通过学习,建立一支忠诚、可靠的专业队伍,落实全面从严治党责任,加强党风廉政建设和反腐败工作,为抚州教育现代化建设提供坚强的保障。

在"转"上做文章，提高服务水平。 服务决定地位，有为才能有位。全市教育系统要争当干部作风转变的"排头兵"，说干就干、干就干好，着力解决"说得多，干得少""醒得早，起得晚""有布置，无落实"等问题，推进教育工作落地生根。要结合教育简政放权和"放管服"改革，规范检查事项，让学校静心办学，让老师潜心育人。提升服务经济社会发展能力，把教育工作主动融入市县中心工作，为绿色崛起和小康新抚州建设贡献聪明才智。重点抓好"千师访万家"这一贴近社会、贴近家长、贴近学生服务模式的拓展延伸，把工作做到家，把教育送到家，对每一个家庭、每一名学生实施精准施策、精准施教，把每一名学生培养成有用之才。要认真做好大中专毕业生就业指导、普通话测试等工作，继续向学生家长提供全方位、全天候的便民服务，用我们的爱心、诚心、热心、细心、耐心换取组织的放心、家长的省心和学生的信心，把教育工作变成温暖人心的工作。

在"争"上求主动，优化发展环境。 教育是全社会共同的事业，也是最需要理解、支持和投入的事业。刘延东同志多次强调教育人要有"硬着头皮、厚着脸皮、磨破嘴皮"的"三皮"精神，为事业争，为群众利益争，为孩子争，为未来争，为国家长远发展和民族振兴争。主动争取党委政府重视。经常汇报工作、讲明困难，主动争取设置教育议题，推动党委政府依法落实"三个优先"，以更大的决心、更多的财力、更多的精力支持教育事业。积极争取部门支持。积极争取教育投入保持"三个增长"，争取财政资金更多向教育事业倾斜，争取更多政策在教育系统落户。主动争取社会理解。校车、食品安全、防溺水、校园及周边环境治理等都需要部门、社会齐抓共管，形成联防联控的保障机制和工作合力。加强教育新闻宣传，讲好教育故事，传播教育声音，让主流思想和正能量传得开、传得远。着力提高应对教育舆情的能力，敢于发声、及时发声、有效发声，消除误解，以正视听，全力优化教育发展环境。

在"通"上谋整合，加快现代化进程。 加快实施"智慧教育"工程，扎实推进"三通两平台"建设，促进线上线下正向融合、虚拟现实良性互动，把"三尺讲台"融入"万维空间"，把优质资源辐射到千家万户，把教育品牌推向海内外。在应用上,有针对性地加强教师培训,足额安排运行维护经费,解决好信息化与教育教学问题。在建设上,按照"统一规划、分层实施、对接纵横、科学便利、推广应用、推动发展"的总体要求,构建覆盖市、县、乡、校四级的教育资源共享平台,为教师的教学教研、学生的自主学习、家长的教育沟通、教育部门的管理决策、市民的终身学习提供优质服务。积极开发在线教育、微课慕课、网络学习和富有抚州特色的教材教辅产品,扩充教育品牌内涵,加速推进教育现代化进程。

在"治"上出实招,增强运行活力。 坚持"大系统、大作为、大争先"的理念,发扬"勇于争先、敢于作为、主动担当"的精神,健全体制机制,破除桎梏障碍,增强教育运行活力。进一步完善两年一届的中小学生艺术节、体育运动会、先进事迹巡回报告会,每年一次的教育巡查看变化、教育发展论坛,每周一次的工作调度会等行之有效的工作机制,推动工作日清月结。健全督政、督学和监测机制。省委组织部与省政府教育督导委员会联合建立了县(市、区)党政领导干部履行教育职责督导评价机制,督导评价结果作为教育项目、资金分配和领导干部选拔任用的重要依据,各地要对标对应抓好落实。适应教育发展新形势,探索建立新机制、新模式,提升教育治理能力,推动教育事业又好又快发展。

（本文系 2017 年 3 月在抚州市教育工作会议上的讲话摘要）

奋勇向前进

听了大家的发言,我深受教育,深受启发。关于今年的工作思路,我作了一些思考,归纳起来就是"一二三四五,奋勇向前进"。具体来讲,就是围绕一个"核心",主攻"两区",推进"三化",突出"四强",大兴"五风",各项工作奋勇向前。

一、围绕立德树人这个"核心",不断地提升办好人民满意教育的新境界

立德树人是教育的根本任务,是教育工作的核心,办好人民满意的教育是教育工作的总目标。在新的形势下,如何提升办好人民满意的新境界,要做到"五个更加":

一是更加重视均衡协调发展。 把科学发展作为工作的出发点和落脚点,按照城乡一体的要求,对标对表省教育厅明确的要求,坚持问题导向,努力推进城市学校之间、城乡学校之间、优质学校与薄弱学校之间、县区学校之间办学基本均衡,逐步消除"大校额、大班额"现象,全面提高教育教学质量。

二是更加重视农村教育发展。 把农村孩子有学上和上好学作为工作的重要切入点。年前我到一些地方调研,发现城市学校的"大校额、大班额"现象比较普遍,而农村学校又没有生源,有的村小4个老师教3个学生。金溪浒湾有一个家庭,3个孩子从二年级开始离开村子到县城上学,每年要花费5万多元,这是一笔很大的开支。所以,怎么能让老师下得去、让学生往回流是需要认真解决的一个难题。不久前,《中国教育报》报道了广昌一个村小,通过教师交流、骨干

引领、以城带乡等举措,提高了教育质量,实现了 20 多名学生回流。这个事例启示深刻,值得我们学习借鉴。我们要总结经验,通过加大投入、均衡配置、集团办学、交流轮岗、以城带乡等多种举措,加快农村教育发展,缩小城乡之间的办学差距。

三是更加重视城市教育资源供给。 城市教育资源供给不足,这是不争的事实。为什么会出现这种情况?除了投入没有跟上外,还有一个很重要的原因,就是教育的城镇化进程高于人口城镇化进程。农村孩子进城读书,除了教育质量拉动之外,更多的是一种攀比。大人之间攀比,小孩也相互攀比,"他去了城里读书,我也要去城里读书",于是,城镇教育化进程大大加快,学校建设速度远远落后于小孩进城读书速度,导致"大校额、大班额"现象十分普遍。所以,我们要从战略上策应新型城镇化进程,加快城镇学校建设,增加城市教育资源有效供给;同时,要走好城乡一体均衡发展的路子,通过办好农村教育,减缓教育城镇化进程,推动城乡教育资源供给总体平衡。要更加重视教育公平。教育公平是社会公平的重要体现,我们责任重大,使命光荣,任务艰巨。当前,社会反应比较强烈的主要是招生和收费问题,我们一定要紧抓不放。关于规范收费、补课、滥订教辅的问题,我多次讲过有些学校或有些老师"不见棺材不流泪",甚至"见了棺材也不流泪"。问题在哪里?关键是利益太大,所以屡禁不止。这个问题得不到很好解决,教育系统永远不得安宁。治乱需要重典,要铁心硬手治理"三乱",净化教育生态,给社会一个交代。还有招生的问题,去年做了一些努力,总结了一些经验,今年要进一步完善,严肃查处招生领域的消极腐败现象,让教育公平的阳光照耀社会。

四是更加重视职业教育。 要把招得进、留得住、办得好、能就业作为我们工作的突破点。要通过调查研究,找准职业教育运行中存在的问题,坚持问题导向,加强职业教育体系建设,重点解决好招生、对接、办学、就业等难点问题,提升职业教育层次水平。

五是更加重视应对宏观挑战。 大家在发言中对教育宏观政策变化作了深入分析,包括学籍管理、高考新政、不设重点学校、不设重点班、不得跨区域招生等,这些都是绕不过去的坎。所以,要重视对宏观政策变化的研究,通过深化改革、扩大开放、提高质量来增强教育工作的活力。

二、主攻"两区",努力朝着基础教育名城的方向迈进

全国中小学教育质量综合评价改革实验区和抚州基础教育综合改革试验区是教育部和省政府在我市设立的改革探索试点项目。这是对我市教育工作的肯定和信任,而我们也应承担起先行先试的职责使命,主要职责是:通过先行探索,总结可复制、可推广的经验,以此推动全国全省教育改革发展。"两区建设"的核心是全面深化教育领域的综合改革,通过深化改革破除束缚教育发展的桎梏,破除影响教育生产力发展的障碍。对此,要增强"四个意识":

一是增强机遇意识。 两个实验区,一个是国家战略,一个是省级战略,都是极好的重大机遇,我们要增强改革信心,强化机遇意识。"两区"既是两块很好的牌子,同时又给我们带来了巨大的工作压力。但无论如何,更多的还是机遇,我们有信心、有能力做好这件事。所以,大家要统一思想,提高认识。机不可失,时不再来。如果我们不痛下决心,错过了这次机遇,我们必将后悔。

二是增强责任意识。 全国中小学教育质量综合评价改革实验区有三十个,而江西只有一个。全省基础教育综合改革试验区,省里也只批准了抚州一个,如此使我们必须增强责任意识、使命意识。但是,我们不能只看到这块牌子的光鲜巨大,时不时地将其当作对外宣传和向领导汇报的光环,而按兵不动、一事无成。那样,既辜负了教育部和省委、省政府的信任,又将耽误改革大业,对不起人民的重托,经不起历史的检验。我们必须以滚石上山的勇气、爬坡过坎的士气担起责任,完成使命。

三是增强实干意识。 我多次讲,推进"两区"建设要按照"戴正帽子、探索路子、建好机制、开点口子、争取票子"的要求,精心设计,精准规划,精诚动员,精确实施。这就要求我们要有科学的态度、过硬的本领、实干的作风来统筹谋划,通盘运作,攻坚破难。可以说,战场已经摆开,战争已经打响,我们必须以兵临城下的姿态、务实务实再务实的作风,打好这场战争。

四是增强红利意识。 李克强总理讲,要释放改革红利。我们绝不能为改革而改革,要通过改革找到红利、形成红利、分配红利,从而促进教育事业发展。**要把握基本原则：**牢牢把握改革的主动权。人事制度改革、招生考试制度改革等都要主动牵头,精心策划,将战略和政策转为工作动力、平台和抓手,从而赢得工作的主动权。抢抓改革机遇。通过改革激发教育活力,提升服务和保障能力。搞好方案设计。坚持分步实施,有计划、按步骤有序有效地推进。调动方方面面的积极性。积极引起党委政府重视,协调上下左右,形成工作合力,共同推进改革发展。**要把握工作重点：**基础教育改革明确了十二个重点,要进一步分解细化,形成若干个课题项目,按照"项目化、时间表、责任人、路线图"的要求,明确目标、主体、任务、时间、成果,把改革任务落地落细落实。中小学教育质量综合评价改革实验区建设的核心是:通过建立科学的综合评价体系,树立正确的教育质量观,扭转过去那种单纯以考试分数和升学人数评价教育质量的局面。按照教育部的部署,要对区域、地方、学校教育教学质量进行综合评价,对学生学业水平评价,都要点面结合,先行先试,在探索、试点的基础上形成经验,在指导面上普及展开。

三、推进"三化",着力夯实均衡协调发展的基础

要推进义务教育均衡化。 在资源配置、教师选配、校舍建设、学生招收、教育质量等方面实现基本均衡。为此,要解决教师怎么下得去的问题、学生怎么留得住的问题,要建好村小,切实解决就近入学的问题,要千方百计办好农村初中,使农村生源保持基本稳定。要开齐开好课程,切实提高农村教育教学质量。

要推进建设、管理标准化。 要推进建设标准化,无论是城市学校还是农村学校,都要实行标准化建设。要推进教学设备设施标准化,补齐农村学校和薄弱学校短板,促进教育现代化进程。要推进课程的标准化,夯实均衡教育的课堂基础。要推进管理的标准化,把规范化、精细化、人性化、现代化管理落实到各级各类学校。要推进考评的标准化,以示范学校创建、教育质量评估探索为基础,推进教育综合工作和单项工作的考评标准化进程。

要推进教育特色化。 高中教育要特色化。集团学校要带头。包括多样化、特色化办学和课程及课堂改革,一定要适应国家宏观教育政策的变化,闯出一条新路来。比如,临川一中办国际班、临川二中办艺术班、抚州一中合作办学都是特色化办学的有效探索。我们要大胆闯试,坚忍不拔,总结得失,形成特色优势。那么,怎么解决集团学校"墙内开花墙外香"的问题?如何形成全市一盘棋的合力?怎样建立高中会考机制?如何有效推进教师交流、校长交流、教研交流、学生交流?关于这一系列问题,我们都要认真研究,艰苦探索,科学谋划,拿出方案,形成机制,有效实施,激发活力。要百花齐放。有竞争才有活力,如果把县区的优质生源全部集中在集团学校,不仅县区与集团无法竞争,县区之间也无法竞争,长此以往,教育运行活力将不复存在。最近几次调研发现,许多地方都在想办法保护生源,比如,搞综合实验班,让优质生源不参加中考,留下来进入县区高中,稳住了优质生源,提升了高考成绩。去年,除金溪、资溪、黎川、宜黄 4 个县外,其他县区都实现了录取北大、清华的突破。这就启示我们,县区高中要走百花齐放之路。我个人设想,通过几年的努力,每个县区都有生源考取北大、清华,每个县区都有考生进入全省 100 名的行列。那样,全市高中就有活力,全市教育就有活力。义务教育学校要特色办学。千校一面不是党的教育方针,也不是教育发展的方向,要学习外地经验,积极引导特色办学,朝着校校有特色、科科有特色、文化有特色、校训有特色、教师有特色、学生有特色的方向迈进,形成特色办学的生动局面。职业教育要特色化。实践证明,东乡、资溪、南丰职业教育之所以发展得比较好,基本经验就是推进特色发展。我们要努力引导职业中学走特色化之路,按照差异化办学的要求,根据区域产业化发展要求,选定特色专业、开展特色办学,形成特色优势。

四、突出"四强",大力提升教育综合服务功能

要强化项目建设。 项目是发展的载体。没有项目,何谈教育发展。因此,我们要重视项目。这几年,每年进入市重点项目行列的教育项目都在 10 个以上,多的时候占了1/10,县区也是这样。教育是民生之首,抓教育项目投入,投多

大都不过分。金溪县光教育园区投资就达 2.6 个亿,还开工新建了几个学校。所以,项目是教育发展的前提,任何时候都要重视项目建设。要谋划项目。项目不仅是发展的平台,也是提升服务能力的载体,从机关到学校,都要学会谋划项目。从局里来说,要做好教育网点的规划布局,把教育项目通过行政和法治的途径规范下来、固定下来,使教育项目生成与教育服务人力提升相适应。要争取项目。项目是争来的,争项目和争资金是联系在一起的,我们不能坐在办公室等项目、等资金,各分管领导、各科室都要认真研究上级项目和资金信息,当好局里参谋,积极争取项目。要建好项目。重视、谋划、争取项目的目的是建设好项目,项目建成才能提升服务能力。要克服重争取、轻建设的思想。我们拿到项目以后,要高度重视,加强调度,破解困难,亲力亲为来搞好项目建设。

要强化教师队伍建设。 教师队伍是支撑教育事业发展的根本。教育大计,教师为本。怎样加强教师队伍建设,大家提到要出台几个文件,希望分管领导摆上重要工作日程,尽快抓好落实。这里我提几个基本方向:一是有编制。要通过这次改革,引起政府重视,使教师编制能够重新核定,按照事业发展需要进一步增加编制。二是进得来。要通过这次改革赋予教育行政管理部门更多的选拔教师的自主权。三是下得去。农村缺老师,结构性矛盾也主要在农村,所以,要通过多种办法让老师能够下得去,农村教育教学质量才能有保证。四是增总量。从事业发展的需要来看,教师总量仍然偏少。在实际工作中要把握一条原则,就是每年招聘教师的数量要大于退休减员的数量,确保教师总量有所增加。五是结构好。教师配备不仅要能满足事业发展的需要,还要按照开齐开足课程、推进素质教育、培养学生"三个能力"的要求来改善优化教师结构。六是增强教师职业吸引力。要千方百计落实教师待遇,提高教师收入水平。要梳理解决教师工作实际困难,切实减轻教师负担,为城乡教师营造良好的从业环境。要给予人民教师更多的荣誉,着力提升教师社会地位。七是运行有活力。要强化横到边、纵到底的管理功能,领导分工负责、分兵把口、分头落实,科室横向分工、纵向负责、纵横推进,提升管理功效。要探索、完善、用好每周工作调度、每年巡察看变化、先进教师巡回报告会、教育工作综合考评等工作机制,激发工作活力,提升运行活力。八是坚持德育为先。要围绕立德树人的根本任务,建立健全德育教育体系,推进社会主义核心价值观进校园、进课堂,全面落实党的教育方针,着力培养"四有"新人。要强化师德师风建设,建立师德师风监督机制,严肃查处教师失范行为。

要强化科学管理建设。 实践反复证明,管理出效益,出生产力。推进科学管理要把握以下两点。一是遵循管理原则。一般认为,规范化、精细化、人性化、效能化、现代化是管理的基本原则,要通过落实这些原则,实现管理资源集约化、管理功效最大化、管理成本最小化。二是明确科学管理内容。当前教育系统管理有三个薄弱环节,即学校管理、机关管理和安全管理。学校和机关管理要以项目、资金、财务、经费等为重点,坚持"三重一大"事项集体研究决策,加强制度建设,建立监督制约体系,坚持依法依规,严格按程序办事,扩大公开透明范围,提升科学管理效能。安全管理是重中之重,安全稳定压倒一切,任何时候都要把安全工作放在第一位,强化安全观念,完善安全机制,落实安全举措,提高安全效能。

要强化党的建设。 办好教育事业,关键在党。按照落实党要管党、从严治党要求,加强党对教育工作的全面领导,落实管党治党主体责任和监督责任,把党的建设贯穿于教育工作的整个过程中。以党的建设为引领,加强学校领导班子建设,提升干部队伍综合素质,强化教育治理能力。以提升政治功能为重点,加强学校基层党组织建设,切实增强党支部的凝聚力、战斗力。充分发挥党员教师的先锋模范作用,着力把优秀教师培养成党员,把党员培养成教育教学骨干。加强党风廉政建设,深入开展反腐败斗争,严肃查处教育系统的腐败行为。

五、大兴"五风",为教育科学发展提供坚强保障

教育是社会事业一个最大的系统,摊子大、战线长、人员多,服务关乎家家户户,是党和政府联系群众的重要桥梁和纽带。教育系统的精神状态、政风行风、服务能力、工作水平、治理效能不仅直接影响党的宗旨实现,而且影响社会事业发展。在教育系统大兴勤政为民之风、清正廉洁之风、调查研究之风、学习交流

之风、创先争优之风,是立足教育系统实际、落实党全心全意为人民服务的宗旨、切实转变教育系统政风行风、着力提升教育服务能力的客观需要和必然选择。

要大兴勤政为民之风。 勤政和为民是统一的,勤政是为了为民,为民必须勤政。勤政,就是提倡为了人民的事业,勤勤恳恳、兢兢业业、夙夜在公、无私奉献。这就要求大家,要在树立强烈事业心、责任感的基础上,转变职能,优化作风,提高效能。为民,就是要从教育实际出发,围绕人民对教育的美好向往,切实解决教育运行中的难点、堵点、痛点问题,着力提升人民群众对教育的获得感、满意度。局党委决定,从 2014 年开始,各个科室、直属教育单位每年都要制定出台若干为民便民的具体措施,向社会公布,接受群众监督。

要大兴清正廉洁之风。 清正,就是要在系统上下营造心齐气顺、风清气正的干事创业氛围;同志之间、班子之间做人做事公平公正、阳光透明、清清白白;干部教师不忘初心、见贤思齐、弘扬正气、传递正能量;坚决刹住那些自己不做事又不让别人做事、自己没本事又见不得人家有本事、凡事看利益、无利不干事、失利丢大节、只要组织照顾不讲组织原则、当面不说背后乱说、会上不说会后胡说而惹是生非、诬陷诋毁、诬告恶状的歪风邪气。廉洁,就是要把纪律挺在前面,守住"红线""底线""高压线",廉政为公,洁身自好,依法行政。清正廉洁是党风党性的基本要求,是教育政治生态的重要内涵,是推进教育改革稳定发展的重要保障。

要大兴调查研究之风。 调查研究既是学习的好方法,又是工作的好方法,是我们想问题、出主意、做决策、抓落实的重要法宝,是理论联系实际、密切联系群众、推进科学发展的有力武器。一年多以来,我深切地感觉到,许多事情因为缺乏调查研究,我们离基层远了,离群众远了。因为缺乏一线一手的信息情况,对不少事情的判断不是那么准确,从而影响了科学决策,影响了工作的推进,影响了矛盾的化解。为此,我们要在全系统大兴调查研究之风,学习毛主席等老一辈无产阶级革命家重视调查研究、依靠调查研究、亲自调查研究的思想方法,培育"选好题、列好纲、沉下去、蹲下来、细交流、听实话、查问题、理经验,出大策"的功夫和定力。各级各类教育单位都要根据实际情况,每年确定一批调研课题,从主要领导到班子成员、从科室负责人到学校校长都来领题调研,在深入基层发现问题、揭示矛盾、把握趋势、掌握规律中,提升认识,推动工作,促进发展。

要大兴学习交流之风。 学习是个人成长、工作成功、事业发展、人类进步的基本路径。交流是碰撞思想、沟通心得、形成共识、提升能力、解决问题的重要方略。学习交流,就是把学习与交流结合起来,在学习中交流心得,在交流中相互启发,在启发中开阔眼界,提升境界。在全系统大兴学习交流之风,就是要解决知识经济时代各级领导干部面临的知识恐慌、本领恐慌等问题。通过学习交流,养成一种习惯,培育一种方法,形成一种风气。要建立学习交流的制度,打造学习交流的平台,广泛开展不同层次的学习交流活动。局里决定,2015 年在全系统开展"读一本好书、组织一次考试、进行一次竞赛,撰写一篇文章、展开一系列交流、形成一批成果"的六个一读书活动,把学习交流之风引向深入。

要大兴创先争优之风。 创先争优是一种不甘落后的锐气、一种奋发向上的精神、一种敢于胜利的担当、一种勇攀高峰的气派。在全系统大兴创先争优之风,就是要围绕"大系统、大事业、大作为、大争先、大创优"的要求,按照"综合拿先进、单向争第一、全省站前位、样样排前列、年年向前进"的目标,在系统上下深入开展"比学赶超"竞赛活动,形成学先进、赶先进、当先进的系统文化和工作机制。通过创先争优活动提振精神状态,打造工作特色,创造工作亮点,推动事业发展。

(本文系 2014 年 2 月在抚州市教育局务虚工作会上的讲话摘要)

通往人民满意之路

　　唯物辩证法认为,世界是物质的,物质是运动的,运动是有规律的。教育治理的规律在哪里? 教育的任务是立德树人,目标是办人民满意的教育。那么,通往人民满意的路又在哪里? 多年来,我一直牢记孔子"志于道,据于德,依于仁,游于艺"的教导,在实践中探寻教育治理的道德仁艺,形成了围绕"一个目标"、把握"两项原则"、坚持"三管齐下"、突出"四个重点"、追求"五个效应"的基本方略,推动抚州教育发展取得了重要的阶段性成果。

　　围绕"一个目标"。 这个目标就是,高举旗帜、加快发展、创先争优、立德树人。高举旗帜,就是要接续传承崇文重教的优良传统,高举"才子之乡、教育之乡"的旗帜,不断擦亮抚州教育品牌,让抚州教育旗帜在江西乃至全国的上空永远高高飘扬。加快发展,就是要清醒认识到教育发展不平衡、不充分的客观现实,始终把牢发展这个第一要务,把谋发展、抓发展、促发展作为根本出发点,在发展中立德树人,在加快发展中通向人民满意。创先争优,就是要立足教育系统的特殊职能、特别使命,树立"大系统、大思维、大境界、大作为、大争先"的指导思想,机关、学校不仅要在各项考评竞赛中争当"团体冠军",同时要争夺"单打冠军",全部工作都要揭榜争先。立德树人,就是要全面贯彻党的教育方针,始终把立德树人作为根本任务,以立德为径,达树人之的,将立德和树人结合起来,为党育人,为国育才,努力培养社会主义合格的建设者和接班人。

　　把握"两项原则"。 把人民满意、领导放心作为教育工作的基本原则,准确理解人民满意与领导放心的根本内涵,把人民满意和领导放心统一到贯彻全心全意为人民服务的宗旨中来把握,在深入践行以人民为中心的思想中争取大多数人民群众的满意,在人民群众拥护满意中让党委政府放心,在领导指导、关心、放心中推进事业取得更大进步,在事业进步中为党委政府执政行政争取民意、赢得民心。**一是让人民满意。** 始终把办好人民满意的教育作为教育工作的出发点和落脚点,围绕"兜底线、保基本、补短板、上水平"的目标要求,坚持问题导向,紧紧抓住人民群众烦心揪心的教育突出问题,例如,城乡一体均衡、学前入园难入园贵、城镇大班额、校内择班择师、职教招进稳得住、教师校外补课、乱订教材教辅、师德师风、政风行风等整改见效。通过增加教育资源,扩大教育供给,优化教育结构,提高教育质量,整治政风行风,促进教育公平,满足人民群众多样化的教育需求,增强人民群众对教育的获得感,提升人民群众的教育满意度。**二是让领导放心。** 教育系统摊子大、战线长、人员多,是党委政府领导工作中的重要民生部门,教育部门必须以出色的工作成绩书写好"讲政治、顾大局"的答卷,让领导在政治上、工作上、稳定上省心放心。要把牢办学方向让领导放心,用习近平新时代中国特色社会主义思想筑牢教育系统意识形态基础,深入推进社会主义核心价值观进教材、进学校、进课堂工作,着力增强学生社会责任感、创新能力和实践能力。要把工作走在前面让领导放心,力争业务工作在全省教育系统有位有为,综合考评进入先进行列,单项工作不断创造出特色。要不出乱子让领导放心,坚持稳定压倒一切,加强党对意识形态工作的领导,努力化解系统运行矛盾,消除各种安全事故,切实维护系统稳定。要不拖后腿让领导放心,坚决响应市委、市政府号召,围绕中心服务大局,全面完成市委、市政府交给的工作任务,各项考评站前列、当先进。

　　坚持"三管齐下"。 始终坚持抓党建强队伍、抓作风强精神、抓机制强活力,注重"三管齐下",不断增强系统凝聚力、战斗力和运行活力。**一是抓党建强队伍。** 坚持党要管党、全面从严治党,加强教育系统各级班子建设,着力增强坚守政治、统揽全局、把关定向、驾驭局面、化解矛盾、创先争优的能力。近几年来,市教育局先后提拔重用了 18 名县处级干部,选拔任用 26 名科级干部,学校配备专职副书记,推广"把支部建在年级学科组上"的做法,临川教育集团学校党建工作受到中组部表彰。加强教师队伍建设,按照"退少补多"原则,通过定向培养、统一招聘、接受公费师范生等形式,全市每年新增教师2 000人左右,教师队伍充满活力。加强校长教师交流轮岗,落实国培、省培计划,加强政风行风和师德师风建设,人民群众对教育的满意度明显提高。**二是抓作风强精神。** 遵照习近平总书记"作风建设永远在路上"的指示精神,不断加强教育系统作风建设,以克服"怕慢假庸散"和"五型"政府建设为切入点,坚持一年一个主题,通过群众路线教育、"三严三实""两学一做"等教育活动,广泛听取基层和群众意见,整改落实了作风建设中存在的问题。建立社会监督机制,聘请"啄木鸟"行风监督员 26 名,对系统政风行风进行动态监督,由分管领导每月听取一次监督情况汇报,突出问题在班子会上研究限期整改。以建设学习型机关、"六个一"读书活动、班子成员领题调研、最难办事科室评选、最好便民服务竞赛、最佳创新活动评比、最美教师评选等活动,在全市教育系统大兴学习交流之风、调查研究之风、勤政为民之风、清正廉洁之风,大力弘扬"事事马上办、人人钉钉子、个个敢担当"的精神,破除了"怕慢假庸散"等作风顽疾,作风建设取得了新的成效,干部职工精神状态明显提升,形成了风清气正的政治生态。**三是抓机制强活力。** 通过几年探索,我们建立了一系列行之有效的工作机制,系统运行活力明显增强。一是每周工作调度机制。坚持每周一上午用两小时集中调度工作,由班子成员总结分管科室(单位)上周工作运行情况,提出整改意见,对本周工作作出具体安排,主要领导集中点评,统筹部署落实。通过这一机制明确目标、总结经验、梳理矛盾、部署任务、研判形势、把握大势,调动了职工工作积极性,增强了工作主动性,提高了工作运行效率。二是巡察看变化机制。每年组织一次全市教育系统巡察看变化活动,请市县政府分管领导、教育局局长参加,看别人想自己,看先进见落后,看经验得启示,形成创先争优、比学赶超的浓厚氛围,推动各自为战、你追我赶、加快发展。三是每两年组织一次教育系统先进事迹报告会。用身边的先进典型现身说法,教育激励广大教师爱岗敬业、教书育人,反响热烈,效果明显。四是每两年召开一次体育运动会,举行一次中小学生艺术节,交替举行,每年都有载体、都有活动,推动素质教育,增强工作活力。

突出"四个重点"。 抓好深化改革、加快发展、提高质量、促进公平四项重点工作,全面推进教育事业发展。**一是深化改革。** 以全国中小学教育质量综合评价改革实验区和抚州基础教育综合改革试验区建设为载体,按照"戴正确帽子、探索路子、建好机制、争取票子、开点口子"的思路,确定了 46 个课题和项目,分解落实到县区和学校,明确项目、目标、时间、责任、人员、成果等要求,通过申报遴选、抓点带面、点面结合、先行先试、总结推广等路径,先后在全省率先启动了教育质量综合评价、临川教育集团转型升级、校长教师交流轮岗、示范学校创建、"五名工程"评选、万师访万家、义务教育就近入学、教师职称评聘、中考命题改革、教师定点培养、义务教育均衡发展、系统人管理、党建引领发展等多项重大改革。在推进过程中,坚持高位推动、科学引领、尊重创造、加强调度、破解矛盾、优化成果的基本方略,改革呈现蹄疾步稳、通天接地的良好态势,有效破除了影响教育发展的桎梏障碍,创造了可复制、可推广的经验。坚持"五个引领",推进学校党的建设被教育部评为全国创新成果奖,教育质量综合评价改革在全国作典型发言,金溪县校长、教师交流轮岗模式成为全国典范,义务教育率先在全省实现全域均衡,临川教育集团三所实验学校声名鹊起,基础教育招生入学实现零择校,示范学校创建全面提升学校教育质量,万名教师访万家活动在全省推广,教育资源迅速增加,教育发展动力显著增强。**二是加快发展。** 抚州是才子之乡,有尊师重教的良好传统,经过长期接续奋斗,培育形成了"苦中求乐、乐中问道、道中育才、才中培英"的抚州教育精神,营造了"党以重教为先、政以兴教为本、师以从教为乐、民以支教为怀"的浓厚氛围,优先发展教育不仅成为全市上下的共识,更成为抚州大地创先争优的生动画卷。县委书记、县长纷纷表示,要把规划优先、投入优先、资源优先的教育政策落到实处,要拿最好的地块、最好的地段来建学校,让老百姓对教育有获得感。据统计,"十二五"期间全市教育投入年均增长 25% 以上,"十三五"期间年均增长 20% 以上,远远高于同期财政一般经常性增长。每年全市安排教育重点项目保持在 40 个左右,完成年度教育投资 10 亿元以上,每年实际建成竣工学校 10 所以上,年新增学位 1.5 万~2 万个。通过抓好国家、省市教育重点工程,如改薄、薄改、标准化、初中工程、危房改造、教师周转房等项目,纵向安排教育工程 11 项,年投入 6 亿~8 亿元。老百姓说:

"左看右看,还是学校的房子最好看!"三是提高质量。 围绕"江西领先,国内一流,世界知名"的基础教育发展目标,在认真总结临川教育"四苦"精神的基础上,全面推行教育理念、教育途径、教学方法、教学手段"四个"转变,以"面向全体、尊重个性、分层教学、多元发展"为办学思想,以"品德高尚、学业优秀、身心健康、全面发展"为育人目标,培养学生良好的道德品质和综合素质。创造了以"素质教育、均衡教育、集团教育、分层教学"为核心内容的具有抚州特色的教育模式,在全省乃至全国产生了较大影响。基础教育课程改革以来,抚州市全面推行素质教育,十分注重学生实践能力和创新能力的培养。学校普遍成立了学科兴趣小组以及文学、书法、美术、摄影、演讲、体育、舞蹈、音乐等特长小组,经常举办各类社团活动,开拓学生视野,提高学生能力。据不完全统计,1984 年以来,抚州市中小学生在省级以上数理化三科大赛中,共有 3 286 人获奖,其中获全国一等奖的 196 人次,获全国二等奖的 465 人次,在全国青少年书法、绘画、舞蹈、器乐、声乐、体育等项目比赛中,每年都有数十名学生获奖。近年来,有数千名艺术特长生分别考入清华大学、北京大学、中央美术学院、中国美术学院、中央音乐学院等艺术名校。抚州市创立的"校家同创"中小学德育工程,先后获得江西省委宣传部、江西省教育厅和教育部的表彰。我们始终把质量作为教育的生命,通过抓课改、抓资源配置、抓均衡发展、抓集团办学,提高教育质量,高考成绩连续14 年全省第一。**四是促进公平。** 教育公平是社会公平的基本内涵,是人民群众获得感和满意度的基本要素,是教育系统坚持以人民为中心的发展思想、践行全心全意为人民服务宗旨的出发点和落脚点,是教育人的初心使命。我们必须将其列入重要议事日程,贯穿于整个教育工作。近年来,我们坚持以"起点公平、过程公平、结果公平"为目标,从实际出发,全面推进教育公平工作。第一,推进县域基本平衡,解决"有学上、上好学"的问题。以国家县域义务教育基本均衡督导评估为载体,市、县、乡、校四级层层签订《加快推进义务教育均衡发展责任状》,市、县(区)政府连续 4 年将"标准化学校"和"全面改薄"等教育项目建设纳入政府教育目标考评,5 年累计投资 100 多亿元,新建、改扩建校舍面积262 万平方米,惠及 1 500 多所中小学校,新增学位共 5 万多个。全市 12 个县区分3批全部通过国务院督导评估,提前3年在全省率先实现全域均衡。第二,推进义务教育免试就近入学,解决了"走后门"的问题。从2014年开始,实行义务教育免试就近入学。坚持划分学区与电脑派位相结合,实行"三堂"会审、"二榜"公示,在抚州电视台现场直播派位摇号,邀请家长代表按键操作,并和人大代表、政协委员现场监督,聘请法律公证处现场公证。为了确保公开公平公正,市委、市政府出台7条禁令,把严禁"打招呼、写条子"作为一条硬纪律,规定任何人不得插手干预招生入学工作,既让老百姓获得了教育公平的实惠,又转变了教育政风行风。第三,推进优质高中均衡招生,解决了农村薄弱学校学生上好学的问题。将市县两级优质高中招生计划的70%作为均衡招生计划,分解到农村初中、城镇薄弱学校,实行差别分数录取,使不同办学条件学校的考生站在公平的起跑线上,共同享受优质高中教育,体现出社会主义制度的优越性。第四,关爱特殊群体教育,让教育公平的阳光照耀每一个角落。按照"兜底线、保基本"的要求,制定完善进城务工人员随迁子女、留守儿童、残疾儿童入学办法,确保适龄儿童百分之百能上学。在全市11个县区建立特教学校,将自闭症儿童和残疾儿童全部送入特教学校就读,使他们有学上、上好学。

追求"五个效应"。 一是政治效应。 教育是民族振兴的基石,是国之大计、党之大计。教育系统肩负着培养社会主义建设者和接班人的重任,要对党绝对忠诚,切实增强政治判断力、政治领悟力、政治执行力。要以习近平新时代中国特色社会主义思想为指导,全面贯彻落实习近平总书记关于教育工作的重要论述,牢牢把握社会主义办学方向,把立德树人作为根本任务,加强党对教育工作的全面领导,增强"四个意识",坚定"四个自信",做到"两个维护",在思想上、行动上同以习近平同志为核心的党中央保持高度一致。**二是人才效应。** 教育的主要职能是培养人才,才子之乡的教育更要树立"为党育人,为国育才"的情怀,为社会培养更多的优秀人才。基础教育要在江西省领先领跑,高考主要指标保持全省前三名,录取北大、清华的人数稳定在全省三分之一左右,每个县区都有考生录取北大、清华,都有考生高考成绩进入全省前100名,学科类、非学科类竞赛成绩始终领先。高等教育要立足抚州大地,为服务地方经济社会发展多出人才、出好人才。要立足社会需求，多出技工、技师和工匠型的技术应用人才。要立足产业实际，多出建筑施工、物流运输、汽车装备、市政工程、服务贸易、文化传承等方面的实用型人才。要立足文化实际，建立临川文化、地方戏曲、园区创新等研究机构，提升高校服务大局能力。**三是安全效应。** 安全稳定是教育工作压倒一切的任务。安全是"1"，其他各项工作都是"1"后面的"0"；没有"1"，再多"0"也没有用。要妥善处理发展和安全的关系，把安全工作举过头顶，放在高高的位置，心中想着安全，嘴里念着安全，手上抓牢安全，脚下踏实安全。一手抓意识形态安全，一手抓学校人员安全，始终保持系统安全稳定。**四是品牌效应。** 抚州是教育之乡、才子之乡，擦亮抚州教育品牌既是抚州人民的历史传承，又是新时代抚州换道超车、跨越崛起的必然选择。要按照建设教育名城的要求，继续保持基础教育在全省全国的领先地位，不断提升将教育资源优势转化为经济发展优势的能力。要丰富抚州教育内涵，加快高等教育、职业教育发展，落实科教兴市战略，加快文化强市步伐，把抚州才子之乡、戏剧之乡、建筑之乡、物流之乡的品牌擦得更亮。**五是社会效应。** 坚持以人民为中心的教育发展思想，把人民对教育的美好向往作为奋斗目标，加大教育投入，增加教育供给，切实解决教育发展不平衡不充分的问题，不断满足社会日益增长的教育需求。用新发展理念指导教育工作，深化教育供给侧改革，优化教育内外结构，推进教育均等化进程，加快学习型社会建设，营造终身学习、人人成才、个个出彩的良好教育环境。

（本文系 2017 年 6 月接受中央新闻媒体集体采访摘录）

崇文重教薪火相传　优先发展擦亮品牌

　　抚州历史悠久,崇文重教,孕育了影响世界的临川文化,诞生了享誉全球的改革先驱王安石和戏剧大师汤显祖,是著名的才子之乡、教育之邦。改革开放以来,抚州市秉承崇文重教的优良传统,坚持把教育摆在优先发展的战略地位,通过深化改革、加大投入、强化举措,着力办好人民满意的教育,全力打造全国一流的基础教育。抚州教育的成绩主要体现在"五个一":

　　培养了一批人才。 历史上涌现出王安石、曾巩、汤显祖、陆九渊、晏殊、晏几道、李觏等一大批名儒巨公,先后出过 7 位宰相,14 位副宰相。在中国 1 300 多年的科举史中,共有进士 11 万名,江西有 1.1 万名,占全国的十分之一以上,其中抚州 3 553 名,占江西的 32.3%。恢复高考以来,抚州向全国高等院校输送人才 44 万人,相当于一个中等县的人口。2005 年以来,录取北大、清华 600 多人,占全省的 30%。抚州才子遍布世界,仅在美国攻读博士学位的就有 1 700 多人,抚州籍院士有 10 人,教育部长江学者 12 人、杰出青年学者 8 人,中组部千人计划 7 人,中华医学会学科主委 3 人,在北京、上海、广州等大城市的医学专家就有 1 000 多人,曾出现"一家三人入选千人计划"的盛况。

　　形成了一个品牌。 江西临川、湖北蕲春、江苏宜兴并称为"中国三大才子之乡"。作为才乡之首,现代的抚州正在朝着建设全国基础教育名城努力奋进,临川一中、临川二中连续入选全国百强中学,国家级中小学教育质量综合评价改革实验区、省级基础教育综合改革试验区落户抚州,中央电视台《开讲啦》节目、全国新高中特色发展论坛、全国中小学研学实践教育论坛先后在抚州举办,15 家中央媒体集中对"抚州教育现象"进行了系列报道。全国 20 多个省市 150 个市县区 4 万多人来抚州学习考察。

打造了一种文化。 因教兴文，临川自古文风昌盛、英才辈出，一个重要的原因是书院发达、教育兴盛，有著名大书法家王羲之、颜真卿，诗人谢灵运、戴叔伦，词人冯延巳，文学家刘义庆，文学评论家钟嵘。诗人陆游不仅在抚州做过地方官，更在抚州开坛讲学、兴办教育，对临川文化的孕育与发展产生重要影响。临川文化与庐陵文化并称为江西两大文化支柱，其核心是：勤勉务实、自强不息的奋斗文化，突破陈规、革故鼎新的改革文化，打开门户、兼容百家的开放文化，刚直不阿、清正廉洁的自律文化。

培育了一种精神。 千百年来，抚州教育人不怕吃苦、不畏困难、不懈探索、不断求精，培育了一批又一批优秀的人才，形成了独具特色的抚州教育精神。其基本内涵：一是"苦中求乐"的奋斗精神。学生苦读、老师苦教、家长苦育、政府苦抓，社会的各个阶层为了崇高的教育事业，有苦不说苦，以苦为乐，乐在苦中。二是"乐中问道"的科学精神。尊重教育规律，认识教育规律，把握教育规律，顺应教育规律，使教育的科学发展之路越走越宽。三是"道中育才"的敬业精神。在认识和把握规律的基础上，充分激发教师爱岗敬业、爱生如子的职业精神，用真情大爱培育人才。四是"才中培英"的创先精神。从王安石、曾巩、汤显祖、陆象山等抚州的先贤开始，抚州教育始终高点定位、追求卓越，培养了一大批大家、大才。这四种精神与孔子的"志于道，据于德，依于仁，游于艺"的论述高度契合，激励着抚州教育不断向前迈进。

创造了一流业绩。 改革开放以来，抚州在省级以上数、理、化三项大赛中共有 3 284 人获奖，其中全国一等奖 193 人次；1984 年至 2000 年，全省共举行 30 多次学科竞赛授奖大会，其中有 16 次在抚州举行；在全国青少年书法、绘画、舞蹈、器乐、声乐、体育等项目比赛中每年都有数十名学生获奖；近年来，抚州教育人抓党建、促品牌，抓改革、促发展，抓协调、促均衡，抓规范、促公平，2017 年在全省率先实现县域义务教育全域均衡；校家同创、廉洁修身、中小学党建、校长教师交流轮岗、综合评价等工作走在全国全省前列。抚州荣获全国"两基"工作先进单位、全国教育督导先进集体、全国教育创新优秀奖、全国群众体育工作先进单位等荣誉称号,"校家同创"工程获中宣部、教育部表彰。

抚州教育从古至今之所以能够长盛不衰,我们分析主要原因在于"五个有"。

有一个好传统。 早在唐朝王勃就在《滕王阁序》中赞叹"邺水朱华,光照临川之笔"。历史上,抚州私塾、书院和官学教育遍布城乡,有湖山书院、兴鲁书院等 157 家书院,居全国之首;勤耕种、喜读书的风尚代代相传,抚州人秉承"以读书求闻达,弃自守而进取"的人文精神,"不置家业为学业,不求房子求才子""宁可不建房,也要读书郎"。尊师重教、崇文好学古已有之,形成了"党以重教为先,政以兴教为本,师以从教为荣,民以助教为乐"的社会风尚。学生以读书为荣、社会以教师为尊、学校以学生为本。群众把教育昌盛与否作为评价党委、政府的重要标准,作为衡量一个领导的重要标准,重视教育成为抚州一以贯之的优良传统。

有一个好定位。 在长期的改革发展过程中,抚州确立了打造"江西领先、国内一流、世界知名"的基础教育名城目标。抚州教育人始终牢记理想,全市上下一盘棋,一任接着一任干,大家朝着共同的发展目标努力奋斗。按照"一枝独秀不是春,百花齐放春满园"的思路,既培育了临川教育集团(临川一中、临川二中、抚州一中)等全国知名的龙头学校,又巩固了南城一中、东乡一中、广昌一中等老牌中学,还涌现了抚州市实验学校、南城实验中学、东乡三中、金溪二中等党建工作扎实、校园文化丰富、办学特色鲜明的后起之秀,全市形成了你追我赶、争先创优的教育发展热潮。

有一个好机制。 形成了加快推进教育改革发展的良好体制,淬炼了抚州教育独特的发展机制,即全面支持的政策保障机制:教育经费优先保障、教育硬件建设优先安排、教师编制待遇优先落实、城乡教育优先统筹;"用最好的地,建最好的学校""只做决算不做预算""教育投入怎么都不为过"成为各级政府的自觉行动。优先扶持的经费投入机制:坚持兜住"三个增长"的底线,确保财政对教育投入的增长高于一般财政预算增长 2~3 个百分点;优先厚待的人才激励机制:积极为教师提供优厚待遇,每年安排临川教育集团三所学校 200 万元高考奖励;为城乡教师建设教职工周转房,让教师安心从教;"两代表一委员"中教师均占一定比重,提高教师政治地位。教育发展督导评估和奖惩机制:形成"督导—整改—再督导—再整改"的循环督导机制。

有一个好模式。 坚持以全国中小学教育质量综合评价改革实验区和省级基础教育改革试验区为平台,在全国全省先行先试,积极推进评价改革、课程改革、体制机制改革,把加快发展、提高质量、促进公平、强化治理贯穿于教育改革全过程,形成了"面向全体、尊重个性、分层教学、多元发展"的办学思想,确立了"品德高尚、学业优秀、身心健康、全面发展"的育人目标,创建了以"素质教育、均衡教育、集团办学、分层教学、校家同创"为核心的抚州教育模式,为抚州教育发展增添了不竭动力。

有一支好队伍。 培育了一支发扬"大系统、大服务、大作为、大争先"精神的干部队伍;按照"严把进口、畅通出口、师德优先、注重教研、强化培训、进多退少"的要求,采取社会招考、公开遴选、定向培养、优先招录和高素质人才引进等方式,为教师招聘开通直通车和绿色通道,每年招聘教师1800余名,打造了一支高素质教师队伍。2018年全市3人被评为十大"感动江西"年度教育人物。4万多名教师遍布城乡、扎根山村,爱生如子,爱岗敬业,师德高尚,业务精湛,为抚州教育事业发展作出了自己的贡献。

(本文系2018年12月向浙江丽水教育考察团介绍抚州教育情况摘要)

坚守教育报国初心使命

开展"不忘初心、牢记使命"主题教育以来,认真学习了习近平总书记关于"不忘初心、牢记使命"的重要论述和关于教育的重要论述,研读了中外传统教育思想,深入基层学校进行了广泛调研,深刻感受了真理的光芒和基层的创造,深切感到化解教育运行矛盾、做好抚州教育工作、开创新时代教育改革发展新局面,必须以习近平总书记关于教育的重要论述为指导,坚守教育初心使命,弘扬崇文重教精神,增强工作动力,强化责任担当,不断提升办好人民满意教育的新境界。

一、准确把握教育的初心使命,着力增强做好教育工作的根本动力

教育是什么?《说文解字》里讲:"教,上所施下所效也;育,养子使作善也。"孔子说:"大学之道,在明明德,在亲民,在止于至善。"杜威说:"教育即生活。"斯宾塞说:"教育为未来生活之准备。"南怀瑾说:"教育是把不行的教成行,把不能的教成能,把笨人教成聪明人。"每个人对教育都有自己的理解,但不管如何理解,作为教育人,我们应该把握教育的本质内涵和初心使命,做好教育工作。

1.追溯教育起源,把握教育的本质内涵

关于教育的起源有三种观点:生物起源说、心理起源说、劳动起源说。作为唯物主义者,我们坚持教育起源于生产劳动。教育起源于人类社会产生之初,起源于人类的生产劳动和社会生活的需要。我国的教育历史可以追溯到 180 万年

前的山西西侯度文化时期和 170 万年前的云南元谋文化时期,历史相当悠久,早在先秦著作《韩非子·五蠹》《尸子》中就有详尽的记载。《尸子》载:"伏羲氏之世,天下多兽,故教民以猎。"随着原始农业的产生,教民农作的教育也相应产生。殷、周时期已经有了以"庠""序"为形式的官方学校。春秋时期,孔子办学,开启了私学教育。汉代以后以儒家文化为主导,清末又引入了西方近代教育。

在中外文明的历史上,涌现了孔子、苏格拉底、孟子、朱熹、王阳明、韩愈、杜威等一批优秀的教育先哲,他们的智慧至今影响着我们、启迪着我们。

至圣孔子。 "天不生孔子,万古长如夜。"孔子是几千年来中国人民家喻户晓、妇孺皆知的伟大思想家、教育家,儒家学派的创始人和私学的创始人,也是我国教育史上第一个将毕生精力贡献给教育事业的人。孔子倡导"有教无类",无分贵族与平民,不分华夏与诸族都可以入学,打破了"礼不下庶人"的等级制度,开启了人类教育的新篇章。他提出的因材施教、启发诱导、学思行并重的原则和方法,至今还在启迪我们的教育改革和实践。他的"己所不欲,勿施于人"的行为准则,镌刻在联合国总部走廊的墙上,成为全世界所遵循的准则。孔子的教育思想,为后人留下了宝贵的精神财富。

大智苏氏。 苏格拉底与孔子是同时代的两个思想巨人,被誉为"智慧的化身",是西方哲学的奠基人,同时又是与孔子一样的大教育家,教出了柏拉图,柏拉图又教出亚里士多德。苏格拉底与孔子一样推行开放办学、开放授徒,草坪上、操场上、大树底下,站着、坐着甚至躺着就搞起了教育。苏格拉底把教育称作"助产术",通过发问与问答的形式,运用比喻、启发等手段,使对方对所讨论的问题从具体到抽象、从特殊到普遍,一步步逐渐深入,最后得出正确认识。他主张德育、智育和体育相统一的"全人教育",坚持教育公益性与社会性统一,主张"为邦教人、为国育才"的教育使命定位。

亚圣孟子。 孟子是战国时期儒家的代表人物,属孔子第四代弟子,是曾子的再传弟子。孔子、孟子并称"孔孟",两人的思想并称"孔孟之道"。孟子也是第一个提出"教育"一词的人。他说:"得天下英才而教育之,一乐也!"从此,教育才有了专属的词汇。他继承并发扬了孔子的思想,在儒家核心"仁"的基础上提出了"义"，为儒家思想注入了阳刚之气。自此，"舍生而取义"成为读书人的一种信仰。他传承了孔子"有教无类"的教育思想，把全民教育当作实行仁政的手段和目的，主张"设为庠序学校以教之"，加强学校教育；倡导当政者身体力行，率先垂范，以榜样的力量，教化百姓。孟子是个教育改革家，他推崇"易子而教"，奠定了教师的职业基础。

大儒朱熹。 朱熹终身热心教育事业，在其一生中先后建造了三座精舍，作为"儒者讲习之地"；重建了白鹿洞书院、岳麓书院。这两座书院占据了中国"四大书院"的半壁江山，相当于现在的清华、北大，朱熹可以被认为是先后在中国的最高学府担任校长，非常不简单。他创建的学规，后来演变为今天各级学校的校训。朱熹的教育思想集中体现在《白鹿洞书院揭示》中，核心是"明理、修身、推己及人"，影响深远。

大成阳明。 2015 年两会期间，习近平总书记认为，王阳明的心学正是中国传统文化中的精华，是增强中国人文化自信的切入点之一。王阳明是陆王"心学"的集大成者，是影响世界的大儒。王阳明一生醉心于教育事业，提出了"人人皆可为圣贤"的教育观点，认为任何人都有成为圣贤的先天条件和资格，在"致良知"这条道路上，任何人都不存在本质上的差别。

大勇韩愈。 大家都知道韩愈是唐朝著名的文学家、政治家、哲学家，但并不是教育家，可为什么他要写一篇专门谈师道的文章《师说》？因为从六朝开始，尊师传统逐渐弱化，到唐朝后期，教师地位一落千丈，很多学生不再重视学校学习，最终导致唐代师道式微。正是在这样的背景下，韩愈就写了千古名篇《师说》，虽然只有短短 500 多字，但其内容总结并发扬了尊师重道的思想，全面论述了教师的作用、任务、择师标准等问题，帮助我们重拾师道尊严。

实用杜威。 1919 年至 1921 年，美国人杜威在中国讲学，他是胡适、陶行知的老师，蔡元培称其为"西方的孔子"。杜威认为"教育即生活"，教育事关"生""死"，是每个人的必需品，不是奢侈品。杜威的实用主义哲学教育思想对中国现代教育产生了深远影响。杜威所倡导的平民主义教育，突出强调了在自由平等的民主社会中，不容许少数人垄断受教育的机会，而是要通过教育使一般民众接受现代知识的武装，提高开拓创新的能力、培养独立人格和坚强个性，开创了工农教育的先河。通过追溯教育的起源，学习中外贤哲的教育思想，我们深刻认识到，教育的本质就是通过传授知识、提高品德、启迪智慧，培养促进社会发展的人才，是提高每个人的生命质量、提升生命价值的重要途径。

2.学习习近平总书记关于教育的重要论述，明晰教育的初心使命

党的十八大以来，习近平总书记先后到各级各类学校考察并同师生们座谈，给大中小学生和老师回信，主持召开一系列重要会议研究教育工作，作出了一系列重要讲话、指示、批示，提出了一系列新理念、新思想、新观点，形成了系统完善的新时代中国特色社会主义教育理论体系，是我们做好教育工作的行动指南和根本遵循。

一要深刻领会习近平总书记关于教育地位作用和目标的重要论述。 习近平总书记强调，教育是国之大计、党之大计，是民族振兴、社会进步的重要基石，是功在当代、利在千秋的德政工程，对提高人民综合素质、促进人的全面发展、增强中华民族创新创造活力、实现中华民族伟大复兴具有决定性意义。发挥好教育"国之大计、党之大计"的作用，实现教育的宏伟目标，要求我们自觉做到以更高远的历史站位、更宽广的国际视野、更深邃的战略眼光超前布局教育，要求我们切实落实优先发展教育的责任，把教育事业摆在优先发展的地位，落实"三个优先"的要求。

二要深刻领会习近平总书记关于立德树人这一根本任务的重要论述。 "培养什么人"是教育的首要问题。习近平总书记反复强调"我们办的是社会主义教育，必须培养一代又一代拥护中国共产党领导和我国社会主义制度、立志为中国特色社会主义奋斗终身的有用人才"。这是教育工作的根本任务，也是教育现代化的方向目标。要实施新时代立德树人工程，深入推动习近平新时代中国特色社会主义思想进教材、进课堂、进头脑，构建德、智、体、美、劳全面培养的教育体系和更高水平的人才培养体系。要着力在坚定理想信念、厚植爱国情怀、加强品德修养、增长知识见识、培养奋斗精神、增强综合素质上下功夫，统筹加强体育、美育、实践教育、劳动教育，培养担当民族复兴大任的时代新人。

三要深刻领会习近平总书记关于教师队伍建设的重要论述。 习近平总书记高度重视教师队伍建设,提出了"四有"好老师、"四个引路人""四个相统一""六个要"等一系列要求,为教师队伍建设指明了方向。习近平总书记强调,教师承载着传播知识、传播思想、传播真理,塑造灵魂、塑造生命、塑造新人的时代重任,政治要强、情怀要深、思维要新、视野要广、自律要严、人格要正。我们要把全面加强教师队伍建设作为一项重大政治任务和根本性民生工程,建设一支政治素质过硬、业务能力精湛、育人水平高超的高素质教师队伍。把师德师风作为评价教师队伍素质的第一标准,健全师德师风建设长效机制。实施教师教育振兴行动计划,提高教师专业素质能力。教育投入要更多向教师倾斜,不断提高教师待遇,确保教师工资待遇落实到位。大力弘扬尊师重教的社会风尚,努力提高教师政治地位、社会地位、职业地位,让广大教师安心从教、热心从教。

四要深刻领会习近平总书记关于教育改革的重要论述。 在全国教育大会上,习近平总书记深刻指出,要破"五唯",坚决克服唯分数、唯升学、唯文凭、唯论文、唯帽子的顽瘴痼疾,坚决破除制约教育事业发展的体制机制障碍,充分激发教育事业发展生机活力。这些重要论述贯穿着强烈的改革创新精神,明确了教育改革的重要领域和关键环节。我们要以高质量发展为根本要求,深化教育领域综合改革,系统深化育人方式、办学模式、管理体制、保障机制改革,着力形成充满活力、富有效率、更加开放、有利于高质量发展的教育体制机制。强化职业教育产教融合、校企合作,提升教育服务经济社会发展能力。

五要深刻领会习近平总书记关于党对教育工作全面领导的重要论述。 习近平总书记强调指出,加强党对教育工作的全面领导,是办好教育的根本保证。2019年,市委成立了教育工作领导小组,进一步加强了对教育工作的领导,进一步加强了教育重大理论和实践问题的统筹和决策。我们要坚持党管办学方向、管改革发展、管干部、管人才,把党的领导贯彻到教育工作各方面各环节。

在学习习近平总书记关于教育的重要论述中,我们要发扬良好的学习风气,按照学懂、弄通、做实、融入的总要求,提高政治站位、提升理论自觉、树立问题导向,始终融入思想学、形成体系学、带着问题学、提升本领学,坚持真学、真信、真用,推动学习往深里走、往实里走、往心里走。最近,局里集中订购了由教育部课题组牵头编写的《深入学习习近平关于教育的重要论述》,马上会发到大家手上,希望大家认真学习,深刻理解科学内涵和精髓要义,深刻感悟马克思主义真理力量,进一步坚定我们教育报国、立德树人的初心使命,切实增强办好新时代中国特色社会主义教育的思想自觉和行动自觉,全面增强学习本领、政治领导本领、改革创新本领、科学发展本领、依法执政本领、群众工作本领、狠抓落实本领、驾驭风险本领,不断推动学习重要论述升华到规律层面,转化为加快教育现代化的强大动力。

3.秉承教育初心使命,深刻认识教育发展的巨大成就

2019 年是中华人民共和国成立 70 周年。新中国成立初期,积贫积弱、百废待兴,教育事业发展水平很低。全国人口 5.4 亿人,文盲率高达 80%,其中的 70%是妇女;小学实际入学率不到 20%;高等教育在校生人数只有 11.7 万人;国家财政性教育经费占国内生产总值的比例仅为 1.32%,由于当时的国内生产总值总量水平很低,所以国家的财政性教育经费投入非常少。1977 年 12 月,我国恢复了中断 7 年之久的高考招生。邓小平同志先后作出了"知识分子是工人阶级一部分"和"科学技术是第一生产力"的重要论断。在全国范围内开展了"实践是检验真理的唯一标准"大讨论,逐步形成了教育是生产力的新认识,为教育领域改革开放奠定了思想认识基础。1978 年 12 月 18 日,中国共产党十一届三中全会召开,开辟了中国特色社会主义事业新局面。邓小平同志指出"一定要在党内形成尊重知识、尊重人才的气氛",提出"教育事业必须同国民经济发展要求相适应"的要求,逐步走出了一条中国特色社会主义教育发展道路。70 年来,特别是改革开放 40 多年以来,中国教育取得了历史性成就,把一个文盲占80%以上的人口大国转变为一个人力资源大国,把巨大的人口包袱转变为有力支持改革开放事业的人力资源优势。目前,我国正在面向 2035 年教育现代化的目标,推动中国向人力资源强国和创新型大国迈进。

新中国成立之初,抚州教育和全国一样,百废待兴。全市 158 万人口,除幼儿之外,文盲人口达 100 多万。1949 年,全市仅有 2 所幼儿园,在园幼儿 47 人,

教职工 7 人;小学 1 371 所,在校学生 4.7 万人;中学 14 所,在校学生 2 009 人;完全中学 2 所,305 名在校学生,40 名毕业生。1990 年,抚州在全省率先宣布实施初中义务教育。2000 年,随着金溪县扫盲工作通过省政府评估验收,全区 11 个县(市)全部实现基本扫除青壮年文盲和基本普及九年义务教育目标。"两基"工作受到国务院通报表彰;临川、黎川、南城被省教委评为扫盲先进县,临川被国家教委授予普及九年义务教育、扫除青壮年文盲先进县(市);抚州荣获第二届中华扫盲奖。70 年来,抚州教育发生了翻天覆地的变化,2019 年,全市各级各类学校 1 852 所,在校学生 752 785 人,教职员工 49 123 人。幼儿园 1 021 所,在园幼儿数 117 487 人,教职工 9 844 人;省级示范幼儿园 18 所,市一级一类幼儿园 86 所,学前教育毛入园率达 79.5%,入园难、入园贵的问题得到逐步缓解。义务教育在校生人数超过 53 万,义务教育巩固率达 96.38%。70 年间,全市接受中小学教育人数增长了 10 倍。2018 年,各县区中职学校全面通过达标验收,旅游服务管理等 4 个专业入选省级特色专业群,与 159 家园区企业建立合作关系,博雅班、大觉山班、戏曲班定向培养结出硕果,先后荣获 30 多项全国全省职业技能竞赛冠军。2017 年,崇仁师范学校成功升格为抚州幼儿师范高等专科学校;2019 年 10 月,南昌大学抚州医学院正式移交抚州市管理,抚州市政府与东华理工大学签订合作协议,确定在抚州建设东华理工大学新校区,高等教育发展迈上了新台阶,抚州"才子之乡、教育之乡"的品牌更加响亮。

由此可以看出,不论是探寻教育的本质内涵、明晰教育的初心使命,还是总结教育 70 年来取得的辉煌成绩,我们都必须始终秉承教育报国的初心,始终坚持立德树人的使命,并以此作为教育人的根本动力,不忘初心、牢记使命,继续前进!

二、深情回顾千百年来崇文重教文化传承,切实强化振兴抚州教育的责任担当

党的十八大以来,以习近平同志为核心的党中央把教育提上了前所未有的高度,确立了以人民为中心的教育发展理念和办人民满意教育的基本原则。

习近平总书记在全国教育大会上强调,教育是"国之大计、党之大计",对教育事业在党和国家发展全局中的战略地位和重大意义进行了深刻阐述,在更高层面对做好新时代教育工作提出了要求。抚州是"才子之乡、教育之乡",理应回溯历史、顺应时代,找准差距、明确定位,切实增强做好新时代教育工作的责任感和使命感。

1.回顾历史抚州因教育而无比自豪

回望历史,抚州因教育而兴盛,因诗书而闻达,官学私学并驾齐驱,文化商贸交相辉映,孕育了彪炳千古的临川文化,培养了灿若星辰的临川才子,成为我们最宝贵、最自豪的历史瑰宝和文化底蕴。

一是一批先贤开抚州文脉先河。 综观中国文化发展史,很少有一种区域文化能够像临川文化这样重视教育。东晋以来,王羲之、谢灵运、颜真卿、罗坚、陆游等先贤千里迢迢来到抚州做官,兴教劝学,教化乡民,开抚州文脉先河。"洗墨池""康公庙",是王羲之、谢灵运在抚州的游学足迹;颜真卿在临川所作《勉学诗》"黑发不知勤学早,白头方悔读书迟",朱熹在南城上唐所作《观书有感》"问渠那得清如许,为有源头活水来"至今仍是劝学经典。晏殊、晏几道、曾巩、李觏、王安石、陆九渊、汤显祖等抚州先贤弘扬文脉,修身齐家治国平天下。晏殊主导的庆历"兴学运动",书写了中国教育史上浓墨重彩的一笔;王安石在变法中力推设立各路官学,推动科举制度改革,他的"天变不足畏,祖宗不足法,人言不足恤"的改革精神,激励着一代代临川人不断改革创新;陆九渊、吴与弼、李绂等人既是伟大的哲学家、思想家,又是伟大的教育家、实干家,他们都热衷讲学乡间、传道授业。吴与弼是我国历史上第一个提出"劳动与读书相结合"的人。曾巩、汤显祖官做到哪里就把书院办到了哪里,终其一生践行着"有教无类"的初心。唐天佑年间,抚州有湖山书院、兴鲁书院等157家,居全国之首。《周易》有云:"蒙以养正,圣功也。"历代贤哲的身体力行成就了临川文化的不世之功,构成了抚州崇文重教的浩瀚文脉,留给我们取之不尽用之不竭的精神财富。

二是千年科举奠定"才子之乡"的美誉。 很少有一种区域文化能够像临川文化这样孕育人才,千年科举带来了抚州的千年繁荣,科举取士1300多年来,抚州有3553人进士及第,占江西的32.3%,先后孕育了7位宰相、14位副相,涌现出乐史、晏殊、曾巩、王安石、晏几道、陆九渊、汤显祖等一大批名儒巨匠。南丰曾家、乐安流坑董家都是60人以上的进士大户;乐史三子及第、晏殊一门九进士、安石一门十登科;父子同科、兄弟同榜、一门多进士的佳话层出不穷。续文脉风流,现代抚州籍院士有12人,涌现了游国恩、饶毓泰、余瑞璜、李井泉、舒同、盛中国等一大批各界领军人物,涌现出吴自强、邱水平、饶毅等一大批教育家办教育的杰出代表。绝对优势的科考成果,浩如烟海的名人大家,文政并通的丰功建树,造就了中国三大才乡之首的临川,成就了千年美誉。

三是薪火相传擦亮抚州教育品牌。 很少有一种区域文化能够像临川文化这样历久弥新。千百年来,临川文化深厚的教育情怀薪火相传,从未因战乱或灾难而中断。特别是改革开放以来,抚州发扬崇文重教优良传统,大力实施科教兴市战略,大力发展基础教育,培育了"四苦四乐"教育精神,铸就了闻名全国的教育品牌。恢复高考以来,抚州向全国高等院校输送优秀人才44万余名。2005年以来,录取北大、清华的学生639名,占全省人数的30%左右。临川一中、临川二中成为闻名全国的名校,集团学校骨干教师、县区中学优秀教师,成为沿海地区猎头首选。基础教育改革、中小学教育质量评价、义务教育校长教师交流轮岗、教师队伍建设、研学实践教育等工作走在全省前列,擦亮了抚州教育品牌,为"才子之乡、教育之乡"增彩添色。

2.站位新时代,抚州教育面临严峻挑战

历史的辉煌犹在眼前。站位新时代,面对新形势新要求,抚州在擦亮教育品牌、实现教育现代化、建设教育强国、追梦"两个一百年"奋斗目标的征程中,还有很多矛盾急需化解,还有不少短板亟待补齐,需要我们正视差距,直面挑战。

一是与时代要求有差距。 近年来,党中央、国务院围绕教育改革发展,连续出台了学前教育、职业教育发展等一系列教育新政,深刻地影响着教育运行。为了适应新政策,围绕推进教育高质量发展,我们调研梳理出教育经费投入不足、教师队伍不够稳定、基础教育发展不够均衡、教育品牌面临挑战、职教高教发展滞后、民办教育和社区教育发展不够充分、教育环境不够宽松7个方面共21个

问题。从 2018 年教育高质量发展考评情况看，我市财政投入、学前教育、义务教育、特殊教育、高中教育、职业教育、教育信息化 7 个方面共 18 个硬件指标，有不少指标低于全省平均水平。这些问题绕不过去、回避不了，必须勇闯难关，紧跟时代。

　　二是与群众期盼有差距。 党的十九大报告指出，我国社会主要矛盾已经转化为人民日益增长的美好生活需要和不平衡不充分的发展之间的矛盾，教育发展到今天，"有学上"的问题已经基本解决，"上好学"的需求更加强烈。人民群众期盼自己的孩子能接受更好的教育，期盼能够公平地就学，期盼能够遇到好的老师，期盼学校可以提供优质服务。对照这些期盼，抚州教育发展不平衡不充分的矛盾仍然存在，"入园难"问题、"择校热"现象、"大班额"矛盾、"三违"乱象仍然影响着群众的教育获得感和满意度。

　　三是与科学发展有差距。 教育是一个系统生态，必须坚持科学发展观。对照全面均衡协调可持续的科学发展观，抚州教育在推进各级各类教育协调发展上还有差距。相对于基础教育来说，高等教育是短板；相对于普通教育来说，职业教育是短板；对照上级要求和社会需求，学前教育、特殊教育是短板。此外，社区教育、继续教育重视还不够，投入还不足，学习型社会体系还没有完全建立起来。根据"木桶原理"，只有补齐短板，才能推进教育全面协调可持续发展。

　　四是与擦亮品牌有差距。 抚州教育名声在外，是一个响亮的品牌，在国内外都有一定的知名度。近年来，虽然我们在教育改革创新、学校内涵建设等方面作了一些探索，取得一定成绩，但是教育品牌的结构和内涵并没有得到质的提升，真正叫得响的品牌还是基础教育和高考，真正关注的还是出了几个状元、考了几个清华、北大，品牌的内涵不够丰富、支撑度不够饱满，品牌的内核和精神实质还有待提炼。

　　3. 做优抚州教育务必增强责任担当

　　历史的抚州，"地无城乡，家无贫富，其子弟无不学，诗书之声，尽室皆然"。面对新时代教育存在的问题和差距，我们理应弘扬崇文重教的优良传统，继承古代先贤重教治学的遗风，勇担振兴教育、擦亮品牌的历史重任，进一步强化使命意识,增强责任担当。

一要增强接好棒、往前跑的历史责任感。 历史总在继往开来中谱写,传承总在接续奋斗中前行。抚州人崇文重教的传统,一代一代流传千年,今天传到了我们这一代,一定要切实增强历史责任感,接好棒、往前跑。要接好临川文化的棒,让"勤勉务实、自强不息的奋斗文化,突破陈规、革故鼎新的改革文化,打开门户、兼容百家的开放文化,刚直不阿、清正廉洁的自律文化"始终激励抚州前行。要接好崇文重教的棒,把王羲之、谢灵运、颜真卿这些外来贤达和晏殊、曾巩、王安石、陆九渊、汤显祖这些临川之子崇文重教的精神传承好,把教育变成图腾,把读书变成信仰;要接好尊师重道的棒,发扬"王安石进士及第首拜师傅""罗汝芳倾家荡产营救恩师""老百姓办酒理事必请老师"的尊师之风,无论什么时候,都把教师作为这个社会最受尊重的人。

二要增强跟上趟、不掉队的时代使命感。 自魏晋南北朝古代经济重心南移以来,江西在很长一段时期经济社会发展走在全国前列;抚州农业发达、商贸繁荣、文化昌盛,在江西也处在领先位置。随着经济转型,江西和抚州逐渐陷入没落。前不久,习近平总书记再次视察江西,明确提出江西要"在加快革命老区高质量发展上作示范、在推动中部地区崛起上勇争先,描绘好新时代江西改革发展新画卷"的目标定位和"五个推进"的更高要求。我们要坚决响应习近平总书记的号召,切实增强跟上趟、不掉队、做示范的时代使命感,把教育、知识和人才摆在更加重要位置,加快推进教育现代化、建设教育强国,努力培养更多时代需要的人才。要深刻领会和准确把握省委贯彻"两个定位、五个推进"更高要求的决策部署,按照市委四届七次全会提出在六个方面争一流、站前列的要求,为推动产业制造业升级、历史文化名城和生态旅游强市建设提供人才支撑,提升教育服务经济社会发展水平。

三要增强举旗帜、保荣誉的现实危机感。 抚州教育品牌来之不易、弥足珍贵,是千年文脉薪火相传形成的,也是千万学子日积月累铸就的,为此我们要倍加珍惜。为此,这些年我们适应教育宏观政策调整,探索推进临川教育集团学校转型升级,吸纳社会资本创办了三所高质量的民办实验学校,化解了事关品牌存亡的考验;这些年我们深化教育综合改革,推动教育"两区建设",破除了制约品牌发展的障碍;这些年我们大力实施示范性学校创建、"五名工程",大力开展廉洁文化、戏剧文化、临川文化教育,找准了丰富品牌内涵的路径。面对各地教育千帆竞发、百舸争流的现状,我们不进则退,也无路可退,必须自始至终增强现实危机感,高举旗帜、擦亮品牌、守护荣誉。

四要增强化矛盾、优结构的务实紧迫感。 教育是民生之首,人民群众对教育工作感受最直接、体会最深刻、愿望最迫切的就是"入园难""择校热""大班额"等突出矛盾,最关心关注的热点难点话题就是学前教育、职业教育、高等教育短板问题。为此,我们做了很多基础性工作,体现了很强烈的危机感和紧迫感。这次"不忘初心、牢记使命"主题教育专题调研,我们各位班子成员也更多地把视线、精力放在了这些补齐短板、破解难题上,形成了很多很好的调研报告。我们当务之急,就是要用好调研成果,瞄准突出矛盾,抓紧研究细化政策,务实高效抓好落实,在尽可能短的时间里回应群众关切的问题。要抓住国家大力发展学前教育、职业教育、全民教育,推动高等教育"双一流"建设的机会,实行一校一策,想办法把抚州教育的短板补上去,不断健全完善教育体系,增强抚州教育可持续发展的内生动力。

三、加快推进教育高质量发展,不断提升抚州教育强市建设的实际成效

教育是国之大计、党之大计,是最牵动人心的民生事业。近年来,市委、市政府始终把教育事业摆在优先位置,大力实施科教兴市战略,努力打造全国基础教育名城,教育教学质量明显提升,人民群众对教育的获得感、满意度不断增强。我们要坚持发扬好的传统,抓好主要矛盾和矛盾的主要方面,进一步强化担当,以更高标准、更大力度、更实举措,加快建设教育体育强市。

1.要认真贯彻"一二三四五"的总体思路

近年来,抚州教育始终坚持"一二三四五"的总体工作思路,实现了"大系统、大作为、大服务、大争先"的目标。现在虽然教育体育合并了,我想我们还是

要沿着这一思路继续前进。

"**一**"**就是围绕立德树人这一根本目标。** 无论是教育还是体育,都要始终把立德树人作为根本任务,把"立德"作为途径,"树人"作为目的,将"立德"和"树人"结合起来,推动习近平新时代中国特色社会主义思想和社会主义核心价值观进校园、进课堂,推动教育教学。

"**二**"**就是把握群众满意、领导放心两项原则。** 一方面,始终把办好人民满意教育作为我们的出发点和落脚点,通过扩充供给、提高质量、促进公平等,提升人民群众满意度;另一方面,我们作为最大的系统,不仅工作要创先争优,而且要不断化解矛盾,确保稳定,不能出乱子。

"**三**"**就是坚持抓班子带队伍、抓作风强精神、抓机制强活力三管齐下。** 一要坚持党要管党、全面从严治党,加强委局班子、下属单位和学校班子建设,通过加强班子、干部、教师三支队伍建设,增强凝聚力和战斗力。二要始终遵照总书记"作风建设永远在路上"的指示精神,不断加强系统作风建设,持续整改落实作风建设中存在的问题。三要健全完善每周工作调度,每年巡察看变化,每两年组织一次优秀教师先进事迹巡回报告会、中小学生艺术节和体育运动会等工作机制,增强运行活力。

"**四**"**就是突出深化改革、加快发展、提高质量、促进公平四个重点。** 一要深化改革。以全国中小学教育质量综合评价改革实验区和省级抚州基础教育综合改革试验区为载体,以教师县管校聘、集团联盟办学、考试招生制度、南昌大学抚州医学院办学体制改革等为重点,积极先行先试,探索改革,探索路子,建好机制,释放教育发展活力。二要加快发展。争取党委政府重视,认真落实"三个优先"要求,规划优先安排教育发展,财政优先保障教育投入,资源优先满足教育需要,以真金白银投入教育。具体体现就是要保障教育财政投入,每年安排一定数量的教育重点项目,每年争取完成教育投资 10 亿左右,新增学位 1.5 万 ~ 2 万个。三要提高质量。坚持通过抓课改、抓资源配置、抓均衡发展、抓集团办学,不断提高教育质量。既要保持高考传统优势,又要大力实施素质教育,开辟新的道路,创造新的优势。四要促进公平。严格执行义务教育免试就近入学政策,总结发扬我们近年来的好经验、好做法,坚持做到起点、过程和结果公平,真正让老百姓得到了实惠;全力保障进城务工人员随迁子女、留守儿童、残疾儿童等受教育权利。

"五"就是实现人才效应、安全效应、社会效应、创新效应、品牌效应五个效应。 通过前面"一二三四"的工作举措,团结带领全市教育体育系统干部职工,奋勇拼搏,创先争优,努力培养合格的社会主义建设者和接班人,确保全市教育体育系统安全稳定,在全社会形成尊师重教的良好社会氛围,不断释放教育改革发展的前进动力,进一步擦亮抚州教育品牌,力争创造人才、安全、社会、创新、品牌"五个效应"。

2.要认真落实推动高质量发展的系列文件

根据市委、市政府主要领导指示,今年以来,我们争取到5位市级领导亲自领题,就学前教育、职业教育、民办教育、高等教育、高质量发展等课题进行了调研,梳理形成了7个方面21个问题,形成了5份高质量的调研报告,市委、市政府领导听取了专题汇报。在此基础上,今年8月,市委、市政府制定出台了《关于加快推进新时代抚州教育高质量发展的若干意见》,提出了一系列加快教育高质量发展的具体举措,历经艰辛,来之不易。但是文件出台只是第一步,关键在落实。下一步,要重点抓好以下工作:**一要制定具体举措。** 按照职责分工,尽快研究制定高质量发展文件具体落实举措,按照"项目化、时间表、责任人"要求,由分管领导牵头,一项一项抓落实。**二要用好政策红利。** 经过多方协调,市委、市政府在民办教育收费、教师县管校聘、临川教育集团学校差异化发展等方面开了很多政策口子,非常不容易。在全市教育大会上,市委主要领导再次要求我们就在全社会形成尊师重教的浓厚氛围提出具体举措,我们要尽快就教师免费乘坐公交车、免费浏览抚州景区、公共场合排队优先等方面提出方案,切实用好政策红利,加强对接,推动落实。**三要争取资金落地。** 经过反复争取,市财政确定每年安排化解市直学校债务、教研电教装备、教育发展促进会配套、"高考奖""育苗奖""才子奖"等经费共计3 000多万元。我们要积极衔接落实,将真金白银转化为事业发展的前进动力。**四要着力补齐短板。** 要紧紧围绕加快学前教育、职业教育、高等教育发展,强化工作举措,重点做好小区配套幼儿园治理、探索组建职业教育联盟、南昌大学抚州医学院办学体制改革、东华理工大学新校区建设等工作,全力补齐短板。要在深入调研的基础上,加快优化学科竞赛组织管理工作。

3.要重点完成几项刚性任务

2019年还剩下两个多月,但是留给我们的任务仍然很重,特别是有几场硬仗要打,有几项刚性任务一定要完成。**一要完成学前教育三项指标。** 近日省委、省政府下发了《关于学前教育深化改革规范发展的实施意见》,再次明确到2020年,全省学前教育三年毛入园率达到85%,普惠性幼儿园覆盖率达80%,公办幼儿园在园幼儿数占比达到50%。目前,我市离目标完成还有不小差距。下一步,要督促各县区加快城区公办幼儿园建设,下大力气加强管理乡镇公办幼儿园,增加有效供给,争取更多孩子能在家门口就读公办幼儿园。要联合自然资源、住建等部门,加快推进小区配套园治理,力争年底前增加公办学位3 000个以上。要落实普惠扶持政策,动态调整公办园收费标准,2020年前严控营利性民办园审批,推进学前教育普惠发展。**二要全力化解"大班额"。** 去年,我们制定下发了《抚州市人民政府办公室关于印发抚州市化解义务教育"大班额"实施意见的通知》,对化解"大班额"工作进行部署。目前看来,小学初中起始年级的"大班额"控制得较好,但是其他年级的"大班额""超大班额"现象仍然比较严重,离到2020年全面消除"大班额"目标有不小差距。我们一定要高度重视,督促各地加大投入,增加学位供给,优化资源配置,采取切实有效的手段,全面化解"大班额"矛盾。**三要确保三所实验学校春季投入使用。** 临川教育集团三所实验学校在春季开学招生,是市委、市政府为响应社情民意、回应社会关切作出的决策部署,我们要坚决响应号召,紧紧围绕"全面竣工、全面验收、全面开学、全面独立"的目标,千方百计加快项目建设,在12月底前完成建设任务,加快做好设备购置、环境优化等准备工作,确保春季顺利开学。**四要完成社会足球场建设任务。** 上个星期,省政府召开足球场建设联席会议,对各地足球场地设施建设情况进行了调度,抚州在全省排名倒数,蔡青副市长在会上作了表态发言。按照省里提出的"到 2020 年 10 月底,平均每万人足球场地设施达到 0.5～0.7 块的目标,其中社会足球场地达到每万人 0.167 块"的要求,我市需要建设 70 块社会足球场地,目前只建了 15 块,还差 55 块,差距很明显。市本级这一块也非常薄弱,市区连一块笼式足球场都没有。据有的同志跟我反映,我们的中小学生参加省里 5 人、7 人制的笼式足球比赛,只能用 11 人制标准地划出一块进行训练;城区不少"上班族"白天没有时间踢球,晚上甚至开车到周边县城才能踢球。希望从市本级和中心城区做起,认真对照建设要求,把社会足球场建设列上重要议事日程,协调落实项目申报、审批、规划、用地、资金等事项,加快推进足球场地建设,按时按要求完成任务。此外,对于教育扶贫、控辍保学、教育信息化、重点项目建设、市中心城区体育健身设施规划等工作,我多次提出要求,希望分管领导和有关科室抓紧抓好,抓出看得见的成效。

4.要全力做好教育高质量发展考评工作

近年来,我明显感觉到大家手上的工作越来越多、任务越来越重、压力越来越大,许多科室一年忙到头,从早忙到晚,可以说非常辛苦。但是,从考评结果来看,抚州在全省的排位不甚理想,给人的感觉就是"忙忙碌碌装样子、年年都是老样子"。这与我们平时的辛勤付出不成正比,与抚州教育金字招牌不相匹配。从现在开始我们就要着手谋划,全力以赴做好今年教育高质量考评各项准备工作,努力实现"保六争四"目标。结合近几年考评暴露出的问题,我思考要重点做到"三个结合":**一要坚持"市县联动"和"县自为战"相结合。** 去年,市本级教育高质量发展考核指标都是满分,我们之所以最终排名靠后,主要原因在于县(区)扣分严重,4.9 分的平均分只得了 3.33 分,个别县教育投入增长几乎为零,列全省倒数第一,共有 2 个县排在全省倒数 10 名,4 个县排名倒数 30 名。今年形势更加严峻,设区市 6 项考评指标有 5 项是取县(区)平均分。因此,除了抓好市县联动外,各县区要充分发挥主动性、能动性,各自为战、各显神通,切实做好今年考评工作。督导室要牵头加强督促检查,要在确保市本级不丢分的情况下,指导各县区补齐短板,尽可能少丢分、不丢分。**二要坚持"做好工作"与"报好材料"相结合。** 做好考评工作的基础在于扎扎实实做好各项工作,把基础打牢、把工作落实。但是我们也要高度关注类似于材料、数据报送等具体工作。近年来,我们一些地方多次因为报数据的时候没有严格把关,导致年底算账的时候出现不可补救的后果。督导室、规建科、财审科要指导各地实事求是,严谨细致地报送各类数据,严格按照时间节点和任务要求报送材料、上传台账,加强审核把关,确保材料数据不出纰漏。**三要坚持"埋头苦干"与"抬头看路"相结合。**　一方面,要认真对照考评方案和评分细则,督促各地紧紧围绕公办幼儿园在园人数占比、"大班额"化解、职普比相当、教育城域网覆盖、师资队伍建设等重要指标性任务,加大投入,强化举措,查漏补缺,埋头苦干抓落实;另一方面,要全方位、全时段加强与省厅沟通衔接,定期邀请省厅专家来现场指导、授课,经常到省厅沟通汇报工作,增进领导对抚州工作的了解,争取获得领导的重视和支持,确保考评工作沟通顺畅、衔接到位。

5.要不断擦亮抚州教育品牌

千年才乡铸就千年辉煌。抚州教育能够取得今天的成绩,主要得益于我们始终坚持高举旗帜、创先争优,不断巩固创造新的发展优势。我们要始终高举"才子之乡、教育之乡"旗帜,在新起点谋划新发展,在新时代创造新辉煌,不断丰富抚州教育品牌内涵,打造品牌特色,奋力攀登抚州教育新的高峰。

一要打造全国基础教育名城。　现代的抚州,延续了崇文重教的好传统,基础教育兴盛,教育质量闻名全国,来自全国各地的学校都来抚州学习考察,抚州正在朝着建设全国基础教育名城努力奋进。要打造内涵更加丰富、实力更加雄厚、影响力和辐射面更强的教育名城,需要我们传承发扬优势,大力实施基础教育领跑工程,狠抓教育质量,巩固高考优势,推进百花齐放,丰富办学内涵,推动多样发展,让抚州教育这面旗帜永远在江西、在中国的上空高高飘扬。

二要打造美好抚州教育高地。　我们提出,到2025年,全市教育基础性制度体系建立健全,形成充满活力、富有效率、更加开放、全面支撑高质量发展的教育体制机制,教育结构布局更加合理,公办民办共同发展,教育品牌持续提升,服务经济社会能力显著增强,努力打造校园书香浓郁、学生健康成长、教师职业幸福、人民群众满意、服务社会进步的"美好抚州教育"。希望大家围绕实现这一愿景,认真研究,强化责任担当,抓好贯彻落实。

三要争做新高考改革领跑者。 高考是抚州教育品牌最重要的内涵之一,也是人民群众最为关心的教育话题之一,承载着千万家庭的梦想与期盼。我市高考成绩连续十多年保持全省领先,在江西教育史上书写了浓墨重彩的篇章。一方面,我们要巩固发扬传统优势,坚定不移地推进名校领跑、县区百花齐放战略,进一步夯实办学基础,提升教学质量,狠抓高考成绩,带动全市高考再创辉煌;另一方面,策应新高考制度改革,要进一步理清改革思路,做好顶层设计,充分借鉴浙江、上海、广东的好做法、好经验,在新课程设计、走班选课教学、重构学校管理等方面科学谋划、提前布局,力争在新高考竞争中占据"C 位"。要跟踪做好高校自主招生对接工作,大力开展学科竞赛,提升抚州自主招生录取名牌大学比例,争做新高考改革的排头兵。

四要争做多元内涵发展旗手。 近年来,我们欣喜地看到绝大部分的学校内涵发展、多元发展丰富多彩,研学实践教育、戏曲进校园等具有抚州特色的工作蓬勃开展,展现了良好的精神面貌。但是我们部分市直学校长期对校园文化不太重视,学校文化氛围不浓厚。前几天我还陪同有关专家到临川一中调研,希望为学校量身打造具有特色的校园文化,希望有关学校高度重视,尽快改变现状。我们要始终坚持走多元内涵发展道路,大力实施多样化办学战略,引领学校走多样化、特色化、国际化、现代化办学之路。要大力实施校园文化建设"八个一"工程,让学校充满人文气息,积极打造文化特色校园。要鼓励学校开设音乐、美术、体育、竞赛等特长班,广泛开展第二课堂活动,根据学生的兴趣特长开发绘画、摄影、戏剧、表演、研学等特色教程,既引导学生个性发展,又为高考铺就道路,闯出一条输送优秀学生进入国内外名牌大学的新路。

（本文系 2019 年 10 月为抚州市直教育系统领导干部上"不忘初心、牢记使命"专题党课摘要）

在优先发展中擦亮教育品牌

近年来,我们坚持以习近平新时代中国特色社会主义思想为指导,始终把教育事业放在优先位置,围绕建设全国基础教育名城和教育强市目标,大力实施科教兴市、人才强市战略,推动教育均衡协调发展,率先在全省高标准实现全域基本均衡,使才乡教育品牌更加响亮。

提高政治站位,坚决履行教育职责。 坚持以习近平总书记对教育工作的重要论述为指导,认真履行党政领导抓教育工作职责,牢固树立"抓教育就是抓未来、兴教育就是兴抚州"理念,形成"党政重教、部门支教、全民兴教"的良好氛围。坚持党对教育工作的领导,全市1798所学校实现党组织全覆盖,建立了市县领导挂点联系高校和中小学校党建工作制度,确保社会主义办学方向。全面贯彻党的教育方针,落实立德树人根本任务,落细社会主义核心价值观进校园、进课堂、进师生,培养有理想、有本领、有担当的时代新人。大力推进中小学校党建创新,制定《关于加强中小学校党建工作的实施意见》,培育形成临川教育集团学校"把支部建在年级上"、金溪二中"党爸党妈"等10个中小学校党建新模式,全市中小学校基层党组织日益规范化,党员教师先锋模范引领作用更加凸显。抚州中小学校党建创新经验分别在《江西日报》《中国教育报》头版头条刊载。

强化战略设计,大力推进教育优先。 坚持"办教育怎么投入都不过分",把加大有效投入作为推进教育优先发展的"牛鼻子",落实"三个优先"发展战略。**一是规划建设优先安排教育。** 制定市中心城区中小学校及幼儿园布局规划(2017—2030),每年安排新建改造一批学校,分步建立教育机会公平、空间布局合理、办学效益优越、适应长远发展的中小学教育体系。将教育行政部门列入规委会成员单位,未按要求规划教育配套的不予通过,不按要求建好教育设施的不予验收。**二是财政投入优先保障教育。** 严格落实教育投入"三个增长""两个占比"要求,"十二五"时期,全市教育经费年均增长 21.5%,远高于同期财政一般预算收入增长。2017 年全市教育经费总投入达 72.24 亿元,公共财政教育支出比财政经常性收入增长高 1.15 个百分点,用"真金白银"筑牢教育发展基础。**三是资源配置优先满足教育。** 以项目建设为抓手,推进教育供给侧结构性改革,2017 年全市新建成中小学校 20 所,改扩建学校 400 多所,新增校舍 55 万多平方米、运动场馆 45 万多平方米,建成功能教室 658 间,新增学位 2 万多个,优先发展态势强劲。

聚焦优质均衡,努力实现教育公平。 把"公平而有质量"的教育作为最大追求,以乡村振兴和义务教育城乡一体化为统领,按照"四个统一"和"两免一补"全覆盖要求,推动义务教育向优质均衡迈进。**一是统筹城乡义务教育。** 在农村瞄准"标准化",近三年投入 20 多亿元实施农村义务教育学校标准化建设、薄弱学校改造等十大重点工程,惠及 1 400 多所农村中小学校。在城镇紧盯"大班额",市县两级每年实施城区教育重点项目 40 余个,年度投资保持在 15 亿元以上,不断增加学位总量,确保实现 2018 年消除"超大班额"、2020 年消除"大班额"目标。**二是深化教育体制改革。** 以教育"两区建设"为主战场,义务教育校长教师交流轮岗、"千名教师访万家"、教师资格定期注册等改革工作走在全省前列;精心打造 80 多个教育联盟,形成城乡互动、资源共享、优势互补的教育新格局;《抚州中小学教育质量综合评价改革实验报告》正式出炉,44 项基础教育综合改革课题开花结果,抚州首获全国教育创新优秀奖。**三是加大教育扶贫力度。** 健全留守儿童关爱和特殊群体保障机制,完善从幼儿园到大学全覆盖教育资助体系。至 5 月底,全市建档立卡贫困家庭学生 31 098 人全部享受资助,发放资助金 2 191 万元,为困难家庭带来更多教育实惠。

加快补齐短板,全面提升教育实力。 下力气补齐短板,协调发展各类教育,在更高层面提升抚州教育品牌整体实力:**一是高等教育提质升级。** 崇仁师范学校成功升格为抚州幼儿师范高等专科学校,新校区正式启用;中医药高专升本建院、抚州职业技术学院发展提升稳步推进;南昌大学抚州医学院独立办学取得重大突破;积极引进汤显祖艺术传媒职业学院等高校在抚落地。**二是职业教育融合对接。** 大力推进学校与园区对接、专业与产业对接、课程与职业对接、教学与生产对接,把学校建在企业中、把教室建在车间里,推动建立与经济社会发展相适应的现代职业教育体系。目前,职业学校与 159 家园区企业建立合作关系,让学生招得进、稳得住、学得好、能就业。**三是学前教育普及普惠。** 2017 年,新建乡镇中心幼儿园 36 所,南城、南丰、金溪、广昌等县"一乡一园"建设任务基本完成,2018 年底可全面完成 153 个乡镇中心幼儿园建设任务;全市普惠性幼儿园达 345 所,群众拥有更多实惠选择。**四是素质教育蓬勃开展。** 在全市中小学校开展研学实践教育,10 万多名市内外中小学生参与;"戏曲进校园"全面铺开;交替举办中小学生艺术节、中小学体育运动会,每年举办校园足球联赛等活动,促进学生身心全面发展。

(本文系 2017 年 10 月接受中央媒体采访摘要)

铸魂育人守初心，办好教育担使命

——学习习近平总书记教育重要论述的几点体会

党的十八大以来，以习近平同志为核心的党中央高度重视教育工作，对教育的历史定位、教育的根本任务、中国教育的本质、中国教育怎么办、党的领导是办好教育最根本的保证、重视教师在教育发展中的决定性作用等方面提出一系列富有创见的新理念、新思想、新观点，系统地回答了一系列方向性、全局性、战略性重大问题。这标志着我们党对教育规律的认识达到了新的高度，为新时代中国特色社会主义教育指明了方向，提供了根本遵循。作为一名教育工作者，经过集中学习，我对习近平总书记教育重要论述有了更深刻的理解，进一步坚定了铸魂育人的初心，强化了办好教育的使命。

必须坚守"两个大计"的重要论断，全力推进教育优先发展。 习近平总书记强调，教育是国之大计、党之大计，是民主振兴、社会进步的重要基石，是功在当代、利在千秋的德政工程，对提高人民综合素质、促进人的全面发展、增强中华民族创新创造活力、实现中华民族伟大复兴具有决定性意义。这一论述，把教育的重要性和战略地位提上了前所未有的高度，把教育与党和国家的前途命运紧密相连。抚州作为教育之乡，落实"两个大计"理应站位更高、眼光更远、行动更果断，加强党对教育工作的全面领导，把"两个大计"转化为历史自觉和责任担当，转化为推进教育优先发展的务实举措和生动实践。克服当前基层存在的上"先"下不"先"、口头"先"行动不"先"、账面"先"账下不"先"等思想作风的问题，坚持做到规划、投入、资源三个优先，力争到 2025 年全市学前三年毛入园率达 90%、普惠性幼儿园覆盖率达 85%、高中阶段毛入学率达 95%，接受中等职业教育人数达 6 万人，全日制本专科在校生达 6.5 万人，教育服务经济社会发展能力明显增强。

必须坚持立德树人的根本任务，努力把牢社会主义办学方向。习近平总书记强调，我国是中国共产党领导下的社会主义国家，这就决定了我们的教育必须把立德树人、培养社会主义建设者和接班人作为根本任务，决不能培养社会主义的破坏者和掘墓人，这是教育工作的根本任务和方向目标。教育系统广大干部和师生要牢固树立"四个意识"，坚定"四个自信"，坚决做到"两个维护"，不断提升思想政治素质，自觉在政治立场、政治方向、政治原则、政治道路上同党中央保持高度一致。要加强党对教育工作的全面领导，把抓好党建工作，确保社会主义办学方向作为办学治校"基本功"，把党的教育方针全面贯彻到学校工作的各个方面。要坚决破处唯分数、唯升学、唯文凭、唯论文、唯帽子的顽障痛疾，着力在坚定理想信念、厚植爱国情怀、加强品德修养、增长知识见识、培养奋斗精神、增强综合素质上下功夫，培养担当民族复兴大任的时代新人。

必须夯实教师为本的基础工程，着力加强"四有""四引"队伍建设。"国将兴，必贵师而重傅。"习近平总书记高度重视教师队伍建设，先后提出了"四有"好老师、"四个引路人""四个相统一"等一系列要求，为教师队伍建设指明了方向。多年的教育工作，让我深感一个人遇到好老师是多大的幸运；一个学校拥有好老师是多大的光荣，一个民族拥有源源不断的好老师，是这个民族发展的根本依靠、未来依托。抚州教育品牌的形成，很大程度上在于拥有一支高素质、专业化、讲奉献的教师队伍。要针对我市教师流失、队伍不稳、教师职业幸福感不强等问题，从战略上高度重视加强教师队伍建设，始终坚持党对教师工作的全面领导，确保教师队伍建设的政治方向，引导广大教师争做"四有"好老师，争当"四个引路人"。始终坚持把提升教师素质作为核心任务，坚持严管与厚爱相结合，着力打造一支师德高尚、业务精湛、结构合理、充满活力的才乡教师队伍。始终坚持倡导尊师重教，努力让教师成为最受尊敬、最令人向往的职业，改善教师待遇，关心教师福祉，支持优秀人才长期从教、终身从教，让尊师、爱师、敬师转化为全社会的自觉行动。

必须弘扬崇文重教的优良传统，奋力擦亮才子之乡教育品牌。习近平总书记强调，我国有独特的历史、独特的文化、独特的国情，教育必须坚定不移走自己的路。5 000多年的文明史,孕育了学无止境、有教无类、因材施教等深厚的教育思想。抚州更是因教育而兴盛、因诗书而闻达,成为我们最宝贵、最自豪的历史瑰宝、文化底蕴、千年文脉。我们将弘扬崇文重教的优良传统,发扬"苦中求乐、乐中问道、道中育才、才中培英"的抚州教育精神,进一步加大教育投入,促进教育公平,提升教育质量,丰富教育内涵,补齐学前教育、职业教育、高等教育的短板,全面推进教育高质量发展。进一步高举才子之乡、教育之乡旗帜,在新起点谋划新发展,在新时代创造新辉煌,不断巩固创造新的发展优势,争做新高考改革领跑者,争做多元内涵发展旗手,积极打造全国基础教育名城,努力打造校园书香浓郁、学生健康成长、教师职业幸福、人民群众满意、服务社会进步的"美好抚州教育"。

(本文系2019年9月学习习近平总书记关于教育重要论述的心得体会)

打造抚州教育升级版

一、抚州推进"两区"建设,优势在哪里?

2013 年 9 月,省政府批准同意设立抚州基础教育综合改革试验区,这是抚州承接的第一个省级教育战略。同年,抚州市被教育部批准为国家级中小学教育质量综合评价改革实验区,成为全国 30 个实验区之一。抚州市被中央和和省级部门批准开展"两区"建设,除了是闻名全国的"才子之乡"、"教育之乡"、每年高考屡创佳绩外,更有千年的教育积淀和人文优势作基础。抚州教育的特点,可以概括为:深厚的历史积淀、丰硕的教育成果、灵活的激励机制。

1.深厚的历史积淀

自宋代晏殊(抚州人)倡导大办教育开始,抚州教育因先辈而闻名。据《宋史》记载:"自五代以来,天下学校废,兴学自殊始。"晏殊高度重视书院的发展,大力扶持应天府书院,力邀范仲淹到书院讲学,培养了大批人才。抚州教育在先辈的引领下,名儒巨公,彬彬而出。

一是儒学书院遍布城乡。 唐天佑年间抚州有了第一所书院——慈竹书院,当时全国的书院屈指可数;北宋时期,江西建书院 39 所,抚州有 11 所,相当于全省的三分之一;南宋时期,全省建书院 161 所,抚州有 23 所。两宋至清末,抚州先后创建书院 157 所,数量和质量均居全国、全省前列,其中崇正书院、槐堂书屋、兴鲁书院、临汝书院、慈竹书院、江书院等享誉中外。大儒朱熹曾在崇正书院讲学,理学大家吴澄曾在临汝书院求学;陆九渊创办的槐堂书屋、曾巩创办的兴鲁书院、李觏创办的江书院等吸引了全国各地的名人、学子前来讲学、求学。

二是崇文尚学蔚然成风。 自古以来,抚州就有尊师重教的传统,教育昌隆,文风鼎盛,英才辈出,孕育了博大精深、辉煌灿烂的临川文化,与庐陵文化并称为赣文化两大支柱。唐宋八大家,江西有三大家,其中抚州就有两家;宋代江西共有进士5 442名,其中抚州有1 419人,占26%;清代江西共有进士1 787名,其中抚州有555名,占31%。两宋以来一千多年间,抚州涌现了晏殊、曾巩、乐史、王安石、陆九渊、汤显祖等一大批对中国历史文化有深远影响的名儒巨匠,孕育了舒同、游国恩、盛中国等一大批现代文化名人。

三是"四苦精神"代代传承。 长期以来,抚州教育以"四苦精神"闻名于世,"学生苦读、教师苦教、家长苦育、领导苦抓"曾经成为几代教育人的真实写照。"才子之乡""教育之乡"美誉的背后,是千万学子、教师、家长苦读、苦教、苦育的艰辛,是巨大的付出结成的硕果。今天,"四苦精神"已经成为临川文化的重要组成部分,成为抚州教育发展改革的共识,深深扎根于抚州400万人的思想意识之中。

2.丰硕的教育成果

抚州市基础教育为全省的基础教育改革和发展创造了许多鲜活经验。从现代抚州教育发展的历程来看,抚州教育能够经久不衰,最大的因素是在各级领导的大力支持下,教育部门始终抓住教育质量不放松,始终抓住办人民满意的教育这个灵魂,牢牢抓住教育发展中几次不可多得的机遇,始终抓住龙头高中来带动全市高中教育发展。

一是抓少科实验,以特色教育闻名全国。 20世纪80年代,抚州教育并不特别引人注目,亮点不多,考入北大、清华的学生星星点点。为寻找突破口,抚州一中率先推出少科班的实验,一举获得重大突破。临川一中、临川二中同时跟进。抚州共输送少年班大学生224名,约占全国少年班大学生总量的10%。抚州一中一年考取15个少年大学生闻名全国,一时成为省内外街头巷尾的佳话。

二是抓精英教育,以学科竞赛闻名全国。 20世纪90年代,学科竞赛一时成为学生升入高校的一张名片,许多学校纷纷开办学科竞赛实验班,数理化生信息技术等学科竞赛一时吸引了大批尖子生,抚州各高中学校紧紧抓住这一契机,从初中开始便大张旗鼓开展学科竞赛,竞赛获奖信息纷至沓来。10 年中,全省 39 次学科竞赛颁奖活动就有 20 次在抚州举行,影响巨大。

三是抓清华、北大,以高考成绩闻名全国。 进入 2000 年,随着社会经济的快速发展,从中央到地方越来越重视培养德智体美劳全面发展的人才,过度的学科竞赛导致不少优秀学生成为"拐子马",不利人才全面健康成长,同时学科竞赛逐步退出高考市场。抚州人敏锐地抓住教育改革发展的新信息,及时推出"分类管理、分层教学、因材施教"的新教改模式,根据学生素质分层次、有针对性地进行教学,使学生在能力可接受的范围内更好地完成学习任务;尤其是自 2002 年抚州市实施"高中龙头带动"战略、组建临川教育集团以来,抚州高中教育一飞冲天,获得了飞跃式发展,考入清华、北大人数和一本、二本上线人数全面增加,高考年年创造辉煌。恢复高考以来,抚州向全国高等院校输送优秀学生 40 万多名,仅 2004 年以来的 10 年间,抚州就向高等院校输送优秀学生 23.4 万多名,其中本科以上学生 13.2 万名。十年来,抚州录取清华、北大学生人数占全省的32.7%;尤其是"十一五"期间,全市录取清华、北大学生人数占全省总量的35.76%。2007 年以来,临川教育集团三所学校共接待4 000 多批次、3 万多名政府官员、教育专家、学者、教师前来考察交流学习。人民网、新华网、凤凰网、中国青年报、教育报等媒体作了大量宣传报道。抚州才子遍布世界,目前仅在美国攻读博士学位的就有 2 000 多人,在北京、上海、广州等大城市的医学专家就有 1 000 多人。

3.灵活的激励机制

多年来,市委、市政府牢固树立抓教育就是抓发展、就是抓未来、就是抓核心竞争力的理念,坚持以提高教育质量、增加优质教育资源供给、促进教育公平为重点,从政策保障、经费投入、人才激励、督导奖惩四方面入手,形成一套支持教育科学发展的良好机制。

一是全面支持的政策保障机制。 抚州以"人人能上学,人人上好学"为目标,始终履行政府教育职责,把教育作为落实科学发展观的重大实践,作为最大的民生工程来抓,既立足当前解决突出问题、满足现实需要,又着眼于未来,建立教育发展责任体系,实行教育发展市长负责制,完善教育督导评估和奖惩制度。教育经费优先保障、教育硬件建设优先安排、教师编制待遇优先落实、城乡教育优先统筹,努力消除实现教育公平的体制机制障碍。着力促进教育公平,推进硬件建设标准化,缩小城乡之间、学校之间的办学差距推进教育质量标准化,使每一个学生享有平等、优质的教育;促进教育编制、待遇标准化,使每一位教师享有充分的权益保障;促进教育资源配置的标准化,努力实现学校之间师资水平的基本均衡;促进教育人才的合理流动,努力激发教师的工作激情。

二是优先扶持的经费投入机制。 抚州属于欠发达地区,财政状况并不宽裕,但始终坚持"穷市办大教育",以教育大投入促进教育大发展,无论压力有多大,都毫不动摇地全面落实《中华人民共和国教育法》规定的"三个增长"要求,优先保障教育投入,采取财政拨款、土地出让或置换、资产整合、信贷融资、群众捐资等方式筹措建设资金,大力实施中小学校园建设各类工程。"十一五"以来,抚州市教育经费投入年均增长 25% 以上。

三是优先厚待的人才激励机制。 着眼优先师资、厚待教师,每年从全国引进高素质人才和公开择优招聘优秀高校毕业生 1 200 多人,充实教师队伍;积极为教师提供优厚待遇,市政府为临川一中、二中批准教工公租房用地,所有教师均可以低廉的租金长期使用,同时在农村中小学校积极推动教工公租房建设;组织教师积极参加各类继续教育活动,为教师提供成长和发展的平台。

四是教育发展督导评估和奖惩机制。 市委、市政府每年对各县、区教育工作进行督导和评估,对县、区党政领导教育责任落实、经费保障、教育改革、教学质量、师资队伍建设进行全面的督查和评估,评估结果向社会公布。对做得好的予以奖励,对做得不好的实行严厉问责,并要求限期整改。

二、"两区"建设的重点工作

今年是基础教育综合改革试验区建设的第一年。万事开头难,开好头、起好步非常重要。我们制定了《抚州市基础教育综合改革试验区建设实施方案》,召开了专题会议进行工作部署,将改革任务分解成 44 个课题,按照"项目化、时间表、责任人"的要求,细化内容、明确目标、落实责任、强化措施,有计划、分步骤地积极推进。今年的工作重点有 6 个方面:

一是积极推进义务教育学校校长教师交流轮岗制度改革。 确定在金溪、东乡县先行试点,根据上级文件精神,结合实际制定试点工作方案,按照"先易后难,制度引导,待遇鼓励,重在实效"的基本思路,通过转变教师身份、推进集团办学、提高农村教师待遇、建立城乡校长教师交流机制等多种办法,推进校长教师交流轮岗。

二是积极开展示范性学校创建活动。 市教改领导小组印发了《抚州市普通中小学校示范性创建方案》,明确从今年开始开展 6 个层次的示范性学校创建活动,每 2 年进行一次市级评审,每 3 年进行一次复评,创建成绩纳入市政府对县(区)政府的教育综合考评范畴,力求通过创建活动推动学校达标升级,提升办学水平,推进全市教育均衡发展步伐。

三是积极推进考试招生制度改革。 经省教育厅批准,从今年开始,我市实行中考自主命题。目前,市局已制定改革方案,进行了广泛调研,各项准备工作基本就绪。改革的核心内容是,积极探索符合政策精神、体现综合评价要求、反映素质教育成果、与高考制度改革相衔接的中考科目和命题机制。

四是积极推进中小学教育质量综合评价改革。 根据教育部安排部署,我市作为全国 30 个实验区之一,先行探索开展中小学教育质量综合评价工作。目前,市里已制定初步方案,确定在县(区)和学校试点的基础上,逐步推开。

五是探索建立集团办学机制。 确定在东乡、金溪、南丰、广昌先行试点,探索以县城优质学校为龙头,以薄弱学校和农村学校为成员,按照"政府主导、学校牵头、自愿参与、统筹发展"的原则,采取合作帮扶、托管、兼并等多种形式组建学校发展集团,通过集团办学破解难点、疑点问题,力争今年起步,明年运行。

六是探索建立临川教育集团学校帮扶发展机制。 以临川一中、临川二中、抚州一中为龙头,以县(区)高中学校为成员,按照"积极引导,自愿参与,自由组合、优势互补、龙头引领、共同发展"的原则,建立市县(区)高中学校共同发展机制,重点在教师培训、教学对接、资源共享、课程统筹、科研联合、师生互动等方面进行合作交流。

三、"两区"建设推进情况及成效

"两区"建设时间紧、任务重,工作纷繁复杂,我们必须凝心聚力,以只争朝夕的工作激情马不停蹄地做好每一项工作,目前进展顺利。

一是工程建设全面启动。 制定了《抚州市基础教育综合改革试验区建设实施方案》,将改革任务分解成44个课题,确定了改革的目标、任务和要求。成立了领导小组,强化了组织领导和协调统筹机制。召开了专题会议,明确了任务和责任要求。围绕基础教育综合改革试验区建设,将6项重点工作和难点问题分解为30个重点调研课题,全局领导干部深入一线、深入学校、深入基层,广泛调查研究,解剖"麻雀",发现问题,梳理矛盾,问计对策,总结典型,探索出路,形成独立的调研报告,用以指导教育改革实践。

二是中考制度改革顺利推进。 根据审定方案要求,从2014年开始,中考由我市自主命题制卷。坚持科学导向、积极稳妥、分步推进的原则,围绕推进中小学课程改革、减轻学生课业负担、推进素质教育、培养学生创新精神和实践能力的要求,适当调减部分科目的权重和中考总分,适当降低试题难度。加大了宣传力度,通过电视、广播、墙报、网站等多种形式对有关政策规定进行广泛宣传、深入解读,使考生及家长全面了解中考招生政策,营造有利于推进中招改革的良好氛围。今年全市中考首次采用自主命题试卷,考试工作顺利完成,社会反响良好。

三是高中多样化特色正在形成。 研究制定了《抚州市推进普通高中特色发展工作方案》,引导普通高中多样化、特色化发展。鼓励普通高中结合自身办学情况,积极探索学科创新高中、普职融通高中、艺术特色高中、国际合作高中等特色发展模式,逐步形成高中教育多样化、特色化发展的格局。资溪一中普职融合、崇仁二中艺术教育、东乡实验中学书法教育、临川一中高效课堂快乐课堂和美术教育建设的试验工作取得成功。抚州一中与江西教育国际合作中心正式签约,抚州区域内的考生在抚州一中参加完 GAC 国际课程后,可在该校考点直接参加美国"高考"。临川一中、临川二中中外合作高中学历教育项目也在实施当中;临川一中与黎川一中开展了结对对口帮扶。

四是中小学课程改革成果丰硕。 金溪二中"315"课堂教学改革模式已在全省推广;"英语电影吧"和"电影分级教程"课程教学改革正在临川第五小学、金溪实验小学等校实验;廉文化教育作为主体课改计划正在抚州市实验学校、广昌县实验小学全面实施;书法教育一校一品计划正在东乡县中小学校全面推进。抚州一中、临川二中"二四制"(初中 2 年、高中 4 年)改革模式正在积极探索,全市中小学课程改革呈现出百花齐放的良好态势。

五是学前教育健康发展。 积极开展学前教育研究成果交流。国家级课题"幼儿园早期阅读指导策略的实践研究"结题会在抚州举行,对幼儿园拓展教育思路,促进阅读引领幼儿全面发展具有指导启发作用。积极做好学前教育专项资金申报工作。争取农村闲置校舍项目 292 个、资金 6 173.28 万元,获得省农村学前教育专项资金 3 243 万元。

六是标准化建设扎实推进。 推动《推进农村义务教育学校标准化建设工程定点联系制度》和《抚州市农村义务教育标准化建设工程绩效考评方案》项目实施。崇仁师范学校新校区、市保育院新园区建设等重大工程已经完成图纸设计、征地拆迁、工程招投标等各项前期工作。一切准备就绪,择日破土动工。市中心城区重点推进的 92 个惠民工程项目之一的抚州一中改造扩建工程建设进展顺利。

七是教辅产品好评如潮。 市教育局选拔 9 个大学科 10 名特级教师或学科带头人担任主编,组织全市高三一线把关教师,组织编写《揭秘高考总复习》《直击高考总复习》在全国发行,产生积极影响,受到好评。创编《廉洁修身教育》地方教材,通过中纪委方正出版社公开发行,获得中纪委、中宣部、教育部的好评。编写《抚州市中等学校招生考试学科说明及样卷》,在江西人民出版社出版,通过新华书店顺利发放 25 800 多份,产生良好效应。

八是质量评价改革顺利推进。 下发了《抚州市中小学教育质量综合评价改革实施方案》,建立体现素质教育要求、以学生发展为核心、科学多元的中小学教育质量评价制度,切实扭转单纯以学生专业考试成绩和学校升学率评价中小学教育质量的倾向,促进学生全面发展、健康成长。转变教育发展观念,减负放权,积极服务学校,服务教师、服务学生。组织研制了质量监测试卷,确保期末教学质量监测顺利进行。

九是职业教育联盟组建工作稳步推进。 下发了《关于组建抚州职业教育联盟调研工作的通知》《关于组建抚州职业教育联盟调研报告暨实施方案》等文件,明确了"资源共享、合力招生、专业共建、共同发展"的联盟目标,确立了"经费统筹、招生统筹、专业统筹、师资统筹、教学统筹、就业统筹"的联盟模式。

十是督导机制逐步健全。 成立抚州市人民政府教育督导委员会,根据《教育督导条例》相关规定,聘任 5 位同志为第一届市督学,为全面落实督政、督学和质量评估监测"三位一体"的督导体系,构建综合督导、专项督导和经常性督导相结合的督导工作机制提供了领导保障,也标志着我市教育督导工作迈上了新台阶。

四、推进"两区"建设,机遇与挑战并存,机遇在哪里? 压力有多大?

重大机遇。 作为全省基础教育综合改革试验区,推进"两区"建设是抚州教育承担的第一个全省战略,体现了省委、省政府和省教育厅对抚州教育的高度重视、充分信任和亲切关怀,体现了市委、市政府的高瞻远瞩、高屋建瓴和审时度势,凝聚了全市教育工作者的智慧与汗水,是抚州教育发展的一次难得的机遇,对抚州教育改革发展具有里程碑式的意义。我们一定全面把握机遇,迅速把思想和行动统一到上级决策上来,以强烈的使命意识、责任意识和担当意识,坚定改革信心,把握改革方向,凝聚改革共识,攻坚破难,科学有序地推进基础教育综合改革试验区建设,全面深化教育领域的综合改革。

任务艰巨。 基础教育综合改革试验区建设任务艰巨,困难不少。"基础教育综合改革"是国家推进发展素质教育的一项重大战略。其主要任务是:创新中小学德育工作方式、发展特殊群体教育、探索学校集团化办学、探索多样化特色办学模式、加快建立现代学校制度、深化教育教学改革、完善多元化办学机制、推进考试招生制度改革、建立教育质量监测评价机制、创新教师队伍管理机制、优化教育资源配置、提升教育服务功能共 12 个方面 44 个子项目。基本要求主要包括 6 个方面：坚持把促进学生全面发展、健康成长作为改革的出发点和落脚点，坚持把转变教育发展方式作为改革的重要着力点，坚持把解决群众关心的热点难点问题作为重要突破口，坚持把完善体制机制作为改革的重要基础工作，坚持把不断加大投入作为保证改革顺利推进的物质保证，坚持把统筹兼顾、协调推进作为改革的重要方法。

压力很大。 一是改革任务重。抚州市基础教育综合改革试验区建设的主要任务有 12 个方面共计 44 多个子项目，需要各级政府、教育管理部门、学校共同推进，要求五年之内必须完成并接受教育部验收，改革时间紧，发展任务重。二是改革攻坚难。改革打破常规，打破原有利益格局，要顺利推进，确实不易。以义务教育校长教师交流轮岗为例，还没有全面落实"以县为主"管理体制，教育部门不能直接任免校长，也不能调配老师。今年省里把中考命题制卷权下放我市，题目难易度、题型变化、分值安排与中考学生切身利益相关，必须认真把握。改革已箭在弦上，势在必行，但都是难啃的"硬骨头"，攻坚难度很大。三是改革意识弱。不少人心中有想法，害怕打破原有格局，怕担风险，怕捅娄子，工作畏首畏尾，主动参与改革、支持改革的意愿不强，谋划改革、推进改革的措施不多，这些都会对我市教育改革发展造成不利影响。

五、面对挑战，如何攻坚破难、勇闯新路？

如何迎接挑战、破解难题？我们的总体思路是："戴正帽子，探索路子，建好机制，争取票子，擦亮牌子。"贯彻这一总体要求，坚持点线面结合，加强改革的关联性、系统性、可行性研究，把综合改革与单项改革结合起来，把人才培养模式改革与体制机制改革结合起来，统筹推进各项改革。牢牢把握改革的主动权，在改革中加快发展，在发展中深化改革。尊重群众首创精神，充分调动基层和学校的改革积极性,鼓励摸着石头过河,引导基层积极探索,努力增强教育活力。正确处理改革、发展与稳定的关系,切实把握改革的方法步骤,积极稳妥有效地推进改革。

以大兴学习交流、调查研究、勤政为民、清正廉洁之风为推手优化教育改革环境。 年初,我们研究下发了《关于在全市教育系统深入开展大兴学习交流之风、调查研究之风、勤政为民之风、清正廉洁之风活动的实施方案》。要求全市教育系统干部职工,全市各级各类学校教师,高举中国特色社会主义伟大旗帜,以习近平新时代中国特色社会主义思想为指导,围绕主攻"两区"建设,以大兴学习交流之风、调查研究之风、勤政为民之风、清正廉洁之风为主要内容,通过开展系列活动,切实转变工作作风,使全市教育系统学习交流蔚然成风、调查研究深入开展、为民意识显著提升、干部作风明显转变、事业发展持续进步、行业风气清正廉洁,不断凝聚推进教育改革的强大动力。

以党的群众路线教育实践活动为动力推进基础教育综合改革。 以为民务实清廉为主题,围绕"照镜子、正衣冠、洗洗澡、治治病"的总要求,扎实开展党的群众路线教育实践活动,通过学习教育、查摆问题、整改落实、建章立制等工作,实现党员干部作风有明显转变,党群干群关系有明显改善,为民务实清廉形象进一步树立,基层基础进一步夯实,教育品牌形象有明显提升,教育事业发展有明显进步。在教育实践活动中开展"四项品牌"大提升活动,即全力打造"五民一建"工作品牌,机关干部社区报到工作品牌、基层服务型党组织建设工作品牌,"政策直通车、民情监测点"工作品牌。把教育实践活动与基础教育综合改革试验区建设紧密结合起来,通过学习教育提升认识,克服畏难情绪,提振担当精神,扫清改革发展过程中的思想障碍;通过查摆问题、落实整改,教育综合改革环境进一步优化;通过开展批评与自我批评,全市教育系统党员干部攻坚破难的合力、化解矛盾的能力进一步增强。

以推进教育优先均衡协调发展为抓手提高教育科学发展水平。 在优先发展中加快发展,在均衡发展中全面发展,在协调发展中提升发展,努力提高教育科学发展水平。一是推进教育优先发展。保证经济社会发展规划优先安排教育发展,财政资金优先保障教育投入,公共资源优先满足教育和人力资源开发需要。二是推进教育均衡发展。把推进义务教育均衡发展作为深化教育改革的重点领域和关键环节,落实项目资金投入,强化力量摆布,加快工作步伐。突出硬件均衡,坚持自下而上和自上而下相结合,大力实施学校标准化建设和薄弱学校改造工程,搞好规划布局,统筹区域层次进程,提高资金使用效果,使每所学校和教学点都能达到办学标准。抓好软件均衡,以教师均衡为突破口,全面开齐开足课程。以规范办学行为为抓手,减轻课业负担,引导就近入学,推进小班化教学。以示范性学校创建活动为载体,推动学校达标升级,提高办学水平。三是推进教育协调发展。按照"保基本、补短板、促公平"的要求,推动全市教育协调发展。重点抓好县城公办幼儿园、乡镇中心幼儿园、小区配套幼儿园和村级幼儿园(班)建设,发展一批层次较高的民办幼儿园,整治提升一批民间幼儿园,坚决取缔一批无证幼儿园。推进残疾儿童少年义务教育普及,实施国家特殊教育重点项目,加强普通学校特殊教育资源(中心)建设,改善特殊教育学校办学条件。推进高中多样化办学,坚定不移地狠抓教育质量,擦亮抚州高中教育的金字招牌。加快构建现代职业教育体系,积极探索面向市场、面向发展、面向未来的办学路径,着力抓好办学理念与市场导向、专业设置与产业需求、课程内容与职业标准、教学过程与生产过程的对接,努力在产教融合、职普沟通、中高职衔接、行业企业参与、"双证书"制度、提升技能人才地位等方面取得突破,不断提高职业教育的吸引力。

六、"两区"建设完成后,抚州教育将达到一个什么样的水平?

根据抚州市基础教育综合改革试验区建设的"时间表"和"路线图",基础教育综合改革我们将分两个阶段实施。第一阶段是 2014 年至 2015 年。到 2015 年,全市学前一年毛入园率达到 85%以上,学前两年毛入园率达到 70%,学前三年毛入园率 60%以上;义务教育巩固率达到 93%以上;高中阶段毛入学率达到 87%以上。第二阶段是 2016 年至 2020 年,这一阶段为全面实施并取得决定性成果阶段。经过 5 年的努力,学前教育基本普及,义务教育办学设施、师资力量和管理水平基本均衡,普通高中教育特色鲜明,中小学标准化、信息化、现代化基本实现,城乡居民子女普遍享受优质教育,为实现幸福抚州奋斗目标提供人才支持和智力贡献。到 2020 年,学前一年毛入园率达到 95% 以上,学前两年毛入园率达到 82% 以上,学前三年毛入园率 72% 以上;义务教育巩固率达到 96% 以上;高中阶段毛入学率达到 95% 以上。抚州教育名片将增加"教育科学发展的先行区,体制机制改革的创新区,优质高中教育的示范区,服务经济社会发展的先导区"新的内涵,抚州将逐步建成全省领先、全国知名的基础教育名城。

（本文系 2014 年 7 月接受省教育期刊社记者采访摘要）

改革创新激活力　创先争优促发展

近年来,抚州市教育系统坚持以改革创新为动力,全面开展创先争优活动,教育运行活力不断增强,基础教育改革、中小学党建、语言文字、文明校园创建、家校社同创等多项工作走在全省前列,在全省率先实现县域义务教育全域均衡,教育部"迎接十九大,教育看变化"采访团对抚州进行系列报道,教育高质量发展态势明显。

一、深化综合改革,增强教育发展活力

教育部将抚州列入全国 30 个"国家中小学教育质量综合评价改革实验区",省政府批准设立抚州基础教育综合改革试验区,纳入了赣南原中央苏区振兴发展重点平台建设。先后下发了《关于深化教育改革推进发展升级的实施意见》,制定了《抚州市中小学教育质量综合评价改革实验方案》等 6 个改革指导性文件,形成了"1+6"的教育改革路线图,各项改革有序推进,省级基础教育综合改革试验区建设成果正式落地,校长、教师交流轮岗等 44 项改革课题开花结果。

一是中小学党建创新树标。 深入发掘临川教育集团学校"把支部建在年级学科组织上"、抚州实验学校"党建+礼廉教育"、金溪二中"党建联盟"和"党员爸爸妈妈关爱留守儿童"、南城二中"党员教师帮扶困难学生六个一"等 10 个学校党建新模式。通过"典型引路、抓点带面、制度固化"三大举措,选择市直、临川、金溪、广昌等地学校作为试点,将 10 个典型经验综合植入试点学校,开展先行先试,分级分类实验,探索形成具有抚州特色的"党建+中小学教育"模式。

2017年,《江西日报》三次深入抚州实地采访,头版头条发表《成风化人 润物无声——抚州市创新中小学校党建工作的探索》长篇纪实报道,《把党建转化为现实教育力—抚州市中小学党建创新纪实》在《人民教育》杂志刊载,临川区教育党建工作同时在江西日报头版报道,形成了江西教育党建抚州样板。下发《关于加强全市中小学校党的建设工作的实施意见》,在全省率先成立了市高校思想政治工作领导小组,建立了市领导挂点联系高校制度,思想政治和意识形态工作进一步加强。

二是转型升级成效显著。 抢抓鼓励社会资本进入社会事业领域的机遇,学习借鉴外地经验,整合优质教育资源,引入民办教育机制,盘活教育存量,扩大教育增量,推动集团学校转型升级。通过科学确定办学规模,财政足额保障投入,严格规范办学行为等举措,做强做优抚州一中、临川一中、临川二中三所公办学校,临川一中、临川二中蝉联"全国百强中学";采取"名校带民校"的形式,由公办学校相对控股32%(其中无形资产占15%~16%),通过市场运作、公平竞争,引进11家社会法人,吸纳社会资金16.38亿元,共同举办3所"五独立"的混合所有制民办学校,规划建设用地1123亩,总建筑面积200万平方米,新增优质学位2.4万个,实现经济、社会效益双赢,教育质量迅速提升,有效满足了人民群众的多样化教育需求。

三是就近入学彰显公平。 全面推行义务教育就近入学政策,市属公办学校全部采取就近划片与电脑随机派位相结合的方式招生,通过抚州电视台现场直播,人大代表、政协委员、新闻媒体全程监督,市公证处全程公证,家长代表现场按键操作,近四年,先后有3254名学生通过电脑摇号派位进入市属公办学校就读。市委常委会、市政府常务会议出台了"零择校"七条禁令。公办学校高中没有违规招收一个择校生,"小升初"实现了"零择校""零条子",群众满意,社会点赞。

四是交流轮岗成为样板。 2014年,金溪、东乡两县在全省率先试点义务教育校长教师交流轮岗,金溪县成为全省校长教师交流轮岗样板。2016年,交流轮岗工作在全市范围铺开。2018年,除1710名新招录教师到农村一线工作外,全市1650名校长教师通过交流轮岗奔赴农村教学第一线,开辟了城乡教育均衡发展的新路径。

五是综合评价步步深入。 着力探索,从品德发展、学业发展、身心发展、兴趣特长养成、学业负担状况 5 个维度 20 个核心指标开展实验性测评。与知名科技公司合作,选派专业技术人员赴全市 200 多所样本学校、1 350 个样本班定点指导测评,顺利完成了多轮综合测评,形成了科学测评报告,向教育部、省教育厅报告了我市实验成果。2018 年全市 13.6 万名学生参加全样本测评,综合评价改革成果融入招考改革和教学日常,有效提升了教育质量。

六是示范创建全面铺开。 广泛开展示范性学校创建活动,88 所学校被评为全市示范性学校,强化了基层政府的教育职能,推进了学校标准化建设,形成了比学赶超的创建热潮。全面实施"五名工程",全力打造一批名学校、名校长、名班主任、名教师、名课例,不断丰富示范性学校创建内涵。临川一中分层教学、抚州一中六年一贯制实验教学改革、金溪二中"315 自主探究课堂"、市实验学校情景教学、东乡三中"校中建家"管理等模式效果良好。各级学校开发校本教材800 多种,学校"一校一品""一校一本"呈现百花齐放的良好态势。

二、转变发展方式,推动教育转型升级

立足"两区"建设,在优先发展中加快发展,在均衡发展中全面发展,在协调发展中提升发展,全力打造抚州教育"升级版"。

一是典型引路,推动优先发展。 制定出台《抚州市中心城区中小学及幼儿园布局规划》,确定到 2021 年,投入 33.7 亿元新建、改扩建 43 所中小学校。2019 年安排教育重点项目 48 个,其中市中心城区 14 个,总投资 53.9 亿元。崇仁师范学校新校区、抚州一中改造提升等有序推进,临川二中三期工程、高新一小改造、市保育院新园区、临川区第一实验学校、梦湖学校、伟星小学等已正式投入使用。南城、南丰、金溪等各县(区)不甘落后,积极筹措资金,拿出最好的地块兴建了一批功能设施一流的学校,东乡一中、东乡三中、金溪一中、黎川一中、宜黄一中以及锦绣小学、仰山学校等一大批学校的高标准规划建设,掀起了一波教育加快发展的热潮。

二是造峰填谷,推动均衡发展。 以义务教育学校标准化建设为龙头,大力推进薄弱学校改造、农村教师周转宿舍、农村初中工程、教育信息化等十大教育

重点工程建设,惠及全市 1 800 多所学校。2018 年,全市"全面改薄"项目竣工率 128.33%,设备购置完成率 124.05%,全面落实"二十条底线"要求。大力实施"智慧教育"信息化建设工程,推动农村学校通过网络共享优质教育资源。落实集团帮扶发展机制,临川教育集团学校先后与黎川一中、崇仁二中等县(区)高中结成战略合作伙伴,县(区)也纷纷启动了强校带弱校、名校带分校等共同发展模式,组建教育联盟 80 多个,共享优质教育资源。制发了《关于统筹推进县域内义务教育一体化改革发展的实施意见》,加快推进学校建设标准统一、教师编制标准统一、生均公用经费基准定额统一、基本装备配置标准统一和"两免一补"政策城乡全覆盖,逐步推进义务教育均衡向高位优质迈进。

三是统筹兼顾,推动协调发展。 全面实施学前教育行动计划,大力推进乡镇中心幼儿园建设,"一乡一园"建设任务基本完工,普惠性幼儿园达 640 所,公办学前教育资源不断扩充。全市省级示范幼儿园增加到 17 所。加快组建以抚州职业技术学院为龙头的职教联盟,推行中高职衔接、市县联合、校企合作等联盟办学模式,提升职业教育服务经济社会发展能力,形成了西式面点制作、电子、数控、中医药、护理等一批特色专业。高等教育提质升级,崇仁师范学校成功升格为抚州幼儿师范高等专科学校,新校区正式启用;中医药高专升本建院、南昌大学抚州医学院独立办学、东华理工大学抚州新校区建设稳步推进。

四是扬优成势,推动创新发展。 普通高考传统优势更加明显,一本、二本上线率和高分段人数始终保持全省领先,品牌影响辐射全国。全国 20 多个省区市及港澳地区 4 万多人次到集团学校参观考察;内蒙古、贵州等多省区学校选派骨干教师到集团学校跟班学习。多样化办学取得突破,抚州一中、临川一中、临川二中开通了直通国外院校的绿色通道,100 余名同学录取美国华盛顿大学、俄亥俄州立大学、澳大利亚悉尼大学、日本早稻田大学、英国爱丁堡大学、爱尔兰都柏林理工学院等世界名校;临川一中、抚州一中等校积极开办美术、体育等特长班,办学活力明显提升。大力推进"戏曲文化进校园",通过开好一门戏曲知识课、成立一批戏曲社团组织、推广一套戏曲广播操、创建一批戏曲特色学校等"十个一"工作举措,落实戏曲进校园,争当文化强省排头兵。与莆田、三明、南昌签订了教育交流合作协议,与英、美、西班牙等国相关学校建立友好关系,开展研学交流。临川一中学生表演的《牡丹亭》"游园"选段在好莱坞艺术节上获金奖;临川一中国际班 6 名学生应邀参加了英国斯特拉特福纪念莎士比亚诞辰 453 周年盛大游行等活动,抚州教育声名远播。

三、加强队伍建设,夯实教育发展基础

大力加强师德师风建设,积极补充优秀师资,全面强化教师培训,广大教师业务素质得到明显提升。

一是加强师德建设,弘扬先进典型。 建立先进典型宣传机制,以庆祝教师节为契机,广泛开展优秀教师事迹集中宣传活动,表彰和集中宣传全市教育系统先进集体和先进个人。每两年举行一次全市教育系统先进事迹巡回报告会,搅动思想、鼓励士气、提振精神。在全市系统开展"千名教师访万家"活动,提升了留守儿童关爱服务工作成效,得到省委教育工委的充分肯定,《中国教师报》专程来抚采访报道。16 人参加援疆工作,深受当地群众和学生欢迎,临川一中胡冬莲老师被评为"全国对口支援新疆先进个人";江昭奇、黄文龙被评为 2018 年"十大感动江西"教育人物,受到省领导亲切接见。

二是及时补充教师,强化业务培训。 按照"退一补一"的原则,全市每年通过全省统一招聘、免费师范生招聘、特岗计划等多种方式招聘教师 1200 多名,定向培养农村教师计划 700 多名。积极落实教师培训经费,将生均公用经费的 5%用作中小学教师参与各类培训的开支。每年组织 600 多名校长、4 万多名教师参加远程培训、国培计划、骨干教师培训、教育管理者培训等系列培训,教师专业技能不断提升。全市专任教师中,高中、大专、本科以上的学历比重分别达到 99.77%、99.46%和 91.8%。积极创新培训模式,组建市级名师工作室 135 个,建立网络研修工作室 291 个,帮扶、带动了 1 万多名青年教师成长。

三是关爱教师生活,落实保障机制。 义务教育阶段教师绩效工资全部列入财政预算,确保不低于当地公务员阳光津贴水平,并基本做到了随之逐步提高。大力实施农村艰苦边远地区教师周转宿舍建设项目,积极改善农村教师住宿条件。仅黎川、广昌、乐安、宜黄四县教师周转宿舍建设资金就达 4490 万元,新建教师周转宿舍 1059 套,让教师下得来、留得住、教得好。市财政每年拿出

200万元奖励临川教育集团的优秀教师,各县(区)、各学校普遍建立了教师激励机制,有效地激发了教师工作的积极性,得到省委、省政府领导表扬。

四、狠抓依法治教,增强教育治理能力

一是依法治教带来新气象。 严格执行《中华人民共和国教育法》《中华人民共和国教师法》《中华人民共和国义务教育法》等教育法律法规,积极推进简政放权,盘点"权力清单",精简行政审批事项11项,精简率达78.6%,教育工作法制化管理水平明显提高,"管、办、评"分离成为全市教育工作新气象;5项行政许可事项除教师资格认定外,其余全部下放;民办学校设立审批时限由20天减少到12天,落实"只跑一次""一次不跑"要求。

二是效能管理激发新成效。 在全市教育系统开展大兴"学习交流、调查研究、勤政为民、清正廉政"之风和"读一本好书"活动,读书、调研蔚然成风;启动全民大调研活动,形成23项调研成果,干部职工驾驭教育工作的能力明显提升;坚持每周工作调度制、理论学习制、沟通交流制等工作机制,协调推进各项工作日清月结,有始有终。形成了两年一届的"先进事迹巡回报告会、中小学生艺术节、教育巡察看变化"等工作机制,通过活动,检阅成果,推动事业。

三是和谐共建营造新环境。 建立教育安全目标管理考核机制,年初签订责任书、年中督促检查、年末进行目标考评;时刻把校园安全责任放在心上、抓在手上、扛在肩上,大力推进和谐平安校园建设。成立由教育、水利、农业等部门联合组成的校园安全综合治理领导机构,对学生防溺水工作责任进行层层细化分解,形成部门联防联控合力机制。建立定期督查机制、防溺水校家共管制和留守儿童关爱制等机制,确保校园安全无空档、全覆盖,学生意外伤亡事故直线下降。

四是规范管理带来新作风。 严格执行义务教育阶段学校"一费制"收费办法,"阳光招生"工作全面落实。严肃查处教育乱收费行为,对收费举报排名倒数三位的县(区)教育部门和学校主要领导进行约谈,时刻警醒,落实责任。推出了10条为民便民服务措施,师训科、毕就办、资助中心等科室长期坚持节假日轮流值班,随时提供资讯和办理档案转接、资助金发放等相关服务,全市教育生态风清气正,领导放心,群众满意。

(本文原载于抚州市委办公室《工作情况交流》2019年第4期,有改动)

在戏曲传承中建设文化强市

近年来，抚州市围绕"建设文化强市，打造中国戏剧之都"目标，认真落实教育部、教育厅关于推进戏曲进校园有关部署，在全市中小学深入推进"戏曲进校园"活动，取得显著成效。

高位推动有保障。 抚州是"东方莎士比亚"汤显祖的故乡，是一个有梦有戏的地方。抚州有深厚的戏曲文化传统，《临川四梦》是世界戏剧文化宝库中的精品，抚州采茶戏曾经唱响祖国大江南北。市委、市政府高度重视传承和发展戏曲文化，多次作出专门指示，要求大力推进"戏曲进校园"工作，从政策、组织、资金上提供全方位保障。一是出台了接地气的工作方案。结合抚州实际，提出开好一门戏曲知识课、成立一批戏曲社团组织、免费观看一场戏曲演出、举办一场戏曲讲座、推广一套戏曲广播操、创建一批戏曲特色学校、组织一次校园戏曲展演、开展一期戏曲夏令营、开办一档校园戏曲栏目、组建一支戏曲活动指导团队的"十个一"工作思路，为我市"戏曲进校园"工作指明了方向、规划了路径。二是成立了高规格的工作机构。市委成立了"戏曲进校园"工作领导小组，定期沟通协商，定期调度推进，为"戏曲进校园"工作提供了坚强有力的组织保障。三是安排了可观的工作经费。市财政每年安排100万元专项经费，用于"戏曲进校园"教材研发、师资培训、戏曲展演、扶持戏曲特色校建设等，确保有钱办事。

戏曲教育有活动。 以课堂教学、社团活动、戏曲广播体操、戏曲展演、对外交流为抓手，开展丰富多彩的戏曲教育和展演活动。戏曲体操风靡校园。戏曲广播体操韵律优美，动作融入了中国传统戏曲元素，融合了中国传统文化精粹，不仅为广大中小学生所喜爱，也深受广场舞爱好者的欢迎。去年，我们举办了首届全市中小学"戏曲广播体操"大赛。全市33支代表队参赛,抚州电视台和全媒体中心进行全程直播,吸引了上万市民观看。戏曲展演丰富多彩。抚州市第十三届中小学生艺术节以"沐汤翁文化,展教育风采"为主题,展演戏曲节目10余个,展示"戏曲进校园"成果。组织高校艺术团开展"筑梦青春"戏曲文化进校园活动,在全市中学现场演出16场,观众达6 000人次。对外交流可圈可点,临川一中师生编导的情景剧《当汤显祖遇到莎士比亚》,在纪念汤显祖逝世400周年活动中大放异彩,并在凤凰卫视播出。汤显祖国际戏剧节活动中,临川一中学生表演的《威尼斯商人》、临川二中学生表演的汤显祖戏曲纷纷获奖。临川一中和英国爱德华六世国王学校开展互访,双方师生广泛开展戏曲课程体验和戏曲文化交流。

专业培养有队伍。 利用各种渠道,对有戏曲特长的教师和音乐教师进行专业培训,增强教师理论和应用水平,建立一支高水平、专业化的戏曲教师队伍。一是基础培训抓普及。举办了中小学校园戏曲广播体操教练员培训班,全市培训教练员1 300多名,为全面推广戏曲广播操打下了坚实的师资基础。二是专业培训抓骨干。邀请武汉大学博士生导师来我市举办"戏曲进校园"专题讲座,全市130多名骨干音乐教师参加培训,开宽了教师的戏曲眼界,为戏曲教学提供了新思维、新方法。举办"戏曲进校园"专题培训班,150多名音乐教师参加专业培训,邀请知名艺术家传授戏曲艺术概论、抚州采茶戏唱做念打技巧、戏曲表演程式、戏锣鼓的运用等戏曲理论知识,对参训教师进行戏曲台风、戏曲动作进行专业指导。三是人才培养抓载体。出台了《抚州市地方戏曲人才队伍建设实施方案》《抚州市委托培养地方戏曲表演(器乐)专业招生工作方案》,在抚州职业技术学院开设戏曲班,首届招生57人。积极争取设立"汤显祖艺术传媒职业学院",为打造"中国戏都"储备人才。

示范引领有特色。 通过启动一批试点校、评选一批示范校、打造一批特色校的办法,层层推进,提升成效。一是启动一批试点校。2017年5月,正式启动"戏曲进校园"试点工作,在广泛报名、严格筛选的基础上,选择一批戏曲文化基础较好的学校先行先试,确定92所"戏曲进校园"试点校。二是评选一批示范校。按照"组织管理到位、戏曲教学有序、校园环境优美、特色成效明显"的标准,每年在试点学校中评选 20 所示范校并进行表彰,授予"抚州市戏曲进校园示范校"奖牌。三是打造一批特色校。从今年开始,指导全市学校充分挖掘抚州采茶戏、广昌孟戏、宜黄戏、南丰傩戏等传统戏曲资源,积极融入戏曲教学和演出,培育打造 20 所左右的戏曲特色学校,实行动态管理,发挥特色带动效应。

（本文原载于抚州市教育局《抚州教育》2018 年第 7 期,有改动）

务虚务实促大干

这次基础教育综合改革发展论坛收获了丰富的认识、深刻的思考、多纬的探索、弥足的经验。为了办好这次论坛，市教育局组织赴四川成都、江苏南京等地学习考察，学先进、学典型；开展了全市教育工作巡察活动，看亮点、看变化；举行基础教育综合改革发展论坛，求思路、求发展。这些活动既务虚又务实，目的就是要进一步宣传发动，统一思想，凝聚力量，全力推进抚州市基础教育综合改革试验区建设，形成大干快上的浓厚氛围。

一、经验启示了大干的希望

党的十八大提出"深化教育领域综合改革"，我市进行了有益探索，提出了建设基础教育综合改革试验区的全新理念，获得省市高度重视，省厅批复了我市《抚州市基础教育综合改革试验区建设方案》，这是我市教育方面的第一个全省性战略，是加快教育发展的重大机遇。为了不负重托、不辱使命，动员全市教育系统积极稳妥、深入扎实地推进试验区建设，市教育局很早就谋划举办了一次务虚与务实相结合的论坛，通过走出去看外地的先进经验、走下去看自己的发展变化，再各抒己见，在看中议、在议中醒、在醒中干、在干中赛、在赛中进。现在看来，无论是走出去，还是走下去，都取得了丰硕的成果，产生了良好的效果，留下了深刻的印象。

市外经验令人震撼，深受启发。 上午，有关同志作了《赴南京、成都等地学习考察报告》，对南京、成都两地教育改革的经验与特色进行了深入的分析，提出了启示和建议。这次教育考察，深刻感受了南京、成都深厚的文化底蕴，更震撼的是,各级政府敢于破除壁垒,解放思想,简政放权;教育部门敢于迎难而上,先行先试,强力推进;各类学校敢于大胆实践,推陈出新,争先创优,确实值得我们学习。**一是教育发展理念新。** 成都市早在 2009 年就提出了名校集团发展战略,大力实施名校带弱校、城乡学校捆绑发展方略,强力推进名校进新区、进园区、进山区。南京市在 2011 年就启动了普通高中多样化建设工程,着力打造综合改革高中、学科创新高中、普职融通高中、国际高中,用先进的理念引领全市教育科学发展。**二是多样办学启动早。** 南京市外国语学校在 2002 年就率先以资金和无形资产入股,吸引大型国有企业、民营企业参股组建仙林分校,不但在小学、初中、高中大力推行英语特色教学,举办中澳班、中新班、中德班、中美班等出国留学班,还创办了国际高中,办学特色十分鲜明。成都市大力推行"一校一特色"的发展模式,每所学校都有特色,每个学生都能掌握 1~2 门特长,学生们各美其美、乐在其中。**三是均衡发展措施硬。** 成都市各县(区)教育局以组建紧凑型、松散型、特色型、混合型、专业职教集团和城乡学校互动发展联盟六种名校集团为载体,强力推动城乡教育均衡发展,其中以捆绑发展推动城乡学校一体化建设的效果最为明显。教育局对捆绑学校进行整体评估,荣辱与共,有力地推动了城乡教育均衡发展。到目前为止,该市共组建名校教育集团 109 个,成员学校近 300 所,实现了教育高位均衡发展。**四是内涵建设水平高。** 南京、成都给人最深的印象是,每所学校都能遵循教育发展和学生成长规律,有自己独特的办学思想,人文景观丰富。走进成都的学校,就像进入了花园,到处飘散着花香、书香,到处绿树成荫,干净整洁,令人神清气爽;学校设施完备,信息化程度非常高,连村小都办起了学生广播站、电视台。文化润校、质量立校、特色亮校的理念深入人心,生态、文化、自然气息非常浓厚。与它们相比,我们的差距实在不小。

本市发展令人振奋,深受鼓舞。 这次巡察活动,风雨兼程、披星戴月、马不停蹄,3 天时间看了 12 个县区,时间紧、看点多,非常辛苦,但大家都兴致勃勃、专心致志,都深感这次活动形式好、内容实、节奏快、效率高、收获大。一路走来,既看了硬件,也看了软件;既看了外延,也看了内涵。不但看到了令人欣喜的校容校貌,还看到了丰富多彩的内涵特色。各地高位推动的行动、大干快上的精神、聚精会神的态度、坚忍不拔的意志、变通灵活的操作、如火如荼的形势、日新月异的变化、精彩纷呈的亮点让大家深感震撼、深受教育、深受启发。**一是优先发展的氛围更浓。** 东乡县主要领导说,教育怎么投入都不过分。县里明确规定,用最好地块建学校,每年新上一批教育重点项目。广昌县主要领导对学校的一砖一瓦、一枝一叶都非常熟悉,多次赴一中调研,亲自设计改造方案。每年组织四套班子成员和县直单位主要领导参加教师节活动,拿出专项资金奖励优秀校长和教师。金溪县主要领导讲,要建就建一流的学校,不断满足人民群众日益增长的教育需求。黎川、南丰、宜黄等县专门听取教育工作汇报,集中解决教育问题。**二是校建投入越来越大。** 各地优先发展教育、积极筹资办教育的热情高涨,近三年,东乡投入 5 个多亿打造城区教育亮点,已建成投入使用的教育园区包括东乡二中、幼儿园、小学、特教学校等,地理位置优越,功能设施一流,明年还将在城区建 3 所幼儿园。广昌投入 6 亿元,整体新建了二小、青少年活动中心、职业技术学校、特殊教育学校,改建了广昌一中、二中,扩建了实验小学、三小,一大批高标准、高水平的学校拔地而起。金溪县筹资 3.46 亿元建设金溪一中、仰山学校、锦绣小学、白马路幼儿园。南丰县投入 1.87 亿元实施了教育园区建设工程、校安工程、薄弱学校改造工程。黎川县在整体新建一中、整体搬迁县二小和幼儿园的基础上,新建了新区小学和特殊教育学校,扩建了实验小学,完成了324 套教师周转房建设任务。南城县投入 2 亿元新建了南城二中、职业中专、一小、盱江幼儿园、特殊学校、青少年活动中心。宜黄县投入 1 亿元新建了一中,筹集专项资金 260 万元,建成了校园局域网、电子白板和班班通。乐安县新建了四小,改扩建了一中。资溪县为新建一中,百折不挠,反复协调,拿下军队土地建学校。崇仁县投入 5 000 多万元整体收购技校,设立县实验小学新区。临川区积极动员社会力量捐资助学,农村学校办学面貌发生了深刻变化。高新区投入近亿元,对学校进行新建和改扩建,其中金巢实验学校、钟岭中学的办学条件得到了改善。**三是学校建筑越来越靓。** 今年,市本级有 4 个项目、县(区)有 28 个教育项目列入了重点项目,项目之多、投入之大,为历史之最。这些教育重点项目,都是由国内一流的设计院进行规范设计。金溪的书记县长提出"要建就建一流学校"，新建的锦绣小学设计理念新颖，装饰风格厚重，与周边环境浑然天成，融为一体。广昌二小、广昌青少年活动中心在设计理念、项目建设、内涵发展等方面都不亚于国内一流学校；新改建的广昌一中、南城实验中学、临川十二小校园绿树成荫，花团锦簇，是我市学校以旧改新的突出代表。特别值得一提的是，大家一路所看到的县（区）幼儿园，不管是城区还是农村，不管是公办还是民办，都非常大气，非常漂亮。**四是学校品位越来越高。** 东乡县在全县范围内大力推进以书法教学为主基调的特色办学，全力打造"一校一品"，书香校园、园林校园、文化校园比比皆是。东乡三中习惯教育、素质教育、校中建家等特色项目独树一帜。临川区实验小学学生社团多、文化氛围浓，经典诵读令人耳目一新。金溪二中"315"课堂改革、资溪县小语课外阅读教材编写成果丰硕，在省内外引起轰动。黎川一中长期开展"3+1"德育教育，黎川二小利用贡院进行书法教育，南城实验中学开展艺术教育，特色鲜明。南丰县莱溪乡九联村小学着力打造"一墙一品"的"墙画长廊"以及丰富多彩的班级文化和走廊文化，丰富了学生的知识，陶冶了学生的情操。我们惊喜地发现，许多学校标准化建设稳步推进，电子白板、多媒体等信息化教学手段普遍运用；向我们介绍校情的学生落落大方，充分展示了较高的综合素质。**五是网点布局越来越好。** 黎川、资溪、东乡、宜黄等县以新建优质高中为契机，及时调整网点布局，空出原有高中办小学，空出小学办幼儿园，有效带动了县镇学校办学条件的改善，扩充了优质教育资源。东乡县在县城建设 6 所公、民办幼儿园的同时，将 64 所闲置的村小校舍改建成公办幼儿园，增设了 28 所村小或教学点附属幼儿园。南丰、乐安、南城、黎川等县将乡镇初中改为小学，或将小学、初中改建为九年一贯制学校，剩余校舍改建了大批农村幼儿园，不但稳定了小学生源，还改善了教师的生活条件，有效推进了教育均衡。

在看到成绩的同时，大家也感到各地发展还不平衡，全市教育事业发展还面临许多困难矛盾和问题。有的县（区）教育项目推进较慢，个别地方本级财政投入较少，少数学校管理水平不高；有的地方教育均衡严重滞后。成绩弥足珍贵，必须倍加珍惜，差距既是压力更是动力，这次巡察开了眼界，有了压力。相信各地一定会借这次巡察活动的东风,各自为战,各个击破,不为落后找理由,只为成果找出路,在全市范围内掀起一场比学赶超的热潮。

二、论坛统一了大干的思想

看了外地经验,看了本市亮点,今天又接着举办论坛,安排了 10 多场精彩的主题演讲,时间很短,但内容丰富,成果显著。各位发言观点鲜明,论述精辟,思想深刻,从成绩、做法、问题、建议等方面多视角、多层次阐述了对深化基础教育综合改革的见解和主张,议题集中、内涵丰富、气氛热烈。可以说,这是一次全市教育精英的大交流,也是一次教育思想的大解放、大搅动、大融合。一场场精彩演讲、一段段机锋睿智,无不渗透着教育人对深化改革的深入思考,无不凝聚着教育人对未来发展的信心决心。省教育厅和市委、市政府对本次论坛给予了充分肯定,多位领导莅会指导。论坛在诸多方面、诸多领域达成了共识,产生了共鸣。

一是交流了思想,凝聚了共识。 论坛开篇,省教育厅领导进行主旨演讲,对我市教育发展成绩给予充分肯定,同时,科学分析了教育改革过程中面临的问题,展望了教育改革的发展前景,对我市基础教育综合改革试验区建设提出了具体要求。市政府领导的致辞热情洋溢,满含期待与祝福。各位局长、校长的发言,结合本地实际,从转变教育观念、创新教育模式、改革教学方法、规范教育管理、开发教育资源以及推动教育优先发展、均衡发展、创新发展、健康发展等方面进行了深入浅出的阐述。无论是观点还是建议,无论是实践还是经验,都充满着崭新的理念与作为,有强烈的思想碰撞和闪亮的智慧火花,让我们对推进基础教育综合改革试验区建设产生了更加强烈的紧迫感、责任感和使命感。

二是传递了经验,启发了思考。 论坛是一个信息交汇的舞台。大家的演讲,沟通了思想、增进了了解、传递了信息,让我们更加深入地了解了各地教育事业的发展现状,了解了各地推进教育教学改革的前沿理念与管理模式。如临川区提出的"管理强校、课改兴校、特色立校",实现教育由规模发展向内涵发展的理念很有新意;金溪县介绍的"315"课改实验让大家很受启发;南丰县介绍的

"1+1"联合办学模式让大家很受鼓舞。许多同志的发言很有见解，对深化基础教育综合改革产生了新的动力、新的思考。

三是活跃了思想，扩大了影响。 本次论坛议题重大，时代性强，紧紧围绕着党的十八届三中全会提出的推进教育领域综合改革的总体要求，紧紧围绕着抚州市基础教育综合改革试验区建设方案的总体设计，紧密结合各县（区）教育发展的实际而开展，规格高、规模大，既有来自省厅的领导，又有教育部门的代表，还有来自基层以及民办学校的校长。发言观念新、立意高、涉及广，既启迪了智慧，又活跃了思想。社会各界尤其是各大媒体通过本次论坛及相关报道，必将对我市基础教育综合改革试验区建设形成更为深刻和更加全面的了解和认识，为宣传抚州教育改革发展，聚集社会关注，凝聚民智民心，争取更广泛的支持营造了声势，扩大了影响。

四是理清了思路，坚定了信心。 为期一天的论坛，大家站在不同的角度和不同的层面，认真分析了近年来在推进教育教学改革过程中的曲折与艰辛，分享了教育发展中的成功与喜悦，不同的分析与观点产生了碰撞，促进了融合。在发言中，大家谈到了特色办学，谈到了个性发展，谈到了教育教学改革，也谈到了面临的困难和问题，许多建议切中要害，富有针对性和操作性，使我们进一步理清了深化教育领域综合改革的思路，也更加坚定了推进基础教育综合改革试验区建设的信心和决心。

三、出路在于大干

学了外地的经验，看了本市的变化，今天又探讨了发展思路，我们深深感到，挑战很大，机遇很多。首先，忧虑来自自身。抚州教育发展到现在，许多同志感觉已经到了巅峰状态，高考再想取得大的突破，困难很大。从目前的情况看，我市教育应试成分很重，学校追求单一，一味追求分数；学生目标单一，一心追求名校；学校千校一面，特色不明显；校园文化苍白，内涵不丰富；优质资源少，发展不均衡；城乡教育差距越拉越大，择校热、择班热愈演愈烈。这都是当前我市教育存在的硬伤。其次，挑战来自市外。南京、大连等地探索推进多样化办学早我们五年以上;北京、长沙等地推进普通高中国际教育早我们将近10年;四川成都、山西晋中等地实施集团化、联盟化办学,推进义务教育均衡发展早我们十多年。这些地方改革成果丰硕,已成为全国深化教育综合改革的领头羊。兄弟地市也小步快跑,积极追赶。我们真切地感到,跳出抚州看抚州,站在全国全省的大背景中看抚州教育,我们其实与周边差距很大,唯有奋起直追才能缩小差距。最后,压力来自宏观政策变化。党的十八届三中全会提出,不设重点学校重点班;从今年开始,教育部在全国建立中小学学籍信息系统,一人一号,终身使用,这是对我们继续打造教育品牌、保持教育优势的严峻挑战。如何破解这些难题,继续保持临川教育集团学校的发展优势,可谓面临大考,正在赶考。

但认真分析,抚州教育发展的优势、机遇仍然很多。首先,有长期保持、屡战屡胜的高考优势。抚州是才子之乡,最大的优势就是高考在全省独树一帜。10多年来,我市大批学生录取到国内外优秀院校,北大、清华录取人数占全省三分之一以上,成绩辉煌,影响巨大。这是我们的骄傲,更是传统优势,必须旗帜鲜明地发扬光大。其次,有千载难逢、前所未有的政策支撑。党的十八届三中全会明确提出要"深化教育领域综合改革",要求从"构建利用信息化手段扩大优质教育资源覆盖面的有效机制,逐步缩小区域、城乡、校际差距;统筹城乡义务教育资源均衡配置,破解择校难题,标本兼治减轻学生课业负担"等方面进行改革。省委、省政府对我市建设基础教育综合改革试验区建设高度重视、十分支持,为我们带来了巨大的机遇,也为进一步深化教育领域综合改革提供了强有力的政策保障。最后,我们有勇于改革、不甘落后的坚强决心。抚州教育有今天的成绩,关键来源于抚州尊师重教的优良传统,来源于各级党委政府的重视支持,来源于广大教师无私奉献的进取精神来源于全社会对教育事业的强力支持,这些都是我们深化教育领域综合改革的不竭动力和发展机遇。我们必须按照"高举旗帜,带好队伍,创先争优,不辱使命"的要求,依靠上下,内增信心,外树形象,真抓实干,加压奋进。

不负重托,强力推进试验区建设。《抚州市基础教育综合改革试验区建设方案》(以下简称《方案》)酝酿一年,十易其稿,凝聚着省市县各级领导和同志们的汗水和心血,得到了省教育厅和市委、市政府的肯定和批准。《方案》是我市第一个获批的省级教育发展规划,对于我市深化教育改革、破除体制障碍、增强教育活力、巩固传统优势、提升教育品牌、促进全市经济社会发展都具有里程碑式的重大意义。既然是改革、是试验,就要切实增强推进改革的信心和勇气,就要坚持解放思想、实事求是,就要从大局出发,先行先试,自我革新,在人才模式、办学体制、管理体制、服务能力等方面闯出一条新路。各县(区)必须积极承接,主动参与,认真组织实施。**一要主动对接。** 各县(区)要以全市改革方案和省厅的批复,结合各地实际,科学制定改革目标,精心设计改革项目,从几个或某个方面进行试验,拿出路线图、时间表和任务书,落实课题、人员、推进单位和实施学校,主动出击,用实实在在的举措,争当基础教育改革的先锋。**二要点面结合。** 要把综合改革与单项改革结合起来,把人才培养模式改革与体制机制改革结合起来,加强各项改革的关联性、系统性、可行性研究,统筹推进综合改革。各个县都要有自己的改革方向和重点项目,条件好的要主动多承担综合改革任务。要确定一批重点项目学校,把单项改革任务落实到学校去,分类推进课程改革、教学改革、管理体制、队伍建设等重点改革内容。**三要重点推进。** 对省厅批复的同意下放学籍管理、中考命题与考试等工作,中招、教研等部门要团结协作,全力以赴,按时按质抓好实施。要重点探索捆绑式、联盟式、集团式发展模式,大力推进义务教育均衡发展和高中教育一体化发展;要重点探索校长、干部和教师交流模式,尽快拿出具体办法和措施,大力推进校长、干部和教师的城乡交流,助推城乡教育一体化建设。要重点参与中央正在推进的深化教育领域综合改革,早做准备,主动应对,确保教育事业有序健康发展。

不折不扣,全面推进均衡协调发展。 均衡是教育公平的基础,也是我市推进基础教育综合改革的关键。要认真落实《抚州市中长期教育发展规划纲要》《学前教育三年行动计划》《关于加快推进义务教育均衡发展的实施意见》,更要借鉴外地先进经验,采取强有力的措施,在体制机制改革上力求突破,全面推进教育均衡协调发展。**一是学前教育抓普及。** 要不折不扣地落实《学前教育三年行动计划》确定的各项目标任务,加快城区高标准幼儿园的建设步伐,大力推进乡镇中心幼儿园建设,鼓励公办幼儿园吸引社会资金参与办园,扩大优质幼儿园的办学规模;积极规划并用好闲置的农村教育资源,将调整后的乡镇小学或村小校舍改建为幼儿园或由小学领办幼儿园,大力扩充学前教育资源;认真落实幼儿园教师编制并及时补充优秀师资。**二是义务教育要抓均衡。** 认真落实《江西省实现县域义务教育均衡发展规划》和《抚州市人民政府关于实现县域义务教育均衡发展的实施意见》,按照确定的时间表和路线图,完成规定的8项任务指标,确保顺利通过国家评估。临川区要尽快完成任务指标,力争明年通过国家评估;南丰、东乡、金溪、黎川要尽快启动,做好迎评准备。各地要认真贯彻落实中央"深化教育领域综合改革"有关"统筹城乡义务教育资源均衡配置,实行公办学校标准化建设和校长教师交流轮岗,不设重点学校重点班,破解择校难题,标本兼治减轻学生课业负担"的要求,在统筹城乡义务教育资源均衡配置方面拿出具体措施和推进时间表,充分借鉴成都的成功经验,积极主动地推行名校与弱校捆绑发展模式,加速义务教育均衡发展的进程。要加快网点调整步伐,对教师多、学生少的乡镇中小学进行适当调整并改建成九年一贯制学校,闲置资源用于公办村级幼儿园建设。**三是高中教育要抓特色。** 要抓住质量不放松,继续保持我市基础教育传统优势,力争实现高考新突破。要抓住特色不放松,积极探索艺术高中、国际高中、普职融合高中等多样化办学形式,大力推进"一校一品",在科技、艺术、体育、美育等方面创造高中教育新优势。要抓住龙头不放松,鼓励临川教育集团所属学校带头实践、带头帮扶,与县(区)高中或薄弱学校结成捆绑发展集团,共享优质教育资源。**四是职业教育要抓对接。** 按照中央"加快现代职业教育体系建设,深化产教融合、校企合作,培养高素质劳动者和技能型人才"的要求,瞄准企业办特色专业,县(区)要依托市直职业院校走职业教育集团化发展道路。要积极探索普职融合办学模式,鼓励普通高中高二学生分流到职业教育班就读,扩大职业教育在校生比例,破解职业教育招生难题。**五是民办教育要抓发展。** 要健全政府补贴、政府购买服务、助学贷款、基金奖励、捐资激励等制度,鼓励社会力量兴办教育。要在教育用地、教师招聘等方面给予大力支持;要鼓励市内名牌学校尤其是优秀重点中学利用资金和无形资产创办分校,大力推进股份制合作办学,扩充优质教育资源;要鼓励公办名校扶持、领办民办学校,提升民办学校的办学水平。

不甘示弱,努力推进重点工程建设。 发展是硬道理,建设是硬道理,只有科学规划,增加投入,跟上城镇化建设的进程,建设更多的优质学校,才能有效化解"择校热"这一难题。**一要全面推进教育工程。** 按照《抚州市人民政府关于实现县域义务教育均衡发展的实施意见》要求,全市 49% 的义务教育学校必须达到省定义务教育学校基本办学条件标准。从目前的情况看,各地投入还跟不上,差距还不小,尤其是教育园区还没有开工的县(区),必须知耻而后勇,迎头赶上,按照要求实施好义务教育学校标准化建设工程、学前教育推进工程、初中工程等中央和省级项目,未开工的尽快开工,在建的尽快完工。**二要加大校建投入。** 要对本县(区)教育投入、校建情况进行认真梳理,借这次巡察的机会及时向县委政府主要领导汇报,积极争取重视支持,增加刚性投入;要积极争取社会名流和企业家捐资助学,筹措更多的校建资金。要集中资金办大事,严防"撒胡椒面";要切实重点加强乡镇学校的建设和管理,对于仅有一两个学生的村级学校或教学点,要做好校产保护或改办村级幼儿园的工作,坚决杜绝校产资源和资金的浪费。**三要力争每年新上一批大项目。** 各县(区)要科学制定教育网点布局规划,力争每年新开工一批重点教育项目,力争每年完成一批重点建设项目,让大家看得到实实在在的变化。

不屈不挠,全力维护教育系统和谐稳定。 近年来,全市教育系统在抓安全、保稳定、促发展方面做了大量工作,尤其是在学生安全教育、防溺水等方面特色鲜明,必须继续保持。要充分认识学校安全工作的重要性、复杂性,必须不屈不挠、持之以恒地抓好学校安全工作。**一要强化安全意识。** 安全稳定是教育均衡协调发展的基础。没有稳定,就谈不上发展,更谈不上办人民满意的教育。我们要牢固树立"安全高于一切、责任重于泰山"的意识,认真落实领导干部一岗双责,层层签订责任书,做到上下联动、齐抓共管。**二要强化安全教育。** 积极开展形式多样的中小学公共安全知识教育,深入开展安全学期、安全月、安全周活动,广泛开展安全知识、安全技能竞赛活动和安全演练活动,努力提高学生的安全防范意识和自救互助能力。通过课堂主渠道,切实加强学生防溺水、交通安全、食品卫生等方面的安全教育。加强对教师的师德师风建设、职业道德建设和学生的心理健康教育,警钟长鸣,坚决防范校园意外伤害事故的发生,确保教育系统安全稳定。**三要强化安全管理。** 扎实开展平安校园创建活动,不断加强校园治安防控体系建设,落实人防、物防、技防措施,全面实施学校天网工程,消除视频监控盲点。要建立健全安全隐患排查机制,加强学校应急管理工作,整治校园及周边环境,确保学校稳定安全。

不骄不躁,不断擦亮教育品牌形象。 抚州教育因高考、因录取北大、清华多而出名。名气大了,有的学校和老师就慢慢有了傲气、骄气,还有的学校相互之间不服气,眼中只有对方的缺点,没有看到别人的优势。这些傲气、骄气和不服气对于擦亮抚州教育名片,进一步打响抚州教育品牌十分不利。我们一定要谦虚谨慎,戒骄戒躁,既不妄自菲薄,更不夜郎自大,而是要稳住阵脚,稳妥积极地深化教育领域综合改革,不断擦亮教育品牌形象。**一要坚定不移地规范办学行为。** 要积极推进阳光招生,科学组织初高中学业水平考试和综合素质评价工作,坚持义务教育免试就近入学,确保公平公正。要严格执行收费信访举报末位约谈制度,每季度对各地收费信访数量进行排位,对末三位进行约谈。要始终保持高压态势,对教育乱收费案件发现一起,查处一起。**二要坚定不移地提升教育教学质量。** 质量是学校的生命,没有高质量的教学、管理,就培养不出高素质的人才。我们必须坚定不移地深化教育教学改革,适应课程改革的要求,充分利用信息化的教育教学手段,扩大优质教育资源的覆盖面,努力提升学校的教育教学质量。要加强中小学教学质量监测活动,科学评价学生的综合素质,切实减轻学生课业负担。要科学分析和研究全市的中考、高考质量,找出问题差距、找准改进方向,努力形成教育质量争先恐后、不甘示弱的格局,在全国、全省的教育竞赛中闯出新天地。**三要坚定不移地走内涵发展之路。** 要全面贯彻党的教育方针,坚持立德树人,加强社会主义核心价值体系教育,完善中华优秀传统文化教育,形成爱学习、爱劳动、爱祖国活动的有效形式和长效机制,增强学生社会责任感、创新精神、实践能力。要大力开展阳光体育运动和课外锻炼,促进青少年身心健康、体魄强健。要改进美育教学,提高学生审美和人文素养。要切实加强教育教学研究工作,加大地方教材、教辅产品的研发力度,努力形成"临川教育"系列品牌,让全省全国的学生享受到抚州优秀的教育科研成果。要切实加强校园文化建设和科技创新建设,着力打造"一校一特色、一生一特长"品牌,努力形成多样化办学新格局,努力满足广大群众对多样化优质教育的需求,努力把抚州教育这张名片擦得更响更亮!

（本文系 2013 年 11 月在抚州市基础教育改革试验区论坛上的讲话摘要）

奋起直追闯难关　大干快上促均衡

　　抚州市牢固树立大办教育、办大教育的思想,经过两年上下同心、大干苦干,提前一年胜利完成义务教育发展基本均衡这一艰巨任务,成为全省首批全域实现县域义务教育发展基本均衡的设区市。

　　痛下决心,背水一战抓发动。 2015 年,抚州市只有临川区一地通过国家义务教育均衡发展认定,在全省排位靠后。省政府、省教育厅多次在不同场合提醒这项工作的紧迫性。面对千帆竞发、百舸争流、力促均衡的发展态势,在时不我待的关键时刻,抚州市果断作出决定,举全市之力推进均衡发展,拉开了大决战、大会战的序幕。**一是痛下决心,自我加压。** 市委、市政府提出在全省带好头、作好示范、当好标杆,确定将实现全市县域义务教育发展基本均衡的时间表提前到 2017 年,比国务院整体规划提前 3 年,比省政府要求提前 1 年,打好一个漂亮的翻身仗。**二是层层发动,形成共识。** 市县制定详细的工作方案,将工作任务责任层层落实到校到人,分别在黎川、南城召开了全市基础教育重点项目建设暨县域义务教育均衡发展推进现场会,看学校、看现场、看校园、看文化,梳理问题,传导压力,有针对性进行再动员、再部署,要求各地把责任担起来,把路线画出来,把氛围搞起来,把战场拉开来,把本事展出来,把督导强起来,做到不讲条件、不摆困难,务必通过国家认定;同时,市、县、乡、校四级层层签订《加快推进义务教育均衡发展责任状》。全市上下主动作为,主要领导亲自挂帅,掀起了比学赶超、争先恐后的创建热潮。**三是广泛宣传,鼓舞士气。** 充分利用报刊电视、标语横幅、简报墙报、致家长一封信等传统媒体和微博、微信等网络新媒体,全方位、多渠道、多层面、多角度宣传推进义务教育均衡发展的重大意义,提出

"奋战六个月,全力迎国检"等一系列响亮的口号,做到了"街上有横幅、墙上有标语、媒体有声音",把氛围搅动起来,把声势营造起来,把信心树立起来,把士气激发出来,形成了全力促均衡、全民迎国检的大声势和大氛围。

奋起直追,各自为战抓创先。 坚持问题导向,突出重点,对标管理,在城区瞄准"大班额",在农村锁住"标准化",努力通过加快学校建设,扩充优质教育资源,保峰填谷加快实现均衡发展。**一是强化责任,重点突破。** 市、县(区)政府连续4年将"标准化学校"和"全面改薄"等教育项目建设纳入政府年度教育工作目标考核评价体系,要求每个县(区)每年必须有2~3个重点城区教育项目建设,连续三年每年安排基础教育重点项目30个左右,年投资额保持在15亿元以上,五年累计投资80多亿元,新建、改扩建校舍面积262万平方米,惠及1500多所中小学校,新增学位共5万多个。投入4亿多元为1246所薄弱学校配备图书仪器、多媒体等教学设备。仅2017年,全市投入教育建设类和装备类项目资金就达25.6亿元,新增教育用地1800多亩。"农村处处也有好学校,何必费尽心思往城里跑",群众观念的转变,真实反映了农村学校面貌发生的巨大变化,学生回流潮逐渐形成,仅2017年全市回流学生超过3000人。**二是对标攻坚,各自为战。** 各县(区)对照评估标准,缺什么补什么,重点解决"三个生均面积"不足及功能教室不达标、图书、计算机、实验器材等教育教学设施设备短缺等问题,涌现出了一批好经验、好做法。南城县实行"一校一策"、因校施策,全面实施"九室三面一改厕"整治工程、微信一天一调度、现场一周一督查;崇仁县以"四高"推进均衡发展,所有学校校容校貌改造和校园文化建设先启动后决算;宜黄县主要领导提出"如果不能按期通过国家认定,政治影响大,是用金钱无法挽回的。资金问题不用教育部门考虑,缺多少给多少",县委书记、县长多次深入学校现场办公,解决问题;乐安县委、政府明确规定教育建设项目7个工作日内完成审批,迎检经费无上限,要多少给多少。**三是破解难题,补足短板。** 全市坚持"退少补多"的教师补充机制,每年新增教师近2000名,大部分充实到农村或紧缺学科。全面落实义务教育校长教师交流轮岗机制,校长教师交流轮岗面达10%以上,每年交流教师1000多人。为缓解教师紧缺矛盾,部分县(区)尝试紧缺学科教师"走教制"和招聘合同制教师,破解教师编制紧缺和学科结构性矛盾。全市采取"1+N"联合办学方式,精心打造了30余个教育联盟,形成了城乡互动、资源共享、优势互补的教育新格局。为了让更多学生享受优质教育,市政府积极推进临川教育集团学校转型升级,吸纳社会资本16.3亿元,规划建设用地1 123亩,可新增优质学位2.4万个,满足人民群众对优质教育的需求。通过建立名师工作室,开发网上教育资源,充分利用教育信息化平台开展教育教学活动,让农村学生享有城区同样的教学资源。南城、黎川、东乡等县在农村中小学校建立"专递课堂",临川、金溪、资溪、南丰等地坚持名师"送教下乡",让村办小学、教学点的学生都享受城里一样的教育。全面实施"五名工程",全力打造一批名学校、名校长、名班主任、名教师、名课例,营造比学赶超的浓厚氛围。全面落实进城务工人员随迁子女就读政策,进城务工随迁子女、留守儿童、特殊群体入学率达到100%。严格执行"免试就近入学"政策,加大优质学校学位均衡分配比例,实现"零择校""零条子",基本消除了65人以上大班额。

高位推动,联合作战抓保障。 各级党委、政府将推进义务教育均衡发展工作列入议事日程,纳入年度政府教育工作考核评价内容。**一是领导到位,高位推动。** 市委、市政府主要领导多次对义务教育均衡发展工作作出重要批示,提出具体要求。市政府分管领导定期调度,跟踪问效,协调推进。市、县(区)政府专门成立了以主要领导为组长的"教育项目实施工作"和"推进义务教育均衡发展"领导小组,层层签订责任状,明确任务,压实责任。**二是经费到位,强化保障。** 全市把教育作为最大的民生工程、最持久的发展后劲、最响亮的品牌来抓,在政策上优先考虑,在项目上优先安排,在投入上优先保障。各县(区)从讲政治的高度严格依法落实教育经费,加大经费投入,及时调整经费投向,尽最大努力满足迎检所需经费。主要领导亲自挂帅、亲自部署,分管领导现场办公、亲自督办。崇仁、广昌、宜黄等地迎检经费均在1个亿以上,尤其是宜黄几乎重建了一个宜黄教育,用一年的时间做了20多年的事,整体面貌焕然一新。**三是协调到位,形成合力。** 各有关部门积极为教育均衡发展开辟"绿色通道",破解发展难题。财政、发改、编制、住建、国土等相关部门在资金安排、政策落实、程序审批、土地保障等方面全力支持,优化审批手续,特事特办,急事急办。南城、宜黄、崇仁等县(区)"对教育项目不做预算只做决算",加快了项目建设速度。

巡回检查,跟踪督战抓落实。 市教育部门居中调度,统筹协调,对迎评工作逢会必讲,逢会必提,时刻紧盯各地工作进度,形成了工作的倒逼效应。**一是建立制度,定期通报。** 建立了每周一调度、每月一督导、一月一通报、一季一反馈的工作机制,编发均衡发展工作简报,及时反映工作动态,传递创建信息。**二是创新模式,强化督导。** 组织专家、行政领导,频繁开展交叉和模拟市级督导,做到一个月督导一次,2017 年对 6 个县的 377 所必检学校开展了至少 4 次市级对标督导评估,发现问题及时提出整改意见,进行动态销号跟踪。各地积极响应,已通过认定的县(区)与迎检的县(区)结成对子,开展一对一帮扶活动,重点进行迎检演练,查摆问题,分析成因,共同寻找解决问题的途径和办法,做到全市一盘棋、上下一条心。**三是用好成果,不断整改。** 每轮督导结束后,及时向县(区)政府领导反馈,及时召开督导组座谈会进行号脉会诊,找出症结所在、拿出指导意见、下达整改通知,确保整改意见限期落实到位。宜黄、崇仁、南城、广昌等县还主动把专家请到县里,把脉诊治,照单全收,照方抓药,齐心协力打好推进义务教育均衡发展的主动仗,推进工作落地成效。

(本文原载于《江西教育》2018 年第 3 期,有改动)

打赢均衡迎评大决战

召开全市基础教育重点项目建设暨义务教育均衡发展现场推进会,主要任务是现场察看教育项目、总结交流南城等地鲜活经验,进一步搅动思想,对基础教育重点项目建设和义务教育均衡发展迎评工作进行再动员、再部署,坚决打赢迎评大决战,推动两项工作大干快上。

一、喜中有忧,务必因势利导

2015 年以来,在大家的共同努力下,临川、东乡、黎川、南丰、金溪、高新 6 个县区义务教育均衡发展顺利通过国家认定,成绩来之不易、可喜可贺,这是县区主要领导高度重视、分管领导高位推动、相关部门高度配合、社会各界齐心协力的结果。从前期的调研督查和大家介绍的情况看,各迎检县都动起来了,做到了早发动、早部署、早安排,大投入、大手笔、大动作,呈现出热火朝天的喜人局面。崇仁县成立了由县委书记任组长、县长任第一副组长的领导小组,建立了四套班子领导挂片包干制度。近三年城区投入 5.2 亿元新建 4 所中小学。投入 2.88 亿元改造乡镇中小学办学条件,落实设备仪器、校园文化和校容校貌建设专项经费8 000 万元,安排 100 万元迎检专项工作经费。实行一月一主题,分月开展项目推进、校容校貌整治、文件资料建设、校园文化、迎检宣传、仪器图书配置、信息化建设攻坚战,效果明显。宜黄县主要领导表示,教育投入无上限,要多少给多少,整合安排 6 500 万元项目建设资金。各乡镇聚力攻坚,一举拿下 100 多亩教育征地任务。编印《迎国检明白卡》《装备工作手册》,邀请省市专家把脉问诊,实行销号管理。明确在督导评估结束前不动干部,把迎检工作纳入校长年度考核,作为交流使用的重要依据。乐安县确立了"撤小、合近、扩强、带弱"的思路,近三年投资 1.7 亿元,完成各类校建项目 271 个,新建改造校舍 10 万余平方米。书记、县长亲自到迎检学校调研察看,现场调度解决一小、二小、三小校园面积不足问题。近期整合筹措资金 4 000 多万元对所有 74 所迎检学校进行系统改造升级,投入 4 025 万元添置音体美器材和图书资料,安排 500 万元用于校园文化建设。积极开通"绿色通道",实行 7 个工作日审批办结制度,强力推进项目实施。广昌县集中对 60 所学校进行了升级改造,投入 3 600 万元配备教学仪器设备;科学规划学校布局,新建实验小学工业园区附属小学,改建第四小学,筹建雁塔新区九年一贯制学校,教育面貌焕然一新。资溪县通过项目争、财政挤、社会助等多种渠道,近三年筹措资金 2.62 亿元,完成义务教育阶段学校建设项目 140 个,完成农村学校标准化学校建设 33 所,改造农村薄弱学校 59 所,新建中小学校舍面积 3.6 万平方米。县财政及时解决了 11 项急需实施的校建和设备采购项目资金,并按工程决算和设备采购价据实核拨。

特别是南城县迎评工作呈现了四个突出特点。**一是大手笔、大投入。**该县投入 2 亿元先后新建了一小、二小、凤凰学校,迁建了南城二中,扩建了实验中学、实验小学,新增学位 8 000 个;投资 4 亿元,采取 PPP 模式启动南城一中迁建工程、城北泰伯九年一贯制学校建设。**二是大动员、大动作。**县财政在预算中增设义务教育均衡发展专项资金 3 000 万元,87 个迎检学校全体总动员,一校一方案,全面实施"九室三面一改厕"工程,对标解决功能室、图书室、美术室、墙面、地面、门面、旱厕等问题,不少学校建设施工到大年三十,正月初四又开工;乡镇中心小学基本上有塑胶跑道,校舍粉刷全部使用金石漆,校园面貌迅速改善,档次品位大幅提升。**三是大调度、大落实。** 在资料数据准备上,多次举办专题培训班,采取自下而上报、自上而下核、再自下而上汇总的方式,确保数据准确;在项目调度方面,实行微信每天调度、会议每周调度,传导压力,发现问题,推动落实。**四是大氛围、大合力。**县里主要领导多次听取专题汇报,亲自部署、亲自调度、亲自协调,现场解决问题;财政、建设等部门大力支持,开通绿色通道,不做预算审计只做决算审计,只要实际需要、程序到位,全部照单全收,有效节约建设时间;充分调动社会力量支持教育,吸引2000多万元社会资本捐资助学,全县农村学校70%以上的课桌椅为企业捐赠。发动有威望的村民调解学校征地拆迁工作,形成了全民总动员的强大合力和良好氛围。还有去年通过迎检的6个县区,都有很多好经验、好做法,希望大家相互学习、相互借鉴。

但是,存在的问题仍然不少。令人担忧的是,有的地方思想上不够重视,行动上不够坚决,仍然抱有"及格过关"的心理,认为只要达到基本要求就可以;有的地方行动迟缓,仍然以常规手段推进工作,步伐缓慢,硬件薄弱、校园凌乱、文化单薄现象屡见不鲜;有的地方认为督导组只是走马观花、看看表面,不注重对标整改,学校维修搞简单的"穿衣戴帽";有的地方仪器设备、图书资料采购手续烦琐,严重影响进度;有的地方教育督导队伍不健全,专业力量不强,政策不够熟悉,操作没有方法。对此,我们进一步提高认识,把思想搅动起来,把精神振奋起来,把举措强硬起来,以南城县为榜样,学习南城经验,找准差距不足,迅速掀起迎评工作高潮,形成你追我赶、比学赶超、争先恐后的良好氛围。

二、以建促评,务必加快校建

学校建设是义务教育均衡评估的关键和重点,可以说,抓住了学校建设这个牛鼻子,迎国检工作就成功了一半。总体上看,全市教育项目整体推进,进展顺利,取得了阶段性成效。2016年,全市实施的教育项目共1475个(其中校建类858个、设备购置617个),总投资20.3亿元(其中校建类19.1亿元、设备购置类1.2亿元),建设校舍180.38万平方米(其中新建74.05万平方米、维修改建48.46万平方米、运动场53.54万平方米、其他附属设施4.33万平方米),教育面貌明显改善。但是具体来看仍然存在部分校建项目排名在全省靠后,县区之间、项目之间推进不平衡等问题。在督查中还发现,有的县区擅自改变项目资金使用性质或用途,把项目建设资金用以征地、把设备购置资金用于项目建设;有的地方项目审批时间过长、环节太多,影响了项目进度;有的地方对项目建设没有计划、没有安排,存在项目资金长期滞留现象;大部分县区普遍存在项目未及时开工的现象,这些都要引起我们高度重视,在以后的工作中加以解决。

针对这些情况,务必站在做好迎国检工作的全局高度,全力抓好教育项目建设,以建促评、以建迎评,确保一次性顺利通过。**要强化项目带动。**坚持大投入、多安排、快建设,争取全市每年安排教育重点项目 40 个左右,完成年度投资 8 亿~10 亿元;各县区要在城区新建、改建、扩建一批学校尤其是九年一贯制学校。新建城区住宅小区或其他居住项目,要按每 1 万人布局 1 所完全小学、每 3.5 万人布局 1 所初中的原则,依法设置相应学校,大力增加学位供给,有效化解"大校额""大班额"现象。要按照"缺什么补什么"的原则,建立工作台账,统筹推进义务教育学校达标建设,确保 2018 年每所学校基本办学条件都达到省定标准。要加快推进乡镇寄宿制学校建设,重点加强食堂、学生宿舍、厕所等生活设施建设,保障寄宿学生每人 1 个床位。**要坚持问题导向。** 省里要求各地在 2016 年底前完成第一期学前教育三年行动计划和第二期 2014 年、2015 年项目,我们要知耻后勇、奋起直追、迎头赶上,还要认真完成今年的任务,避免出现更多的欠账;务必在两年内,在全市每个乡镇建成一所公办中心幼儿园;要大力推进"全面改薄"等工程,争取尽快迈进全省中上游水平。**要狠抓项目管理。** 严格申报把关,按照"建一所成一所"的原则,足额安排资金,确保按时开工,对不符合条件的项目坚决不予申报。要用好南城、宜黄等地经验,推行项目联审联批、7 天审批办结等制度,对邀标项目边建边审,缩短工期。要加强工作调度,倒排工期,落实责任,实行一天一报告、一周一点评、半月一小结,加快实施进度,完善档案资料,确保工程质量。**要凝聚推进合力。** 各地要严格按照今年省教育厅等 13 家部门联合印发的《关于加快推进全省基础教育项目建设工作的意见》要求,落实相关政策,在规划审批、资金投入、规费减免、土地保障等方面,开辟学校项目建设绿色快速通道。要按照文件要求,把教育部门列入城市建设规委会成员单位,鼓励实行"交钥匙"工程,切实加快学校建设,以项目建设带动各迎检县区提升均衡发展水平。

三、背水一战,务必迎评过关

现在已经兵临城下、退无可退,唯有背水一战,奋力拼搏,抓项目、抓投入、抓建设、抓督导,确保6个县全部通过国家认定。**最重要的是路线精准。** 这场战役要达到什么目标、完成什么任务,这就是我们的路线。确保南城、崇仁、乐安、宜黄、广昌、资溪6县顺利通过督导评估,是我们今年工作的总路线,是这次现场会的总目标。各地要对照迎评目标任务,制定详细的时间表、路线图、任务书,按照既定作战计划分兵布阵、分兵把口、全力拼杀。在城区,要紧盯"大班额","大校额"要抓紧消肿,"大班额"要突击减肥,生均面积不能打折扣;在农村,要瞄准"标准化",全面改薄、学前教育等项目必须抓紧推进。要抓住重点环节切入,学习推广南城"九室三面一改厕"经验,美化、亮化、绿化、硬化、文化建设必须尽快见效,旱厕不能留,破墙尽快补,烂路赶紧修。全市377所迎检学校,要认真对标、一校一策,全部挂牌作业,制定工作流程,细化操作,倒排工期,挂图作战,一个指标一个指标自查,一所学校一所学校过关。已经通过的县区要与今年迎检的县建立"一对一"帮扶关系,指导他们少走弯路。**最迫切的是搅动氛围。** 要打赢这场战役,战前动员非常关键,不能冷锅起灶、埋头拉车。各地各校要开通宣传机器,举起决胜大旗,制定全面、细致的迎检宣传工作方案,通过报刊电视、标语横幅、简报墙报、致家长一封信等传统媒体和微博、微信等网络新媒体,全方位、多渠道、多层面、多角度广泛宣传义务教育均衡发展对于实现抚州教育现代化的重大意义,提出"奋战六个月,全力迎国检"等一系列响亮的宣传口号,做到"街上有横幅、墙上有标语、媒体有声音",让广大群众充分了解我们在做什么、为什么做、做得怎么样,把氛围搅动起来、把声势营造起来、把信心树立起来、把士气激发出来。要做好汇报、搞好沟通,争取党委政府给予最高重视,有关部门给予最大支持,让全社会参与进来,让每一个人参与进来,形成全民皆兵迎国检的大声势、大气场、大氛围。**最关键的是摆开战场。** 均衡迎评是一次大战役,是一场攻坚战。要夺取胜利首先要摆开战场、拉开阵势、挖开战壕,主动出击、集中攻坚,形成你追我赶、县自为战、校自为战的良好局面。市、县、乡(镇)、村、校要层层明确任务、落实责任,一级抓一级、层层抓落实。要对照办学规模、师生比等5大类10项指标,以及校际均衡状况评估的8项指标,认真核对、查漏补缺。要把重点放在班额、功能用房、体卫艺设施设备、校园文化建设及图书配备上来,该刷漆的要刷漆、该栽树的要栽树、该腾用房的要腾用房、该添置设备的要添置、该平整的场地要尽快平整,确保全面达标。要进一步规范、完善档案和印证材料,从机关到学校都要对均衡迎评的各类文件、会议纪要、实施方案、报告账册、经费材料、通信报道、音像图片等资料进行再整理,确保准确无误。各级领导是迎评工作的指挥员,既要在中军帐内运筹帷幄、当好将军,更要常下连队,身先士卒、靠前指挥;校长教师是迎评工作的突击队、敢死队、尖刀排,要全力以赴冲锋陷阵,出几身汗、瘦几斤肉,确保迎评决战决胜。**最根本的是加大投入。** 兵马未动粮草先行。均衡迎评没有投入、投入不到位,拿什么建新校、改旧园,拿什么去消除大班额,拿什么去保证生均面积,拿什么去根除旱厕? 硬件不过关,差异系数再小、档案资料再完备,评估也不可能过关。要确保迎评过关,首先要保障投入过关。这一点,已经通过评估的 6 个县区为我们提供了最有说服力的证明。从前段时间的督导反馈看,各个迎评县党政领导都高度重视,表示要钱出钱、要人出人,有的县甚至表态均衡迎评用钱可以"先用后报批"。这一势头令人鼓舞、令人振奋,眼下的关键是要抓落实、抓到位,既要足额安排校建经费,又要切实保障校容校貌、校园文化建设经费,还要落实均衡迎检工作经费,把钱用在刀刃上,确保迎评粮草充足。**最有效的是督查调度。** 均衡迎评已经兵临城下,时间紧迫、任务艰巨,无路可退、无险可守,只能勇往直前。我们只有全力以赴、分秒必争,才能确保完成任务。督促检查是助推器,也是听诊器,目的就是上紧发条、压实责任,及时发现问题,迅速督促整改。各地要建立一支 10 人以上的专兼职督导队伍,组织开展专业督导、专家会诊、巡回督导、交叉检查。要坚持请进来、走出去,这点大家要向宜黄学习,他们在短短一个多月的时间,三次邀请专家上门指导,现场会诊,解决难题。市里将定期组织专家督导组,对各迎评县工作推进情况进行密集督查、反复督查,通过微信、会议等形式每日调度、每周通报。市教育督导室编发的督导通报将直接报送市领导及各县区主要领导和分管领导,层层传导压力。各迎评县也要加强督查调度,及时发现问题,查漏补缺。

(本文系 2017 年 3 月在抚州市基础教育重点项目建设暨义务教育均衡发展现场推进会上的讲话摘要)

让每一个孩子上好学

——抚州市推进义务教育均衡发展纪实

抚州,全国闻名的才子之乡、教育之乡,自古以来尊师重教,崇文重礼,始终传承着一个美好的梦想——"有教无类、人人成才"。市委、市政府领导多次强调,"要注重教育均衡协调发展,推进教育公平,让改革成果更多惠及千家万户""教育均衡不是劫富济贫,不是削峰填谷,而是办好每一所学校,让每一个孩子有学上、上好学"。"十二五"期间,全市教育经费累计投入达262亿元,年均增长21.5%,远高于同期财政收入增长。于是,百姓感慨:"左看右看,上看下看,还是学校是最亮丽的风景。"

一、锁住标准化

宽敞明亮的教室里橙色的课桌椅整齐划一,图书室、实验室、电脑室一应俱全,这是南城县里塔小学的一个场景。"原来下雨天,操场上泥一脚水一脚,课桌椅破了都是我们自己修,电脑更是见都没见过,多亏了学校标准化建设。"说起近年来学校的变化,里塔小学校长余银祥喜悦之情溢于言表。

从一所设施落后的学校到软硬兼具的特色学校,里塔小学的嬗变是抚州市大力实施标准化建设、推进义务教育均衡发展、整体办学水平大幅提升的一个缩影。2013年以来,该市投入资金32.5亿元,实施学校标准化、薄弱学校改造、农村初中工程、农村教师周转宿舍等13类工程建设,惠及1400多所农村中小学校。小而美、功能全的农村学校成为乡村的一道风景。

在提升学校基础设施功能、加快硬件均衡的同时,不断推进学校软件均衡,大力加强内涵建设。市教育局局长吴建发与校长教师交流反复强调:"标准化建设不是简单的建学校、修围墙,更应该让每面墙壁说话,让每个角落育人,让人人传承精神,让每一所学校都成为有故事的学校。"抚州市把校园文化建设作为学校提质量、树品牌的关键,以实施"五名工程""八个一"校园文化建设和示范性学校创建为抓手,全力推动理念立校、文化润校、管理兴校、质量强校,催生了金溪的"文道教育"、东乡的书法教育、广昌的莲文化教育、南城实验中学的"灯柱名言、班树寄语"、临川十中的"孝廉文化"百花齐放,各具特色。

二、紧盯"大班额"

为了满足新型城镇化过程中群众日益增长的教育需求,抚州立下规矩,必须以消灭"大班额"为突破口,加快城区学校建设。金溪是这么说的,也是这么做的。金溪锦绣小学、仰山学校、特教学校相继建成,投入 4.5 亿元高标准新建的金溪一中,不到一年时间竣工,成为全市教育的佳话。这种大办教育、办大教育的现象在抚州蔚然成风。

近年来,抚州市紧紧扭住投入这个"牛鼻子",积极扩充教育资源。5 年来,全市累计投资 65.3 亿元,新建、改扩建校舍面积 210 多万平方米。每年市中心城区 100 个重点项目中教育项目都在 10 个以上,年度投资额连续保持在 5 亿元以上。副市长刘菊娇分管教育工作十年,坚持挂点每一个教育重点项目,坚持每周调度一次项目,有力地加快了项目建设进程。崇仁师范学校新校区、临川一中、临川二中、市保育院新园区、梦湖学校和伟星小学等一批新校区相继建成投入使用,新增学位 4.2 万个。

在市里的带动下,各地不甘落后,掀起比学赶超热潮。东乡县主要领导提出"要用最好的地块,建设最好的学校"。各地教育项目遍地开花,临川区付家小学、南城二小、东乡一中、东乡三中、金溪六小、资溪鹤城新区幼儿园、宜黄实验小学等 20 多所功能设施一流的学校投入使用,教育资源扩充了,城区"大校额"减肥了、"大班额"消肿了。

三、盘活大资源

金溪县教育局原局长过了两年"单身"生活。2014 年以来,该县在全省率先试点校长教师交流轮岗,他爱人从城区学校下派到偏远的陆坊乡石溪小学任教。起初,县里出台试点方案,制定激励措施,开展宣传动员,但是效果并不理想。为了打破僵局,他动员担任仰山学校副校长的妻子杨华云第一个报了名。局长妻子带了头,全县城区学校教师踊跃跟进。金溪试点初战告捷,成为全国全省样板。截至今年10月,全市12个县(区)全面实施义务教育学校校长教师交流轮岗,1 500多名城区教师奔赴农村教学一线,为农村学校点燃了希望。金溪陆坊乡石溪村村民黄保国说:"以前只见农村老师削尖脑袋往城里钻,现在又见到城里老师进山沟沟,这是真正为我们农民着想。"

多举措推进师资均衡。实施"多位一体"教师引进机制,大部分教师补充到农村教学一线;实行城乡义务教育统一师生比,教学点按1∶1.7班师比配备教师。南城、南丰、广昌等地实行紧缺教师"走教制",破解了教师结构性矛盾。大力实施"智慧教育"战略,通过"三通两平台",建立名师工作室,让农村学生享有城区一样的教学资源,缩小了城乡教育差距。

城区的教师下去了,农村的生源回流了。去年秋季开学,广昌县塘坊中学70多名孩子回来了,乐安县白石小学30多名孩子回来了,南丰市山中学学生由200人回升至600多人。交流轮岗实施以来,全市共有2 100多名学生回流农村学校,朗朗的读书声,给广大农村学校带来了新的生机与活力。

四、改革闯新路

"抚州教育改革亮点纷呈,可圈可点。"2015年8月,时任分管教育工作的副省长朱虹如是说。抚州先后被列为省级基础教育综合改革试验区和全国中小学教育质量综合评价改革实验区,"两区"建设成为抚州不断推进教育均衡发展的重要平台。

先行先试,实施临川教育集团学校转型升级重大战略,采取"名校带民校"的形式,竞争引进11家社会法人,吸纳社会资本10多亿元,新办抚州一中实验学校、临川一中实验学校、临川二中实验学校,新增优质学位2万多个,实现了经济、社会效益的双赢。

推进教育质量综合评价改革,与知名科技公司合作,从5个纬度用20个核心指标,通过大数据分析,对区域、学校、教师、学生的教育教学质量进行综合评价,对教育运行进行科学干预,全面提升了教育质量。实施义务教育免试就近入学,公办学校实现了"零择校""零条子",群众满意,社会点赞。

几年的改革探索,该市形成了教育巡察看变化、教育交流促进会、先进事迹巡回报告会、中小学生艺术节等一套行之有效的教育工作机制。每年举行一次"教育巡察看变化""教育交流促进会"活动,组织市县(区)分管领导、教育局局长深入各地察看教育发展变化,看项目、看现场、看变化、看文化,看大不看小,看新不看旧。每年这个时候,都看得一些领导额头冒汗、心里发慌。巡察结束,有的地方连夜开会,研究追赶对策。通过改革,化解了矛盾,闯出了新路,增添了活力。

亚里士多德说得好:"教育的根是苦的,但果实是甜的。"为了推进义务教育均衡发展,为了让每一个孩子上好学,抚州人付出了艰辛、付出了辛劳。他们辛苦,但心里是甜的。

(本文原载于《江西教育》2016年第3期,有改动)

教研应站在教育的前列

今天会议安排很丰富,参观了南城几所学校,听起了南城实验中学经验介绍,分析了今年全市中考情况,我深受教育、深受启发、深受鼓舞。大家的真知灼见至少给予我五点启示。

第一,教育有其内在的规律,认识把握规律是做好教育工作的前提。 什么是规律?规律是事物内在本质的必然联系。孔子说:"志于道,据于德,依于仁,游于艺。"规律就是"道"。"道可道,非常道",教育工作与其他工作一样,只有认识、把握和运用了教育规律,才能顺道顺风、事半功倍。我想南城的工作做得这么好,跟南城县教育局领导班子把握教育规律、按规律办事有着重大关联。大家知道,抚州教育名声在外,抚州教育是一张名片,我也一直在思考:抚州教育到底有什么内在的东西?我在很多场合讲过,抚州教育至少包含了四种精神:一是"苦中求乐"的奋斗精神。学生苦读,老师苦教,家长苦育,政府苦抓。千百年来,从学生、老师、家长到政府,社会的各个阶层为了崇高的教育事业,有苦不说苦,以苦为乐,乐在苦中,乐在其中,这就是崇文重教的奋斗精神。二是"乐中问道"的科学精神。"道"是教育的内在规律。抚州教育之所以能够薪火相传、生生不息、长盛不衰,一个重要的原因就是抚州教育人以教书育人为乐,按教育规律办事,顺应教育规律抓教育,才能使教育之路越走越宽。这就是一种尊重规律、把握规律的科学精神。三是"道中育才"的敬业精神。认识把握规律是事业成功的前提,但仅有这些是不够的。做好教育工作还要有爱岗敬业、爱生如子的职业精神,这种精神就是道中育才的敬业精神。四是"才中培英"的创先精神。"取法乎上,得乎其中;取法乎中,得乎其下。"从王安石、曾巩、汤显祖、陆象山等抚州的先贤开始,抚州教育始终高点定位、追求卓越,这就是才中培英的创先精神。这一点,可以用一组数据为证。自恢复高考以来,抚州为国家输送了40多万名大学生,相当于一个中等县的人数。近十年来我们培养了将近700名清华、北大学子。在中国1300年的科举史上,选出进士11万多人,其中江西有1.1万人,抚州3000多人,接近三分之一,跟我们现在录取清华、北大的数字接近。

第二,教育质量是教育永恒的生命,抓住教育的质量就抓住了教育的根本。 教育发展史,归根到底是教育质量的提升史。抚州坚持走素质教育之路,是教育质量的稳步提升成就了才子之乡、教育之乡的品牌。由此,大家任何时候都要牢记,质量是教育的生命,没有质量,教育就无法生存和发展。值得警惕的是,抚州教育质量有下滑的迹象。今年中考之后,我让中招办调度了一些数据,让教研室做了一些分析,得出的结果是:高分段的学生至少落在几个设区市的后面,平均分也落在两三个设区市后面。我刚刚看到这份中考质量分析的数据,不及格率竟达到了58.83%。这些情况必须引起我们的高度警觉,在科学分析的基础上采取切实措施予以整改,千方百计提高教育的整体质量。

第三,教研是教育的第一生产力,加快教育发展最重要的是提升教研工作水平。 政治经济学认为,生产力是人与自然的关系,即人们征服自然、改造自然的能力。劳动者、生产工具和劳动对象构成生产力的三要素。邓小平同志指出,科学技术是第一生产力。教研工作是教育的科学技术,所以从理论上讲,教研是教育的第一生产力经得起理论推敲。实践反复证明,哪个地方的教研工作抓得好、成果多,哪个地方的教育事业就欣欣向荣,反之,将会严重制约教育事业的科学发展。今天的中考综合分析就是一个实证。缘此,希望我们一起来重视教研工作,支持教研工作,为教研工作创造更好的环境。

第四,教育工作是十分耕耘、一分收获的工作。 常言道,一分耕耘,一分收获。但是从今天传递的信息看,有一个观点契合了我多年的思考。这就是教育工作既是传授知识的活动,更是生命艺术的引导,是一项复杂劳动。教育工作不可能做到一分耕耘一分收获,而是多一分耕耘一分收获。这就要求我们每一个教育工作者都要坚定信心、万难不屈,永远保持奋勇向前的精神状态,以"人一之我十之"的干劲推进教育事业发展。

第五，教育信息化是教育现代化的根本途径。 教育信息化是推进教育发展最有效、最科学的手段。站在新的起点，能否将抚州教育资源优势转化为抚州对外开放和经济社会发展的优势，一个非常重要的切入点就是要加快抚州教育信息化发展。一方面，"三通两平台"的建设，可以使教育资源联通融合，让农村偏远薄弱学校也能享受最优质的教育资源，推进教育均衡协调发展；可以推进教育办公现代化，强化教育系统的政风行风建设，推动教育系统在转变作风中改进服务态度、提升服务质量、提高工作效能。另一方面，智慧校园、智慧课堂、智慧教育建设，可以极大地提升学生的学习能力、老师备课水平和学校管理治理水平。为此，大家一致认为，推进教育信息化，既是上级政策要求，更是加快教育发展的捷径，必须抢抓机遇、顺势而为。

这些启示，是今天与会的收获，也是抚州教育发展实践的基本印证。我来市教育局工作已6年多的时间了，始终感觉自己没有完全进入角色，很多工作认识把握驾驭不够，令大家失望、让自己遗憾，但是受大家的教育和启发，我仍然愿意借今天的机会，就新时代的教研工作谈谈自己的看法。我认为，教研是教育的引领，必须站在教师的最前列；教研是教育的智库，必须为教育大局谋略谋实；教研是教育大计，必须提供强有力的保障。

教研是教育的引领，必须站在教师的最前列。 教研是教育发展历史阶段的产物，是教育发展的引擎和助推器。教研工作只有站在教育，特别是教师的最前列，才能够实现教研对教育教学的引领。这种引领至少包括三层含义：**一是方向上的引领。** 教育教学工作从哪里来、往哪里去、朝着什么方向迈进，这是教研部门应该先行思考、先行探索的基本课题。也就是说，社会主义的办学方向如何在教育教学中实现，学校课程、课堂应当坚持什么、反对什么、弘扬什么，教研部门既要作出回答，更要在旗帜上引领，要通过顶层设计、落实课改等工作为教育教学把关定向。**二是方略上的引领。** 方略即方法和策略，既是战略，又是战术，是战略与战术的链接点。教研部门的定位和职能决定其必须在方略上引领教育教学。这就是说，教研部门既要在深化改革、加快发展、提高质量、促进公平等方针政策上为主管部门当好参谋，又要在教育教学的具体运行中引领学校、老师运用把握教育规律，用科学技术和先进方法提升教育教学能力。授之以鱼，不如授之以渔。教研室更要在理念、方略上武装教育教学。**三是精神上的引领。** 教研室是教师的"娘家"，是教师的精神家园，是教师进步的大学校，教研室不仅要关心、关注、关怀教师的喜怒哀乐、思想动态，更要从精神上引领教师。

教研室的这些引领功能，决定教研室必须站在教育教学的前列。**一要站在学术的前列。** 教研室源于教育教学，但必须高于教育教学。既要站在理论的前沿，善于运用理论指导实践，推动实践，推进事业；又要善于总结基层创造，集成广大教师的研究成果，始终走在学术的前列，引领广大教师积极开展科研教研，服务教育一线提升学术水平。**二要站在业务的前列。** 教研员应当从最优秀的教师中遴选，既能跟踪研究教育理论方法的最前沿，又是教育教学的行家里手。教研员应该成为老师的老师，始终站在教材教法、备课授课、课堂驾驭、学生引导的前列。**三要站在人格的前列。** 教研员是教师的导师，无论是"传道授业解惑"，还是做"四有好老师"，都应当站在普通教师的前列，带头遵守教师职业道德，以德育为魂，站在师德师风的前列，既做党的教育方针的贯彻者，又做立德树人的践行者，更做社会主义核心价值观的传播者。

教研是教育的智库，必须为教育大局谋略谋实。 教研室是教育系统的人才库、智力库、参谋部，所以教研室不仅仅是研究语数外等几门课程，更多的是要跳出这些课程来认识把握教研的规律，围绕中心服务教育发展大局。**要为大局谋略。** 发挥好自身的人才优势，认真履行智力库、参谋部的职能，站在全局高度，谋求在深化改革、加快发展、提高质量、强化治理等战略上服务大局，当好参谋。比如，一个地方一个学校如何贯彻落实党的教育方针？如何践行立德树人的根本任务？如何实现办好人民满意教育的总体目标？如何化解不平衡不充分的矛盾，满足人民群众对教育的美好向往？如何进一步擦亮抚州教育的品牌？这些都需要教研部门深入基层一线，发现群众创造，总结经验，探索落地途径，形成推进事业的方略。**要为大局谋实。** 谋实就是要围绕局党委、行政科学有效地推动日常工作运转，在文字、文秘、预案、论证等方面提供高质量的服务。这方面目前市教研室基本还是空白,也可以说是短板,希望大家迅速跟进,改变现状,做出成绩。要在重点工作上谋实。做好教育质量综合评价和中考、高考分析,督导各地各校运用这些成果,坚持问题导向,矫正工作偏差,加强和改进工作。要在中心工作上谋实。要了解党委、行政在想什么和要做什么。站在大局和主要领导的角度,围绕工作运行中的热点、难点、疑点问题,以课题研究的方式,开展调查研究,帮助领导找到化解矛盾、解决问题的方法。要在决策咨询上谋实。广泛收集基层信息、深入研究政策法律、积极探索方法途径,为领导了解基层、指导面上、驾驭大局、破解难题提供有效的决策咨询服务。

教研是教育大计,必须提供强有力的保障。 习近平总书记讲,教育是国之大计、党之大计。教研是教育的第一生产力,那么,教研应当是教育之大计,必须强有力的保障。**一要在定位上保障。** 定位决定站位,站位决定品位,品位决定地位。关于教研室的定位,我们可以大胆地提出,教研室是教学的引导,是教育的智力库、人才库,是主要领导的左右手。教研室的领导和每一个教研人都要按照这些定位来锻造自己、修炼自己、建设自己,不断提升教研室的服务能力。**二要在政治上保障。** 教研室发挥如此重要的作用,理应高看一格、厚爱十分。要从政治上关心教研室干部的成长,把教研室主任作为最优秀的后备干部来培养,把教研员作为最优秀的教师和后备校长来培养,发挥教研室党支部的战斗堡垒和党员的先锋模范作用。**三要在组织上保障。** 要配齐各学科教研员,充实机构人员编制,改善人员结构。教研室不仅要培养教研员,还要培养政研员和科研员,努力使教研员成为全才通才。**四要在机制上保障。** 教研室应该成为开放民主、充满活力的单位,要"沉得下去、听得进去",教研员要到学校搞调查研究,既要听最好教师的课,也要听最差教师的课;要"凝得起来,推得开来",教研室要能把广大教师的力量凝聚起来,把好的经验和做法推广开来;要"手中有典型,脚下有路径",建立前沿跟踪机制、质量分析机制、学科竞赛机制、名师工作机制、开放合作机制、素质提升机制、调研听课机制、决策咨询机制,着力提升教研工作运行活力。**五要在经费上保障。** 要举全局之力办好教研室,争取预算,做大结算,探索路子,开点口子,为教研室工作运行创造更好的工作环境。

（本文系2018年11月在全市中考分析暨教研工作现场推进会上的讲话摘要）

督导工作大有可为

督查是领导工作的重要方法和重要工具，其主要职能是检查工作、发现问题、督促整改、引导方向、推动落实、促进发展。实践证明，督导督查对于服务决策、推动落实、促进发展至关重要。

教育督导是指由教育督导组织及其成员根据教育科学理论和教育法规政策，应用科学的方法和手段，对教育工作进行监督、检查、评估和指导，以期促进教育效率和教育质量提高的过程。教育督导古而有之，我国西周时就有"天子视学"，随后又扩至"王亲视学""学官视学"，但真正建立视学制度是在宋代。宋代设立提举学事司，"岁巡所部，以察师儒之优劣，生徒之勤惰"。元代设立提督学校官，明清时中央任命各省提学官。中国现代教育督导制度建于 1906 年，清政府颁布《视学官章程》，决定各省提学司设置省视学。1913 年，国家公布《视学规程》，将全国分为 8 个视学区，视察普通教育与社会教育。新中国成立以前，国家曾在革命根据地的教育管理机构中设立视导组织。中华人民共和国成立后，国家在中央和地方教育行政部门中，分别设立了视导司、室、科、组（但于 1958 年中断）。1977 年以后，教育部设置了若干巡视员，恢复巡视工作。1986 年 9 月，国家教委建立了督导司，各地教育部门也相应建立督导机构，全面恢复了教育督导工作。1993 年，中央编委批准在原国家教委设立教育督导团。1995 年《中华人民共和国义务教育法》规定，国家实行教育督导和教育评价制度。1993 至 1998 年，以建立两级督导评价机制为标志，教育督导制度的社会影响逐步扩大。2000 年，原国家教委教育督导团更名为国家教育督导团。2012 年，国务院出台《中华人民共和国教育督导条例》。2011 至 2017 年，教育部先后出台职业教育、学前教育、义务教育督导评估办法。从 2018 年开始,国务院对各省区政府履行教育职责进行督导评估。2020 年,国务院修订出台《中华人民共和国教育督导条例》。这些情况表明,党委、政府对教育督导工作越来越重视,我们要进一步提高认识,把思想和行动统一到党中央、国务院的决策部署上来。

要强化保障。 有人员:督导队伍是我们做好工作的基础和前提。县(区)在成立机构的同时,要建立一支由一批专、兼职督导人员组成的督导队伍。每个县(区)至少要有一到两名专职人员,还要有一批兼职的督学队伍,包括一批兼职的督导人员。有经费:从前年开始,市财政每年已安排教育督导专项经费50 万元,根据事业发展需要还将逐步增加。各县(区)也要根据教育督导条例要求,由财政安排教育督导专项经费,强化教育督导工作基础保障。**有任务**:机构成立了,人员有了,经费到位了,教育行政部门就要交任务、压担子。没有任务就没有平台、没有载体、没有支撑,保障也就无从谈起。**有考评**:督导的基本职能是考评。从事督导工作不能光考评别人,也要接受组织考评,要尽快建立市县教育督导机构考评机制。**有培训**:督导工作是一项专业性很强的技术活,需要具备良好的综合素质,同时又要对教育方针政策十分了解,因此,加强人员培训十分重要。

要主动作为。 督导工作是教育事业科学发展的重要环节,也是深化教育改革的重要保障。做好督导工作要坚持主动出击、主动作为,做到有计划、有目标、有形式、有重点、有行动、有成效、有权威。**要有计划**:科学制定工作的中长期规划、年度工作计划和短期计划,增强工作的规划性、科学性、实效性。不能脚踩西瓜皮,滑到哪里算哪里。**要有目标**:目标指引方向。要知道督导工作从哪里来、往哪里去,要以合理的目标为导向,引领督导工作前进。**要有形式**:督政、督学、督校、督事、督研等都是督导工作的具体形式,在实际工作中可以根据交办主体、督导对象、督导目标、督导任务的要求,选择相应的形式。督政就是督促政府,包括政府主管部门。有的同志对督导机构如何督促政府有疑问,觉得督促本级政府不可能,督促下级政府权威不够。这种困惑的产生,主要是因为认识没有深化,工作没有树立权威。20 世纪 90 年代,深圳的市委、市政府督导室就非常有权威。深圳市委、市政府赋予他们很多特权,使他们可以到任何场合任何场所就任何工作问题进行督导;赋予他们很先进的科技手段,在 20 世纪 90 年代中后期就为督导人员配备录像机、照相机;督导发现情况可以直接向市委、市政府的主要领导或分管领导汇报。市委、市政府督导室可以对一些领导干部进行约谈,指出其存在问题,提出改进意见,这就是权威。现在,我们市委、市政府督导室也在逐步树立这样一种权威。我想,教育督导机构也要根据督导条例的要求,通过努力和卓有成效的工作来提高自身的权威。督学是我们的基本职责,通过教育督导工作,推动党的教育方针政策全面贯彻落实;督校就是通过对学校的督检来发现问题,化解矛盾,推动党的教育方针政策落实;督事指就某一件事情,根据领导的指示,或者受领导的委托,去进行督促检查,进行督导;督研就是通过走下去,深入基层,深入一线,应用督导的职能开展一些调查研究,为督导掌握情况,为决策提供服务,这是督导工作的有效形式。要使教育督导工作卓有成效,至少要做到以下几点:督政要有声音,督学要有举措、有方法、有制度,督校要有行动,督事要有效率,督研要有成果。**要有重点**:干工作不可能包罗万象,也不能眉毛胡子一把抓,要善于抓住主要矛盾和矛盾的主要方面。要广泛调研、科学分析、精心梳理,列出工作重点。一是党和国家的教育方针政策。一段时期有一段时期的重点,比如贯彻落实党的十八届三中全会精神、深化教育体制改革、建设基础教育改革试验区、促进教育公平、提高教育质量、规范教育行风等是我们工作的重点。二是近期教育中心工作。督导工作要研究教育部、省教育厅、市教育局在关注什么;教育部部长、教育厅厅长、教育局局长和各级政府的分管领导在想什么、做什么、谋划什么、推动什么。三是突出矛盾。当前,代课教师的上访、优先发展教育没有完全落实到位、教师选配结构性矛盾等问题,就是教育运行中的突出矛盾。要从化解矛盾的角度来明确督导工作重点。四是决策服务。要通过督导调研,更多地掌握全局工作的运行情况,把督导室建设成教育工作信息的中心和教研发展的中心。五是沟通上下。通过督导工作向基层传达声音、宣传政策、听取反应、衔接工作、令行禁止。要加强督导调研,上报督导专报,向上级报告工作动态,争取支持和指导。**要有行动**:明确了工作重点,就要开始着手行动。有人员作基础,有经费作保障,有计划作指引,有目标作导向,有重点作切入,就要主动作为,走得出去、沉得下来。**要有成效**:管理学讲:"没有结果的行动是无效的行动。"要在贯彻方针政策、推动中心工作、化解突出矛盾、服务领导决策、沟通等方面狠抓落实、埋头苦干、取得成效。**要有权威**:心中要有大局。从督导室主任、干部到督学,每个人的心中都要有工作大局,局部要服从大局,没有大局不可能树立权威。手中要有信息。要有大量的感性材料,了解实际的情况,开展督导工作才能做到有的放矢、心中有数。决策要有声音。教育行政部门决策也好,政府研究教育工作也好,教育督导方面没有声音、没有方案,想要树立权威就不可能。教育督导要在依法、民主、科学决策的框架内,积极服务决策。业务要有权威。要使基层感觉到督导室的同志下去既是领导又是专家更是老师,对基层工作不仅能说出子丑寅卯,更能科学指导,这样才能真正树立威信。

要不负重托。 教育督导工作责任重大、任务艰巨、使命光荣。从事教育督导工作的同志,不能辜负组织的信任,不能辜负领导的期望,不能辜负事业的重托。要主动作为,真抓实干、不辱使命,实现领导认可、基层认可、群众拥护、同事羡慕的目标。领导认可,就是要让领导感到督导室不仅牌子重要,业务职能更重要。对于领导交办的任务、压的担子能够很好地完成,能够卓有成效地指导工作、落实决策、推进事业。基层认可,就是能使基层同志切实感受到教育督导室是一个懂业务、能指导、有威信的重要部门。群众拥护,就是通过履行教育督导职能,科学有效地推动教育工作,让干部群众感到督导室有为有威。同事羡慕,就是通过努力工作使领导信任、基层认可、群众拥护,大家都想去做这项工作。

(本文系 2020 年 11 月在抚州市教育督导工作会上的讲话摘要)

倾情关爱乡村教师

抚州是闻名全国的才子之乡、教育之乡,长期以来特别重视农村教育。抚州市以落实《江西省乡村教师支持计划(2015—2020)实施办法》为战略契机,全面加强农村教师队伍建设,通过"十项优先"措施,确保所有乡村教师招得进、下得去、配得齐、留得住、教得好、安得心。

一是师德考核优先。 将乡村教师师德师风教育放在工作首位,制定教师职业道德考核实施办法。师德考核优秀者,在专业技术职务评聘、岗位等级晋升、选拔推荐、评先评优等工作中优先。把教师"万师访万家"活动的开展情况纳入师德考核重要内容,鼓励教师上门家访,促进了学校与家庭、社会的深度融合。

二是评先评优优先。 在各类评先评优和推荐选拔中,农村教师始终排在第一位。近年来,先后从农村学校中评选了 100 多名全国全省模范教师、全市优秀教师、班主任;400 多名农村教师被评为省特级教师、省市学科带头人和骨干老师;24 名农村教师被评为全省"最美乡村教师""优秀乡村教师"。每两年组织开展优秀教师先进事迹巡回报告会,提升了乡村教师形象。

三是编制使用优先。 2017 年,全市农村学校教职工编制标准达到县镇水平,初中学校统一按师生比 1:17.1 配备教职工,村完小及以上学校按师生比 1:19.7 配备教职工,村小及教学点按班师比 1:1.7 配备教师。2018 年,落实《江西省编办 江西省教育厅 江西省财政厅关于加强全省中小学教职工编制管理工作的通知》(赣编办发〔2017〕72 号)精神,将在编制调整方案中充分考虑村小和教学点实际情况,确保每个教学点至少有 1.5 名教师。

四是补充教师优先。 我市将教师"退一补一"列入市政府对县区教育工作目标的考核内容,严禁"有编不补",所有新招聘高等院校毕业生无条件进入农村学校。对符合本县(区)户籍的高等院校毕业生优先报名录取。从 2010 年至今,全市通过全省统一招聘、特岗计划、定向培养、"三支一扶"、回原籍安置等方式,为农村学校输送一线教师 1.2 万名,稳定了乡村教师队伍。

五是交流轮岗优先。 2014 年,金溪、东乡率先试点义务教育校长教师交流轮岗的经验在全省推广后,全市迅速铺开。除每年新招录教师安排到农村学校外,全市 3663 名校长、教师进行了交流轮岗。县城教师交流轮岗到农村任教一年以上者,入党入团优先考核、评优评先优先推荐、"三区人才支持计划"经费优先确保、职称评审优先上报,吸引了一大批优秀城区校长、教师到农村学校送管理、送经验,农村办学水平明显提高。

六是职称评聘优先。 2016 年,通过"5 个单列 3 个直聘"方式,解决全市4193 名中小学教师长期"评而未聘"职称等级岗位的历史问题,被广大教师称为"最大的"教育民生工程。及时发放乡村任教荣誉证书,对在农村学校任教满 25 年且仍在农村学校任教的在职在岗教师,不受岗位职数限制申报高一级专业技术职称。在乡村任教 30 年的教师只要具备职称申报条件的一项即可优先推荐。2017 年职称评审采取计划单列的方式优先通过,充分体现了人文关怀。

七是培训安排优先。 凡是国培、省培、市培项目,农村教师优先安排,全市每年选派乡村教师参加市内外各类集中培训有 1 万余人次,远程培训 4 万余人。凡是送教下乡活动,偏远山区优先安排,市、县两级教育行政部门重点安排省特级教师、学科带头人和骨干教师以"菜单式"送教到校,让名师到农村学校介绍经验、上示范课。凡是教师培训所需经费,政府优先安排,列入市政府对县区政府教育工作考评办法,各地财政足额安排到位,保障了教师培训工作的顺利开展。

八是工资待遇优先。 全面实施义务教育教师绩效工资制度,教师平均工资水平不低于当地公务员的平均工资水平,并逐步提高。教师"三保一金"和其他政策性福利待遇落实到位。全面落实艰苦边远地区学校教师特殊津贴、乡镇教师生活补贴和集中连片特困地区乡村教师生活补助,农村教师的生活待遇得到充分提高。各地各校每年对教师进行一次健康体检,建立教师健康档案,关注教师生活和身体健康,坚定了广大教师扎根农村的信心。

九是周转用房优先。 全面加强农村教师周转房建设,各县(区)建设了一大批农村周转房,优先安置新聘教师,同时改扩建食堂,农村教师的吃住行得到有效解决。从 2011 年至 2016 年底,全市累计 186 所学校建设了教师周转房,累计总投资 11 302 万元,其中中央 10 775 万元、地方配套 527 万元,建设规模为 81 340 平方米共 2 324 套。由于有效解决了住宿等问题,广大农村教师留校住校的人数明显增多,农村教育管理水平明显提高。

十是政策支持优先。 全市各级党委、政府高度重视农村教师队伍的稳定和发展,措施不断,倾情关怀。教育部门始终把加强乡村教师队伍建设作为夯实基础、打造品牌的关键,常抓不懈;财政部门在乡村教师队伍建设方面提供资金支持及时到位,不折不扣;编制、人力资源和社会保障部门在教师编制和人事政策方面,优先研究,重点保障;发展改革、住房城乡建设等部门在学校规划和教师周转房建设上履职履责、部门联动,为全面建设一支师德高尚、业务精湛、爱岗敬业、无私奉献的乡村教师队伍提供了坚强的政策保障。

(本文系 2019 年 11 月接受江西教育网采访摘要)

家访里面有学问

"通过家访,脚步近了,心更近了。"我在基层学校听到这些反馈时,内心很温暖,深知近几年的行走没有白费心血。如今,微信、QQ等交流方式虽然十分便利,但它们取代不了传统的教师上门家访形式。经过"万师访万家"活动,我们又重新找到了家访的重要意义。

家访是"校家同创"的一个载体。 在"校家同创"工程开展之初,不少人认为教师对学生的家访费时、费力,况且现代化通信手段如此便捷,家访是不是过时了?现代社会还有家访的必要吗?但通过实践发现,学生欢迎教师家访,家长期盼教师家访,教师工作需要家访,和谐满意的教育更需要家庭教育的助力。正因如此,几年前抚州实施的"校家同创"模式受到了中宣部、教育部的表彰。

家访是开放办学的有效形式。 家访这种形式其实从孔子办学就已经开始。实践证明,教师通过家访与家庭、社会建立联系,是一种有效的育人形式。在新的形势下,教师要立德树人,办人民满意的教育,落实践行社会主义核心价值观,一定要走开放办学的路径。

家访是素质教育的重要平台。 面向全体学生,全面发展学生的综合素质,我们需要全面地研究学生的素质结构。家访可以搭建学校与学生、家庭沟通的桥梁,让学校更多、更好、更有针对性地了解学生。

总体来说,无论是对学生、对教师、对家长,家访的价值和意义非常重大。

家访有助于我们更好地服务学生。 通过科学确定家访对象,对于优秀学生的家庭进行访问,我们可以了解家长成功教育孩子的宝贵经验;对于贫困学生的家庭进行家访,我们既可以进行学业帮扶,又可以实行经济救济。

家访可以更好地促进教师专业成长。 通过家访，教师可以更多、更好地走出校门，了解社会、接触社会。如此，既宣传了党的教育方针、政策，使社会、家庭、学生更多更好地了解教育，从而让教育得到社会的理解和支持；与此同时，有助于提高教师与人沟通的能力和访谈交流的技巧。教育一方面是传授知识的活动，另一方面是一门艺术。有些老教师小时候就有被家访的经历，或者以前有过家访的经验，现在带领新教师进行家访，可以让年轻教师更清楚"家访到底怎么访"，不断提高教师的综合素质和水平。

家访有助于实施更具针对性的教育。 通过家访，丰富教育形式，提升办学效果和教育质量。通过实践活动，提升对家访的感性认识，并不断提炼概括，从而找到教育的内在必然联系，不断探索出教育的本质规律，也有助于提升教育与社会的契合度，提高社会对教育的满意度与认可度。

抚州市十分注重对家访工作的调度，在工作机制上，每周市教育局要召开工作调度会，每两周业务科室要对家访的业务情况进行了解，对家访示范校进行跟踪。我们认为，所谓家访，"访"只是形式、途径，更好地育人才是真正目的。家访，至少要做到"四访"：访谈，与家长展开沟通和交流；访问，询问家庭对孩子开展教育的困难，为如何教育孩子提供更好的帮助；访计，要问计教育；访路，要为家庭、学校、学生、教师培养孩子提供更好的出路。

我们觉得，家访是一门艺术、一门学问、一门科学。它涉及教师对心理学知识、教育学知识的掌握，要了解孩子的心理状态，了解家庭的情况。俗话说得好："一句话说得人笑，也能说得人跳。"家访本来是件好事，但如果没有掌握技巧，做得不好，也会适得其反。

当然，家访既不能搞形式主义，要实事求是，进行科学的制度设计，让它更好地在教育教学工作中发挥好功效，又不能千校一面，形式可以多样。但核心立足点可以聚焦为"四访四问"：访学问行，学生情况，学生在家庭表现出来的基本行为和学习、生活、思想现状；访大问小，对孩子的监护人进行访问，访大人，问的对象是小孩，问他们的成长情况；访贫问苦，教育的精准扶贫是什么情况？有哪些困难、问题？访家问计，深入的家访，应该是对教育本质的认识，如何实施更好的教育,更有效度的教育,提供什么样的方法,家访必须承担这些重任。

总体来说,家访要把握好几方面问题:**要在设计。** 学校组织家访活动要摸清情况,对学生、家长情况要定量分析,比如家访对象、家访时间、家访方法、家访步骤和具体设计。家访既包括对城市家庭的访问,也有对农村家庭的访问;既有对独生子女家庭的访问,也有对多子女家庭的访问;既有对优秀学生的访问,又有对问题学生的访问;等等。**重在组织。** 推动家访这项工作,不是让教师"放水养鱼,自生自灭",也不是教师某一个个体行为,要有周密计划,系统实施。科学建立平台、台账,教师可以是个体访,也可以是团队访;可以是白天访,也可以是夜间访;既可以是对普通学生的普遍访,也可以是对留守儿童、单亲家庭等的特殊访。家访完毕,教师应有效组织起来,对家访中出现的问题进行交流,相互学习,促进成长。**贵在落实。** 下发文件、设计制度,重要的是抓落实,不能流于形式。家访不能变成教师的一项硬性任务,而要成为每个教师的爱好和自发行为。要通过加强组织、督促检查、表彰优秀等诸多形式狠抓落实,让教师愿访、乐访。**务在效果。** 学生既是家访的出发点,又是落脚点。面对教育的信息化、新常态,家访工作要创新形式,可以是传统家访形式,也可以借助互联网技术,有组织、有计划地推动。

(本文原载于《中国教师报》2016 年 7 月第 625 期,有改动)

扎下根倾情服务

打赢脱贫攻坚战是党中央对人民群众作出的庄严承诺。近年来,市教育体育局坚决响应号召,坚持把挂点帮扶作为教育体育部门服务脱贫攻坚战的重要阵地,组织驻乐安、广昌三支"连心"小分队紧紧围绕精准扶贫、信访维稳、基层组织建设等重点工作,扎根基层,深入群众,聚焦脱贫,服务发展,较好地完成了挂点帮扶任务。

一是举全局之力,"沉下心"帮扶。 责任落"实"。 实行分管领导"AB角"制度,安排两名副局长互补分管挂点帮扶工作,61 名干部参与"一对一"结对帮扶;工委会定期研究挂点村工作,形成班子落实责任"不松手"、领导带头执行"不甩手"、全局履责"共携手"的工作局面。干部选"准"。 连续四年从正科级实职干部中选派党性观念强、综合素质高、工作作风实、善于做群众工作、具有基层经验的同志担任驻村第一书记,抽调精干力量担任队员,吃住在村、工作在村、考评在村,确保全身心投入驻村工作。督查从"严"。 主要领导、分管领导和纪检监察组经常深入挂点村调研,查看小分队帮扶日志,详细了解驻村工作情况,认真听取干部群众意见,对口碑不好、作风不实的队员严肃批评问责。

二是强党建之基,"扎下根"引领。 抓班子带队伍。 在乡镇党委的领导下,顺利完成基层党组织换届,协助选好配强村"两委"班子;加强党员干部队伍建设,发展党员 6 名,引导 5 名大学生返乡工作,打造了一支"不走的工作队"。强基础提效能。 建立完善了村级党员活动室、村级党务村务公开宣传栏等党建平台,推动村务决策民主化、宣传教育阵地化、"两学一做"常态化制度化,带领村民深入开展"听党话、感党恩、跟党走,撸起袖子加油干"感恩奋进的主题教育活动,坚定了干部群众跟党走的决心信心。实施"党建+扶智""党建+电商""党建+服务"工程,2018 年集体经济年收入达 23 万元。**化矛盾保稳定。** 制定为民便民 10 条举措,由群众"上访"到主动"下访",努力当好矛盾调解员、民情调研员、政策宣讲员、问题协调员,共化解矛盾纠纷 70 余起。50 多年党龄的老支书邹才达说:"群众对小分队是发自内心的信任。"

三是聚教育之爱,"融入情"扶智。 **改善办学条件。** 筹资 27.5 万元恢复重建白石小学,解决当地 20 多名适龄儿童入学问题。争取上级资金 54 万元,为麦坑村小配建了食堂、教师周转房和教学设备,孩子们都说自己的学校比城里好。抚州幼师高专组织艺术系师生帮助挂点村手绘文化墙,丰富了校园文化,推进了秀美乡村建设。市局为驻村配建 4 套体育健身器材,引导群众树立健身运动新潮流。**加强师资建设。** 为白石、麦坑等学校选配了 7 名本地年轻教师,解决师资薄弱问题。实施教师关爱计划,组织 12 名青年教师参加国培计划,为当地教师解决婚恋、住宿、食宿等后顾之忧。**实施奖教助学。** 市实验学校与三所村小结成帮扶对子,"送教下乡"20 余次,让小孩在家门口享受优质教育;针对留守儿童较多的情况,在村委会和小学设立留守儿童之家,组织学生每周与家长视频通话,实现家校共育;协调社会组织、爱心企业、高校志愿者开展奖教助学活动,资助资金 5.2 万元,实现学生"微心愿"70 多个。

四是行务实之举,"求实效"脱贫。 **产业扶贫见成效。** 坚持因地制宜,发展光伏发电、高效农作物种植和泥鳅、甲鱼养殖等产业,增强了群众"造血"功能,带动贫困户户均增收近 3 万元。**民生实事暖民心。** 争取上级资金 2 000 多万元,对挂点村的道路、水电、网络等基础设施进行维修改造,帮助村民解决教育、医疗、就业、住房、困难申请等难点堵点痛点问题 123 个,获得村民发自内心的好评。**移风易俗树新风。** 成立"红白理事会"和"文明劝导队",开展移风易俗志愿活动 43 次,入户发放倡议书 1 200 余份,劝阻党员干部操办酒宴 13 场、村民燃放烟花爆竹 200 余起,乡风民风焕然一新。

(本文系 2019 年 6 月在抚州市教育扶贫推进会上的讲话摘要)

全力破解入园难题

实现"幼有所育",是人民群众的热切期盼。抚州市高度重视学前教育发展,及时出台《关于解决"入公办园难、入民办园贵"问题的实施方案》,集中力量开展整治工作,全市"一乡一园"基本建成,公办园建设和小区配套园治理扎实推进,学前教育三年毛入园率达79.5%,普惠性幼儿园覆盖率达77.8%,公办幼儿园在园幼儿数占比达40.5%。

高点站位,推动学前教育发展。 把化解"入公办园难、入民办园贵"矛盾作为最紧迫的任务来抓,深入开展调研,出台《关于推进抚州教育高质量发展的若干意见》,对加快新时代学前教育发展作出全面部署。制定《抚州市中心城区中小学及幼儿园布局规划(2017—2030)》,拟新建幼儿园40所,到2020年,城区幼儿园可达119所。把加快公办幼儿园建设列为2019年局长亮点工程,每周调度,每月通报。各县(区)安排在城区规划再建1~2所规模适中的公办园;实际居住人口2 000人以上的行政村积极新建或改扩建公办园。

县自为战,扩充公办学前资源。 **一是建强乡镇公办园。** 在"一乡一园"的基础上,南城、广昌等地乡镇建成"一乡两园";黎川县配强公办园教师力量,公办园办学质量迅速提升;南城县公办在园幼儿占比年底可达50%,提前完成任务。**二是扩充城区优质园。** 今年以来,市中心城区批建公办幼儿园6所、改扩建1所,总投资1.8亿,预计增加学位3 390个。临川区第一保育院、湖南中心幼儿园已投入使用,抚州幼师高专附属幼儿园、文昌里幼儿园正在有序推进;广昌县在城区规划新建4所公办幼儿园。**三是改造农村闲置园。** 利用闲置校舍优先举办乡、村公办幼儿园,临川区改造启用72所村级公办园,增加学位4 320个。

上下联动，推进配套园治理。 一是高位推动。 出台《抚州市城镇小区配套幼儿园专项治理工作方案》，成立了由市政府主要领导任组长的专项治理工作领导小组，组建了工作专班；定期召开调度会，扎实推进治理工作。**二是部门联动。** 联合住建、自然资源等部门，先后两次对全市116个小区的配套幼儿园进行了摸底，梳理治理任务113个。目前，已完成治理62个，增加学位5861个。**三是整改促动。** 各地根据专项治理要求，通过移交、置换、购置等方式办成公办园或普惠性民办园，逐个销号。南丰县通过治理增加公办学位800多个，大幅提高公办园在园幼儿比例。

帮创并举，加快普惠园发展。 落实民办普惠园税费减免优惠和每年生均200元补助等政策，结合实际调整公办园保教费用，引导社会力量更多参与举办普惠园。目前，市本级引进的1所投资2亿元的高标准民办普惠园即将落地，可容纳幼儿1200名。强化高质量引导，全市20多所优质公办园与136所民办园结对帮扶，带动办学水平整体提升。

（本文系2019年10月在抚州市"不忘初心、牢记使命"主题教育工作推进会上的讲话摘要）

唱响才乡品牌　做优研学教育

抚州历史悠久,崇文重教,孕育了影响世界的临川文化,是著名的才子之乡、教育之邦。源远流长的传统文化是研学实践教育的源头活水,读万卷书、行万里路,负笈千里、游学四方,是抚州读书人最朴素的理想。王安石、曾巩、陆九渊、汤显祖等抚州名人都是研学实践的倡导者、先行者、实践者,他们终其一生都在践行知行合一、行成于思的学习理念。这些重要因素为抚州研学实践教育提供了不竭动力,也为研学实践教育打开了广阔的空间。

一、高点定位,高位推动,抚州研学教育有声有势

高点定位,提升育人水平。 坚持把推进研学实践教育作为贯彻党的教育方针、落实立德树人任务和办好人民满意教育的重要举措,高点定位、高标谋划,提升研学实践育人水平。市委、市政府提出,抚州有丰富的红色、古色、绿色文化资源,要把抚州打造成全国中小学生研学旅行目的地,把"才子之乡行"打造成全国、全省的精品研学线,要让学生在山水中领略才乡文化,在研学中增长实践本领。

高位推动,强化顶层设计。 市委、市政府早在教育部等 11 部门印发《关于推进中小学生研学旅行的意见》前,就把临川教育集团学校列为抚州全域旅游重要目的地,着手推进抚州一中 4A 景区建设。2017 年 7 月,市政府下发《关于加快推进中小学生研学旅行的意见》(以下简称《意见》),通过组织一次远足旅行、一次参观学习、一次主旨报告、一次主题队会、一次文化教育体验活动、一次戏剧观赏、一次篝火晚会、一篇研学心得体会"八个一"活动,丰富抚州研学旅行

内涵,形成独具抚州魅力的特色旅游品牌。这些都为我们推进工作指明了方向,增添了动力。

高效行动,迅速取得成效。 2017 年 7 月举行了全市中小学生研学实践教育启动仪式,市政府领导出席并授旗;9 月底邀请北京专家在抚州举办首届研学导师培训班,41 名学员获得证书;10 月下发了《关于推进全市中小学生研学旅行工作的通知》;12 月召开全市中小学生研学实践教育推进会,对工作进行再部署、再落实,全市三分之一的学生按计划开展研学活动。通过研学实践教育,引导学生走出校门、学习探究,培育和践行社会主义核心价值观,激发学生对党、对国家、对人民、对家乡的热爱之情;引导学生主动适应社会,促进书本知识和生活经验的深度融合,增强社会责任感、创新精神和实践能力。

二、把牢方向,规范运行,抚州研学教育有纲有常

把牢研学方向。 在研学实践教育开展之初,我们就作出了清醒的判断:研学不是单纯的旅游,而是一门科学的课程,始终把研学实践教育作为学生学习实践的重要组成部分,积极推动课堂教学与社会实践有机结合。各县区严格落实《意见》精神,成立研学实践教育工作领导小组和学校研学指导中心,构建了市、县、校三级工作网络。审批设立了抚州研学旅行研究院,聘请亚洲青少年户外教育协会主席董浩然等 20 余人组成专家智库,确保研学实践教育方向不偏离。

开发精品课程。 依托抚州"红、古、绿、新"教育资源,打造了临川教育集团学校、文昌里历史文化街区、抚州源野青少年综合实践教育基地、乐安流坑古村、金溪竹桥古村、广昌驿前高虎脑战役旧址等 54 个研学实践基地,开发了"临川文化之旅、人文自然之旅、历史名村之旅、才乡名校之旅、改革变迁之旅、科学探究之旅"6 个专题项目 104 个模块 38 套适合不同年龄学段、不同地方开展的研学精品课程。

健全完善机制。 从制度、平台、课程等方面建立健全工作机制,制定《抚州市中小学生研学实践教育工作规程(试行)》,明确了教育行政部门、中小学校、教师、学生、研学基地、承接机构六方的工作职责。制定《抚州市中小学研学实

践教育承办机构遴选办法》，明确了研学承办机构的基本条件、遴选程序、评分标准和考核办法，遴选确定了承办机构，规范了研学行为。

三、上下同心，左右协同，抚州研学教育有梦有戏

学生乐游，研学收获满满。　在先期试点的 109 所学校，研学通知发布，学生争相报名；研学归来，孩子们个个收获了知识、技能和快乐。南丰县子固小学的曾议同学研学归来这样写道："我与社会和自然的关系变得更加亲密，我用脚步丈量、用眼睛观察、用心灵感悟这个世界，在行走的课堂中学习和锻炼，学会自立、自律、团结、珍惜、感恩……"临川一名叫黄思奕的同学写道："到了南丰，上午我了解了曾巩的故事以及南丰的橘文化，下午的定向越野大闯关让我收获了无尽的快乐，也学会了许多课堂之外的知识。"每个学生研学归来都有心得，每篇心得都是一个生动的故事。各地积极制作微信美篇，及时推送研学实践情况、经验做法和鲜活故事；各县（区）学校设立"研学实践"宣传栏，刊发学生研学实践心得体会。

家长乐助，解决后顾之忧。　我们欣喜地看到，不仅孩子们热爱研学，家长也愿意慷慨解囊，全力支持学生参加研学。市实验学校一位廖姓家长说："我们希望孩子能够摆脱书本的束缚，走出课堂，通过自己所看所感认识世界，通过游览交际认识自然和社会……"一位叫吴国波的家长说："研学活动，让我家孩子丰富了知识、拓宽了视野，加深了与自然的亲近感，增强了集体主义观念。我认为这样的活动形式可以多样，例如让孩子下地劳动、自行组织活动、参加社会实践、撰写实践报告等。"

学校乐行，掀起研学热潮。　对于研学实践教育，全市学校都持开放支持的态度，将之作为丰富教育内涵、提升学生素质的重要抓手。黎川一中校长陈建新认为："研学实践是老话题，也是新事物，让孩子走出校园，为学校教育打开一扇大门，让社会承担起孩子成长应该承担的那部分责任，需要社会、学校、家长多方形成共识。"南丰县子固小学今年上半年组织两次研学活动，参与学生 1 000 多人次；临川教育集团学校与国内外 70 多所知名院校建立友好合作关系，通过夏

令营、冬令营、交流互访等形式,鼓励学生参与国际研学课程 260 多人次,吸引国外青年志愿者来校研学 320 多人次。

部门乐支,形成工作合力。 各有关部门全力支持,倾力配合,为研学实践教育活动"开绿灯""打前站""发红包";市县成立宣传、教育、旅游、交通、文化等部门共同参与的中小学生研学实践工作协调小组,统筹协调各环节工作。财政部门对研学实践接待学校给予定额经费补助;旅发部门统一提高研学实践团队奖励标准,加强研学实践基地建设,开展专业指导;文化部门提供戏曲表演、非遗展示、景点解说等服务保障;交通、公安、食药监等部门全力保障研学团队出行、饮食、住宿安全;宣传部门加大宣传力度,邀请省、市主流媒体对我市研学工作进行系列报道,营造良好的舆论氛围。

社会乐意,各界反响热烈。 社会反响是检验研学实践教育成果的重要标尺。一年多来,我市研学实践教育得到广大师生、家长和社会各界的广泛关注、热情点赞。最近,我们通过家长微信群和问卷调查等形式对研学实践教育活动进行满意度调查,3 万多份问卷反馈显示,社会满意度达 98% 以上。

（本文系 2018 年 12 月在全国中小学研学实践教育论坛上的讲话摘要）

办好抚州人民自己的大学

今天来抚州市职业技术学院学习调研,很受教育。最深的印象是新班子带来的新气象、新面貌、新变化,全院上下到处呈现奋进的斗志、创业的活力、开拓的精神。

（一）

长期以来,局里与学院到底是什么关系,没有人与我探讨过。刚刚几位同志的发言,给了我很多启示。我个人考虑,加强改善局院关系,真正形成工作合力,要围绕"四个一"的定位,把握"四项原则",实现"四个有"的目标。

"四个一"定位:即"一家人""一条船""一条心""一目标"。**"一家人"**,就是我们同在教育的旗帜下干事创业,教育这个系统就是我们共同的家。家是亲人共同生活的地方,家是心灵的港湾,家是奋进的力量,家是永恒的守望。一家人手拉手心连心,一家人的本质就是"一家亲",这就决定我们两家不能各吹各的号、各唱各的调,必须步调一致一个声音。**"一条船"**,就是我们同乘在教育事业这条船上,既然同船共渡,就应当风雨同舟、患难与共。**"一条心"**,就是我们想问题、做决策的时候,大家互相通个气,我了解你在做什么,你了解我在做什么,这样信息对称,才可以共同把事业做得更好。**"一目标"**,就是我们做工作的出发点和落脚点都是一致的,都是立德树人。"四个一"的核心要求是目标同向、工作同心、行动同行、困难同当。

"四项原则":一是以文件为据。 比如"三定"方案规定,职业技术学院归口市教育局管理。从市教育局的角度考虑,就应该对职业技术学院履行管理职责,这是依法行政的具体体现,否则就是工作失职;从职业技术学院的角度考虑,虽然机构是正县级单位,但应该服从市教育局的管理,否则就是违反组织原则。**二是以事业为重。** 管理是职能,也是权力。我们坚持以事业为重,把推进事业作为统一思想的出发点,就会看轻权力,看重管理。从市教育局的角度看,这种管理主要是服务,为职院和职教事业提供主管部门的优质服务;从职业技术学院的角度看,就会感到这种管理和服务是学校运行过程中需要的,甚至是不可或缺的。这样双方就坐得下来,就能分清归口管理的边界,就能为了共同的事业搞好工作衔接。**三是以效率为先。** 现在项目申报、资金分配、网点规划等都是主管部门统筹,如果能把教师招聘、职称评聘、人员调配也统筹起来,坚持一致对外,就能提升系统的整体博弈效果。这样于局于校都能获得实际收益,何乐而不为呢?**四是以发展为要。** 发展是党执政兴国的第一要务,是推进共同事业的硬道理。加强衔接,改善关系,密切往来,都要以发展为要,把教育优先发展的基本国策念在嘴上、扛在肩上、抓在手上、落实在行动上,真正做到在相互理解中共同发展,在支持合作中共同发展,在共同发展中构建和谐生态,在共同发展中提升思想境界。

"四个有":即有求必应、有话可说、有难同当、有纲有常。**有求必应**,就是职业技术学院向市教育局提出的任何要求,我们都会作出积极回应,在职权职能范围内,能解决的立即解决,不能解决的回复一个明确说法。市局尤其要在规划发展、政策出台、项目申报、上下联络、人才引进、干部推荐等方面为职院做好服务。**有话可说**,就是大家坐在一起有话说、有话想说、有话能说,能把自己的心里话说出来。相互说话、相互说法能够彼此理解。**有难同当**,就是双方有困难的时候大家一起分担、共同应对、合力化解。**有纲有常**,就是任何时候不能乱了纲常,纵向、横向关系必须理清,不能"大水冲了龙王庙"。基本要求就是把纪律挺在前面,按照制度规矩和程序办事。

(二)

当前一个十分重要的课题,就是如何建立职校联盟。刚刚大家提了很多好的建议,我建议再梳理一下,形成一个完整的稿件,我们两边都组织进行一些讨论。同时在此基础上,召开一次联席会议,研究确定向市委、市政府上报的具体方案。前几天,我在班子会上讲过一个原理,就是决策点=出发点+均衡点+风险点。出发点,就是我们为什么要决策这件事,到底从哪里出发。一般认为,决策有两个出发点:一是从问题出发。比如目前职业教育运行中存在哪些矛盾和问题,这些问题需要怎么解决。二是从目标出发。比如你们提出3年要过万人,五年要创示范院校,这就是一个具体的目标。我们要围绕实现这个目标,采取相应的政策举措。均衡点,就是要考虑方方面面的利益,找准各种利益的交集,这一利益的集合就是均衡点。经济学里讲的均衡点,就是边际效益最大化。风险点,就是进行这项决策会带来哪些风险,当下有哪些风险,潜在有哪些风险。我想,我们谋划职教联盟这件事也要从这一原理中得到启发,基本思路要考虑以下几点:第一,要行政引导;第二,要市场配置;第三,要完全自愿;第四,要整合资源;第五,要融合对接;第六,要互惠互利。只有把这六个方面的因素都考虑好了,我们的职教联盟才有可能建立起来。

<h2 style="text-align:center">(三)</h2>

关于职业技术学院的发展,我个人觉得要围绕"一个目标",把握"两项原则",坚持"三管齐下",突出"四个重点",凸显"五个效应"。

围绕"一个目标":就是要把办好抚州人民自己的大学作为抚州职业技术学院长期的奋斗目标,立足抚州本地办学,对接抚州产业发展,融入抚州园区建设,在办学方向、专业设置、人才培养、实践训练、教学科研、就业提升等方面,紧紧围绕服务抚州经济社会发展而展开,全面提升学校人才培养与本地产业发展、社会进步的关联度,把抚州职院建设成全市培育技术人才最高学府、应用人才培养中心、职业技术创新中心、工业园区发展研究中心、社会就业培训中心。

把握"两项原则":人民满意、领导放心。人民满意,就是人民群众对学院的亲切度、满意度、获得感很高,学院成为市民升学、就业、培训、成才、发展的重要平台,成为培养抚州技工、技师、工匠的重要基地。领导放心,就是市委、市政府对学院的管党治党、办学理念、意识形态、班子建设、教师队伍、服务能力、教学科研、办学水平、学生就业、安全稳定等各项工作充分信任、高度放心。

坚持"三管齐下"：**一是抓班子强队伍。** 配齐配强院系两级班子。学院班子建设要贯彻教育部有关规定，按照讲政治、有情结、重专业、高学历、双师型、能开拓的要求，选拔培养配强。既注重德才兼备，又兼顾专业经历互补；既要把握教学科研优先，又要考虑对接园区产业。院系班子建设要以经营管理型人才为主，兼顾学术技术两类要求，使院系成为招得进、稳得住、能学好的第一方阵。要特别重视加快双师型教师队伍建设，从技术应用型大学毕业生中选配双师型教师，从工厂企业的技术人员中选配双师型教师，从工匠型高级技工人员中选配双师型教师。**二是抓作风强精神。** 职院由3个中专学校和2个技工学校整合组建，干部教师鱼龙混杂，作风精神步调不齐，虽然经过几年的磨合，文化生态有所建树，但"怕慢假庸散"的现象仍然存在，作风建设任务依然较重。必须从学校实际出发，转变观念，转变职能，转变作风，培育形成具有职院特色的创业精神、办学精神和校园文化。**三是抓机制强活力。** 建立完善管党治党、谈心交心、工作调度、创先争优、项目推进等工作机制，研判形势，把握态势，调度走势，不断提升学校工作的运行活力。

突出"四个重点"：**一是专业设置。** 要围绕抚州定位，在对我市工业园区、产业发展、社会服务、群众就业等问题进行深入调研的基础上，坚持面向抚州、面向社会、面向园区、面向企业规划设置学校办学专业。**二是招生入学。** 招生是办学治校的重要环节，生源质量决定办学质量。学院要高度重视招生工作。要搞好职教联盟抓招生，在联盟的体制下，统筹全市中高职学校招生工作，确保职院稳定的生源。要中高衔接抓招生，加强宣传工作，引导家长学生转变观念，积极报考职业技术学院。要反弹琵琶抓招生，通过拓宽出路、扩大就业增强职院的招生吸引力。要普职衔接抓招生，按照大体相当的要求，限制普高招生计划，引导高职学校扩大招生。**三是办学水平。** 办学能力决定教育质量，教育质量决定学生就业，因此，办学水平是职院治校的中心环节，也是职院发展的根本出路。提高办学水平贵在学科建设、重在教师队伍、难在开放对接、急在实践训练，职院必须坚持问题导向和目标导向,千方百计提高办学水平。**四是学生就业。** 就业是办学的目的,也是学校发展的根本出路。有业就、就好业,不断扩大就业是职院办学的永恒追求,职院要坚持以就业为中心抓好办学治校。要面向市场抓就业,以市场为导向招生办学,拓宽社会就业渠道。要立足园区抓就业,与园区、企业开展合作办学,扩大疏通直接就业渠道。要形成合力抓就业,加强与人社部门沟通联系,及时了解社会就业需求,有计划、有目的地组织学生就业。

凸显"五个效应":**一是人才效应。** 立德树人是教育的根本任务。抚州职院作为抚州人民自己的大学,要为服务抚州经济社会发展多出人才、出好人才。要立足办学定位,多出技工、技师和工匠型的技术型人才,使全市工业园区、市政管理的技术工人、技术骨干、技术主管和车间主任大多出自抚州职院,产业工人大多经过职院培训。要立足抚州产业实际,多出建筑施工、物流运输、汽车装备、市政工程、服务贸易、文化传承等方面的应用性人才,把抚州才子之乡、戏剧之乡、建筑之乡、物流之乡的品牌擦得更亮。要立足抚州文化实际,建立临川文化、地方戏曲、园区创新等研究机构,丰富办学内涵,提升服务大局能力。**二是安全效应。** 对所有的学校而言,安全都是压倒一切的。安全是1,其他各项工作都是1后面的0;没有1,0再多也没有用。所以,每一个办学治校者都要把安全工作放在高高的位置,心里想着安全,嘴上念着安全,手上抓紧安全,脚下踏实安全,把学校安全事故降低到最低程度。**三是社会效应。** 围绕办好抚州人民自己大学的目标,在招生、收费、实训、就业、服务等办学治校活动中,增强社会责任,维护社会利益,塑造社会形象,着力提升社会对学校的满意度。**四是龙头效应。** 抚州职院作为抚州人民自己的大学,要当好抚州高等学校的龙头,在立足抚州大地办高校、探索新时代地方高校发展之路等方面,先行先试、做出示范、树立榜样。抚州职院作为全市职业教育的领军学校,理应在统筹全市职业教育发展方面当好龙头、做好示范,在总体规划、中高衔接、专业设置、招生宣传、教师培训、教学科研、学生实训、校地对接、毕业就业等方面牵头建立现代治理体系,探索形成科学有效的工作机制,带头抓好专业与产业对接、课程与职业标准对接,教学过程与生产过程对接,深入推进育人方式、办学模式、管理体制、保障机制改革,切实增强职业教育适应性,加快构建现代职业教育体系。**五是品牌效应。** 抚州是才子之乡、文化之邦,基础教育闻名全国,具有发展职业教育的优厚条件,特别是近年来全市经济社会快速发展、产业经济异军突起、工业园区弯道超车为加快职业教育发展奠定了良好的基础。希望抚州职院响应市委、市政府的号召,以抓基础教育的决心,抓好职业教育高质量发展,努力在立德树人、德技并修、产教融合、校企合作、类型定位、纵向贯通、横向融合和建设技能型社会、弘扬工匠精神、培养技术技能人才、能工巧匠、大国工匠等方面创造特色,打造品牌,为丰富抚州教育内涵,提升教育服务能力作出贡献。

（本文系 2014 年 4 月在抚州职业技术学院调研座谈会上的讲话摘要）

弘扬工匠精神　加快职教发展

抚州市坚持把发展职业教育作为经济社会发展的重要基础和教育工作的战略重点来抓,补短板、强弱项,加快提升高等职业教育办学质量,积极推进中职学校达标建设,全面提升职业教育服务经济社会发展能力,加快构建现代职业教育体系,打造了一批特色学校和精品专业,培育了大批实用人才,职业教育办学水平不断提升。

一、提高站位,职业教育发展环境日益优化

市委、市政府把发展现代职业教育作为擦亮抚州教育品牌的重要内容,充分发挥政府主导作用,积极为职业教育创造良好的发展环境。

一是面向未来,高点定位。 牢固树立"抓职教就是抓经济,重职教就是重民生"的意识,紧密结合地方产业特色,瞄准市场需求,服务地方经济,打造精品专业,培养工匠精神,为经济社会发展和传统制造业升级提供更多实用人才,把教育之乡、建筑之乡品牌擦得更亮。

二是创新机制,高效推进。 建立抚州市职业教育工作联席会议制度,全面统筹协调职教发展。出台《关于大力推进职业教育改革与发展的意见》,积极构建具有抚州特色的现代职业教育体系;制定《抚州市现代职业教育体系建设规划》,推动职业教育与普通教育齐头并进、协调发展。完善职业教育发展考核评价机制,把职业教育招生工作、经费投入和达标学校建设情况作为县(区)教育履责的重要内容,形成了"千斤重担众人挑,人人头上有指标"的推进机制。

三是整合资源,加快提升。 积极参与"全省中等职业教育资源整合"和

"江西省中等职业教育质量提升'123 工程'"项目建设,不断深化职业教育改革,构建起职业教育与基础教育相互融合、中等职业教育与高等职业教育相互衔接、学历教育与职业培训并驾齐驱的现代职业教育体系。每年按照普职招生规模大体相当的原则,制定下达高中阶段教育招生计划,督促县(区)严格执行招生计划,推动职业教育健康发展。

二、加大投入,职业教育办学条件不断改善

全市上下在推动职业教育发展中做到了"四个舍得":舍得用钱、舍得用心、舍得用地、舍得用人。财政用于职业教育的经费总投入逐年增长,职业教育办学条件明显改善,办学水平不断提升。

高等职业教育升级发展。 下决心补齐高等教育短板,先后投入财政资金32 亿元推进高等教育发展。江西中医药高等专科学校、抚州职业技术学院以及抚州幼儿师范高等专科学校新校区相继投入使用。东华理工大学抚州新校区规划建设已经起步,中医药高专建院升本步伐加快,南昌大学抚州医学院独立办学工作稳步推进,全市高等教育呈现扩容量、提增量、优结构、升层次、快步走的良好态势。

中等职业教育加快发展。 各地各校加大投入,改善中职学校办学条件。广昌县投资 7 000 多万元,高标准建成广昌县职业技术学校新校区;南丰县投资1 000 多万元建设职业中专学生宿舍;宜黄职业教育中心、黎川职业中专、资溪职业中学先后投入 1.3 亿元用于校园校舍建设,新增校舍 3.2 万平方米;临川现代教育学校、东乡机电中专学校、金溪县职业中专、广昌县职业技术学校、南丰职业中专累计投入 1.5 亿元建设实训中心和专业实训基地,改善了实训条件。采取有效措施,建立完善职业院校专业教师培养培训体系,拓宽专业教师来源渠道,加快解决师生比过高、"双师型"专业教师和兼职教师比例偏低、教师实践教学能力不足的问题。目前,全市中职学校全面达标,东乡区被评为全国职业教育先进县。

三、精准施策，服务经济社会发展能力不断提升

围绕全市经济社会发展规划战略，以校企合作、职教竞赛、服务乡村振兴、信息化建设为抓手，以促进师生实用技能提升为手段，以培养更多实用型、技能型人才为目标，着力提升职业教育服务能力。

一是以技能竞赛为引擎，提升职业教育影响力。 全市中职学校积极参加国际和全国、全省职业教育技能竞赛，获得酒店服务、西式面点制作等30多项全国、全省冠军。抚州创新学校学生参加在德国柏林举行的第五十一届国际速联大会速录大赛，取得极限速记第二名和实时记录第二名的优异成绩，获得两枚银牌。参加江西省职业院校技能大赛，获中职组一等奖4个，二等奖5个，三等奖9个；代表江西参加全国中等职业院校技能竞赛，获二等奖1个、三等奖4个；资溪职业中学代表江西省队参加全国中职组网络布线和酒店服务两个项目比赛，分别获得全国二等奖和三等奖。

二是以校企对接为抓手，提升职业教育的竞争力。 大力推进工学结合、校企合作、顶岗实习、订单培养等人才培养模式，依托本地支柱产业，与100多家企业建立了稳定的校企合作关系，开设了"江铃班""跨越班""大觉山导游班""博雅班""平安保险班"等定向培养班级；临川现代教育学校与芜湖长信科技股份有限公司合作，建立校内实训基地和实训导师工作室；资溪职业中学与本县大觉山风景区、法水温泉、新月畲族村等6家企业签订了就业协议，有效建立了以学校为主、用人单位为辅的"学生+准学徒"合作模式；抚州创新学校聘请企业专家组成教学改革与专业建设发展咨询委员会，指导专业建设。校企合作、产教融合，有效解决了我市部分企业用工难题。

三是以助力乡村振兴为职责，提升职业教育的服务力。 发挥中职学校教育资源优势，加强农村贫困劳动力、新型职业农民工等培训。2017年，全市中等职业学校共培训农民14470人。与抚州电大合作，积极实施"一村一名大学生工程"，全市累计招生3138人，已毕业1340人。大部分毕业学员成为新农村建设中有知识、懂管理、用得上、留得住的"土专家""田秀才"。

四是以信息化建设为平台，加快提升职业教育传播力。 大力提升职业院校领导和专业教师教育技术应用能力和信息化教学水平，促进课程建设与专业建设，提升职业教育现代化水平。今年5月，成功举办抚州市中等职业学校信息化教学大赛，评出一等奖4个、二等奖6个、三等奖10个；同时选拔12名教师参加2018年全省职业教育信息化教学大赛，取得二等奖4个、三等奖1个的好成绩。

（本文原载于抚州市教育局《抚州教育》2018年第10期，有改动）

根本出路在于创造新的优势

今天很高兴来到临川一中,与大家共同探讨如何推进学校科学发展。

一、十分珍惜来之不易的大好局面

要珍惜维护临川一中的好名声。 有人说"北看衡水中学,南看临川一中",临川一中是全国名牌中学,以实实在在的办学业绩走出江西、走向全国,闻名世界。当前,临川一中已驶入了发展的黄金时期,处在势头最好的历史方位。大家要认真地想一想临川一中现在的成绩是怎么取得的。这份成绩既不是从天上掉下来的,也不是凭运气得来的,是市委、市政府坚强领导的结果,是临川一中几代人奋斗的结果,凝聚了几代校长、几代办学者的心血,凝聚了全体教职员工的汗水。成绩来之不易,要像珍惜自己的眼睛一样珍惜这来之不易的大好局面。

要以身为临川一中人而感到骄傲。 临川一中名声在外。伴随着学校的快速发展,每一个教职工也从中得到了实惠。据了解,目前全校有私家车300多辆、教师工作用房700多套,工资待遇和社会地位都比较高。学校先后有教师获得全国劳模、全国五一劳动奖状、省先进工作者、教育部先进工作者等荣誉,还涌现了一大批特级教师。可以说,广大教职工政治上得到了地位,经济上得到了实惠,精神上受到了鼓舞。因此,大家都要牢固树立"校兴我荣"的观念,从学校的兴旺发达中切实增强使命感、光荣感和自豪感,并将之转化为干事创业和办学治校的巨大热情。

要坚决捍卫学校名誉。 必须指出的是,临川一中不仅是全市教育系统的临川一中,属于全市人民,作为全国名牌中学,也属于全省人民乃至全国人民。谁给临川一中这面旗帜、这个品牌抹黑,谁就是历史的罪人。我们每一位教职工都要自觉地增强历史责任感,时刻捍卫临川一中这面红旗,并为这面红旗增光添彩。俗话说,创业难,守业更难。现在社会上也有不少人质疑临川一中这面红旗到底能够打多久,我到市教育局工作的时候曾表过态,一定要通过一代又一代人的努力,让抚州教育这面红旗永远在抚州、在江西乃至在中国的上空高高飘扬。几个月过去了,我已经在实际工作中深刻感受了"高举旗帜"的巨大压力,遇到了很多的困难和问题。我想,今天在座的各位也和我的感觉一样,实实在在地感到了荣誉背后的压力。怎么化解这些矛盾和问题?现在摆在我们面前的道路有几条:要么将压力转化为动力,开拓创新,推动学校可持续发展;要么按老办法走下去,走到什么程度算什么程度;还有就是被困难所吓倒,进不了就退一点。事实证明,后两条路是走不通的,只有前一条路才能越走越宽。大家知道,苏联共产党拥有 20 万党员的时候夺取了政权,拥有 200 万党员的时候打败了希特勒侵略者,然而拥有 2 000 万党员的时候却丢掉了政权,其教训十分深刻。杜牧在《阿房宫赋》中说:"灭六国者,六国也,非秦也。族秦者,秦也,非天下也。"一个国家如此,一个学校也是如此。学校发展到现在,一定要增强危机感和责任感,坚决捍卫学校名誉。如果学校有所闪失,不是外部问题,一定是内部问题,是我们自己没有坚守。

要紧密团结在学校班子周围。 临川一中领导班子,是经风雨、见世面的班子,是团结奋进、开拓进取的班子,全校教职工要相信、依靠这个班子,才能从胜利走向胜利。对于办学的艰难,我们有很多深刻的感性认识。一是办学水平不断提高。从常规办学到组织学生参加竞赛获奖,到办少年班,再到大量学生被北大、清华录取,到现在相对稳定的办学,临川一中进行了艰苦的探索。通过这种探索,也锻炼提升了一支队伍,展示了学校班子驾驭大局的能力。二是办学规模不断扩大。尤其是新校区建设,"一校两区"格局的形成,锻炼了队伍,也考验了学校班子的治校能力。三是办学行为不断规范。临川一中面对巨大压力,能够不卑不亢、有礼有节地应对,经受住了巨大考验。经过这么多的艰难选择、探索和博弈,才有了目前良好的办学环境。从老市长撰文"为什么抚州教育能够独树一帜"，到省政府来抚州调研基础教育工作，都说明现在办学环境相对宽松，上下支持，政通人和，也说明学校班子有能力应对复杂局面。可以说，上级对临川一中的工作是充分肯定的，对学校班子也是充分信任的。市教育局将坚决贯彻落实市委、市政府关于做好临川一中工作的一系列指示精神，充分信任、依靠学校班子，更好地推进临川一中科学发展。希望学校班子、中层干部一定要放下包袱，不信谣传谣，不把负面情绪带到工作当中，振奋精神，甩开膀子，以更好的精神状态推动学校新一轮发展高潮的到来。要充分发挥传递正能量的作用，深入广大教职工宣传新的办学理念，动员引导广大教职工团结在校领导班子周围，积极投身于教育教学改革实践，为学校发展再洒汗水，再立新功。

二、正视困难，化解矛盾，才能把品牌擦得更亮

临川一中正处于冉冉升起的成长阶段，名声在外，品牌响亮，但同时办学的外部环境还不十分宽松，面临很多困难，品牌又很脆弱。由此，如何把临川一中这块金字招牌擦得更亮，既是市委、市政府的号召，也是历史赋予的责任，更是人民的期待。唯有勇于担当、迎难而上、趋利避害，才能不负重托、不辜期望。

有道是，不经风雨，怎见彩虹。真理告诉我们，事业发展总是与困难矛盾同向而行。事业做加速运动，困难矛盾也在做加速运动。只有事业的加速率超过困难矛盾的加速率，事业的前进才能够把困难矛盾甩在后面。目前，临川一中的发展壮大带来了一些新的困难和问题，最突出的就是办学规模扩大而带来的安全和管理两大问题。从某种程度上讲，这两大问题已经困扰着学校前行，危及学校声誉，如果不尽快地解决，还会影响学校品牌。管理也是如此，临川一中作为一所名校，管理非常有特色，但在横向到边的同时，纵向管理没有完全到底。

如何解决这两大问题？一位哲学家说得好，经常出现的事要从规律上找原因，反复出现的事要从体制机制上找原因。应当看到，这两大问题就是经常和反复出现的事，就必须从探索规律和强化体制机制上去解决。安全是学校的生命，管理是学校的出路。对于安全和管理问题，惊慌失措和麻木不仁这两种态度都是不正确的。正确的态度是什么？正确的态度就是要面对现实，亡羊补牢犹未为晚，改进一小步就能前进一大步。

要拿出办学的态度和干劲抓安全工作。 大家要永远牢记,安全压倒一切。只要我们拿出办学的态度和干劲抓安全工作,安全问题就会成为"小菜一碟"。**一是要从分管领导上强化。** 临川一中作为一个拥有 1.6 万名学生的学校,一定要安排专人分管安全维稳工作,安排专职人员负责安全维稳工作。有人分管、有人做事才能深入具体,才能明确责任、强化举措、发现问题、化解矛盾,所以,学校要明确一位能力强、敢负责、有担当、善开拓的班子成员专门分管安全信访维稳工作。同时,建立一支专业队伍,从校内延伸到校外,从校内安全到周边安全,从治安安全到身体安全、心理安全,齐抓共管,综合治理,切实把学校安全工作提高到新的水平。**二是要从管理制度上强化。** 必须从制度上强化安全工作。例如针对校外寄宿学生管理问题,要建立安全管理台账,与寄宿家庭签订有关合约,组建巡查队伍,建立校家共管机制。通过这些办法让学生感觉到学校更加重视他们,也引导学生更加重视自身安全。**三是要从教育上强化。** 要引导班子、中层、教师和学生一起增强安全意识,教育大家安全是 1,其他是 0,没有安全什么都没有。要强化素质教育,通过多种形式的教育活动,舒缓学生情绪,化解心理压力,增强学生心理承受能力,提高学生自我安全能力。**四是要从办学理念上强化。** 要拿出办学的理念,拿出抓高考的干劲来抓安全工作,时刻绷紧安全维稳这根弦,建立长效机制,将安全工作落到实处。**五是要从排查矛盾上强化。** 要建立一支维稳队伍,不断排查安全运行中的矛盾。通过排查矛盾,现场办公、解决问题、化解矛盾,从而提高安全度。

要强化学校管理工作。 管理是一篇大文章,管理水平的高低反映了办学水平的高低。一流学校应当有一流的管理,名牌学校更要有名牌的管理。实践证明,加强学校管理要从组织结构和人员分工两个方面来下功夫。**一是要增强横到边、纵到底的效应管理。** 管理学认为,管理行为只有横到边、纵到底才能不留死角,才能使管理的效应最大化。临川一中在实行职能分工的同时,建立年级管理层次,由 6 名班子成员兼任 6 个年级的主任,应该说在管理上有特色、有创新,在成长初期有利于迅速形成管理效应,对学校发展起了很大的促进作用。但随着办学规模的扩大,特别是考评侧重点的转移,这种管理体制的弊端也日益显现,最突出的问题是横向到边有余、纵向到底不足。本来按照工作分工,每个班子成员有两块"责任田",一块是分管学校日常运转的职能工作,另一块是推动年级运转的年级管理工作。如果这两块工作一起重视、一起部署、一起落实、一起考评,可能效能和效率都会很不错。但现在的问题是,学校把工作部署和考评的重点基本上都放在年级,而弱化了对职能管理的动员和部署,从而带来三个问题:第一,班子成员将年级管理的"责任田"上升为"自留地",把全部的精力和心思都放在年级管理上,而将职能管理的"责任田"沦落为"集体田"或"大锅饭",推一下动一下,甚至基本放弃对职能的管理;第二,职能管理在某种程序上被年级管理所取代,科室负责人面对强势的年级管理,处于无职无权的状态,久而久之就使职能管理工作虚位化;第三,副校长、处室负责人不管职能工作,职能的任务实际上转移到校长本人。由此,导致校长事必躬亲,事无巨细,亲力亲为地推动具体管理事务。基于这一情况,希望临川一中尽快加强纵向职能管理,要发挥好副校长分管职能和部门管理职能的作用,使领导分管到位,中层有职有权,形成校长抓分管、分管抓职能、职能推年级、年级抓落实的管理格局。**二是要提升分兵把口、分工负责的集约管理水平。** 学校工作分了政教、总务、教务、教研、学生、保卫等若干个口子,每一个口子都有一名分管领导,分管领导是项目经理,分兵把口就是要让分管领导有职有权,有担当、敢负责、能落实。我常说,主要领导的职责就是要当好调度员,当好派工的生产队长,把工作分配下去,下面按照要求去完成。当完成情况和领导要求有差距时,领导就要调度,就要纠偏。有位著名教授说过,当导师就是要教学生方法。主要领导就是要当好导师,使管理达到集约化。**三是要形成层级管理中的鲶鱼效应。** 管理学的一个重要原则是层级管理,一级对一级负责,这样能够带来活力,形成鲶鱼效应。鲶鱼效应是经济学概念,渔民在运输鱼的过程中有意识地放一些鲶鱼到鱼群里,鲶鱼充满活力,不断地在鱼群中搅动,带动鱼群活力,鱼就不会缺氧而死,运到市场上就可以卖出好价钱。层级管理也是如此,发挥教职工的主观能动性,调动各方面的积极性,就能使整个工作充满活力。

三、根本出路在于创造新的优势

要推动学校可持续发展,首先要客观分析现有的优势和劣势。我个人认为,临川一中目前有六个方面优势:一是良好的生源优势,二是办学的规模优势,三是升学率高的优势,四是良好的学风校风优势,五是优质教师队伍的优势,六是知名品牌的优势。其中有两个优势比较明显,就是高考和品牌。在看到优势的同时,也应当看到学校还有不少劣势:一是事物的发展总会有起有伏。"常在河边走,哪有不湿鞋。"年年高考,年年过"独木桥",今年复明年,明年何时了。兵家自古没有常胜将军,高考更是这样,稍有闪失,我们就要承受很大的压力。二是发展的潜力总是有限的。北大、清华招生规模的有限性决定学校发展也是有限的,不管你怎么努力,潜力都在江西规模的三分之一之内,要突破这一上限很难。三是"树大招风"。由于省里高考政策没有突破,学校在招生、学籍等许多方面还面临着"突围",由此办学前景也面临许多不确定的风险。四是随着取消择校费等政策的实施,学校办学将会增加新的困难。

这些情况表明,临川一中再一条路走到底,可能会越走越窄。因此,举什么旗、走什么路、朝着什么目标前进,已成为临川一中绕不过去且必须面对的最大难题。实践证明,高举旗帜,开创未来,唯一的"灵丹妙药"就是创造新的优势。从临川一中的实际出发,至少可以从以下几个方面去努力。

一要走好中考、高考的"保障"之路。 在现行的教育体制下,考试仍是检验办学成绩、教育质量最主要的依据,也是素质教育的基本路径。回顾我们的发展历程可以看到,品牌的打响主要依靠高考成绩。现在,要保住品牌、巩固品牌,还是要依托、依靠高考,因此,无论从战略上还是从战术上讲,都要任凭东南西北风,咬住中考、高考不放松。不管遇到多大困难,都要坚忍不拔,旗帜鲜明地走好中考、高考这条路,这是擦亮品牌的"保障"之路。

二要在多样化办学中走出多条发展之路。 目前,临川一中除了招收省内学生,还招收了贵州、云南等外省学生,希望在此基础上能够进一步整合提升,走出一条多条腿发展的道路,把外省班办出品牌、办出气势、办出规模。办新疆班是我们积极响应省委、省政府的号召,胜利完成江西援疆任务的一个重要组成部分,一定要办出品牌、办出资源、办出"政治",通过办好新疆班取得上级更多的政策支持、更大的资源支持。

三要在特色办学中创造新的特色。 最近我们到大连十五中学习考察,这所学校走的是典型的特色办学之路。自 1997 年以来,该校共有 326 人录取清华美院,446 人录取中央美院,484 人录取中国美院,录取的学生中有 50% 以上是名牌院校。该校的办学历程至少给我们四点深刻启示:一是特色办学的天地很大,二是特色办学可以杀出一条血路,三是特色办学可以立校,四是特色办学也可以创造非常好的品牌。大连十五中原来也是一个薄弱学校,通过十几年办学实践逐步发展起来;临川一中可以学习借鉴大连十五中的特色办学经验,抢抓机遇,闯出一条特色办学新路。当前有几大机遇:第一是国家关于高校艺术招生的政策处于转型时期。要抓住这个机遇,引导有艺术潜力、热爱艺术的学生通过专门学习来参加艺术招生考试。第二是异地高考新政出台。江西的异地高考政策在全国较为宽松,只要有一年的入学就读经历、有学籍,就可凭第二代身份证报考。第三是有良好的生源机遇。曾有人总结,艺术高考中 450 分以上的学生通过努力就能够上二本学校,临川一中 450 分以上的学生完全可以走艺考之路。第四是临川一中正在和清华美院联合办学,有着较好的战略合作伙伴。因此,临川一中一定要痛下决心,因势利导,趋利避害,在实践摸索中走好这条路。

四要在国际合作交流中创造新的品牌。 借用一句歌词:走过去前面是一片天。对于国际合作交流,走过去前面就是一片天。我们可以从以下几个层面分析:从国际形势看,发达国家对教育输出,对留学教育更加重视。由于国际金融危机所引发的经济危机影响,发达国家的发展重心将由过去的虚拟经济转向实体经济。教育是经济的一个支撑点,发达国家利用优质的教育资源吸引发展中国家学生留学的趋势越来越明显。美元与欧元贬值、人民币升值拉动了欧美国家对留学生的需求,也促进了欧美教育市场的发育和扩大。从国内形势看,留学的需求呈刚性增长。随着经济的发展,教育需求体现了多元化发展趋势,出国留学成为稳定增长的刚性需求;国内就业压力的增大也推动了新的"留学潮"的形成。经济的全球化趋势和世界的开放度推动了留学提前化的趋势,由过去的本科毕业后留学,发展到初中、高中毕业后就出国留学,高中毕业留学成为新的教育消费需求。

通过分析国际国内的形势,从临川一中综合情况看,开展国际合作与交流前景十分广阔。临川一中有良好的品牌优势、生源优势,可以降低合作者的机会成本和边际成本,国外大学愿意合作。临川一中目前的办学规模也可以形成相对稳定的留学消费需求。国际合作和交流关键是要因势利导,趋利避害,我们一定要把开展国际交流与合作作为一项事业、一个办学路径、一个办学支柱来做。当前和今后一个时期,至少可以从以下几个方面努力:一是要把它当作一项崭新的事业来做。开展国际合作与交流要避免零打碎敲、小打小闹,一定要有一块牌子、一个机构、一批人员,制定一个科学目标,选择一批有发展潜力的合作伙伴,把它当事业来做,而不是把它作为"盆景"应景。二是把它当作一个项目来做。要通过国际合作与交流闯出一条新路,在追求社会效应的同时,通过探索追求一定的经济效应。在满足大家多样化教育消费的同时,形成合理的经济效应和规模效应。三是要把它当作一个品牌来做。通过努力,让社会了解到临川一中的国际合作与交流项目,形式多样、渠道诚信、学校优等;让社会认识到临川一中除了高考之外,留学班也办得非常好。四是把它作为一个战略来做。通过推出更多的学生走向世界,最终让我们的学校走向世界,成为真正意义上的世界名牌学校。

今天,我跟大家讲了三层意思,归结起来就是六个字:"珍惜、正视、创新",即珍惜局面,正视困难,创新优势。

假如把临川一中比作一只飞翔的大鹏,"立德"和"树人"就是两只脚,"安全"和"管理"是两只翅膀,"高考""多样化办学""特色办学""国际合作交流"就是骨架。只要把"立德""树人"脚踏实地做好,把骨架培育结实,加上"安全"和"管理"两只翅膀的支撑,临川一中这只大鹏就能够飞得更高、飞得更远。

(本文系 2012 年 12 月参加临川一中行政会议时的讲话摘要)

民主生活会就是要解决问题

我到市教育局工作整整五年,印象中这是第二次参加临川一中领导班子的民主生活会,第四次与学校班子见面。过去每一次来都和大家谈了一些想法,交流了一些意见,有的引起了学校的重视,有的还没有引起足够关注。今天是民主生活会,民主生活会就是要奔着寻找问题而来,朝着解决问题而去,就是要拿起批评与自我批评的武器,查摆、解剖突出问题,分析问题产生的原因,落实整改措施,化解运行矛盾,推进事业发展。

关于临川一中运行中的问题,我先后和学校班子进行了一些交流,了解了一些情况。特别让我感到不安的是,今年正月,老校长把我叫到他家里,跟我讨论了一个上午,以领导、老师和长者的身份,向我通报了一些情况。他认为,有些问题不仅是兵临城下,更是火烧眉毛。面对这种"毁我长城"的咄咄态势,市委、市政府和省教育厅高度关切,多次指示市局要向学校传导压力,采取断然措施,迅速扭转被动局面,还抚州教育一个晴朗的天空。说句实在话,我现在的感受就像刚到市教育局工作时那样,面对钱从何处来、人往何处去、作风怎么转、事情怎么办等一系列内外交困的问题,感到压力巨大。我相信,大家的心情和我一样,十分着急。但光着急是没有用的,我们必须用坚定的意志回答一个问题:临川一中的品牌来之不易,是几代一中人共同奋斗的结果,凝聚了在座各位班子成员的心血和汗水,决不能这样自毁"长城",不能遇到困难说"倒"就"倒",要内紧外松,稳住阵脚,有的放矢。基于这些认识,我认为当前和今后一个时期,学校要切实增强四种意识。

一要增强党建意识。 习近平总书记说,党建是最大的政治、最大的政绩、最大的责任。我的理解是,最大的政治,就是要在思想上行动上与以习近平同志为核心的党中央保持高度一致,增强"四个意识",坚定"四个自信",做到"两个维护";最大的政绩,就是党的建设新的伟大工程是实现伟大梦想、进行伟大斗争、推进伟大事业的根本保证。党是领导中国特色社会主义事业的坚强核心,东南西北中、工农商学兵,党是领导一切的,把党建设好了,其他各项事业就能迎刃而解;最大的责任,就是要贯彻党要管党、全面从严治党的要求,落实主体责任和监督责任,坚持党对教育工作的全面领导,加强学校党支部建设,增强基层党组织的政治功能,充分发挥党员的先锋模范作用,提高党组织的凝聚力、战斗力和向心力。深入开展反腐败斗争,营造学校风清气正的政治生态。对照这些要求,再看看学校党建现状,正如刚才你们谈到的,党总支一班人存在抓业务角色意识比较强、抓党建时间精力不够的问题。特别需要指出的是,局党委在研究干部时发现,临川一中非党员中层干部人数在市直学校中最多,民主党派也相对比较活跃,有的老师甚至别人"喊一声"就走。这些情况说明,学校党建工作还有差距,党组织的凝聚力、向心力、战斗力还不够强。同时深刻启示我们,学校作为贯彻党的教育方针、立德树人的重要意识形态阵地,我们党不去占领,其他组织就想去占领;教师作为教育大计、教书育人之本,我们党不去争取,就会有其他组织去争取。所以,这是一个大是大非的重大问题,加强学校党的建设刻不容缓。第一,要切实加强党对学校工作的全面领导,着力强化学校基层党组织政治功能,努力提高党组织的政治引领能力,使广大教师听党话、跟党走、感党恩,真正肩负起培养社会主义事业建设者和接班人的重大责任。第二,要加强党对意识形态工作的领导,坚定不移推进社会主义核心价值观进学校、进教材、进课堂的工作,用习近平新时代中国特色社会主义思想武装广大教师的头脑,使学校这个为国育才、为党育人的重要阵地在党的坚强领导下不断发展壮大。第三,要加强教师党员队伍建设,把党员培育成教学业务骨干,把教学业务骨干发展成党员,充分发挥党员的先锋模范作用,让党的旗帜在学校的每一个角落高高飘扬。第四,要把党建工作与业务工作一起部署、一体推动、一并考核。党建工作不能搞"两张皮",不能说起来重要、做起来次要。这一点,我很佩服南城实验中学,他们提出:"行政工作的难点就是党建工作的重点,党建工作的重点就是怎么加强党对教育工作的领导,不断增强工作活力。"他们搞了一个"书记接待日",书记和总支委员一起值日,积极发挥党员的先锋模范作用,以此撬动了全校创先争优工作。实践反复证明,哪个地方党建工作做得好,哪个地方的攻坚破难能力就强,哪个地方的学校就办得好。要把党建工作贯穿于办学治校的全过程,用党的建设统领、指导、推动学校业务工作,增强学校治理活力。要用业务工作的生动实践、创新创造,丰富党建形式,提升党建工作水平。第五,要贯彻落实中组部和教育部加强学校党的建设有关要求,解决有钱抓、有人抓、有制度管的问题。学校党总支要建立制度、配备人员、安排经费确保党建工作展得开、开得展、有成效。总支书记、副书记要担起党建职责,以党建工作为纲,推动其他工作纲举目张。第六,要坚持以党建带团建、工建、妇建。青年是国家的未来,是发展活力所在。工会是民主管理的重要组织,是全心全意依靠工人阶级的重要阵地。妇联是广大妇女的"娘家",是党和政府联系妇女工作的重要桥梁和纽带。加强学校党的建设,必须充分发挥学校团委、工会和妇联的作用,选拔年轻有为、充满激情、敢于担当、善于做教师工作的同志担任团委书记、工会主席、妇联主席,让他们有阵地、有声音、有舞台,在党组织的领导下,创造性地开展工作。

二要增强危机意识。 **一是生存危机。** 生存危机不是说学校办不下去,而是随着教育政策调整,面对新的发展形势,学校难以保持原有的发展态势。记得2012年我刚来教育局工作的时候,高考刚刚结束,学校高考成绩非常好,外地生源踊跃而来,学校发展欣欣向荣,择校费也收了很多,大家喜上眉梢。短短几年后,宏观政策堵了路,办学体制又发生变化,外地生源减少,还想跟以前一样是不可能的。现在的发展环境与过去相比,发生了深刻的变化。从某种程度上看,学校已经面临着生存危机,如果不能科学应对,就有可能把临川一中从重点中学变成一般的普通中学。**二是品牌危机。** 从总体上看,因为招生计划减少、渠道拓宽、指标分散,这几年抚州市被北大、清华的人数录取呈下降趋势。面对这种情况,品牌怎么打?客观地说,存在很大的品牌危机。**三是生源危机。** 前面两个危机都是生源危机带来的。当我们可以招收到大量外地优质生源时,生存危机和品牌危机便不存在。现在招收县(区)的优质生源受到一定阻碍,初中实行就近入学,学校生源素质总体下降比较严重,这是一个现实问题。**四是队伍危机。**我们的教师队伍至少存在以下四个问题:"外面挖"的问题。前面说到这个问题,无论如何都要想办法积极应对、全力阻止。"内部散"的问题。教师待遇、职称评聘、职业发展等教师关切的问题累积较多,领导班子需要智慧、勇气和担当来逐步有效解决;外面"挖人"造成教师思想波动,人心思走,需要加强引导,稳定教师队伍。"遗留难"的问题。学校发展过程中积累了很多遗留问题,特别是从县(区)借用的部分老师,因为人事、职称等问题连续上访,影响系统稳定,动摇学校正常教学,需要采取务实举措妥善解决。"后备弱"的问题。学校的青年骨干教师能不能迅速成长?这是我们要考虑的问题。刚才大家提到,年轻的班子成员必须静下心来,为学校的改革发展多想办法、多出主意;几个出生于20世纪60年代的班子成员离退休还有几年时间,不能有"船到码头车到站"的思想,还要充分发挥自身优势,搞好传帮带。崇仁江重实验小学通过开展"青蓝工程",发挥了很好的作用,临川一中作为名牌学校完全可以借鉴,师傅带徒弟,做到"青出于蓝而胜于蓝"。**五是经济危机。** 由于培训中心取消了,择校费没有了,加之财政投入总体不足,学校经费比较困难,而且短时间内难以完全解决,这就需要大家树立"过紧日子"的思想,通过加强管理来节约运行费用,提高办学效率。

面对这些危机,学校全体干部教师一定要有强烈的紧迫感、责任感、使命感,以强烈的事业心、进取心做好本职工作。学校班子要一条心、一个声音,团结一致,拧成一股绳,带领大家有效应对。**一要以变应变,深化改革。** 要坚定不移推进学校转型升级。许多同志建议,要加快临川一中实验学校建设,这个话说得太对了!现在市委、市政府的领导都非常关注工程进展,两年过去了,实验学校还未动工,临川一中要增强紧迫感,加强与股东沟通协调,带头把学校建起来。只有学校建起来了,这些矛盾才能迎刃而解。要统筹考虑实验学校教师队伍建设。实施临川教育集团转型升级是经过反复比较、深入调研确定的科学的路径。

有的班子成员还在回味过去大量招收择校生源的办学模式,这与当前政策是相违背的。要进一步统一思想,积极发挥主导作用,统筹考虑实验学校教师队伍建设,促进两所学校共同发展。要做好股东的思想稳定工作。当前有部分股东提出了一些想法,市局已向市委、市政府报告,我们要积极做好沟通,以转型升级方案为依托,坚定信心,加快校建,坚定不移推进学校转型升级。只有把实验学校办好了,临川一中的品牌才能在现在的基础上不断提升。**二要开阔思路,多腿走路。** 那年我们到北京、武汉、长沙学习考察,回来之后开办了国际班。我觉得,方向是对的。面对现在的情况,音体美艺力度要加大一点。我们曾经参观过大连市第十五中学,这个学校办得非常好,办出了美术特色,每年 300 多人高考,一本上线率 100%,80% 以上的考生录取中国"四大"美院。临川二中"双学美术班"就是学习大连市第十五中学后建立起来的,已经开花结果,今年有 3 个学生被清华录取,被一本院校录取的人数也很多。本来是你们先搞,但却没有搞起来,其教训要认真总结。国际班的路要走得更宽一点。现在办国际班的学校已经很多,要加强宣传引导,作为一项事业来做。去年,国际班教育取得很好效果。今年,又有 18 人被全美前 50 名的大学录取,加拿大多伦多大学在临川一中专门设置考场,形成了较好的发展氛围,要扬优成势,把这条路走得更宽。竞赛的路要重新评估谋划。临川一中的品牌是从竞赛开始的,先搞少年班再搞竞赛。现在看来,还要进一步扩宽思路。我多次与大家交流,开展竞赛可能会对当前的状态有些影响,但是只要科学谋划好,困难是可以克服的。自主招生的路要跟紧一点。应该说,这几年我们做了很多努力,效果也很明显,但是不能放松,还要跟紧一点。**三要应对改革,先声夺人。** 这里主要讲高考改革的问题。要有机构有人员。高考改革事关重大,要有专门机构、专门人员,大家要一起坐下来研究,群策群力。要有危机感,"狼"已经来了,这届高一的学生面对的就是新高考制度。记得两年前,我们去杭州、苏州、安庆学习考察他们应对新高考制度的经验时,有很多启示和收获,但是直到现在仍然进展比较慢。要有目标有重点。有几个事值得认真研究。语数外的问题,外语一年两考,怎么应对;"七选三"的问题,怎么科学选择;综合评价对接、走班选课、学生分类引导和教师资源配置的问题,也要抓紧谋划,积极应对。要有举措有落实。把外出学习考察的经验总结一下,围绕前面的几个重点,提出学校应对议案,供班子集体研究决策,这个事情要尽快提上议事议程,再不能"泥一脚水一脚""脚踩西瓜皮滑到哪里算哪里",要确保落地落细落实。

三要增强团队意识。 什么是团队?团队就是一个整体。大家都讲临川一中的班子是有战斗力的班子,是团结的班子,我完全同意。如果不是一个团结的班子,绝不可能取得这样好的成绩。学校班子6个人都是"高手",如何充分发挥大家的积极性,是要认真思考解决的问题。我觉得一个好的班子、好的团队至少要具备五个要素。第一,团队要有共同目标。目标是通过努力可以实现的,是跳起来才能摘得到的"桃子"。目标是大家愿意接受的,如果制定的目标,大家都不愿意接受肯定不行。第二,团队要有凝聚力。班子成员、中层干部、教师职工都愿意紧紧团结在书记、校长身边干事创业,这就是有凝聚力。第三,团队要有战斗力。俗话说,"12345,上山打老虎。"1+5要大于6,6个人在一起就可以无坚不摧,没有克服不了的困难。第四,团队要有"班长"。书记、校长就是"班长",是学校的领头羊,大家都要维护书记、校长的权威,支持书记、校长的工作,服从书记、校长的领导。第五,团队成员要性格互补。如果每一个团队成员都是相同的性格,肯定不利于工作。大家都非常认同《西游记》中的唐僧团队。唐僧有三个徒弟,孙悟空是哪里有困难就往哪里跑,眼里容不下半点沙子,看到妖精就打,真正体现了"副手就是打手"的角色定位;沙和尚是非常忠诚的,坚决贯彻落实团队确定的目标;猪八戒是善于搞平衡的,出现问题的时候,他既做师傅的工作,又做师兄师弟的工作;还有那匹任劳任怨的白龙马。他们之间性格是互补的,其中唐僧又在这个团队里起决定性的作用。所以,孙悟空性情顽劣,如来佛祖就给了唐僧一个紧箍咒束缚孙悟空,让他不得不听话。

学校团队存在什么问题?我认为,第一,"班长"意识还要增强。大家要自觉维护书记、校长的形象,树立书记、校长的领导权威。第二,争取的意识不强。临川一中作为全市乃至全省的品牌学校,校长既不是省人大代表,又不是省政协委员,也不是省党代表,为了事业应该去积极争取。第三,集中意识有待加强。

今天的民主生活会开得很严肃,大家也作了批评与自我批评,这很有必要。但是,我也感到民主氛围很浓、集中意识不够。民主集中制是民主基础上的集中、集中指导下的民主。作为主要领导,要善于用自己的正确主张统揽全局、把握方向、一锤定音,善于在总结集体智慧的基础上拿出决策的大主意。第四,后继乏人的问题。虽然学校班子总体稳定,但是班子平均年龄偏大,客观上也会影响整体战斗力。书记、校长虽然比较年轻,但也要增强梯队意识,积极谋划培养后备干部,提前考虑副校长、中层干部等后备干部人选问题。

如何提升团队意识和战斗力? 首先,从整个班子来讲,一要增强"四个意识",就是要增强政治意识、大局意识、核心意识、看齐意识。二要坚定不移维护书记、校长的领导权威。三要把纪律挺在前面,严格按规矩、按法律、按政策办事。做任何事首先要考虑是不是讲规矩、符不符合政策、法律是不是允许;如果符合法律政策规矩,又有利于学校发展,这样的事情就要大胆干。其次,从书记、校长来讲,要恩威并施、以上率下、率先垂范,要求别人做到的,自己一定要做到;要尊重人、关心人、团结人;要坚忍果敢。比如关于临川一中实验学校校长人选问题,作为书记、校长要从实际出发,通过科学选择,初定合适人选,按照民主集中原则,通过决策程序确定。当然,在上会研究之前,要事先与班子成员沟通商量,可能个别同志有意见,要积极做好沟通协调工作,相信大家会出于公心、顾全大局。

四要增强文化意识。 我听到一名学生说在没有离开学校时,感觉临川一中很伟大,身为一名临川一中的学生很光荣;但是,到南昌二中参加自主招生后,感觉本校教学质量虽然很高,但是校园文化方面确实有差距。借此机会,我再和大家作一个交流。一个没有校园文化的学校可以办好吗? 我认为不是这样的,特别是临川一中这样的名校,一定要有很好的校园文化。什么是文化呢? 我理解,文化不是很深奥的东西,文化就是人的行为规范和规矩,是大家约定俗成、愿意共同遵守的行动纲领,是以文化人。霍桑实验表明,工作场所照明亮度不同对工人行为是有影响的,在不同的环境下工作态度、生产效率是不一样的,说明不同的环境、不同的文化对人的行为有很大影响。

什么是学校文化？学校文化就是学校在办学过程中提炼概括形成的、广大师生共同遵守的核心办学理念。这个文化既体现了我们党的教育方针，也体现了立德树人的根本任务，还体现了对教育规律的认识把握，同时也体现了一个学校在实践中最积极、最向上的核心理念。比如，南开中学的校长讲过：校训，是一所学校的办学理念的高度概括，是学校着重树立的学校精神的集中体现，是学校总的价值取向。校训是学校之魂，是全校师生自强不息、共勉奋斗的座右铭，也是民族文化传统在一所学校的沉淀和凝聚。特别是通过这两年南城的探索实践，我更加感觉到校园文化的重要性。临川一中更要把校园文化建设摆上重要议事日程，切实抓好。

我到市教育局工作整整五年，每次走进学校，看到的都是大门前几块牌子，两边虽然有一些文化走廊，但是看不到校训，也看不到办学理念。如果我们对校园文化建设重视起来，我想学校将会是另一幅场景。我始终认为，临川一中校园文化是非常丰富的，至少有以下五个方面：一是从"四苦"精神到"四乐"精神，这是我们提出来的，也是我们遵守的；二是"三个一切"，即"为了一切学生，一切为了学生，为了学生一切"；三是艰苦奋斗、团结拼搏、爱生如子、敢于胜利精神；四是"面向全体，尊重个性，分层教学，多元发展"办学模式；五是"品德高尚，学业优秀，身心健康、全面发展"育人模式。这些都是我们在实践中探索锤炼出来的校园文化内涵，关键在于如何提炼概括。另外，局里提出校园文化建设"八个一"的要求，即一个核心办学理念、一个学校标志（一句校训、一首校歌、一枚校徽、一座校雕）、一棵学子成长树（一幅学生个性成长体系导图）、一个校园广播站（电视台、网站）、一排德育墙（书报画廊、板报）、一间校史室或荣誉室、一套校本教材或读本、一批学生社团，具有很强的指导性，临川一中要带头抓好落实。通过"八个一"，增强学校文化氛围，让别人一走进校园就深受感染、深受感动，提升学校的品牌内涵。

（本文系 2017 年 5 月在临川一中领导班子民主生活会上的讲话摘要）

抢抓机遇　跨越发展

通过听取大家的情况介绍,了解了你们的创业史、办学史,学习了你们的奋斗史,感动于你们爱岗敬业的精神,感佩于你们艰苦奋斗的品格,看到了崇仁师范学校的美好未来。长期以来,由于拥有科学清晰的发展思路、团结奋进的班子、爱岗敬业的教师队伍、艰苦奋斗的创业精神、严谨严实的治校态度、特色鲜明的立校理念,学校在竞争中生存,在生存中发展,在发展中升级,取得了可喜的成绩,培养了 18 000 多名大中专毕业生,培训了 400 多名中小学校长,进修了 4 000 多名教师,获得了许多国家级荣誉。成绩来之不易、弥足珍贵,要倍加珍惜、发扬光大。受大家发言的启示,我认为学校下一步的总体发展思路是抢抓机遇,背水一战,奋力升专,特色兴校,跨越发展。

第一,要抢抓机遇。 目前学校面临几个重要机遇:**一是国家重视师范教育。** 崇仁师范学校 1977 年创办,经历了三次曲折的创业过程,呈现了螺旋式发展的态势。如果说,前面 30 多年是第一次创业的话,那么从现在开始,学校将面临第二次创业。这次创业,赶上了党和政府对教育工作越来越重视、对基础教育越来越重视、对师范教育越来越重视的大好形势,这无疑是千载难逢的机遇。**二是向市中心城区挺进。** 随着抚州校区建设的加快,学校将由崇仁县搬迁至市中心城区,校容校貌、办学条件、人才引进、教师队伍、科研实训、对外交流、社会关注都将发生深刻变化,这是学校脱胎换骨的重大机遇。**三是升专升级。** 抚州幼儿师范专科学校的牌子已经写进了省委、省政府的文件,通过了教育部的备案,这颗鲜红的"桃子"已经挂在了我们的眼前,只要我们努力一把,加快工程建设,全力做好相关工作,跳起来就可以把"桃子"摘到,这当然是一个重大的机遇。**四是人心思进。** 人心思搬、人心思齐、人心思进是当前广大干部、教师最主要的心理状态,是心齐气顺劲足的精神表现,学校领导班子要审时度势、因势利导,把大家干事创业的积极性转变为加快搬迁、加快升专的巨大动力。这些机遇十分难得,请大家认真研究、科学应对,务必在抢抓机遇中办好大事、化解难事、加快发展。

第二,要背水一战。 大家知道,在抚州校区建设,特别是在升专的奋斗过程中,已经遇到了许许多多的困难和矛盾。可以预见,下一步的困难和矛盾会更多、更大,如不引起足够重视,还有可能前功尽弃。面对"自古华山一条路"的艰巨任务,学校没有其他办法,唯有团结带领广大干部教师发扬凤凰涅槃的精神,以兵临城下的紧迫、背水一战的勇气、滚石上山的气概,瞄准目标抓落实,挺起胸膛抓落实,扑下身子抓落实,以上率下抓落实,跟踪问效抓落实,坚忍不拔、万难不屈地战胜一个个困难,化解一个个矛盾,才能夺取搬迁升级的全面胜利。

第三,要奋力升专。 大家必须明白一个道理,因为"升专"才有学校搬迁,因为学校需要搬迁才有抚州校区建设;反过来看,只有抚州校区建成了,学校实现了整体搬迁,升专的目标才能实现。所以,"升专"是未来几年学校工作的主要矛盾和矛盾的主要方面,学校要突出"升专"工作这一重点,既打主动仗,又打攻坚战,重点做好几项工作。**一是搞好顶层设计,全面落实工作责任。** 在"走出去、请进来"的基础上,对标对表升级文件,科学制定升级方案,按照"项目化、时间表、责任人"的要求画出施工路线图,实行挂图作业、跟踪问效。坚持分工负责、分兵把口,引导各自为战、各个击破,推动平衡发展、整体见效。**二是狠抓教育教学质量,提升办学治校水平。** 教育教学质量和办学治校水平是升专的前提条件,学校从现在起就要瞄准大专层次的办学标准,从培养目标、招生入学、专业设置、教学科研、课程课堂、实习实训等方面提前谋划,培训师资,引进人才,强化教学,提高质量,模拟运行,以合格的质量和水平接受评估。**三是加快抚州校区建设,尽快实现整体搬迁。** 建设抚州校区是"升专"的硬性规定,是干部教师的热切期盼,是学校的希望和未来,必须主要领导亲自挂帅、调集优势兵力、用非常的手段、举全校之力坚定不移地加快推进,实现进度服从评估、形象服务评估、功能提升评估、整体促进评估的良好态势。

第四，要特色兴校。 特色兴校是崇仁师范学校的优良传统。学校30多年的创业史,实际上是特色立校的奋斗史、特色兴校的探索史。迈入新时代,学校要进行第二次创业、推进升专升级发展,更要坚忍不拔地走好特色立校、特色兴校这条路。如何走好这条路? 从大家发言的情况看,还是要立足抚州教育之乡这块沃土,面向培养农村和学前教育教师这一最大的实际来展开、来探索。**一要用习近平总书记的指示精神定向。** 习近平总书记高度重视教师工作,要求广大教师要争当"有理想信念、有道德情操、有扎实学识、有仁爱之心"的好老师,争做"学生锤炼品格的引路人,学生学习知识的引路人,学生创新思维的引路人,学生奉献祖国的引路人"。崇仁师范学校要认真学习、深刻领会、全面贯彻落实,把习近平总书记的重要指示作为把关定向、办学治校、立德树人的根本,引导和激励广大教师争做"四有"好老师,争当"四个"引路人。**二要用陶行知教育思想立校。** 听到你们对陶行知教育思想的研究在全国领先,我特别高兴,这是非常了不起的。陶行知先生是中国近代著名教育大家,对中国教育影响深远,毛泽东同志称颂他为"伟大的人民教育家",宋庆龄赞誉他为"万世师表"。陶行知教育思想主要包括以下几点。一个理论:生活教育理论,认为生活即教育,社会即学校,教、学、做合一。三大原理:①生活即教育——生活教育理论的核心。该原理认为,生活无时不变、无时不含有教育的意义。②社会即学校。该原理认为,既然"生活即教育",那么到处是生活,即到处是教育;整个社会是生活的场所,亦即教育之场所。③教学做合一。该原理认为,教的方法要根据学的方法,学的方法要根据做的方法,教法、学法、做法应当合一。四种精神:"爱满天下"的大爱精神;"捧着一颗心来,不带半根草去"的奉献精神;"敢探未发明的新理,敢入未开化的边疆"的创造精神;"千教万教教人求真,千学万学学做真人"的求真精神。五大主张:"行是知之始",认为认识来源于实践,实践是认识的基础;"在劳力上劳心",主张手脑并用;"以教人者教己",主张教学相长;"即知即传",主张随学随教。六大解放:解放儿童的头脑、双手、嘴、眼睛、时间和空间,还儿童以自由,从而解放儿童的创造力。陶行知教育思想从根本上改变了陈旧的传统教育观念,是最富有创造性的现代教育方法,对于崇仁师范学校走特色兴校之路具有特别重要的指导意义。希望你们进一步加强对陶行知教育思想的研究,把研究成果不断转化为教育教学的实际行动,用陶行知教育思想提升办学治校水平。

三要用抚州教育精神兴校。 历经千年锤炼而成的临川文化造就了抚州才子之乡、教育之乡的美誉。抚州教育名声在外,是一张闪亮的文化名片。我们一直思考,抚州教育到底有什么内在的东西? 如何定义抚州教育精神? 经过反复提炼概括,并与很多专家交流,大家认为抚州教育精神的基本内涵:苦中求乐,乐中问道,道中育才,才中培英。这一内涵至少体现了四种精神:①"苦中求乐"的奋斗精神。学生苦读,教师苦教,家长苦育,政府苦抓。千百年来,从学生、教师、家长到政府,社会的各个阶层为了崇高的教育事业,有苦不说苦,以苦为乐,乐在苦中,乐在其中,这就是崇文重教的奋斗精神。②"乐中问道"的科学精神。"道"是教育的内在规律。抚州教育之所以能够薪火相传、生生不息、长盛不衰,一个重要的原因就是抚州教育人以教书育人为乐,按教育规律办事,顺应教育规律抓教育,才使教育之路越走越宽。这就是一种尊重规律、把握规律的科学精神。③"道中育才"的敬业精神。认识、把握规律是事业成功的前提,但仅有这些是不够的。做好教育工作还要有爱岗敬业、爱生如子的职业精神。这种精神就是道中育才的敬业精神。④"才中培英"的创先精神。"取法乎上,得乎其中;取法乎中,得乎其下。"从晏殊、王安石、曾巩、汤显祖、陆象山等抚州的先贤开始,抚州教育始终高点定位、追求卓越,这就是才中培英的创先精神。崇仁师范学校,或者说今后的抚州幼儿师范专科学校,是培养教师人才、教育人才的学校,要带头弘扬"苦中求乐、乐中问道、道中育才、才中培英"的抚州教育精神,将科学精神、奋斗精神、敬业精神、创先精神贯穿于办学治校的全过程,就一定能够战胜前进路上的各种艰难险阻,从胜利走向胜利。

第五,要跨越发展。 什么是跨越发展? 我的理解是,跨越发展是非常规的发展,是迈大步的发展,是跳跃式的发展。对于崇仁师范学校而言,30多年蜗居在崇仁县郊区办学,无论是校区建设、教师人才、招生生源,还是办学规模、办学层次、教学科研、对外合作都受到了很大的局限,因此发展是有限的。现在,通过抢抓机遇、背水一战、特色兴校,实现了整体搬迁和升格为专科学校的目标,应该算是第二次创业成功,称得上是跨越发展。但我要提醒大家的是,抢抓机遇、背水一战、特色兴校与整体搬迁、学校升格是因果关系,只有真正抓住了机遇、打赢了主动仗和攻坚战、走好了特色兴校之路,整体搬迁和学校升格才能落地,跨越发展才能实现。这就是说,跨越发展不是天上掉下来的,不是轻轻松松敲锣打鼓来的,而是靠抢抓机遇、背水一战、特色兴校的苦干巧干而来的。因此,学校广大干部教师都要从实际出发,坚决响应学校的号召,在学校升级发展中建功立业;还要把跨越发展的目标定得更高一点,办专科学校不是我们的最终目标,我们的目标是要办本科院校、办师范大学。这既是市委、市政府高瞻远瞩的战略部署,也是包括学校干部教师在内的全市教育系统的共同追求,希望我们一起高点站位,共同谋划好这件事情,经过不懈的努力实现这一奋斗目标。

(本文系 2012 年 9 月在崇仁师范学校调研座谈会上的讲话摘要)

秋来硕果满神州

春播桃李三千圃,秋来硕果满神州。在新年来临之际,今天隆重举行崇仁师范学校建校 40 周年纪念大会,总结崇仁师范学校 40 年来的办学成绩,共商学校发展大计。这是抚州教育发展的一件大事、喜事、盛事!

兴致苗圃赏秋风,宁奉砖瓦筑围城。一代代崇师人勇于面对地理的偏远、生活的艰难,勤奋苦学,志存高远,自强不息,这种艰苦奋斗、从严治校的精神已成为学校宝贵的财富,激励、鞭策一代又一代学子勤学苦读、奋发有为、回报社会。40 年来,学校全面贯彻落实党的教育方针,形成了清晰的办学思路、科学的管理模式、鲜明的办学特色,既培养了一大批淡泊名利、默默耕耘的优秀人民教师,也为社会各行各业培养出很多杰出人才,涌现了程应贵、杨富梅等名师名家和王国彬、曾金辉等商界精英,可谓人才辈出、俊采星驰,学子遍五湖,桃李满天下。

母乳哺得万千子,校园再谱新篇章。今年 5 月,在崇仁师范学校进入"不惑之年"的关键时期,又一次迎来了重大飞跃——经教育部批准,崇仁师范学校升格为抚州幼儿师范高等专科学校;9 月,学校新校区全面竣工,秋季顺利开学并招收了第一批新生,承办了汤显祖戏剧节戏曲展演,学校正迈向建设全国知名师范专科学校的新时代。成绩来之不易,是市委、市政府高度重视、坚强领导的结果,是全体崇师人艰苦奋斗、不懈努力的结果,是广大校友大力支持、关心关爱的结果,要精心呵护、倍加珍惜。

百年大计,教育为本。近年来,抚州教育取得了可喜的成绩。教育改革全面推进,以全国中小学教育质量综合评价改革实验区和抚州基础教育综合改革实验区建设为载体,临川教育集团转型升级、教育质量综合评价、义务教育校长教师交流轮岗等重大改革走在全省前列。教育协调发展成效显著,率先在全省实现县域义务教育全域均衡,高中教育特色鲜明,学前教育、职业教育、高等教育取得长足进步。教育质量不断提高,学生综合素质明显提升,高考成绩连续 14 年保持全省领先。教育治理能力稳步增强,教育系统保持了安全稳定的良好局面。这其中,崇仁师范学校立足本职,主动担当,承担着定向师范生培养的重任,培养了一大批用得上、下得去、留得住的幼儿园和小学教师,为抚州教育发展作出了突出贡献。

崇文重教薪火相传,科教兴市责任重大。《抚州市教育事业发展"十三五"规划》提出,到 2020 年,抚州进入教育强市和人力资源强市行列。全市学前教育三年毛入园率达 85% 以上,义务教育巩固率达 97% 以上,义务教育全面实现均衡优质发展。要实现这些目标,抚州幼专要切实担负重任,培养更多的合格教师。在此,我向学校提几点希望:**一要以升本为目标。** 抚州是教育之乡,打造教育名城、擦亮教育品牌是抚州立足资源优势、加快对外开放和现代化进程的必然选择。站在新时代的历史方位,补齐教育短板,丰富教育内涵,优化教育结构,需要以优秀的教师人才为支撑,加快高等师范教育发展步伐,希望学校提高站位,决不满足升专的小胜,立下愚公移山志,瞄准升本建院的更高目标,提高教学科研水平,提升办学质量,为抚州教育作出更大贡献。**二要以师德为首要。** 教育是传播知识、传播思想、传播真理的工作,教师是塑造灵魂、塑造生命、塑造人格的工程师。学校要抓好教师和学生两支队伍的思想道德教育,引导师生做有理想信念、有道德情操、有扎实学识、有仁爱之心的好老师、好师范生。**三要以质量为根本。** 当今时代,大数据、云计算、移动互联网等新一代信息技术同机器人和智能制造技术相互融合,对教育内容、教育模式、教育形态和学习方式产生了革命性影响。学校要利用互联网等新技术改革教育教学手段、教学方式,提高人才培养水平。**四要以管理为基础。** 走出去,请进来,学习外地师范院校先进管理经验,进一步健全、完善管理制度,提高管理水平。要加快新校区建设,把学校建成校园环境优美、文化气息浓厚、管理科学规范、宜学宜居宜游的示范性学校。**五要以安全为保障。** 学校要切实加强学生安全教育,落实安全责任制,提升安全管理水平,保证师生和学校安全。借此机会,衷心希望崇仁师范学校广大校友和社会各界朋友一如既往地关心支持抚州教育,关心支持抚州幼专发展,常回学校参观指导。希望在校的同学们,珍惜美好年华,树立远大理想,在学习中加强修养,在求索中锻炼品格,在实践中提高能力,实现服务家乡、报效祖国、回报社会、献身教育的理想。

（本文系 2017 年 12 月在抚州幼专校庆大会上的讲话摘要）

高点定位　平稳前行

　　通过这次会议,我对学校发展情况有了更多的了解,对学校班子成员的思想动态、心理状态以及学校的工作运行有了更深的认识,对学校发展更加充满信心。关于学校如何通过 2~3 年的努力,完成教育部复评任务,进一步促进学校科学快速发展,我与大家交流以下四点意见:

　　要珍惜奋斗。 成绩是奋斗而来的,大家要倍加珍惜。学校经过 40 年的风雨兼程,薪火相传,取得今天的成绩,这是市委、市政府把握高等教育发展形势,敢于担当、科学规划、排除万难、果断决策的结果;是历届学校领导班子带领师生员工筚路蓝缕、披荆斩棘、艰苦奋斗的结果;是当年在抚州三所师范学校(南城师范、东乡师范、崇仁师范)三选一竞争中,学校领导屡次"走出去""请进来",赴教育部请专家来校指导评审,努力学习别人经验,在没有绝对优势的前提下,背水一战,让学校生存下来的结果;是本届学校班子坚韧不拔、万难不屈、科学应对、奋力打拼,一手抓升格、一手抓新校区建设的结果。学校的发展史,是一部艰难的生存史,也是一部可歌可泣的创业史,它凝聚着一代又一代崇师人的心血和汗水、智慧和辛劳、坚守和奋斗、守望和进取,大家必须倍加珍惜。如何珍惜成绩,大家要认真把握。首先,成绩是前人打下的基础,任何时候都要牢记他们的功德,感恩他们的付出,接好他们的传承,不忘初心,继续前进。其次,崇仁师范学校升格为抚州幼专,不是最终目标,只是学校发展长征路上的第一步。随着全国教育形势、全省师范教育形势的发展,高等教育努力争创"双一流",专科层次的师范教育能不能存在? 以什么方式存在? 大家要仔细思考,深谋远虑,提前谋划。学校发展如逆水行舟,不进则退,大家唯有以夸父追日的精神和韧劲,不断前行,才能让学校在竞争中不被淘汰,才能把自己的名字写入中华人民共和国高等教育史。再则,抚州幼专作为抚州师范教育的独苗,作为全市高等教育的生力军,要坚决响应市委、市政府加快高等教育发展的号召,在提质、做大、升格、献力上下功夫,擦亮抚州教育品牌,不断提升服务经济社会发展的能力。

要迅速转型。 一要转变发展观念,从生存时代向发展时代转变。回顾历史,崇仁师范学校经过几次凤凰涅槃,成功升格为抚州幼专,生存问题不再是学校的主要矛盾。下一步,学校的主要目标是加快发展,提升内涵,强化科研建设,优化学科结构,创出学校特色等。二要转变发展目标,从崇仁时代向抚州时代转变。过去,学校地处偏僻,蜗居在崇仁县的小山岗上,跟外界没有过多接触,大家的思想观念、领导方法、工作方式以及驾驭局面、运作操作的能力都相对封闭,较为保守。现在搬来抚州,大家的工作、生活、沟通和认识处理问题的方式都将完全不一样。学校由过去主要依靠崇仁县资源,到现在依靠市中心城区乃至全市资源,由过去学校自成体系,到现在紧跟市委、市政府决策部署,由过去作为市教育局下属单位,到现在作为市政府直属高校等。这些转变要求大家认真思考,摒弃以前相对保守的思想观念,积极走出校门,开放办学,积极向市委、市政府汇报工作,积极大胆地与市直部门沟通接触,确保学校在发展进程、步伐和速度紧跟时代脉动。三要转变发展方式,从中专时代向大学时代转变。学校已经升格为大学,在办学形式上,要从以初中生源为主向以高中生源为主转变,从一级法人向多级法人转变,从以学科建设为主向以院系建设为主转变,从以教学为主向教学、科研并重转变。无论是综合性的大学,还是应用技术型的大学,科研都非常重要,教学跟科研必须相辅相成、相互促进。

要高点定位。 站位决定定位,定位决定地位。根据我国教育发展方向和趋势,学校要进一步提高站位,大力开创学校发展新局面。一要抓好近期规划,努力办好优质专科学校。着眼全省,对比上饶幼专、宜春幼专、抚州幼专三所学校,我们在校园建设、教学科研水平等方面走在前面;放眼全国,还有一大批类似的专科学校,我们面对的竞争很大。建议学校利用3~5年的时间,大步探索,奋力拼搏,千方百计提高办学质量,努力把学校办成全省优秀、全国知名的优质师范专科学校。二要加紧远期谋划,奋力办成高层次本科院校。抚州是才子之乡、教育之邦,基础教育全省领先、全国知名,高等教育相对落实,现实形势要求我们抓紧谋划,努力把抚州幼专建设成为有才子之乡元素、有临川文化内涵、有尊师重教氛围的高层次本科师范院校。三要明确办学路径,不断提升学校教学科研水平。第一,要在做优学前教育特色专业的基础上,打造更多优质专业,向综合性师范教育大步迈进。第二,要扎根抚州,在深入研究临川文化方面上下功夫。临川文化源远流长,晏殊、王安石、曾巩、陆象山、汤显祖、晏几道、李觏等名儒巨公声名远播、影响深远,学校要培养一批对临川文化有心得、会阐述、善研究、能服务的专家,提升学校影响力。第三,要以师范教育为主,围绕市委、市政府工作部署,增强服务意识,在专业设置、研究机构设立等方面策应中心工作,促进学校在兼顾服务地方经济社会发展方面取得新突破。

要平稳前行。 稳中求进是党和国家的重要方针,也是教育工作的总基调。大家在出主意、想办法、做决策、抓落实时,要紧紧围绕"事业有发展、干部能成长、员工得实惠、学校大稳定"的总目标,在强化领导核心、凝聚发展力量、营造良好环境、抵御腐败风险等方面下功夫,确保学校平稳前行。一要强化领导核心。建立党委领导下校长负责制的领导班子,加强党对学校工作的领导,落实习近平总书记"党政军民学,东南西北中,党是领导一切的"重要指示精神,坚持重大工作事项先上党委会、再上行政会的原则,充分发挥党委对学校工作把关的定向作用。二要凝聚发展力量。历史告诉我们,单打独斗和个人英雄主义做不好工作,必须整合各方力量,牢牢依靠市委、市政府的坚强领导,紧紧依托市教育局和市直各部门的大力支持,时时依靠广大教职工团结拼搏,共同推进事业发展。三要营造良好环境。要积极营造良好的发展环境,牢固树立"发展就是硬道理"理念,一心一意谋学校发展。要积极营造良好的办学环境,充分调动教职工的积极性,激发大家创新创造能力。要营造良好的科研环境,鼓励广大教师从不同角度、不同学科开展科研,支持冒尖。通过几年的努力,培养一批知名音乐家、画家、舞蹈家、教学科研和临川文化研究专家等,提升办学水平。要积极营造良好的人文环境,大力弘扬学校"以师为魂、坚韧不拔、艰苦创业、团结奋进、敢于胜利"的精神,提升学校人文凝聚力。四要抵御腐败风险。要坚持"一个核心",在思想上、政治上、行动上同以习近平同志为核心的党中央保持高度一致,增强"四个意识",坚定"四个自信"。要把握"两项原则",坚持以人民为中心的发展理念,让群众满意,让领导放心。要领会"三种境界",在原则面前学会坚守,在名誉面前学会选择,在利益面前学会放弃。要严格"四个办事",按原则办事、按规矩办事、按程序办事、按底线办事,强化纪律约束,守住纪律底线。

(本文系 2018 年 3 月在抚州幼专领导班子民主生活会上的讲话摘要)

当好改革探索的先锋

　　市实验学校自创办以来,始终秉持"全面实施素质教育,促进学生全面发展"的办学理念,坚守"创一流学校,育一流人才"的办学目标,励精图治、锐意进取,打造了一流的育人环境,培育了一流的师资力量,迅速跻身全省名校行列。学校历史不长,发展迅速,日新月异,180多人次获国家级、省级、市级奖项,社会贡献巨大,体现了责任担当,赢得了社会的肯定。

　　我曾经在全校干部教师大会上对学校发展提出要做高举旗帜的战士、做立德树人的表率、做素质教育的先锋、做先行先试的闯将、做人民满意的模范等五点要求。今天我欣喜地看到,学校新的领导班子认真贯彻落实,出台了许多务实举措,办学治校有了新的变化。但这五点要求既是长期的发展目标,又是实现目标的基本路径;站在新的起点,面对新的要求,要把这五点要求落细落实,必须重点把握好以下几个方面:**一要坚持德育为先。** 市实验学校作为全省示范性学校,要带头贯彻落实教育部发布的《中小学德育工作指南》,按照"构建一个体系、深化两个结合、把握三个关键、坚持四项原则、突出五项内容、创新六大途径"的要求,加强和改进学校德育工作,把立德树人紧密结合起来,在立德中树人,在树人中立德,全面落实党的教育方针。**二要坚持改革为要。** 实践证明,凡是冠以"实验"之名的学校无一不是改革探索的先锋、实践先行的闯将,无一不是领先领跑的排头兵。市实验学校既然挂上了这块牌子,就要勇于挑起改革实验的重担,要先行一步、先试一手,打好主动仗,扛起改革旗,闯出一条推进素质教育、促进科学发展的新路,为全市、全省出示范、出经验、出成果。**三要坚持群众为重。** 教育是民生之首,联系千家万户,事关社会公平。学校、教师要时刻把群众利益放在心上,把群众满意放在心上,积极回应群众关切,严格规范办学收费行为,坚决防止发生乱收费、乱补课、乱订教辅资料等现象。要进一步落实"千师访万家"工作机制,把党和政府的关怀送进千家万户。**四要坚持安全为本。** 没有安全,一切都是零。学校现在有几千学生,面临交通安全、食品安全、网络安全、防溺水安全、心理健康安全、校园欺凌安全等诸多压力,一定要把安全稳定摆在更加突出重要的位置,紧抓不放、常抓不懈,努力营造和谐温馨的办学环境。

国将兴,必贵师而重傅。教师是立教之本、兴教之源,关乎心灵,关乎生命,关乎成长。教师之美、教师之重,怎么说都不为过。习近平总书记高度重视教师工作,要求广大教师要争当"有理想信念、有道德情操、有扎实学识、有仁爱之心"的好老师,争做"学生锤炼品格的引路人,学生学习知识的引路人,学生创新思维的引路人,学生奉献祖国的引路人",为如何做好一名人民教师提供了根本遵循。当前,我国正处于社会转型期,社会思想观念庞杂多元,人们期盼主流价值的倡导引领,渴望道德热情的亲和凝聚。广大教师要全面贯彻习总书记指示精神,既要不断提升自我、承担教书育人重任,更要肩负立德树人、弘扬社会主义核心价值观等重要使命,确保教育发展始终沿着正确方向前进。**一要以德立身。** 高尚的师德,是对学生最生动、最具体、最深远的教育。广大教师要牢固树立中国特色社会主义理想信念,带头践行社会主义核心价值观,自觉增强立德树人、教书育人的荣誉感和责任感,不断加强师德修养,把个人理想、本职工作与祖国发展、人民幸福紧密联系在一起,树立高尚的道德情操和精神追求,甘为人梯、乐于奉献、静心教书、潜心育人。要严格执行《中小学教师职业道德规范》,自觉坚守"八个不准"。前不久,市直学校的一位老师在微信上发表不当言论,造成了极坏的影响,受到了政纪处分。作为一名人民教师,思想政治觉悟甚至比不上一般的群众,确实非常不应该,希望大家引以为戒,时刻警醒,遵纪守法,避免出现类似情况。**二要以爱安身。** 辉煌的教育更需要"大楼、大师、大爱"。无论社会如何发展、教育手段如何更新,教育事业用爱哺育、用心浇灌的本质不会改变。教师是太阳底下最光辉的职业,爱岗敬业、爱生如子是对师德最好的诠释；教师最大的价值和最高的成就是育人，桃李满天下是教师一生的荣誉、无上的光荣。广大教师要坚持以学生为本、以言传道、以行垂范，用真理、真言、真行教化学生，用真情、真心、真诚感化学生。要进一步坚定和弘扬大爱之心、敬业之志、笃学之风、创新之勇、为师之范，真正成为让学生尊重、家长信赖、社会满意的人民教师。**三要以能强身。**广大教师要牢固树立终身学习的理念，不断自我学习，不断自我超越，提升综合素质，在业务钻研上孜孜以求，在教育教学上与时俱进，在课题研究上攻坚破难，努力把学生培养成具有创新精神、进取意识，能够自主学习、独立创造、个性发展的人，争当家长敬重、学生喜爱的名教师。学校领导班子要忠诚于党的教育事业，用先进的理念办好学校，用特色理念发展学校，用科学制度管理学校，争当组织信任、教师信服、学生尊重、群众满意的教育家式校领导。**四要以纪律身。**实验学校是全市教育的窗口，群众关切，社会关注，更要做到自觉、自省、自律。前一段时间，局里督查组到学校进行中央"八项规定"执行情况督查，纪检组还专门到学校召开了教师大会，分析问题，严明纪律。近期市委巡察组也几次到学校了解情况。大家要聚焦"乱办班、乱补课、乱收费、乱订教辅材料"等问题，切实抓好整改落实。广大教师要坚持把纪律挺在前面，洁身自好、从严自律，不准向学生推销、代购教辅资料和其他商品，向学生家长索要或变相索要财物；不准因为利益问题对学生搞区别对待；不准参与迷信、赌博等不健康不文明活动，树立起人民教师的良好形象。

（本文系 2017 年 9 月在抚州市实验学校庆祝第三十三个教师节活动会上的讲话摘要）

满身寂寞也透明

非常高兴来到上海,与大家见面,参加今天的会议,作为市教育局局长,更作为临川一中的校友,我想借此机会表达三层意思:第一,表示祝贺;第二,向大家学习;第三,与大家交友。

首先,我是来向大家表示祝贺的。祝贺什么呢?祝贺我们广大的临川一中上海校友从此有了一个家。家是什么?家是加油站,家是温馨的港湾。在这个家里,大家听乡音、叙乡情、品乡愁、写乡魂,有说不完的话、喝不醉的酒,彼此之间轻松透明。正所谓:月透明、心透明,抖一抖满身的寂寞也透明。与此同时,在这个家里,大家都是学兄学弟、学姐学妹,都是兄弟姊妹。所谓革命不分先后,创业不分先后,致富不分先后,发达不分先后,大家都是相亲相爱的一家人。正如会长所说,成立校友会就是为大家提供一个交流平台,为大家做点事情。我想,有了这个家,大家可以相互帮助、相互支持,这样互相提携、相互搀扶着走,就一定能走得更远。

第二,就是来向大家学习,学习大家的精神。古人云:"行万里路,读万卷书。读万卷书,聚万般智。"你们从临川一中走来,走出抚州,走出江西,走入大上海,走入中国梦的窗口。你们学而优则仕,仕而优则学,学而优则商,商而优则学。不仅有很高的智商,更有很高的情商。在你们身上,集中体现了以苦为乐的学习精神、开拓进取的奋斗精神、坚韧不拔的创业精神、敢于胜利的拼搏精神。这些精神是当代临川才子精神的重要组成部分。我们来到这里,就是要把你们这些优秀的精神学到手、带回去,丰富临川一中精神的内涵,丰富临川文化的内涵,作为我们践行社会主义核心价值观,作为立德树人、办好人民满意教育的宝贵财富,鼓舞、鞭策、激励全市广大师生以你们为榜样,树立远大的理想,发奋学习,积极进取,为实现伟大的中国梦培养更多更好的人才。

第三,就是来与大家结交朋友。俗话说,千金易得,挚友难求。应该说,人生的排列组合让我们一起走进了临川一中这座神圣的殿堂,这是我们人生的缘分;今天母校的旗帜又召唤我们相识相知,这是一种福分。会长说,他的人生座右铭是十六个字:读书学习,增长智慧,结交朋友,整合资源。作为教育主管部门的领导,更作为你们的校友,我十分愿意与大家携起手来,珍惜缘分、品茗福分,手拉手、心连心,一起分享智慧,一起感悟人生,一起为家乡、为事业、为祖国而出彩!由此,我们真诚地希望大家以今天的聚会为契机、为平台,加强联系,相互往来,希望各位校友常回家看看,看看父母,看看乡亲。希望各位校友勿忘乡愁,回报乡梓,来家乡投资兴业,为母校建设、为抚州发展贡献力量。我们这些家乡的管理者、这些临川一中的校友一定全力为大家搞好服务、做好后勤。

(本文系 2015 年 7 月在临川一中上海校友会成立大会上的致辞)

友谊需要用忠诚去播种

八月的北京绿意盎然,风景如画。我们来到首都北京,与大家欢聚一堂,共忆乡愁、共话母校、共叙友谊、共谋发展,这是一种缘分、福分。

你们在北上广深琼,特别是在首都北京打拼奋斗,参与全国乃至世界竞争,十分不容易。孔子曰:"志于道,据于德,依于仁,游于艺。"你们是集道、德、仁、艺于一身的佼佼者。长期以来,各位校友坚持弘扬苦中求乐的奋斗精神、乐中问道的科学精神、道中立德的仁爱精神、德中登高的竞争精神,在首都北京,在中国最发达的地方生存发展、发扬光大,在体制内外、在不同的行业作出了突出的成绩,展示了临川才子的风采,诠释了文化之邦的创业操守,为母校争了光,为家乡添了彩,不愧为抚州人民的优秀儿女。

同学、校友,永远是我们一生中的特殊群体,比亲人多了些熟知,比朋友多了些亲切。人的一生或许有许多人与你擦肩而过,或许会有许多份感情伴随你左右,但是我觉得,学生时代的感情应该是最纯真的。"同学""校友",多么亲切、美好的称谓!不是兄弟,不是姐妹,而又胜似兄弟姐妹!是朋友,是同志,而又不是一般意义上的朋友和同志!同学、校友是永恒的,同学、校友的友谊是长存的。有人说,友谊需要忠诚去播种,需要热情去浇灌,需要原则去培养,需要谅解去护理;而忠诚、热情、原则、谅解都必须建立在交流、沟通之上。从这一点出发,校友会实在是一个在母校的旗帜下,交流友谊、交流思想、交流感情、交流工作,凝聚力量、团结互助、共同发展、共同进步的一个极好的平台和载体,是架起母校与校友、家乡与校友之间极好的桥梁与纽带。作为教育主管部门,我们与母校临川一中一起为这一桥梁的畅通有序全力做好服务工作,为大家当好勤务员、信息员、服务员。

最难忘的是那一抹乡愁，家乡永远是你们心中的思念，永远是大家朝思暮想桑梓之地，永远是大家魂牵梦萦的第一故乡。近年来，家乡抚州市在习近平新时代中国特色社会主义思想指引下，全面贯彻新发展理念，以生态文明为统领，经济社会发展驶入了快车道，呈现了政治清明、经济繁荣、文化昌盛、生态优美的良好态势。在现有七纵九横高速、高铁网络的基础上，未来几年还要建设鹰汕高铁、京福高铁、吉深高铁和南丰至瑞金的铁路，以及4条高速公路，抚州处于南昌远郊、闽台近邻的区位优势进一步呈现，先后被评为"全国园林城市""全国森林城市"和"中国天然氧吧城市50强"之首，是宜居、宜业、宜游的天堂。母校临川一中高考成绩连续十五年全省第一，近十多年先后被清华、北大录取的学生有370多名，家乡的亲情、友情和良好的人文环境、营商环境召唤着大家常回家看看，召唤着大家回乡投资兴业。在这里，我们特别希望临川一中的在外校友，先行一步，带个好头，为家乡发展出谋划策，为抚州科学发展、绿色崛起做出贡献！

（本文系2017年在临川一中北京校友联谊会上的致辞）

画出最大同心圆

十分感谢校友们的盛情邀请,让我们有机会来到美丽的海口市,与大家欢聚一堂,共叙友谊,共话乡情,共谋发展。

第一个使命是来看望大家。 我没有忘记,去年海南校友会成立的时候,几位会长热情邀请我来与大家见面,虽然我心中十分向往,但终因种种原因未能遂愿。我也难以忘怀,时隔一年,这次海南之行,一下飞机就被大家火一样的热情所包围,从昨天到今天,你们把我们像"熊猫"一样拥着、护着,一言一行唯恐把我们怠慢,唯恐让我们感到生分,使我们沉浸在温暖的亲情之中,融化在深深的友谊之中。所以,说是来看望大家,但其实是被大家看望;说是来向大家传递乡情,而实际上是为大家的深情所感染;说是来为大家加油鼓劲,而实际上是被大家加油鼓劲。由此看来,我的第一个使命会因为大家的气场,特别是大家的热情而难以完成。即使如此,我们这些从抚州、从母校来的同志心里仍然是高兴的,高兴的是你们没有辜负母校的期望,高兴的是你们没有忘记家乡的情怀。

第二个使命是来向大家学习。 从北京校友会到上海校友会,从深圳校友会到海南校友会,从临川一中的校友会到临川二中、抚州一中的校友会,这几年来,我为自己有机会走近你们、结识你们、了解你们而感到无比自豪、无比欣慰、无比快乐。毫不夸张地说,你们每一位校友的背后都是一部学习史、一部奋斗史、一部创业史、一部与命运的抗争史。这些"史"中虽然有"正史""野史",有成功的喜悦,也有失败的痛苦,有顺境的飘逸,也有逆境的烦恼,但你们不愧为抚州人民的儿女,不愧为临川一中的学子,一个个都以自己良好的学习能力、全面的综合素质、顽强的奋斗品格,拳打脚踢、左右开弓、跋山涉水,克服了一个又一个险阻,拿下了一个又一个堡垒,成了人生的主宰者、事业的成功者、学校的榜样、家乡的骄傲。正如你们所说,昨天你们以学校为光荣,今天母校为你们自豪。我想,正是这样走近你们、结识你们、感受你们、读懂你们,让我们感到了教育的光荣,让我们体会了立德的伟大,让我们收获了树人的喜悦,让我们坚定了往前走的信心。越是这样,我们越感到来这里,其实就是来向你们学习,学习你们珍惜时光、刻苦努力的发奋精神,学习你们不畏艰险、自立自强的创业精神,学习你们不忘母校、报效乡梓的仁爱精神。这些精神,既是你们的宝贵财富,也是母校和家乡的宝贵财富,希望大家与学校一起努力,把这些精神融入学校、融入课堂,编写成校本教材,讲好大家的故事,弘扬好大家的精神,现身说法,把这些宝贵财富转化成推进抚州教育事业发展的强大动力。

第三个使命是来向大家报告工作。 在这里,我要欣慰地告诉大家,今天的抚州日新月异、蒸蒸日上,可谓政治清明、经济繁荣、文化昌盛、生态优美、社会稳定、名声远扬、潜力巨大。第一,我深切地感受到近几届市委、市政府班子的高度团结,一个声音喊到底,一门心思干事创业,应该说这是抚州人民的福气,也是你们这些在外打拼的抚州游子的福气。第二,抚州经济发展已经驶入了快车道。去年国内生产总值总额已达1350亿元,财政一般性预算收入超过150亿元,主要经济指标高于全省平均水平,工业用电量全省第一,改变了过去"八九不离十"的状况。特别是高新区升格为国家级高新区,引进了曙光云等大数据产业,拥有高新技术企业135家,建立博士工作站10家,聘请了10名两院院士为经济顾问,"两车""一云""一芯""一药"等高新技术、大数据、新动能产业和企业快速发展。第三,抚州文化品牌日益昌盛。抚州市委、市政府着力打好文化旅游牌,连续举行了汤显祖国际戏剧节活动,盱河高腔乡音版《临川四梦》和《牡丹亭》先后进京赴国家大剧院、保利大剧院和北大、清华等高校演出,并赴新西兰、英国、西班牙等国公演;连续两年参加中英高级别人文交流论坛,并在会上发表演讲;与莎士比亚基金会、斯特拉福德区、剑桥大学国王学院等签署多份合作协议,确定在伦敦唐人街、莎士比亚的故乡斯特拉福德和剑桥大学国王学院兴建几座牡丹亭。这一系列活动得到党和国家领导人的高度赞誉,在国内外引起强烈反响。目前,抚州拥有国家5A级景区1个、国家4A级景区24个,全省旅发大会在抚州召开。第四,抚州教育品牌持续擦亮。临川一中、临川二中先后被评为"全国百强中学",近十年有543人考取北大、清华,到今年为止抚州12个县区全部通过国务院县域义务教育督导评估,在全省率先实现全域均衡。抚州是全国中小学教育质量综合评价改革实验区和基础教育综合改革实验区;抚州市教育局又被教育部评为全国教育改革创新优秀单位。教育品牌的持续擦亮正成为抚州加快发展的巨大资源优势和开放优势。第五,抚州区位优势更加明显。作为鄱阳湖生态经济区、海峡西岸经济区、苏区振兴经济区和长江中下游经济区4个国家战略叠加区,抚州已经建成"四纵三横一连"的高速网、"七横四纵十连"的国道网、今后几年还将开工昌抚城际高铁、吉抚武温铁路、南丰至瑞金铁路、抚州机场建设,同时积极推进昌抚合作示范区和闽赣合作示范区建设。由此,抚州作为南昌远郊、闽台近邻的区位优势将进一步形成。第六,社会和谐稳定。抚州的公安大部制改革被全国推广,社会发案率下降63.5%,破案率大大提升,社会治安公众评价包括综合方面和公、检、法、司4个单项都在全省排名前三。特别是全市森林覆盖率由62.5%提升到去年的66.5%,继前年被评为"中国天然氧吧"50强城市之首后,去年又被评为"中国文化影响力十强城市",加上连续创评为"中国森林城市""江西卫生城市",抚州已成为老百姓安居乐业和宜居、宜游、宜业的人间天堂。

之所以向大家报告这些工作,是要告诉大家,你们的家乡抚州正在发生翻天覆地的深刻变化,正在全面建成小康新抚州的路上阔步前进。真诚希望各位校友、各位老总、各位朋友,做得再好、走得再远都不要忘记自己是从哪里出发,不要忘记自己走过的路;抢抓机遇,回家过年,看看父老亲朋,看看抚州的变化;心系母校、情寄乡梓,不失时机地回乡投资兴业、扶贫励志,以实际行动把你们的尊姓大名,把你们的企业、产业的尊姓大名融入母校和家乡的发展步伐,写入抚州的里程碑,载入抚州的发展史册!

校友们、朋友们,佛说上辈子五百次的回眸换来今生的一次擦肩而过,今天,我们因为共同的母校之情、共同的师徒之情、共同的乡亲之情,在人生的排列组合中走到了一起,注定要成为一生的朋友,这是何等的缘分、这是何等的福分!希望我们当着母校老师的面起誓,在今后的人生行程中大家决不做两条斜率相同的平行线,而应当携起手来,不断寻找人生交集,不断扩大发展交集,在母校和家乡的旗帜下,找到友谊的最大公约数,画出合作的最大同心圆。在这里,我愿意将一副应情而作的对联分享给大家,与大家共勉:海上生明月照亮临川才子宝岛幸福路;天涯共此时点燃抚州乡亲赣东回眸情。在新春佳节即将来临之际,谨向在座的各位,并通过你们向所有的校友和家人致以新春的祝福,祝大家新年吉祥,身体健康,事业发达,阖家幸福,万事胜意!

(本文系 2018 年 1 月在临川一中海南校友会上的致辞)

一曲清歌满樽酒

新年伊始,又逢腊八,在这美好的时刻,我们相聚大上海,欢庆临川一中上海校友会 2019 年度年会隆重召开。这是推进临川一中校友文化发展的一件大事,是抚州教育发展的一件喜事。

非常感谢大家的盛情邀请,让我们有机会再次来到大上海,感受上海如大海一般的澎湃,感受中国改革开放最前沿的进步,感悟发展是硬道理的深刻内涵,聆听中华民族伟大复兴的铿锵脚步。见到大家,我感到分外亲切,像久别的朋友,盘点过去如数家珍,展望未来豪情满怀,谈工作资源共享,谈生活其乐融融,把同窗之情、校友之情绘就成了一幅幅心连心、手拉手的美好画卷。沉浸于大家的前沿交流,分享大家的成功喜悦,我百感交集,想起了抚州先贤汤显祖的诗句"定去扬州须说与,相怜还是故乡人。";想起了晏殊"临川楼上枥园中,十五年前此会同;一曲清歌满樽酒,人生何处不相逢。"的感慨。所以这些,都让我感受到教育事业的无上光荣。因为教育,因为母校,使你们走出抚州,走向上海,走向世界。我作为一名教育工作者,有机会见证母校的成长、见证校友的辉煌,何其有幸!但也正是你们的成功,更让我们感到肩上的责任,要让临川一中的旗帜永远在中国的上空高高飘扬,我们必须卧薪尝胆、坚韧不拔、万难不屈,把立德树人作为我们最根本的追求,用多出人才、多出大才来谱写临川一中的时代篇章。让我们共同努力,全力以赴把母校品牌擦得更亮。

"故乡何处是,忘了除非醉",这是李清照的名言,也是游子的心声。此时此刻,我想大家一定想听一听关于家乡的故事。借此机会,我想向大家作一个简单的报告。

应该说,刚刚过去的 2018 年,在市委、市政府的坚强领导下,家乡抚州取得了一连串骄人的成绩。在经济下行压力持续增大的情况下,去年全市生产总值增长了 8.8%,规模以上工业增长 9%,财政总收入增长 9.3%,固定资产投资增长 11%,全市财政总收入跨越 200 亿元,10 余家重点企业向百亿企业目标迈进。

过去的一年,家乡抚州高度重视改革创新和对外开放。连续举办了汤显祖国际戏剧节、全省旅发大会和全省互联网大会,新增国家 5A 级景区 1 家,新增 4A 级景区 6 家,达到 16 家;再次入选中国文化竞争力十佳城市,送审待批中国历史文化名城;抚州高新区跃居全国百强高新区,成为全省进位最快的新区;组建院士工作站 13 家,新聘院士、科技领军人物 26 名为市政府科技顾问。全省重点拟上市(挂牌)企业增至 16 家,新三板挂牌企业增至 12 家。

与此同时,全市教育工作也取得了新的进步,高考成绩连续走在全省前列,全市考取北大、清华的学生共有 43 人,一本上线率高于全省 4.6 个百分点;经过国务院督导评估,抚州在全省率先实现 12 个县(区)义务教育全域均衡的目标。抚州市教育局被评为全国改革创新先进单位,教育部组织 15 家中央主流媒体对抚州教育成绩进行系列报道。这些情况充分说明了曾经相对落后的抚州,已经迈入了发展的快车道。抚州的变化越来越大,抚州发展越来越快,我们有理由相信,抚州的明天充满希望。

乡愁是一朵云,乡愁是一生情。不忘初心,方得始终。无论大家走得多远,都不会忘记出发的地方;无论大家做得多大,都是家乡人民的儿女,都有责任和义务把家乡、把母校建设得更好。由此,我愿意和大家一起思考几个问题:第一,我们成立校友会的初心是什么?第二,校友会怎样才能做大做强?第三,校友会做大做强后应该给予家乡和母校什么回报?坦率地讲,围绕这几个问题,我曾经多次与钟国亮、白勇、万腾驰、胡振东会长等校友进行过广泛的沟通交流。归纳他们的思想和智慧,我形成了以下几点认识:其一,成立校友会不仅要在母校的旗帜下把校友联结起来、团结起来,互帮互助、相互提携,资源共享、风险共担、共同发展、共同进步,更要不忘母校、不忘家乡,把校友会的兴衰与母校、与家乡联系起来,为母校兴会、为家乡兴会。只有这样,校友会才能做成一种文化,做成一个品牌,做成一个促进母校和家乡发展的进步组织。其二,校友会能否顺利成立、能否做强做大,关键要选好一个会长,只有会长公道、正派、无私,有经济实力、凝聚能力、服务精神,校友会才立得起来,生存下来。其三,校友会不仅是一个社会团体,也应该是一个经济组织,必须像经营企业一样经营校友会,有投入、有产出、有收益,才能建立校友会发展的长效机制,才能可持续发展。这一点,上海校友会就是最好的例证。其四,校友会和全体校友必须与母校和家乡同频共振,以支持母校和家乡发展为终极目标,才能体现大家的成长情结和家乡情怀,才能感染、感动、教育一代又一代的校友,才能培养我们的家乡人民。

基于这些认识,我高度赞赏几位会长通过不懈努力,把几个校友会办得红红火火、办得充满生机和活力。特别是上海校友会告诉我,正在筹备成立沪浙苏临川一中校友总会,我对此感到由衷的高兴。我愿意和大家一起为之鼓与呼,从市教育局和临川一中的角度,为它的诞生和发展创造更多更好的条件。但是,我也真诚希望几位会长,一定要把校友会的发展与家乡的发展紧密联系起来,如为每年的年会确定一个主题,从小事做起,以小见大,引导广大在外校友热爱家乡、热心母校,为母校和家乡发展作出具体的、看得见的贡献,在校友会的发展中升华人格和事业!

（本文系 2019 年 1 月在临川一中上海校友会上的致辞）

共同谱写人生壮丽华章

桃李满园,薪火相传。在这个喜庆、隆重的日子里,我们期待已久的临川二中深圳校友会终于在今天成立了。

近年来,在市委、市政府的正确领导下,全体抚州人充分发挥才子之乡、赣抚粮仓、海西腹地的区位优势、生态优势、人才优势,紧紧依托鄱阳湖生态经济区、海西经济区和原中央苏区振兴发展战略区等三个"国家级"区域发展平台,全面推进幸福抚州建设。经济社会的飞速发展也带动了教育事业的繁荣昌盛,我市高考成绩连续十年保持全省领先,共有55名考生被清华、北大录取,占全省考取清华、北大总人数的1/3;大中专院校录取率达88.76%,远超全省平均水平;多样化办学取得新突破,临川一中、临川二中竞相开设国际班;教育改革迈出新步伐,我市设立的全省第一个基础教育综合改革实验区顺利获批。尤其是临川二中高考再创佳绩,8人被北大、清华录取,5人被空军和民航飞行学院录取,一本、二本录取率屡创新高,教育质量、学校建设、办学水平都呈现快速发展的良好态势,为国家培养了大批高素质人才。我们真切地感受到,30多年来临川二中的快速发展,得益于历代二中人深厚的积淀,更与广大校友的关心支持和无私帮助密不可分。

校友会是加强校友与校友之间沟通的纽带,是促进校友与母校之间交流的桥梁。无论事业巅峰低谷或雄心再起,都需要校友之间的共同分享,互相参照、彼此印证、彼此激励、援手相助。在深圳这样一个竞争激烈的国际化城市,深圳的校友们传承和发扬二中精神,携手共进,用智慧和汗水创造了令社会赞誉和家乡骄傲的业绩。深圳校友会的成立,必将为联络校友、促进交流,推动临川二中和抚州教育事业可持续发展发挥不可替代的作用。"造就学生者为学校,而造就学校者则其学生。"希望你们再接再厉,以更大的力量支持母校和家乡教育事业的发展。

（本文系 2013 年 11 月在临川二中校友会深圳分会成立大会上的致辞）

大鹏一日乘风起

非常高兴参加临川一中 2016 届国际班毕业典礼，这既是各位家长和孩子们的大喜事，也是学校和抚州教育开放发展的大喜事。三年前，我参加临川一中国际班开学典礼，看着同学们稚嫩而自信的脸庞，我充满信心，寄予厚望；三年后的今天，你们已从懵懂的少年逐渐成长为风华正茂的青年，以优异的成绩回报了学校、老师、家长的信任和培养，全班 22 名同学全部被世界名校录取，其中 8 人进入全球排名前五十的大学、13 人进入全球百强大学、21 人进入全美百强大学，录取率为 95%，在去年国际班取得优异成绩的基础上，更创新的辉煌。

当今时代，是各种文化、各种思想大融合大碰撞的开放性时代，出国留学已经成为锤炼自己、提高自己的良好途径。近年来，临川一中已有上百名学子到国外知名院校留学就读，成为学校外出深造的"先行者"。为了满足更多同学出国留学需求，从 2013 年起，临川一中正式举办了国际班，这是我市的创举，也是里程碑式的突破。举办国际班开辟了直通国外知名院校的绿色通道，满足了家长和学生的多样化教育需求，让更多的抚州学子走出国门，提升了学校在国内外的知名度，让抚州教育品牌在全国乃至全球产生更加积极的影响，从而带动我市经济社会的进一步开放、跨越、发展。事实证明，举办国际班无论是对抚州、临川一中，还是对学生和家长都有积极的意义。为此，学校一定要把举办国际班作为多样化特色发展的重要战略，树立国际视野，努力与国际接轨，致力培育国际人才，切实增强使命感和责任感，认真学习借鉴先进发达地区学校的成功办学经验，投入最先进的教学设施、最优秀的师资力量，开拓创新，扬长避短，通过国际合作与交流闯出一条学校发展新路；要坚持"走出去、请进来"战略，进一步加强与国外知名院校、教育机构的联系沟通,开展多种形式的交流互访活动,开辟更多、更为宽广的直升渠道;要加强教师队伍建设,引导老师们进一步加强学习,爱岗敬业,认真负责,刻苦钻研,努力提升专业水平,切实提高教学质量。通过几年的努力,把临川一中国际班打造成为面向美欧、放眼世界的全省一流、全国领先的名校国际班。

同学们,国际班三年的学习经历,有辛苦,也有彷徨,有汗水,也有泪水,有忧伤,也有喜悦,但正是这五味杂陈的体验才让青春如此光芒灿烂!出国留学不是终点,而是一个全新的起点,你们将从这里启航,迈向人生新的征程。我真诚地希望你们能够按照习近平总书记提出的"坚定理想信念、练就过硬本领、勇于创新创造、矢志艰苦奋斗、锤炼高尚品格"的要求,勇于探索、敢于创新、顽强拼搏、奋发向上、以梦为马,尽情驰骋在人生的新天地。借此机会,我提以下四点希望:**一是常怀感恩之情。** 自从你们进入临川一中、进入国际班以后,你们身上就打上了"一中人"的深深烙印,与一中结下了人生之缘。特别是你们作为首届高中三年国际班毕业生,更要感谢学校和家长为你们提供了出国深造的机会,牢记母校培育、老师教导,永怀感恩之情一路前行。**二是常葆进取之心。** "逆水行舟,不进则退。"虽然你们即将进入令人向往的大学殿堂,但是西方高校向来以"课程安排自由松散,论文评分标准严苛"著称,必须培育良好的学习能力,坚持刻苦学习、自觉学习、积极进取,努力把自己打造成为具有中华底蕴、全球思维、世界视野的创新型国际化人才。**三是常存仁爱之德。** 仁者爱人,善良仁爱,是做人之根本,是人之毕生功课。今后无论你走到哪里、取得多大成功、拥有多少财富,都要始终坚守爱心、广施仁心。要做有德之人。人无德不立,国无德不兴,家无德不旺,从政要讲官德,经商要讲诚信,科研要讲真理,做人要有担当,持家要负责任。常言道:"有德无才难成事,有才无德办坏事。"所以,你们要做一个品德高尚、德才兼备的人。**四是常念报国之志。** "一等人忠臣孝子,两件事读书耕田。"人生在世,要有所作为,更要知道所作何为。你们从名牌高中考入世界名牌大学,天赋厚、底子实、起点高,这是你们强于许多人的优势。你们今天是学校的精英,有机会到世界知名学府学习深造,明天要成为社会的精英、民族的精英、世界的精英,大家要胸怀崇高理想、爱国热情、家国情怀,为实现中华民族伟大复兴的中国梦贡献自己的聪明才智!

大鹏一日乘风起,扶摇直上九万里。我相信,在大家的共同努力下,临川一中国际班一定能够办得越来越好,临川一中这个品牌一定能够打得更响、擦得更亮。各位学子们一定能采他山之玉、集百家之长,学贯中西,飞得更高、走得更远、发展得更好,在新的征程中,谱写人生新的篇章!

(本文系在临川一中 2016 届国际班毕业典礼上的致辞)

打造推进事业的动力源

抚州市教育发展促进会成立八年来,依据章程规定,明确工作目标,严格遵守法律规定和有关财经法纪,坚持促进教育发展初衷不变、初心不改,主动沟通内外,积极发掘和整合各种社会资源,不断拓宽筹资渠道,加大争取资金力度,共募集各类资金2 000多万元,先后设立了"绍泉励教助学基金""港抚宏安教育基金""幸福不忘她助学基金""中国华融(抚州)教育基金""罗敏(抚州)教育奖助学金",在积极开展励教助学、支持素质教育活动、服务局中心工作等方面作出了重要贡献,成为推进事业的动力源、智慧源。

提高站位,增强做好工作的责任感、使命感。 抚州市教育发展促进会是积极响应市委、市政府号召,由教育工作者和社会热心教育事业人士自愿组成,经市民政局审批设立的联合性、地方性、公益性、非营利性的社团组织,根本宗旨是弘扬中华民族尊师重教优良传统,团结凝聚社会力量和爱心人士积极参与慈善事业,扶贫济困、助学励教,为抚州教育改革发展服务。实践证明,教育发展促进会对我市贯彻党的教育方针、落实立德树人根本任务、提高教育质量、促进教育公平、推进教育事业发展具有重要作用。教育发展促进会也是展现一个地方对教育重视、关爱程度的重要"窗口",饱含着大智慧,体现着大情怀。我们一定要提高思想站位,增强做好工作的责任感和使命感,把办好教育发展促进会作为补齐教育"短板"、推进教育现代化、办好人民满意教育、建设基础教育名城的重要举措,努力把促进会建设好、发展好、维护好,推动促进会不断壮大、不断完善、不断完美,为抚州教育事业发展推波助澜、献计出力。

放大功能,扩大资助资金的受益面、普惠面。 近年来,各位企业家和爱心人士慷慨解囊,积极为教育发展促进会出钱出力,添砖加瓦,使促进会有了一定的资金开展工作、发展事业。但是这些资金主要用在"奖优""助教"等方面,整体资助项目比较单一,资助面还比较窄。为此,要进一步明确政策,放大功能,制定计划,综合考虑教育发展、学校建设、励教助学、教育扶贫等多个方面,扩大资金受益面、普惠面,提高资金利用率,提升资助效果。要充分发挥教育发展促进会扶贫济困、助学励教的普助功能,用好现有奖助平台,吸纳帮扶资金,为更多符合条件的师生送去关心和温暖。要把支持教育发展作为重要功能,对全市性教育活动给予大力支持配合。要更加重视弱势群体,让善款更多地向农村一线、基层学校倾斜。要结合教育扶贫工作,精准掌握建档立卡贫困户情况,实施精准帮扶,通过我们的善举和筹集的善款,让每一个孩子有学上、上好学。

提升服务,凸显策应大局的针对性、指向性。 建立教育发展促进会的宗旨是促进教育发展,无论何时都应当围绕全市教育发展大局开展工作,特别是针对当前我市教育领域存在的不均衡、不充分、不协调等突出矛盾,发挥更大作用,增强策应大局的针对性、指向性,提升服务水平。为此,要紧紧围绕优先发展这个主题,大力支持学前教育、职业教育、高等教育发展,支持学校加强软硬件建设,积极补齐"短板",提升教育优先发展水平。要紧紧围绕促进教育公平这个主题,按照"保基本、补短板、兜底线、上水平"的要求,加大对贫困学生、残疾儿童等弱势群体的资助力度,让每一个孩子在同一片蓝天下快乐成长。要紧紧围绕提高质量这个主题,大力支持我市开展教师培训、中小学生运动会、艺术节等活动,推动素质教育,提高教育质量,提升抚州教育品牌内涵。要紧紧围绕服务大局这个主题,支持局里开展教育精准扶贫、走访慰问困难教师等活动,提升教育管理和运行水平。

凝聚力量,增强促进发展的吸引力、向心力。 教育是抚州的一张闪亮名片,在国内外都有很大的影响;抚州教育培养了一大批优秀的人才,活跃在国内外各行各业,许多爱心企业、社会贤达、成功人士都乐意为抚州教育发展贡献力量,这是我们办好教育发展促进会的一大优势,一定要因势利导,团结合作。我们要通过教育发展促进会这个平台,团结联络更多热爱慈善、热心教育的企业家,壮大乐于奉献、乐善好施的爱心人士队伍,拓宽渠道,优化结构,汇聚多方慈善资源。要加强与其他慈善机构的沟通联系,不断凝聚发展力量。要加大宣传力度,宣传报道慈善企业家和爱心人士的善行善举,树立先进典型,动员更多企业、更多人关心支持教育慈善事业,在全市范围形成"扶贫济困、尊师重教、奉献爱心、关注未来"的浓厚氛围。教育发展促进会的同志要进一步解放思想、开动脑筋、担当作为,主动走出去、请进来,通过爱心企业联系会、校友联系会、乡友联系会、外地商会等形式,广泛与各界爱心人士交心结谊,提供优质服务,团结凝聚更多的社会力量捐资助教,进一步增强吸引力和向心力,推动促进会发展壮大、做大做强。

促进发展,打造推进事业的动力源、智慧源。 教育发展促进会的根本出发点和落脚点是促进教育事业发展。为此,我们要在积极发展壮大促进会的基础上,牢牢把握"促进"和"发展"两个关键词,在"促进"上下功夫,在"发展"上做文章,推动教育事业科学发展。要加强促进会的自我管理,认真执行国家政策,完善财务制度、项目审核制度、捐资登记制度、受助备案制度,规范资金管理,用好每一笔钱,确保每一分钱都用在恰当的地方,每一分钱都体现捐助的价值和意义。要充分发挥促进会的桥梁纽带作用,了解我市教育工作和基层学校存在的困难和问题,及时反映基层诉求,提出解决问题的对策。要充分发挥促进会的宣传引导作用,广泛开展宣传报道,总结推广我市教育改革经验、教育成果和教学特色,积极营造有利于教育改革发展的大环境。要创新工作思路,以新的慈善发展理念为指导,倡导网络募捐、大众慈善,积极探索奖励、扶助新方式、新机制,使促进会成为有源之泉,长久浇灌教育之花,把促进会打造成推进抚州教育事业发展的动力源、智慧源,擦亮抚州教育品牌,不断提升办好人民满意教育的新境界。

(本文系 2017 年 12 月在抚州市教育发展促进会第二届会员大会上的致辞)

绝知此事要躬行

晴日暖风生麦气,绿荫幽草胜花时。又是一个激情澎湃的盛夏,又是一个喜获丰收的季节。今天,我们隆重举行抚州市中小学生"品读临川文化、热爱家乡抚州"研学行启动仪式暨临川一中录取北大、清华颁奖典礼,为今年临川一中被北大、清华录取的 29 名优秀同学颁奖,为参加本次研学旅行的 200 名学子践行。其目的就是要引导全市广大中小学生牢记,临川文化是我们的根,热爱家乡、增强文化自信是树立远大理想的前提;就是要动员青少年学生向临川文化的优秀代表、录取北大、清华的学长们学习,勤奋读书、奋发向上,努力把自己培养成祖国的有用之材。

今年以来,抚州教育花满枝头,硕果累累。南城等 6 县高分通过义务教育均衡发展省级评估;崇仁师范学校成功升格为抚州幼儿师范专科学校;教育部新闻办组织了"迎接十九大,教育看变化"中央媒体系列采访活动,15 家中央媒体到我市采访,对我市工作给予高度评价;我市中小学校党建工作经验被《中国教育报》《人民教育》《江西日报》等主流媒体头版头条报道;全市中小学生研学旅行和"戏曲进校园"活动全面启动,《品读临川文化》地方教材今天正式发行。高考成绩再创辉煌,46 人录取北大、清华,高分段人数等各项指标保持全省领先。特别是临川一中再次蟾宫折桂,成绩骄人,全省领跑。刘浩捷同学勇夺全省理科第一名,29 人录取北大、清华,3 人录取香港中文大学,国际班 18 人录取世界名校。

习近平总书记指出:"优秀传统文化是一个国家、一个民族传承和发展的根本,如果丢掉了,就割断了精神命脉。"抚州是著名的才子之乡、教育之乡、文化之邦,是一个有梦有戏的地方,在悠久的历史长河中,勤劳、勇敢、聪慧、进取的抚州人民创造出举世瞩目、灿烂光辉的临川文化。临川文化生成于秦汉,兴盛于两宋,延绵于明清,薪火相传至今,是抚州人民在千百年生产生活中创造的优秀传统文化和形成的特有精神气质,是赣文化的两大支柱之一。王安石、曾巩、晏殊、晏几道、陆象山、汤显祖等一大批名儒巨公灿若星河,成为抚州文化的符号和代名词;人文、风物、哲学、教育、文学、艺术百花齐放,科学、宗教、民俗、语言、建筑、美食各美其美。这些都是先辈留给我们的宝贵财富,我们必须倍加珍惜,发扬光大。

为了进一步弘扬临川文化,打造国家历史文化名城,提升抚州城市形象和影响力,市委、市政府提出"一个坚持、三项重点、四个排头兵"的总目标,把发扬临川文化优势、深化文化交流、促进对外开放摆在更加突出的位置,争当文化强省"排头兵",以新理念引领经济社会发展。去年,我市成功举办了汤显祖逝世400周年纪念活动,在海内外刮起了抚州文化风、戏剧风。今年9月,我市还将举办汤显祖国际戏剧交流活动,进一步推动临川文化走出去,撬动抚州文化旅游产业发展,提升抚州形象和知名度。市政府下发了《关于加快推进中小学生研学旅行的意见》,计划从今年起,每年组织10万名中小学生开展研学旅行活动,通过几年的努力,建成一批示范带动良好的研学旅行基地,开发一批富有地域特色的研学旅行线路,打造一个富有抚州特色的研学旅行品牌,把我市打造成全国中小学生研学旅行目的地;通过在全市中小学生中积极倡导研学旅行,引导广大青少年学生走出家门、校门,感受大好河山、弘扬临川文化、热爱家乡抚州,进一步增强青少年学生的传统文化意识、社会责任感、改革创新精神和社会实践能力,把社会主义核心价值观和立德树人的根本任务落地落细。

"纸上得来终觉浅,绝知此事要躬行。"无论古今中外,历来提倡理论与实践相结合,通过开展"游学",提升认知水平。春秋时期孔子率弟子门生周游列国14年,开启"游学"先河;徐霞客、毛泽东、马可波罗等中外名人都有着脍炙人口的"游学"故事。这些都激励着我们莘莘学子走出校园,拥抱自然,沉浸历史,品读文化,了解家乡,在研学旅行的道路上大步向前。

扬临川文化,树研学品牌。 全市各级各类学校要主动作为,积极参与,将研学旅行纳入学校教育教学计划,促进研学旅行和学校课程有机融合。要充分挖掘本地丰富的文化、生态、教育资源,打造以"抚州才乡行"为主题的研学行优良品牌。要精心设计研学旅行活动课程和线路,做到立意高远、目的明确、活动生动、学习有效,避免"只旅不学"或"只学不旅"现象,真正当好抚州文化的宣传者、传播者、践行者。

读万卷书,行万里路。 同学们要珍惜每一次研学旅行的机会,通过参加活动,领略家乡大好河山,体会临川文化风采,感悟祖国发展伟大成就,从而转化为努力学习的强大动力。研学旅行不是"闲庭信步"的普通旅游,而是知、行、思、践的统一。同学们要边游边学、边学边研,"行"有所向,"学"有所得,"研"有所悟,把课本中学到的知识与社会实践完美结合起来,既品味"三秋桂子,十里荷花"的美景,又领略"登东山而小鲁,登泰山而小天下"的抱负,更涵养"日月之行,若出其中。星汉灿烂,若出其里"的胸襟。同学们还要听从指挥,服从管理,学会生存生活、做人做事。

常树报国志,长怀赤子心。 对于即将进入大学校园的"准大学生们"来说也是一样,高考结束不是终点,而是一个全新的起点。你们将从这里启航,迈向人生新的征程。希望你们养成良好的学习习惯,培育良好的学习能力,坚持刻苦学习,积极参加实践,勇于改革创新,最终学有所长、学有所专,成为国家栋梁。希望你们将来无论成就多大、身居何处,都不能忘记自己的家乡和母校,始终怀着崇高理想、家国情怀和报国志向,为实现中华民族伟大复兴的中国梦贡献自己的聪明才智。

(本文系 2017 年 7 月在"品读临川文化"研学行启动仪式上的致辞)

慈善是最真实的幸福

　　播种爱心，收获希望。明天就要开学了，在这开启希望的时刻，今天我们欢聚一堂，召开"幸福不忘她助学基金"结对助学座谈会，交流奉献爱心的体会，沟通行善积德的思想，抒发感恩向上的情怀，其意深刻，其乐融融。我们难于忘怀，2015 年 10 月 25 日，也是在这个会场，也是这些熟悉的面孔，我们隆重举行了"幸福不忘她"结对帮扶仪式。转眼三年过去了，当初的小姑娘一个个长大成人，经过自身不懈的努力，大家都考上了理想的大学，既圆了你们自己的梦，也圆了各位企业家的梦，更圆了教育公平的梦。长期以来，各位女性企业家以至诚大爱的情怀关注教育事业，身体力行捐资教育慈善，慷慨解囊帮扶困难学生，体现了企业家高度的社会责任感和无私的奉献精神，为我们做好教育工作、推进教育事业增添了动力。

　　近年来，全市教育系统紧紧围绕立德树人的根本任务和办好人民满意教育的总体目标，团结拼搏、开拓进取、创先争优，把才子之乡的旗帜举得更高，把抚州教育品牌擦得更亮。"十二五"以来，全市教育经费投入年均增长 15% 以上，新建了一大批优质学校，新增学位 15.6 万个。高考长期保持领先，教育"两区"建设结出硕果，中小学教育质量综合评价改革经验在教育部作典型发言，44 项改革课题开花结果，《抚州教育综合改革文集》出版发行。临川教育集团转型升级，吸纳社会资本 16.38 亿元，新增优质学位 2.4 万个，新校区明年秋季可以投入使用。经过国务院的督导评估，抚州在全省率先实现县域义务教育全域均衡；崇仁师范学校成功升格为抚州幼儿师范高等专科学校；东乡三中被评为首届全国文明校园;代表全省接受国家语言文字督导评估获全国最高分;教育部"迎接十九大,教育看变化"采访团的 15 家中央媒体对抚州教育成绩进行系列报道;中小学党建经验被《中国教育报》《人民教育》《江西日报》等主流媒体头版头条报道,抚州市教育局荣获全国教育创新优秀奖。"品读临川文化、热爱家乡抚州"研学实践教育热火朝天,全市 12 万多名中小学生参加研学,接待中外学生到抚研学 3 万多人次;自主开发的《品读临川文化》地方教材正式出版发行。市教育局连续多年包揽了市里组织评比的各项先进单位奖。

在加快推进教育改革发展的过程中,我们把教育公平摆上更加突出位置,更加关注弱势群体,大力实施教育精准扶贫,加大学生资助力度,坚决不让一个家庭的孩子因贫困而读不起书,不让一个孩子在发展的路上"掉队"。2017 年全市共资助学生 9.19 万人,发放各类资助资金 1.81 亿元;全市建档立卡贫困学生 29 126 人全部享受资助,落实资金 4 100 万元。特别是去年年底,抚州市教育发展促进会顺利换届,选举产生了新一届理事和监事机构,为社会各界捐资助学开通了绿色通道,为资助更多贫困家庭学生打开了方便之门,共接受社会各界慈善捐赠 2 060 万元,资助困难学生 2 000 人次、困难教师 600 余人次;先后联合市妇联、团市委、市民政局和有关企业开展了系列助学帮扶活动,产生了良好的效果,引发了热烈的反响。

但是,由于各种原因,我们周围还有很多人条件并不宽裕,他们的子女就学还存在诸多的经济困难,迫切需要我们伸出援助之手。为此,真诚地希望更多热心民生公益、关心教育事业、关爱学生成长的企业家,加入捐资助学、帮扶学生的大潮中,为贫困学生就学解除后顾之忧,为更多家庭摆脱贫困创造条件,为抚州实现高质量跨越式发展贡献力量。希望教育发展促进会按照"提高站位、放大功能、提升服务、凝聚力量、促进发展"的要求,主动作为,发挥作用,为更多符合条件的师生送去关心和温暖。希望有关学校积极搭建平台,丰富活动载体,为爱心企业和人士捐资助学搞好服务。希望在座的同学们始终铭记恩情,自强不息,学好知识,学好本领,做有爱之人,做有德之人,做有为之人,把感恩之心、感激之情化为成才之志,奋发图强,早日学有所成,以优异的成绩回报家乡、回报社会。

爱心是亘古不变的阳光,慈善是人类之心所能领略到的最真实的幸福,让我们携起手来,为真爱常驻神州、为善美永驻人间、为抚州美好的明天而共同努力、团结奋斗。

（本文系 2018 年 8 月在女性企业家协会"幸福不忘她助学基金"结对助学座谈会上的致辞）

第三篇 /

医者仁心

提升服务能力　推动进位赶超

面对建设幸福抚州的新形势,全市卫生系统必须坚持以科学发展观为统领,按照"赶超发展、提速进位、争创一流"的要求,全面落实医改政策,大力提升服务能力,切实抓好重点工作,建立完善运行机制,努力实现创新突破,推动抚州卫生事业进位赶超。

一、落实医改政策,让改革阳光温暖社会

全面巩固新型农村合作医疗制度。 建立多层次、多形式的新农合费用监测机制,尽量把资金用于提高补偿比例、扩大补偿范围,遏制医药费用不良增长。坚持问题导向,找准矛盾症结,全面有效整改,提高住院实际补偿比,力争使住院实际补偿比达到或略高于全省平均水平。加快信息系统应用,推进新农合信息系统与定点医疗机构管理信息联网建设,实现新农合县级在线参合、就诊、结算、审核、查询,实现市级网上监测运行、网上信息汇总分析。加强网络直报管理,确保一次报账率达90%以上。加大支付方式改革力度,积极探索大病统筹按人头付费、病种付费、总额预付和分段付费等支付方式改革,逐步扩大试点范围,提高基金运行效率。

切实完善国家基本药物制度。 落实零差率销售政策。对药品价格进行公示,接受群众监督。针对这项政策在个别乡镇卫生院还没有真正落实的情况,县(区)卫生行政部门要加强督导,及时予以纠正。落实统一招标采购配送。严格执行基层医疗机构使用的药品统一参加省级网上集中招标采购配送政策。按照择优原则,基本药物(含非目录药品)由中标生产企业统一配送,建立信誉档案,

加强监管,确保配送及时到位。落实使用配备规定。根据核定的诊疗科目、服务功能和基本诊疗路径,合理配备使用基本药物,加强合理用药管理和医师基本药物合理使用培训,形成科学规范的用药观念。非目录药品品种数量和销售金额要严格控制在30%以内。落实多渠道补偿机制。省、县的补偿比例已由6∶4调整为8∶2,各地要沟通协调,做好资金预算和拨付工作,确保及时足额到位,确保基层医疗机构正常运转。

加强基层卫生服务体系建设。 抓好国债项目建设。严格把好图纸设计关、时间进度关和工程质量关,切实加强督导调度,加快工程进度,力争早日竣工、早日投入使用、早日发挥效能。抓好卫生人才队伍建设。抓住国家和省实施为乡镇卫生院免费定向培养医学生、招聘执业医师、开展全科医生规范化培训和基层卫生人员岗位培训的有利时机,制定人才培养规划,逐步建立分工明确、层次清晰的基层卫生人才梯队。积极开展乡镇卫生院职工周转房建设试点,多举措提高基层技术骨干待遇,为基层培养用得上、留得住的卫生人才。加强运行机制建设。转变服务理念和服务方式,坚持医疗服务与公共卫生服务并重,积极开展上门服务。全力推进基层卫生机构综合配套改革,切实落实乡镇卫生院人员编制、全额工资保障和绩效工资,建立健全基层卫生机构绩效考核机制,提高医务人员的积极性。

促进基本公共卫生服务均等化。 在基本公共卫生服务方面,以规范操作、提高质量为重点,加快居民健康档案建立,农村居民规范化建档率要达到30%以上、城市居民规范化建档率要达到60%以上。加强3岁以下儿童、孕产妇、老年人、育龄妇女等六类重点人群的健康管理,逐步提高对高血压、糖尿病等病例的控制满意率。在重大公共卫生服务方面,以加快进度、扩大成果为重点,加大儿童白血病、先天性心脏病筛查和救治力度,争取早日完成45例儿童白血病。加强"光明•微笑"工程长效机制建设,完成2240例白内障复明手术任务,保持白内障患者动态清零。省级试点县婚前医学检查率达80%,其他各县(区)达70%,继续做好农村孕产妇住院分娩补助和农村妇女孕早期和孕前期补服叶酸预防出生缺陷工作。在绩效评估方面,注重实效、严格奖惩,加强对公共卫生服务的日常监测、绩效评估与年度考核,监测、评估和考核结果要与补助经费挂钩,严格兑现。

加快推进公立医院改革试点。 优化医疗资源配置。编制《抚州市医疗机构设置规划》,对县(区)医疗机构设置进行统筹规划,促进资源合理配置。加强公立医院内部管理。全面推进临床路径管理试点工作,实施按病种付费、总额预付等付费方式改革。扩大实施"优质护理服务示范工程"的试点范围。加强医院全成本核算与控制,强化公立医院次均门诊费用、次均住院费用和平均住院天数等指标考核,彰显公立医院公益性。完善公立医院收入分配制度。积极推行以服务质量和岗位工作量为主的综合绩效考核和岗位工资制度,实现多劳多得、优劳优酬,充分调动医务人员的积极性。

二、提升服务能力,让卫生公益普惠群众

提升公共卫生服务能力。 抓好卫生应急能力建设。启动并基本完成市公共卫生应急指挥中心建设,争取与省卫生厅应急指挥系统实现对接。适时组建市、县卫生应急机动队,开展大规模卫生应急演练活动,增加卫生应急物资储备,人员培训覆盖率达到80%。抓好县级疾病预防控制机构实验室建设。县级疾控机构实验室规范化建设率达到50%,县级疾控机构负责人职业化培训率和检验人员进修率达到30%。抓好妇幼保健机构能力建设。促进市级妇幼保健机构功能转变,强化妇幼保健功能,突出产科、妇科和儿科特色,逐步建成全市妇幼保健技术中心。抓住国家启动妇幼保健机构建设的时机,加快推进县级妇幼保健机构房屋、设备、人员、技术、管理"五配套"。

提升农村卫生服务能力。 选好乡镇卫生院院长。积极开展乡镇卫生院院长公开选聘工作,在更大的范围内将想干事、能干事、干成事、不出事的优秀人才选拔到院长岗位上来,落实任期职任制,在人、财、物方面给予更大的自主权,增强管理的有效性。建好专业技术带头人队伍。在全市范围内开展农村专业技术带头人评选活动,对入选对象采取专业培训、学术交流等方式进行跟踪培养,实行优胜劣汰,动态管理。抓好招录用人员管理。抓住为乡镇卫生院免费定向培

养本专科医学生的时机,加强计划申报和考试录用工作。对招聘的乡镇卫生院执业医师要加强管理,强化培养,发挥作用。搞好乡村医生在岗培训。参训率要达到90%以上,村卫生室处方合格率达到90%,输液管理率达到60%。

提升社区卫生服务能力。 加强社区卫生机构人员建设。按照《江西省城市社区卫生服务机构设置和编制标准实施办法》,落实人员编制,完善社区卫生服务功能,抓紧实施社区卫生服务中心国债项目建设,从根本上解决业务用房问题。加强示范社区卫生服务中心创建,确保硬件软件达标、机构管理规范、运行机制科学、服务功能完善、社会效果显著、人民群众满意的示范社区卫生服务中心。以典型示范引路,带动其他社区卫生服务机构规范化和标准化建设。加强规范化服务培训。推行以夜校为载体、以示范机构为基地、以基本公共卫生服务为内容的岗位培训模式,提高社区卫生人员管理和服务水平。社区卫生服务中心主任规范化培训和社区卫生技术人员培训率分别达到40%。加强双向转诊管理,各社区卫生服务机构都要与一所二级以上综合医院签订双向转诊协议,明确双方的权利义务,逐步形成"大病进医院、小病康复在社区"的城市医疗新模式。

提升城市医疗服务能力。 突出重点医院建设。全力加强以市第一人民医院为代表的重点医院(包括专科医院)建设。加快市第一人民医院新区建设步伐,列出时间表,争取早日搬迁,早日发挥效用。突出重点学科建设。制定市、县两级重点医学学科发展规划和管理办法,对重点学科发展予以政策和资金扶持;加强重点医学学科省、市共建,省、县共建和市、县共建,形成重点医学学科发展梯队,培育发展后劲,力争有4个医学学科达到全省先进水平。突出重点人才建设。实施抚州籍在外医学专家返乡帮扶强卫工程,建立抚州籍在外医学人才库,采取"请进来、送出去"的办法,通过论坛、办班、讲学、培训、带徒、会诊等多种方式,充分挖掘和发挥抚州籍在外医学专家智慧;对市级重点卫生专业技术人才进行重点培养,提高整体医疗水平,医疗技术项目开展率达到90%,整体质量评价达到80%,病人外转率低于8%。

三、突出工作重点,推进卫生事业健康发展

抓好公共卫生工作。 加强重大传染病防控。认真开展人禽流感、鼠疫、非

典等重点传染病监测工作,提高监测质量;加强以霍乱为重点的肠道传染病的防控,及时有效处理传染病疫情;落实艾滋病患者"四免一关怀"政策,完善预防、控制和治疗措施;加强结核病防治,保持全市现代结核病控制策略覆盖率100%;加强重大非传染性病防治;围绕高血压、糖尿病、心脑血管疾病、肿瘤、精神病等重点慢性病,抓好相关项目实施工作,积极开展社区防治和健康教育,重视高危人群健康管理,努力减少疾病负担。加强免疫规划工作。落实扩大国家免疫规划措施,控制疫苗可预防疾病的暴发;加强疫苗管理,规范接种服务,做好疑似预防接种异常反应监测、报告与处置工作,强化疫苗流通和冷链运转管理,确保疫苗接种工作安全有效。加强妇幼保健工作。继续实施"降消"项目,加快推进新生儿疾病筛查工作,积极开展儿童保健示范门诊创建和妇幼保健机构等级评审工作;市妇幼保健院要确保达到"三乙"、力争达到"三甲",东乡、乐安、宜黄、临川、南丰、资溪6个妇保院(所)要分别达到二级妇幼保健院(所)标准。大力开展城乡爱国卫生运动。全面实施城乡环境卫生整洁行动,重点抓好农村改厕和水质监测工作,加强健康教育,提高广大群众健康素养。

抓好医疗服务管理。 持续提高医疗质量。深入开展"医疗质量万里行"活动,适时启动专业质量控制中心建设,提高医疗服务质量,保障医疗安全;加强等级医院动态管理,巩固评审成果。严格医疗机构监管。全面完成医疗机构校验工作,强化医疗机构日常监管;开展公立医院巡查,建立巡查档案,加强对公立医院的监管;开展民营医院"规范服务行动",引导民营医院健康发展;开展"医疗质量示范科室"创建活动,加强科室管理与建设。加强医疗服务准入管理;严格按照规定把好医院开展新技术、购置大型医疗设备和招聘专业技术人员的准入关,凡不符合要求的技术、设备和人员一律停止开展或使用。加强血液安全管理。贯彻落实血站、血液管理办法和规范,定期开展采供血机构执业检查,加强临床用血管理,积极推动无偿献血工作;各地一定要按照献血法和市政府《关于组织开展无偿献血活动的通知》要求,组织开展好一次集中无偿献血活动;尤其是一些无偿献血不能满足本县临床用血需求的地方,要加强长效机制建设,确保血液供需基本平衡,并略有结余;对血库建设不规范、输血指征把握不严的医疗机构,取消开展临床择期用血手术资格。

抓好卫生监督工作。 落实卫生监管职责。加快机构改革进程,推进基层卫生监督派出机构建设和助理卫生监督员制度;实施网上审批和电子监察,规范行政审批和行政处罚自由裁量权,加强卫生监督稽查,开展卫生监督绩效考核。继续开展专项整治活动。在职能未调整到位之前,继续开展好无证餐馆和油烟整治、保健食品专项整治、餐饮行业打击非法添加非食用物质和滥用食品添加剂专项整治,严防食品安全事件发生。进一步加大职业病防治监督力度。加大对用人单位职业健康监护检查力度,严肃查处严重危害劳动者健康的违法行为;建立职业病健康检查专家库,加强对重点职业病的监测与预警。加强医疗执法监督和采供血监管。严厉打击非法行医和非法采供血行为,整顿和规范医疗服务市场。加强其他卫生监督工作。加强饮用水卫生和学校卫生监督,加强传染病防治监督检查,建立公共场所卫生信誉度评价体系,全面建立公共场所卫生监督量化分级管理制度。

抓好中医中药发展。 加强中医药服务能力建设。完成1所全省特色中医医院建设、26个全省重点专科专病的评审验收;扎实开展中医医院管理年活动,加强中医医院内涵建设。加强农村和社区中医药工作。组织实施好县级中医医院中药房建设项目,农村医疗机构针灸理疗康复特色专科建设项目,开展国家和省级基层中医药工作先进单位创建活动,争取获得2~3个全省基层中医药工作先进单位。大力推广中医药适宜技术。开展基层常见病、多发病适宜技术推广,推进中医药服务"进乡村、进社区、进家庭"。加强中医药人才培养。抓好第四批全国老中医药专家学术经验继承工作和全国优秀中医临床人才研修培养,做好中医类别全科医师岗位培训工作。

抓好卫生行风建设。 深入开展创先争优活动。做好公开承诺、领导点评、群众评议等工作,开展比学赶超活动,激发全系统各级单位积极向上、奋勇争先。抓好党风廉政建设。推进风险岗位廉能管理,加强对医疗卫生单位基建、设备等招标采购的指导和监管,进一步推进党务、政务和院务公开,以良好的党风带出良好的行风。抓好医德医风建设。弘扬"救死扶伤""医者仁心"的卫生精神,积极开展"十佳护士""十佳医生"和"医德医风标兵"评选活动,加大先进典型示范教育和警示教育力度,加强对医务人员服务质量和服务行为的动态监督。开展专项治理活动。加强网上药品采购和药品使用的监督,推进医药购销领域商业贿赂专项治理工作。

四、完善工作机制,提升卫生系统运行效率

建立卫生工作综合考评机制。 建立综合考评机制,对于促进创先争优、推动卫生工作科学发展具有十分重要的意义。刚才,市政府向各县(区)政府和金巢开发区管委会下发了目标责任书,明确了卫生工作的主要目标任务。市卫生局将采取动态考评与集中考评相结合的办法,对全市卫生工作进行综合考评,充分利用考评成果激励先进、鞭策后进。

建立业务工作定期调度机制。 实行机关工作每周调度制度,周一上午举行,由班子成员轮流主持,请科室负责人汇报总结安排工作,分管领导分析点评,主要领导总结部署,掌握工作态势、发现存在的问题、研究解决办法,加强沟通协作,提高了工作效能。建立全市卫生工作每月度调度制度,采取现场会、座谈会和工作巡查等多种形式进行。通过强化调度功能研判形势、把握动态、总结经验、揭示矛盾、探索规律,推动卫生工作又好又快发展。

建立医改工作监测机制。 按照"创新工作的试验田、综合管理的示范点、医改工作的前哨站、政策落实的风向标、鲜活经验的高产地"的要求,在每个县(区)选定一所乡镇卫生院作为市级医改监测点,由局班子成员挂点,每个月至少到监测点调研一次,指导工作,解剖麻雀、掌握态势、发现问题。通过对监测点工作进展、政策落实等情况进行持续跟踪,及时掌握全市医改政策的落实和目标任务的完成情况,推动医改工作创新健康发展。

建立健全医患纠纷调解机制。 成立市医患纠纷调解中心和县区医患纠纷调处站,通过安排专项经费,配备专人负责,建立专业调解机制,全面化解医疗纠纷矛盾,有效遏制"大闹大赔、小闹小赔、不闹不赔"的不良风气,彰显社会公平正义,切实优化各级医疗机构的执业环境。

建立促学用学机制。 改善中心组学习方式。局党委中心学习组根据动态工作中的难点、热点问题,确定有利推动工作的学习课题,分批邀请县(区)卫生局和市直医疗卫生单位主要负责同志参加,采取中心发言、专家辅导、成员讨论、实地考察等多种形式,提高学习效果。举办卫生高峰论坛。每年确定一个论坛主题,力邀省内外卫生行政管理和医院管理的知名专家出席,帮助全市卫生管理人员开拓视野,拓展思维,提升管理水平。加强调查研究。通过每年开展一次集中调研周活动,每个班子成员撰写1~2篇有分量的调研报告,进行公开点评,以调研成果推动工作开展。建立激励促学机制。各级医疗卫生机构要采取经费补助、假期补助等方法,鼓励工作人员参加学历教育和在岗学习,努力在全系统营造尊重学习、主动学习和善于学习的良好氛围。

(本文原载于抚州市委《现代抚州》2011 年第 5 期,有改动)

打造平台夯实基础　增添创先争优活力

实现"人人享有基本医疗卫生服务"的任务十分艰巨,全市卫生系统必须按照"基础工作抓提升、特色工作抓创新、改革工作抓深化、创建工作抓突破"的总体要求,打造创先争优平台,夯实创先争优基础,在创先争优中提升服务能力、增添运行活力,加快健康抚州建设步伐。

一、打好"两大战役",打造创先争优平台

打好跑项争资攻坚战。 项目和资金是推动各项事业发展的基础。认真落实"三大战役"突破年的有关要求,全力打好跑项争资攻坚战,抓好重大项目落地生根。重点跟踪市级综合医院、儿童专科医院和全科医生培训基地等重大项目进库立项,加强与上级发改、卫生部门沟通联系,确保落实到位。抓好常规项目持续增长。克服等项目、得普惠的思想,主动向上争、往上要,不仅要吃在嘴里、拿在手里,还要看住勺里、想到锅里,争取早拿项目、多拿项目、拿大项目,确保项目增长量在30%以上。抓好产业项目的安营扎寨。立足卫生部门优势,瞄准医药卫生产业和带动性强的其他重大产业项目,发扬"四千"精神,闻风而动,主动出击,锲而不舍,全力突破,确保完成招商引资任务。

打好创先争优大会战。 创先争优是卫生工作永恒的课题,要以比学赶帮超为抓手,不断掀起后进赶先进、先进更先进的创先争优高潮。开展全国全省农村中医药工作先进县创建。加大工作力度,进一步夯实基础,加强网络建设,合理配置中医药卫技人员,确保创建全国农村中医工作先进县1个以上,创建省级先进县3~5个。开展全省卫生应急综合示范县(区)创建。从卫生应急组织体系、

指挥协调、预案体系、应急准备、监测预警、应急处置、总结评估、社会动员等方面抓好工作落实,切实提升卫生应急的综合能力和各专业能力,争取南城、崇仁、黎川等县创建成功。开展全省妇幼安康工程先进县创建。加强农村孕产妇分级管理,做好高危孕妇转诊工作,降低孕产妇死亡率。实施新生儿窒息复苏项目,提高窒息复苏抢救率。推进新生儿疾病筛查,提高出生人口素质,全面落实妇幼安康工程的各项政策,确保先进县总数超过全省平均水平。开展全市乡镇卫生院星级创评。巩固管理提升年活动成果,结合创建全省农民满意的乡镇卫生院,对乡镇卫生院实行星级管理,抓规范、促提升、求突破,力争80%的乡镇卫生院达到二星级以上标准。开展全市民营医疗机构星级创评。学习赣州、吉安等地先进经验,制定民营医院机构星级达标规范,完善民营医疗机构进退机制,加强对民营医疗机构监管,提升民营医疗机构形象。

二、实施三大工程,夯实创先争优基础

大力实施卫生民生工程。　根据市委、市政府要求,卫生方面的8项工程目标是:新农合参合率达95%,基金使用率达85%,一次报账率达90%,农村居民电子建档率达56%,1806个村卫生室实施国家基本药物制度,免费提供850万元社区公共卫生服务,省级试点县免费婚检达85%,其他县区达75%,各县区无偿献血量达365万毫升。各县区要按照目标任务要求,做到组织领导、任务分解、工作措施、时间节点"四到位"。市卫生局将每月进行一次调度,及时进行通报,确保平衡推进。要加强工作协调,确保民生工程配套资金及时到位。加强工作督查,及时发现问题,有效整改解决。加强工作考核,确保项目实施质量,让人民群众真正得到实惠。

大力实施卫生引智工程。　卫生引智是一项"功在当代,利在千秋"的德政工程,要在打响品牌、突出特色,激发活力、增强实效上下功夫。**一要打响品牌。**各级卫生行政部门和医疗卫生机构要深刻领会市政府方案精神,充分认识卫生引智工作的重要意义,坚决克服"上热下冷"的现象,扩大声势、积极参与、主动对接、掀起高潮,不断打响卫生引智的品牌效应。**二要增强活力。**　在邀请专家

讲学、举办专家门诊、开展手术带教、举行学术论坛上加大力度,做到市县联动、县县互动,真正形成中心城区每周、县区每两周有专家门诊(手术带教),每月有学术论坛、每季有联谊活动、常年有医务人员在外进修培训的长效机制。**三要提升层次。** 进一步丰富引智内涵,充实完善专家库,将引智范围扩大到非抚州籍的全国医学专家,采取聘任客座院长、主任和技术顾问等办法引智引技引医。进一步明确引智目标,每个二级以上医院都要确定2个以上重点学科,通过引智活动加强学科建设。进一步提升层次,采取政府主办、专家主导、市场运作等办法,把抚州的医学学术论坛办成在全国有影响、全省有位置的医学高峰论坛。**四要扩大效应。** 将引智向引资和引医深化,引进一批生物医药企业来抚落户,引进一批实力强大的专科特色医院来抚发展,为丰富医药卫生资源、加快抚州发展作出新的贡献。

大力实施卫生服务能力建设工程。 坚持两手抓、两手硬,进一步加大投入,切实加强以人才和技术为核心的能力建设,着力提升医疗技术水平。**一是加快项目建设进程。** 按照项目化、责任人、时间表的要求,明确目标,落实责任,挂牌作业,加强督查,力争市第三医院、西湖绿洲社区卫生服务中心、临川区人民医院、南丰县人民医院、广昌县人民医院等项目在上半年全面开工建设。已经在建的项目要倒排工期,明确时间节点、强化工作措施,确保在国庆节前全面完工,尽早形成服务能力。**二是加强医疗服务能力建设。** 突出抓好市第一人民医院的"龙头"建设,除加快实施搬迁、改善服务环境外,要切实加快人才培养,推动科技进步,力争在检验检测、肿瘤治疗、介入治疗、移植技术等方面取得新突破,为抚州医疗卫生在全省争得应有位置作出努力。着力提升县级医院"大病不出县"的服务能力,重点加强儿科、急诊科、重症医学科、麻醉科、妇产科、医学影像科的建设管理,组织临床基本技能和专业技能大比武活动,确保医疗技术项目开展率达到95%,重点学科建设达标率达70%,病人外转率低于7%。**三是加强公共卫生服务能力建设。** 全面实施县级卫生监督建设项目,提升监督执法能力。抓好公共卫生人员培训,县级疾控机构检验人员、妇幼保健院(所)长、社区卫生服务中心主任和卫生技术人员培训率达到70%。实施县级妇幼保健能力建设,基本设备配备率达到65%,儿童保健门诊规范化建设达到50%。建立健全双向转诊机制,城市居民在社区的首诊率达到 25% 以上。积极探索全科医生团队服务模式,增强社区卫生服务的运行活力。四是加强中医药服务能力建设。加强以黎川、金溪中医院为骨干的中医医院建设,力争进入全省领先骨干中医院行列。扎实推进"三名三进"工程,大力推广中医药适宜技术。加强特色中医医院专科专病建设,力争有 2 所中医院列入全省重点建设项目。

三、力争五个突破,推动创先争优见效

实现创建卫生城市突破。 抚州目前是唯一没有创建省级卫生城市的设区市。要以勇于担当和敢于胜利的精神,积极主动地担负起应尽的责任,在当好参谋、搞好协调、做好指导等方面发挥好主力军和主攻手的作用,力争今明两年全面启动省级卫生城市创建工作,并在 2 年内创建成功。与此同时,在全市范围内大力开展卫生县城、卫生村、卫生乡镇和示范卫生单位创建活动,对已经命名的卫生村、卫生乡镇和卫生单位进行复评。金溪、东乡、南丰等县必须成功创建市级卫生县城,各县(区)卫生镇和卫生村要达到 30% 以上,全市示范卫生单位要达到 100 个,全面提升抚州的公共卫生环境水平。

实现健康教育工作突破。 围绕提高群众健康素养、普及健康知识、增强防病意识、提升防病能力、建设健康抚州的目标,切实抓好载体建设,形成多层面、立体式、全覆盖的工作模式。加强专业队伍建设。整合市健康教育所和相关机构宣教科的力量,组建健康教育工作团队,配齐配强健康教育力量,落实责任、强化举措、提高效果。加强宣教载体建设。充分利用媒体受众多、效果好的优势,在抚州电视台开设"健康大讲堂",在《抚州日报》开设健康教育专栏,实行每周一讲(栏),把栏目建设成群众想看、爱看、必看的健康品牌栏目。开展送健康知识活动。开展千名健康使者进社区(村)活动,免费发放健康资料、健康处方和健康生活支持工具等。同时,利用手机短信的方式,定期或不定期向手机用户免费发送健康资讯。开展健康示范家庭创建活动。结合实际制定健康示范家庭评选标准,引导广大家庭自觉养成健康习惯,形成健康行为。通过自主申报、实施创建和专家评审,首批评选出 100 个健康示范家庭。

实现干部保健工作突破。 领导干部是党和国家的宝贵财富,处在改革发展

稳定的前沿,做好各级领导的医疗保健工作是卫生部门的崇高职责和义不容辞的责任。建立一支队伍,即建立一支年龄结构、知识结构、专业结构合理的领导干部医疗保健专家组,全部由市直各医疗机构副主任医师和主管护师以上职称的人员组成。完善二项制度,即健康体检制度和上门健康咨询制度。每年为领导干部安排一次全面健康体检,每季开展一次健康咨询。根据领导需要,随时提供健康咨询服务。搞好三项服务,即开通领导干部住院治疗绿色通道,定期对领导干部工作环境和生活环境进行监测检查,定期向领导干部提供健康保健资讯。

实现无偿献血工作突破。 近年来,血液供应紧张和结构性矛盾问题一直存在,必须想方设法改变这种局面。去年年底以来,市政府和市文明办已分别将无偿献血工作纳入民生工程和精神文明单位建设的考评体系,这是做好无偿献血工作的一个重要契机。近期,市政府还将向各地下达年度采供目标任务,将区域无偿献血与区域临床用血挂钩,落实政府和部门责任。各地卫生部门要站在讲政治的高度,切实加大宣传力度,建立健全办事机构,抓好无偿献血队伍建设,定期组织开展集中无偿献血活动,形成无偿献血长效机制,努力实现本县区血液供需基本平衡,确保血液安全。

实现卫生队伍建设突破。 事业成败的关键在人。加强卫生系统干部队伍和人才队伍建设是推动卫生事业科学发展的根本保证。抓好卫生系统干部队伍建设。按照德才兼备、优化结构、激发活力的原则,在加快卫生事业改革发展中锻炼、检验、发现和培养干部,及时配齐配强市、县(区)直属医疗卫生领导班子,树立不让能干的人被埋没,不让干事的人受委屈,不让本分的人总吃亏的用人导向,激励干部用心做事、用脑做事、用手做事。抓好高层次医学人才队伍建设。实施市级医学领先学科带头人选拔培养计划,确定20名左右的骨干进行重点培养。加大博士、硕士研究生和重点学科带头人的引进力度,建立一支梯次分明、结构合理、专业齐全的医学领军队伍。抓好基层专业技术人才队伍建设。不断改善培训方式,满足专业技术人员提升和更新知识的需求。积极招录免费定向培养的医学本科生,为乡镇卫生院招聘执业医师,为乡镇卫生院输入新鲜血液。实施全科医生规范化培训项目,确保每个基层卫生服务机构都有全科医生。

(本文原载于抚州市委《现代抚州》2012年第4期,有改动)

保持定力　推进医改

医改工作任务艰巨、操作复杂,关乎国计民生,卫生行政部门要进一步提高认识、统一思想,着力增强责任感、使命感,切实履行职责,强化举措、精心操作,当好主力军,打好主动仗,不断推动改革取得重要阶段性成果。

一、坚持保基本,提高保障服务水平

保基本就是要实现人人享有基本医疗保障、基本医疗服务和基本公共卫生服务。今年,国家对新农合和基本公共卫生服务的补助标准均大幅提高,新农合补助标准由人均 120 元提高到了 200 元,基本公共卫生服务人均经费由 15 元提高到了 25 元。作为管理和使用经费的责任主体,卫生系统要努力把国家投入转化为有效服务,施惠于民。**一是切实提高新农合保障水平。** 加强政策宣传解释工作,及时补缴个人费用,确保参合农民个人缴费达到 40 元。加强与财政部门沟通,积极协调配套资金,确保配套补助资金及时足额到位。合理调整补偿方案,适当向基层卫生机构倾斜,将医保药品和一般诊疗费纳入支付范围。全面实施门诊统筹,引导农民合理利用卫生资源,力争新农合政策范围内住院费用报销比例达到 70% 。提高新农合信息化管理水平,实行即时结报办法,提高参合农民住院一次报账率。加强基金监管,强化对定点医疗机构服务环节的管理,探索建立定点医疗机构服务规范等级管理和医务人员医疗行为诚信评价机制,遏制医药费用不良增长,防止新农合基金流失,确保基金安全。**二是促进基本公共卫生服务均等化。** 增加服务内容,在对新发白内障、唇腭裂患者继续实行免费治疗和实行免费婚前医学检查的基础上,切实抓好儿童白血病和先天性心脏病的免费救治工作,探索提高宫颈癌、乳腺癌、终末期肾病等大病保障水平。扩大服务人群,将农民工纳入基本公共卫生服务范围,对重性精神疾病患者实行规范化管理,加快主流媒体公益性健康栏目建设,城乡居民健康档案规范化电子建档率达到50%。逐步扩大儿童保健、孕产妇保健和老年人保健等项目的覆盖人群。提高服务质量,采用电视公告、手机短信、散发宣传单等多种形式加大对基本公共卫生服务项目政策的宣传力度,引导群众科学选择服务。强化能力建设,积极实施精神卫生专业机构和县级卫生监督机构建设,提升妇幼卫生服务体系能力,依托县级医院建立县域内农村院前急救体系,协调相关部门积极落实从事传染病防控等高风险岗位工作人员的待遇政策。

二、坚持强基层,完善卫生服务体系

基层医疗卫生服务机构是基本医疗和公共卫生服务的重要载体,也是医疗卫生服务体系中的一个薄弱环节。要紧紧抓住实施新一轮卫生服务能力建设的有利时机,进一步健全和完善基层医疗卫生服务体系。**一是抓好项目建设。** 及时启动并加快实施各类卫生国债项目,按照"选址符合规划、设计适度超前、流程科学规范、功能合理完善"的要求,把好图纸设计、工程进度和工程质量关,按照省里规定时间节点,加快工程建设,尽早形成服务能力。**二是抓好人才培养。** 充分利用全科医生规范化培训、基层卫生人员进行全科医生转岗培训、为乡镇卫生院招收定向免费医学生和招聘执业医师的时机,积极实施基层卫生服务机构技术人才的引进、培养规划,力争今年培训乡镇医疗卫生人员316人次,培训村级卫生人员2570人次,培训城市社区卫生服务人员248人次。认真总结推广金溪县建设乡镇卫生院职工周转房的成功模式,逐步解决技术骨干的住房问题。**三是抓好运行管理。** 开展创建全省农村卫生工作先进县和乡镇卫生院管理提升年活动,加强基层医疗卫生机构内涵建设,实施精细化管理,提高管理水平,增强运行效率。逐步推行全科医生服务团队模式,为居民提供方便、持续的健康管理服务。积极推进综合医院与基层卫生服务机构建立双向转诊关系,提高基层卫生服务机构门诊量占医疗机构门诊总量的比例。**四是推进乡村卫生服务一体化。**

进一步巩固"网底",充分发挥村卫生室的基础作用。在核定村卫生室承担公共卫生服务项目和服务人口数量的能力的基础上,安排一定比例的基本公共卫生服务由村卫生室承担。

三、坚持建机制,实施医药综合改革

建立国家基本药物制度是医改的重点和难点,要督促各地在已经全面覆盖的基础上,抓好规范管理,建立长效机制。**一是充足配备基本药物。** 在剔除有明确规定不需要配备的药品后,所有政府举办的基层医疗卫生机构基本药物的配备比例应达到95%以上。建立完善工作台账,做到基本药物制度的采购、入库、销售都有账可查,一目了然。**二是严格执行零差率销售。** 坚决做到按进价销售,绝不能出现因加价少或者算整数而变相不执行零差率销售。对原有的库存药品也要按规定实行零差率销售。非目录内药品的品种数量和销售金额严格控制在20%以内。**三是规范采购配送。** 积极探索建立以县为单位统一确定基本药物品规、统一申报进购计划、统一明确质量要求、统一参加以省为单位集中招标采购、统一由县级卫生行政部门会议核算中心支付货款的办法,规范基层医疗卫生机构的采购行为。**四是落实多渠道补偿机制。** 积极争取党委政府支持,落实政府对基层医疗卫生机构的专项补助及经常性收支差额补助,确保县(区)财政对基本药物制度的补助资金列入预算,及时足额配套。**五是逐步扩大覆盖面。** 积极探索将实行一体化管理、符合条件的村卫生室纳入国家基本药物制度实施范围。

四、坚持先行试点,推进公立医院改革

按照"上下联动、内增活力、外加推力"的要求,在先行先试的基础上,科学有序地推进公立医院改革。**一是抓紧制定区域卫生发展规划。** 强化卫生行业管理,调整和优化公立医院的布局和结构,避免重复建设和不良竞争,突出特色。**二是突出以县级医院建设为重点。** 加强县级医院基础设施建设,着力在增强服务能力、提高服务水平上下功夫,把县级医院建成县域内的医疗卫生中心,集临

床、教学、科研、管理功能为一体,形成对乡村医疗机构的辐射和带动。加强内部管理,加快推进电子病历和临床路径管理,强化医疗安全的监管。**三是推进公立医院综合改革试点。** 抓好南城县人民医院综合改革试点工作,积极探索高效医院管理体制,建立现代医院管理制度,深化人事制度改革,完善绩效考核体系,落实补偿机制,形成维护公益性、调动积极性的良性运行管理模式。**四是实施卫生引智工程。** 组织全国知名医学专家来抚州开展专家门诊,举办学术高峰论坛,形成每月有专家门诊、每季度有学术论坛、每个重大节日有联谊活动、长年有医务人员在外进修学习的格局。推动全市二级以上的医院加强与在外专家的沟通联系,建立长期稳定的帮扶关系,加快重点医学学科建设,提升区域内的整体医疗技术水平。**五是开展医药医务阳光行动。** 认真搞好民主评议活动,主动接受群众评议,听取意见建议,坚持边查边评边纠边改。积极开展服务好、质量好、医德好和群众满意的"三好一满意"医院创建活动,采取切实有效措施,不断提高优质护理服务病房比例,优化门诊诊疗流程,合并增加挂号、收费、取药等服务窗口,方便群众就医,破解"三长两短"(挂号、取药、交费时间长,诊疗、检查时间短)难题。推行阳光运行,将基本药物临床应用指南和处方集运用到管理中,严肃治理"三素一汤"(抗生素、维生素、激素和输液)滥用的现象,改善群众的就医体验,树立卫生系统的良好形象。

(本文原载于《江西医药卫生》2011 年第 5 期,有改动)

提高站位搅动 创先争优奋进

最近,市卫生局先后安排班子成员赴临川、东乡、金溪、资溪、南城等地实地调研农村卫生工作,组织科室负责人到黎川、南丰、广昌、宜黄、崇仁、乐安等地农村医疗机构明察暗访。情况表明,当前农村卫生工作运行存在不少突出问题,已经成为制约全市卫生事业发展的重要桎梏。必须统一思想、提高站位、上下搅动、背水一战,以专项整治为突破口,以创先争优为抓手,推动全市卫生事业加压奋进,又好又快发展。

一、站在人道的高度,集中整治卫生院突出问题

乡镇卫生院是农村卫生工作的枢纽,是医改的主战场和主力军,具有承上启下的作用和不可替代的地位。应当肯定,近年来,全市乡镇卫生院在国家政策的大力支持和自身的不断努力下,服务能力和服务水平不断提升。但是,从最近市卫生局开展的明察暗访情况来看,脏、乱、差、散、闲的问题仍然比较普遍,有的还十分突出。这些问题,从现象上看是工作问题,但其本质上是管理者的人道问题。人道是爱护人的生命、关怀人的幸福、尊重人的人格和权利的道德,人道的核心内容是尊重人、爱护人、关怀人。毛泽东同志曾说:"救死扶伤,实行革命的人道主义。"革命人道主义讲究的是仁心、良心、爱心、责任心、事业心。然而,脏、乱、差、散、闲所带来的后果完全与之背道而驰。**第一,"脏"的是无心。** 卫生院讲卫生天经地义,既是卫生工作的本质要求,又是防病治病的前提条件。一个卫生院连环境卫生都搞不好,还能做好卫生工作吗? 还能救死扶伤吗? 所以,卫生院长期处于肮脏的状态,实在是卫生人的耻辱,是"无心"的表现。**第二,**

"乱"的是良心。 现在国家政策非常好,工资由财政全额安排,基本药物、公共卫生服务、计划免疫国家有补助,医疗还有收入,经济运转根本没有问题。这样的好条件,还置政策、法律、纪律于不顾而乱加价、乱收费,良心何在?居心何在?

第三,"差"的是爱心。 大医精诚,医者仁心。医生作为健康所系、生命之托的职业者,仁义爱心是道德的底线。电视剧《医者仁心》中有一段精彩的台词:"作为新时代的医生,不仅要对爱我们的人施以仁爱,对不爱我们的人,同样要仁爱。用仁爱去感化他,即使感化不了他,但终究也能感动自己。"现在农村卫生院的医护人员与城里医疗卫生机构相比,工作量和劳动强度都轻得多,这样舒适的工具环境还出现脸难看、话难听的服务态度,实在是缺乏爱心的表现。**第四,"散"的是人心。** 据了解,目前一些乡镇卫生院之所以人心涣散,其主要原因是有些院长们认为,现在条件好了,有工资发了,账上有钱了,日子好过了,不必再那么吃苦了,于是放松了对医院的管理,从而涣散了医护人员的信心,涣散了群众对卫生工作的信心。**第五,"闲"的是民心。** 近年来,国家大力加强基层医疗卫生服务能力建设,利用财政资金为乡镇卫生院配发了大量医疗技术设备,而不少卫生院原封不动地闲置,适宜技术没有推广,医疗技术无法提高,连公共卫生服务均等化体检都是委托县医院进行的。这种大量设备闲置的现象,不仅"闲"掉了国家的资产,也"闲"掉了基层医护人员的事业心、责任心,更"闲"掉了人民群众盼望医疗技术水平提高的民心。治乱须用重典。这些违背人道的现象和问题再不及时遏制与扭转,人性不允许,党性不允许,政策不允许,法纪不允许,大局不允许,必须以铁石心肠、铁的纪律、铁的手腕,重拳出击,采取断然措施进行专项治理。为此,市卫生局决定,在全市卫生系统开展一次专题教育活动,组织干部职工学习白求恩同志"对工作极端的负责任,对同志、对人民极端的热忱"的共产主义精神,学习吴孟超同志的无比敬业精神,学习王文珍同志的无私奉献精神,学习王银玉同志的博爱精神,把思想和认识统一到讲求人道主义上来,统一到爱岗敬业上来、统一到讲求奉献上来。在此基础上,对问题较为突出的 21 个乡镇卫生院实行重点管理,期限半年。限期整改通知书,抄送县(区)党委政府,在重点管理期间,院长不得擅自离岗,不得评先评优。半年以后仍整改不到位的,必须对院长给予调整,同时进行专项执法监督检查,对存在的问题按相关法律法规严肃处理。各地迅速组织工作组进驻重点管理卫生院,把问题理出来,把措施拿出来,把战场打开来,把效果端出来,通过完善管理制度、规范服务行为、搞好环境卫生,树立社会形象,提升服务能力,推动整改走深走实。以此为契机,进行一次全面整顿,整体提升乡镇卫生院的管理水平。

二、站在生命的高度,把创先争优活动引向深入

创先争优是促进各项事业快速发展的不竭动力。卫生工作是救护生命、保卫生命的崇高事业。全市卫生系统站在创生命之优、争生命之优的高度,广泛深入开展创先争优行动,把各项卫生工作不断向前推进。**一是增强创先争优主动性。** "事在人为",做人做事都要有一股精气神。创先争优就是敢创一流的勇气和永不懈怠的精神。全市卫生系统进一步增强创先争优的意识,以时不我待、只争朝夕的精神,在各个单位、各个领域、各个环节、各项工作中全面创先争优,广泛开展挑战竞赛、打擂夺杯竞赛等多种形式的比学赶超活动,形成你追我赶、争先恐后的浓厚氛围,使先进更先进、后进赶先进。**二是明确创先争优工作目标。** 市县(区)两级卫生行政部门和各级各类医疗卫生单位立足自身实际,按照跳起来摘桃子的要求,自我加压,各自为战,确定创先争优目标,明确赶超对象,制定具体措施,在比学赶超中站前列、争一流,力争获得综合目标管理先进单位,进入全省全市卫生系统先进行列。**三是扎实开展创先争优活动。** 全市卫生系统要重点从四个方面把创先争优工作引向深入。**四是实施卫生引智工程。** 卫生引智工程在全省首创,获得巨大社会反响。市委、市政府要求要大题大作,努力将抚州打造成江西乃至全国的"医谷"。市卫生局建立"十个一"的工作机制,积极引导全市二级以上公立医院充分利用引智工程平台,建立长期稳定的帮扶关系,加快重点医学学科建设,提升区域整体医疗技术水平,为全市人民提供更加优质的医疗卫生服务。**五是创建全省农村卫生工作先进县。** 根据市委、市政府的总体部署,紧紧抓住创建全省农村卫生工作先进县这个有效平台,通过广泛动员、深入发动、全面铺开、掀起高潮,打一场农村卫生工作的攻坚战、主动仗,力争今年

6~7个县获得全省农村卫生工作先进县称号,经过2~3年的努力实现全域先进,切实改变农村卫生工作相对落后的面貌,进入全省农村卫生工作先进行列。**六是开展"十佳"评选活动。** 市卫生局制发"十佳医生""十佳护士""十佳公卫人员"和"十佳乡村医生"评选活动方案,动员引导广大卫生工作者以积极参与评选活动为契机,深入开展岗位练兵、业务比武、技能竞赛等多种形式的创先争优活动,树立一批爱岗敬业、技艺精湛、服务优良、群众信赖的先进典型,组织优秀代表赴基层进行先进事迹巡回报告,形成崇尚先进、争当先进的良好氛围。

三、站在艺术的高度,推动卫生事业全面发展

艺术是一种境界、一门规律,更是一种驾驶能力。今年是实现医改三年目标任务的收官之年,6大类医改任务69项指标中,涉及卫生部门的有58项,其中牵头的有44项,参与或配合的有14项,任务十分繁重。面对千头万绪、纷繁复杂的工作,各级卫生行政管理人员必须站在艺术的高度,努力使自己的领导方式、管理方式、工作方式体现时代性,把握规律性,富有创造性。**一是弹好钢琴,通盘运作。** 围绕"保基本、强基层、建机制"的要求,推进一项试点(公立医院改革试点),落实两大政策(基本药物制度和基本公共卫生服务),抓好两项活动(全省农村卫生工作先进县创建和乡镇卫生院管理提升年活动),实施三大工程(卫生引智工程、卫生服务能力建设工程和医药医务阳光行动工程),统筹兼顾,弹好钢琴,推动工作平衡发展、科学发展。**二是加强调研,分类指导。** 市局印发了《关于在全市卫生系统加强调查研究狠抓工作落实的通知》,确定15个年度重点课题,要求卫生系统各级领导干部重视调查研究策略,把握调查研究方法,善于通过调查研究"解剖麻雀",掌握情况、发现问题、完善决策、化解矛盾、分类指导、促进落实,推动各项工作更快更好地发展。**三是分工负责,形成合力。** 制定落实"集体领导、分工协作、分权治理、分兵把口、统筹调配、合力共为"的领导工作机制,根据班子成员的个人经历、性格特点、业务专长、驾驭能力进行合理分工,明确分管领导对分工领域内的部门职责,实行分权治理、分兵把口,分管工作有权力,治理部门担责任,充分发挥班子成员的聪明才智和操盘手作用。对中

心工作、重点工作、边界工作实行专班制,统筹调配领导和工作人员力量,有序有效推进。在把握大局、强化调度的基础上,形成主要领导集中精力想大事、谋全局,分管领导把关口、治一域,各条战线相互协调、相互补台、相互配合,上下左右心往一处想、劲往一处使的工作局面。**四是大胆创新,先试先行。** 围绕乡村卫生一体化管理、乡镇卫生院绩效考核、农村卫生人才队伍建设、基本公共卫生服务项目均等化、公立医院改革、新农合支付改革等重点课题加大创新力度,以积极的姿态和敏锐的目光,在把握工作发展趋势的基础上,创造性地开展试点,通过先试先行,取得经验,再以点带面,全面推动工作。

(本文原载于抚州市委《现代抚州》2011 年第 5 期,有改动)

鼓士气　顺民心　树新风

开展"鼓士气,顺民心,树新风"主题教育活动的根本目的是振奋精神、转变作风、提高效率、推动工作,全市卫生系统要联系实际,在鼓舞士气振精神上作文章,在顺应民心促和谐上下功夫,在树立新风谋发展上找出路,在为民服务创先争优上求突破,确保活动取得实效。

要不断提升责任感、事业心。在打好"三大战役"、建设健康抚州、推进幸福抚州的过程中,卫生部门担负把医疗卫生作为公共产品推向社会、实现人人享有基本医疗卫生服务的繁重任务,要按照"只为成功找办法,不为失败找理由"的要求,时刻牢记自己的职责,用心履责、勇于问责、敢于担责。上级要为下级的大胆突破多担责任,机关要为基层的改革创新多担责任,干部要为实现工作目标多担责任。要主动承受工作压力。站在新的起点上,我们面临的任务更重、压力更大。每一名党员干部都要有充分的思想准备,正确看待压力,不怕承受压力。要有紧迫感、危机感,真正认识到不大干不行、干不好不行、不干更不行,用自己实实在在的行动对得起时代、对得起人民、对得起我们神圣的卫生事业。

要不断提升工作标准。始终以追求卓越的心态、争创一流的标准,坚决克服"在目标上打折扣、在行动上抱侥幸心、在效果上玩空手道"的错误思想,牢固树立"只有干不成事的人,没有人干不成的事"的气魄。坚持样样工作争第一,不仅要勇夺单打冠军,还要竞争团体冠军。党员干部要不断调高参照目标,高速追赶标兵,同强的争位、与快的抢速、和高的比肩。每一个单位、每一个科室都要有一流的思想觉悟、一流的服务水平,人人学习先进,个个争当先进,把自己的才华潜力发挥到最大程度。全系统要以"367"为主线献智出力,奋勇争先。

要不断提升队伍整体形象。党员干部的言行,对公众行为、社会风气具有示范和导向作用。"鼓士气、顺民心、树新风"需要我们广大党员干部以身作则做模范、走在前列当标兵。要做为民服务模范。以"只能融入群众之中,不可孤立于群众之外"的情怀,切实增强民本意识,真诚倾听群众呼声,体察民情、了解民意,使我们的各项决策都能符合绝大部分群众的根本意愿;从群众最现实、最关心、最直接的问题抓起,多办得人心、暖人心、稳人心的实事、好事。要做务实模范。坚持讲实话、办实事、求实效,既不急功冒进,也不消极等待,用实实在在的举措赢得实实在在的发展。要做清廉模范。始终坚守共产党人的操守和追求,坚持依法用权、按规用权,守住法律与政策的高压线,守住公与私的警戒线,守住个人与家庭的平安线,真正做到经得起考验、耐得住寂寞、抵得住诱惑、守得住小节,以大公无私、清正廉洁的形象感召人、影响人。

要不断提升作风水平。着力营造心齐气顺、风清劲足的良好社会环境,努力以好的党风政风引领民风、促进发展。贯彻落实市委、市政府《关于提高行政效能优化发展环境的决定》精神,决裂"瞒天过海、暗度陈仓、无中生有、浑水摸鱼、隔岸观火"的不良行为,全面落实"十推行、十严禁"的重大举措,按照"进厅、减项、提速"的要求,规范审批行为,减少审批环节,缩短审查时间,现场审查监测原则上不超过 5 个工作日,切实解决群众反映较多的"多头跑""程序多""时间长"的问题,以良好的办事效率取信于民。坚决落实市委关于树立坐几年"冷板凳"、过几年"紧日子"思想的指示精神,不急功近利,不漂浮冒进、心无旁骛抓发展,埋头苦干培后劲。任何时候都保持一股蓬勃向上的朝气、敢为人先的勇气、开拓进取的锐气,以"争创一流"的激情与睿智,以"只有更好,没有最好"的标尺,向高的攀、与强的比、同勇的争。要增强紧迫感,把新的一天当作即将过去的一天,把任职的一天当作从政生涯的最后一天,只争朝夕、争分夺秒,能半天办的不要用一天,能今天办的不要等明天,切实做到走好每一步、干好每一件事,决不能议而不决、决而不行、行而不果;要增强自觉性,把身处宽松环境当作"福分",把立志干事创业当作"本分",在工作中不讲价钱、不找借口,切实做到令行禁止、雷厉风行,决不能阳奉阴违、敷衍塞责。

（本文系 2011 年 10 月在抚州市卫生局"鼓士气,顺民心,树新风"主题教育活动动员会上的讲话摘要）

阳光是最好的防腐剂
——抚州市卫生系统扎实推进医药医务阳光行动纪实

开展医药医务阳光行动是省委、省政府的重大决策部署,全市卫生系统以推进医药医务公开运行为核心,紧紧抓住纠正、监督、评议、公开、建设等关键环节,坚持加强行业自律与完善监督机制结合、自查自纠与民主评议结合、解决突出问题与建立长效机制结合,精心组织,狠抓落实,医德医风水平、医疗服务质量和医务工作者形象明显提升,群众就医成本显著降低。

着眼医务人员受教育,努力构筑自律防线。 一是加大宣传发动力度,提高思想认识。 在层层召开动员大会的同时,通过广播、电视、网络、报纸、专栏、横幅、标语、简报等形式广泛进行宣传,形成了浓厚氛围。市卫生局领导班子成员深入挂点单位作动员报告,明确政策界限,帮助医务人员提高思想认识,增强参与的主动性。资溪、南城、宜黄等县统一制作宣传专栏,实现宣传发动全覆盖,得到省纪委领导的肯定。通过宣传教育,激发了系统上下投身阳光行动的积极性。二是广泛开展医德医风教育,构筑自律防线。 组织开展"卫生从业人员职业道德规范"知识竞赛,引导医务人员强化工作规范,坚守职业道德,产生了良好的效果。各级医疗机构全面开展预防职务犯罪教育,通过专家授课、播放警示片等形式增强医务人员政策法纪意识;市直医疗卫生单位15位巾帼英模联名在《抚州日报》发出廉洁行医的倡议,引起热烈反响,广大医护人员纷纷表示,要学英模、见行动,重塑卫生队伍的新形象。临川、金溪、南丰、东乡、乐安等县(区)组织医务人员进行医德医风知识考试、签订服务承诺和倡议书,推动医德医风迈上新台阶。三是切实抓好示范教育,形成创先争优的浓厚氛围。 开展"医德医风标兵""十佳医生""十佳公卫人员""十佳护士""十佳乡镇卫生院院长"和"十佳乡村医生"等系列评选活动,通过自下而上、层层推选的形式,激发了广大医务人员比学赶超的积极性,形成了争先恐后、创先争优、开拓进取的良好氛围。

着眼人民群众得实惠,积极推进阳光运行。 一是推行阳光购销,降低药价。 全市 189 所乡镇卫生院和 14 所由政府举办的社区卫生机构全部实行了国家基本药物制度,所有药品实行网上集中采购和价格公示,统一零差率销售。二级以上医院的药品全部通过省级招标采购平台采购,今年以来让利群众 1 200 万元。二是推行阳光管理,杜绝乱检查乱用药行为。 县级以上医院建立完善医疗信息管理系统,对挂号、诊疗、处方、划价实行实时监控。全面推行临床路径管理试点,入径病种按管理规范进行诊疗用药,减少了乱检查和大处方行为。市第一人民医院入径病种达到了 23 个,其他二级医院入径病种数都在 8 种以上,已实施入径病例 2 500 余例。与此同时,县级以上医院还定期开展处方点评工作,从用药合理性、规范性等方面进行分析评价,对大处方行为进行通报,对不合理用药处方给予 10% 的经济处罚,对用量超常的药品实行退出管理。三是实行阳光收费,自觉接受群众监督。 全市各级医疗机构普遍设立公开栏、电子显示屏、触摸查询屏等设施,将检查诊疗项目、收费标准、药品价格、医用高值耗材等全部进行公开,群众可以随时进行查询核实,明明白白消费。县级以上医院对大型诊断检查事先征求患者或其家属意见,经签字同意后方才施行。对住院患者全部实行费用一日清单制,及时向患者进行反馈。四是扩大阳光服务,广泛施惠于民。 在二级以上医院每个科室开设 1~2 个惠民病房,对于特困群众实行医疗费用减半优惠,受惠群众非常感激。各乡镇卫生院加大基本公共卫生服务力度,组织人员自带仪器设备深入乡村,为群众免费体检并建立健康档案,让群众充分享受公共阳光。南城、南丰、东乡、广昌、乐安、黎川等县对抚恤定补优抚对象和城乡困难群众实行"三免四减半"和专门窗口等措施。资溪、宜黄、金溪等县组织专家定期赴边远乡镇巡回义诊,帮助山区群众解决实际困难。五是开展阳光评议,真心听取民众意见。 各级医疗机构采取请进来、走出去的方式,通过问卷调查、召开座谈会、电话回访等方式开门纳谏,广泛听取群众的意见和评价。许多医院把药占比例、次均费用和住院床日等群众关心的内容进行公开,确保了评议的效果。全系统开展征求意见活动 220 次,3 400 余位群众参与调查问卷和座谈,提出合理化意见建议 356 条,绝大部分被卫生行政部门和医疗机构采纳,产生了良好的社会效应。

着眼树立卫生新形象，严肃整治突出问题。 一是深挖细纠。 按照"八查八看八纠"的要求,重点针对涉医行政行为、药品采购和医疗服务中每个环节可能存在的突出问题,通过自己查、群众提、互相找、领导点等方法,确保环节不少、问题不漏。对查出的问题逐一建立工作台账,限期进行整改。市纪委常委分别深入到市直医疗机构和相关县(区)进行督促指导,促进了自查自纠工作的顺利开展。全市共查找问题 700 余个,为整改提高打好了基础。二是严肃查处。 采取焦点访谈的形式,组织人员对乡镇卫生院进行明察暗访,对 21 个管理较乱、医改政策落实不到位的乡镇卫生院实行了重点管理,限期整改。对整改不到位的,责成县(区)卫生行政部门对院长就地免职,有 3 名乡镇卫生院院长因措施不落实、效果不明显被黄牌警告。市妇幼保健院针对患者反映的个别医务人员推诿病人、服务态度差的情况,及时进行调查核实,对该医生给予调离原岗位、停止处方权一个月、扣发当月奖金和全院通报批评的处理,起到了很好的警示作用。黎川县卫生局对督查中发现的 146 张大处方涉及的 53 名医生在全县进行通报批评,并取消评先评优资格。三是创新服务。 在各级医疗机构设立"一站式"服务中心,为患者提供开水、导医、咨询、投诉接待、寄存物品等便利服务,得到了患者的好评。南城、南丰、黎川、广昌、金溪等县制定处方点评参数,及时汇制特定时间段综合分析图表,对医生处方实行实时监控和动态管理,促进了合理用药。市妇幼保健院、南丰县人民医院等进一步落实护理工作责任,对重症病人和一线护理病人进行评估,制定护理计划,实行人性化服务。南城县人民医院通过改造工作流程,将挂号、就诊、划价、收费和取药等 5 个环节合并为 3 个环节,实行限时服务,有效破解了"三长两短"问题。市第一人民医院对抗菌药物实行分级管理,明确各级医师使用抗菌药物的不同权限,抗菌药物使用的比例同比下降了 6.3 个百分点。其他二级医院抗菌药物品规普遍减少 50% 以上。全市多家县级医院还对急需救助的危重病人实行"三先一后",即先检查、先诊断、先救治,后办入院手续和交费,力争在第一时间抢救患者生命。

着眼深化体制改革,积极创新卫生发展方式。 一是实施引智工程,着力提升医疗技术水平。 为充分利用抚州籍在外医学专家的资源优势,促进抚州卫生工作赶超发展,着力把抚州打造成江西乃至中国"医谷"。我们从今年开始实施卫生引智工程,市政府安排了60万元专项经费,成立了卫生引智办公室,配备了专门工作人员,开通了健康网站和热线电话,建立了200多人的在外医学专家库。目前已派出100多人次赴上海、北京进修学习,邀请36位医学专家返乡举办专家门诊和学术论坛20余场次,有5000余人次直接受益,让群众在家门口享受了全国一流医学专家的服务,得到了社会的高度评价,省纪委纠风办、《江西日报》专程到我市总结宣传卫生引智工程成效。**二是开展全省农村卫生工作先进县创建活动,推动县乡卫生工作上台阶。** 为了有效扭转我市农村卫生工作被动落后的局面,我们借阳光行动的东风,在全市全面开展了全省农村卫生工作先进县创建活动。市政府下发了《关于加强农村卫生工作的意见》和《关于加强创建全省农村卫生工作县工作的通知》,全市有8个县向省政府提出了创建申请,占全省申请创建县的50%。目前各地正在精心组织、科学实施,今年之内可望有6~7个县创建成功。**三是深入推进医药卫生体制改革,让人民群众得到更多的健康实惠。** 始终把医改工作作为民生"一号工程""全员工程"紧抓在手,采取有效措施扎实推进。新农合政策补偿比达到70%以上,农民就医负担得到减轻。农民健康档案规范率达到了35.1%,城市居民达到了60%以上,共45.2万人次城乡居民享受了免费的健康服务。免费婚检率达到了70%以上,为防止新生儿出生缺陷建立了屏障。免费救治白血病患儿23例,先天性心脏病210例,完成了白内障手术1 133例,保持了动态清零目标。**四是全面提升卫生服务能力,不断夯实卫生工作基础。** 今年以来,先后组建了市公共卫生应急机动队,所有人员参加了专业技能培训,在崇仁县开展模拟应急演练,卫生应急水平将会大幅提高。深入开展乡镇卫生院管理年活动,院容院貌、服务流程、运行管理、医疗服务、人员培养全面达标升级。加快了县级妇幼保健机构人员、技术、设备、房屋、管理"五配套"步伐,推动了妇幼保健机构上等达标。市城区23家社区卫生服务机构分别与综合医院建立了双向转诊关系,形成社区居民大病上医院、康复回社区的新型城市医疗模式。

(本文原载于江西省卫生厅"医药医务阳光行动"简报2011年第32期,有改动)

加快健康抚州建设

全市卫生系统按照"发展为先、改革为要、和谐为基、环境为重、民生为本"的总体要求,创新机制,转变作风,精心组织,狠抓落实,各项工作全面进步,全省农村卫生工作先进县创建、儿童"两病"免费救治、传染病防治、医药医务阳光行动、实施妇女儿童"两纲"、区域卫生规划、卫生引智、乡镇卫生院管理、婚前医学检查、新农合等工作走在全省前列,为建设幸福抚州提供了坚实的健康保障。

三年医改任务全面或超额完成。 新农合参合率达到 97.93%,政策补偿比达到 70%,基金使用率达 85%,一次报账率达 95% 以上。189 所乡镇卫生院和14 家政府办社区卫生服务机构全部实行了基本药物制度和零差率销售,平均药品费用下降了 28.8%;52% 的农村居民和 70% 的城市居民建立了规范化的电子健康档案,有 3.94 万名农村孕产妇住院分娩得到补助,4.16 万名农村妇女免费补服了叶酸,6545 名农村妇女免费进行了宫颈癌检查。免费救治儿童白血病患者 50 例、先天性心脏病患者 347 例。扎实推进基层卫生机构综合配套改革,公开选聘乡镇卫生院院长达 60% 以上,清退在编离岗人员 14 人,解决编制 32 人,招聘编制内医技人员 60 名。在二级以上医院全面推行了临床路径管理和优质护理服务工程试点,入径管理病人 3000 余例,推行便民利民服务举措 30 余项。

公共卫生工作成效显著。 手足口病发病率和重症率全省最低,新发涂阳肺结核病人治愈率达 97.4%,艾滋病防治宣传覆盖所有乡镇和 80% 以上行政村。以乡镇为单位免疫规划疫苗接种率达到 90% 以上,通过省里达标验收。开展打击非法添加食品添加剂等 6 个专项行动,取缔了 23 家无证餐饮单位,查处医疗卫生机构违法行为 14 起,移送涉嫌非法行医犯罪案件 2 起。组织开展集中无偿献血活动 52 场次,临床用血 100% 来自无偿献血,成分血用血达 99%;孕产妇死亡率、婴儿死亡率、5 岁以下儿童死亡率分别降至 7.9/‰、5.94‰和 8.35‰,均低于全省平均水平。

卫生服务能力持续增强。 争取并实施国债项目 16 个,总投资 1.6 亿元。新组建 3 支市级公共卫生应急机动队并全面进行了培训,提高了应急水平。建立了 100 名市级重点专业技术人才库,规范化培训住院医师、社区护士 500 余人次,实现了每个乡镇卫生院都有全科医生的目标。在全省率先实施了卫生引智工程,建立了 160 位抚州籍在外医学专家库,定期邀请专家返乡开展手术带教,举办专家门诊和卫生高峰论坛,全市新增重点建设医学学科 20 个,选派 100 多名医疗骨干对口进修学习。有 1.3 万名普通老百姓在家门口享受到了全国一流医学专家的免费服务,获得了良好的社会反响。

创先争优工作硕果累累。 全面开展全省农村卫生工作先进县创建工作,全市有 6 个县被省政府授予全省农村卫生工作先进县,占全省的 42.9%,先进县的总数由全省末位跃居前列,比例远远超出全省平均水平。扎实推进社区卫生服务机构星级创评,有 17 家机构被评为三星级社区卫生服务机构,比例达到 75%,超出目标任务的 50%。有 7 个县级妇幼保健机构开展了等级评审,并全部达到二级甲等标准。同时,我们还在全系统评选出了"十名医德医风标兵"和"十佳医生""十佳护士""十佳公卫人员""十佳乡村医生"以及"二十佳乡镇卫生院院长",广大医务人员在参与评选中进一步增强了创先争优的积极性。以项目化、责任人、时间表、战役型的管理办法,在全系统打响了"六大战役",实行了一个战役、一个目标、一名指挥长、一个责任科室、一个作战方案、一个工作时限的"六个一"工作机制,促进了各项重点工作的全面落实。

卫生工作形象明显提升。 开展"乡镇卫生院管理提升年"活动,组织人员对全市 100 余个乡镇卫生院进行了明察暗访,对 24 个问题较为突出的乡镇卫生院实行了重点管理,限期整改,掀起了乡镇卫生院大整改的高潮,提升了卫生院管理和服务水平,受到省卫生厅的高度评价;在全省首创开展了医药医务阳光行动,构筑了行业自律防线,推行了阳光运行,整治了突出问题,建立了长效机制,提升了医德医风水平,全市二级以上医院住院和门诊均次费用分别下降了10.69%和24.03%,病人满意度达到98.8%,病人外诊率由11.3%下降到8.9%。积极推动医患纠纷第三方调解,成立了市、县医疗纠纷调解机构,成功调处纠纷56起,80%以上的医患纠纷在医院得到化解,维护了社会稳定。

党的建设和机关效能建设全面加强。 扎实开展了"鼓士气、顺民心、树新风"主题教育活动,引导广大党员亮标准、亮身份、亮承诺和比技能、比作风、比业绩,增强了党员的责任意识和服务意识。开展党的知识竞赛、唱红歌、慰问老党员、接受革命传统教育等活动,增强了基层党组织的凝聚力、战斗力。改善中心组学习方式,每次确定一个主题,围绕主题开展调研,增强了学习的针对性。严格落实党风廉政建设责任制的要求,经常组织观看警示教育片、上廉政教育课,促进了廉洁从政行为。建立了多层次的工作调度制度,局机关实行每周调度,由班子成员轮流主持,科长小结汇报,分管领导点评分析,主要领导总结部署。对县(区)和市直卫生工作每季调度一次。大家普遍感到,干部得到了锻炼,形势更加明朗,重点更加突出,效率明显提高。

新的一年,要围绕"增信心、求突破、惠民生、保稳定、强作风"的目标要求,以建设健康抚州为己任,坚持"基础工作抓提升、特色工作抓创新、改革工作抓深化、创建工作抓突破",着力深化一项改革,全力打好两大战役,大力实施三大工程,奋力抓好四个重点,努力实现五个突破。

深化"一项改革"。 深化医药卫生体制改革。积极推进村卫生所实施国家基本药物制度,扩大受惠面;全力抓好南城县人民医院综合改革试点,落实便民利民服务措施,严格控制医药费用不良增长;继续抓好基层医疗卫生单位综合配套改革,完善绩效考核办法,调动医务人员积极性;加强新农合资金和服务监管,努力提高新农合保障水平。

打好"两大战役"。 一是跑项争资大会战。 抓好市级综合医院、儿童专科医院和全科医生培训基地等三个重大项目的跟踪工作,确保落实到位。同时加大人才培训、信息化建设等项目的争取力度,确保每年争资额增长30%以上。**二是打好创先争优持久战。** 建立健全市局机关、市直卫生机构和县区卫生部门的创先争优工作机制,打造阳光政务、阳光医务和阳光绩效三大平台,努力形成"没有最好、只有更好"的浓厚氛围。

实施"三大工程"。 一是卫生民生工程。 切实抓好新农合、重大公共卫生服务、免费婚检、无偿献血等项目的落实,为患者进行免费血透,新农合参合率保持在97%以上,基金使用率达85%以上,免费婚检率达80%以上,无偿献血量达400万毫升以上。二是卫生引智工程。 建立和完善专家共建学科、带徒培训、返抚讲学、举办专家门诊、举行学术论坛的长效机制,中心城区每周、县区每两周有专家门诊,每月学术论坛、每季有联谊活动,实现从引智到引资,变引智为引医,努力提升医疗卫生技术水平。三是卫生服务能力建设工程。 抓好医疗卫生机构基础项目建设,着力改善医疗卫生服务环境;加强卫生人才队伍建设,强化市级重点卫生技术人才和全科医生的培养,形成以市级学术带头人为龙头、县级技术骨干为枢纽、全科医生为基础的人才梯队。

抓好"四个重点"。 一是抓好疾病控制工作。 力争启用市传染病医院(市第七人民医院),着力规范全市传染病的监测、报告、处置和救治行为;全面落实儿童免疫规划政策规定,提升免疫规划工作水平,降低传染病发病率。二是抓好卫生监督工作。 加快餐饮食品卫生监督职能转换,切实履行好食品安全综合协调职能。加大医疗卫生机构的监督管理力度,加强职业卫生、学校卫生和公共场所卫生监督监测,维护群众的健康权益。三是抓好卫生应急工作。 进一步完善卫生应急工作预案,加强卫生应急队伍建设,开展实战演练,提高卫生应急水平,搞好物资储备,做到拉得出、用得上、打得赢。四是抓好信访维稳工作。建立点、线、片、面分工责任制和领导包案制,定期开展各种矛盾纠纷排查,掌握隐患苗头,及时有效处置问题。加大医患纠纷首次调处力度,力争90%以上的纠纷在医院得到化解,切实维护社会稳定。

实现"五个突破"。 一是在创建卫生城市上取得突破。 充分履行卫生部门职责,争取市委、市政府重视,创造有利条件,积极开展省级卫生城市创建活动。通过创建活动,不断提升城市公共卫生水平,为创建国家卫生城市打牢基础。二是在健康教育上实现突破。 在抚州电视台和抚州日报分别开设健康大讲堂和健康教育专栏,开展送健康知识下乡和百名健康使者进社区活动,形成全天候、立体化的健康教育工作格局,不断提高群众的健康意识和防病水平。**三是在无偿献血工作上实现突破。** 争取将市中心血站纳入全额拨款事业单位管理,把无偿献血工作纳入卫生民生工程和精神文明建设考评体系,加大无偿献血的宣传,努力形成集中无偿献血的长效机制,确保满足临床用血需求。**四是在政风行风建设上实现突破。** 进一步巩固医药医务阳光行动成果,加强卫生行风监察巡查力度,深入开展"三好一满意创建"和"卫生行风大家评"活动,不断改善卫生系统工作作风,提升服务质量。

（本文系 2012 年 1 月在抚州市直卫生系统迎春茶话会上的讲话摘要）

流年似水永记前辈教诲

　　我从市委办公室到卫生局工作已经半年了,一直想拜访各位老领导,听取大家对全市卫生工作的意见,令我感到特别欣慰的是,有很多老领导与我见面,提出许多宝贵建议,我正在认真吸纳大家的真知灼见,不断加强和改进工作。

　　过去的一年,是卫生事业大发展、大提升的一年,也是战胜诸多卫生突发事件、圆满完成"十一五"目标任务的收官之年。全市卫生系统 8 项试点工作(免费婚检、新农合支付改革、临床路径管理、基本药物制度、儿童白血病和先天性心脏病免费救治、农村居民健康档案、乡镇卫生院绩效考核、乡村服务一体化管理)全面启动,全省公立医院改革暨医院管理创新高峰论坛、全省新农合门诊统筹工作现场会、全省中医工作会议、全省卫生应急工作会议、全省鼠防工作会议、省级社区卫生夜校培训等 6 个全省卫生专业会议先后在抚州召开。市卫生局获得目标管理综合考评先进单位、综合治理先进单位和市级文明单位、招商引资先进单位等荣誉。**一是妥善应对了多起突发公共卫生事件。** 成功组织了"5·23"K859 次火车脱轨救治工作,收治伤员 112 人,没有发生 1 例死亡。扎实开展了"6·21"抗洪救灾防病工作,免费救治受灾群众 7.23 万人次,累计消杀3 356.54 万平方米,现场监督制作盒饭 30 多万份,实现了应急救援无伤亡、医疗救治无事故、大灾之后无疫情。省委、省政府领导和卫生部应急督导组对此给予高度评价。**二是新型农村合作医疗取得新的突破。** 参合农民达 272.9 万人,参合率达 96.51%;统筹基金使用率达到 89.12%;在 11 个县(区)80 个乡镇推行了门诊统筹工作,县乡覆盖率名列全省前茅。农民住院一次报账率达 95.58%,高于全省平均水平。开展了单病种付费、门诊总额预付、总量控制等改革试点,医疗费用不良增长得到有效遏制。**三是基层卫生服务体系建设得到进一步加强。** 开工建设县乡村卫生项目 56 个,开展乡镇卫生院管理年活动取得明显成效,编写《社区卫生能力汇编》,指导社区卫生服务机构规范功能布局、管理制度和服务行为。举办了全市卫生管理干部高级研修班,培训基层卫生人员 5 000 余人次,推广实用技术 20 余项。**四是基本公共卫生服务均等化加快推进。** 为 58 万农村居民建立健康档案,为城市居民免费提供 1 009 万元社区公共卫生服务。白内障患者实现动态清零目标,免费救治 13 名白血病儿童。婚前医学检查率达 69%。为 2.4 万名农村适龄妇女进行了宫颈癌普查,改造农村卫生厕所 2.2 万座。**五是基本药物制度全面覆盖。** 全市 189 所乡镇卫生院和 14 所政府举办的社区卫生服务机构实施了基本药物制度,所有药物(含基本药物目录外的药品)实行零差率销售,人民群众得到了更多的卫生健康实惠。**六是公立医院改革初见成效。** 开展了公立医院巡查,巩固了等级评审成果,开展了"优质护理服务示范工程""示范医院"和"示范病房"创建工作,进行了临床路径管理市级试点。全市二级以上医院年门诊量、年出院病人、年病床使用率与同期相比增长了 2.2%、2.1% 和 2.4%,病房危重抢救成功率达 93.78%,治愈好转率达 91.5%。**七是疾病防控和卫生监督全面落实。** 甲型 H1N1 流感、霍乱、手足口病等重大传染性疾病的监测预警和防控机制全面建立。新发涂阳结核病人治愈率达 95.8%,艾滋病防治进一步加强,流行性结膜炎得到及时有效控制。儿童"五苗"常规接种率以乡为单位达 96.5%。卫生监督网络已延伸到乡镇,对 180 家企业开展了职业健康监护检查,为全市 246 名医疗机构放射人员建立了健康档案,开展了滥用食品添加剂、地沟油和餐厨废弃物等专项整治,取得重要的阶段性成果。**八是加强了血液安全监管、中医药工作、信访维稳、安全生产和卫生新闻宣传等工作。** 全年无偿献血采血量达 405 万毫升,确保了临床用血需要,成分输血达 100%。开展了中医院管理年活动,完成了第二周期中医院评审工作。全系统没有发生一起安全生产事故以及赴京访和非正常集体上访事件。

今年是"十二五"规划的开局之年,也是实现医改三年工作目标的关键之年。全市卫生工作将按照"赶超发展、提速进位、争创一流"的要求,全面落实五项(巩固新型农村合作医疗制度、完善国家基本药物制度、加强基层卫生服务体系建设、促进基本公共卫生服务均等化、加快推进公立医改革试点)医改任务,大力提升五种(公共卫生服务、农村卫生服务、社区卫生服务、城市医疗服务、卫生监督执法)服务能力,切实抓好五项(公共卫生、医疗服务管理、卫生监督、中医中药发展、卫生行风)重点工作,建立完善五项(卫生工作综合考评、业务工作定期调度、医改工作监测、医患纠纷调解、促学用学)工作机制,努力实现五个(创建全省农村卫生工作先进县、乡村卫生服务一体化管理、乡镇卫生院管理提升年活动、卫生信息系统建设、机关管理)创新突破,内塑形象,外争地位,力争进入全省卫生系统综合先进行列,获得全市目标考评先进单位,开好头、起好步,推动抚州卫生事业进位赶超。

岁月如歌不忘饮水思源,流年似水永记前辈教诲。老干部是党和国家的宝贵财富,是我们学习的楷模和向前的动力。在革命战争年代,你们当中有的同志出生入死,浴血奋斗,立下不可磨灭的功勋;中华人民共和国建立以后,大家又呕心沥血、含辛茹苦,为祖国的繁荣昌盛立下了汗马功劳;在改革开放新时期,各位老领导、老同志坚持党的基本路线,关心支持党的事业,为社会主义现代化建设作出了新的贡献。特别是各位老领导离退休后,仍然以党的事业为重,一如既往地关心支持卫生事业的改革和发展,这充分显示了老领导、老同志崇高的革命情怀,体现了共产党员的高风亮节,你们的精神永远值得学习和发扬。大家都要充分认识到老干部工作是党的干部工作的重要组成部分,老干部这个特殊群体应该采取特殊政策给予照顾,做好老干部工作是我们义不容辞的责任。全市卫生系统要始终牢记"三个不能变",即牢记老同志历史功绩的思想不能变,牢记从优照顾老干部的方针原则不能变,牢记尊老敬老为老干部排忧解难办实事的优良传统和作风不能变,采取切实有力措施,落实好老干部的政治、生活待遇,帮助老干部解决各种实际困难。积极为老干部办实事,为老干部工作生活创造更好的条件,积极倡导敬老尊老的良好风尚。

回顾过去,倍受鼓舞;展望未来,充满信心。诚恳希望老领导、老同志继续发挥参谋作用、监督作用、桥梁作用和带头作用,对工作多提宝贵意见,让我们携起手来,不断把全市卫生事业推向前进。

(本文系 2011 年 1 月在抚州市卫生局离退休老同志迎春座谈会上的讲话摘要)

当好守门员、宣传员、组织员

衷心希望市妇幼保健院工会组织在新起点上有新思路,在新责任面前有新气魄,在新工作中有新机制,努力当好维护职工利益的守门员、凝聚职工力量的宣传员、发挥职工创造性的组织员,为医院改革发展作出新的贡献。

在新起点上要有新思路。 市妇幼保健院从组建到现在已经走过了三个年头。三年来,医院按照大专科、小综合的发展思路,克服了技术人员少、医疗设备老、发展资金缺、整体形象差等诸多困难和矛盾,抓学科建设、抓服务质量、抓机制转换,经济效益和社会效益迅速提升,业务收入三年翻番,特色专科领跑全市,医院形象全面改善。可以说,医院已经步入科学发展的快车道,迈上了新的起点。新的起点孕育着新的希望,在快速前进的道路上,只能鼓劲不能泄气。当前,更需要医院领导班子和全体干部职工团结一致,共同描绘医院发展的新蓝图,以更高的目标、更远的追求、更宽的视野、更新的理念,坚持走改革立院、科技兴院、特色强院、服务旺院的发展道路。要围绕打造具有抚州特色的"三级甲等专科医院"的目标,突出抓好妇女儿童医疗、保健服务项目,对已有的特色科室要优先发展,扬优成势,做成精品;对力量薄弱但又有发展潜力的科室要重点扶持,激发潜力,努力打造3~5个精品学科和特色科室,逐步满足全市妇女儿童日益增长的医疗保健需求,在建设健康抚州、幸福抚州的伟大进程中争取更大的作为。

在新责任前要有新气魄。 职工代表大会是我国宪法赋予企事业单位职工行使民主管理权力的基本制度。从这个意义上说,医院工会就是医院职工代表大会行使民主管理权力的代言人。无数的事实证明,一个好的工会组织可以在搞好团结、促进发展、维护稳定方面起到十分重要的作用。工会是联系领导班子与职工之间的纽带和桥梁,作用发挥得好,就会成为促进民主管理的催化剂、加强关系协调的润滑剂和凝聚人心的稳定剂。今天选举出的各位工会委员是经职代会严格按法定程序选举产生的,充分体现了广大职工对大家的信任。局党委和医院党委相信各位委员一定会不负众望,牢记使命,知责负重,以勇于担当、敢于胜利的气魄积极投身到新的工作岗位中去,切实履行职责。**一是在维护和发展好职工权益上当好守门员。** 对于涉及职工切身利益的重要改革方案和重大政策措施都要经职代会审议通过,充分体现职工意愿,维护职工利益。继续完善院务公开这个民主监督的有效形式,能够公开的都要公开,重大事项和管理过程要让职工知情,接受职工监督,经得起职工评议。**二是在凝聚职工人心和促进和谐稳定中当好宣传员。** 要经常开展与职工的交心谈心活动,掌握职工的思想动态,及时与党委、行政进行沟通,有针对性地做好思想工作。要开展形式多样的宣传活动和政治思想教育,提高广大职工的思想觉悟,激发广大职工的主人翁精神,从而更加主动支持、自觉投身医院的科学发展。要通过加强民主管理,真正把职工的积极性调动起来、把职工的智慧集中起来、把各方面的力量凝聚起来,形成汇聚发展的强大合力。**三是在发挥职工积极性和创造性上当好组织员。** 要十分注重培养和挖掘群众的首创意识,坚持走群众路线,相信群众,依靠群众,广泛听取职工群众的意见和建议,使制定的政策和制度符合实际,赢得理解和支持。要积极组织开展各种创先争优活动,充分发挥职工群众的聪明才智,为医院的发展多出谋献策。

在新工作中要有新机制。 这次会议选举出的工会委员是医院的第一届工会委员,工会工作对一些委员来说是一项崭新的工作。这既是一种挑战,更是一种机遇。说挑战是因为一切工作都要从头开始,说机遇是因为一张白纸更能画出最美的图画。如何在这张白纸上画出最美丽的图画出来,最重要的是要有好的工作机制。**一要建立促学用学机制。** 学习是知识的源泉。每位工会委员都要把学习放在第一位,坚持集中学习与自学相结合,努力提高自身素养。一方面要加强法律法规特别是工会法的学习,一切工作都要依法进行;另一方面加强工会业务知识的学习,掌握方式方法,特别是掌握与群众打交道、做群众工作的方法。只有用群众乐意接受的方式做群众工作才能得心应手,取得实效。**二要建立对口联系机制。** 工会是职工之家,每位工会委员都是这个职工之家的服务员。要切实发挥好家的港湾作用,给每位职工带来温馨、贴心的服务。每位工会委员都要联系一定数量的职工代表、老同志、老劳模,定期开展走访、慰问、谈心等活动,通过正确的引导,及时掌握职工群众的所思所想所需,反映给党委、行政,供决策参考,不断改进工作。**三要建立民主决策机制。** 工会的工作千丝万缕,与每位职工利益息息相关,只有落实民主管理才能得到每位职工群众的信任和信服。要建立健全一系列工会管理制度,落实工作责任,规范工作行为,使每一项工作都有章可循,每一个环节都有人落实,从而形成规范、高效和人性化的工作格局。**四要建立关心帮扶机制。** 在职工出现婚、育、病、丧等特殊情况时派人走访、慰问,力所能及地帮助职工解决各种困难。对于生活特别困难的职工,可根据实际情况研究解决救济、捐助等问题,帮助职工顺利渡过难关。在春节、中秋节等重大节日对职工进行走访慰问,及时解决职工的实际困难。**五要建立群众评议机制。** 工作好不好,群众说了算。作为职工利益代表的工会,更应该把自己的行为置于群众的监督之下。要定期开展群众性的民主评议活动,每年组织职工群众对工会和工会每位委员进行"背靠背"的征求意见和面对面的座谈评议,通过民主评议活动,查找自身工作不足,有针对性地进行改进,不断提高工会的服务水平,让职工群众满意、党委行政信任。

（本文系 2012 年 3 月在抚州市妇幼保健院职工代表大会上的讲话摘要）

夺取手足口病防治工作的全面胜利

当前,手足口病呈现发病病例增多、重症病例增加、病例分布区域扩大的严峻形势,影响群众身体健康和社会稳定,必须切实增强紧迫感和责任感,采取积极有效措施,落实防治规范,努力夺取防治工作的全面胜利。

一要搞好宣传动员,发动群众群防群控。 针对实际情况,要强化预防手段,增强社会防治意识,搞好环境、家庭和个人卫生,营造群防群控的良好局面。**一是切实加强健康教育。** 充分发挥电视媒体受众多、效果好的优势,在电视台黄金时段连续滚动播出手足口病的防治知识。以五岁以下儿童监护人为主要教育对象,印发通俗易懂的手足口病防治知识宣传单,组织基层卫生人员进村入户发放,做到家喻户晓。以居委会、村小组为单位,选派专家对儿童看护人员进行面对面的宣传教育。各医疗卫生机构特别是预防接种门诊必须反复播放《你我齐动手 预防手足口》等宣传光盘,让群众充分了解手足口病的有关知识,全面掌握基本预防措施,形成良好卫生习惯,消除恐惧和误解,提高自我防护能力。**二是迅速开展爱国卫生运动。** 大力开展群众性爱国卫生运动,迅速动员和组织城乡居民集中清理卫生死角,清除垃圾、污水、污物,抓好以改水改厕和粪便无害化处理为主要内容的城乡环境卫生清洁行动,减少病媒生物滋生场所,切断手足口病等传染性疾病的传播途径。把开展集中性爱国卫生运动作为创建卫生县城、卫生镇、卫生村的重要内容积极推进,形成人人讲卫生、家家爱清洁的良好氛围。

二要搞好监测管理,提升防控工作水平。 搞好疫情监测,掌握疫情动态,做到以防为先、以防为重,是做好手足口病防控的重要基础性环节。**一是坚持开展疫情研判。 组织专家组深入分析全市手足口病疫情的区域分布和流行特点，掌握病原分布和动态变化，研究发展变化趋势，针对性地制定防治策略，提高预测预警能力。**二是坚持疫情动态监控。** 各级疾控机构加强网报疫情巡查，搜索聚集性和暴发性疫情线索，发现异常及时预警和报告。县（区）卫生行政部门对聚集性和暴发性疫情要迅速组织专家到岗到位，现场指导，科学分析，冷静应对，采取针对性强的有效措施及时处置，降低疫情风险危害。**三是坚持晨午检制度。** 各地卫生部门与教育部门加强协调沟通，要求各托幼机构和学校要按照卫生部、教育部《关于进一步加强托幼机构和小学手足口病防控工作的通知》，严格落实晨午检制度和学生缺课原因追查制度，及时发现和报告可疑病人。指导幼托机构和学校卫生保健人员加强学生个人卫生和环境卫生管理，全面落实巡检、通风和消毒管理，切实抓好托幼机构和小学防控工作。**四是坚持摸底排查。** 各重点县（区）和乡镇对学龄前三岁以下儿童进行一次全面的摸底排查，对有聚集性发病的村落和居委会辖区五岁以下儿童进行一次全面普查，分析研究发病的流行病学特征，采取确切有效的防控措施。**五是坚持重点场所消杀。** 各地对一些手足口发病高发的乡镇和村落，组织基层卫生防疫人员对发病儿童的家庭内外环境进行全面消杀，加强对患者治疗场所的消杀工作，切断传播途径。

　　三要坚持关口前移，提高基层防治能力。 早期识别手足口病尤其是重症病例，及时转送定点医院救治，早期实施干预措施，有效减少死亡病例是手足口病防治的关键。在工作中必须立足"三早"，把防治关口前移。**一是强化基层卫生人员培训，做到早识别。** 立即组织开展基层卫生技术人员培训，所有基层卫生技术人员全部轮训一次，重点开展手足口病早期识别和早期干预知识培训，提高农村基层医务人员对手足口病病例的预判能力，切实掌握手足口病病例的特点、防治策略和疫情报告要求，确保做到及时发现、早期干预、重症病例及时转诊。**二是建立对口帮扶工作机制，做到早规范。** 建立市、县两级对口帮扶工作机制，加强对农村地区防治工作的指导和支持。市、县（区）两级定点医院都要按照卫生行政主管部门划分的责任范围，通过选派专家挂点、支持物资设备等方式指导基层医疗卫生机构的手足口病医疗救治工作，规范其诊疗救治行为。对疫情较重的乡、村,可由市、县联合派驻专家组进行蹲点。**三是强化手足口病患者转运,做到早救治。**　基层医疗机构对发热病人要及时对症治疗,将重症手足口病的早期表现告知家长,叮嘱家长配合密切关注患儿病情变化,一旦发现发热不退或反复高热且有皮疹的病人,在进行对症退热处理后一律送县级定点医院进行治疗。严禁不具备救治条件的基层医疗机构,包括乡镇卫生院、社区卫生服务机构、村卫生室和诊所截留病例,各县(区)要建立巡查制和问责制,对截留病例的行为要严肃处理。

　　四要加强医疗救治,提高重症病例救治成功率。　一是严格落实定点救治。　按照“村级随访、乡镇留观、县级救治、市级重症”的救治策略,坚持做到“四个集中”,即“集中患者、集中专家、集中资源、集中救治”。所有重症病例集中收治到市级定点医院,定点医院集中感染性疾病、呼吸、重症医学、儿科、护理、临床检验、医学影像、中医等专业的专家,负责重症病例救治;市卫生局全力协调集中相关力量向定点医院倾斜,不遗余力地确保市级定点医院救治工作的高效运行。市级定点医院要加强院内资源整合,做好设备、药品、物品、试剂的储备;充分发挥省级对口支援专家的作用,落实手足口病重症病例会诊与讨论制度,针对每一位重症患儿,由相关学科人员组成医疗救治团队,采取综合治疗措施,提高抢救成功率,降低病死率。**二是完善转诊制度。**　进一步明确卫生行政部门、定点医院、非定点医疗机构在发现、诊断、报告、转诊、收治患者等方面的职责和流程,切实做到“三个不随意”,即不随意推诿病人、不随意转送病人、不随意分科治疗。县级以上定点医疗机构不得以无法救治为由,见到手足口病人就往上级医院推,耽误救治时间。县级定点医疗机构转运需住院治疗的重症病例时,应先由县(区)卫生局组织当地专家进行会诊,对确需转诊的病人,在保证医疗安全的前提下,由医疗机构指定救护车转运至上级定点医院,并同时向上级卫生行政部门报告;不适宜转诊时,及时组织专家进驻医疗机构就地指导救治工作。市级定点医院接收重症患儿时一律应直接送传染科或重症监护室进行治疗,不得按普通儿科病人处理。**三是提高救治水平。**　各级定点医疗机构着力加强重症病例医疗救治能力建设,配齐必备的抢救设备,按照手足口病《诊疗指南》和

《诊疗技术规范》强化各相关专业医务人员培训,确保做到"三个必须",即所有定点医院必须配置小儿呼吸机,相关医务人员必须能够正确使用呼吸机等抢救设备,对重症病例必须实行特医特护。市级定点医院和手足口病疫情严重的县级定点医院尽快完善医院小儿重症监护病房(ICU)建设,将其建设成为具有重症病例救治能力的定点医院,其他县(区)要有计划组织县级定点医院医务人员到上级医院进修培训,保证 2013 年以前所有县级人民医院具备定点重症病例救治能力,市级定点医疗机构具备危重症病例医疗救治能力。

五要规范报告制度,科学上报病例信息。 树立科学报病观念,各地各单位主要领导必须亲力亲为,严格把关,在短时间内把报病的不规范情况控制住,把报病数降下来。**一是建立院长把关负责制。** 各定点医疗机构在通过"中国疾病预防控制信息系统"进行手足口病疫情信息网报时,必须及时将有关情况送交院长审定,经院长把关签字方可上报。同时,所有病例一律须经定点医院救治专家组讨论确认后方可上报,重症病例一律须经病理学检验并符合手足口病临床诊断标准的才上报,死亡病例一律经市级专家组讨论确定后方可上报;未经规定程序上报的,要严肃追查相关人员的责任。**二是建立周报和调度制。** 为全面及时掌握全市手足口病医疗救治信息,全市实行手足口病医疗救治信息周报制度,各县(区)卫生行政部门和定点医疗机构要确定专人负责手足口病医疗救治信息报告。由县(区)卫生局每周一上午将辖区内手足口病住院病例信息以电子邮件的形式上报市卫生局医政科;医政科汇总后及时报告分管领导和主要领导;市局将根据信息反映的相关情况加强工作调度,确保各项工作平衡有序推进。

(本文系 2012 年 5 月在抚州市手足口病防治工作会议上的讲话摘要)

思考"五个问题" 定下"三个目标"

　　新年上班的第一天,我回顾了近一段时间的思考,越来越感到要敬畏时间、珍惜生命。今天,我想提醒大家,也提醒自己,让我们一起来回首过去的一年,展望已经到来的新的一年,更加有力有效地做好工作。

一、回首去年,思考了"五个问题"

　　过去的一年做了什么? 近日,我在与局机关班子成员交流的过程中,感叹时间过得太快,受此启发,一直都在心灵深处盘点过去一年所作所为:一是扮演了一个什么样的角色? 这些角色与组织、与干部职工、与人民群众的期望有何差距? 二是过去一年做了哪些主要工作? 哪些工作取得了成绩? 哪些工作还有差距? 取得成绩的原因是什么? 存在差距的原因是什么? 三是过去一年所做的工作,哪些是传统的规定动作? 哪些是自选创新动作? 哪些值得总结? 哪些取得了突破? 四是所做的工作,纵向比较有何特点? 横向比较有何差距? 五是过去一年在做人、做事方面,最成功的有哪些? 最失败的有哪些? 为什么成功? 为什么失败?

　　回顾过去的一年,应该带走什么? 我们必须思考,今年应当从去年的经历中带来什么? 所谓"前事不忘后事之师""失败是成功之母""经验来自过程"等,给予我们深刻启示。归纳起来,应该是带走成功的经验,带走失败的教训,带走团结奋斗的精神,带走工作的欠账、赊账、债权、债务,带来良好的公共关系。

　　回顾过去的一年,应该放下什么? 所谓扬弃,即去伪存真、去粗取精,取之精华、弃之糟粕,留下财富、放下包袱。一是放下思想和精神的包袱,包括领导的批评、同事的误解、工作的差距、政治上的过高追求、人际关系的不愉快;二是放下陈旧的观念和消极心态,包括按部就班、推磨转圈、天塌下有领导顶着等思想和行为;三是放下落后的体制机制,包括实践证明不行的制度、办法、习惯;四是放下落后的领导方法和工作方法。

二、展望新的一年,要定下"三个目标"

目标是愿景、是旗帜、是方向,也是指引。一个单位没有目标就会迷失方向、畸轻畸重、无所作为;一个人没有目标就会随波逐流,就会跟着感觉走,就会脚踏西瓜皮——滑到那里算那里,最终就会事倍功半,效率低下。所谓"一年之计在于春,一日之计在于晨",在新年伊始定下一个工作、生活、学习的目标非常重要,这是规定动作,是智慧的动作,是走向成功的动作。

一是科学地定下做事的目标(工作目标)。 从单位讲,大政方针已定,关键是抓落实。基础工作抓提升,特色工作抓创新,改革工作抓深化,创建工作抓突破;着力抓好"2233"工作规划:深化两项改革(医药卫生、基层综合),打好两大战役(跑项争资、创先争优),实施三大工程(民生、引智、服务能力),抓好三个重点(疾控、卫监、应急),强化三个抓手(信访维稳、干部保健、爱国卫生)。

科学制定个人工作目标的五种方法。定性定量法:定性即规定动作争进位、站前列,自选动作抓创新、求突破;定量即项目化、时间表、责任人、战役型。创先争优法:纵比看进步,横比看排位。消除空白和落后法:坚持问题导向,通过排查找到空白和落后点,采取针对性措施予以消除。切入突破法:找到切入点、突破口、新载体、好抓手。形成共识法:利用讨论、商量,达成共识。

二是聪明地定下做人的目标(阳光做人)。 做事先做人,做官先做人,人品决定官品;人生的博弈实际上是为人处世的博弈。做人既是战略,又是战术,是战略与战术的链接点和交集。新的一年,要定下年度的做人目标。明确做人的目标和原则有千万种,机关干部至少要把握以下几种方法。与人为善法:从善良的愿望出发,善良地对待他人,同时也能获得别人的善良对待、乐观向上法:大事讲原则,小事讲风格。不破底线法:良心—道德—规则—政策—法律。目标缺补法:好好想想你自己到底是谁、你需要什么,成为这样的人你还缺什么,然后努力去磨炼自己。降低风险法:找准风险点,对风险进行评价,找准盈亏平衡点,把风险系数降到最低。

三是认真地定下学习的目标（学习人生）。 学习是通往成功的阶梯,是做人做事的前提。要做好规定动作,做精自选动作,种好责任田,搞活自留地。一要做好规定动作(责任田)。常态化阅读"一刊、两报、三网":《中国卫生》杂志,江西卫生报,健康报和卫生部、卫生厅、卫生局网站,从中获取大量信息,加强业务工作交流。二要做精自选动作(自留地)。每年读几本好书,涉猎有利于升华自己的若个知识领域。三要善于总结学习心得。善于记录感性、思考理性,在记录思考中找到方法路径,提升驾驭能力、操作水平;善于将学习积累文字化、文章化、实践化,在把握立场观点方法中提升思想政治素质。

综上所述,回顾过去,要盘点成败、放下包袱、带走财富;展望未来,要努力做事、阳光做人、学习人生。

（本文系 2012 年 1 月在抚州市卫生局工作调度会上的讲话摘要）

做好为民造福的好事

实施卫生引智工程是市委、市政府立足我市医疗卫生实际、提升全市医疗技术水平、加快健康抚州建设作出的重大决策,是一项功在当代、利在千秋的德政工程,卫生行政部门坚决响应市委、市政府号召,全力抓好市政府方案贯彻落实,着力在明确引智内容、构建承接平台、落实专家待遇、建立保障机制等方面加强领导、完善举措、强化调度、跟踪问效,把这件为民造福的好事办好。

明确引智目标,提高工程建设质量。 建立5种帮扶形式:每年举办1~2期学术高峰论坛;开展2~3次业务培训讲座;定期开展一批医疗专家门诊;安排一批技术骨干进修培训;选送一批有培养前途的中青年医务人员进行研修培养。力求在5个领域取得突破:在医疗、教学、科研、管理和人才培养等5个医疗卫生领域对卫生事业进行帮扶。努力实现五个目标:建成一批达到全省先进水平的重点医学学科、培养一批中青年学科带头人和业务技术骨干、形成一套学科建设和人才培养的机制、提升一批医疗卫生单位的综合竞争力、促进全市卫生事业科学发展。

打造承接平台,推动工程落地见效。 一是落实承接单位。全市20余家二级以上综合医院和中医院都是卫生引智工程的承接医院,确定本院重点学科建设项目和重点培养人才,与专家建立对口帮扶关系。二是编制在外医学人才手册。收集抚州籍在外医学专家情况,编制手册,对他们进行动态跟踪,掌握其学术研究动态。目前,我们已经掌握160余名抚州籍在外知名医学专家的相关信息并进行了沟通联系。三是建立医学专家库。将副高职称以上的人才列入抚州卫生人才发展规划,作为我市医学学科发展和人才培养的储备资源;同时,力争将全国有较大影响的医学专家聘请为市重点医学学科建设带头人。四是创办信息专刊。对在外医学专家的专业特长、医学成就、学术动态等和我市医疗技术水平、重点医学学科、人才培养等情况进行报道,并通过抚州政府网、抚州人事人才网等媒体进行发布。

完善保障机制,提升工程运行效率。 一是建立经费保障机制。市财政每年至少安排 60 万元的资金,用于保障全市卫生引智工程的实施。二是建立全程接待机制。对返乡开展帮扶活动的医学专家,在吃、住、行上一律给予较高规格的接待。三是建立联络服务机制。每年春节前,向抚州籍在外医疗专家分别发送一封慰问信。春节期间,对专家在抚州的直系亲属进行一次走访慰问,并以市政府的名义举行一次恳谈会,通报抚州经济社会事业发展情况,听取意见建议。每年选择在北京、上海、广州等地举办一次联谊会,互通信息,增进感情。四是落实专家待遇机制。在政治上,对积极参与返乡帮扶的医学专家,授予"荣誉市民"称号,并按有关法定程序推荐为人大代表、政协委员。对为我市医疗卫生事业作出突出贡献的专家,推荐为市杰出人才进行表彰;本着尊重人才、尊重知识的原则,对返乡开展帮扶活动的专家除报销往返机票外,按副高每天 1 000 元、正高每天 1 200 元的标准给予补助。

加强组织领导,促进工程健康实施。 一是成立组织领导机构。市政府成立由市长任组长、分管副市长任副组长、卫生局及相关单位领导为成员的卫生引智工作领导小组,领导小组下设办公室,办公室设在市卫生局。二是精心组织安排。每年年初,在征求专家意见的基础上,对专家返抚开展帮扶活动内容、次数和时间作出初步安排,原则上商请每位在外医学专家每年至少返乡工作2~4天,并应对接医院的请求,联系安排人员进修培训。三是加大宣传力度。通过多种形式、多种途径加大对卫生引智工作的宣传力度,对专家的动态帮扶活动和典型的事迹进行多角度、全方位宣传报道,营造党委、政府爱惜、尊重人才,在外专家积极返乡帮扶的良好氛围。

(本文系 2011 年在抚州市卫生引智工程新闻发布会上的讲话摘要)

心路历程与工作建议

几天来,我与班子成员进行了交流,大家敞开心扉,与我交心通气,既对班子也对我本人给予鼓励和肯定,又提出了许多很好的建议和要求,对于加强改进工作大有裨益,使我很受教育。我深切感受到了各位班子成员对事业高度负责的境界情怀,深切感受到了大家和谐共事、精诚团结、亲如兄弟姐妹的深情厚谊,让我进一步增强了做好卫生工作的信心、决心。正是在大家的启发、鼓励和鞭策下,我对自己的思想、行动和心路历程作了一些梳理和思考。

俗话说,天时不如地利,地利不如人和。我到市卫生局工作赶上了天时地利人和的大好机遇。第一,遇上了一个好的宏观政策环境。近年来,党和国家特别重视卫生工作,把医疗卫生作为公共品向社会提供,提出了实现人人享有基本医疗卫生服务的目标,出台了许多含金量很高的政策举措,形成了全社会关心、支持、帮助卫生工作的氛围和环境。各级政府不断加强卫生服务能力建设,从公共卫生到医疗卫生、从农村卫生到城市卫生的业务用房、医疗设备、医疗技术、人才队伍都发生了深刻变化,得到了全面提升,卫生工作的基础全面夯实。全面启动了医药卫生体制改革,随着新农合的普及、基本药物制度的实施、公共卫生均等化的推进、基层卫生服务能力的加强和公立医院改革的深入,人民群众看病难、看病贵的问题正在逐步缓解,建设健康抚州迈出了坚实的步伐。第二,遇上了一个好搭档。一年多的和谐共事,我进一步加深了对张丽娃书记的了解,她是一个能力强、德性好、重感情、好共事的大姐,这是我做好工作、勇于担当、敢于负责的最直接的动力。第三,遇上了一个好班子。市卫生局班子有精诚团结的传统、有干事创业的能力、有理解宽容的胸怀、有兼容互补的性格、有良好的年龄和知识结构,每一位班子成员都是"一条龙",既有鲜明的个性特点,又能顾全大局、求同存异,这是我放心、放胆工作的根本原因。第四,遇上了一支好的干部队伍。卫生系统的干部职工既有大医精诚、医者仁心的善良,又有知识分子的憨厚朴实,既有比较整齐的业务素质,又有相互提携的胸怀气质,这是卫生事业不断发展、不断进步的内在原因。所有这些,都是我的福气,都是做好工作不可多得的机遇,我已经抓住并将更加牢牢地把这些机遇转化为前进的动力。

　　我是去年7月下旬到市卫生局工作的,一年多来不断地向大家学习、不断地熟悉业务工作、不断地调研思考,在工作中进行了一些探索,心路越走越宽。总的来讲,有八点是我内心的真实反映。第一,我是带着长期与大家共同奋斗的准备来的。市委组织部领导送我来上班的第一天,我就对班子成员说,我不是来镀金的,而是作好了与大家长期艰苦奋斗的准备。一年多过去了,这种思想不仅没有改变,而且更加强烈。我始终认为,卫生部门是一个非常好的干事创业的平台,我愿意长期在这里奉献自己的力量,这个想法今后也不会改变。所以,我一直在践行与大家肩并肩地干事创业,而不是与大家面对面地相互监督的诺言,今后我还要更加树立"过几年紧日子""坐几年冷板凳"的长期艰苦奋斗的思想,与大家手拉手、心连心把工作做好。第二,我丝毫不敢懈怠地不断熟悉业务知识。从市委决定我到卫生局工作开始,我就在进行卫生业务和管理知识的学习。到任后,我更加注重加强各方面知识学习,从大政方针到具体政策、从业务规范到工作规程、从公共卫生到医疗卫生、从领导讲话到文件条款我都深入学习,一直不敢松懈。反过来看,正是学习抓得较紧,才使自己进入角色较快,才较好地把握了工作的主动权。第三,我努力在调查研究中不断理清工作思路。从年初提出"五个五"的工作思路到当前开展的"六大战役",从开展医药医务阳光行动到组织全省农村卫生工作先进县创建活动,这些都是调查研究的结论,也是调查研究的成果。第四,我不断地在探索中创新工作机制。先后出台了一系列工作制度,推行了一些新的工作机制,有的比较成功,有的还需要进一步完善。第五,我是全心全意地依靠班子推动全局工作。我始终坚持"集体领导、分工负责、分兵把口、民主集中"的工作方法,做到驾驭不包揽、放心不放手,较好地调动了大家的工作积极性。第六,我在劳心劳力地改善工作环境。我一直认为,人是社会的人,单位也是社会的单位,单位和人一样需要生存和发展,就必须营造有利于自己的社会关系,包括争取上级领导和社会对卫生工作的重视和支持,协调各有关部门支持配合。一年多来,我为此付出了艰辛的努力,收获了喜悦。第七,我能够毫不犹豫地守住"三线",即守住政策法律的高压线、公与私的警戒线、个人与家庭的平安线。到目前为止,没有介绍亲戚朋友到下属单位工作,没有介绍亲戚朋友到医院推销药品,没有插手下属单位工程建设,没有在下属单位报销个人票。第八,我坚持诚实守信地与人相处,说话做事公开透明,不在后面搞小动作,包括对班子成员、干部的批评教育,不计较、不"库存"、不"盘点"。

对于局领导班子,我最直接的感受是,非常难得、紧张活泼、业兴情深。结合通报的意见建议,我认为要从以下几个方面加强整改。第一,要进一步重视营造学习氛围,推进学习型机关建设。提高干部职工对加强学习的认识,对做好新形势下卫生工作非常必要。要旗帜鲜明地鼓励大家用心学习,形成人人重视学习的良好风气;要在不断丰富学习形式上再做些文章,比如中心组学习可以根据确定的主题,多组织一些形式多样的活动,如开展读书活动和知识竞赛等,在不同阶段和时期有重点地读一些书籍,不断充实、完善大家适应形势、驾驭局面、应对风险的知识结构。第二,真诚希望领导班子内的党员领导干部坚持内外有别,为党外同志做出榜样。要让民主党派和党外的同志看到中国共产党的先进性,凡事要掂量自己作为党员领导干部的身份,当工作与利益发生冲突时,党内的同志要境界高一些;从自己的实际行动,特别是从世界观、人生观、价值观的高度提高党的凝聚力、统战力。第三,领导班子要把干部队伍建设列上重要议事日程。在干部队伍建设、专业人才队伍建设等方面多想一些办法,形成正确的导向,抓出实效。第四,要进一步加强对下属单位的管理。厘清局机关对下属单位的管理职能,对下属单位的运行管理作出一些具体规定;同时,要着力协调帮助下属单位解决一些实际困难和问题。第五,要进一步加强上下联系。不能只拉车不看路,只做工作不搞协调。在加强与卫生部、卫生厅联系的同时,也要加强与基层的沟通,尽可能减少考评、监督,多予少取或只予不取,帮助指导基层把握工作方向、把握工作重点、把握工作规律,提高工作运行效率。现在有一种现象,下面的人很少上来,上面的人经常下去,是不是基层对我们的方法有一些不同意见和声音?这个问题值得大家深思。第六,要在更好更多地关心干部职工的生活上作出努力。虽然做了一些工作,但做得很不够,要拿出实际行动,先易后难、累积量变,让大家得到更多的实惠。第七,要在培养形成民主共事方面作出努力,形成有话可说、有话能说、有话会说、说话管用、以话促进的机制;说话要坚持内外有别,在里面说的不到外面说,不利于团结的话尽可能不说。

(本文系 2011 年 10 月在抚州市卫生局党委班子民主生活会上的讲话摘要)

爱卫工作要为建设幸福抚州作出贡献

全市爱卫工作紧紧围绕建设幸福抚州这个中心,坚持以实施农村改水改厕项目为抓手,以开展城乡环境卫生综合整治活动为动力,积极开展卫生创建和健康教育,推动了城乡卫生水平和居民卫生意识不断提升。**一是农村改水改厕取得新进展。** 近三年来,全市争取中央和省级资金 2405 万元,吸引农民配套资金 2665 万元,完成 37000 座无害化厕所建设任务,无害化厕所普及率达到 52.17%。在乐安、黎川、广昌、宜黄、东乡等 5 个县开展了农村饮水安全水质卫生监测工作,共监测集中式供水点 295 个,采集检测水样 1080 份,监测分散式供水点 28 个,采集检测水样 56 份。根据监测结果加强了对项目县的分类指导,强化水源管理,有效改善水质。圆满完成南丰、崇仁县的环境卫生健康危害因素监测项目,为改善农村环境卫生状况提供了切实保障。**二是环境卫生综合整治取得新成效。** 市直卫生系统率先开展市容环境综合整治活动,对沿街门面、墙面进行重新粉刷,加强日常卫生清扫和管理,营造干净、整洁的就医环境。全市各机关单位呈现出整洁、卫生、有序的工作环境,精神面貌明显改观,展示出良好的公务形象。**三是卫生村镇创建有了新提高。** 各地不断加大卫生基础设施建设力度,与新农村建设相结合,开展环境卫生综合治理,群众的卫生意识显著提高,卫生习惯逐步形成,村容村貌明显改观。**四是无烟单位创建有了新突破。** 全市卫生系统率先开展无烟医疗卫生单位创建,通过制定落实奖惩措施,在医务人员中倡导戒烟活动,建设无烟病房、无烟科室、无烟会议室,开设指定吸烟区,聘请控烟监管员等措施,大多数医疗机构基本上达到无烟单位标准,得到省爱卫会的充分肯定。

做好新形势下的爱国卫生工作,要以建设健康抚州为主线,以加强卫生防病为目标,以卫生城镇创建为突破口,扎实推进城乡环境卫生整洁行动,切实加强健康教育和控烟履约工作,不断提高群众健康素养,全面提高全市人民整体卫生水平,为建设幸福抚州作出贡献。

一是开展农村改厕效益评价,改善农村卫生面貌。 进一步规范农村改厕工作,加快农村改厕进程,改善农村环境卫生,保障农村居民身体健康。要开展农村改厕项目效益评价,改进和提高监测质量控制和管理,规范和完善物资招标分配、资金发放、户籍表格、督导验收等农村改厕档案。要加强健康教育和户厕建成后使用、维护和宣传工作,提高无害化厕所的使用效益。

二是实施农村水质卫生监测,确保农村饮水安全。 依托各级疾病预防控制机构技术力量,加强对基层专业技术人员的技术指导,督促水质监测项目县开展村点选取、水样采集、水质检测、数据审核、网络直报等工作,加强项目督导检查,全面完成农村饮水水质卫生监测任务。要对农村改水项目进行全面检查和效果评价,重点开展农村大中型集中式供水工程的水质监测,突出抓好日供水3 000吨以上农村饮水安全工程点卫生科学评价工作。认真做好农村自来水工程规划编制的水源水质检测等工作。

三是推动卫生城镇创建,提高城乡环境水平。 着力抓好卫生镇(村)创建。选择基础设施好、整体卫生水平高、综合管理能力强的乡镇和村,申报市级卫生乡镇和卫生村,确保全市再创建15个卫生镇和60个卫生村。加强对已命名的卫生村镇的日常监管,开展以暗访、随访为主的监督检查,结果作为复审重要依据。大力开展卫生县城创建工作,抓好金溪、东乡和南丰县创建技术指导,提高创卫品质,争取年内通过评审。启动省级卫生城市创建,开展专题调研,形成专门预案,报告市委、市政府决策实施。

四是加强健康教育,促进控烟有效开展。 推进健康教育体系建设,提升市、县健康教育机构服务能力,提高全民健康素养。利用电视、广播、网络、报刊等媒体,全方位、多角度传播健康教育知识,夯实全民健康群众基础。开展无烟单位创建活动,将控烟工作逐步延伸到公共场所、机关学校,积极倡导公共场所禁烟,提升禁烟控烟水平。

五是开展卫生整洁行动,推动环境综合整治。 依托生态环境综合整治、社会主义新农村建设和农村清洁工程等生态工程,夯实城乡环境卫生基础设施,努力实现城乡环境卫生整洁行动三年目标。整体推进城乡环境卫生整洁行动与卫生创建相结合,与农村清洁工程相结合,力争实现城市生活垃圾无害化处理率达到 88%,城市生活污水处理率达到 80%,农村生活饮用水水质卫生合格率提高 15%,农村无害化厕所普及率达到 60% 的目标。

爱国卫生工作是一项跨区域、跨部门、跨行业的社会系统工程,是长期的战略性任务,要切实加强组织领导,加大工作力度,确保工作落到实处。**一要健全工作机制。** 建立完善联络通报制度,及时跟进工作进展和职责任务落实情况,推动工作健康发展。采取明察暗访、群众满意度调查等多种形式,掌握爱卫工作实施效果,提高科学管理水平。实行责任追究制度,定期进行考评考核,鼓励先进,鞭策后进。**二要加强教育培训。** 主动适应新时期爱卫工作需要,积极探索队伍建设新办法,努力建设一支作风硬、水平高、能力强、素质高的爱卫工作队伍。加强爱卫队伍人员业务培训,通过请进来、走出去等形式,不断更新观念,掌握新知识、新方法和新技能。**三要创新工作思路。** 加强业务知识学习,了解社会需求、群众心理,找准工作切入点,提高办事效率。着眼于基层,积极开展"卫生街道""卫生社区"创建活动,以创建为推手,以整洁卫生为目标,综合治理"脏乱差"和"两违"现象,提升城市环境卫生精细化管理水平。**四要加强宣传引导。** 采取多种形式,加强宣传发动工作,以解决群众关心的公共卫生热点和难点问题为重点,动员全社会力量参与社会大卫生工作,使爱国卫生运动深入人心,形成全社会共同参与爱国卫生运动的良好氛围。

（本文系 2012 年 4 月在抚州市爱卫会委员会议上的讲话摘要）

怎样当好乡镇卫生院院长

乡镇卫生院作为农村三级卫生网络的中间环节,处于承上启下的枢纽地位,担负着巩固建设网底、保障农村群众健康、确保"小病不出乡"的重要职责。当好乡镇卫生院院长,对于深化医药卫生体制改革,全面落实"保基本、强基层、建机制"的总体要求,实现"人人享有基本医疗卫生服务"的目标,具有重大的现实意义和深远的历史意义。

一、乡镇卫生院院长的角色定位

乡镇卫生院直面广大农村群众,承担着医疗卫生、公共卫生和区域卫生管理三重职能,乡镇卫生院的这种特殊地位决定了乡镇卫生院院长必须扮演好沟通左右、协调上下的多重角色。在当前农村经济社会发展态势下,一个称职的乡镇卫生院院长起码需要扮演好五种角色,用一个方程式表示:一个好院长＝一家之长的境界+环卫所所长的职责+全科医生的技术+企业经理的理念+民政所所长的情怀。

卫生院院长首先要有"一家之长"的境界。 全国优秀乡镇卫生院院长、四川省中江县石笋乡卫生院院长付强说,心中有家爱自生,20多年同一岗,以院为家自风光。家是亲人共同生存的地方,家能唤起爱心,家是心灵的港湾,是奋进的动力,是永恒的守望。目前,绝大多数乡镇卫生院远离城区,员工的家属大多不在身边,把单位营造成家的氛围,让大家在工作生活中感受到大家庭的温暖,对于激励员工安心工作、爱岗敬业,形成干事创业的合力至关重要。由此,乡镇卫生院长必须自觉地扮演好"家长"的角色,认真履行"一家之长"的职责,在感情上体贴"家人",培育温馨和谐的"家庭文化",让大家有"家"的归属感和自豪感;在生活上处处为职工着想,真情管好"家人"的吃、喝、拉、撒、睡,为职工谋取更多的福祉,不断改善大家的生活条件;在工作上充分激励"家人",像家长一样关心家庭成员的事业和进步,不断激发大家的积极性、主动性和创造性;在管理上努力依靠"家人",实行民主管理、阳光操作、公开透明,坚持以人为本,增强单位的凝聚力和向心力。同心山变玉,协力土成金。院长以院为家,员工视院如家,必将高奏和谐发展、科学发展之旋律。

乡镇卫生院院长最基本的职责是当好"环卫所所长"。 我在基层走访调研,发现环境卫生的问题在许多乡镇卫生院没有很好地解决,有的触目惊心,垃圾成堆、污水横流。这种现象与优越的社会主义制度、与党和政府高度重视农村卫生工作形成强烈反差,是一些人缺乏良心和道德的表现,也是一些乡镇卫生院领导水平、管理水平低下的表现。无数事实证明,搞不好卫生的卫生院,肯定搞不好卫生工作。因此,搞好环境卫生、当好"环卫所所长",是对卫生院院长最原始、最外在的要求和最基本的职责。当好"环卫所所长"关键要学习环卫所的管理办法,建立搞好环境卫生的长效机制。一要将搞好环境卫生纳入卫生院的基本职责,作为一项常规工作列上议程,常抓不懈;二要建立长效机制,重点解决有钱搞好卫生、有人搞好卫生、有制度搞好卫生的问题。

乡镇卫生院院长应该有"全科医生"的技术。 首先,卫生院院长必须是医生。卫生院院长是医院的院长,医院是医疗单位,是防病、看病、看好病的地方,院长作为这个单位的一把手,很难想象自己不是医生、不会看病,能够当好院长、能够统领医生看好病。其次,卫生院院长必须是技术水平相对较高的医生,有很好的人气、很大的患者队伍、很高的医疗技术,即相对其他医生而言,有更多的人来找你看病、有更多的人在你这里看好病,你才有说服力、影响力、凝聚力。再则,卫生院院长的岗位职责决定了他最好是个"全科医生"。公共卫生、医疗卫生、中医、西医、内科、外科、五官科,什么都要懂、什么病都能看,让病人见到你就放心;同时,作为"全科医生"的院长还要平易近人、等距离服务,不管是领导还是群众、不管是看病还是咨询,都要热情接待,都能让人获得满意的服务。

乡镇卫生院院长必须要有"企业经理"的理念。 企业作为独立的法人，最本质的特征是自主经营、自负盈亏，以良好的盈利能力求得生存和发展。企业经理的本领就在于懂经营、善管理、能盈利、会发展。而乡镇卫生院作为一个公立医疗卫生机构，其形式是事业单位，但其本质仍然是一个企业，也需自主经营，也要自负盈亏。所以卫生院院长实际上也是企业经理，必须强化企业经理的角色和意识，把医院当成一个企业，在法律和政策的范围内强化经营观念，增强管理意识，扩大业务范围，提高生存发展能力。

乡镇卫生院院长要有"民政所所长"的情怀。 民政所作为农村最基层的民政机构，担负着政府联系人民群众，为基层民众提供救济、救助、扶贫、帮困等基本职能。医院是救死扶伤、防病治病、给人民群众带来健康实惠的机构。所谓医乃仁术，要从某种意义上讲，医院与民政所的出发点和落脚点是相通和相同的。卫生院院长要树立并强化"民政所所长"的角色意识，有利于增强群众观念，有利于弘扬医者仁心、大医精诚的精神，真正做到想病人所想、急病人所急、痛病人所痛、给病人之所需。

二、乡镇卫生院院长的主要职责

从管理学的角度看，乡镇卫生院院长的核心职责主要有两项，即经营和管理。换句话说，如果一个乡镇卫生院院长把经营和管理两件事都抓好了，肯定是一个称职的院长，肯定是一个合格的好院长。

乡镇卫生院经营什么、如何经营？乡镇卫生院的经营对象主要包括三个方面，即业务、环境、政策。业务是基础，环境是前提，政策是手段，三者相互联系、相互制约、相互影响。业务上去了，环境就能改善，政策就能够落实；同样，环境改善了，政策落实了，业务就能够上去。所以，一个好的卫生院长在工作实践中必须正确处理好业务、环境与政策的关系。

要经营好业务。 总的来讲有五句话：进得来，出得去，价实惠，能运转，有效益。进得来，就是病人会进来，不舍近求远、不崇大媚外，病人越来越多、医院的服务辐射半径越来越大，能够有效地解决"小病不出乡"的问题。出得去，就是能够看好病、能够看好更多的病种、能够构建更和谐的医患关系,医疗的直径越来越大、治愈率越来越高、医疗面积越来越宽,能够有效地解决"看病难"的问题。价实惠,就是医疗和服务的价格和收费低廉合理,老百姓得到实惠、医院得到收益,医保基金风险减少、社会集体浪费减少,能够有效地解决"看病贵"的问题。能运转,就是党和国家赋予乡镇卫生院的职责和功能,包括公共卫生、医疗卫生、落实政策、提高群众健康水平等能够真正运转起来,医院的业务、财务运行效率较高,能够有效地解决医院生存的问题。有效益,就是既有经济效益,也有社会效益,能够有效地解决医院发展的问题。从经济效益来讲,就是在依法、依规、依政经营的前提下,业务收入越来越多,经营利润(盈余)越来越大;从社会效益来讲,就是医院的社会形象越来越好,医务工作者的社会形象越来越好,群众对医院的评价越来越高。

要经营好环境。 环境是乡镇卫生院生存与发展的基础,从某种意义上讲,环境实际上就是服务能力、就是生存能力、就是发展能力。对于医院而言,环境没有最好,只有更好,因此,卫生院院长要始终把环境经营作为自己的重要职责,不断加强软硬环境建设,不断改善内部环境和外部环境,在优化环境中加快发展。当前乡镇卫生院要通过树立"1234"的工作思路和指导思想来优化医院的整体环境:一是树立全心全意为病人服务的宗旨,二是改善硬件和软件两大要件,三是实施名医、名科、名院战略,四是创技术一流、设备一流、服务一流、管理一流的乡镇卫生院。这些思路基本上体现了硬环境和软环境、内部环境和外部环境的要求。在社会转型时期,乡镇卫生院尤其要营造良好的外部环境。面对新的形势和任务,乡镇卫生院院长一定要提高五种能力,即调查研究的能力、做群众工作的能力、协调关系的能力、财务运作的能力、与人沟通的能力。这五种能力综合起来实际上就是操作能力。对此,需要把握以下三点:一要学习操作。把握方法、掌握规律、提高本领、规避风险。二要敢于操作。没有办不成的事,只有办不成事的人;只要思想不滑坡,办法总比困难多。三是要善于操作。学会合力操作、变通操作、关系操作、有情操作。

要经营好政策。 政策和策略是党的生命。从某种程度上讲,政策是乡镇卫生院院长经营的手段和武器。一是要全面落实政策。党的政策是爱民、富民、惠民政策,乡镇卫生院作为政府的公立医疗卫生机构,一定要把党和国家的"三农"政策特别是农村卫生工作的方针政策,全面地、创造性地落实到农村基层,落实到广大人民群众,这是检验乡镇卫生院院长合格与否的根本标准,是衡量一个乡镇卫生院院长当得好与坏的标准。当前乡镇卫生院在具体工作中要着重落实好以下几个方面的政策:多予少取、减轻农民负担的政策,把医疗卫生工作的重点放到农村去的政策,深化医药卫生体制改革的政策,计划免疫政策,深化基层医疗卫生机构综合改革的政策,基层卫生院综合管理政策,公共卫生政策,达标升级政策。二是要善于用好政策。要善于运用现行的政策加快服务能力建设,加大业务用房、设备购置和利用、全科医生培训、检验检测、小手术的开展的投入力度,提升医疗技术水平;要善于运用目前经济比较宽裕的条件,改善干部职工福利生活,增加分配、办好职工食堂、建设职工周转房等,增强医院的凝聚力和向心力;要抢抓党和政府高度重视卫生工作的机遇,加强宣传引导、改善医群关系、增强社会责任、提升卫生形象。

乡镇卫生院管理什么?如何管理?管理是以人为中心的协调活动。乡镇卫生院的管理必须以相信、依靠、尊重、调动人的积极性为主线,着重强化"四项管理"。

强化体制机制管理。 乡镇卫生院单位不大、人员不少,权力不大、责任不小,性别结构有男有女,工作结构有医生、护士,白天上班,晚上还得值班,遇上突发事件还得全力应对,所以合理有序地安排好职工工作,确保卫生院正常运转十分重要。只有建立科学的体制机制,用制度管人、用机制做事,才能事半功倍。要重点建立完善分兵把口、分工负责、分级管理、分科运行机制;着力解决医院有人管事、科室有人做事、人做事有积极性的问题;要重点完善工作调度、矛盾排查、基层监测等制度安排,做到反应迅速、应急有方、运转高效。

强化质量安全管理。 医院是与人的生死打交道的单位,所以医院也是一个风险很大的单位。患者总认为进了医院就进了保险公司,认为所有病都能看好,所有的病都能药到病除、所有的医生都能妙手回春。这种医院与患者的信息不对称、期望与目标不一致,要求我们医院必须把质量安全管理作为永恒的课题,特别是在当前医患矛盾呈上升趋势的情况下,医院更要把质量安全管理放到突出的位置。要千方百计提高医疗技术水平。要成立质量安全小组,订立安全制度,完善计划安排,加强安全工作调度,做到常念常新。要加强基础管理。实现询问—检查诊断—登记—处方—沟通—告知—签字—档案—规范等链条式检查管理。要建立应急处理机制。完善急难险重病症转院制度,确保救扶设备运行良好,形成良好的上级医院接转关系。要建立医患矛盾化解机制。通过良好的医患矛盾化解机制,形成有人说话、说得上话、说话管用、可进可退的良性局面。

要强化成本绩效管理。 要通过对成本绩效进行管理、分析,增强成本绩效理念,降低成本,提高效益,调动职工干事创业的积极性,提高单位的综合运行效益。要强化成本观念,凡事都要算账,包括固定成本、流动成本、不变成本、可变成本、机会成本、沉没成本,做到稳定固定成本和不变成本,降低流动成本和可变成本,减少机会成本,清除沉没成本。要进行绩效分析、评估和控制,实现收益大于成本、边际效益递增,形成大多数人拥护得利的局面。

要强化财务运行管理。 财务是单位的最终产品,也是经营管理的综合反映,财务运行好,单位运转正常,财务运行不好,单位经营不善。一个聪明的院长总能把财务管理作为自己最重要的管理工具,紧抓不放、抓而有序、抓而有效。所以要求卫生院院长要懂得基本的财务知识,能看懂财务报表、了解资金占用和分布状态。要对财务心中有数,明白掌握单位的收入有哪些、支出有哪些,掌握时点数据、时段业绩。要善于争取协调,获得更多的资金项目,提高资金的时间价值和使用效率。要集约管理,树立长期艰苦奋斗的思想,把更多的资金用于增强和提高服务能力。要坚持财务公开,开展阳光行动,接受职工监督,提高民主管理水平。

三、乡镇卫生院院长需要牢记的格言

当"领导者"而不当"管理者"。管理学认为,领导是指挥、带领、引导和鼓励部下为实现目标而努力的过程。领导者具有三个特点:一是领导者必须有部下

追随,二是领导者拥有影响追随者的能力和能量,三是领导的目的是通过影响部下来实现目标。管理学研究表明,职工因为上级的职权而发挥出来的才能约为60%,还有40%的才能要靠领导的激励。领导者与管理者的区别在于,领导者有部下追随,管理者仅靠职权推动工作;领导者能激发部下100%的积极性,管理者只能激发部下60%的积极性。所以,希望所有的卫生院院长都是领导者而不仅仅是管理者,除了依靠职权推动工作外,更要依靠自己的人格魅力、专业特长、品德修养来影响、引导、激励职工服从你、追随你,合力推动工作。

当"领头羊"而不做"牧羊人"。作为一院之长要时刻与职工打成一片,而不要把自己当成监事会主席。要带着大家干、做给大家看,深入实际、深入现场、重在操作,做得人赢、说得人赢、"打"得人赢。院长要勇于负责、敢于担当,主动承担"引路""带路"的风险,见困难就上、见利益就让,找到"绿洲",让"羊群"吃饱,自己又寻找新的"绿洲"。要与职工肩并肩,而不是面对面。

当"学习型"的院长而不当"玩乐型"的领导。学习是人生博弈的根本手段,是战略,也是战术,是战略与战术的交集和链接点。院长是靠学问、技术生存的职业,更要重视学习。要始终牢记院长的职责而淡化领导者的权力。在任何时候都不能吃喝玩乐,这不仅组织不允许、单位不允许、家庭也不允许。

当"全科医生"而不当"全科教授"。医生看病,教授上课,院长要当"全科医生",什么病都能看,而不要当"全科教授"只知道上课,什么话都讲、什么事都以老师的面目说教。医生立行、重行,教授立言、重言,院长要少说多干,不要多说少干,甚至只说不干。

(本文系 2011 年在抚州市乡镇卫生院院长培训班上的讲话摘要)

第四篇 / **履职尽责**

充满信心和希望

　　我长期在党委部门工作,今天作为人民政府的一员,接受人民权力机关的检阅,深感责任重大、使命光荣。7月下旬,市委决定让我到市卫生局工作,我不敢有丝毫懈怠。在近4个月的时间里,我先后参加了全国地市级卫生局局长培训班,深入10个直属单位、10个县(区)、26个乡镇卫生院、22个县级卫生机构学习调研。可以说,市卫生局历届班子打下的坚实的工作基础深深地鼓舞了我,基层医护人员爱岗敬业的精神深深地感动了我,如火如荼的医改事业深深地启示了我,使我从一员新兵逐渐进入角色,对崇高的卫生工作有了深切的感性认识,对神圣的卫生事业充满信心和希望。如果本次会议能够通过对我的任命,我将在市委、市政府的坚强领导下,自觉接受人大监督,围绕中心、服务大局、解放思想、开拓进取、奋勇争先。为此,我郑重地向各位委员表态:

　　一是感恩行政。 我始终牢记职务是组织的信任、权力是人民的重托,永远以一颗感恩的心敬畏组织、敬重人民,把组织的信任化为勤奋工作、为民服务的动力,把人民的需要作为工作的出发点和落脚点,脚踏实地为人民做好事、办实事、谋利益。我时刻牢记职责,不辱使命、知责负重、恪尽职守、殚精竭虑、鞠躬尽瘁地为党和人民的事业贡献自己的全部力量,决不辜负市委的信任,决不辜负全市12 000名卫生工作者的期望,以突出的工作成绩感恩组织、报答人民。

　　二是效率行政。 深入落实科学发展观,弘扬"医乃仁术""大医精诚"和"救死扶伤"的卫生精神,转变机关职能,改进工作方法,提高行政效能,提升卫生形象。围绕"人人享有基本医疗卫生服务"的目标,贯彻"保基本、强基层、建机制"的思路,抓住"基本医疗保障、基本医疗服务、基本药物制度、基本公共卫生服务和公立医院改革"五项重点,积极稳妥、全面有序、卓有成效地推进医药卫生体制改革,切实解决群众看病难、看病贵的问题。深入贯彻落实执业医师法、食品安全法、传染病防治法、职业病防治法等法律法规,全力抓好疾病预防控制工作,积极开展卫生监督工作,加大对无偿献血的宣传力度,努力推进妇幼保健工作,让公共卫生服务的阳光照耀全市大地。按照"赶超发展,提速进位,争创一流"的要求,每年确定一个主题抓手,深入开展创先争优活动,内塑形象、外争地位,力争市卫生局进入全省卫生系统综合先进行列,获得全市目标考评先进单位称号。

三是依法行政。 强化法治理念,按照依法行政、合法理政、程序正当、高效便利、诚实守信、责权统一的原则,把依法行政贯穿于卫生工作的各个环节,做到公正执法、文明执法。认真履行岗位责任,自觉依法办事、依法管理、依法行使职权,不滥用权力,不以权代法;认真落实行政执法责任制,按照执法范围,抓好任务落实。自觉接受人大监督,坚决贯彻市人大及其常委会通过的决议、决定,定期向市人大常委会报告工作,重大问题及时向市人大汇报;及时请求市人大常委会各位组成人员和人大代表视察、检查、指导工作,认真办理人大代表建议和政协委员提案,广泛集中大家智慧,不断提高依法行政水平。

四是民主行政。 倍加顾全大局,倍加珍惜团结,坚持民主集中制,维护集体领导,以诚对待一班人、相信放权一班人、用活发挥一班人、关心支持一班人,努力形成互相尊重、互相理解、互相关心、互相支持、互相补台的工作局面。以身作则、率先垂范,把严格要求干部和关心爱护干部结合起来,调动一切积极因素,营造心齐、气顺、劲足、风清的工作环境。开门纳谏,科学分工,完善制度,努力推进决策的规范化、民主化、科学化进程。实行阳光操作,推进政务公开,接受群众批评,欢迎社会监督,提高办事的透明度,促进公平公正。

五是廉洁行政。 牢记"两个务必",树立长期艰苦奋斗的思想,始终把自己置于法律、制度和群众的监督约束之下。加强党风廉政建设,建立健全惩治和预防腐败体系,严格执行党风廉政建设若干规定和党员领导干部廉政准则,抓好班子、带好队伍,带头廉洁自律,决不以权谋私。堂堂正正做人,清清白白从政,公公正正做事,坚持两手抓、两手都要硬,营造清风正气。

（本文系2010年11月在抚州市第二届人民代表大会常务委员会第三十一次会议上任前的表态发言）

大医精诚心向民

　　一年前的今天,市人大常委会通过了我担任市卫生局局长的任命。一年来,在市人大常委会的关心、支持和帮助下,我按照"感恩行政、效率行政、依法行政、民主行政和廉洁行政"的承诺,忠实履行职责,团结带领全市1.8万名卫生工作者,扎实推进医药卫生体制改革,深入开展医药医务阳光行动,全力组织全省农村卫生工作先进县创建活动,努力推进基层医疗卫生单位综合改革,大力开展创先争优活动,不断提升卫生服务能力,促进了卫生事业科学发展,经过卫生部、省政府和省卫生厅的检查验收,卫生引智工程、先进县创建、基层卫生机构综合改革、重大公共卫生项目实施、医改等多项工作走在全省前列。新农合参合率达97.93%,政策补偿比达70%;基层卫生机构药品费用平均下降28.8%;婚前医学检查率由0.1%上升到75%以上;免费救治白血病患儿47例,先天性心脏病患儿299例,分别完成134%和154.1%;开展引智专家门诊30余场次,有近2万人直接受益,社会反响良好。今天,根据市政府的提名,我再次作为市卫生局局长的人选接受市人大的审议和表决,这是组织的信任和各位的厚爱,我感到非常高兴和荣幸。如果通过任命,我将在市委、市政府的坚强领导下,自觉接受市人大的监督,恪尽职守,竭尽全力,为建设殷实文明和谐的幸福抚州作出自己最大的努力。

　　一是尽心、尽力工作。 发扬勇于担当、敢于负责的精神,把心思用在工作上,把情感放到事业上,把目标定在大局上,进一步弘扬"医乃仁术""大医精诚"和"救死扶伤"的卫生精神,围绕"人人享有基本医疗卫生服务"的目标,贯彻"保基本、强基层、建机制"的思路,抓住"基本医疗保障、基本医疗服务、基本药物制度、基本公共卫生服务和公立医院改革"五项重点,积极稳妥、全面有序、卓有成效地深化医药卫生体制改革,切实解决群众看病难、看病贵的问题。深入贯彻落实执业医师法、食品安全法、传染病防治法、职业病防治法等法律法规,严格医疗卫生准入,加强医疗卫生质量管理,大力实施卫生引智工程,加快卫生人才培养,全面提升医疗技术水平,全力抓好传染病防控工作,加大卫生监督力度,做好无偿献血工作,推进妇幼保健建设,不断提升医疗卫生形象,不断降低人民群众就医成本,不断促进卫生事业科学发展。

二是正直、正派做事。 坚持依法行政、科学行政、民主行政。强化法治理念,按照程序正当、高效便利、诚实守信、责权统一的原则,把依法行政贯穿于卫生工作的各个环节,自觉依法办事、依法管理、依法行使职权,不滥用权力,不以权代法、公正执法、文明执法。强化公平公正,大力推进卫生政务公开和院务公开,建立医药医务阳光运行长效机制,进一步提高办事的透明度。强化民主集中,虚心开门纳谏,科学合理分工,完善制度机制,规范市直医疗卫生单位"三重一大"事项管理,努力推进决策的规范化、民主化、科学化进程。强化团结和谐,以诚相待一班人、信任依靠一班人、用活发挥一班人、关心支持一班人,不搞亲亲疏疏,不搞拉拉扯扯,不搞团团伙伙,努力形成互相尊重、互相理解、互相关心、互相支持、互相补台的工作局面。

三是真心、真情服务。 强化服务大局、服务基层和服务群众意识。以建设健康抚州为己任,以开拓创新为动力,以善谋勇为求突破,始终保持昂扬向上的精神状态,注重发挥好团队效应,营造高效、公正、务实的工作氛围,圆满完成或超额完成各项工作任务。坚持多指导少干扰、多放权少约束、多服务不添乱,倾心为基层多争取政策支持,多解决实际困难和问题,营造良好的服务环境。坚持深入基层、深入群众开展调查研究,察民情、听民意、予民需、解民忧,把人民群众的健康需求落实到实际工作中,脚踏实地做好事、办实事,让人民群众得到更多的健康实惠,不断满足人民群众多层次、多样化的医疗卫生服务需求。

四是自省、自律行政。 严格遵守党纪国法,牢记"两个务必",树立长期艰苦奋斗的思想,坚决响应市委"过几年紧日子,坐几年冷板凳"的号召,始终把自已置于法律、制度和群众的监督约束之下。加强党风廉政建设和卫生行风建设，执照领导干部一岗双责的要求，切实履行党风廉政建设第一责任人职责，建立健全惩治和预防腐败体系，严格执行党风廉政建设若干规定和党员领导干部廉政准则，勤勉自律，守住政策法律的高压线、公与私的警戒线、个人与家庭的平安线。以身作则，率先垂范，凡是要求别人做到的，自己首先做到，凡是禁止别人做的，自己首先不做。领好班子，带好队伍，管好家人，堂堂正正做人，清清白白从政，公公正正做事。

（本文系 2011 年 11 月在抚州市第三届人民代表大会常务委员会第一次会议上任前的表态发言）

从胜利走向胜利

市委决定让我到市教育局工作,我深感责任重大,使命光荣,不敢有丝毫懈怠,从报到的第二天起,先后深入临川一中、临川二中、抚州一中等六所市直学校和临川、崇仁教育部门学习调研,摸情况、察问题、听建议、谋发展;与班子成员、科室负责人沟通交流,听取意见,梳理思路,商量对策。在此基础上,召开了局领导班子会议,围绕化解当前教育工作中存在的突出矛盾和问题,确定了六个重点课题,由班子成员分头落实。时间虽短,但历代教育人打下的坚实基础、干部职工饱满的工作热情和爱岗敬业的精神给我留下了难忘的印象,令我深受鼓舞和鞭策,使我对做好教育工作更加充满信心。我将在市委、市政府的坚强领导下,自觉接受人大监督,与时俱进、开拓进取、团结奋进、加压争先,全力推进我市教育事业从胜利走向胜利。

坚定信心办教育。 明确"依靠上下、内增信心、外树形象、真抓实干、加压奋进"的工作思路,坚定信心,凝聚力量,推动教育事业优先发展、科学发展、均衡发展、协调发展,不断开创教育工作的新局面。坚持"五个紧紧依靠":紧紧依靠市四套班子对教育工作的重视,增加投入,化解矛盾,破解难题;紧紧依靠省教育厅的关心支持,争取更多的政策、项目、资金;紧紧依靠班子成员的精诚团结,提升向心力、凝聚力和战斗力;紧紧依靠临川一中、临川二中、抚州一中这"三驾马车",提高教育地位,提升教育形象,争取社会支持;紧紧依靠干部职工干事创业,进一步转变工作作风,提高工作效能,改善工作生态、政治生态,努力营造心齐气顺风清劲足的氛围,不断增强加快发展的信心和决心。大力改善与省教育厅、市直部门、下属单位和县(区)教育系统之间的关系,用真诚、尊重、友谊、政策、制度、工作建立起良好的上下左右合作关系,不断提高教育开放水平,树立抚州教育的良好形象。真抓实干,加压奋进,在战略上做到"五个一":每年开展一个主题教育活动,明确一批工作重点,确立一批创新抓手,总结一批先进典型,形成一批开拓性的工作成果;在战术上采取项目化、时间表、责任人的方法,加强工作调度,强化督促检查,着力整改纠偏,狠抓工作落实。

团结一心办教育。 牢记"兄弟同心,齐力断金"的格言,把自己交给教育,把教育扛在肩上,在工作中当"领头羊"而不做"牧羊人",与大家肩并肩而不是面对面,手拉手而不是手推手,心连心而不是心离心,倍加珍惜与同事的缘分,更加依靠团队的力量、群众的力量来推动教育工作。强化民主集中,虚心开门纳谏,科学合理分工,完善制度机制,规范"三重一大"事项管理,努力推进决策的规范化、民主化、科学化进程。强化沟通配合,把办人民满意教育、推动教育事业科学发展作为全局的工作目标和奋斗方向,树立团队意识、大局意识、发展意识,形成一条心,拧成一股绳,劲往一处使,努力造就互相尊重、互相理解、互相关心、互相支持、互相补台的工作局面。强化团结和谐,以诚相待干部,信任依靠干部,关心培养干部,用好用活干部,全力调动干部职工的积极性、主动性和创造性。

围绕中心办教育。 按照"高扬旗帜,带好队伍,创先争优,不辱使命"的发展目标,认真履行职责,尽心竭力工作,带领广大教育工作者全面贯彻党的教育方针,坚持以人为本的科学发展观,推进教育优先发展。贯彻落实《抚州市中长期教育改革和发展规划纲要(2010—2020)》,积极发展学前教育,巩固提高义务教育,加快发展高中教育,更加重视职业教育,进一步深化教育改革,着力规范教育行为,维护教育稳定,切实办人民满意的教育,从更高的层面、更高的质量保持抚州教育在全省乃至全国的领先、领跑地位,让抚州教育这面旗帜永远在抚州、在江西乃至中国的上空高高飘扬。加强自身建设,努力创先争优,着力打造一支敢于负责、乐于担当、善于落实、勇于争先的干部队伍和一支师德高尚、业务精湛、结构合理的教师队伍。广泛开展比、学、赶、超竞赛活动,在全市教育系统掀起创先争优的高潮,围绕中心,服务大局,力争教育业务工作继续在全省领先,中心工作进入先进,社会工作不甘落后,样样工作奋勇争先。

廉洁清心办教育。 围绕"为民、务实、清廉"的要求,严格执行党风廉政建设相关规定和党员领导干部廉政准则,抓好班子,带好队伍,修身从俭,省身从严,执政从廉,清清白白从政,堂堂正正做人,实实在在干事,真心实意待人,时刻做到自警、自励、自律,绝不滥用权力。认真学法、守法、用法,始终坚持依法行政、依法办事。主动接受人大及其常委会的监督,及时办理人大代表建议,积极主动地接受人大代表对教育工作的评议,虚心听取人大代表对教育工作的建议、批评,并切实加以整改,不断增强依法行政、依法办事的能力。

（本文系 2012 年 7 月在抚州市第三届人民代表大会常务委员会第六次会议上任前的表态发言）

担当实干谋发展

　　2012 年 7 月到抚州市教育局工作以来,我团结带领全市教育工作者,解放思想,改革创新,开拓进取,奋勇争先,推动教育工作取得了长足进步。国家级中小学教育质量综合评价改革实验区、省级基础教育综合改革实验区落户抚州,有关经验在教育部作典型发言。崇仁师范学校成功升格为抚州幼儿师范高等专科学校;抚州在全省率先实现县域义务教育全域均衡;高考保持全省领先,315 人被北大、清华录取,约占全省考取北大、清华总人数的三分之一;临川一中、临川二中连续入选全国百强中学;中小学校党建创新经验在《中国教育报》《江西日报》等头版头条刊载,15 家中央媒体对抚州教育系列报道;基础教育综合改革、集团学校转型升级、校长教师交流轮岗、研学实践教育、千名教师访万家等工作走在全省前列;市教育局先后荣获全国"两基"工作先进单位、全国教育督导先进集体、全国教育创新优秀奖、全国群众体育工作先进单位、全省文明单位等荣誉称号,抚州教育品牌不断擦亮。这次机构改革,新组建市教育体育局,有利于加快推进我市教育和体育工作协调发展,对新时代全面建成小康新抚州具有深远意义。我将坚持以人民为中心的发展理念,明确目标定位,加快工作融合,尽快进入角色,牢记使命,砥砺前行,全力推进我市教育体育事业发展迈上新台阶。

　　担当实干谋发展。　习近平总书记指出,教育是国之大计、党之大计;体育承载着国家强盛、民族振兴的梦想。全市教体工作将以习近平新时代中国特色社会主义思想为指引,提高政治站位,增强"四个意识",强化"四个自信",坚定"两个维护",坚持以新发展理念谋划发展,以生态文明建设统领发展,围绕"保基本、化矛盾、补短板、促协调、亮品牌"的总要求,担当实干、埋头苦干、踏实巧干,切实加强党对教体工作的全面领导,推进教育优先发展,大力振兴体育事业。坚持问题导向,积极争取市人大常委会和人大代表支持,深入调研视察教育体育工作,明确一批工作重点,化解一批突出矛盾,形成一批工作成果,推动教体事业科学发展。

齐心协力干事业。 大力弘扬"苦中求乐、乐中问道、道中育才、才中培英"的抚州教育精神,始终把抓班子、带队伍作为推进事业发展的"奠基石""助推器",团结带领班子成员并肩作战,齐心协力,心往一处想,劲往一处使,带着大家干,提高班子向心力、凝聚力和战斗力。强化民主集中,虚心开门纳谏,科学合理分工,规范"三重一大"事项集体研究、集体讨论、集体决定,推进决策的规范化、民主化、科学化。健全完善每周工作调度、先进事迹巡回报告会、中小学生艺术节、中小学生体育运动会、教育巡察看变化等工作机制,丰富活动载体,狠抓工作落实。强化团结和谐,以诚相待干部,信任依靠干部,关心培养干部,用好用活干部,调动全体干部职工的积极性、主动性和创造性,不断增强教体工作的运行活力。

攻坚破难促升级。 积极筹备召开全市教育大会,推动认识再提高、改革再出发、发展再提升、稳定再保障,全面谋划新时代教育工作,把习近平总书记"两个大计""九个坚持""三个进一步""重要先手棋"等教育思想学懂、弄通、做实。按照上级领导"把抚州教育旗帜举得更高、教育品牌擦得更亮"的要求,恪尽职守,身先士卒,推进教育体育事业发展升级。积极回应社会关切,坚决兜住"幼有所育、学有所教"的底线,全力化解不平衡不充分、不持续不协调的矛盾,巩固基础教育优势,补齐学前教育、职业教育、高等教育短板,满足人民群众"有学上、上好学"的美好向往。以城市"双修"为载体,到 2021 年,着力实施好总投资 97.29 亿元的全市 146 个教育重点项目,力争每年新增学位 3 万个。今年,市中心城区重点推进 19 个教育重点项目,力争完成年度投资 12.28 亿元,努力实现城乡教育资源供给结构平衡,提高人民群众对教育的获得感和满意度,进一步擦亮抚州教育品牌。统筹推进体育工作,着力抓好竞技体育、群众体育、体育产业 3 个重点,巩固做强拳击、举重、皮划艇 3 个优势项目,力争在体育产业管理、校园足球推广、竞技体育成绩等 3 个方面取得突破,探索建立体育高水平发展机制,推动教育体育协调发展。

激扬正气树清风。 认真落实全面从严治党"第一责任人"责任,严格遵守党纪国法,带头执行中央"八项规定",堂堂正正做人、干干净净做事、清清白白做官,坚持做到不与家人商量工作上的事,不允许家属插手分管领域的工作,坚决杜绝亲属到工作系统经商搞工程,坚决避免同学、朋友从事与本人工作可能发生利益冲突的事情,时刻自警、自省、自励、自律。以作风建设活动和"五型"政府部门建设为抓手,带头转变作风,带头落实为民便民服务措施,持续推进教体系统作风建设。认真学法、守法、用法,始终坚持依法行政、依法办事。定期向人大及其常委会报告工作,主动接受监督,及时办理人大代表建议,主动接受人大代表对教体工作的评议,虚心听取人大代表的建议、批评,切实加以整改,不断增强依法行政能力。

（本文系 2019 年 1 月在抚州市第四届人民代表大会常务委员会第十七次会议上任前的表态发言）

扎实推进发展升级

过去的一年,本人坚持以勤政廉政为宗旨,以立德树人为根本,积极推进教育均衡,全面提高教育质量,努力促进教育公平,不断提升治理水平,各项工作取得明显成效。临川、黎川、南丰、金溪、东乡、抚州高新区等6个县(区)顺利通过县域义务教育基本均衡国家评估认定,崇仁师范学校成功升格为抚州幼儿师范高等专科学校;高考全省理科状元花落抚州,37人被北大、清华录取。交流轮岗、转型升级、妥善解决原民办代课教师问题、"千师访万家"等多项工作走在全省前列。市教育局先后荣获教育部全国青少年"五好小公民"主题教育活动先进集体、全国教育电视工作先进集体、全省校外学生成果展示活动优秀组织奖、全省全员远程培训先进集体、全市绩效管理工作优秀单位、全市"四进四联四帮"活动先进单位等荣誉称号,在综合治理、文明创建、招商引资、跑项争资等多项工作中取得佳绩。

一是勤学多思,努力提升综合素质。 工作再忙,本人都会挤出时间学习,不断提高自身素质。学政治理论,把握政治方向。学习党的十八届五中、六中全会和习总书记系列重要讲话精神,不断提高理论素质,增强政治意识、大局意识、核心意识、看齐意识。全年学习政治、经济、社会、党建等方面文章200多篇,撰写学习心得多篇。积极参加中心组学习和机关支部学习,为机关和所属学校党员干部上党课4堂。学经典名著,增进自身涵养。把优秀传统文化列为学习的重要方面,形成自觉阅读经典的良好习惯,从经典中汲取前人立德、修身、处事的智慧,提升人生境界。学业务知识,提升综合素质。坚持阅读《中国教育报》《人民教育》等报刊,研究教育政策,谙熟管理业务。撰写的《让家访焕发新光彩》

《让法治意识在学生心中生根发芽》等文章在《中国教师报》《江西日报》《抚州日报》公开发表。

二是改革创新，扎实推进发展升级。　按照市委、市政府"把抚州教育品牌擦得更亮，把抚州教育旗帜举得更高"的指示精神，团结带领班子成员推进全市教育升级发展。交流轮岗全面铺开。12个县（区）全面实施校长、教师交流轮岗，1 118名校长、教师进行城乡、校际交流，2 100多名学生回流农村学校；抚州被列为全省中小学校教师编制制度改革试点市。综合评价成效初显。与北京译泰、科大讯飞等知名教育公司合作，从5个纬度20个核心指标，通过大数据分析，对教育教学质量进行综合评价，对教育运行进行科学干预，取得初步成效。转型升级步伐加快。3所公办学校教育质量稳步提升，办学行为规范有序；3所实验学校运转井然有序，招生形势喜人，首批自聘教师已经到位，高考创出佳绩；新校建设进度加快，抚州一中实验学校土方工程基本完成，临川一中、二中实验学校土方工程进展顺利。就近入学深得人心。市属公办学校全部采取就近划片与电脑派位相结合的方式招生，724名学生通过随机派位入学，"小升初""初升高"继续保持"零择校""零条子"。示范创建引领赶超。实施"五名工程"，培育打造一批名学校、名校长、名班主任、名教师、名课例，37所学校被评为全市示范性学校。队伍建设更增活力。把师德师风建设纳入全省师德平台统一管理，4万多名教师签订《师德师风建设承诺书》，63人被评为省学科带头人和骨干老师，4人被评为全省"最美乡村教师""优秀乡村教师"，1人荣获国务院津贴；坚持德才兼备、群众公认的原则，全年选拔任用科级干部28名，激发了干事创业活力。

三是埋头苦干，始终把群众满意放在首位。　积极造峰填谷，不断扬优成势，推动教育优先发展、均衡发展、协调发展。学前教育资源大幅扩充。大力实施学前教育行动计划，57所乡镇中心幼儿园建成投入使用；通过改、扩、并新增公办幼儿园120余所；市保育院新园区正式开园，首期招收幼儿892名；黎川被确定为全省学前教育实验县。义务教育均衡加速推进。临川、黎川、南丰、金溪、东乡、抚州高新区等6个县（区）顺利通过县域义务教育基本均衡国家评估认定,剩余 6 个县将在明年接受国家评估认定,提前一年完成均衡发展目标。高中教育办学更趋多样。高考再创佳绩,2016 年夺取全省理科第 1 名,37 人被北大、清华录取,全省文理科前 10 名中来自抚州的考生占 8 名;临川一中、临川二中国际、体育、艺术教育特色明显,多名学生被清华美院录取,高中国际班 30 多名同学全部考取美国华盛顿大学、明尼苏达大学等世界名校。职教校企合作更加密切。加快组建抚州职业教育联盟,各级职校与 150 多家企业建立了稳定紧密的校企合作关系,1 128 名学生顺利通过技能等级考试,获得"双证";临川现代教育学校被评为国家中等职业教育改革发展示范校。高等教育升级步稳蹄疾。崇仁师范学校成功升格为抚州幼儿师范高等专科学校;积极争取中医高专升本建院;南昌大学抚州医学院独立办学,取得了明显进展。

四是依法治教,始终把稳定放在心上。 全面推动教育治理体系和治理能力现代化建设,推进教育发展升级。抓好依法治教。坚持带头学习宪法和民办教育促进法等法律法规,积极参加网上学法考试,法律意识和法治观念不断增强。认真抓好教育"七五"普法工作,定期召开局党委中心组理论学习会;广泛开展公务员法律知识学习,干部职工法律意识明显增强。积极推进简政放权,盘点并公示权力清单、责任清单,建立完善"一单两库一细则一计划",教育工作法制化管理水平明显提高。临川四中、临川七中等 23 所学校被评为全省依法治校示范校。抓好效能管理。教育督学队伍不断壮大,30 人被聘为省督学和督导专家库成员,全年共开展 20 项 94 次各类督导。广泛开展学前教育、城区教育资源等 8 个重点课题调研活动。组建校建办、宣传信息中心,在国家级媒体发布新闻报道 11 条。坚持每周工作调度制、理论学习制、沟通交流制等工作机制,协调推进各项工作日清月结。抓好服务中心。全力配合做好汤显祖逝世 400 周年纪念活动,邀请教育部领导来抚参加活动并指导生态文明示范区建设;组织 500 多人参加志愿服务和巡演;临川一中成功举办"当莎士比亚遇见汤显祖"活动;抚州一中、临川二中接待西班牙、美国、加拿大等国际友人参观考察,获得各界好评;汤显祖名篇名作进教材取得了实质进展。抓好规范运行。严格执行义务教育阶段学校"一费制"收费办法,"阳光招生"工作全面落实。办理各类信访件

409件,接待群众来访70批(次)560余人,办结率达100%。主动接受监督。严格遵守和执行宪法、法律法规以及市人大及其常委会决议、决定,积极配合市人大职业教育法执法检查和校园食品安全检查,认真抓好整改落实,有力推动了工作。自觉接受人大及其常委会、政协和社会监督,办理人大建议和政协提案42件(人大建议5件,政协提案37件),办结率达100%。

五是廉洁自律,坚持把纪律挺在前面。 坚持全面从严治党,认真履行党风廉政建设主体责任,严格遵照"三严三实"要求,做到慎权、慎欲、慎独、慎微。自觉遵规守纪。牢固树立"四个意识",坚守党的政治纪律和政治规矩,做政治上的"明白人"。自觉用党纪政纪严格约束自己,不越道德底线、不触纪律红线、不碰法律高压线。积极支持市委派驻纪检组的工作,主动接受纪律监督和行政监察。始终对党忠诚。坚守对党忠诚的"精神高地",忠实履行个人事项报告制度,每次外出都及时请假报备,每天按时报送工作动态,实时记录廉政纪实手册,自觉把个人的学习、工作、生活置于组织和群众的监督之下。恪守清正廉洁。坚持民主集中制原则,落实"三重一大"事项集体研究制度;落实廉政风险防控制度,对干部任免、职称评定、招生考试、重大工程、学校收费等进行重点防控;落实节日廉情监督制度,做到节前提醒、节日查访、节后公示,先后发送廉情短信2 000余条。严格执行中央"八项规定",严格遵守《准则》《条例》,带头履行"不出入私人会所和接受公款吃请"承诺,没有收受"红包"、"违插"和公款出国境等行为。

(本文系2016年向抚州市人大常委会履职报告)

问心无愧　问心无悔

过去的一年,本人积极响应市委、市政府号召,立足本职,投身洪流,参与中心,服务大局,问心无愧,是感触最深、激情最大、干劲最足、成果较多的一年。

一、问心无愧

我先后两次主持全面工作,得到领导和机关干部职工的充分肯定。去年,我从主持工作转换成为协助工作的角色后,变压力为动力,没有考虑个人得失,紧紧跟上市委、市政府推动抚州超常规发展的步伐,思想有了新的飞跃,工作有了新的成绩,作风有了新的转变。

顾全大局,积极投身"总抓手"。 市委政研室虽然没有招商引资任务,但没有放弃抓好招商引资工作,响亮地提出没有任务有义务,动员全室干部职工带头响应号召,积极投身于招商引资活动。成立了领导小组,按照一类单位的目标,制定了考评和奖惩办法,分解落实了招商引资任务。一年来,充分协调多方面关系,利用参加厦门招商会机会,广泛联系、接触客商,先后介绍、引进、联系江苏、浙江、上海、台湾、福建、广东客商 24 批 84 人次,参与洽谈 30 余次,签订意向性协议 15 份,引进项目 3 个,实际进资 1 200 万元。通过招商引资,了解了国际国内特别是东南沿海发达地区的经济动态,熟悉了一系列经济政策,掌握了经济谈判的基本技巧,增强了做好经济工作的感性认识。

立足本职,全力抓好课题调研。 率先垂范,身体力行,带领科室同志先后深入 8 个县(区)、12 个乡镇、10 余家厂矿、学校、街道调查研究,形成了《搞好水土保持,加快后花园建设》《关于我市乡镇机构改革和教师分流的调研报告》

《撤地设市后市区事权调整情况的调研报告》《加入 WTO 后抚州主要产业应对措施的研究报告》4 个大型调研成果,约 12 万字。这些成果均获得领导批示和肯定,绝大部分进入领导决策层,其中《搞好水土保持,加快后花园建设》分别在全国、全省性刊物发表,得到水利部、水利厅领导和专家的高度评价;《关于我市乡镇机构改革和教师分流的调研报告》和《撤地市设后市区事权调整情况的调研报告》成果被市委、市政府采纳,形成文件指导工作。

精益求精,认真搞好决策服务。 适应党委政府领导工作的新要求,不断增强文字和预案服务的针对性、有效性和层次性,力求谋略、谋实,当好大参谋。去年根据领导指示,先后参与会务、届入政务、起草文件、代拟稿件、研讨于会、议政于案 20 余次,形成《跳出农业抓农业,实现农业新跨越》《以招商引资为总抓手,推动抚州经济超常规发展》等 3 篇领导署名文章,起草了抚发、抚办发 3 个文件,参与策划、编辑了《学浙江　兴抚州》一书,累计参谋服务成果 10 余万字。

加强学习,努力提高自身综合素质。 坚持参加省委党校经管专业研究生班学习,系统学习了"制度经济学""战略管理学""发展经济学""市场营销学""现代公司财务分析""西方经济学""财政学""管理学""国际金融""管理统计学"等 12 门课程,其中 6 门闭卷考试获得全优成绩,4 门开卷考试平均分在 90 分以上,2 门课程论文获得优秀。通过学习,全面系统地丰富了经济管理方面的知识。与此同时,还抓紧时间自学了《领导干部财政知识读本》《领导干部金融知识读本》,对财政金融问题有了理论把握。为了研究掌握国家宏观经济形势、政策动态和经济理论与实践的前沿,我在国研网、中宏网、中国经济学教育科研网、中国经济网、北大光华管理学院网等 30 多家经济网站注册,坚持每天上网浏览 1~2 次,从网上下载各类文章 100 余篇,在网络论坛发表文章 10 余篇,其中《论三个和尚没水吃的经济学分析》获得网友的好评。

廉洁自律,加强党性锻炼。 2002 年是我人生中经受压力和挑战较大的一年,曾经在很短的一段时间中,在我的意识深处,也想过消沉一点、放松一点,但是如火如荼的形势鼓舞了我,干部群众奋勇拼搏的精神鞭策了我,领导的信任和同志们的帮助激励了我,我很快振作起来,更加以一个党员领导干部的要求规范自己、约束自己、自律自己,不断加强自己的党性锻炼和修养。一是有权而不谋私。分管财务工作坚持公私分明,下乡不报伙食补贴,个人请客不到公家报销。二是补台不拆台。工作坚决服从集体分工和决策,服从班长的指挥和调度,努力抓好分管工作和领导交办的工作,不出乱子,不捅娄子。三是鼓劲而不泄气。正确对待自己、正确对待组织、正确对待同志。工作中讲求质量,分清是非;生活中大事讲原则,小事讲风格;同志之间与人为善,相互提携、相互理解、相互帮助。

二、问心无悔

"海阔凭鱼跃,天高任鸟飞。"全面建设小康社会、推动抚州超常规发展的伟大事业,给我们施展抱负、实现理想提供了最广阔的天地。作为一名党员领导干部,我要与时代合拍、与伟大的事业共振,把自己的身心投入"一招三化"的滚滚洪流中,立足本职岗位,无怨无悔地践行"三个代表",努力在工作中做到"五贴五注重",问心无悔。

贴紧中心脉搏,注重"参"。 参与经济工作,把招商引资作为重要切入点,通过全力做好招商引资工作,进一步感受经济工作的甘苦,进一步熟悉经济运行的特点和规律,力争年度内个人引进企业 1 个,实际进资不低于 500 万元,参与经济工作的研究。今年初,我曾就工业园区建设、综合考评等工作致信市委主要领导,获得重要批示,引起市委的重视;后来,我又撰写了《对我市宏观经济运行的几点建议》一文,在《抚州工作交流》刊发后,也引起领导的重视和关注。今后,我将把研究经济工作作为自己的主要研究方向,多予关注、多出成果。

贴紧时代脉搏,注重"超"。 "笔墨当随时代。"我将在今后的政研工作中,与时俱进,积极响应省委"走一步,看两步,想三步"的号召,侧重研究市委、市政府想抓还没有抓、现在没有抓下步必须抓的问题,努力做到知之在先、思之在先、谋之在先。为此,我将重点对加快信用抚州建设的若干问题和如何推进工业园区后勤服务社会化进程等课题进行重点研究。

贴紧领导脉搏,注重"优"。 为领导服务是政研工作最重要、最基本的职能,我将在今后的工作中努力增强用政研成果为领导服务的自觉性和主动性,做到为领导服务优质管用。一要选好课题。"身在兵位,胸谋帅事",多思考一些事关全局的大事。二要多留心领导言行,多思考领导思考的问题,熟悉领导的思维习惯和演讲风格。三要全力起草好领导交办的讲话、署名文章等稿件,力求使稿件真正反映领导的思想、观点和水平。

贴紧群众脉搏,注重"实"。 一要贴近干部群众,实实在在做人,不做表面文章,不过分地讲大道理,不愚弄干部职工,坚持多沟通、多关心,努力用人格魅力以心换心,不断提高自己的领导威望和工作水平。二要注重了解群众所思所想,努力把基层群众的想法调查好、研究好,为市委、市政府制定富民安民政策当好参谋。

贴紧自身脉搏,注重"钻"。 完善自我,磨砺自我,超越自我;提高境界,开阔眼界,提高自我解决问题、分析问题的能力;加强学习,在完成研究生学历教育后,坚持年度精读一两本理论专著,努力提高运用理论思考、解释、解决问题的能力,提高将实践经验总结提炼上升为理性思考的能力;坚持一专多能,努力研究市域经济运行特点规律,十分明了法律、政策动态,熟悉市场经济和规则,具有解决经济、社会、政治等各方面问题的能力。

（本文系 2002 年工作述职报告）

恪尽职守勇担当

按照"高位谋势、精准发力、敢于担当、跨越发展"的总要求,以勤政廉政为宗旨,以立德树人为根本,深化改革,强化治理,提高质量,促进公平,推动各项工作迈出了新的步伐。集团转型升级成效初显,免试就近入学顺利实施,市属公办学校实现"零择校",标准化建设取得突破,高考成绩连续 13 年保持全省领先。市教育局先后荣获全国青少年"五好小公民"主题教育活动先进集体、全国招飞工作先进单位、全省语言文字工作先进单位、全省中招和高招考试宣传工作先进集体等荣誉,在招商引资、跑项争资、综合治理、安全生产、节能减排、文明城市创建等各项工作中位居前列,为绿色抚州建设作出了应有的贡献。

第一,重勤政,恪尽职守勇担当。 本人围绕"把抚州教育品牌擦得更亮,把抚州教育旗帜举得更高"的要求,用心谋事,踏实干事,勇于成事,推动全市教育工作迈上新台阶。一是以上率下抓班子。 紧紧依靠班子精诚团结、分兵把口、分工负责来提高向心力、凝聚力和战斗力。几位县级干部退位不退责,牵头负责集团转型升级和重点项目建设,有效推动了工作。稳妥推进崇仁师范学校新老班子交替,确保新班子接好棒、接着干。二是多管齐下带队伍。 全年招聘教师 741 名,抚州一中引进博士 1 名,教师队伍明显夯实。市本级专项培训校长、教师 540 名,落实经费 100 万元;选派 1 名职校校长赴德国进修,组织 127 位教师参加全国、全省"双师型"教师培训,教师素质明显提升。19 人被评为特级教师,21 名教师被评为全省优秀典型,为 1 万多名教师颁发长期从教荣誉证书,教师职业认同感、荣誉感进一步增强。三是亲力亲为促改革。 在教育发展的大浪潮中,始终做到身体力行,全力推进改革工作。在大家的共同努力下,集团转型升级取得突破,3所实验学校运转有序;新校建设顺利启动,吸纳社会资金10亿元以上,新增优质学位2万多个。市属公办义务教育学校采取就近划片与随机派位招生,现场直播电脑派位,社会全程监督,公证处全程公证,市委、市政府出台禁令,实现了"零择校""零条子"。全市一半的县(区)开展义务教育校长教师交流轮岗,670多名校长、教师奔赴农村教学一线。建立5个维度20个核心指标的学生综合素质评价体系,在近百所样本学校进行了试测试评,初步形成测评成果。集团学校帮扶县(区)高中、南丰县集团办学和"1+1"联合办学、金溪县教育联盟等协作发展模式广泛实施,效果明显。**四是多措并举保稳定。** 积极开展安全知识教育和应急疏散演练,进一步增强师生的安全防范意识和能力。开展多次大规模校园周边环境整治,解决了一批安全难题。临川二中荣获全国平安校园建设优秀成果奖,我市学生防溺水工作经验在全省推广。**五是多样办学树品牌。** 临川一中分层教学、南城校园文化建设、金溪文道教育等内涵发展模式如雨后春笋,层出不穷。《直击高考总复习》《廉洁修身教育》面向全国发行,各地校本教材百花齐放,竞相争艳。临川一中顺利承办全省中学生田径运动会,临川二中组队角逐全省汉字听写大会获得二等奖,并在全国决赛中取得优异成绩,提升了抚州教育品牌形象。

　　第二,谋善政,全力以赴促发展。 本人紧紧把握促进教育科学发展的核心任务,努力工作,积极作为,不断推进教育优先、均衡、协调、开放发展再上新台阶。**一是在落实优先中加快发展。** 为推动工作,先后10多次与相关部门到部厅争取支持,全年完成跑项争资16亿元,公共财政教育支出达65亿元,继续保持快速增长的良好态势。市中心城区100个重点推进项目中教育项目达14个,总投资约18亿元;各县(区)共安排28个教育重点项目,总投资达17.9亿元,市保育院新园区、临川区付家小学、东乡一中、金溪一中等一批教育重点项目拔地而起。**二是在推进均衡中全面发展。** 完成全面改薄和标准化建设项目365个,总投资3.23亿元,基本办学条件明显改善。民生政策普惠千家万户,发放资助金和助学贷款1.46亿元,资助学生77 372人次。**三是在提升质量中协调发展。** 学前教育扩容提质。大力实施学前教育三年行动计划,落实中央、省级资金

9355.25万元,新建、改扩建一大批幼儿园,有效扩充了学前教育资源。全市省级示范幼儿园增加到13所。义务教育均衡推进。各地通过校长教师交流轮岗、教师"走教"、送教下乡、城乡结对等形式,共享优质教育资源,推进义务教育均衡发展。临川区顺利通过县域义务教育基本均衡国家评估认定。高中教育特色鲜明。资溪一中普职融合、东乡实验中学书法教育、临川一中高效课堂等试验工作进展顺利,各具特色,亮点纷呈。职业教育整合发展。积极整合资源,组建职教联盟,职业发展水平不断提升。组织参加省中职技能竞赛,获一等奖5个,为历年最好成绩。抚州创新学校参加国际速录大赛,获得青年组第二名。**四是在扩大开放中跨越发展。** 多次赴南昌、莆田洽谈对接,分别签订教育交流合作协议。临川一中接收南昌市湾里一中1名副校长挂职,南昌市派出50名教师来抚参加教研活动,两地教育合作进展顺利;临川一中国际班首届毕业生全部考取美国、英国、加拿大等国重点大学,教育开放成效明显。

第三,养德政,勤学不辍提素质。 本人坚持以学养德、以学养廉,不断提高自身综合素质。**一是夯实理论基础。** 每次中心组学习会,省、市举办的宣讲会、报告会,我都能够从始至终参加;原原本本学习党的十八届五中全会和习总书记系列重要讲话精神,不断提高理论素质。全年学习政治、经济、社会、党建等方面文章200多篇,撰写了数篇心得体会和调研报告。我创作的诗作《圆梦清华》(七章)在《抚州日报》公开发表,受到广泛好评。**二是注重传统涵养。** 我始终把优秀传统文化当作学习的重要方面,形成自觉阅读经典的良好习惯,汲取前人在修身处事、治国理政等方面的智慧,不断提升人生境界。**三是强化业务素质。** 不管多忙,我都会抽出时间阅读《中国教育报》《人民教育》等报刊,研究教育政策,学习外地经验,使自己真正成为懂教育的行家里手。带领系统领导干部集体察看南城、金溪等地学校校园文化、项目推进、交流轮岗和学校党建工作,起到了抓点带面的作用。

第四,抓廉政,尽心尽责树清风。 本人认真履行"第一责任人"职责,始终把落实党风廉政与教育改革发展同考虑、同部署、同落实。**一是抓安排部署。** 通过工作调度会、党政联席会和工作推进会,研究贯彻落实中央、省、市纪委全会和有关廉政工作会议精神。我和分管领导、下属单位(学校)层层签订责任书和《廉洁自律承诺书》，全面落实了主体责任。**二是抓学习教育。** 深入开展"三严三实"专题教育，在动员会上作了专题报告，反响热烈。开设纪律讲堂，多次邀请市纪委领导同志讲课，以纪说理，以案说法，受到干部好评。组织学习《习近平关于党风廉政建设和反腐败斗争论述摘编》《中共江西省委关于加强作风建设、营造良好从政环境的意见》等文件，观看廉政教育片，定期通报省、市纪委查处曝光的典型违纪案件，警示、教育干部深刻反思，引以为戒。**三是抓制度建设。** 先后制定《关于进一步严明工作纪律、改进工作作风的通知》《关于进一步加强公务接待用餐管理的规定》等文件，对违规问题进行通报。建立财务内部审查制度，对局属单位进行财务内审并及时整改落实；建立党风廉政建设督查和教育乱收费约谈制度，定期开展督查，年度内约谈90余人次；建立了干部任前廉政谈话制度，对拟任用干部进行集体讲话，切实做到防微杜渐，警钟长鸣。通过建章立制，保证了党风廉政建设有章可循、有规可依。**四是抓专项治理。** 针对教育"三乱"、违规招生、师德师风、收受"红包"和违规插手工程项目建设等问题开展专项治理。召开市属公办学校规范招生工作会议，各位校长分别作表态发言并挂网公示。在全省特级教师评选过程中，对3名存在师德师风问题的教师实行"一票否决"。积极开展教育乱收费专项治理，给予22名党员干部党纪政纪处分。开展"违插"问题专项整治，21名县级干部和58名科级干部按要求进行了自查自纠。**五是抓工作推动。** 深入开展"把纪律挺在前面"活动，积极推进社会主义核心价值体系"进学校、进课堂、进头脑"，引导学生树立正确的价值观。落实财政资金230万元，免费发放《廉洁修身教育》13.38万册。市实验学校等24所学校被评为省、市"廉政文化建设示范点"，我局获得全市"廉政诗歌散文电视朗诵大赛"一等奖，营造了加强党风廉政建设的浓厚氛围。

第五，修仁政，以身作则扬正气。 本人始终坚持依法治政，带头遵纪守法守规，做到慎权、慎欲、慎独、慎微。**一是依法治教。** 认真学习教育法、民办教育促进法等法律法规，邀请有关专家解读教育法一揽子修改对教育运行的影响，组织开展《江西省学校学生人身伤害事故预防与处理条例》宣讲会，提升法治思维能力。凡是"三重一大"事项均实行集体研究,不搞独断专行和一言堂。带头参加法律知识和行政执法资格考试,积极推进简政放权,精简行政审批事项 11 项,依法治教水平明显提高。**二是公道正派。** 始终坚持公心识人、公道待人、公正用人,不论亲疏、不分贵贱,从不把个人利益凌驾于组织利益之上。工作讲求章法,运行遵循机制,办事讲求原则,管理讲求人本,得到干部群众的充分认可。

三是清正廉洁。 严格落实中央"八项规定",严格遵守有关廉洁规定,没有出现收受"红包"、"违插"和公款出国境等行为;带头执行公务消费有关规定,下乡调研轻车简从,厉行节约,培育了优良的工作作风。**四是接受监督。** 高度重视市人大交办的《审议意见函》《民情民意快报》等工作,认真审阅并签批,确保项项落实。主动邀请人大代表和政协委员视察调研教育工作,联合市政协开展义务教育就近入学工作调研,邀请市人大代表、政协委员参加就近入学工作听证会,参与监督就近入学电脑派位现场直播,得到充分认可。坚持履行重大事项和外出请假报备制度,每天按时报送工作动态,撰写个人事项报告和廉政纪实手册。自觉接受人大及其常委会监督,认真办理人大建议和政协提案,全年办理省、市建议提案 46 件,满意率达 100%。

(本文系 2015 年履职工作报告)

时刻把人民放在首位

坚决落实"党要管党、从严治党、党政同责"要求，认真履行全面从严治党政治责任，努力践行廉洁自律有关规定，踏踏实实工作，老老实实做人，团结带领全局干部职工奋勇争先，担当实干，推动全市教育发展取得令人瞩目的成绩。临川一中、临川二中蝉联全国百强中学，基础教育优势更加明显。在全省率先实现县域义务教育发展全域均衡，均衡发展实现历史突破。崇仁师范学校成功升格为抚州幼儿师范高等专科学校，高等教育迈出重大跨越。改革成果相继落地，我市代表全国中小学教育质量综合评价改革实验区在教育部作典型发言，中小学党建经验被评为全国教育改革创新案例。东乡三中荣获首届全国文明校园荣誉称号，全市中小学生体育运动会、戏剧广播体操、研学旅行推进大会胜利召开，素质教育蓬勃开展。在全省首批试点教师资格注册，临川一中教师胡冬莲被评为"全国对口支援工作新疆先进个人"，教师队伍建设创造全国声誉。与清华大学、英国斯特拉福德区等签订教育交流合作协议，成功举办全国"新高中背景下学校课程体系建设"研讨会，教育开放纵深推进。荣获全省文明单位、语言文字工作先进单位、全国群众性体育运动先进单位等称号。党的建设、绩效管理、综合改革、扶贫帮困、文明创建、节能减排、信息工作等多方面工作走在前列。

第一，强化担当，主动把责任扛在肩上。本人坚持把管党治党作为首要政治担当，一手抓教育改革发展，一手抓全面从严治党。**一是抓安排部署。** 始终把全面从严治党摆在事业发展先导位置，与教育工作同部署、同实施、同考核。建立完善党风廉政建设调度机制，定期听取情况汇报，主持召开每周工作调度会、班子会和党风廉政建设工作推进会，弘扬廉政精神，部署廉政建设，落实廉政政策。先后 10 余次研究全面从严治党有关工作，亲自调研基层全面从严治党工作 6 次，督办重要事项 3 次，做到了对所有上级有关文件亲笔批示，督促落实，跟踪问效。**二是抓学习教育。** 学深悟透党的十九大精神，原原本本、原汁原味反复研读党的十九大报告，开展学习交流讨论，深刻领会报告思想精髓、核心要义，全局干部职工"四个意识"显著增强，思想政治素质不断提高。我坚持带头先学一步、学深一层，积极参加市委党的十九大精神研修班，参加党委理论中心组十九大精神专题学习并作代表性发言；亲自撰写《党的十九大精神宣讲提纲》并赴挂点学校和扶贫村开展宣讲。认真学习中纪委全会精神，开设纪律讲堂，邀请市纪委和讲师团领导讲课，以纪说理，以案说法。组织学习《党章》《准则》和《条例》，组织观看廉政教育片，定期通报省、市纪委查处曝光的典型违纪案件，做到警钟长鸣。**三是抓责任落实。** 根据上级要求，先后成立全面从严治党主体责任办公室和机关纪委，解决了"有人抓"的问题。制定下发《市教育局党风廉政建设责任分工表》等文件，将责任分解落实为 27 项具体任务，落实到 7 个牵头领导和 20 多个责任单位（学校）。局班子和市直学校、主要领导和分管领导、分管领导和科室（单位）分别签订《全面从严治党责任书》，形成"一把手抓一把手""分管抓，抓分管"的工作机制，确保责任传导到位、任务落实到人。**四是抓巡察整改。** 认真履行整改"第一责任人"责任，经常与市委巡察组和巡察办领导沟通衔接，多次召集书记碰头会、党委会和调度会，专题研究巡察整改工作，听取进展情况汇报；亲自修改把关巡察整改方案、民主生活会方案、班子对照检查等材料，全程指导巡察整改工作；发挥"头雁效应"，主动担纲作为重大整改任务牵头责任人，亲自领题具体问题整改。在我和班子的带领下，全局上下认认真真反思、扎扎实实整改，全局 48 项整改任务全面落实，实现了全部整改工作"一月过半，两月见效，半年完成，一年创新"的目标。

第二，履职尽责，切实把工作落到实处。 本人始终把抓班子、带队伍、管干部、促党建当作分内之事、应尽之责。**一是高点站位抓班子。** 团结带领班子并肩作战、齐心协力，心往一处想，劲往一处使，要求别人做到的自己带头做好，认真遵守党章党规和《准则》《条例》，坚决维护党中央权威和党的团结统一，严守政治纪律和政治规矩。市实验学校新老班子顺利交替,运转正常。**二是以身作则带队伍。** 加强教师队伍建设,健全完善多位一体的教师录用机制,今年1216名新教师加入教育大家庭。坚持守土有责、守土负责、守土尽责,严格落实意识形态工作责任制,加强师德师风建设和考核,强化学校阵地建设,对违规行为决不姑息、严肃处理。4万多名教师签订《师德师风建设承诺书》,6人被评为全省师德标兵和先进个人。**三是客观公正用干部。** 加强局机关和市直单位(学校)干部配备,全年向市委推荐任用1名正县级干部、1名副县级干部;选拔任用科级干部2名,激发了干事创业活力。在干部选拔任用过程中,坚持德才兼备、群众公认的原则,严格遵循选拔程序,选优用好干部。对新任科级干部进行任前廉政谈话,明确廉洁从政要求。**四是改革创新促党建。** 全程参与中小学党建创新工作,提出"典型引路、抓点带面、制度固化"工作思路,培育形成临川教育集团学校"把支部建在年级学科组织上"等10个党建新模式,亲自参与拟定《关于加强中小学校党建工作的实施意见》,形成具有抚州特色的中小学党建模式,抚州经验先后在中央、省市主流媒体头版刊载,被评为全国教育改革创新典型案例,本人撰写的《坚持"五个引领"建强"两个品牌"》在《江西改革动态》公开发表。

第三,改进作风,时刻把人民放在首位。 本人发扬"钉钉子"精神,持续深入推进干部作风转变,有效维护人民群众利益。**一是专项整治出成效。** 深入开展"为官不为"、基层"微腐败""私车公养""一桌餐"问题专项治理,对局属事业单位及市直学校开展落实中央"八项规定"精神等情况检查,发现问题20多个,督促全部整改落实到位。以零容忍的态度查处教育"三违"案件,先后督办临川孝桥中学、南丰桔都小学、东乡实验小学等案件,对直接责任人、分管领导和主要领导进行了责任追究,清退违规款102万元,约谈11名责任人,给予19名责任人员行政警告、扣发奖金、取消评先资格、免职、解聘等处罚。全市教育收费信访举报总量153件,查办率100%,向教育部信访举报件同比减少5件,下降了62.5%,教育生态环境不断净化。**二是作风建设强精神。** 坚持率先垂范、以上率下、身体力行推动作风转变。认真落实习总书记重要批示精神,对照形式主义、官僚主义 10 种新表现深入查摆问题,开展自我批评,推动整改落实。带头执行中央"八项规定"精神,在全系统开展"反对旧四风、大兴新四风"系列活动,全年 26 次深入基层一线调研学校党建、意识形态、教育扶贫、均衡发展等重点课题,广泛听取意见,"解剖麻雀",推动发展。我总是坚持最早上班、最晚下班,碰到来访群众总是亲自接待,经常深入基层开展调查研究,倾听基层群众意见,密切了与群众的联系。坚持为民便民服务 20 条具体措施,行政服务中心教育窗口连续多年被评为先进,毕就办、资助中心等单位坚持周末轮班,为办事群众提供便利,受到群众点赞。**三是教育扶贫保民利。** 把教育扶贫工作作为重要政治任务和全局中心工作,局长办公会、党政联席会、每周工作调度会几乎逢会必讲,亲自参与部署,经常调度推动,先后主持召开东乡现场会、全市"百日行动"推进会、县(区)教育局局长约谈会,推动教育政策落到实处。带领有关同志多次深入临川、金溪、广昌等偏远山区,开展不打招呼调研督查,掌握面上情况,发现存在问题,督促抓好整改;全年赴"四进四联四帮"挂点的乐安县白石村、麦坑村 10 余次,走访慰问贫困户,宣传扶贫政策,共同谋划致富,我负责帮扶的白石村村民江根生、江仁祥年增收均超过 5 000 元,顺利实现脱贫。顺利召开抚州教育发展促进会第二届会员大会,选举产生新一届工作机构,为更好地资助困难师生、促进教育发展创造了条件。严格执行义务教育免试就近入学政策,保障弱势群体接受教育权利。民生政策普惠千家万户,发放资助金和助学贷款 1.81 亿元,资助学生 91 877 人次。

第四,廉洁自律,始终把纪律挺在前面。 本人严格遵照党纪国法,做到慎权、慎欲、慎独、慎微。**一是自觉遵规守纪。** 牢固树立"四个意识",坚守党的政治纪律和政治规矩,做政治上的"明白人"。自觉用党纪政纪严格约束自己,不越道德底线、不触纪律红线、不碰法律高压线。积极支持派驻纪检组的工作,主动接受纪律监督、人大监督和群众监督。**二是始终对党忠诚。** 坚守对党忠诚的"精神高地",忠实履行个人事项报告制度,每次外出都及时请假报备,每天按时报送工作动态,实时记录廉政纪实手册,自觉把个人的学习、工作、生活置于组织和群众的监督之下,做一名合格的党员。**三是恪守清正廉洁。** 坚持民主集中制原则,落实"三重一大"事项集体研究、集体讨论、集体决定;落实廉政风险防控制度,对干部任免、职称评定、招生考试、重大工程、学校收费等进行重点防控。严格执行中央"八项规定",严格遵守《准则》《条例》,不存在出入私人会所、参与"一桌餐"、违规操办婚丧喜庆,没有收受"红包"、"违插"和违规出国境等行为。

四是营造良好家风。 在生活中我非常注重家庭、看重亲情、珍视友情、孝敬老人、关爱后辈,重视家教、家风、家声,经常告诫家属、亲友和身边工作人员自尊、自重、自爱、自律,也得到了家庭、亲友的充分理解和大力支持。

(本文系 2017 年度述责述廉报告)

攻坚破难铸品牌

围绕"保基本、化矛盾、补短板、亮品牌、上水平"的总目标，从严管党治党，担当实干作为，着力化解教育发展不平衡不充分的矛盾，教育事业迈上新台阶。全面完成市委、市政府交办的中心工作，3次赴教育部对接协调工作，配合完成乡音版《牡丹亭》北京巡演活动；陪同市委主要领导参加中英高级别人文交流机制会议，取得良好效果；全力协助汤显祖国际戏剧节、全省旅发大会、全省互联网大会成功举办；全力推动南昌大学抚州医学院办学体制改革、东华理工大学抚州新校区建设、汤显祖艺术传媒职业学院设置、我市与江西师大及趣店集团合作、台湾棒球队来抚训练就读等工作并取得重大进展；牵头形成《关于化解突出矛盾，推进教育高质量发展的调研报告》，争取市委、市政府发文；"曾巩文化读本"系列教材正式发行；中小学研学实践教育开花结果，全省现场推进会和全国论坛连续在抚举行。全面完成10个方面180项年度任务，推动教育优先发展取得新进步，教育改革获得新进展，教育质量彰显新成效，教育公平迈出新步伐，教师队伍展现新风貌，教育品牌有了新提升，全面实现年度工作目标。

第一，抓党建，强基固本筑堡垒。 一是领雁起航，压实主体责任。 坚决履行"第一责任人"职责，把抓好党建作为分内之事、必尽之责，当好"领头雁"，全年召开18次党委会，定期研究基层党建工作。建立党建工作挂点联系制度。我多次到挂点的抚州幼专上党课、微调研，参加班子民主生活会，指导学校党建工作。带头参加支部学习和党员固定活动日，再忙也不缺席。我先后4次为学校党组织书记和机关党员上党课，在全市中小学校党组织书记培训班上，我为300多名书记开班授课。本人接受中组部学校党建工作访谈，提出5条建设性意见;迎接省委组织部和市委主要领导考察调研中小学校党建工作,得到领导充分肯定。**二是筑牢根基,建强支部堡垒。** 我和班子多次向市委争取,为市直学校配备专职副书记,确保学校党建有人具体抓。积极推进支部建设规范化、特色化、示范化,建立党员信息、组织生活、社区报到、党费收缴使用、党员联系服务工作台账,组织市直学校党组织书记和机关党委支部书记述职评议,进一步完善检查、考核、例会、述职四项制度。推动设立家校共创、教鞭传带、业务引领、教学监督等 10 个"党员责任示范岗",带领广大党员干部积极争先进、当先锋。**三是示范引领,激发党建活力。** 在去年中小学党建创新树标,今年我们进一步提炼形成"五融入、五引领"党建机制,推广运用金溪二中"党爸党妈关爱留守儿童"等10 个"党建+"工作模式,培育形成 30 个党建示范试点学校,在全市教育系统广泛开展党员教书育人、党务技能、课程改革、诵读红色家书等系列大比武活动。在全省首届党务技能大赛中取得佳绩,《坚持"五融入"突出"五引领"实现"五过硬"》报省委组织部采用。**四是严守阵地,保障思想安全。** 高度重视意识形态工作,将其作为事关党的前途命运,事关国家长治久安,事关社会和谐安定的极其重要工作来抓。有始有终落实工作责任。认真履行"第一责任人"职责,强化班子带头,强化形势研判,强化督查考评,牢牢掌握意识形态工作领导权和主动权。有张有弛加强理论学习。深入学习习近平总书记关于意识形态工作重要指示精神。有理有据守牢教育阵地。守牢课堂育人、课外研讨、活动育人 3 个主阵地,推动习近平新时代中国特色社会主义思想进学校、进课堂、进师生;落实市直学校各类讲座、论坛审批备案制度。有为有位带好教师队伍。落实党管人才,严把教师准入关、培训关、考核关,打造忠诚教师队伍。有本有源讲好教育故事。全年用稿 394 条,中央广播电视台、《江西日报》、江西教育电视台专程来抚采访报道;积极回应关切,及时处理各类群众投诉咨询;充分发挥网络信息员、宣传员和评论员作用,全程监控、正确引导、跟踪回复,高效应对舆情,切实维护教育系统意识形态安全。

第二,严履责,管党治党倡廉政。 一是做责任落实的担当者。 我和班子成员一道,坚持一手抓教育改革发展,一手抓全面从严治党。安排部署抓早抓严。召开年度工作布置会,跟踪督办重要事项,在各种场合反复强调党风廉政建设工作,始终放在心上、抓在手上。学习教育抓深抓透。围绕各级纪委全会精神和《纪律处分条例》《忏悔录》《荣辱两重天》等内容,通过班子集体学、领导党课讲、党员支部学和干部警示教育大会等形式,确保学深悟透。责任落实抓细抓常。主责办增加专职人员,增强专门工作力量。带头落实《全面从严治党重点任务分工表》《主体责任任务清单》,认真完成任务,及时上传平台,调度推动责任落地落实。**二是做问题整改的有心人。** 认真履行整改"第一责任人"责任,抓好市委巡察反馈、省审计厅民生资金审计、"全面彻底肃清苏荣案余毒"专题民主生活会查摆等问题整改。多次召集党委会和调度会,专题研究整改工作,听取进展情况汇报;亲自修改把关整改方案、民主生活会方案、班子对照检查材料;主动担纲重大整改任务牵头责任人,亲自领题具体问题整改。全面完成市委巡察反馈 48 项整改任务并销号报备,先后接受市纪委和市委巡察办督查;民生资金审计反馈整改和专题民主生活会整改取得较好成效。对市直学校落实中央"八项规定"情况开展专项巡察,严肃查处一批典型"三违"案件,对 62 名校长、教师进行约谈问责。**三是做扶贫帮困的实干家。** 把教育扶贫工作作为落实全面从严治党的重要战场。在广昌召开教育扶贫现场推进会,推动教育资助和扶贫政策精准落实。一年间,先后 10 多次深入乐安白石、麦坑"四进四联四帮"联系点,金竹少数民族村,主持召开驻村第一书记和党员座谈会,研究脱贫攻坚办法,为党员和贫困群众上廉政党课,宣传党的十九大精神和脱贫政策,推进教育扶贫落实落细。市局挂点的两村顺利实现整村脱贫任务。本人接受省脱贫攻坚工作检查组现场访谈,得到党组织的充分认可。**四是做优化服务的领头羊。** 带头参与、亲自推动干部作风和"五型"部门建设,全程参与全民大调研、问题大排查、作风大整改、家书大诵读、服务大提升活动,提出作风建设"十见"要求;亲自谋划制定市教育局 6 项工作纪律和 10 项便民措施,聘请 20 名"啄木鸟"监督专员,提升服务水平;我先后 3 次参加政风行风电视访谈和专题采访,向社会作出承诺。

　　第三,重德政,攻坚破难勇担当。 一是勤学不辍提素质。 工作虽然很忙，但经常挤出时间学习，工作之余到办公室自学、练习书法，走在路上听网络广播；坚持学原文、学原著，全文学习党的十九大、全国教育大会重要精神和习近平总书记系列重要讲话，参加江西省教育系统领导干部能力提升（北京大学）培训班，不断增强理论、政治修养；坚持参加党委理论中心组学习会、警示教育会、专题学习会，边学习边思考，边思考边提高；坚持每天阅读《中国教育报》《中国教师报》《人民教育》等刊物，研究教育政策，学习先进经验，全年学习政治、经济、社会、党建等方面文章200多篇，《唱响才乡品牌，做优研学教育》等在《江西教育》发表。**二是以上率下带队伍。**作为单位一把手，我时刻注意自己的言行，遵循科学管理方法，要求别人做到的自己先做到，要求别人不做的自己带头不做，真正做好榜样、当好表率。始终把抓班子、带队伍摆在突出位置，坚持德才兼备、群众公认的原则，严格选拔程序，向市委推荐任用"80后"优秀年轻干部和专业技术干部进入班子，选拔任用科级干部15名。全年选聘教师1710人，举办第三届全市教育系统优秀教师先进事迹巡回报告会，反响热烈。我经常与班子成员沟通工作，今年集中时间和市直学校班子成员进行谈话，沟通了思想、增进了了解、消除了误解、凝聚了人心。**三是依法行政强规范。**坚持带头学习宪法、监察法、教育法、民办教育促进法，增强法治思维；积极参加干部网络培训和网上学法考试，不断增强法律意识和法治观念；积极推进"放管服"，持续推进简政放权、消除堵点，依法行政水平明显提高。严格遵守和执行宪法等法律法规以及市人大及其常委会决议、决定；积极配合开展学前教育工作调研；接受教育事业发展"十三五"规划落实情况审议；主动接受人大及其常委会、政协和社会监督，办理人大建议和政协提案43件，办结率达100%。

第四，铸品牌，担当实干促发展。**一是以优先发展为首。**我先后10多次到财政、规划、建设等部门联系工作，沟通协调经费预算、规划布局、教师编制、项目建设等工作；我每次到县（区）调研，都要与当地党政主要领导见面，推动落实教育优先发展战略。2018年，全市公共财政教育投入68.17亿元，安排教育重点项目48个；争取市委、市政府领导多次调研教育工作，推动化解优先发展难题。**二是以教育改革为要。**市教育局承担着"两区"建设重任，改革攻坚任务十分繁重。对此，我始终坚持身体力行、亲力亲为，加强改革顶层设计，亲自参与《关于深化教育体制机制改革的实施意见》《关于全面深化新时代教师队伍建设改革的实施意见》等重要改革文件起草;带头参与政策制定、沟通协调、资金争取、调度推进、成果验收等全过程,推动改革取得实效。**三是以教育质量为本。** 质量是教育永恒的生命,保住了质量就保住了根本。2018 年,我市高考优势继续保持,主要指标全省领先。素质教育丰富多彩,推动成立教育书法协会,本人担任荣誉会长;成功举办第 14 届中小学生艺术节,得到市委领导高度评价;积极开展阳光体育活动和校园足球、篮球、气排球比赛,我多次到场加油鼓劲;职业教育质量稳步提升,参加全国全省中职技能竞赛,成绩喜人。紧紧抓住教研这个关键,推动教育质量提升。**四是以教育公平为基。** 坚持以提升群众教育满意度为己任,多举措推进教育公平。3 183 人通过就近入学和电脑摇号进入城区优质学校就读,得到群众热烈欢迎;3.7 万多人参与营养改善计划,3.4 万多名建档立卡贫困学生实现资助动态覆盖;全面开展"合力监护、相伴成长"专项行动,留守儿童、随迁子女、残障自闭等特殊群众受到社会关爱。**五是以教育品牌为重。** 今年以来,我先后接待了云南澄江、广东阳江、浙江丽水等地教育考察团来抚交流,时刻不忘宣传推介抚州教育品牌。全国中小学研学实践教育论坛、"茶香中国"采茶戏进校园、"戏曲广播体操"比赛等活动受到全国全省各级媒体的广泛关注。推动我市与英国、芬兰以及国内顶尖高校签订合作协议;陪同市委主要领导出席第四届中英地方领导人会议,参加"职业教育服务地方发展"分论坛,交流了抚州经验,提升了教育品牌。

　　第五,做表率,激扬正气树清风。 本人始终坚持依法行政,带头遵纪守法守规做到慎权、慎欲、慎独、慎做。**一是严明纪律规矩。** 牢固树立"四个意识",带头执行党的政治纪律和政治规矩。落实"三重一大"集体研究,不搞独断专行和一言堂。严格落实中央"八项规定",严格遵守有关廉洁规定,没有出现收受"红包""违插""利用名贵特产类资源谋取私利"等行为;积极支持市委派驻纪检组的工作,为纪检监察干部创造良好工作环境,主动接受纪律监督和行政监察。**二是严守公道正派。** 始终坚持为人以公、识人有道、待人心正、用人无派,正确对待"上情""恩情""友情"和"亲情",不徇私情、谋私利、讲私语,不把个人利益凌驾于组织利益之上,工作讲求章法,运行遵循机制,办事讲求原则,管理讲求人本,得到干部群众的充分认可。

(本文系 2018 年度述职述责报告)

推进教育体育高质量发展

坚持以习近平新时代中国特色社会主义思想为指引，按照"作示范、勇争先"的目标定位和"五个推进"的更高要求，全面贯彻党的教育方针和体育强国思想，团结带领广大干部职工，全面从严治党，担当实干作为，推动全市教育体育事业迈上了新台阶。

第一，抓规范重引领，推进基层党建强基固本。 一是压实党建主体责任。 召开了4次工委会专题研究党建工作，先后6次深入挂点帮扶村，为党员群众上党课。坚持以普通党员身份参加主题党日、组织生活会，主动交纳党费，充分发挥党员先锋模范作用，筑牢党建阵地。二是夯实基层组织基础。 经常深入基层学校指导党建工作，出席抚州幼师高专巡察整改民主生活会，推动临川一中党建提升工作，创建党建示范校30所。三是扎实开展主题教育。 主持召开4次领导小组会议、12次工作推进会，带头勤学习、搞调研、上党课、听意见、深剖析、抓整改，推动主题教育走深走实。班子梳理各类意见建议7类28条，全面进行整改。四是严实意识形态管理。 认真研究意识形态工作，强化形势研判，落实讲座、论坛审批备案制度，牢牢掌握意识形态工作领导权和主动权。加强思政课教育，市主要领导、分管领导到高校上思政课；用好"学习强国"平台，推进习近平新时代中国特色社会主义思想进校园。受市委选派，作为市委宣讲团成员，到乐安、宜黄宣讲党的十九届四中全会精神。主动回应关切，召开两场专题新闻发布会，及时处理各类群众投诉咨询，高效应对舆情，切实维护系统意识形态安全。

第二，抓治理重廉洁，推进管党治党全面从严。 一是勇挑"担子"，压实管党治党责任。 认真落实全面从严治党主体责任和"一岗双责",组织召开全面从严治党工作会议,制定任务清单,推动责任落实落细。坚持定期听取、调度"两个责任"落实情况,全年批示各类纪律作风工作 28 次,研究解决重点、难点问题。**二是扎紧"笼子",构建全面监督格局。** 带头严格落实请示报告制度,坚持报送"每日工作动态",全年报送《领导干部外出报备表》20 余次。积极配合省委巡视、省基层党建巡察、省民生资金审计、主要领导离任审计,全力支持派驻纪检监察组工作,主动接受纪律监督和行政监察。主持修订工委会议事规则、局长办公会议事规则、内部审计制度等,遏制权力"越线"。**三是对标"尺子",营造良好政治生态。** 对照党章党规党纪和宪法法律法规"两把标尺",不断强化廉洁自律意识。切实运用好监督执纪"四种形态",严肃整治教育"三违"问题,对有关责任人给予党纪政纪处分,形成了强有力的震慑效应。

第三,抓管理重实效,推进担当实干深入人心。 一是勤学不辍强素质。经常利用工作之余加强学习,每天登录"学习强国"平台,研读时政、学习理论、深耕业务。在市委全体会议、市委经济工作会议上,作为小组讨论召集人,与大家交流思想。**二是以上率下带队伍。** 经常与大家谈心交流,不断提高班子的向心力、凝聚力和战斗力;建立班子成员挂点联系县(区)和学校制度,有效推动基层党的建设、项目建设、脱贫攻坚、控辍保学等重点工作。突出政治标准选人用人,向市委推荐一批优秀干部。**三是依法行政抓规范。** 积极参加干部网络培训和网上学法考试,不断增强法律意识和法治观念;深入推进"放管服",持续推进简政放权,依法行政水平不断提高。主动接受人大及其常委会、政协和社会监督,办理人大建议和政协提案 58 件,办结率达 100%。

第四,抓事业重民生,推进教育体育高质发展。 一是注重顶层设计。 顺利召开全市教育大会、市委教育工作领导小组会等重要会议,出台教育体制机制改革、教师队伍建设、教育高质量发展等系列改革文件。主题教育中,带头深入基层调研,形成《希望之光——关于化解教育农村弱矛盾的调查与启示》的调研成果,推动了工作。**二是聚焦改革发展。** 到市直部门联系工作 20 余次,沟通协调经费预算、规划布局、教师编制、项目建设等工作。全市安排教育重点项目

40 多个,推动了教育优先发展。**三是突出公平协调。** 带头执行义务教育免试就近入学和"零择校"政策,坚决不开"口子";3.5 万名学生参与营养改善计划,6.8 万人享受教育资助;大力开展"教学开放日""送教下乡"等活动,为留守儿童、自闭症儿童和残障儿童送去关心关怀;为 48 个小区和 1 120 个行政村安装了体育健身设施,基本建成"15 分钟健身圈"。**四是全力擦亮品牌。** 成功举办 WBA 世界拳王争霸赛、环鄱阳湖国际自行车大赛、资溪国际马拉松等品牌赛事,浙江丽水、云南玉溪、江西鹰潭等地工作人员先后到抚州考察,提升了抚州形象。

第五,抓规矩重常态,推进教体系统风清气正。 一是做遵规守纪的"明白人"。 牢固树立纪律和规矩意识,在招生入学、教师招聘、职称评聘、项目建设等方面自觉做到秉公用权、依法用权、廉洁用权,主动配合开展领导干部社会兼职专项整治,队伍中不存在违规取酬现象。**二是做公道正派的带头人。** 正确对待"上情""恩情""友情"和"亲情",不把个人利益凌驾于组织利益之上,带动形成良好的机关文化。**三是做家风建设的有心人。** 重视家教、家风、家声,经常告诫亲属要"勤、俭、谦",教育身边工作人员要自尊、自重、自爱、自律,得到他们的充分理解和大力支持。

(本文系 2019 年度述职述责报告)

人才兴教迈大步

高举才子之乡的旗帜,抚州按照"校长专业发展、教师职业发展、学生全面发展"的思路,牢固树立人才强教、人才兴教理念,始终把加强教师队伍建设作为首要任务,在推进师德师风建设、改革教师管理体制、抓好校长教师交流轮岗、服务"双返双创"等方面取得了明显成效,许多工作走在全省前列。

一是高位推动,确立人才优先发展战略。 先后制发了《抚州市中长期教育改革和发展规划纲要(2010—2020)》和《抚州市教育事业发展"十三五"规划》,明确提出"到 2020 年实现'两基本一进入',即基本实现教育现代化,基本形成学习型社会,进入教育强市和人力资源强市行列,教育发展水平、人才培养质量、教育投入和教育贡献度努力走在全省前列"的战略目标,为全市教育人才优先发展战略奠定坚实基础。各级党委政府高度重视教育人才建设,市委、市政府每年拿出 200 万元用于奖励临川教育集团优秀教师,每年教师节、春节期间走访慰问优秀教师,东乡区每年拿出 30 万元发放"杰出育苗奖",黎川县每年拿出 80 万元用于奖励优秀教师等,尊师重教、人才兴教蔚然成风。

二是典型引路,全面加强教师队伍建设。 制定了教师职业道德考核实施办法,每年进行一次师德考核。率先在全省开展"千名教师访万家"活动,被访学生数达 233 494 人,抚州经验被《中国教师报》跟踪报道。全面加强教师梯队建设,全市 63 人被评为省级学科带头人、骨干老师;230 人被评为省市学科带头人、骨干教师;190 名教师被评为市级优秀教师、优秀班主任、优秀教育工作者;4 人被评为全省"最美乡村教师"和"优秀乡村教师";1 人获国务院津贴;40 名校长、教师被评为名校长、名班主任、名教师,有力提升了教师形象。扎实推进师徒结对"青蓝工程",全市老中青教师结成 14 500 多个对子。建立省级名师工作室 325 个,市、县级名师工作室 654 个,营造了科研兴教、人才强教的良好氛围。

三是选贤用能,多渠道补充优秀师资。 将教师队伍建设纳入县区履行教育职能的重要范畴,坚持按照"退少补多"的原则,加强教师招聘工作,扩充强化教师队伍。年度内全市共招聘教师 1 687 名,其中市直 6 所学校招聘 221 名,县(区)招聘农村教师 708 名。落实"三定向"培养农村教师计划 758 名,为教师队伍补充了新鲜血液。积极引进高素质人才,几年来,仅市直中小学校就引进博士 1 名、硕士 460 多人,成为擦亮抚州教育品牌的中坚力量。

四是倾斜基层,关心关爱农村教师。 更加关心农村教育,市县(区)两级出台了《乡村教师支持计划实施办法》,全市义务教育学校校长教师交流轮岗全面铺开,1 118 名校长、教师交流到农村教学第一线。开通本籍外县教师回乡任教绿色通道,全市 160 多名外县教师回乡任教。认真落实长期从教荣誉制度,全市 24 943 名教师荣获教育部和省教育厅颁发的从教 20 年或 30 年荣誉证书。在足额保障教师工资按政策落实的同时,全面落实艰苦边远农村中小学教师特殊津贴、乡村教师生活补贴和乡镇工作津贴。组织全市 2 万多名农村教师参加国培计划、远程培训等,教师队伍素质进一步提升。安排资金 1.13 亿元,建设教师周转宿舍 2 324 套,教师吃住行得到有效解决,进一步坚定了他们扎根农村的信心。

五是平稳过渡,深入推进职称制度改革。 在充分调查论证的基础上,出台了《关于做好深化中小学教师职称制度改革工作的实施意见》,通过"5 个单列 3 个直聘"方式,解决了近 5 000 名中小学教师长期评而未聘的历史遗留问题。在评审过程中做到了"三个坚持",即:坚持师德优先;坚持向乡村教师倾斜;坚持有乡村任教经历。这些措施,有力促进了城乡教育均衡发展。

六是响应号召,积极服务"双返双创"。 充分利用教育资源优势,积极参与"双返双创"活动,与多伦多大学、南加州大学和北大、清华等 52 所国内外知名大学建立人才合作关系,引导全市重点中学和市属高校加强校友文化建设,以校友联谊会、校友文化会为纽带,组建副高以上教育联系人才 262 名,联系两院院士 4 名、中组部"千人计划"人才 6 名、教育部"长江学者"青年学者 8 名,推动 46 名抚州籍校友回乡帮扶创业项目 38 个,服务全市经济社会发展。如崇仁师范学校校友曾金辉回乡创办迪比科电子科技公司,校友王国彬创办的土巴兔公司回乡投资,临川一中优秀校友余学清教授对口帮扶家乡教育医疗事业发展等,起到了良好的示范引导作用。

（本文系 2016 年度人才工作述职报告）

把育才作为首要职责

过去的一年,教育体育系统人才工作取得新的成效。33人被录取北大、清华,全省文科第1名花落抚州;徐灿成为中国唯一现役世界拳王,被评为2019年中国十佳运动员,黄婷、程灵芝、尧佳乐等一批运动员在国内外争金夺银;全年选聘教师2097人,黄卫民等12名教师受到全国全省表彰;建立"三请三回""八个一"工作机制,形成了覆盖12099人的优秀校友名录,联系了两院院士5人,杰出青年、长江学者等人才22人,副高等重点校友人才1938人。出台《人才子女入学实施细则》,全面落实各类人才子女就读优惠政策,较好地服务了我市人才工作战略。2020年,我们将做好"引进、培养、管理、服务"四篇文章,大力实施人才兴教战略,为全面建成小康新抚州提供更坚强的人才保障。

一是坚持把人才作为第一资源,摆在突出重要位置。 树立人才优先理念。坚持"为党育人、为国育才"的战略目标,把人才工作作为教育体育部门服务全市大局的中心工作来抓,思想上高度重视,行动上积极作为,不断提高人才工作对抚州经济社会发展的支撑力和贡献率。落实人才工作责任。切实担负人才工作职责,完善"一把手"负总责,分管领导具体抓,各科室(单位)分兵把口、协同推进的工作机制,坚持把人才工作与教育体育各项工作同部署、同推进,每季度听取一次汇报,列入考评内容,推动工作落实。浓厚人才发展氛围。通过开展优秀教师表彰、先进事迹巡回报告会、援疆优秀教师专访、"五名工程"评选等形式,加强对优秀人才的宣传报道。争取市委、市政府出台《关于大力营造尊师重教浓厚氛围的实施意见》,在全社会掀起尊重人才、尊重知识的热潮。

二是坚持把育才作为首要职责,培养更多合格人才。 把牢政治方向。全面贯彻党的教育方针,落实立德树人根本任务,进一步加强学校思政工作,牢牢掌握意识形态工作的领导权,把牢社会主义办学方向,努力培养担当民族复兴大任的时代新人。提升人才质量。坚持"五育"并举,培养德智体美劳全面发展的社会主义建设者和接班人。巩固高考传统优势,拓宽自主招生、学科竞赛、体艺特长、国际教育等升学渠道,力争录取北大、清华40人以上,录取"双一流"高校人数保持全省领先。培养多样人才。大力发展竞技体育、学校体育,努力培养一批优秀体育人才,力争在国内外赛场获得更多更好名次。发挥高等院校、研究院、职业学校作用,培养更多社会需要的学术、技能、社会人才。

三是坚持把教师作为关键对象,打造素质过硬队伍。 多措并举招聘教师。通过全省统招、特岗计划、三支一扶、公费师范生、定向师范生等形式,全市选招教师2000人左右。坚定信念引领成长。引导教师树立正确的历史观、民族观、国家观、文化观,坚定"四个自信"。组织4万名教师参加国培、省培等培训,不断提升教师素质。不拘一格用好人才。充分发挥退休教师、音体美支教大学生、企业技术骨干、优秀退役运动员等作用,服务人才培养。千方百计保障待遇。落实教师工资、绩效、职称等待遇和边远山区津贴、补贴等政策,加强对教师生活、情感上的关心,提升教师职业幸福感。

四是坚持把学校作为重要纽带,提升服务大局能力。 建好校地合作大平台。深入推进我市与北京大学、清华大学、赣南师范大学、东华理工大学等高水平大学合作,推进北京大学文化传承与创新研究院(抚州)落地运行,尽快形成一批优秀成果;加快推进东华理工大学新校区建设,衔接有关院、所落户,提升人才培养水平。拓宽校友回乡大通道。进一步健全"八个一"(开好一个会议、办好一个聚会、开展一次走访、组织一次返校、编印一本名录、引进一批项目、建立一个平台、搞好一批服务)的工作举措,完善校友信息,力争年底全市优秀校友名录达1.8万人,重点校友达到3000人,推动在主要城市设立校友会。加强与重点校友沟通联络,定期组织校友返乡返校,成立校友基金会,针对性开展招商洽谈,推动一批项目落地,助力"三请三回""双返双创"事业。强化人才服务大保障。落实《人才子女入学实施细则》,协调做好人才子女入学工作。为高层次人才子女就读开通"绿色通道",实行"一对一"服务,提升服务水平。

（本文系2018年4月在抚州市人才工作推进会上的发言）

樂中問道

吳建发 著

下

江西教育出版社
JIANGXI EDUCATION PUBLISHING HOUSE
·南昌·

赣版权登字 -02-2023-030

图书在版编目（CIP）数据

乐中问道：上、下 / 吴建发著 . -- 南昌：江西教育出版社，2023.4
ISBN 978-7-5705-3592-7

Ⅰ . ①乐… Ⅱ . ①吴… Ⅲ . ①人生哲学－通俗读物
Ⅳ . ① B821-49

中国国家版本馆 CIP 数据核字（2023）第 037636 号

乐中问道（上、下）
LEZHONGWENDAO（SHANG，XIA）

吴建发　著

江西教育出版社出版
（南昌市学府大道 299 号　邮编：330038）

出 品 人：熊　炽
责任编辑：周　婷　涂丽娥　涂思鹏　程　莹
书籍设计：运平设计

经　　销：各地新华书店
印　　刷：南昌市红黄蓝印刷有限公司
720 毫米 ×1000 毫米　　16 开本　　55.5 印张　　816 千字
2023 年 4 月第 1 版　　2023 年 4 月第 1 次印刷

ISBN 978-7-5705-3592-7
定价：98.00 元

赣教版图书如有印装质量问题，请向我社调换　电话：0791-86710427
总编室电话：0791-86705643　　编辑部电话：0791-86710430
投稿邮箱：JXJYCBS@163.com　　网址：http://www.jxeph.com

2016年7月，与高考状元们在一起

2016年8月，在井冈山干部管理学院学习留影

2016年3月，出席全市教育工作会议

2016年5月，与中国银行抚州市分行签约合作

2013年，央视《开讲啦》走进临川一中

2014年11月，在抚州市原野山庄与教育部领导合影

2013年8月，访问新加坡南洋理工大学

2013年8月，访问加拿大多伦多大学，与教授合影

2011年4月，检查指导抚州市第一人民医院医药卫生阳光行动开展情况

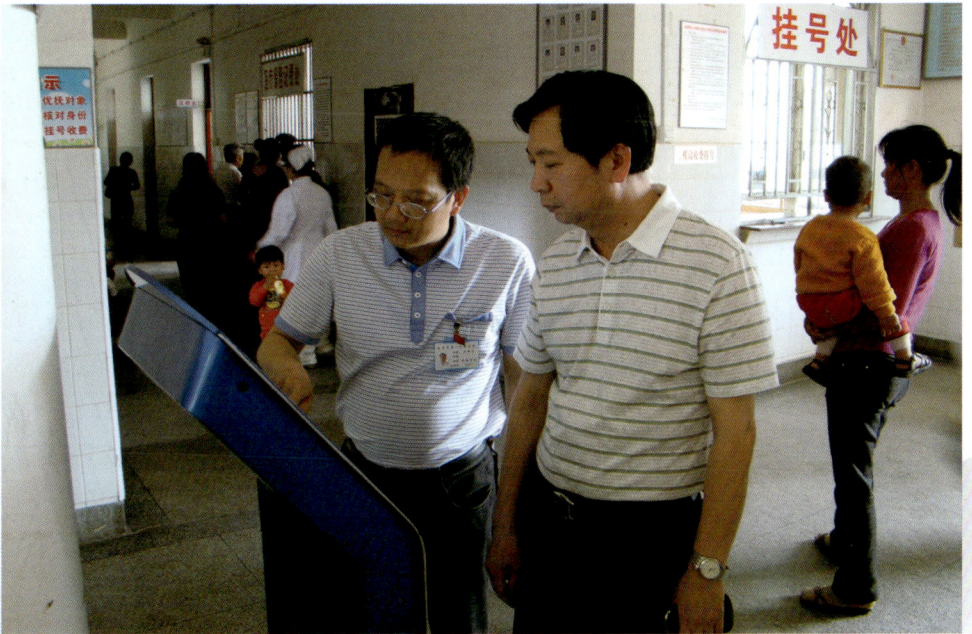

2011年9月，检查指导抚州市第一人民医院门诊服务工作

1999年12月，在抚州地委大院合影

2001年5月，在云南边陲留影

1999年10月，在抚州市委政研室留影

1999年11月，在抚州市委政研室留影

1996年4月，在抚州地委办公室秘书科学习

1997年6月，与抚州地委办公室领导合影

2018年9月，与抚州市第三届先进事迹报告团成员合影

2018年10月，在大连参加第四届中英地方领导人会议留影

2018年11月，出席全国中小学综合实践活动（研学实践教育）论坛，接受记者采访

2019年1月，与抚州市教育体育局班子成员接受廉政教育

2019年2月，出席中国共产党抚州市委教育体育工作委员会、抚州市教育体育局揭牌仪式，与班子成员合影

2019年6月，出席抚州市教育体育局2019年新闻发布会

2019年7月，参加抚州市2019年市属公办学校义务教育免试就近入学和市、区保育院秋季招生入学电脑派位公开摇号现场直播活动

2019年9月教师节，走访慰问抚州一中教师

2019年9月教师节，走访慰问抚州医学院教师

2019年9月教师节，陪同市领导走访慰问抚州职业技术学院教师

2019年9月教师节，陪同市领导走访慰问江西中医药高专教师

2019年11月，出席第98届 WBA世界拳击协会全球年会

2020年8月，出席抚州市政协提案工作座谈会

2020年11月，深入抚州市东乡区王桥乡走访慰问困难群众

2021年4月，深入抚州市东乡区协调解决信访积案问题

2021年5月，深入抚州市卫生健康委员会督导提案办理工作

第 五 篇

参谋服务

关于抚州融入大南昌的研究报告

为贯彻落实市委"融入大南昌,对接长珠闽"的发展定位和发展战略,市委政研室成立课题组,前往南昌市学习调研,考察了南昌市高新技术开发、南昌市经济技术开发区,与南昌市有关部门和企业负责人进行了座谈交流,初步了解了南昌市建设现代花园英雄城市、现代区域中心城市、现代制造业基地的进展情况,研究分析了南昌市产业结构、布局、特点和市场体系、市场机制运行态势,收集整理了南昌市有关制度安排,就抚州如何融入大南昌的系列问题进行了研究和思考。

一、南昌经济圈正在加速形成

经济圈是指经济总量大且活跃的区域,一般是以大城市为中心或为龙头,对周边若干个中小城市经济辐射,从而形成经济上相互影响、相互依赖、相互补充的区域范围。南昌作为京九铁路上唯一的省会城市和环鄱阳湖地区的中心城市,在充分考虑其地理位置、应起的作用及本身具有的特点和优势的基础上,提出了全力打造现代制造业基地、建设现代区域中心城市和现代文明花园英雄城市的发展定位。围绕这一定位,规划用3年时间建成生产基地型的现代制造业基地,用5年时间建成生产基地型和创新型相结合的现代制造业基地,到2005年制造业增加值达360亿元,占市生产总值40%以上,2010年达900亿元,占市生产总值50%以上;着力提升城市综合竞争力,对接"长珠闽",打造周边省会城市"6小时经济圈",环鄱阳湖3小时城市圈,市内"半小时经济圈",把南昌初步建设成为开放型、多功能、强辐射、高效率的现代区域经济中心城市;围绕人脉、文脉、山脉、水脉,全面拉开城市框架、完善城市功能、加强城市经营管理,突出建设好昌北新建新城展新貌、昌南拆建旧城换新颜,彰显"一江两岸、双城拥江"特色,全力打造南昌现代文明花园英雄城市。

思路决定出路,定位决定进位。2003 年,南昌市实现生产总值 641.02 亿元,增长 15.5%,占全省生产总值 22.7%;人均生产总值 15 000 元,相当于全省人均生产总值的 2.25 倍;实现财政收入 76.47 亿元,比上年增长 22.9%,占全省财政总收入的 26.8%;全社会固定资产投资 235 亿元,比上年增长 67.9%,占全省固定资产投资的 17.0%;社会消费品零售总额 201.18 亿元,占全省社会消费品零售总额的 21.8%;城市居民人均可支配收入 7 793 元,高出全省平均水平 892 元;农民年人均纯收入 2 808 元,高出全省平均水平 350 元。

经济社会快速全面持续协调发展,有力地推动了南昌经济圈的加速形成。一是城市综合竞争力大幅提升。《2004 年中国城市综合竞争力报告》从人才本体竞争力、企业本体竞争力、生活环境竞争力、商务环境竞争力四个方面共 56 项指标进行了研究考察,南昌市在全国 200 个大中城市中,共有交往操守指数、企业组织管理指数、企业战略控制指数、基础设施质量指数、生产要素成本指数、自然资源要素指数、产业关联竞争力指数、市场竞争与开放环境指数、政府规划能力指数等 9 项指标列前 10 位。二是经济辐射功能增强。目前,南昌市有上市公司 14 家,准上市公司 1 家,占全省上市公司的 58.3%。近年来,南昌企业的技术进步不断加快,产品技术含量不断提高,每年都有 30 多个新产品列入省级以上开发计划,已有 2 家企业建立了博士后工作站,形成了一批技术开发中心,特别是清华、北大、浙大、南大科技工业园和中国普天南昌信息产业园、地洲集团南昌软件园建成后,大大提高了南昌的区域开发创新能力。此外,格林柯尔、奥克斯、东元电机、美国科勒、美国耶兹、法国泰耐克、泰豪科技等一批国内外著名企业落户南昌,使南昌的经济辐射功能不断增强。三是产业集聚能力增强。近年来,南昌市产业结构不断提升,三大产业结构比为 8.2∶50.6∶41.2,二、三产业比重分别高出全省水平 7.2 个百分点和 4.4 个百分点。工业化步伐明显加快,2003 年全市 12 个工业园区入驻工业企业 1 598 个,园区累计完成工业总产值 298.3 亿元,实现销售收入 73.03 亿元。全市已经形成汽车、医药和食品、电子信息和家电、新材料、纺织服装五大支柱产业和商用车、飞机、香烟、饮料、医药、光电子、输液器、视听产品 8 个制造业产品基地。农业产业化发展迅速,全市已建成了特种水产绿色无公害蔬菜等十大优质农产品生产基地,培育市级农业产业化龙头企业 50 家,省级龙头企业 17 家,国级龙头企业 3 家,产值超亿元的龙头企业 12 家。14 家龙头企业、30 个品牌获国家绿色产品证书。旅游业打响"玉彩缤纷看南昌"品牌,全年游客达到 445.14 万人次,旅游总收入 33.34 万元。四是市场容量增强。全市面积 7 402.86 平方千米,其中市区面积 617.07 平方千米,建成面积 87 平方千米。全市总人口 450.77 万人,其中非农人口 185 万人,市区人口 145 万人。消费品市场异常活跃,全市共有连锁商业业态 6 种,限额以上连锁总店数达到 16 家,连锁门店数达到 1 021 家,其中连锁超市总店 1 家。限额以上连锁商业企业 12 家,商品销售额 31.89 亿元。全市共有商品交易市场 289 个,全年成交额 275.7 亿元,其中农副产品市场成交额 47.63 亿元,超亿元市场全年达到 28 家,其中 10 亿元以上市场 5 家,实现成交额 180.6 亿元。

二、抚州融入南昌经济圈时不我待

经济全球化和区域经济一体化是现代市场经济发展的必然趋势。南昌经济圈的加速形成,为抚州融入大南昌、参与南昌经济圈的经济一体化进程,推动抚州改革开放和加快发展创造了难得的机遇。

一是抚州与南昌具有良好的地缘优势。 抚州位于江西的东部和中部,虽有 4 县与福建接壤,但接壤的福建地区都是最落后的闽西地区,对抚州产生的经济辐射作用很小。抚州距厦门约 530 千米、距福州约 450 千米、距上海约 700 千米、距温州约 580 千米、距深圳约 770 千米,以抚州现在的产业结构和发展水平,要与这些城市经济圈进行比较紧密的合作不太可能。而抚州与南昌山水相连,距昌约 115 公里,是省内地级市中离昌最近的城市,按照经济学"一小时生活区、三小时经济区"的概念,抚州不仅可以成为南昌的经济圈,而且有可能成为南昌的生活圈。

二是抚州与南昌具有广泛的经济互补优势。由于地缘、交通优势，20 世纪五六十年代，省内纺织、机械、汽车、飞机等与南昌相配套的重要制造业基地布局在抚州。改革开放后，特别是近几年来，更有江铃底盘、抚州造纸、天绅化纤、崇仁煌上煌、南城起落架等企业与南昌形成了紧密型的合作关系，取得了双赢的良好效益。从目前南昌市的制造业结构特点看，南昌已经形成的汽车、医药和食品、电子信息与家电、新材料、纺织服装五大支柱产业与抚州已形成的医药、机械、化工、纺织、食品、建材等主导产业，具有广泛的产业集聚、资源配置、经济整合和经济合作的机会。此外，抚州作为农业大市，生态资源良好、绿色有机农产品十分丰实，发展现代农业，参与南昌农产品市场的分工、竞争、集散，特别是基地建设具有良好的发展前景。

三是抚州与南昌具有长期友好交往的人文优势。南昌版图中最大的进贤县曾为抚州所辖，进贤县中经济最发达的温圳、文港、李渡、前途、长山等乡镇不仅过去为临川所辖，而且至今开设多班通往抚州的客车，与抚州保持着紧密的经济文化交往。抚州作为著名的才子之乡、教育之乡，目前仅抚州一中、临川一中、临川二中、金溪一中就有来自南昌籍的学生 6 000 余人，这使抚州与南昌的文化交往达到了空前的地步。此外，由于地缘、文化等因素影响，两地在干部、人才交流方面也多于其他地区，为两地观念、思想的对接创造了条件。

四是南昌欢迎抚州融入。随着现代制造业基地建设步伐的加快，一批世界 500 强和国内 500 强企业进入南昌，对南昌的专业化协作配套提出了更高的要求，产业集聚过程中前后向整合已成为制约南昌制造业发展的重要因素，格林柯尔、奥克斯、东元电机等企业加紧在南昌周边寻找或建立配套基地。南昌市为了确保进入企业稳定上游采购渠道，降低采购成本，节约产品成本，推动达产达标，也正在加紧规划配套基地建设。据有关部门透露，仅南昌急需专业化协作配套的产品就达 110 项，年配套金额 103.98 亿元。

五是抚州融入南昌时不我待。据南昌方面介绍，目前已有抚州和宜春的高安和上高、九江的永修、上饶的余干等地提出融入南昌的发展战略，高安、上高、永修、余干等地均派出代表团与南昌进行实质性的洽谈，更有永修县要求划入南昌市管辖。但据我们了解,南昌方面更希望、更欢迎加强与抚州市的经济技术合作,共同参与南昌经济圈和环鄱阳湖城市圈的建设过程。对此,我们应当抓住机遇,列上议事日程,尽快进行实质性的回应。

三、先虚后实——抚州融入大南昌的基本方略

融入大南昌是抚州推进改革开放和加快发展的必然选择和现实战略,不是一厢情愿的"拉郎配",也不是简单的口号式加入,而是必须理性地运用区域经济发展理论,顺应客观经济规律要求,努力找准突破口和切入点,实施科学的方法和战略。

1.抚州融入大南昌的指导思想和基本原则

抚州融入大南昌必须与对接"长珠闽"相结合,以寻求资源和要素在更大范围有效配置和提升产业结构、发育市场机制、转变增长方式、降低交易成本、机会成本为宗旨,树立"甘当配角、错位发展、优势互补、互惠互利、实现双赢"的指导思想,按照"基础设施共建,传统产业配套,新兴产业分工,科技人才互动,政策制度统一"的基本思路,以思想观念融入为先导,以产业要素融入为重点,以体制机制接轨为保障,将抚州的经济、社会发展融入南昌经济圈范畴,增强抚州发展与南昌经济圈的关联度,提高抚州发展对南昌经济圈的依存度,把抚州建设成为南昌经济圈的重要卫星城市,逐步使抚州成为南昌和"长珠闽"中心城市的产业配套基地、加工制造业基地、扩散协作基地、科技成果应用基地、休闲度假胜地、劳务输出基地和绿色食品供应基地,实现抚州持续快速全面协调发展。

2.抚州融入大南昌的方法步骤——"五步走"

第一步,统一思想。 思想是行动的先导。抚州融入大南昌的过程是互动的过程,必须双方统一认识,达成共识。为此,拟由南昌市委政研室与抚州市委政研室联合牵头,先期组织1~2期论坛,邀请一些专家、学者、企业家和部门负责人就抚州融入南昌的必要性、可行性、突破口、切入点、重点内容、制度安排和南昌如何迎接抚州融入等问题进行广泛深入的研讨,在统一思想的基础上,形成一些针对性、操作性较强的具体方略,供双边领导决策参考。

第二步，形成部门合作意向。　建议在论坛之后，由抚州市领导率领经贸、农口、招商、园区、旅游、财税、金融等部门和重点企业负责人对南昌市进行一次学习考察，与南昌市进行对口洽谈，初步拿出部门和企业合作意向。然后，适时邀请南昌市领导率团对抚州进行一次考察，再次进行部门和企业对口洽谈，进一步完善部门和企业合作意向。在此基础上，汇总形成双边合作总体框架草案，交双边市委、市政府讨论形成规范草案。

第三步，签订政府友好合作协议。　由双边政府对外协作部门代表政府对框架合作草案进行谈判，形成双方均能接受的预案，交双边市委、市政府正式批准后，由双边政府签订正式的友好合作协议。

第四步，经济和社会发展融入。　启动友好合作协议，参与南昌经济圈经济社会发展一体化进程。

第五步，建立多层次的区域协调机制。　设立政府、部门、行业、企事业4个层面的合作与协调组织。政府层的协调机构，主要研究政策、市场规则、重大基础设施项目决策等的一致性。部门之间的协调，应以市场经济的价值观为基本判断标准，以不影响市场经济的基本运作为前提，尊重对方的权益，主要运用市场手段，在各自利益最大化的基础上实现区域利益最大化。民间企业之间协调机构，主要是开展工艺技术协作、协商制定生产标准、交流信息，避免恶性竞争等。

3.抚州融入大南昌的基本内容——产业分工协作配套

一是制造业配套。　目前，南昌市制造业急需专业化协作配套项目主要涉及家电、汽车零部件、机械零部件、医药、食品、卷烟、服装印染、包装印刷等行业。具体是格林柯尔、TCL、先科、齐洛瓦等家电主机企业，需要配套内螺纹铜管，四通阀，电容、彩电用开关电源变压器，视盘机用特种变压器等35项产品，年配套金额62.78亿元；汽车产业需采购后桥、喷油泵总成、变速箱等主要配套产品36项，年配套金额达19.12亿元；南柴凯马、清华泰豪、三变科技、江联重工等10余户机械行业主机企业，急需配套项目有10余项，年配套金额3.3亿元；汇仁、江中、阳光乳业、英雄乳业、统一集团、煌上煌、汪氏蜜蜂园、南昌卷烟等医药、食品、卷烟类企业,需要配套药用铝箔、复合膜、软包装塑料等产品 16 项,年配套金额 5.32 亿元;银志、华安、盛兴制衣、海洋制衣、领王等 120 余家服装类企业,需要染整后处理配套和采购织标、封布、纽扣、衣架等辅助材料约 2.1 亿元;南昌市家电、医药、食品、卷烟、服装等行业,每年需要大量外包装的纸箱、纸盒及印刷品,年配套金额约 11.1 亿元。对此,抚州市的江底、富奇、江变、明恒、环球、天绅、利群、钧天、邦和、泰昌、泰丰等企业和一批乡镇企业均可从中寻找合作机会。同时,还可面向南昌发展配套型企业。

二是农业产业化配套。 可以通过较紧密的合作,消除抚州农产品进入南昌的市场壁垒,建立昌抚农产品绿色通道,提高抚州农产品在昌市场占有率和集散率。同时,抚州可以争取南昌卷烟、晨鸣纸业、英雄乳业、汇仁、煌上煌、圣丰兔业等龙头企业在抚州建立种养业和加工基地,也可推动抚州市昌顺、天顺、远泰等龙头企业加强与在昌大专院校、科研院所合作,走产学研之路,促进抚州市农业产业化进程。

三是旅游产业资源整合配套。 以建设后花园为目标,围绕"融入大南昌,发展大旅游,开辟大市场,形成大产业"目标,突出整合历史文化名城、历史文化名人、才子之乡、教育之邦的人文资源,革命老根据地的红色资源,山清水秀的生态绿色资源,加强与在昌旅行社的联系和合作,将抚州丰富的旅游资源与南昌旅行社的品牌和机制对接,延长南昌旅游产业链,加快抚州旅游业发展。可以规划设计南昌至抚州二日或三日游精品线路,二日游为南昌—抚州(金山寺、王安石纪念馆、汤显祖文化艺术中心、圣若瑟天主教堂等)—宜黄石巩寺、谭伦墓休闲山庄;宜黄曹山寺—乐安流坑—南昌。三日游为南昌—抚州—乐安流坑—宜黄曹山寺、石巩寺—抚州;抚州—南城麻姑山—南丰蜜橘观光园、曾巩纪念馆—资溪法水温泉、马头山保护区、大觉山漂流—南昌。

四是房地产业衔接配套。 可以预见,随着银福高速公路的开通、抚州交通设施和人居环境的改善,特别是南昌市房地产价格的持续上升,抚州作为南昌"1 小时生活圈"的地理优势将日益凸显,抚州不仅会成为部分外地人的人居选择地,而且抚州的房地产业也会成为省内外投资者看好的产业。因此,我们必须用战略的、长远的眼光做好抚州市房地产业的发展规划,加强与南昌市房地产业的准入、制度和价格对接工作,促进房地产业资源更加有效地配置。

五是会展业配套。 会展业作为新兴服务业,是 21 世纪的朝阳产业,能拉动旅游、餐饮、交通运输、商业、物流等多个行业发展,有着巨大的发展潜力。抚州作为南昌的卫星城市和历史文化名城,若能抓住机遇完善设施,改善环境,彰显特色,发展会展业将具有较好的前景,建议抚州市在制定"十一五"计划时,将会展业作为抚州市的一项新兴产业加以规划,并采取实质性的措施加快会展业发展步伐。

六是建筑建材业配套。 抚州是著名的建筑之乡。据有关部门统计,抚州建筑业占南昌建筑市场的 35% 以上,许多建筑获得建设部和国家级奖项,两地在建筑建材业合作方面具有广阔的前景。双方可以通过签订有关合作协议,在资质认定、市场准入、人员培训、建筑设计、施工监理、税费互惠等多方面进行友好合作。

4.抚州融入大南昌的基本保证——观念制度市场对接

一是加强观念对接。 宣传南昌经济和社会发展的背景、格局、变化。宣传南昌的重商意识、求新意识、诚信意识、协作精神、契约精神、务实态度、兼容心理、重视效率和开放胸襟。可以派各层次干部到南昌挂职锻炼,组织企业家到南昌学习考察,组织和引导县区与南昌市县区结为友好县区。

二是加强机制体制对接。 在管理方式和运作模式上与南昌接轨,重点是行政审批体制、城市管理体制、外贸体制、项目建设和管理体制、金融服务体制等的接轨。在户籍制度、就业制度、住房制度、教育制度、社会保障制度等改革方面,主动学习南昌经验,联手构建统一的制度框架和实施细则,实现区域制度架构融合。参与制定和协调两地财政政策、产业政策等,为多元化的市场主体创造公平的竞争环境。在招商引资、土地批租、人才流动、外贸出口、技术开发、信息共享等方面联手制定统一政策,营造区域经济发展无差别的政策环境。

三是加强交通运输对接。 银福高速开通后,抚州市将融入以南昌为中心的"1 小时经济圈"。要处理好与南昌经济圈大交通网络的配套衔接。公、铁、水的交通网络要有机联结,形成立体交通网络。加强与南昌交通部门联系,共同研究制定两地交通体系规划,设计出两地快速交通线路,力争江西长运兼并抚州市运输公司,加快抚州客运业发展。

四是加强金融服务对接。 建立两地资金结算、拆借、融通和信用评估机制,统一两地信用评估、信贷、金融监管制度,允许两地资产异地抵押贷款,开放异地按揭贷款。争取两地各金融主体的数据库进行联网,实现尽可能多的信息资源共享。

五是加强市场对接。 利用南昌这个大城市平台,主动参与南昌各种商贸活动。争取每年在南昌举行"抚州活动周"或"抚州活动日",将商品交易、名品推介、商贸洽谈等活动融入其中。积极参加南昌举办的各种洽谈会、博览会、交易会等,参加各种国际性、全国性的经济论坛、研讨会等,推动企业积极把握南昌各种商机,努力开拓南昌市场。政府要加强与驻昌大型企业的联系,探寻合作机会,推介可进行合作的项目,争取引进大企业、大项目。

六是加强科技人才对接。 充分利用南昌教育科技资源优势,借脑引资。加强与南昌大专院校、科研机构及大型企业的研发机构的合作,根据抚州市产业特点,筛选出一批关键性或具有共性的技术难题,以招标形式利用社会资源加以解决。积极为企业牵线搭桥,与南昌的科研机构及企业开展技术协作、人才培训等合作,提升企业的技术水平和产品档次。

七是实现基础设施共享。 通过友好合作,与南昌共享海关、商检、动植物检疫、远洋运输等基础设施资源和信息,加快抚州对外开放进程。

(本文原载于抚州市委政研室《谋略》2004 年第 6 期,有改动)

创建名城　成就梦想

——关于抚州创建文化生态名城方略的研究报告

抚州临川素有"才子之乡""文化之邦"的美誉,环境优美,人文景观与自然景观交相辉映。依托文化生态特色资源,创建文化生态名城,力促抚州赶超发展,是抚州市历任领导和全市人民的共同夙愿。为使创建文化生态名城工作尽快转移到统一的、具体的刚性操作上来,市委政研室课题组在客观评估抚州市资源优势、查找与文化生态名城之间真实差距的基础上,提出了创建名城工作的基本方略。

一、文化生态名城的基本内涵及抚州市创建文化生态名城的有利条件

文化生态名城是一个崭新的、综合性的概念,至今没有一个确切的定义,但其内涵至少应包括文化名城和生态名城两个部分。按照联合国教科文组织提出的关于"生态城市"的概念,参照我国评选历史文化名城、国家园林城市和生态园林城市的标准以及目前一些专家学者的看法,可以将文化生态名城理解为"在长期的历史发展中形成了灿烂文化,具有比较鲜明的地域特色和文化特色,社会和谐稳定,经济快速发展,生态良好循环的人类居住城市"。按照这种理解,文化名城应该是历史文化、物质文明、生态文明与精神文明高度统一的结合体,抚州创建文化生态名城具有自身得天独厚的优势。

1.**文化底蕴深厚。**　抚州东吴置郡(公元257年),历史悠久,文化底蕴深厚。经千年岁月孕育生成的"临川文化",为江西两大支柱文化之一,是抚州独有的历史文化遗产,产生了王安石、汤显祖、曾巩、晏殊、陆象山等一大批对中国思想

文化具有深远影响的名儒。王羲之、谢灵运、戴叔伦、颜真卿、陆游等历史名人在此也留下了珍贵的足迹。抚州民间文化十分丰富,孟戏、宜黄腔、傩舞等现代戏曲和舞蹈是全国第一批非物质文化遗产。王祥卧冰、沧海桑田、掷米成丹、麻姑献寿等众多典故均与抚州有关。历史上,抚州曾被誉为"天下禅河中心",佛教禅宗五家有两家派生与抚州有关,寺庙遍布城乡,曹山寺、金山寺、正觉寺、疏山寺、寿昌寺等都是佛教名刹;天主教圣若瑟大教堂规模宏大,为全国三大教堂之一。抚州中心城区文化古迹众多,有始建于南宋、重修于明朝的文昌桥;宋徽宗亲自赐名的玉隆万寿宫(抚州会馆);始建于唐朝的金柅园;充满神秘色彩的羊角石、金台石、二仙桥;东晋书法家王羲之洗墨池;历代官府为调节粮价、备荒赈灾而设置的最古老且最具标本意义之一的文化遗址"常平仓";建造于明朝万历年间,为纪念抚州历代乡贤才子,又期待千万后人都夺得文章魁首的万魁塔;等等。这些有形的和无形的资产是抚州创建文化名城的坚实基础。

2.生态环境良好。 城区水系完整、水资源充裕,河流水质常年保持二级以上标准。抚河、临水、宜黄河贯穿新老城区,梦湖、西湖交相辉映。正在兴建的汝水森林公园拥有大片的湿地和水面,集纳了上百种珍稀树木。森林覆盖率达61.5%,空气质量优良,空气污染指数(API)常年小于100,每毫升空气中负离子浓度大于2 000个。绿地率、绿化率和人均公共绿地面积分别为32%、35%和10.1平方米,2007年进入省级园林城市行列。近两年来,中心城区的绿化直接投资已达6亿元,增加公共绿地面积和道路绿地面积269.167公顷,绿化投入超过1949至2005年的总和,公共绿地面积达415公顷,人均公共绿地面积已超过了国家园林城市的标准,城区居住条件不断改善,打造生态城市的时机基本成熟。

3.基础设施日趋完善。 为打造文化生态名城,市委、市政府在"十一五"城市建设规划中,提出了"突出产业兴城,唱响文化戏,做足水文章,打好生态牌,着力提升抚州文化品位,改善城市居住环境,把抚州建设成为南昌和闽台旅游休闲后花园"的创建思路,包括抚州文化园、市体育中心、凤岗河、抚河大道、抚河橡胶坝工程等在内的40余个城市重点建设项目相继竣工或即将竣工,城区面貌焕然一新,一批先进的、具有地方特色的现代化标志性文化设施逐步建成,交通、水电管网等基础设施日趋完善,随着文昌里、拟砚台重修工程的正式启动,抚州创建文化生态名城有利条件将更加突出。

4.理论准备比较充分。 早在 1991 年,抚州就开始着手申报国家历史文化名城,并组织人员做了大量的研究工作。2006 年底,市委、市政府提出了创建文化生态名城的目标,并于去年 11 月请来知名专家学者到抚州深入调研,隆重举办了"抚州中心城区文化生态名城高峰论坛",各界专家学者济济一堂,为抚州创建文化生态名城畅所欲言、出谋划策,取得了丰硕成果,达成了创建名城的共识。临川文化研究会等学术团体的成立,临川文化研究不断深入,也为创建文化生态名城提供了良好的理论支撑。

二、客观认识抚州市与文化生态名城之间的真实差距

虽然抚州市创建文化生态名城具有较大的优势,但我们必须清醒地认识到,由于诸多历史原因,抚州工业比较滞后,经济实力没有得到质的飞跃,很多经济指标仍处于全省的中下游水平,文化生态设施保护与开发投入欠账较多,与文化生态名城的要求相比,仍有较大的差距。创建文化生态名城面临着不少困难和挑战。

1.文物破坏比较严重。 历史文物是传统文化的载体和历史的见证,具有不可再生、不可替代性,保护好历史文物不仅被列入国家园林城市和国家生态园林城市创建标准,2008 年 4 月出台的《历史文化名城名镇名村保护条例》更进一步明确规定,历史文化名城申报必须具备"保存文物特别丰富;历史建筑集中成片;保留着传统格局和历史风貌;历史上曾经作为政治、经济、文化、交通中心或者军事要地,或者发生过重要历史事件,或者其传统产业、历史上建设的重大工程对本地区的发展产生过重要影响,或者能够集中反映本地区建筑的文化特色、民族特色"四个基本条件,并且要求在所申报的历史文化名城保护范围内还应当有两个以上的历史文化街区。从抚州市城区文物现状来看,重要文物古迹先后经历了几次大的破坏,如在"文革"时被毁的盐埠岭王荆公祠、汤显祖墓,在改

革开放后被毁的玉茗堂遗址、曾巩书院等,幸存下来的遗址已经不多,且分布比较零散,达不到集中成片的要求,更不可能在短期内拿出两个以上的历史文化街区。城东具有民俗特色的古代民居,受自然损坏比较严重,如果再不及时修复,这些古建筑也将消失。

2.城市生态水平仍有待提高。 国家园林城市创建标准明确要求,"城市公共绿地、居住区绿地、单位附属绿地、生产绿地、风景林地及道路绿化布局合理,功能齐全形成有机的完整体系",国家生态园林城市则进一步对动植物种类、绿化指标等提出了更高的要求。我市城区现有绿地 24 处,但城市的北部、东部公共绿地少,分布不均。园林植物种类 418 种,与其他城市相比显得比较单调,离生态园林城市关于综合物种指数、本地植物指数等指标要求差距较大。城市绿化覆盖率、建成区绿地率虽然离国家园林城市 34%、39% 的指标要求差距不大,但离更高层次的国家生态园林城市 38%、45% 的要求差距较大,要挤入全国城市先进行列仍有大量的工作要做。城市生活指标和城市基础设施等多项指标目前也达不到国家园林城市和国家生态园林城市的标准。

3.文化旅游产业比较薄弱。 尽管抚州市文化优势突出,但多年来,抚州市文化行业工作机制不灵活,"吃大锅饭"的现象比较普遍。专业人才奇缺,文化产业十分薄弱,没有形成有规模、有实力的文化产业集团,发展后劲不足。旅游产业也长期处于缓慢发展之中,产出率普遍偏低。据统计,2007 年旅游产业收入仅为 18.8 亿元,大多数景点都是"单兵作战",没有真正开通精品线路,加上宣传效果较差和缺乏高质量的配套服务,市场经营一直处于低水平运作状态,是全省两个未能进入省级优秀旅游城市之一。近几年来,城区基础设施条件大为改善,一大批文化设施项目已跨入全省先进行列,但如何盘活现有资源,变资源优势为竞争优势,还有很长的路要走。

4.经济社会发展水平相对偏低。 名城向来是与经济高速发展联系在一起的。长期以来,抚州以传统的农业地区参与全国、全省分工与竞争,工业积贫积弱,经济发展一度全省垫底。近几年来,抚州大力实施赶超发展战略,主攻两区成效比较明显,但很多经济指标在全省仍处于中下游水平,纵观其他兄弟省市创建名城,我们发现,经济社会发展水平没有在全国或全省中游水平以上的,要创建名城是难以想象的。

三、加快文化生态名城创建的基本方略

名城在于创建,创建成就名城。从总体上判断,抚州市创建文化生态名城的优势比较明显,条件基本具备,机遇大于挑战,但创建名城不是一时作秀,不可能在短期内一蹴而就。它需要我们以抓工业园区和城市重点工程的决心和魄力,不断创新工作机制,加大创建力度,并坚持不懈地奋力推进。

1.**统一规划,刚性操作,走可持续创建之路。** 思路决定出路,成败在于操作。创建文化生态名城是我们推进赶超发展不可逾越的阶段性课题,必须在统一规划的基础上整体推进,走可持续发展之路。**一要统一创建规划。** 着眼于前瞻性、先导性、全面性和可持续性,对照名城创建有关指标要求,结合抚州市实际,制定抚州创建文化生态名城的总体规划,以生态保护、文化发展、旅游产业等各个方面具体单项规划,指引创建名城工作规范有序开展。**二要积极申报"九城"。** "九城"即创建全省文明城市工作先进城市、全省优秀旅游城市、全省文明城市、国家园林城市、全国文明城市工作先进城市、全国优秀旅游城市、国家历史文化名城、全国文明城市、国家生态园林城市。借鉴省内新余、上饶,浙江金华、衢州,广东中山等市创建经验,根据抚州市历史、文化、生态、人文特点,建议以申报"九城"为抓手,加速文化生态名城创建进程。**三要列出创建时间表。** 建议分近期、中期、长期三个阶段,列出时间表,逐项申报,持续创建。近期规划(2年内):2009年创建成全省文明城市工作先进城市和全省优秀旅游城市,2010年创建成全省文明城市和国家园林城市;中期规划(5年内):2012年争创国家生态园林城市和全国文明城市工作先进城市,2013年争创全国优秀旅游城市;长期规划(10年内):2016年内争创国家历史文化名城,2018年前争创全国文明城市。

2.**显山露水,突出个性,打好名城创建"生态牌"。** 山水是城市的特色和魄力,"水城"威尼斯、"山城"重庆、"泉城"济南等国内外名城,都是以鲜活的山

水个性而闻名的。抚州要想在众多同类城市中脱颖而出、独树一帜,必须从抚州自然环境、山川河流特点出发,显山露水,打好"生态牌",做足水文章,建成特色山水城市、园林城市、生态城市。**一要依托自然山水。** 抚州市自然条件优越,城区低丘起伏,小溪河湖散布,是区别其他城市最明显又不可替代的城市景观。建议在城市建设中,充分利用自然山体、河湖、池沼,依自然地形而建,形成高低起伏、错落有致的城市体系,切忌挖丘填谷,一平了之。要发挥城区水系发达、河湖清澈明亮的优势,做好"三水两湖"(抚河、汝水、宜黄河、梦湖、烟波湖)的秀水文章。**二要保护生态环境。** 加强抚河等水域水源保护治理,严防严查污染源排放,确保污水处理率达 80% 以上,垃圾无害化处理率达到 75% 以上,地表水环境质量标准达到三类以上,保证城市居民饮用水安全。保护好橡胶坝上下游湿地及丛林、城外东乡仓湿地、玉隆万寿宫南侧湿地、抚八线以南凤岗河湿地、仙临山山系及附着林木等原生态和次原生态的森林、丛林及湿地资源,使城市空气污染指数(API)小于 100 的天数达到 240 天以上。同时,对城市的古树、名木建档立卡,采取有效措施进行保护。**三要搞好城市绿化。** 加大自然生态和天然植被的合理利用,提高城市绿化中园林植物的应用种类,力争达到 600 种以上。加强城区和周边森林绿化区、绿化带以及城市生态、森林、绿地公园的建设,沿山、沿水、沿路植树造林,形成绿化网络,确保 3 年内城市绿化覆盖率、建成区绿地率、人均公共绿地面积指标分别达到或超过 40%、35% 和 10.5 平方米,达到国家园林城市标准。**四要建设环城绿色圈。** 在抚河、凤岗河、临水、宜黄河河堤、福银高速、向莆铁路沿线建设生态绿色长廊,降低城市中心热岛效应。在城市东北郊,结合现有农田、蔬菜基地、生态果林、苗圃,建设生产绿地;在西郊,以青莲山和仙桂峰为主体,利用良好生态林和林科所苗木基地,建成以观赏、旅游、科研为一体的休闲度假区和植物园;在南郊,依托现有生态森林资源,利用乌石山奇、险、秀的景观,建设以郊游、探险、观光休闲为主的乌石山风景区。继续完善梦湖、凤岗河、烟波湖、抚河景观带等工程及配套建设,开发建设好汝水森林公园、钟岭森林公园、中洲公园、温泉度假村等城市生态项目,形成青山绿水环抱格局,达到"城在水中、城在林中"的浑然天成效果。**五要提高生态建设水平。** 发挥抚州建筑之乡的优势,对城市建设工程量和建筑高度、面积、容积率进行规范处理,充分考虑建设的韵律、风格和色彩,做到亮而不艳,雅而不俗,简洁大方。城市新建建筑按照国家标准普遍采用节能措施和节能材料,城市节能建筑和绿色建筑所占比例达到50%以上。要多建造一些彰显抚州历史文化和传统民居特色的标志性建筑,在城市建设中融入抚州精神和建筑风格,提高城市建设品位。

3.**传承历史,弘扬精神,唱响名城创建"文化戏"。** 文化是城市的灵魂,是城市的软实力和竞争力。传承抚州历史,延续城市文脉,把历史文化与时代精神有机融合起来,是抚州市创建生态文化名城的有效途径。**一要打造文化强势品牌。** 充分挖掘抚州历史文化资源,发挥戏乡、才乡、梦里水乡的"三乡"优势,打造"才子之都,东方梦城"文化品牌。建议向社会广泛征集抚州城市名片、城市之歌和城市广告语,并广为传播。评选好抚州市花和市树,可考虑将玉茗花和樟树作为候选。设计制作好新版抚州市交通地图和旅游地图,展示现代抚州的新景观、新面貌、新发展。**二要保护历史文化遗存。** 对照申报国家历史文化名城条件,建议在文昌里等旧城改造中,有针对性地规划两个以上街区为历史文化遗址保护区,建立陈列馆、博物馆和传统居民保护圈,保存抚州历史特色、文化特色、区域特色。对大量缺乏保护,散落在农村的明清古建筑,要抓紧时间收集、抢修、整理和异地搬迁,努力形成一条具有抚州鲜明特色的明清建筑仿古街。要花大力气做好拟岘台、抚州会馆、洗墨池、曾巩书院、玉茗堂等历史文化名胜古迹的修复重建工作,尽可能保存完善其传统格局和历史建筑风貌。要加大抚州采茶戏、广昌孟戏、宜黄海盐腔、南丰傩舞、《沧海桑田》等一批国家非物质文化遗产的发掘和保护力度,特别是做好非物质文化遗产传承人的选拔培养,以及歌词和谱曲的收集整理、调整完善和舞台演出等保护开发工作。**三要传承文化资源。** 成立专业的抚州历史文化研究机构,使文化研究从高校庙堂走向经济社会的前台。在东华理工大学临川文化研究所的基础上,广纳各方人才,提高经济待遇,聘请国内外研究临川文化的专家、学者共同参与,致力于临川名人、书籍、文物、民风民俗的研究,以传承弘扬临川文化。在塑造好王安石、汤显祖、曾巩、晏殊、陆九渊等历史名儒的同时,对李井泉、舒同和"八大院士"等现当代名人也要大书一笔,让历史名人精神激励抚州后人。组织人员编撰新临川文化系列丛书,整理收集历史上临川籍才子古书著作,研究开发其文学、戏曲、医学、文化价值。**四要创造现代抚州新文化。** 借助历史文化的光辉底蕴,有意识地聚集文化资源,引入文化经济概念,创造抚州现代教育文化、戏曲文化等新文化。把抚州文化园、抚州体育中心建成现代抚州标志性文化设施,丰富汤显祖大剧院、市图书馆、市博物馆、市体育中心的精神内涵,完善硬件设备。逐步提高市图书馆的馆藏量和等级标准,使其成为研究临川文化和抚州名人的资料中心;在市博物馆内筹建戏曲博物馆,将临川戏曲之乡和"临川四梦"发扬光大。同时,大力搞好城市社区文化和民俗文化,建设群众艺术文化馆,组建群众文化活动团队,开展多种形式的社区文化活动,丰富市民健康多样的现代文化生活。

4.**找准定位,明确方向,谱写名城创建"产业篇"。** 产业是立城之本,支撑着城市健康可持续发展。抚州市创建文化生态名城很大程度上就是要立足自然、历史、文化和经济资源,找准定位、明确方向、扬优成势。**一要壮大文化产业。** 鼓励社会各方力量兴办文化经济实体,建立以广播影视、图书报刊、文娱演艺、网络媒体、文化传播为主体的产业体系,培养一批懂管理、会经营的文化产业领军人才。建议以开发梦文化产业为先导,利用联合国在世界范围内开展纪念汤显祖活动和国旅开发温泉度假村项目建设为契机,成立临川梦文化公司,开发梦文化产品,组织梦文化演出团体,将临川梦文化产业作为抚州文化产业的领头雁。**二要发展会节经济。** 发挥抚州市南昌远郊、闽台近邻的区位优势和初步形成的大交通网络,结合抚州历史、文化、产业特点,利用抚州文化园、体育中心等现代化场馆,策划申办全国性和国际性会展、节庆活动。建议承办汤显祖国际戏曲节、全国戏曲博览会、全国性文学笔会、国际傩舞节、区域性旅游交易会、临川文化研讨会、基础教育研讨会、高考论坛大会、南丰蜜橘节、广昌白莲节等一系列会展活动,举办"魅力抚州""现代抚州""开放抚州"等系列文化艺术活动,形成区域性、全国性、国际性文化品牌。**三要做优生态工业。** 金巢开发区是城市新区,随着城市框架进一步扩大,将成为新区的中心。要优化金巢开发区生态工业园区建设,调整产业结构和园区发展方式,在承接产业转移和项目引进时,坚持"三个坚决不搞"原则,严格企业准入制度,提高入园门槛,招商引资有辐射力、带动性、产业链的龙头企业集团,大力发展机电、医药、食品、光伏等科技含量高、经济效益好、资源消耗低、环境污染少、发展前景广阔的优势产业,以新型工业促进生态文化名城建设,实现生态环境与工业化、城市化协调发展。**四要开发旅游产业。** 坚持推介"烟波古临川、绿色新抚州"的旅游品牌,加大宣传力度,以市场经营的理念,深入挖掘抚州文化旅游、生态旅游和红色旅游资源,开发以"临川文化"为主线,以"三山两村一泉"(大觉山、军峰山、麻姑山、流坑村、竹桥古村、临川温泉)为重点的旅游精品,把"吃住行游娱购"有机融合,提高服务质量,打造一批黄金线路。借助马头山自然保护区年初被评为国家级自然保护区的契机,争取国家、省主管部门的支持,保护利用开发好马头山旅游资源,使其成为抚州市旅游的新亮点。遵循"谁投资、谁建设、谁管理、谁受益"的原则,引导鼓励各种经济实体、社会团体、各界人士投资兴办旅游开发性企业,以旅游业带动城市物流、人气和财源,进一步促进酒店业、餐饮业、物流业等现代服务业的繁荣发展。

  5.**夯实基础,强化保障,确保名城创建工作取得实效。** 创建文化生态名城是经济、文化、社会各方面统一的系统性工程,需要各级政府、职能部门、市民群众以及社会各界的共同努力,并通过完善的工作机制将各方力量有机整合。**一要健全组织机构。** 建议成立抚州名城创建委员会,由市委、市政府主要领导任主任,分管领导任副主任,市委宣传部、市文化局、市建设局、市规划局、市环保局、市林业局、市卫生局、市教育局、市体育局、市广电局等职能部门及临川区、金巢开发区为成员单位,负责名城创建总体规划、实施方案和政策措施的出台,指导整个创建工作。**二要强化部门职责。** 各地、各单位、各部门要将名城创建工作列入重要议事日程,按照创建要求,结合创建职能,落实创建任务,主要领导亲自负责,分管领导、内设机构和工作人员齐心协力,积极投入创建工作,形成名城创建的强大合力。**三要多元化投入。** 采取地方财政投入、争取条管资金、社会捐赠和市场运作相结合的方式,多渠道筹措资金和运用资金。建立从城市土地收益中拿出一部分资金投入城市生态文化项目建设的机制,并逐年提高比例;向

420

乐中问道

上争取鄱阳湖生态经济区保护和河道水土保持、林业绿化项目等专项资金。逐步实现城市经营从土地经营向资产和项目经营转变,建议出让汤显祖大剧院、市体育中心等资产经营权,公开招聘文化体育公司运作与经营文化、体育、会展、旅游等相关产业;可尝试公开拍卖城市道路、建筑物、文化活动的冠名权、发布权和使用权,多方筹资共建文化生态城市。**四要动员全民参与。** 坚持开门搞创建,让全市文化、建设、规划、历史、文物等各界学者和广大市民享有更多的知情权、参与权和建议权,扩大公众参与的范围,增加公众参与的环节,减少决策风险,避免决策失误。建议由市创建委根据名城创建要求,起草并发布《抚州市市民创建文化生态名城公约》(简称《公约》),加强宣传,让更多的市民以《公约》为行动标尺,自觉身体力行。抚州日报、抚州电视台等新闻媒体开辟名城创建专题、专栏,进行全方位覆盖式宣传,大力营造人人参与名城创建的社会氛围。文化系统牵头组织喜闻乐见的文化歌舞演出,深入社区、街道宣传名城创建活动,强化市民文化意识、文明意识、城市意识,主动参与文化生态名城创建。**五要切实加强考核。** 建立健全名城创建工作考核责任制,纳入市委、市政府年度目标考评重要内容。实行定期督查调度工作制,由创建办、督查办、人大代表、政协委员以及市民代表组成督查组,对各职能单位创建工作进行定期或不定期督查,创建工作不力或进展缓慢的,要追究单位责任。**六要倚重法治。** 建议市委、市政府制定出台《关于抚州市创建文化生态名城的实施意见》,并提请市人大常委会审议通过《关于抚州市创建文化生态名城的决议》,同时将抚州城区建设总体规划、控制性规划和重点工程建设一并纳入法治化轨道。通过制定地方法规的形式,将创建文化生态名城的战略决策固定下来,使创建文化生态名城工作更加规范化、程序化、科学化、法治化。

关于建立完善城市管理长效机制的调研报告

为巩固抚州市城市环境综合整治成果,推动城市管理规范化、制度化、法治化,实现城市管理由突击整治向长效稳定管理的根本转变,逐步改善抚州市区人居环境和发展环境,提升城市品位与竞争力,市委政研室成立了"建立完善城市管理长效机制"课题组,先后在市、区开展了广泛的调查研究,并赴福建漳州、广东梅州、赣州和宜春市进行了学习考察。在客观评价分析我市城市管理与外市差距的基础上,课题组认为,单纯依靠城管职能部门抓城市管理的思路已经非常滞后,建议以创建省级乃至国家级文明城市、园林城市为契机,下决心对现有管理体制和工作机制进行一次大的调整。在加强城管部门工作职能的同时,充分发挥街道、居委会两级组织的基础性作用,实行市、区、街、居四级联创,努力把城市管理工作塑造成对外形象的重要窗口。现结合抚州实际,提出建立完善城市管理长效机制的有关构想。

第一章 抚州市城市管理现状

2004 年以来,市委、市政府通过组织力量对赣东大道、玉茗大道等城市主干道进行了集中整治,市政工程设施得到较大程度的完善,城区市容和环境卫生有所改观,绿化、亮化、美化工程初显成效,其中绿化率达到 16%,市政基础设施完好率达到 86%,路灯亮灯率和完好率均为 95%,临街广告牌、墙面凸出物及主干道卫生环境等得到全面的清理整顿。但由于管理体制、机制尚不完备,投入严重不足等多方面的原因,城区建设和管理仍相对滞后。

一是市政设施欠账多、维护难,城管工作条件差。 我市现有市政设施非常陈旧,多为 20 世纪七八十年代的产品,基本上处于报废状态。执法车辆、压路机、吸粪车等十分缺乏,工作效率低下。市区只有垃圾中转站 6 个,仅为国标参数设置量的 24%;水冲公厕 13 座,为国标参数设置量的 19.5%;陆续投入使用的果壳箱 600 个,为国标参数设置量的 24%;环卫车辆少,其中垃圾清运车 5 台,洒水车 2 台,仅为国标参数设置量的 30%;全市机动车辆停车位不足,市区社会停车场面积仅为 51 735 平方米,占道停车现象比较严重。此外,目前抚州城区道路面积达 140 万平方米,人行道面积 70 万平方米,下水道长达 120 千米,路灯13 754盏,按 1994 年《全国市政工程设施养护维修估算指标》测算,我市城区年最低养护费为 255 万元,由于市财政安排城市日常养护经费较少,市城区公共设施得不到及时的更新与修复,导致部分地段破烂不堪,且不少市政工程是赊账建设,市政管理处目前仍背负了 300 多万元的债务,工作运转十分困难。

二是市容和环境卫生状况不容乐观。 "脏、乱、差"问题仍然比较严重。由于管理不严和受长期生活习惯的影响,不少市民环卫意识和文明意识淡薄,占道经营、垃圾乱倒、随意涂鸦等现象时有发生,尤其是城市"牛皮癣"问题十分严重,街面建筑物上的垃圾广告在清理之后一夜之间死灰复燃。沿街摆放的垃圾箱和果壳箱得不到及时清理,有的已经成了新的污染源。小街小巷的卫生设施奇缺,加上卫生管理不到位,垃圾随处可见。城乡接合部以及部分改制企业居民区的环境管理成为盲区,由于权责关系不明,城管部门和社区互相推诿,群众的正常生活受到影响。此外,环卫工人待遇偏低、工作积极性不高、人员年龄老化等问题比较突出,也在一定程度上影响了市区环卫保洁工作质量。

三是交叉执法、多头执法及不规范执法的问题比较突出。 城市管理执法涉及规划、园林、市政、市容和环卫、公安、工商、交通、卫生、环保、民政、水利、文化、宗教等 10 多个部门,由于各部门之间管理职能交叉,执法权分散,出现了"有利互相争,无利互相推""有法不依、以罚代管"等现象,加上市城管局缺少执法方面的强制措施,执法安全没有保障,执法效果大打折扣。

四是重复建设较多,管理比较混乱。 在新的城市总体规划批准之前,市区部分建设项目如客运站、农贸市场、商品批发市场等布局不合理,执行规划建设给交通运输、市场秩序管理等带来了压力。

第二章　深化城市管理体制改革

一、指导思想和基本原则

（一）指导思想

突出以人为本的宗旨，依据城市管理的法律、法规和政策规定，科学划分市、区城市管理权限和职责，建立和完善"两级政府、三级管理、四级网络"的新型城市管理体制，坚持以街道办事处为单元，以加强日常管理监督和执法为保障，充分发挥街道办事处和社区居委会在城市管理中的基础性作用，努力构建全天候、全方位、无缝隙、反应快捷、运转顺畅的城市管理新格局。

（二）基本原则

1.统一领导，分级管理的原则。坚持在市委、市政府的统一指导下，加强市级调控权，强化区级事权，夯实基层管理基础，形成城市管理合力。

2.责、权、利相统一的原则。按照责权一致、费随事转、人随事转、物随事转的基本思路，合理分配市、区、街办和社区居委会的事权和财权。

3.属地管理和专门管理相结合的原则。根据城区各街道办事处的管辖范围大小，将市政、市容环卫、园林和执法人员统筹分配到各街道办事处，实行地块包干、综合执法责任到人，街道办事处工作人员与城管人员应分工协作、互相配合，共同做好本责任范围内的城管工作。

4.政企分开的原则。坚决推行城管职能部门与所属企业脱钩，进一步改革"政府包揽、垄断经营"的城市建设与管理模式，实现城市管理工作重心向监管和服务的根本转变，提高城市管理的社会效益和经济效益。

二、主要职能权限的划分

（一）市级职能

1.负责城市管理宏观调控工作，拟定相关的规范性文件和实施细则。

2.制定相关的行政管理、监督检查、考核评比、行业规范等制度和标准，促进城市管理的规范化、制度化、法制化。

3.组织对城市管理中的突出问题和重点区域进行综合整治和专项治理。

4.对区政府的城市管理工作进行指导、协调、督促检查和考核。

5.承担城区范围内的市政公用设施行政许可审批的管理、养护以及维修管理。

6.承担城区范围内的园林规划,环卫基础设施建设与维护,建筑垃圾排放、受纳与审批,垃圾清运与处理及城区主要道路的洒水降尘工作。

7.依法实施城市管理相对集中行政处罚权。

8.依法实施城区户外广告设置审批权和管理权。

9.法律、法规、规章规定的其他职能。

（二）区级职能

1.在市委、市政府统一领导下,开展城市综合治理,协调组织区属部门和各街道办事处做好职责范围内的城管工作。

2.实施城区范围内市容环境卫生管理。

3.协助市城管职能部门实施市政工程建设。

4.在市级园林管理部门指导下抓好城区内的园林绿化建设和管理。

5.配合市级部门行使城市管理相对集中行政处罚权。

（三）街道办事处职能

大力调整街道办事处的工作职能,将实施城市管理列为街道办事处的主要工作职能。具体包括:

1.制定辖区内的社区建设和城市管理工作计划。

2.组织协调本行政区域内有关部门和单位做好市容环境卫生保洁、垃圾短途转运、街道绿化管理和"门前三包"工作。

3.协助城管执法部门清除占道经营、违法小广告以及各类违章建筑等。

4.指导社区参与城市管理,创建文明社区。

5.完成市、区政府交办的其他城市管理工作。

（四）社区居委会职能

1.在市、区城管部门和街道办事处的指导下,组织协调力量抓好本社区内市容环境卫生管理。

2.配合专业队伍解决本社区内园林绿化、排水、道路、路灯、环卫设施等方面存在的问题。

3.协助城管职能部门开展城管执法活动。

4.组织好创建文明社区、文明楼院等活动,监督物业管理,完善社区管理服务设施的建设与管理,建立社区服务网络。

5.广泛宣传并发动群众,提高社区居民整体文明素质,营造良好的社区管理氛围。

三、职能机构配置

（一）市城市管理综合执法局(或支队),与市城市管理局的关系为"两块牌子、一套人马",主要行使城区范围内的城管执法权,具有独立的行政执法主体资格。综合执法局下设执法大队,为正科级建制,执法大队的设置与街道办事处相对应,即每个街道办事处内进驻一个执法大队,主要负责本街道辖区内的城管执法工作,实行24小时值班制。在组建各街道执法大队之外,成立一个机动大队,专门负责重大城管执法任务、协调处理突发事件。各街道执法大队下设执法中队,与街道办事处所辖的社区居委会相对应,即每个社区居委会内进驻一个执法中队,主要负责本社区内的城管执法工作。

（二）成立城市管理公安分局,并配备一定数量的警力(人员问题可通过新增部分干警和调整现有警力解决),专门负责维护城市管理秩序,处理城市管理执法过程中发生的案件。市城市管理公安分局设在市城管综合执法局内,在业务和人事关系上,受市公安局和综合执法局的双重领导;城管公安分局下设治安大队,与城管执法大队合署办公,和城管执法队共同上路巡逻;治安大队下设治安中队,与城管执法中队合署办公。

（三）原市建设局下属单位市园林处划入市城管局。

（四）市城管局成立城建12319服务热线，配备专门人员24小时值班，负责处理各类投诉，向有关责任部门通报情况，传达处理问题的指令，并在规定的时限内将处理结果反馈给投诉人。

（五）市政工程处、市容和环卫处及园林处与所属企业彻底分离，上述部门原承担的业务逐步推向市场，市政工程建设、环卫工程建设及园林养护逐步实行承包和招投标等市场化方式运作。

四、人员编制调整

（一）市城管综合执法局（或支队）和市城管局的编制，根据职能划转和实际需要，由市委机构编制委员会办公室（简称市委编办）重新核定。

（二）为便于协调工作，市城市管理局局长一般兼任市政府副秘书长、市城管综合执法局局长（或支队长）、临川区党委副书记（专门分管城市管理工作）；市城管公安分局局长兼任市城管局党组成员；市城管局分管综合执法的副局长兼任市公安局副政委；市城管执法大队的大队长任兼所在街道办事处党委副书记；街道办事处主任兼任城管执法大队教导员；治安大队长兼任城管执法大队副大队长；市城管执法中队的中队长兼任社区居委会党支部副书记；社区居委会党支部书记兼任执法中队的指导员。

五、经费保障和财务管理

（一）市、区城管工作经费由市、区财政分级负担并列入年度财政预算，市区两级财政要逐步改善城市基础设施和工作条件。

（二）被撤销和调整的单位，其原有资产和债权、债务一并移交市财政、审计部门负责监督移交。

（三）垃圾处理费由市市容环卫处统一收取，卫生服务费由各街道办事处统一收取。市容环卫处根据各街道办事处承担环卫工作量的数量，每年从年度预算经费中拿出部分资金直接补贴给各街道办事处。

（四）城市管理执法大队、城管公安分局治安大队及其下属中队的工作场所由各街道办事处统一协调解决，经费由市、区财政按一定的比例关系统筹安排。

第三章　加强城市管理制度和机制建设

一、关于加强抚州市中心城区建设和管理的意见

（一）目标任务

1.拉大城市框架,扩大城市规模。按照建设现代中等城市的目标,大力推进城市化进程,从 2005 年开始,城市化率每年净增 2 个百分点。加快中心城区的建设,实现中心城区由目前的城区面积 25.5 平方千米、人口规模 26.6 万人,至 2010 年扩大到 35 平方千米、达 36 万人的目标。

2.创建卫生、园林城市,优化人居环境。按照建设现代文明卫生城市的目标,充分利用山、河、湖自然资源,强化以城市文明卫生和园林绿化为重点的人居环境建设。积极申报省级园林城市,力争到 2010 年达到国家级园林城市的标准,使人均公园绿地面积达到 8 平方米以上,绿地率达 32%以上,绿化覆盖率达 37%以上的标准。

3.改革建管体制,探索发展新路。成立城市规划建设委员会和城市管理委员会,由市长任主任,分管城市建设和城市管理的副市长任副主任,相关部门工作人员为成员,加强对城市规划建设管理的协调和指导。逐步将园林绿化养护、环境卫生保洁、市政设施维护的事业单位的管理与作业职能分开;制定科学的监督办法、工作标准和经费核算体系,做好环卫、园林、市政作业的委托管理和招标工作;建立完善城市管理督查考核制度;逐步建立城市供水、排水、污水处理和回用水一体化的管理体制。

4.成立城市管理督查领导小组。由市人大常委会副主任任组长,临川区人大常委会副主任任副组长,市、区人大、政协和城市管理委员会有关成员单位的工作人员为成员。专门负责对城区的城管工作进行巡视督查。定期在市内新闻媒体上通报督查结果,年底组织力量对城管工作进行考核评比,推动城市管理整体协调开展。

（二）规范、高效、有序地开展城市建设

1.加快中心城区规划编制。着力编制市城区综合总体建设规划。2005 年完

成以下规划的编制:抚州市城镇体系规划及中心城市发展战略规划;城市规划建设用地控制性详细规划(主要为迎宾大道以南、文昌大道以北、金巢大道以西、西一路范围,面积约 7.07 平方千米;文昌大道以东、抚河大桥以南、抚河以西、区间二路以北范围,面积约 6.3 平方千米;抚北路以北、城西堤以南、学府路以西、城西堤以东范围,面积 2 平方千米;临川大道以南、迎宾大道以北、赣东大道以东、文昌大道以西范围,面积 2.8 平方千米;文昌桥以东的桥东旧城区范围,面积 188 平方千米);新城区核心区、赣东大道南延伸段及玉茗大道南延伸段两侧的修建性详细规划;2005—2010 年抚州市城市近期建设规划;汝水公园详细规划;城市消防、电力、弱电管网综合交通、给水、商业网点专项规划;城区 6 个交叉口的城市出入口景观规划(主要为东临公路与沿河堤路交叉口、抚北路与石抚路交叉口、抚八线与文昌大道交叉口、抚河大桥两端、临川大道与文昌大道交叉口)。做好城郊村庄规划编制。加快编制中心城区内、核心区外的村庄布点、选址、建设规划。建设、国土、城管等部门对城乡接合部的规划建设、土地利用要实施有效的监督管理。

2.加强建设项目的规划审批管理。在中心城区内,对未编制控制性详细规划的,不得批准建设用地;对未编制修建性详细规划的,不得批准其建设;中心城区重点地段、主要街道控制性详细规划、修建性详细规划及街景设计(含临街立面)方案,必须报经市人民政府审批。城市规划及设计方案一经审批,必须刚性执行,严格按照审批意见进行管理、建设和监管。

3.大力推进文化名城的保护与建设。按照"护其貌、显其颜、得其韵"的思路,保护与建设富有抚州古文化特色的建筑与街道,完善文化设施,兴建文化广场,修缮文化古迹,提升抚州文化名城的文明程度。

4.积极推进经营城市。实施经营城市战略。做活土地经营文章,严格管地用地,依法收回闲置土地,加大政府储备土地的能力;加强城区土地管理。制定年度建设用地计划和房地产开发土地计划,控制老城区、繁荣新城区,改"饱胀式"用地为"饥饿式"供地,促使房地产开发建设市场健康、有序发展,拓宽经营城市空间。将城市道路、桥梁、广场、公交站台的冠名权和户外广告权、市容保洁权、绿化养护权等实行市场化运作,公开拍卖。今后,所有房地产开发项目必须按规划要求,配套建设农贸市场、停车场、社区用房、公厕、垃圾中转站、小绿地、小广场等设施,同步规划、同步建设、同步验收,减少政府投入。

5.完善城市基础设施。按照"统筹兼顾、突出重点"和"量力而行、尽力而为"的原则,分轻重缓急,分步实施,逐年建设,重点抓好与老百姓生活密切相关、涉及城市基础和城市功能、影响城市形象的城建项目的建设。

6.加快新城区建设步伐。以迎宾大道为线,行政中心和迎宾大道两旁土地开发为面,全面拉开新城区开发建设。加快市行政中心大楼及集会广场建设进度并按照迎宾大道景观详细规划,启动迎宾大道两侧土地的开发建设,加速新区繁荣。老城区内的中央省驻市单位及市直行政、事业单位通过产权出让置换的办法,将办公大楼逐步迁建迎宾大道两侧或行政中心规划区内;加快公共设施建设。在迎宾大道以南及城市新区内,采取政府划拨土地的方式,按照规划要求,吸引外资,投资建设新区综合医院及优质初中、高中学校及其他公共公益设施。

7.整顿和规范房地产秩序。加大政府宏观调控。平衡供求矛盾,激活房地产市场。推进住宅市场商品化,坚决禁止机关单位集资建房。降低税费收缴门槛,简化办事程序,扶持和培育住房二级市场。鼓励干部职工购房,只要资金来源渠道正当,允许干部职工在住房上以小换大、以旧换新,腾老城区房购新城区房;鼓励外来人员购房,解决亲属及子女户口、入学等问题吸引农村人口进城购房,在户口、子女入学、就业等方面给予城镇人口同等待遇。启动廉租房建设。启动住房三级市场建立与完善房屋租赁登记备案制度。科学、合理调控房地产的建设项目,调整住房供应、开发结构,建立良好的房地产市场秩序,促进我市房地产市场持续、健康、快速发展。

(三)强化中心城区市容环境日常管理

1.加大城区主次干道综合整治力度。对赣东大道、玉茗大道、大公路、金巢大道、迎宾大道、学府路、临川大道、同叔路、若士路、瑶坪南路、上沿河路剪子口东(北)段、穆堂路、抚北东路、羊城路、青云峰路、体育路、公园路、环城南路、荆公路等20条城市道路的22条路段大力开展整治"脏、乱、差"工作,要求达到

"十七无"的标准,即无占道经营,无乱吊乱挂,无乱扔乱倒,无乱贴乱画,无乱搭乱建,无乱停乱放,无乱泼污水废物,无乱排油烟,无乱挖乱破,无乱堆放物品,无随地吐痰,无损害公共设施,无占道休闲、娱乐,无下水道堵塞,无店面未经审批擅自装饰装修,无未经审批擅自设置广告、招牌,无路面污染。逐步完成城市主干道上横穿道路及平行道路强、弱电线路的地埋铺设。

2.加大城区建设工地管理力度。严格管住有出渣任务的建设工地,切实解决工地泥土污染路面的问题。要对各条道路的开挖工程严格管理。加强城乡接合部的管理,坚决禁止脏车入城。

3.加强部门联合执法。由市城市管理局实施相对集中行政处罚权,切实解决多头执法、职责交叉、重复处罚、执法扰民等问题,提高执法效率。加大市容环境监管力度,抓紧解决违章建筑、人行道破损、下水道不完整、乱设洗车点、城中村、占道经营等城市"脏、乱、差"问题。加强各项工程建设的审批、监督和管理,对未批先建、少批多建、违规乱建等违法建设,要坚决刹住,依法果断处理。坚持"摧枯拉朽拆违章,严管重罚整市容"的原则,将市容市貌综合整治进行到底。

4.加大社区管理力度。将城市管理列为街道办事处的主要工作职能,充实街办管理组织,相应提高街办、社区居委会人员待遇,明确街办组织负责辖区内市容整洁和环境卫生,协助城管执法部门开展综合执法活动。搞好市政设施和环卫基础设施建设、管理与养护,按照规划要求,在市园林处的指导下实施园林绿化管理和养护。其工作经费应当逐步列入市、区级财政预算。

5.加大城市环境综合治理力度。深入开展控制城区交通噪声、社会生活噪声工作,加大对车辆超速行驶、越线行驶、逆向行驶、酒后驾车的处理和无牌无证车的清理力度,坚决整顿乱停车、乱修车、乱洗车等违法行为。加强停车管理,划定泊车线位,规范和限制道路停车。加强车容车貌和车内卫生的管理。加强行人交通的安全管理。加强烟尘污染管理,严格控制城区生活用煤,禁止饮食店烧煤。采取疏堵结合,规范管理,按准入标准,大力整治出店经营、占道经营,将占路为市的摊点划行归市。启用星洲商城、建材大楼等闲置店铺,吸纳城区内占道经营摊点入市、入店经营。对夜市饮食摊点划定地点经营。搞好城市生活污水处理和工业废气、废水、固体废弃物的综合治理。依法整治和严格管理抚河采沙场(点),提高饮用水源水质。

6.加大环境卫生清扫保洁力度。加强道路清扫保洁工作,将城区和道路纳入保洁范围,提高清扫保洁质量。加大垃圾处理费和卫生服务费收缴力度,切实改善环卫作业条件,统一清扫作业人员着装。推行责任明确、包干到人、考核到位的门前代扫制。改善城区已建成使用的大桥、人行道的市容卫生。

7.加大户外广告、宣传品的管理力度。除不锈钢护栏外,其余护栏不允许再设置广告。严格宣传条幅的管理,控制悬挂气球等宣传品,坚决清理各类印刷品乱张贴、乱张挂。所有广告张贴按行政许可的职能,由工商、城管行政主管部门审批,未经审批的坚决取缔。加强户外广告及标志、标牌的规范设置和清洁卫生。

8.完善拆迁安置。制定抚州市中心城区房屋拆迁实施办法和规划区内近郊农民房屋拆迁安置办法。坚决改变房屋拆迁就近安置建房和建设"城中村"的陋习,大力建设住宅小区、农民公寓楼。抓紧出台城市房屋拆迁货币补偿基准价格,统一拆迁补偿标准,颁布拆迁中涉及的各项补助费额标准。

(四)提高城市道路建设管理质量和水平

1.城市道路建设要统筹规划。新建、扩建、改建城市道路要进行包括沿街景观、路面设施、绿化、地下管线等内容的总体设计,同步施工。不能同时施工的,要预留位置,避免以后重复开挖。加强对城市道路挖掘的管理。对确需挖掘城市道路的,要实行最严格的行政审批,一次开挖"一把锄头开挖"围挡作业。城市道路挖掘审批权集中在市本级,不得随意下放审批权,对于中心城区的主干道开挖,需经市政主管部门批准,并按不低于开挖面积造价1:1的比例缴纳道路挖掘费和道路挖掘修复费。道路开挖经批准后,由市政主管部门指定专门施工队伍负责开挖,但必须提前10天在《抚州日报》上公布挖掘通告,并在施工现场或重要路口设置告示牌。

2.加强弱电管网(管线)的建设管理。制定城市弱电管网(管线)管理办法。城区供水、排水、燃气、供电、电信、消防、有线电视等依附于或者贯穿城市道路的各种管线等设施的建设,应当根据管线单位提出的建设计划,由规划部门统筹规划、市政部门统一施工,按照先地下后地上的施工原则一次性集中建设,严禁在资金不到位的情况下进行建设。城市主要道路敷设弱电管线,要采用非开挖施工技术。对城市主干道、城市广场鼓励由项目法人投资建设综合管沟,实行有偿使用。政府投资建设的综合管沟,由市政主管部门负责管理、经营。

3.加强城市无障碍设施建设。重点做好城市道路、公共场所、住宅、居民小区及公交站点的无障碍设施建设。先在中心城区各广场、主要公共场所等地开展试点工作,力争2007年前中心城区无障碍设施建设走上一个新的台阶。

4.完善城市道路的养护维修。城市管理主管部门要按照城市道路的等级、数量及养护和维修定额,确保道路养护维修经费足额到位。承担城市道路养护维修的单位,要严格执行城市道路养护维修技术规范,提高养护维修质量,确保城市道路的完好率。

5.强化城管监察执法。城管执法要做到有法可依、有法必依、执法必严。充分发挥城管综合执法局(或支队)在城管综合执法中的作用,认真实行分段划片、包干负责巡查执法工作责任制,注重执法成效,提高执法水平。加大投入,改善工作条件,提高装备水平。

二、抚州市市容和环境卫生管理实施办法

(一)总则

1.为加强城市市容和环境卫生管理、创造整洁、优美的城市环境,根据国务院《城市市容和环境卫生管理条例》及江西省《城市市容和环境卫生管理实施办法》,结合本市实际,制定本办法。

2.市城市管理局和各街道办事处按照分工负责的要求开展城区市容和环境卫生管理工作。

3.市人民政府把城市市容和环境卫生事业纳入城市总体规划、国民经济和社会发展计划,并组织实施。

4.城市市容和环境卫生事业所需经费,由市、区人民政府分别列入本级财政预算。

5.一切单位和个人应当尊重市容和环境卫生工作人员的劳动,维护市容整洁,不得阻碍市容和环境卫生工作人员履行职责。

（二）城市市容管理

1.城市中的建筑物和设施应当符合国家规定的城市容貌标准。城市主要街道及其临街建筑物的阳台和窗外,不得堆放、吊挂有碍市容的物品。

2.一切单位和个人,都不得在城市建筑物、设施及树木上涂写、刻画。标语、横幅的设置应当符合城市市容市貌标准的要求,过期应当及时撤除,未经市城市管理局批准,不得悬挂、张贴宣传品等。

3.城市中的户外广告、标语牌、画廊、橱窗等的设置,应当内容健康、外形美观,其使用或管理者应当定期维修、油饰或拆除。大型户外广告的设置,必须征得市城市管理局同意后,再按户外广告管理的有关规定办理审批手续。进一步加强"野广告"查处工作,通过实行承包经营等方式,逐步将城区主干道和小街小巷两旁建筑物的保洁工作推向市场。城管部门要进一步加强对"野广告"的督查力度,严厉打击乱贴乱画行为,确保城区主要街道和公共场所美观、整洁。

4.未经市城市管理、公安等有关行政主管部门批准,任何单位和个人不得占用城市道路和人行道摆摊设点、停放各种车辆。

5.城市市区的工程施工必须做到:(1)在批准占地范围内作业;(2)及时清运渣土、清除污水;(3)机具物料摆放整齐;(4)临街应当设置围挡;(5)停工场地应当及时整理并作必要的覆盖;(6)竣工后,应当拆除临时建筑及施工设施,清理和平整场地。

（三）城市环境卫生管理

1.市容环境卫生管理部门负责城区垃圾清运、处理工作。物业管理单位负责其院内的清扫保洁或委托街道办事处处理。机关、团体、学校、部队、企事业单位、个体门店负责本单位的环境卫生以及责任区的清扫保洁,也可委托街道办事处处理。广场、公园、绿化带、文化体育场(馆)等公共场所的清扫保洁,由其管理单位负责清理或委托街道办事处处理。建筑工地及未竣工验收的住宅小区、道路、市政公共设施的清扫保洁,由建设单位负责清理,也可委托街道办事处处理。集贸市场、商业摊点、早夜市、停车场、河道、码头、水域和游乐场所等的清扫保洁,由其管理单位负责或委托街道办事处处理。

2.城市市区内各类商业摊点、个体售货点(早市、夜市)各类小贩、流动经营者,必须自备废弃物容器和清洁用具,保持摊位和营业场所周围的卫生清洁。

3.推行上门收集垃圾制度。凡未实行物业管理的生活区,一律通过捆绑承包的方式,由市容环卫保洁员在固定时间上门收取居民生活垃圾和按月收取卫生服务费。

4.一切单位和个人都必须按照市城市管理局规定的时间、地点和方式倾倒垃圾,禁止将废弃物裸露于市,不得将碎砖、瓦砾废土、粪便和有毒、有腐蚀性废弃物倾入垃圾中转站或垃圾箱内。

5.科研单位、医疗单位、生物制品厂、屠宰场产生的带有病毒、病菌或其他有毒、有害物质的废弃物,应当向环境保护行政主管部门登记,并按有关规定及时实行无害化处理,在指定的地点密封、清运、填埋或焚烧。含有放射性物质的废弃物,必须向省环境保护行政主管部门登记,并在其指定的地点处置,严禁混入其他垃圾内或者自行处理。

6.环境卫生逐步实行社会化有偿服务,凡委托市容环境卫生管理部门或街道办事处清扫、收集、运输和处理废弃物的,应当签订书面委托合同,并交纳服务费。具体收费办法和计费标准由市城市管理局会同市物价、财政部门制定。

7.长途汽车进入市区,禁止向城市道路倾倒废弃物。

8.市城市管理局负责城市建筑垃圾处置的统一审批和日常管理工作。

(1)对渣土运输车辆实行准入制度,车况良好并有车厢密封装置的车辆,方可从事渣土运输。

(2)城市建筑垃圾需要处置的单位和个人,在工程开工前应当向市城市管理局如实申报建筑垃圾的种类、数量、运输路线及处置方式等事宜。市城市管理局在接到申报文件后,应与城市建筑垃圾需要处置的单位和个人签订环境卫生责任书并核发建筑垃圾处置证;对不予核发建筑垃圾处置证的,应告知原因。

（四）城市环境卫生设施管理

1.市城市管理局对城市环境卫生设施建设实行统一监督管理。城市环境卫生设施,经市城市管理局和规划部门批准定点设置,任何单位和个人不得拒绝、阻挠、损坏或拆除。

2.新区开发、旧区改造、住宅小区和城市其他设施建设,必须按国家城市环境卫生设施设置标准,规划建设公共厕所、垃圾、粪便(废弃物)收集处理等环境卫生设施,所需经费纳入建设工程预算,新开发区由开发单位投资建设居民住宅小区由其管理单位投资建设,相关厂矿企事业单位的家属住宅区,由本单位投资建设,主次干道由市城市建设部门投资建设。环境卫生设施必须与主体建设工程同时规划、同时设计、同时施工、同时验收、同时交付使用。

3.城市主次干道、公园、车站、公共汽车首末站、商场、医院、影剧院、饭店、旅馆、体育场(馆)集贸市场等公共场所必须设置对公众开放的水冲式公共厕所。公共厕所应配备专业人员或者委托市容环境卫生管理部门进行保洁和管理。公共厕所建筑的形式应与周围环境相协调,应设置醒目的引路标志,化粪池应建在粪车能通行的地方。经审定达到国家规定标准的三类水冲式公共厕所可适当收费,具体收费办法和计费标准由市城市管理局会同市物价、财政部门制定。

4.在多层和高层建筑中应当设置封闭式垃圾通道或垃圾贮存的设施,并修建清运车辆通道。城市街道两侧和居住区均应按规划设置果皮箱,密封式垃圾容器等环卫设施,并配备专人定期清扫、冲洗、消毒。

（五）罚则

1.对违反本办法规定的,除责令其纠正违法行为、采取补救措施外,可以并处以警告、罚款。

（1）随地吐痰、便溺、乱丢果皮、纸屑、烟头和碎玻璃等废弃物的,罚款5元至25元。

（2）乱扔动物尸体,罚款5元至25元。

（3）在城市建筑物、设施以及树木上涂写、刻画,或者未经批准悬挂、张贴宣传品的,罚款5元至25元。

(4)从楼内向外抛废物的,罚款 5 元至 25 元。

(5)城市主要街道的临街建筑阳台和窗外,堆放、吊挂有碍市容物品的,罚款 5 元至 25 元。

(6)不按规定的时间、地点、方式倾倒垃圾、污水、粪便的,罚款 5 元至 25 元。

(7)流动摊点的经营者未按规定清扫、收集其产生的废弃物的,罚款 10 元至 50 元。

(8)不履行卫生责任区清扫保洁义务或者不按规定清运、处理垃圾和粪便的,罚款 10 元至 50 元。

(9)运输液体、散装货物不作密封、包扎、覆盖,造成泄漏、遗撒的,每污染 1 平方米罚款 1 元,但经营性行为最高不超过 500 元,非经营性行为最高不超过 200 元。

(10)临街工地不设围挡,停工场地不及时整理并作必要覆盖,或者竣工后不及时清理和平整场地,在城市大道、人行道上搅拌水泥以及工程施工阻塞垃圾粪便运输的,罚款 100 元至 500 元,但对个人的罚款不超过 100 元。

(11)厕所、化粪池、下水道冒溢,不及时处理的,对单位每日罚款 20 元至 100 元,但最高不超过 1 000 元,对责任人罚款 5 元至 25 元。

(12)违反本办法关于户外广告设置的规定,影响城市市容的,罚款 200 元到 1 000 元,但对个人经营性行为的罚款不超过 200 元。

(13)长途汽车进入市区,向城市道路倾倒废弃物的,罚款 20 元至 100 元。

2.未经市城市管理局同意,擅自设置大型户外广告影响市容,或者未经市城市管理局批准擅自在道路两侧和公共场地堆放物料、搭建建筑物和其他设施影响市容的,由市城市管理局责令其停止违法违规行为,限期清理、拆除或者采取其他补救措施,并可处 1 000 元以下罚款,但对个人非经营性行为的罚款不超过 200 元。

3.除因教学、科研以及其他特殊需要,经市城市管理局批准外,凡在市区饲养鸡、鸭、鹅、兔、羊、猪、牛等家畜家禽的,由市城市管理局责令其限期处理或者予以没收,并可处 10 元至 50 元的罚款。

4.未经市公安部门办证批准,擅自饲养狼狗、宠物狗等野狗的,由市城市管理局和市公安部门处置。

5.未经批准擅自拆迁环境卫生设施或者未按批准拆迁方案进行拆迁的,由市城市管理局责令其停止违法违规行为,恢复原状或按拆迁方案拆除,并按下列规定予以处罚。(1)属非经营性行为的,处以1000元以下罚款,但个人不得超过200元。(2)属经营性行为的,处以10000元以下罚款。

6.凡不符合城市容貌标准、环境卫生标准的建筑或者设施,由市城市管理局会同城市规划主管部门责令有关单位或个人限期改造或者拆除;逾期未改造或者未拆除的,经市人民政府批准,由市城市管理局或者城市规划行政主管部门组织强制拆除,对非经营性行为,处1000元以下罚款,但对个人的罚款不超过200元;对经营性行为,处2500元以下罚款。

7.损坏各类环境卫生设施及其附属设施的,市城市管理局除责令恢复原状外,并可处以1000元以下罚款,但对个人不超过200元;应当给予治安管理处罚的,依照《中华人民共和国治安管理处罚条例》的规定处罚;构成犯罪的,依法追究刑事责任。

8.盗窃、损坏各类环境卫生设施及其附属设施、侮辱殴打市容和环境卫生工作人员或阻挠其执行公务的,应当给予治安管理处罚的,由公安机关依照《中华人民共和国治安管理处罚条例》的规定处罚;触犯刑律的,依法追究刑事责任。

9.当事人对行政处罚决定不服的,可依法申请行政复议或提起行政诉讼;在法定期限内既不申请行政复议、也不提起诉讼、又不履行处罚决定的,由作出处罚决定的机关申请人民法院强制执行。

10.市城市管理局行政执法人员玩忽职守、滥用职权、徇私舞弊的,由其所在单位或上级主管机关给予行政处分;触犯刑律的,依法追究刑事责任。

三、抚州市城区户外广告、牌匾设置管理办法

(一)总则

1.为加强抚州市城区户外广告、牌匾的设置和管理,规范户外广告和牌匾设置行为,促进广告业的健康发展,维护市容环境的整洁美观,塑造良好的城市形

象,根据《中华人民共和国广告法》、国务院《城市市容和环境卫生管理条例》和《江西省户外广告管理条例》《江西省城市市容和环境卫生管理实施办法》等法律法规,结合本市实际,制定本办法。

2.凡在抚州市城区城市规范区范围内设置和管理户外广告、牌匾及其设施的单位和个人,必须遵守本办法。

3.本办法所称户外广告设置,是指利用城市空间和建(构)筑物,以文字、绘画、图像、实物造型、气体填充物或其他表达方式悬挂、张贴、绘制各类商业广告(直接或间接介绍商品或服务)和公益广告(各种政策、法律、法规、纪念、文化、政治等活动的宣传)的行为:

(1)利用公共、自有或他人所有的建(构)筑物楼面、立面、屋面的广告设置。

(2)占用城市道路、人行道、广场、场地、空间等设施的广告设置。

(3)利用跨河桥、立交桥、交通护栏和路名牌、路灯杆、电线杆、书报亭、电话亭、候车亭、临街橱窗、画(报)廊、单位院墙、建筑工地围栏、车站等的广告设置。

(4)利用车、船等交通工具的广告设置。

(5)其他形式在户外悬挂、绘制、张贴的广告设置。

本办法所称户外广告设施,是指利用公共、自有或他人所有的建(构)筑物、场地、空间、交通工具等(以下统称阵地)设置的路牌、灯箱、霓虹灯、电子显示牌(屏)、电子翻板装置、招牌、标牌、实物造型、彩旗、条幅、布幔、气球、充气拱门等物质载体。

本办法所称牌匾设置,是指临街经营性单位、个体工商户或其他组织在其经营场所建(构)筑物或其设施上设置用于表示字号、名称的招牌、匾额、灯箱、霓虹灯、字体符号的行为。

4.市城市管理局负责户外广告、牌匾及其设施设置的管理,并负责查处违法设置的户外广告、牌匾及其设施。

市工商行政管理局负责户外广告发布的经营资质审核和广告内容登记、监督管理。

市市政、路灯、公安、安全监督、公路、财政、物价等部门按照各自职责,协同做好户外广告、牌匾设置管理工作。

5.设置户外广告、牌匾及其设施,应当符合城市规划要求,符合城市容貌标准,与城市区域规划功能相适应,合理布局、规范设置。

户外广告设施应当牢固、安全,并与周围环境相协调,不得影响公共设施功能,不得妨碍交通、消防,不得损害城市市容市貌。

6.设置户外广告应当取得城市公共空间资源的使用权。城市公共空间资源实行有偿、有期限的使用制度。

(二)设置规划

1.设置户外广告、牌匾及其设施,应当符合户外广告、牌匾设置规划和设置技术规范。

户外广告设置规划和设置技术规范由市城市管理局牵头并会同建设规划、工商等部门编制报市人民政府批准后实施。

2.户外广告牌、牌匾及其设施设置应当坚持高起点规划、高品位设计、高档次制作的要求,做到光、影、色有机结合,新、美、特相互和谐,并采用动态霓虹灯、闪光灯、灯箱、电子显示牌(屏)和高科技手段进行设计、安装。

3.有下列情形之一的,不得设置户外广告及其设施:

(1)影响市政公共设施、交通安全设施、交通标志使用和城市公共绿地绿化的。

(2)妨碍居民正常生活、危及人身安全的,损害市容市貌或者建筑物形象的。

(3)国家机关、文物保护单位、标志性建筑和名胜景点的建筑控制地带。

(4)法律、法规和市人民政府禁止设置户外广告设施的区域内或者载体上的。

(5)其他不符合户外广告设置要求,不宜设置广告的。

4.设置户外广告及其设施应当符合以下规定:

(1)广告内容真实、合法,符合社会主义精神文明建设的要求,不得欺骗、误导消费者。

(2)文字书写规范、准确、构图新颖,制作美观、容貌整洁、牢固安全。

（3）配置夜景灯饰。

（4）不对建（构）筑物本身的功能及相邻建（构）筑物的通风、采光和安全造成影响。

（5）利用临街建（构）筑物的，不得占压道路红线；距离高压线不少于 1.5 米，距离低压线或通信线不少于 0.5 米；距离地面 6 米以上的，不得超出临街建（构）筑物红线 1.8 米；距离地面 6 米以下的，不得超出临街建（构）筑物红线 0.8 米，底边距离地面不得少于 2.4 米，不得遮挡城市路灯、交通信号、交通标志等。

（6）广告设置者拥有户外广告设置阵地的使用权。

5.户外广告设置的期限一般为 1 年。临时性条幅、横幅、彩旗、气球等广告设置一般不超过 7 天；布幔广告不超过 15 天；充气式装置广告设置期限以其所宣传的活动时间为准，不得超过 5 天，活动结束后立即撤除。

户外广告设置，通过招标、拍卖或者其他公共竞争等方式取得设置使用权的，有偿使用期限按照议定的时间执行。

6.牌匾设置，应当符合以下规定：

（1）临街店铺牌匾的设置原则上只能设置在建筑物二层窗台线以下，高度一般不得超过 1.5 米，不得出现遮挡上下窗现象，并实行一店一牌制，不得多层设置。

（2）门店招牌设施下沿距离地面不少于 2.4 米，同一幢建筑物上的门店招牌要求整齐美观，做到上下一条线、伸出一个面。

（3）配置夜景灯饰。

（4）牢固、安全、美观，符合有关的质量技术标准，并经常进行维修和保养，破损、锈蚀、脱色、断字、缺亮等影响市容市貌的，必须及时整修、加固。

（三）设置阵地使用权的取得

1.设置户外广告及其设施的单位和个人，必须拥有户外广告设置阵地的使用权。

2.户外广告设置阵地的使用权可以通过协议、招标或拍卖等方式取得。

利用公共阵地以及重要地段的阵地设置户外商业广告以及设施的,应当通过招标、拍卖的方式取得使用权。投标人、竞买人不足三人的,可采用协议方式取得。

3.应当拍卖的户外广告设置阵地使用权的拍卖方案由市城市管理局会同建设规划、工商等部门拟制,报市政府审定后,由市城市管理局委托具有拍卖资格的拍卖机构进行拍卖。

4.凡经工商部门合法登记具备户外广告经营资质的广告经营者和广告主,均可参加户外广告设置阵地使用权的招标、拍卖活动,有偿取得户外广告设置阵地使用权。

通过竞标或竞买方式依法取得户外广告设置阵地使用权的,应当与市城市管理局签订户外广告设置阵地使用权有偿使用合同、缴纳有偿使用费,办理设置手续后方可设置。

5.下列情形经城市管理局批准,可不通过拍卖方式取得户外广告设置阵地使用权:

(1)设置公益广告的(公益广告兼作商业广告的除外)。

(2)利用自有建筑物、场地或设施设置宣传自己的产品或服务的广告。

6.举办文化、体育、公益活动,各类展销会、订货会、交易会,文艺演出,开业庆典等,需设置悬挂临时性户外广告的布幅、彩虹门、气球的,设置者或组织者应在活动举办前向市城市管理局提出申请,经批准后方可设置,活动有效期满后应当立即清除。

7.单位、城乡居民、个体工商户张贴各类广告,应当在工商行政管理部门设置的公共广告栏内张贴,并到设置地工商行政管理部门办理简易登记手续。

禁止在公共广告栏以外的建(构)筑物、树木、线杆、灯杆、护栏和公共场所、街道等张贴、投送、散发、涂写、悬挂各类广告。

(四)设置审批

1.申请设置户外广告及其设施应当向市城市管理局提出申请并提供以下材料:

(1)书面申请,内容包括名称、地址、设施形态、规格、设置地点、数量、时间等。

（2）营业执照、广告经营许可证等相应的合法资格证明。

（3）户外广告及其设施的设计图、设置效果图。

（4）户外广告设置阵地的所有权、使用权的证明或者有关所有权、使用权单位签订的合同等。

（5）利用建筑物设置户外广告的，应当提供由具有合法资格的房屋安全鉴定机构或设计单位出具的建筑物安全证明材料。

2.市城市管理局受理户外广告设置申请后，涉及需要前置审批的建设规划、工商等相关部门，由市城市管理局即时以并联审批申请表形式书面转告建设规划、工商等部门分别提出意见后统一办理，建设规划、工商等部门在接到并联审批表之日起 10 个工作日内提出审查意见，需申请人补正材料的，应一次性告知并由市城市管理局及时告知申请人补正材料；逾期不提出审查意见的，视为同意；审查不同意的，应当说明理由。

市城市管理局收到建设规划、工商部门审查意见后，在 5 个工作日内办结审核，符合规定的，核准设置，发给户外广告设置许可证；不符合规定的，不予批准，依法作出不予行政许可的书面决定，并说明理由。

经批准设置的户外广告，申请人应当持户外广告的设置许可证到市工商行政管理局办理户外广告发布手续。

户外广告设置需要占用市政、园林绿化、道路交通等设施的，分别向市政、园林绿化、公安交通等管理部门办理有关手续。

3.在市城区主干道（赣东大道、玉茗大道、临川大道、金巢大道、迎宾大道、学府路、大公路等）不得设置跨街横幅广告和在建筑物上绘制广告，重要节假日和重大活动确需设置的，须经市人民政府审定后，按照本办法规定办理审批手续。

4.设置牌匾及其设施，应当向市城市管理局提出申请并提交以下材料：

（1）书面申请内容包括设置牌匾的用字、制作规格、式样、材料和设置位置等。

（2）营业执照或其他依法注册登记的有关证照。

（3）设置牌匾的建筑物所有权证明或租赁使用协议。

（4）牌匾设置实景彩色效果图及文字说明。

市城市管理局应当在接到申请之日起5个工作日内,对符合本办法规定的予以核准设置;对不符合本办法规定不予核准设置的,应当说明理由。

（五）设置管理

1.设置户外广告、牌匾及其设施应当按照批准的地点、时间、规格、设计图、效果图实施,不得擅自变更;确需变更的,应当按照申请设置的审批程序办理变更审批手续。

发布户外广告时(霓虹灯广告除外),应在右下角标明批准文号、设置者、设置期限。

2.户外广告设施应当自收到批准决定之日起3个月内完成设施的设置并发布户外广告;逾期未设置的,其审批即行失效。

户外广告设施与广告画面的设置应当同步实施,户外广告设施闲置时间超过15日的,应设置公益广告,不得空设、闲设户外广告设施,影响市容观瞻。

3.各类安装灯饰照明设施的户外广告,照明开启时间必须与城市路灯同步;关闭时间,除重大节日另有规定外,春、冬季为晚上十时,夏、秋季为晚上十时三十分。

4.在户外广告牌匾设置期限内,因城市规划、建设和管理需变更、调整或拆除户外广告及其设施的,设置者必须按照规定时限完成整改或无条件拆除。因前款原因拆除使用期限内的户外广告设置,可采取变更地点并适当延长使用期限等方式对设置者给予适当补偿。

户外广告及其设施设置期限届满,设置者应当在15日内自行拆除。属于使用公共阵地的,由市城市管理局收回设置使用权,重新组织拍卖;属于使用非公共阵地需要延期的,应当在设置期满30日前,向市城市管理局办理延期的审批手续。

5.设置户外广告、牌匾及其设施的单位和个人,应当定期对户外广告、牌匾及其设施进行安全检查和维护,确保其完好、整洁、美观、夜间照明和显亮设施完好;遇大风、汛期应当采取相应的安全防范措施;对残缺,破损,文字、图案、灯光显示不全,污渍明显的户外广告及其设施,应及时修复、更换或拆除。

6.设置户外广告、牌匾及其设施的单位或个人,不是通过拍卖出让方式取得户外广告设置阵地使用权的,应当按规定缴纳户外广告设置场地空间占用费。户外广告设置空间占用费按广告实体立面面积分地段、分类型按月计费,具体收费标准按有关法律法规规定标准执行。

7.设置户外广告公益广告及其设施,应当按照本办法规定的程序报经批准后设置,免交户外广告设置空间占用费。

用于设置户外公益广告的设施,在设置有效期内改作设置户外商业广告用途的,应当办理变更手续按照本办法规定缴纳相关费用。

8.户外广告设施设置阵地使用权拍卖收入、审批户外广告设置空间占用费收入上缴市财政,实行收支两条线管理,由市城市管理局用于市容环境整治和城市管理。

(六)罚则

1.违反本办法规定,有下列情形之一的,由市城市管理局按照下列规定予以处罚:

(1)未按批准的地点、设计图、内容、形式、规格设置户外广告、牌匾及其设施的责令限期改正,在限期内不改正的,强制拆除,并处200元以上1000元以下罚款。(《江西省户外广告管理条例》第25条)

(2)户外广告、牌匾及其设施残缺,破损,文字、图案、灯光显示不全,污渍明显,未进行修复、更换或拆除,影响市容市貌的,对非经营性行为,可处1000元以下罚款,但对个人的罚款不超过200元;对经营性行为,处2500元以下罚款。(《江西省城市市容和环境卫生管理实施办法》第34条)

(3)违反本办法关于"设置阵地使用权的取得"第7条规定,责令限期清除,可并处200元以上1000元以下罚款。(《江西省户外广告管理条例》第26条)

(4)违反本办法关于"户外广告设置管理"第1条第2款规定,责令限期改正;在限期内不改正的,处200元以上1000元以下罚款。(《江西省户外广告管理条例》第25条)

(5)其他涉及城市管理相对集中行政处罚固定范围内的处罚,由市城市管理行政执法部门依照《抚州市城市管理行政执法暂行规定》的规定实施处罚。

2.行政执法部门依法强制拆除、清除户外广告、牌匾及其设施的,其费用由户外广告、牌匾及其设施设置者承担。

3.设置者应对户外广告、牌匾及其设施的安全负责。因户外广告、牌匾及其设施倒塌、坠落造成他人伤害或财产损失的,设置者应依法承担相应的赔偿或法律责任。

4.在户外广告设施设置活动中,违反城市规划、工商管理有关规定的,由建设、工商部门依法予以处理。

5.对侮辱、殴打户外广告管理行政执法人员,妨碍户外广告管理行政执法人员执行公务的,由公安机关依照《中华人民共和国治安管理处罚条例》规定予以处罚;构成犯罪的,依法追究刑事责任。

6.有关行政管理人员违反本办法规定,玩忽职守、滥用职权、徇私舞弊、枉法执行的,由其所在单位或者上级主管部门给予行政处分;构成犯罪的,依法追究刑事责任。

7.当事人对有关行政管理部门作出的行政审批、行政处罚等具体行政行为不服的,可以依照《中华人民共和国行政复议法》的规定申请复议;对复议决定不服的,可以在接到复议决定之日起十五日内依法向人民法院提起诉讼。行政复议和行政诉讼期间,具体行政行为不停止执行。

(七)附则

1.临川区户外广告牌匾的设置管理可以参照本办法执行。

2.本办法应用中的具体问题,属于户外广告设置方面的,由市城市管理局负责解释;属于户外广告内容的,由市工商行政管理局负责解释。

四、抚州市市政工程设施管理实施办法

(一)总则

1.为了加强市政工程设施管理,根据《中华人民共和国城市规划法》《中华人民共和国水污染防治法》国务院《城市道路管理条例》和建设部《城市排水许可管理法》《市政工程设施管理条例》《城市道路照明设施管理规定》等法律法规,结合我市实际,制定本实施办法。

2.本办法适用于本市城区城市规划区内市政工程设施规划、建设、养护维修

和管理。

3.本办法所称市政工程设施是指：

（1）城市道路：车行道、人行道、高架路、广场、巷道、街头空地、路肩和附属设施及已经征用的规划红线范围内道路建设用地。

（2）城市桥涵：桥梁、浮桥、涵洞、隧道、立体交叉桥、高架桥、过街人行桥、城市道路和铁路两用桥等。

（3）城市排水设施：雨水管道、污水管道、雨水污水合流管道、检查井、沉淀井、雨水井、明渠、泵站、污水处理厂及附属设施等。

（4）城市照明设施包括道路照明设施：城市道路、桥梁、隧道、广场、不售票的公园和开发区、住宅小区等处路灯设施，灯箱、霓虹灯、产品广告灯、过街广告灯牌等景观照明设施，临街建筑反射灯、轮廓灯、招牌灯、广告灯、美化灯及城市照明配套的附属设施等建筑照明设施。

4.抚州市城市管理局负责全市市政工程设施监督管理工作。抚州市市政工程管理处负责市城区城市规划区内的市政工程设施建设、管理和养护维修工作。

5.凡在城区城市规划区内从事市政工程设施的规划、建设、养护、维护和管理工作的单位和个人必须遵守本办法。

（二）规划和建设

1.由市人民政府组织城市管理、城市规划、公安交通等部门，根据城市总体规划编制市政工程设施发展规划。市城市管理局应根据市政工程设施发展规划，制定市政工程设施年度建设计划，报经市人民政府批准后实施。

2.市政工程设施的建设和维护资金可以按照国家有关规定，采取政府投资、单位集资、个人投资、国内外贷款、国有土地有偿使用收入、发行债券等多种形式筹集。

3.城市住宅小区、开发区内（含旧城改造）的市政工程设施建设，应当分别纳入住宅小区、开发区（含旧城改造）的开发建设计划。在城区城市规划区范围内，城市道路与公路的结合部需改造、拓宽的，公路行政主管部门应按照国家有关规定在资金上给予补助，并积极配合市市政工程管理处搞好市政设施改造、拓宽工程的建设。

4.城市供水、燃气、供电、电信、广电、移动、联通、铁通、网通、路灯、广告照明等地下管线及其埋设,必须与市政工程设施的发展规划和年度计划相协调,并根据国家有关规范和市政管理部门的要求实施。

5.承担市政工程设计、施工的单位,应当具有相应的资质等级,没有相应资质等级的,不得承担市政工程的设计、施工。

6.市政工程的设计、施工,应当严格执行国家和地方规定的市政工程设计、施工的技术规范。市政工程设施竣工后,应经市城市管理局和市政工程管理处、质监部门、监理部门验收合格后,方可交付使用。

7.市政工程设施实行工程质量保修制度,保修期为一年,自交付使用之日起计算,保修期内出现工程质量问题,由有关责任单位负责保修。

8.市政工程设施在建设过程中,若遇到征用土地、拆迁房屋、军事要地、文物保护等涉及国家、单位、个人利益而影响工程建设时,由市人民政府协调解决。

（三）城市道路、桥涵管理与养护

1.市市政工程管理处应加强对城市道路、桥涵及附属设施的管理和养护维修,严格控制占用、挖掘、保护其功能完好。与城市道路连接的专用道路,由产权单位负责养护维修。

2.城市道路必须保持畅通,任何单位、个人未经批准,不得擅自开挖或占用,更不准用作货物堆场或作业场地。

3.城市道路、桥涵范围内禁止下列行为:

（1）擅自占用道路、桥涵施工作业,堆放物料。

（2）擅自张贴、悬挂广告或装置其他设施。

（3）擅自设置台阶、书报亭、电话亭、治安岗亭等建筑物、构筑物。

（4）履带车、铁轮车或者超重、超高、超长车辆擅自在城市道路上通行。

（5）机动车在桥梁或者非指定的城市道路上试刹车,在禁止通行或停放的人行道上通行和停放。

（6）在桥梁上架设压力在4公斤/平方厘米（0.4兆帕）以上的煤气管道、10千伏以上的高压电力线和其他易燃易爆管线。

（7）其他损害、侵占城市道路、桥涵的行为。

4.单位和个人因特殊情况,确需临时占用城市道路、桥涵的,须经市城市管理局、市公安交通管理部门批准,并向市城市管理局交纳城市道路占用费方可按照规定占用。

5.因工程建设需要挖掘城市道路的,应当持城市规划部门批准签发的文件和有关设计文件到市城市管理局、市公安交通管理部门办理审批手续,并向市城市管理局交纳城市道路挖掘修复费,领取道路挖掘许可证,由市城市管理局确定专门的施工队伍进行挖掘。因地下管线发生险情,需要紧急抢修破挖道路的,抢修单位须在破挖抢修的同时,向市城市管理局公安交通管理部门报告,并在破挖24小时内按照规定办理挖掘手续。

6.经批准挖掘城市道路的,应在施工现场设置明显的安全标志和防护设施;竣工后及时清理现场,并通知市城市管理局检查验收。

7.市城市管理局对其组织建设和管理的城市道路,按照城市道路的等级、数量及养护和维修的定额,逐年核定并上报市政府统一安排养护、维修经费。单位投资建设和管理的道路,由投资建设的单位或者其委托的单位负责养护、维修。城市住宅小区、开发区内的道路,由建设单位或者其委托的单位负责养护、维修。

8.设在城市道路上的各类管线的检查井、箱盖或者城市道路附属设施,应符合城市道路养护规范,因缺损或不按规范进行设置而影响交通和安全的,有关产权单位应及时补缺或者修复;发生责任事故和经济损失,由其产权单位承担相应的责任。

9.严格控制占用城市道路作为集贸市场和停车场,确需占用的,须报经市人民政府批准,占用期间由占用单位负责清理路面、疏通下水道以及修复市政设施。

(四)城市排水设施管理

1.市市政工程管理处应当加强对城市排水设施的管理和养护维修,保持其完好、畅通。

2.任何单位、个人不准任意损坏排水设施,不准在排水管道、检查井、雨水井上圈占用地或修建建筑物和构筑物;不准向排水明沟、检查井、雨水井内排放未经过滤的建筑浆水,倾倒垃圾、粪便、渣土杂物;不准覆盖检查井、雨水井;不准任意在检查井、排水道口及排水明沟设闸拦水或安泵抽水;禁止含有毒、有害、易燃易爆物品未经处理的污水排入下水道,粪便须经化粪处理并达到排放标准方可排入城市下水道。

3.因工程建设需要开挖或临时占用城市下水道,应持有关图纸资料、文件到市城市管理局经审批取得排水许可证后,方可占用、开挖。

4.城市规划区内企业、事业单位的雨水、污水,需排入城市排水管网的,应向市城市管理局办理接管手续,建设单位承接通管道所需费用,方可排入。

5.排水户排水水质必须符合国家和地方有关标准规定,对于超标排放,而损坏排水管网和污水处理设施,危害养护工人身体健康造成伤亡事故,除赔偿经济损失外,构成犯罪的,还应追究刑事责任。

6.因工程建设施工需要,排放建筑浆水和雨水的施工单位应到市城市管理局办理《临时排水许可证》。

(五)城市照明设施管理

1.任何单位和个人不得损坏城市规划区内的道路照明设施、景观照明设施、建筑照明设施及有关的配套设施。

2.城市规划部门在审批临街建筑时,应结合城市亮化工程建设,建设单位应将城市亮化工程列入工程预算,并由有相应等级资质的专业队伍施工,同步建设。

3.禁止下列损害城市照明设施的行为:

(1)擅自拆除、迁移、改动城市照明设施。

(2)在照明设施保护范围内堆放杂物、挖坑取土、兴建建筑物和构筑物及有碍城市道路照明设施正常维护和安全运行活动的。

(3)擅自在城市照明灯、杆、线上架设通信线(缆)或者安置其他设施。

(4)私自接用城市道路照明电源。

(5)偷盗、故意损坏道路照明设施。

(6)故意打、砸城市道路照明设施的。

（7）不听劝阻和制止非法占用城市道路照明设施。

（8）其他损害侵占城市道路照明设施的行为。

（六）罚则

1.违反本办法的规定，有下列行为之一的，除责令停止设计、施工、限期改正，可以并处 3 万元以下的罚款；已经取得设计、施工资格证书的，情节严重的，提请原发证机关吊销设计、施工资格证书。

（1）未取得设计、施工资格或者未按照资质等级要求承担市政工程的设计施工任务的。

（2）未按照市政工程设计、施工技术规范设计、施工的。

（3）未按市政工程设计图纸施工或者擅自修改图纸的。

2.违反本办法规定，擅自使用未经验收或者验收不合格的市政工程的，除责令其限期改正，给予警告，可以并处工程造价2%以下的罚款。

3.违反本办法规定，在城市道路、桥涵范围内从事禁止性活动，或者有下列行为的，除责令限期改正，并可处以 2 万元以下的罚款，造成损失的，应当依法承担赔偿责任。

（1）未对设在城市道路的各种管线的检查井、箱盖或者城市道路附属设施的缺损及时补缺或者修复的。

（2）未在城市道路施工现场设置明显标志或安全防护标志设施的。

（3）占用城市道路期满或者挖掘城市道路后，不及时清理现场的。

（4）依附于城市道路建设各种管线、杆线等设施不按照规定办理批准手续的。

（5）紧急抢救埋设在城市道路下的管线，不按照规定补办批准手续的。

（6）未按照批准的位置、面积、期限占用或者挖掘城市道路，或者需要移动位置扩大面积、延长时间，未提前办理变更审批手续的。

4.排水户违反本办法规定，不遵守禁止超标排放用水的规定或者不办理排水许可手续、擅自增加排水量、改变排水性质的，市城市管理局有权视其情节及影响程度，责令其限期整改，收缴、吊销《排水许可证》或停止其向城市排水设施排水等处罚。

5.违反本办法规定,有损害城市照明设施行为的,除责令其停止违规行为,并可处以 1 000 元以下的罚款,有违法所得的,可处以 1 万元以上 3 万元以下的罚款。

6.盗窃、破坏市政工程设施或非法收购城市排水井盖、道路照明器材的,由公安部门依照《中华人民共和国治安管理处罚条例》进行处罚;情节严重,构成犯罪的,移送司法机关追究刑事责任。

7.当事人对行政处罚不服的,可依法申请行政复议或提起诉讼,不申请行政复议、也不提起行政诉讼又不履行处罚决定的,由作出处罚决定的机关申请人民法院强制执行。

(七)附则

1.市政工程设施管理人员执行公务时,应当按照有关规定,佩戴标志、持证上岗。

2.本办法规定中,市城市管理局征收和收缴的市政设施占用维修费、挖掘修复费、城市排水设施使用费、罚没收入等,按财政、物价部门规定的标准执行。收取的费用实行专户储存,纳入预算外资金管理,专项用于市政工程设施的管理和养护维修,不得挪作他用。

3.市政工程设施管理人员玩忽职守、滥用职权、徇私舞弊的,由其所在单位或上级主管机关给予行政处分;情节严重,构成犯罪的,由司法机关依法追究刑事责任。

4.县(区)市政工程设施的管理可参照本办法执行。

五、关于开展城市管理综合执法的意见

为切实解决城市管理执法中职权交叉、职责不明等问题,进一步提高执法效能,建议在立足抚州城区实际情况的基础上,学习借鉴宜春市城市管理综合执法经验,赋予市城市管理局在城市管理中的综合执法权。

(一)成立市城市管理综合执法工作领导小组。组长由分管副市长担任,副组长由市政府分管副秘书长、市城管局局长担任,成员为市计委、市公安局、城管

局、监察局、建设局、资源局、水利局、宗教局、环保局、民政局、工商局、卫生局、文化局、广电局、抚州日报社、市供电公司、供水公司及临川区政府的领导。领导小组负责组织开展城市管理综合执法的统一行动,协调解决综合执法过程中存在的矛盾和问题,督促各职能单位履行工作职能并配合城市管理综合执法工作。领导小组下设办公室,负责领导小组的日常工作,办公室设在市城管局办公室,主任由市城管局分管领导兼任。

(二)明确综合执法权限。市城市管理综合执法局(或支队)在国务院授权的行政处罚范围内,接受各成员单位委托,在城市管理中开展综合执法工作,并以委托单位的名义对下列事项行使行政处罚权:

1.市容环境卫生管理方面法律、法规、规章规定的行政处罚权,包括强制拆除不符合城市容貌、标准、环境卫生标准的建筑或者设施。

2.市政管理方面法律、法规、规章规定的行政处罚权。

3.城市绿化管理方面法律、法规、规章规定的行政处罚权。

4.城市规划管理方面法律、法规、规章规定的行政处罚权。

5.环境保护管理方面法律、法规、规章规定的对向大气排放有害烟尘和气体的行政处罚权,对建筑施工噪声的行政处罚权。

6.工商行政管理方面法律、法规、规章规定的对无照商贩的行政处罚权。

7.公安交通管理方面法律、法规、规章规定的对侵占道路行为的行政处罚权。

8.省、市人民政府规定的其他职责。

(三)综合执法程序。

1.发现问题。各委托单位发现的有关违反城市管理法规和规章的行为,应及时通报市城市管理综合执法局,市城市管理综合执法局(或支队)应按受托权限开展日常执法巡查工作,及时发现问题。

2.查处问题。对于委托单位及时通报的、巡查发现的以及领导督办的、群众举报的情况,市城市管理综合执法局应及时核查处理。在查处违法违规行为时,一般应先进行宣传教育,对屡教不改的,依法实施行政处罚权,并在行政处罚决定书上同时加盖市城市管理综合执法局(或支队)和相关职能管理部门的公章。

3.信息反馈。市城市管理综合执法局(或支队)在实施行政处罚权的三日内,应及时将执法情况报相关委托单位备案,相关委托单位发现处罚不当的,应及时把意见反馈给市城市管理综合执法局,市城市管理综合执法局仍不纠正的,由市城市管理综合执法领导小组统一协调解决。对群众举报的违反城市管理法律、法规和规章的行为,还应及时将问题处理结果向举报人反馈。

(四)执法人员在执行公务时应统一着装,佩戴统一执法标志,并持省人民政府统一制发的《行政执法证》。

(五)市城市管理综合执法局(或支队)已经接受的委托权限,原委托单位不得再行使,仍然行使的,作出的行政处罚决定一律无效。

(六)责任追究。城市管理综合执法工作人员在执法活动中徇私舞弊、玩忽职守、滥用职权的,由其所在单位或上级机关予以行政处分;构成犯罪的,依法追究其刑事责任。

六、建立完善城市管理目标考核责任制

(一)基本原则和总体要求

按照"以事定岗、以岗定人、以人定责、以责定分、以分奖惩、责权一致"的原则,实行集"监督、管理、执法"为一体的目标管理模式,通过市城管局与下属职能部门、市城市综合执法局与执法大队、执法大队与执法中队之间层层签订目标责任书的办法,量化各部门在城市管理中的工作职能和目标任务,并严格按照目标要求加强考核管理,把完成目标情况与责任人的经济利益和政治利益挂钩,推动工作竞争,逐步实现城市管理的规范化、高效化。

(二)考核目标设置

各考核部门的目标分为共性目标和职能目标两大类,其中共性目标为各考核对象的共同目标;职能目标依据各考核对象的工作职能情况进行相应的设置。具体设置如下:

1.共性目标

（1）完成督办事项目标。主要考核是否按时按质按量完成市长专线和12319城管热线反馈的、上级部门和领导交办的、以及群众反映强烈的问题。

（2）自身建设。主要考核建立和完善工作制度、单位工作人员遵守上下班制度和财务工作纪律、基层党组织建设、档案资料管理等。

2.执法大队的职能目标

（1）整治"脏、乱、差"目标。赣东大道、玉茗大道、金巢大道、临川大道、迎宾大道、大公路、学府路、若士路、瑶坪南路、同叔路、青云峰路、上沿河路、穆堂路等22条城市主次干道（荆公路经改造后纳入）和广场、公园等重点公共场所以及物业管理小区要达到"十七无"的目标，即无占道经营，无乱吊乱挂，无乱扔乱倒，无乱贴乱画，无乱搭乱建，无乱停乱放，无乱泼污水废物，无乱排油烟，无乱挖乱破，无乱堆放物品，无随地吐痰，无损害公共设施，无占道休闲、娱乐，无下水道堵塞，无店面未经审批擅自装饰装修，无未经审批擅自设置广告、招牌，无路面污染。小街小巷、建筑工地、城乡接合部以及未实行物业管理的小区，则要求路面干净整洁、道路畅通，生产生活垃圾定点存放、及时清扫。

（2）"门前三包"监督检查管理目标。加强对管辖范围内的"门前三包"责任单位的督查，按照《抚州市城区"门前三包"管理实施办法》规定的包卫生、包绿化、包秩序具体内容要求，如发现违反行为，及时记录，每月底按时汇总并报市"门前三包"领导小组办公室予以限期整改，必要时进行媒体曝光和实施经济处罚。

（3）市民文明意识、环卫意识的宣传与教育目标。在巡逻和执法过程中，对辖区内的群众宣传城市管理有关规定、市民文明公约等，对违规者，以说服教育为主，努力提高市民素质。

（4）依法处罚目标。对辖区范围内屡次违反城市管理规定的，经说服教育仍无悔改的，严格按照有关规定进行处罚。

3.市容环卫处的职能目标

（1）环卫基础设施建设与管理。按规划要求建设垃圾中转站及公厕,购置果壳箱、垃圾桶、垃圾清运车、洒水车等设施设备,并坚持定期清洗、规范作业、保持较高的完好率。

（2）垃圾清运和处理。及时将各街道办事处保洁员送来的垃圾进行清理、运送出城和处理,保持较高的工作效率。

4.市政处的职能目标

主要包括道路、桥涵、排水设施、照明设施等建设、管理和养护。道路养护管理主要考核车行道、人行道、广场、巷道、街头空地、路肩和附属设施的完好度,以及发生破损后的抢修速度和质量,是否按规范要求开挖等;桥涵养护管理主要考核桥梁、涵洞、立体交叉桥等建筑完好度,安全检测、缺损抢修以及管理有序等;排水设施养护管理主要考核雨水管道、污水管道、雨水污水合流管道、检查井、雨水井等设施,有无堵塞现象、流水是否通畅,有无破损以及井盖有无缺失、滑动、松动,各沟渠积泥清理情况,维修设备保养状况,泵机运行是否正常,各项设施发生故障的抢修速度和质量等;照明设施主要考核各类路灯、灯箱、霓虹灯、产品广告灯等设施使用率和完好率,以及出现故障的抢修等。

5.市园林处的职能目标

主要考核公共绿地内的杂草含量、花草修剪造型、定期进行药物清园以及绿地范围内的环境卫生、各种配套设施的完好率等。

（三）考核机构

成立市城市管理局目标考评督查组,组长由分管执法工作的副局长担任,市城管局有关科室工作人员为成员。主要职责是通过对各管理区域的市容市貌、市政设施、园林绿化等方面的情况进行督查和考评,推动整改工作的开展。督查组配备专用督查车、拍摄取证器材和办公电脑,以便于高效率地开展工作。

（四）考核办法和考核程序

目标考核实行百分制的办法,每个考核项目均设立相应的分值,各执法大队和各职能部门每月考核分数为 100 分,年度考核分数按十二个月的平均分数计算。考核采取督查组日常巡查并拍摄取证、每月评比通报和年度考核汇总相结合的办法。考核实行奖优惩劣的激励机制。一是实行末位处罚制度。凡当月被评为末位的单位或路段,原则上扣单位责任人月工资(达到规定合格分值的不予处罚)。如一年内有两次被评为末位的,采取挂黄牌警告、限期整改和扣除责任人月工资相结合的办法,扣发的工资作为专项奖励基金使用(专门奖励排名第一的单位工作人员),市城管局纪检组组长对其单位主要负责人进行诫勉谈话;如一年内有三次被评为末位的,除扣发当月工资外,对其单位主要负责人进行免职处分,并扣发该单位或路段工作人员年度全部奖金。二是实行评先奖励制度。对当月评比排名第一的,在其单位悬挂流动红旗,并由市城管局给予获奖单位工作人员一定的奖金;对年度评比排名为第一、第二名的,由市城管局进行通报表彰,并对其单位工作人员给予现金奖励,将单位主要负责人作为优先提拔重用的人选。

第四章　建立和完善城市管理长效机制的保障措施

一、加大人、财、物的投入

（一）加强执法力量,配齐配强行政执法人员。按《江西省城市建设管理监察规定》要求,城管监察人员可按所在地城镇总人口的 5% 配备,我市城区应配备城管执法人员 150 余人。如果参照外市城市管理综合执法队伍建制标准,我市城管人员至少应配备 300 人。建议市政府在新增加人员的基础上,整合市容环卫、市政和园林处的力量,将这三个单位的部分管理人员纳入城管执法队伍。

（二）加快执法设备的配置,为城管执法提供必要的保障。一是统一为执法人员提供执法服装、标志,二是统一购买配备公务用车。执法人员工资补贴全部由市财政拨付，其人员经费建议参照公安部门的标准执行，同时将执法中的罚没款全部上缴市财政，避免"以罚代管"现象发生。

（三）加大环卫、市政基础设施建设投资力度。建议市政府将市政设施养护费列入市财政预算，并随经济发展按相应比例逐年增加，尽量解决市容环卫、市政工程重点项目资金，确保各项市政工程按时保质完成。

二、提供政策支持

（一）制定投融资政策，实现城建资金由单纯依靠政府投入向市场化运作转变。坚持"谁投资、谁受益"的原则，引进市场运作机制，制定灵活政策，将园林绿化、供水供电、管网建设、垃圾处理等市政公用事业尽快推向市场，广泛吸引外资、吸纳民资参与城市公用基础设施建设。

（二）实行城市管理行政处罚权相对集中，由市城市管理综合执法局（或支队）负责实施。当前，城市管理多头管理、多头执法的问题异常突出，难以形成工作上的合力，为从体制上解决城市管理执法难问题，建议市政府加大协调力度，尽快建立城市管理执法权相对集中的制度，将城区范围内与城市管理相关的行政处罚权集中委托给城市管理综合执法局行使，以便最大限度地提高行政综合执法效益。

三、努力营造氛围

（一）广泛宣传，营造良好的城管法治环境和舆论环境。加强与新闻媒体的联系与合作，大力开发城市管理的宣教资源，筹建城管宣教中心；适时策划大型报道方案和宣传活动，组织电视专题节目，拍摄城管系列专题片，不断提高公民文明意识、法制意识、大局意识，使市民自觉支持城市管理执法工作；设立公众参与监督奖，在各社区设立举报电话牌和便民服务栏，对积极参与城管工作举报并查证属实的，每月评出部分先进并给予一定的物质奖励；积极开展文明行业、文明单位、文明家庭、文明标兵的创建活动；广泛开展扶贫帮困、护绿保洁、认养树木和草地等活动,引导市民关注、支持、参与城市管理。

(二)严管重罚,加大对违法建筑、侵占公共用地和公共设施、乱扔乱倒、乱贴乱挂等违法违章行为的处罚力度。集中力量实行重点专项整治,对极少数素质低下、屡教不改的,实行严管重罚、媒体曝光,做到违法必究、执法从严。

(三)加大"门前三包"责任制考核力度。一是实行平时督查和定期考核考评相结合的制度。坚持不懈地对各责任单位(人)的"门前三包"日常管理工作情况每天进行督查,利用各种形式定期公布考评情况。二是组织"门前三包"督导员、市"门前三包"工作领导小组成员及有关单位,对各责任单位(人)落实"门前三包"工作情况进行检查。对"门前三包"工作存在问题的责任单位(人)进行曝光、通报批评,并进行经济处罚。三是加大处罚力度。将"门前三包"责任制考核列入单位和干部个人的目标管理,对严重违反"门前三包"有关要求的责任单位(人)实行"一票否决"。

(四)建立区、街城市管理目标考核制度。建议将城市管理工作纳入临川区政府和各街道办事处的年度考核目标,并设立城市管理工作单项奖。考核程序上建议采取日常考核与年终考核相结合的办法,每月至少通报一次考核结果,年终进行汇总,评出先进和后进单位,对连续两年被评为后进单位的领导班子进行组织调整,其主要负责人降级使用,以鼓励先进、鞭策后进。对当年被评为后进单位的主要负责人不予提拔重用,具体考核方案建议参照市城管局对各执法大队的考核方案执行。

(本文原载于抚州市委政研室《谋略》2006 年第 1 期,有改动)

精心打造牵引抚州经济超常规发展的"火车头"

——抚州市工业园区建设的调查

依托园区办工业是我市积极实施大开放、大招商战略,主动承接沿海发达地区产业梯度转移,加速工业化和城市化进程的一项重要举措。调查认为,近两年来,全市工业园区建设形势喜人,成效突出,同时,也面临着不少实际困难和挑战。必须进一步解放思想、创新思路,把全市工业园区精心打造成为牵引抚州经济超常规发展的"火车头"。

一、园区建设发展态势良好,品位较高,初步形成各具特色的发展路子

我市现有各类工业园区 9 个,规划面积为 46.6 平方千米。原有的工业小区也正在进行重新规划扩建,尽快建设成为一定规模的工业园区。目前市、县两级工业园区建设速度强劲,已成为我市经济发展的突出亮点,在总体上逐步形成了以下特色:

1.高起点进行规划定位。 在规模控制上,采取按近期和远期目标相结合的方案,整体规模普遍较大。其中,市工业园区、东乡红星工业园区、广昌县工业园区规划面积均达 6.7 平方千米,崇仁、金溪、南丰工业园区规划面积均在 5 平方千米左右。东乡县依托东临一级公路,计划通过三五年的努力,将目前的大富工业园和红星工业园进行对接,连成一体,总体规划面积达到 13 平方千米左右,这种高起点的规划定位,为今后的发展留足了空间,避免了重复建设的问题。在园区布局上,市、县(区)根据自身经济实力弱、城市发展潜力大的因素,依托中心城镇进行园区布局。此工业园位于市区南端,与市区相连,属抚州市发展中的新

区。东乡、金溪、广昌、南城等县工业园区均建在县城边缘或城郊,达到了基础设施共享和集中财力建设的目的。在基础设施规划上,各县(区)工业园基本上按照"四通一平"或更高标准进行规划,市工业园区和金溪、广昌等工业园区基础设施标准则为"水、电、路、邮政电信、排水排污、有线电视"等"七通一平",同时配备绿化、亮化设施。为构建我市经济大发展的格局,市工业园区主干道——迎宾大道宽80米,其余三条干道,金巢大道宽50米,文昌大道和文昌路宽80米。这种高起点的硬性设施,充分展示了园区规划的高品位,对客商到抚州投资兴业产生了强烈的吸引力。

2.高速度推动企业入园。 为使园区建设早见成果、早出效益,市、县(区)党委政府始终坚持以招商引资为总抓手,依托工业园区,不断引进新企业、新项目。一是普遍建立严格的考核激励机制,加大工业园区招商力度。去年年初,市委、市政府在根据各县(区)和市直单位的不同情况分类下达招商引资任务,促使市直和县(区)直机关各级干部"个个肩上有担子、人人心中有压力"的同时,对工业引资项目进行专门考核,并给予重奖确保工业项目招商引资任务落实到位,从而激励全市上下形成了你追我赶、争先恐后、客商云集的良好开局。据统计2002年,全市共引进项目1700个,合同金额317亿元,实际进资50亿元,其中市工业园区引进合同资金18.3亿元;各县(区)工业园区引进项目合同资金13.6亿元,实际到位资金5.13亿元,同比增长390.97%和334.7%。二是以优惠政策吸引客商。市、县两级均予承诺,凡入园企业,根据投资的不同情况,可享受税收、土地费用的优惠园区内统一实行零规费管理。三是以宽松的营商环境留住客商。市委、市政府以"铁下心来、铁面无私、用铁的手腕、铁的纪律"的"四铁"精神整治和优化投资环境,出台了《关于进一步整治和优化招商引资软环境的意见》《关于对市直有关单位进行形象测评的决定》和《抚州市整治和优化招商引资环境"九不准"》等一系列重要文件,成立了整治经济发展环境领导小组,通过整治,"亲商、安商、富商"在抚州蔚然成风。四是加强园区调度,促企业尽快入园。本着"小项目让大项目、进资慢的项目让进资快的项目"的原则,市工业园区管委会实行每周一调度的工作机制。市委、市政府主要领导经常亲自调度,及时了解入园企业项目建设进度,解决企业开工建设中遇到的难题。

3.高质量推进基础设施建设。　在园区基础设施建设中,市、县(区)不断总结和探索低成本高效益的投入机制,形成了各具特色的高质量建设模式。一是以市工业园区为代表的"政府投入为主,多渠道筹资"的建设模式。通过拨款、借贷、垫资等筹资方式,在一年多的时间里投入资金1.4亿元,完成土地平整7 000亩,基本完成一期排水工程,一期道路机动车道硬化工程和二期道路路基工程,铺设下水道6 200米,自来水管8 000米,架设10KV电力线5 500米,铺筑道路垫层6 600米,绿化、亮化工程也正在按规划建设之中。二是以东乡为代表的"政府推广、市场化运作、滚动发展"的建设模式。东乡县把园区周边地区纳入城市规划并在大富工业园区以南沿320国道划出商业用地,开发建设一条长6千米的商业街,加强对园区内及周边土地的推广,不断提升人气,再通过拍卖、承租、协议出让等形式开展土地经营和资本运作,做足做活以地生财文章,以变现资金专款用于扩大园区开发建设;同时,进行市场化运作,由供水、供电、通信等经营部门投资"四通一平",部分地块通过招商开发的办法快速推进基础设施建设。三是以金溪县为代表的"政府操作、部门协作、市场化运作"的建设模式。由政府组织推动,并投入少量的启动资金,供水、供电、交通、林业、水利等部门分工负责,分别向上级跑项目、争资金,同时通过公开招标、企业垫资的方式,在有效工作日不到3个月的时间里,政府以300万元的投入引导各方投入近3 000万元,完成了"七通一平"建设。

4.高标准完善企业入园评估体系。　为了保证社会、经济、环境三位一体协调发展,我市摸索出了一套适合抚州市情的企业入园评估体系。一是合理界定企业入园标准。市政府规定,凡是年产值达1亿元以上,或固定资产投资1 000万元以上,或用工500人以上,或年纳税额100万元以上的企业,方可批准进入市工业园区办厂(高污染型除外)。金溪、东乡、南城、宜黄、广昌等县对入园企业规模也相应进行了界定和适时调整。二是加强图纸会审。市、县(区)普遍规定,入园企业厂房建设平面图必须经工业园区管委会和专家评审委员会进行会审,要求厂房建设面积要达到厂区宗地面积的60%,道路和绿化面积达到宗地面积的40%,否则园区管委会有权拒绝为企业办理供地手续。三是由环保部门对入园企业的生产建设提供环境评估意见,不符合环保要求的污染型企业不准入园,以避免"垃圾园区"的出现。四是实行项目用地会审制度。由项目审查小组对所有进园的新项目组织会审,市工业园区按企业建设实际面积批准用地或按企业固定资产投资总额除以50万元/亩,推算企业所需要的土地面积,有效地控制了"圈地"现象,充分发挥了土地效用。

5.高效率做好拆迁安置工作。 在征地拆迁过程中,市、县(区)各相关部门通力合作,耐心细致地做好群众的思想工作,给群众以合理的征地拆迁补偿。市政府在组织开展市工业园区内所涉农房的征地拆迁工作时,除给予一定的经济补偿外,还在工业园区规划用地范围内,沿抚州—南城线专门划出1 200亩土地,按小集镇标准统一规划,用于拆迁农户的安置,每户安置建房面积为120平方米,赢得了群众的广泛支持。

二、园区发展面临的诸多困难和问题必须引起各级高度重视

由于受某些主、客观条件的制约,我市工业园区在发展中也面临着一些亟待解决的困难和问题。

1.基础设施建设的市场化运作程度不高,资金投入普遍"贫血"。 在积极做好宣传推广,将工业园区建设与商业、生活区建设配套"以商补工",在城市及园区道路、标志性建筑的冠名权有偿转让以筹集园区基础设施建设资金等方面,虽有成功的范例,但仍有很大的潜力可挖。由于大多数园区建设过于依赖政府投资,在市、县(区)两级财政捉襟见肘的"吃饭财政"体制下,园区基础设施建设资金明显后继乏力。据部分工业园区反映,原有的供水、供电等基础设施已经适应不了新办企业的生产需要。由于设施改建资金没有着落,在一定程度上影响了入园企业的生产,园区工程的基础设施建设遭遇到资金紧缺的"瓶颈"障碍,基础设施建设进度已滞后于园区招商速度。

2.管理体制不顺，机制不活。 根据园区管理需要,各地均相应设立了工业园区管理委员会,下设办公室,作为政府的派出机构,负责园区建设与发展的管理、监督、协调、服务工作。但从全市的整体情况来看,管理体制不顺的情况较为突出。一是对工业园区归口部门全市没有统一,尤其是机构改革后,各县区设置五花八门,有的归口土管局、有的归口招商局、有的单列、有的与中小企业局(民营经济局、乡企局)合署办公,甚至有的把园区办公室仅作为一个临时办事机构,在干部的配备上,人员、经费、办公条件都未予以一定的重视和加强,存在队伍不稳、干部思想不定的情况,极不利于园区的发展。二是由于管理体制不顺,对园区建设和发展全市难以统一规划和调度,对完成省里下达的园区发展建设任务难以协调。三是由于园区主管部门没有统一归口管理,统计数据难以统一、及时、准确上报,今后对这一块的数据进行考核、检查,有一定的难度。四是省里每年对县以下工业园区都有一定的资金项目扶持,如在管理体制上没有理顺,很难争取这笔扶持资金及项目。此外,人少钱少、事多权小的矛盾也十分突出。

3.配套功能严重不足。 主要表现:一是入园企业贷款难。据入园企业负责人介绍,由于入园时间不长,企业的信用没有得到银行的认可,加上当前江西金融业惜贷现象比较普遍,不少中小企业缺少流动资金,出现了开工不足的问题。二是用工素质不高。不少企业反映,一些产业在抚州属于新兴产业或技术领先产业,一时间找不到足够的熟练工人,必须从外地高价聘用人才。就业人员的这种素质状况,影响了企业生产能力的扩张。三是不少企业反映,有时生产设备的零部件损坏,当地买不到,外出采购成本太大,有时还造成停产。四是没有相应商检、海关机构,产品进出口检验不方便,办理手续复杂。五是交通不便。客商反映,由于抚州仅有的铁路干线站点东乡站为三级站,无集装箱货运功能,企业外运产品须到南昌、鹰潭站,既十分不便,又增加了运输成本。

4.县(区)工业园区内企业规模普遍过小,产业牵动力不强。 有些县(区)由于不具备明显的区位优势,加上交通条件相对滞后等因素,难以吸引大企业进入工业园区,产业规模和集聚效应难以显现,工业园区有可能成为新的"工业小区",变成小企业的集散地。

三、创新工作思路,打好园区建设攻坚战,充分发挥工业园区牵引抚州经济发展的"火车头"效应

针对工业园区建设中存在的上述实际问题,我们认为,当务之急是要进一步解放思想、转变观念,学习借鉴市外先进经验,在建园模式、投融资方式、园区管理体制、运行机制、劳动技能培训等方面进行大胆创新和尝试,以敢闯敢干、攻坚克难的精神推动园区持续快速健康地发展。

1.大胆尝试市场化运作建园模式。 建园模式问题,其实就是建园思路问题,只有思路对头,才能保证决策正确、少走弯路,才能使我们在 3~5 年的时间里实现赶超战略。我们认为,市场化运作建园模式是当前一种比较先进的建园思路,我省部分工业园区已在这方面获得了成功。根据我市工业园区规划的实际情况,可以考虑已开工建设的工业园区将二期或三期工程内的部分用地拿出来进行"园中园"招商开发,由政府给予一定的优惠政策,并规定园区开发期限和经营期限,让开发商享有园区开发权、管理权、经营权和收益权,投资、收益由开发商和当地政府按比例分成或由开发商每年向当地政府缴纳一定的费用。对开发园区成功且经营到期的,可由政府以补偿的方式将工业园区收回;对开发商在开发期限内(3 年左右)不能按要求开发园区,由政府收回开发。尚未建设工业园区的地方,在规划上一定要科学、合理,尤其要在选址和项目设计上下功夫,把园区内的工业用地与园区周边的生活用地、商业用地相配套,通过提升园区周边土地资源,提高园区开发的人气,为下一步招商开发创造条件。

2.科学系统地打造多元化投融资格局。 建园思路确定之后,"钱从哪里来"便成为园区建设面临的首要实际问题。综合各地的经验教训,我们认为,在园区投入上必须始终坚持"政府有所为,有所不为"和"少花钱,办大事"的原则,从以下几个方面开辟融资渠道:一是对园区内的基础设施项目进行分类融资。对于供水、供电、邮政通讯、有线电视等有收益的经营性项目,按照"谁经营,谁投资,谁收益"的原则,由经营部门进行投资,当地财政可以给予少量的配套资金;也可以探索公开招投标的办法,由有实力的市外企业或市内民营企业进行合资或

独资经营。对于排水排污等收益较少的准经营性项目,可分别由政府投资管网建设、企业投资建厂经营,也可将这些项目与城区内的优质开发项目进行捆绑招商,全部实行商业化运作。对于道路、绿化、亮化等公益性项目,由政府投入一定的启动资金,不足部分责成各相关业务部门积极向上级跑项目、争资金解决。二是做好以地生财文章。建议将园区周边土地精心规划,融生活用地和商用地为一体,由政府部门加强宣传推广,通过招标、拍卖、挂牌形式出让,以实现土地最大增值,交易收入专款用于园区建设。三是实行资产置换。将城区内具有可开发价值的地块和资产拿出来,实现以地换路、以地换设施。四是组建或改造国有控股的城建投资有限公司。对现有能够实行资产分离和经营的城市基础设施及国有有效资产(如供水公司、公交公司等国有资产)进行全面的清理,以现有资产作为政府投资股本,并吸引社会民间资本参股,组建城建投资有限公司,直接承担政府委托的工程项目建设进行商业融资,负责对拥有的经营性资产进行出租、出让,以多种方式盘活资产,并为政府贷款建园提供信用担保。五是有偿转让公用设施的冠名权。将城区内的公用设施和园区内的道路、绿化等设施的冠名权进行有期限或永久性的有偿转让,获取园区基础设施建设资金。对于社会投资者捐助修建的部分公益性项目,可以永久性地转让其冠名权。六是策划一批重大项目,向上级争取贴息和补助资金。

3.创新园区管理体制和工作机制。 一是要理顺园区管理体制,明确工作职能。各县区都要按照省、市的统一部署,将县(区)及县(区)以下工业园区统一归口为中小企业局(乡镇企业局)管理,进一步理顺全市县(区)及县(区)以下工业园区的管理关系。二是对现有工业园区办公室职能进行调整。借鉴上海、江苏等地的做法,园区办公室仍作为政府的派出机构,同时可由政府投入和民间筹资组建股份制园区投资开发公司(可吸纳条管部门参股),实行"两块牌子、一套人马"办公。园区办公室行使征地、调地、部分项目招商开发、园区管理、与部门工作协调等职能,并对内部的人、财、物管理具有决断权、处置权,园区办公室要逐步从目前的行政式管理过渡到公司式管理。三是在用人机制上实行选优用优、效率优先的激励机制。在用人上做到择优录用、能上能下、能进能出。对园区内行政管理人员,包括已实行公务员管理的,可以探索实行聘任制或合同制,推行"末位不称职淘汰制"。对领导职务和重要岗位,可以引入公开竞争机制,选优用优,并探索实行任期制和转岗交流制,对不能胜任工作的领导干部要及时调整。对新进园区的行政管理人员,公开招聘择优录用。通过干部人事制度的改革与创新,激发园区管理干部的内在动力,改善园区干部队伍知识结构和人才结构,提高管理队伍整体素质。同时,要从工资和福利上提高园区工作人员的待遇,做到"事业留人、待遇留人"。园区在内部分配问题上,不能吃"大锅饭",要实行以岗定酬、按绩定酬的分配机制,对一些领导岗位,可以探索实行年薪制,对一般工作人员,可以在基础工资不变的情况下,拉开各种奖金、补贴分配的档次,着重向优秀人员、优质工作和关键岗位倾斜。园区办公室筹建初期,可由财政配备一定的信息化设备,加强与外界的信息交流,学习借鉴外地的先进经验,提高园区管理水平推动园区建设顺利发展。

4.**突出产业招商。** 企业和项目是园区的生命,招商引资、工作质量决定了园区的建设质量。因此,在坚持全民招商、委托招商、专业招商、以商招商等方式的同时,应重点抓好产业招商。在具体操作上,可依托园区已形成的优势主导产业,从市、县(区)抽调一批熟悉工业经济运行、有一定企业管理经验的人才充实到各专业招商小分队,专门负责盯紧国内外相关产业中的大型企业及与园区主要产业配套的企业,不遗余力地追踪跟进,大力引凤筑巢,加快形成园区的产业效应和集聚效应。

5.**尽快完善配套功能。** 一是通过招商引资或引导民间投资的方式,尽快成立零辅部件采购中心。采购中心的设点布局要科学,初期可在抚州市区设点一个,同时可选择一至两个县城设点,形成较为合理的布局。二是对现有培训中心进行资源整合并推向市场,实行商业化经营管理。根据用工需要,超前做好工作人员的劳动意识和劳动技能的培训工作。三是设立中小企业贷款担保机构。通过政府组织推介,吸引有实力的市外资金或市内民间资本参股成立商业性担保公司,为中小企业贷款提供担保。

(本文原载于抚州市委政研室《谋略》2003 年第 7 期,有改动)

对当前市级经济运行的几点建议

去年,我市实施"一招三化"发展战略,对"三项工作"进行综合考评,凝聚了人心、转变了作风、改变了形象、加快了发展。但是,审慎地分析我市的经济运行,大家认为这种成效只是初步的转化趋势,要使抚州的发展真正驶入良性循环的快车道,必须趋利避害、因势利导、扬优成势,特别是在宏观指导上要与时俱进,使思想和工作体现时代性、把握规律性、富有创造性。

一、提高"三化"的相关度,促进经济结构的战略性调整

工业化是经济发展综合演进的历史进程,其根本的内涵应当包括农业产业化、农业工业化和城市化的范畴,农业产业化和城市化是工业化题中之义,实施"一招三化"的战略要注重整体推进,提高"三化"之间的相关度,促进经济结构的战略性调整。

1.要纠正和克服抓工业而放弃农业的思想,提高农业的综合产出效率。工业化的过程是工业取代农业,成为国民经济主导产业的过程,但绝不是农业萎缩的过程,而是农业发展和贡献的过程,所以,要高度关注工业与农业产业化、农业产业化与城市化的相关度,实行"三农"联动。就农村而言,"人往哪里去"是农村工作面临的难题,也是工业化面临的难题。总的方向是:富裕农民还得要减少农民,繁荣农村还得要推进城市化,要大力发展非农产业,加快农村小城镇建设,促进农村劳动力的战略转移。就农业而言,要运用工业的理念,跳出农业抓农业,跳出一产抓农业,实行农事分离,推进农业生产、管理的专业化、规范化、程序化、标准化,大力推进产业化经营。就农民而言,要将传统农民培育成为具有

现代知识的市场主体。目前我市的农业市场主体发育不健全,农村市场体系不完善,市场参与和市场竞争不充分,从而导致龙头企业少、产业拉动力弱、农业工业化程度低。要加快农业产业化发展,首先要培养农村市场主体,增加农业市场的参与者,鼓励和引导外来资本、企业资本、民间资本和民间组织、机关干部职工进入农业产业,参与农村土地流转,参与农业市场竞争。

2.要消除工业化只是产业化的认识,加快城市化的发展步伐。 目前,我市的城市化水平为22%,比全省平均水平低5.6个百分点,比全国平均水平低15个百分点;我市第二、三产业占生产总值的比重为68.4%,但城市劳动力的比重只占25.2%,第二、三产业就业人员比重只占40.7%。可见,我市的城市化水平既落后于周边地区,也落后于工业化进程,因此,不失时机地加快城市化进程,是我们加快工业化进程的必然选择。要密切城市化与工业化的相关度,按照工业化要求,降低准入门槛,强化规划设计,增加公共物品供给,发展服务业,增强城市的吸纳和支撑功能;要挖掘和发挥工业化对城市化的拉动作用,合理有序地组织劳动力转移和人口流动,加快与工业配套的城市产业发展;要消除体制性障碍,建立良好的城市运营机制。目前我市城建局的职能过多过乱,许多事情客观上管理混乱,建议按照国际、国内通行的城市运营模式,体现"政企分开、政事分开、事企分开、管养分开"的原则,理顺城市管理体制,即市政府成立城市管理委员会,由市长任主任,分管领导任副主任,各城市管理职能部门参加,以加强对城市管理的宏观协调和指挥。同时设立市城管办,作为城管委的具体办事机构,负责协调、指导、落实、检查城市管理工作;将规划、建设、管理、环保职能分设,分别成立规划局、建设局、城管局,独立履行规划、建设和城管职能;成立城管监察支队,赋予城市管理综合执法功能,由城市管理各职能部门委托,行使行政处罚权。

二、培育完善市场体系,疏浚经济发展的航道

目前,我市市场化程度不高,市场机制不完善,市场对资源配置的基础性作用发挥不够,其中一个很重要的原因就是市场体系不健全,尤其是要素市场发育缓慢,中介组织不完善,已经成为影响我市加快发展的重要瓶颈,我们必须从战略的高度给予重视。

1.**发展先进的商品市场，参与更大的经济循环。** 目前我市流通业比较落后,2001 年全市批发零售贸易业销售总额 671 081 万元,只有赣州市的 46.74%、上饶市的 67%、宜春市的 68.17%、九江市的76.17%、吉安市的 76.8%;至今我市没有一家大型综合性商场,没有一家综合性的农产品批发市场;在全省 104 家重点批发零售企业中,我市仅有烟草公司和医药公司榜上有名。我市具有距省会最近的区位、文化名城的声誉和曾经孕育过"建昌帮"商贾的历史,只要我们坚持市场取向改革,通过优先发展比较先进的流通业来更好地参与国际、国内两个市场两种资源的大循环,从而拉动产业发展。为此,我们要适应加入世界贸易组织、经济全球化和全国统一市场已经形成的新形式,加快建立以大商场、大市场、大网络为重点的现代高效市场流通体系,推行连锁经营、物流配送、多式联运、电子商务、网上销售等组织形式和服务方式,尽快引进国外知名商业企业来我市兴办连锁店,在市内建设 2~3 个大型综合性商场,规划建设 1 个市域性农产品综合批发市场。加快建设物流、信息流的集散与枢纽,提高以市带县的经济辐射能力。

2.**加快劳动力市场建设,为经济发展提供合格的产业后备军。** 据调查分析,按照目前的招商引资发展速度,2~3 年以后,我市每年需要新增熟练工人 10 万人左右,特别是对高素质产业工人的需求量将会不断增大,如不给予重视,将会出现产业工人严重供不应求的现象。对此,我们必须未雨绸缪,加快劳动力市场建设。**一要建立完善劳动力市场组织。** 劳动部门要转变职能,将工作重点转移到劳动力市场的组织、培育、引导和秩序维护上来,建设开放统一的劳动力市场。**二要充分培养劳动力市场主体。** 目前,全市有剩余劳动力 66.8 万人(城镇 11.8 万,农村 55 万),劳动力资源十分丰富,同时需要劳动力的企业越来越多,关键是政府要发挥市场对劳动力资源配置的基础性作用,建立市场形成劳动力价格和市场调节劳动力供求关系机制,引导企业通过市场获得劳动力,劳动者通过市场解决就业,逐步转变由跟踪服务、单位帮助客商企业招工的非市场化行为,从而真正形成劳动力资源配置的良性循环。**三要加强对劳动力的培训。** 技校、职校和大中专院校都要适应经济结构战略性调整的需要,整合专业设置,面向社会、经济发展的主战场,培养后备劳动力,培训现有劳动力,使产学研紧密结合,提高劳动者整体素质。

　　3.优化房地产市场,提高城市经营效益。 我市的房地产市场发展迟缓,到目前为止,城区商品房积压1000多套。我市于2001年10月启动房产二级市场后,至今只交易旧房173套,相当于南昌市1/10、九江市的1/6、上饶市的1/4。去年我市财政实现国土收益2000万元,相当于南昌市的1/35。究其原因,除了消费水平的因素外,我们在宏观调控和引导上也存在一些问题。当前要抓紧做好以下几项工作:一是尽快建立有形市场。 据市房管局反映,目前我市是全省设区市中唯一没有房地产交易大厅的城市,从而导致买卖双方信息不通,增加一级市场交易成本,影响二级市场繁荣。业内人士分析认为,如果设立集中交易大厅,商品房销售可以增加三成以上,旧房交易至少可以翻番。为此,建议市县两级尽快建立房地产集中交易市场,房地产部门、开发商、中介组织都在交易大厅设立窗口,集中公开进行房地产交易活动,疏通房地产信息渠道,促进房地产交换关系的形成,真正做到提供优质服务、增加交易机会、降低交易成本、保障交易安全。二是加快地产市场的培育和规范。 去年市本级共查处违法用地35宗,共计19 562平方米,清理未批和闲置土地35宗,共计154 054.96平方米,这说明我市土地资源配置的非市场行为和现象依然存在,地产市场环境较差。我们要学习先进发达地区的成功经验,强化政府土地储备和地产经营职能,建立"一个渠道进水、一个池子蓄水、一个龙头放水"的土地市场管理与运作模式,对城市土地实行一级垄断、二级放开,对经营性土地一律实行有偿使用和公开招标拍卖方式出让,形成要土地找市场和垄断市场培育市场的机制,坚持用市场的手段配置土地资源和运作土地资产。三是进一步启动个人住房消费贷款。 据了解,2002年全市各金融机构累计发放住房贷款6100万元,其中开发商贷款3000多万元,市、县(区)两级只办理了200余户个人住房贷款,平均每个县(区)只有十几户。对此,政府要加大宣传力度,积极引导市民更新消费观念,要支持金融部门降低门槛、简化手续,为培育房地产市场作出更大的贡献。

三、加强产业规划与引导,促进经济健康快速持续发展

　　去年,我市通过招商引资新增工业项目982个、农业项目250个、第三产业

项目 572 个。随着招商引资成果的扩大，今后几年进入我市的产业项目还会不断增多，政府应当对经济进行宏观调控，发挥"看得见的手"的作用。浙江省通过积极引导发展块状经济就是运用现代经济思想的成功典范，如苍南县金乡镇是全国最大的徽章生产基地，这种小商品有 18 道工序，政府引导每道工序生产的半成品都通过市场交换，一条完整的生产线形成了 800 多家企业参与的产业链。我们认为，目前我市尚处于工业化的起步阶段，要科学有效地承接先进发达地区的产业梯度转移，确保客商企业引得进、留得住、有发展，很重要的一条，就是要学习浙江经验，运用现代经济思想，对经济活动加强规划、引导和调节，通过产业整合，促进专业化、社会化和集约化的形成，大力发展块状经济，提高产业竞争力，真正做大经济"蛋糕"。**一是加强产业调查、统计、分类和分析。** 通过对市域产业尤其是新增项目的普查，摸清产业、行业、产品构成、性质、目标市场、发展前景、前向整合、后向整合、进出壁垒、转换成本，分析产业特点、资源配置、市场取向，为产业规划和布局打下基础。**二是进行产业规划和定位。** 通过跟踪调查分析，确立产业导向、产业重点、发展趋势，制定发展目标、发展方略，引导资本和资源配置到有效益的产业、行业和产品，促进经济的良性循环。**三是做好产业整合的引导和规划工作。** 通过对现有产业、产品的上游原材料、资本品、产成品和下游产品以及本产品的同类品、替代品进行调查分析，建立合理有效的信息系统，制定招商引资项目库，出台优惠政策，引导流动资本和新增资本参与产业配套，形成合理的产业链，促进支柱产业和块状经济的形成。

（本文原载于江西省委政研室《政策广角》2003 年第 5 期，有改动）

关于进一步推进赶超发展的几点建议

最近我到一些地方和部门调研,深切感到全市上下对赶超发展十分关心,对加快发展充满信心,综合大家意见,结合个人思考,我对进一步推进赶超发展形成了一些认识。

一、把握赶超发展的总体形势要处理好四个关系

必须充分肯定,经过两年多的努力,我市赶超发展取得了重要的阶段性成果,发展环境不断优化,发展趋势明显加快。但是就总体而言,目前的抚州尚处在社会发展的转型期、历史问题的消化期和经济发展的加速期,经济总量小、人均水平低的市情没有根本改变,人口大市、经济弱市、财政穷市的状况没有根本改变,前有标兵、后无追兵的态势没有根本改变。大家认为,越是形势好的时候越要保持冷静,把握赶超发展的总体形势要正确处理好四个关系。

一要心中有数,处理好高调与低调的关系。 赶超发展不能仅仅是一种口号,而应该是科学发展、和谐发展基础上的实实在在的项目、结结实实的经济结构、提速提质的经济总量。应当看到,工业主导型经济在我市还没有形成,财政结构还不合理,经济增长的后劲不足,赶超发展的任务仍然十分艰巨,我们不应当为阶段性的胜利而骄傲自满,而应该进一步高高地举起"坚定、坚韧、坚毅"的旗帜,毫不动摇、毫不分心、毫不懈怠地把赶超发展推向前进。在战略上要更加高调推进赶超发展,在加快发展中实现抚州科学发展;在战术上要更加求真务实,适当低调,多做打基础、管长远、优结构、惠百姓、富财政的事情,积小胜于大胜,累量变于质变。在对外和社会宣传上,要高调宣传赶超发展的动态性成果,

高调宣传实施赶超发展战略带来精神境界的转变、发展理念的转变、工作方式的转变、领导能力的转变和环境氛围的转变,以增强人民群众参与赶超发展的信心,进一步树立抚州对外开放的良好形象;在内部把握特别是对干部的要求上,要适当低调地看待已有的发展变化,更多地强调市情条件下赶超发展的挑战性、艰巨性和长期性,引导各级领导干部树立长期艰苦奋斗的思想。

二要明确目标,处理好赶与超的关系。　把抚州的发展现状放到全省的背景中去定性定量分析,大家认为"追赶"仍然是当前和今后一个时期我市赶超发展的主要矛盾和矛盾的主要方面,我们要把立足点和更多的精力、更多的举措、更多的资源放在"追"和"赶"的效能、速度和规模的累积上,从而重点突破,以局部超越推动整体超越。因此,任何急于求成、盲目"超越"的思想,都会影响我们赶超发展的实际效果,甚至会背上历史的包袱。与此同时,有的同志还建议我们在实施赶超发展战略中,不仅要有宏观的赶超目标,还应当像当年张家港那样,瞄准具体的市、县而赶超,列出时间表,把学习的榜样和追赶的目标具体化,这样可以更加增强赶超的紧迫感和责任感,在比较和实战中加快赶超的步伐。

三要保持一定的压力,处理好领导干部与群众的关系。　赶超发展的伟大事业需要最广泛地动员和号召一切主体积极参与和奉献,抚州的现状决定了我们这代人需要吃苦受累、需要披荆斩棘、需要攻坚克难。应当肯定"心齐气顺劲足风正"已成为我市赶超发展的社会主流,但是"奋斗中的疲惫"和"休整一下""歇歇脚"的思想,在各级干部特别是中层以下干部中已有苗头,许多同志感到在实际工作中程度不同地存在领导紧干部松、主要领导紧副职领导松、"两区"领导紧其他领导松的现象。大家认为,人是逼出来的、劲是压出来的、赶超发展是拼出来的,只有紧催、紧挤、紧压,才能逼出动力、压出干劲,拼出赶超的速度,为了赶超发展的大计,还是要从体制、机制和举措上给各级干部一定的压力。要进一步凝聚发展的人气,营造发展的氛围,从目标管理上强化部门抓招商、争项目、谋发展的分量和力度,使部门、领导、干部在强大的压力下参与发展、支持发展、奉献发展。要每隔一段时间,通过一定的形式,对机关作风进行有效的整治,抓住若干正反典型案例,表彰与鞭挞,形成一种机制、一种声音,在强大的正负激励下,促进机关作风转变,推动政府职能转换,组织和动员更多的干部投身赶超发展。

四要谋略谋实,处理好形式与内容的关系。 大家认为,市委、市政府决定在国庆期间开展"迎国庆、展新貌、促发展"系列活动很有必要,对于宣传赶超发展成就、展示城市建设新貌、激发干部群众斗志、增强加快发展信心、促进抚州对外开放、推动抚州赶超发展都将产生重大而深远的影响。但是,我们举办系列活动的出发点、落脚点和根本目的是推动和促进发展,通过系列活动的形式,要真正形成加快发展的内容,要把形式和内容统一到为赶超发展鼓劲加油上来,落实到有计划、按步骤地实现赶超发展的奋斗目标中去。为此,不少同志建议系列活动举办之前,在新落成的体育中心召开一个大型会议,请市直单位正科级以上干部、县(区)四套班子成员、全市党代表、人大代表、政协委员参加会议。会议的名称为"抚州市重点项目竣工庆典暨创建生态文化名城动员大会",会议的主要任务:总结改革开放三十年,特别是实施赶超发展两年多来,抚州发生的深刻变化,深入分析我市赶超发展面临的形势和任务,以创建生态文化名城为重点,全面部署赶超发展的各项工作。这样操作有纲有目、纲举目张,可以提高系列活动的实际效果,还能对赶超发展进行再动员、再发动,一石多鸟。

二、要从战略上谋划抚州赶超发展

实践证明,区域经济一体化与经济全球化一样,已成为不可逆转的趋势。从战略上参与区域分工、融入一体化进程,是开放条件下提高资源配置效率,加快区域发展的重要途径。今年以来,随着台海形势变化和鄱阳湖生态经济区规划建设,给抚州发展带来了重大的机遇。台湾明确将海峡西岸和赣东南地区列入经济腹地,如果我们对此高度重视,积极承接,主动策应,极有可能推动我市农业和工业跨越式发展。而鄱阳湖生态经济区的规划建设有可能将抚州纳入国家发展战略,进入国家功能区的行列,在生态、农业、水利、环保、国土开发和制造业发展方面将面临优先布局的机遇。为了抓住这两大千载难逢的历史机遇,建议以下几项工作引起重视:

一是积极参与鄱阳湖生态经济区规划问题。据了解,前段时间南昌、九江、景德镇、鹰潭就参与鄱阳湖经济区的建设问题专门成立了课题组,并向省里呈送了报告,就经济区的建设范围、产业布局、区域角色等重大问题提出了自己的设想和要求,只有抚州至今没有提出自己的建议和意见。我们注意到,一些专家向省委、省政府建议:"近期规划以鄱阳湖为核心,以环湖4个设区市南昌、九江、景德镇、鹰潭为主要支点,以环湖高速公路和铁路为轴线,辐射周围50公里左右范围,这是鄱阳湖生态经济区的基本区域。从长远发展角度看,再扩大辐射到上饶、抚州等其他部分县市。"如果这些建议被省委、省政府采纳并加入规划,抚州又将与鄱阳湖生态经济区失之交臂,所以,我们要重视鄱阳湖生态经济区规划的参与工作,不仅要使规划的范围有抚州,还要使主体功能区的布局中有抚州,并通过努力提高抚州在规划中的分量。**二是参与鄱阳湖生态经济区建设的方略问题。**我们认为,抚州要在经济区的建设中有所作为,一个很重要的切入点就是要融入南昌,打好南昌远郊的品牌。充分利用抚州与南昌的地缘和经济互补优势,从旅游、工业、农业、教育、交通等行业入手,推动部门合作向政府合作提升,加强与南昌的经济社会交往与联系,建立两市之间互补、错位、配套、分工的协作机制,从而借助南昌这座"桥梁",增强抚州在经济区中的分量和话语权。**三是承接台湾产业转移的战略问题。**台湾的农业资本、制造业资本和服务业资本都有向内陆转移计划,我们要积极策应,争取获得先行效应。**四是加强与海峡西岸经济区的交往联系问题。**"海西"是国家战略经济区,抚州作为赣闽台的经济走廊,加强与"海西"的联系,不仅能够获得更多的经济实惠,也能推动抚州解放思想、转变观念,提升开放形象和水平。第一,争取建立城市联盟。利用申报建设向莆铁路结下的友谊,主动呼吁与三明、泉州、莆田建立"向莆城市联盟",加强四市之间的经济交往,争取共同参与湄洲湾港口建设,为抚州发展开放型经济创造条件。第二,实施"粮食换工业"战略。随着世界粮食资源趋紧,抚州应当挖潜粮食资源的优势,以粮为媒,与福建1~2个粮食资源匮乏、工业基础雄厚的城市建立"以粮换工"的协作机制,优势互补,互惠互利,共同发展。

三、主攻城区要软硬兼攻

大家认为,近两年来,为了弥补城市欠账、完善城市功能,我市在主攻城区的过程中,以硬件建设为主,不仅纵向比取得了突破性的成就,而且横向比在全省也多为一流。下一步待这些重大项目竣工后,要软硬兼攻,把重点放在主攻软件上。**一要高度重视生态文化名城的创建。** 以提高市民文明素质、改善城市生态、繁荣城市文化为主线,以申报国家园林城市、历史文化名城和创建全省文明城市为近期目标,以创建全国文明城市和人居环境优秀城市为中长期目标,把生态文化名城的定位落实到具体创建之中。要对照国家新颁布的历史文化名城管理条例、国家园林城市和全国文明城市基本条件,尽早做好规划,列出时间表,全市一盘棋、分工负责,像主攻硬件项目一样,有计划按步骤地推进"三城"创建,力争2~3年内建成全省文明城市和国家园林城市,3~4年内成功申报中国历史文化名城,10年内创成全国文明城市和人居环境优秀城市,使抚州真正成为生态文化名城。**二要重视城市资产和品牌的经营。** 一般认为,经营土地是城市经营的初始阶段,经营资产和产业是中期阶段,经营品牌是最高阶段。经过几年的努力,我市一大批重点项目相继竣工,这是城市的重要资产。此外,我市的教育、生态、农业也有明显的品牌优势。资产和品牌都要经营,不经营就是闲置浪费。大家建议比较强烈的是,像汤显祖大剧院、体育中心、会议中心这样的资产如果仅仅满足于一年开几次会、举办几次演出,那就是极度浪费。应该学习外地经验,将资产权从主管部门划出,集中于出资人代表——国资委,用市场的办法引进发达地区具有雄厚实力和经营管理经验的法人实体来抚经营,从培育市场、做活人气入手,前3年无偿甚至可以补贴一些费用让其经营,待市场人气形成后再实行有偿经营,从而既实现了资产的市场效益,又可推动我市文化、娱乐、会展、体育等产业的发展,形成生态文化名城的产业氛围和支撑。**三要加大对外宣传力度,树立抚州开放形象。** 发展是开放的发展,抚州的发展离不开开放,开放的水平决定抚州的发展速度。从抚州的实际出发,提高开放水平,一条很重要的途径就是要加强对外宣传。要以文化生态为核心,提炼塑造抚州"才子之乡、文化之邦、山水之窗"的城市主题形象,打造对外宣传名片。要变口号式宣传为形象式宣传,将境内高速公路和国道、省道旁千篇一律的口号式宣传牌,改为反映地域核心形象的特色宣传牌,以提高地域知名度。要加大在主流媒体的宣传力度。建议市财政安排专项预算资金,在中央电视台、人民网、新华网等权威媒体进行主题形象宣传,申请中央电视台非黄金时间天气预报节目中增加抚州播报内容。用好中央电视台对国贫县的免费广告扶持政策,督促引导广昌、乐安两县加强在中央电视台的形象宣传。

四、招商引资要适应新的变化规律

据调研分析,随着国家宏观调控政策的深入实施,土地、信贷、环保三道闸门的收紧以及人力成本的提高,沿海发达地区的产业转移已呈几个新的特点。**一是从过去的扩张性转移向现在的适应性转移转变。** 多数企业是在"腾笼换鸟"的压力下,为了生存而向外转移,因此,这种转移是趋势,也是必然。如广东东莞的纺织、服装、鞋帽等产业实行"五选一""六选一"的淘汰制,迫使许多企业必须向外转移。**二是由过去的单个企业转移向现在整个产业、行业向外转移。**如佛山的陶瓷业、东莞的纺织业、昆山的化工业等等。这种转移的规则制定权、话语权不在单个企业,而往往在行业协会或若干个龙头企业,产业转移的落户地也都由行业协会或龙头企业选择。**三是由过去的政府限制转移向现在的政府鼓励转移转变。** 许多地方为了"腾笼换鸟",推进产业升级和结构调整,制定了鼓励退出和转移的产业政策,对于一些低端产业的退出,政府不仅在经济上给予优惠,而且还在舆论上引导、在行政上推动。沿海发达地区产业转移的这些新的变化趋势,也给我们招商引资方略提出了新的要求。第一,联系对象要把行业协会、政府主管部门和龙头企业作为重点,获得他们的好感,吸引他们的兴趣,成功的概率就很大。第二,以政府(招商局)的名义去推动,比一个单位或领导个人去推动效果要佳。当地有关部门和一些企业负责人建议,不要四处出击,而应该有选择地以政府的名义多与当地政府、主管部门、行业协会联合召开一些洽谈会、推介会,这样效果会更佳。第三,以商招商要多找龙头企业负责人。只要龙头企业愿意转移,其他配套企业就会跟随而来,形成集聚效应。第四,工业园区之间的合作空间较大。近年来,"飞地"招商已成为发达地区与欠发达地区政府之间、工业园区之间经济合作的有效形式。一些发达地区的工业园区负责人告诉我们,只要各展所长建立合理的利益分配机制,区域工业园区之间的合作前景比较广阔,园区对园区进行产业转移,可以提高资源配置效率,节约转移成本,形成互利共赢。

五、努力加快旅游业的发展

旅游业是一个综合性的产业,既能刺激消费、拉动内需、扩大就业,又能带动第一、二产业的发展,为其他服务行业拓展市场。据有关部门测算,发展旅游业具有 1∶5 的乘数效应,即旅游业直接收入每增加 1 元,商业、餐饮、交通等相关行业产值就会增加 5 元,旅游业每增加 1 个直接就业人员,社会就能间接增加 5 个就业岗位。旅游业本身食住行游购娱所产生的营业税、印花税、企业所得税、个人所得税、城建税、教育费附加、文化事业建设费均为地方所得,拉动相关行业的税收中地方税收也占很大的比重,大力发展旅游业不仅能够满足多样化的需求,拉动经济增长,增加地方可用财力,而且有利于推动新型工业化和城镇化进程,推进第一、二、三产业相互渗透和共同发展。同时,旅游业还是一种资源节约型、环境友好型的产业。发展旅游业,资源消耗少、环境成本低,有利于文化遗产和自然生态的永续利用,促进人与自然和谐,推进形成低消耗、低污染、高效益的增长方式。抚州旅游资源丰富,人文景观与自然景观交相辉映,列入国家级和省级重点历史文物保护单位 40 多处,其中有 4 个国家级生态重点县、1 个中国十佳生态旅游大县、12 个国家级和省级自然保护区、1 个省级风景名胜区、2 个大型水库,还有季节性的百里荷花、万亩栀子花、数万亩连片南丰蜜橘。从资源上看,生态旅游、休闲旅游、文化旅游、宗教旅游特色鲜明,具有很大的开发潜力;从区位上看,抚州处于我省三清山、龙虎山与井冈山,庐山、南昌与瑞金的过渡带,开发抚州旅游可以完善全省旅游网络,丰富江西旅游特色,形成江西旅游的多样性和互补性。可现在面临问题是,抚州的旅游虽讲了很多年,但一直没有用心做好,也没有真正做起来,抚州是目前全省唯一没有旅行社经营专门旅游线路的设区市。资溪的大觉山、乐安的流坑古村虽然游客不断增多,但由于仅仅是奔一个景点而来,因此上升的幅度有限,无法形成旅游的大气候和规模效应。

为此,我们提出以下几点建议:**一是市委、市政府要尽快对旅游产业有一个明确的定位。** 从旅游业自身的特点和抚州的资源、区位、经济结构看,我们认为旅游业是抚州实施赶超发展战略的人气产业、地方产业和优势产业,应当尽快将旅游产业作为主导产业来进行定位,加快发展。**二是聘请国内一流的单位和专家,高起点、高标准做好市域旅游规划。** 重点围绕抚州旅游的发展思路、总体原则、主题形象、功能定位、品牌选择以及景点、线路、交通、配套、对接等问题进行规划、设计、包装,力求突出特色,培育精品,打造品牌。**三是要尽快地动起来。** 旅游市场发育的实践表明,"好酒也怕巷子深",任何景点、线路都是在做中热起来的、在游中热起来的、在宣传推广中热起来的。因此,当务之急是政府要在几年内补贴一定的经费,优先扶持 2～3 家有一定名气的旅行社,先把抚州的旅游做起来,按照抚东、抚西、抚中三条线路,组织开展一日游、二日游和三日游活动,在经营中完善功能,在经营中建设景点,在经营中培育市场。抓住国旅参与临川温泉开发的机会,鼓励其参与抚州旅游的实际经营活动,让其在经营中对抚州旅游进行调研,开发资源、培育形象、发现问题、提出对策,引导其对抚州旅游进行综合开发和经营,加快抚州旅游发展进程。

(本文原载于抚州市委办公室《抚州工作交流》2008 年第 5 期,有改动)

建议我市推进城市化处理好几个关系

城市化是一个国家或地区人口、产业、资本、市场集中的过程。抚州作为一个尚处在工业化初期阶段的欠发达城市,在推进城市化的过程中,要充分利用后发优势,按照科学发展观和构建社会主义和谐社会的要求,正确处理好四个关系。

一、处理好城市化与工业化的关系

城市化是工业化的结果,也是工业化的途径,两者相伴而行,形成循环累积效应。目前,我市城市化水平为 31.4%,比全省平均水平低 5.7 个百分点,比全国平均水平低 15 个百分点。我市第二、三产业占生产总值的比重为 66.72%,但城市劳动力的比重只有 25.2%,第二、三产业就业人员比重只有 40.7%。可见,我市的城市化水平既落后于全国全省和周边,也落后于工业化水平。因此,不失时机地加快城市化进程,是我们加快工业化进程的必然选择。

实施城市化适度超前的战略举措。 在未来 3~5 年内优先发展城市,以良好的城市功能环境、设施环境、人文环境、法治环境和人居环境,提高抚州的对外开放水平,以城市化吸引、拉动、推进工业化。

以项目建设为载体,加快城市的进程。 许多同志认为,由于城市建设欠账较多,抚州的城市化最重要的不是人口的城市化,而是功能的城市化、设施的城市化、形象的城市化,要以项目建设为切入点和突破口加快城市化进程。当前,市城区要全力实施好 33 个重点项目,力争尽快竣工。县(区)也要从实际出发,每年确定若干城市建设的重点项目,以此完善城市功能、改善城市形象。

以经营和管理为手段，加快城市化进程。 经济学家樊纲曾经说过，"没有落后的城市，只有落后的政府"。有人说抚州城市化的落后，在某种程度上是城市经营管理的落后。就此而言，一要提高城市经营水平，提高城市资源的配置效应，提高城市资产的市场运作能力；二要加强城市管理，以卫生城市、生态城市、文明城市的创建工作为载体，着力抓好规划、房管机构的单设工作，抓好城市管理长效机制的建立，抓好"二级政府三级管理的四级运行"体制的实施。

二、处理好城市化与新农村建设的关系

推进城市化与新农村建设既相互联系、相互促进，又相互排斥、相互矛盾。从联系和促进的角度看：农村的生产发展、农民生活的宽裕将进一步促进农村劳力向城市转移，推动城市人口集中；农民收入的持续增加，农民生活水平的提高，将进一步扩大内需，拉动城乡特别是中小城市消费，发育城乡市场；农村乡风文明、村容整洁、管理民主的推进，将降低城市管理和稳定的成本；新农民、新机制、新班子的建立，有利于提高全民素质，将为城市化准备更多的产业工人后备军。从排斥和矛盾的角度看：新农村建设与城市化建设客观上存在争项目争资金的矛盾；从理论上讲，城市化主要靠城市条件改善的拉力和农村相对落后及剩余劳动力增多的推力促进城市人口集中，而随着新农村建设的推进，农村公共品、基础设施和生活条件的改善，农村转向城市的推力会逐步缩小；随着新农村建设政策的实施，国家更加重视"三农"工作，特别是实施最严格的土地管理制度和宏观调控政策，城市化的门槛提高、壁垒增多、成本增加。这些现象提示我们，在推进城市化的过程中，一定要趋利避害，正确处理好与新农村建设的关系。

一要相互衔接。 要科学地领会中央关于城市化发展方针的根本内涵，积极发展中小城市，坚持以县城为主，有重点地发展小城镇，探索建立大中小城市与小城镇协调发展的城镇化道路。在战略上与新农村建设衔接起来，将城市化的思想逐步完善为城镇化的理念，在加快市城区、县城建设的同时，有计划、分步骤地加快建制镇的建设，在推进城镇化的过程中推进新农村建设。

二要突出重点。 鉴于新农村建设特别是新村镇建设是一个长期的过程，建

议新村镇的建设不宜将面扩得很大,而应该集中资金按照城镇化的要求,先镇后村、先大村后小村地分步推进。

三要统筹兼顾。 一定要统筹城乡规划、城乡就业、城乡社会保险、城乡制度,真正形成以城带乡、城乡互动、科学发展、和谐平安的局面。

四要用好政策。 按照现行土地政策规定、农村整理复垦地的 60% 可转为建设用地指标。据去年市委政研专题调查,全市农村村庄旧房和空闲地面积达 12 万亩以上,如果这项工作做得好,全市至少可增加建设用地指标 5 万~6 万亩,这是破解"主攻两区"要素制约瓶颈的重要途径。为此,建议将乡村整治作为新农村建设的重要切入点,把土地复垦的任务分解到县、乡、村,力争全市每年通过乡村整治复垦土地增加建设用地指标 6 000~8 000 亩。

三、处理好城市化与临川文化的关系

文化力就是经济力,就是生产力。临川文化作为华夏文化园中的瑰宝,不仅是抚州人民的宝贵遗产,更是我们加快经济社会发展的重要资源。因此,许多同志建议,抚州推进城市化要高举临川文化大旗,将文化的资源优势转化为城市化的产业经济优势和形象品位精神优势,使文化成为主攻城区的助推器。

一是大力弘扬"临川文化",着力打造"大气"抚州。 文化是城市的灵魂,是地方的品牌。"临川文化"之所以声名远播,靠的是"临川文化"的品牌。历史上曾巩、王安石、陆九渊等巨匠名儒在为官时都曾打过"临川"的品牌,产生过良好的效果。今天的南京、开封、洛阳、颍州、许田、鄞州区、遂昌、徐闻等许多地方,都通过"晏临川(晏殊)""王临川(王安石)""汤临川(汤显祖)",大打"临川文化"之牌。抚州作为临川文化的原产地,更要充分挖潜和利用这一巨大的无形资产来提升气质,凝聚人心,塑造抚州"博大精深、开明开放"的"大气"形象。一要以"临川文化"提升气质。营造浓浓的文化氛围,让人进入抚州就有"文化扑面,赏心悦目"之感。特别是在城市建设和旅游景点开发中,要突出"临川文化"主题,张扬个性、彰显特色、丰富内涵、提升品位。二要以"临川文化"树立形象。建立"临川文化网",让更多的人了解"临川文化"、欣赏"临川文化"、享受"临川文化",进而了解抚州、宣传抚州、发展抚州。设立"临川文化论坛",定期邀请国内外知名乡友、研究学者、文化专家、工商名流、科技精英参与讨论和交流,探索利用"临川文化",推进区域发展的有效方略。三要以"临川文化"凝聚人心。始终以百折不挠的进取精神、孜孜不倦的求学精神、兼容百家的开放精神、勤政廉洁的自律精神激励民众,提升素质,塑造抚州人民的新形象,进而培育、提炼、塑造抚州精神。

二是大力发展文化旅游产业,着力打造"秀气"抚州。 贯彻"文化为统领,生态为根本,资源为基础,山水为主体,开发为核心,效益为目标"的原则,充分依托抚州文化底蕴深厚、自然环境良好、生态环境宜人的优势,围绕"突出特色,调整结构,培育精品,打造品牌"的思路,着力开发文化旅游业,大力发展生态观光旅游、休闲度假旅游和温泉保健旅游,加快文化生态旅游业发展。

三是大力发展文化产业,着力打造"文气"抚州。"临川才子金溪书",历史上临川之笔、金溪印刷、抚州戏曲等文化产业曾鼎盛一时,成为富甲一方的特色品牌。抚州在推进城市化、创建文化名城的过程中,要依托临川文化资源优势,重视特色文化产业规划和发展。一要积极发展以戏曲为核心的演出娱乐业,把抚州建成中国戏曲之乡。二要着力发展旅游文化产业,推动旅游业加快发展。重点发展体现临川文化特色的工艺文化品、生活文化品、礼仪文化品、纪念文化品、印刷文化品。三要发展无形文化产业,提高抚州经济的文化内涵。加快临川文化经济运用研发组织的发展,努力将临川文化名人和名人作品的意境、情节、故事开发成为具有现代经济意义的品牌、商标和企业文化,赋予企业、产业和产品更多的文化品位和内涵,提高区域经济的核心竞争力。

四是大力发展教育产业,着力打造"才气"抚州。 "抚州教育现象"已闻名全国,并引起海外的关注。我们在推进城市化的过程中,要因势利导,把教育当成城市经营的一个重要切入点来规划和建设,更多地用经济学的方法抓好非义务教育和职业教育的发展,将抚州教育的品牌优势转化为推动城市化进程和拉动经济社会发展的产业优势。要积极实施优质教育工程,不断扩大高中教育规模。要以高等职业教育为龙头,大力发展职业教育、继续教育。要利用临川教育的资源优势,开发初、高中教育软件,延伸教育产业链。

四、处理好市与区的关系

由于历史的原因和体制性因素影响,当前我市的市与区之间还存在一些不协调的现象,特别是临川区仍然困难较多、压力较大,如何实现市区双赢、共同发展还是我们推进城市化需要认真探索并尽快破解的难题。对此,我们建议:

一是树立"四个理念"。 一是市区共生共荣的理念。"市"是一个包容"区"的大系统,"区"是"市"的子系统,只有"市"和"区"生生不息、共生共荣,才能共同建设美好的城市家园,才能市区双赢,真正强市活区。二是抓大放小的理念。市和区应对城市齐抓共管,把市一级管不好管不了的事交给区里管,做到宏观管住、微观搞活。三是有利于培育市场的理念。打破画地为牢的观念和方法,市区共同培育市场的主体,共同建设市场体系,共同维护市场秩序,共同分享市场成果。四是经营城市的理念。实行政企、政事、政社分开,多用市场和企业经营的机制,经营管理城市,消除和化解利益分配的矛盾。

二是适当调整财税征管体制。 建议把城区内的个体工商户、合伙企业、股份合作制企业等零星税收划归区级征收,所征收税实行基数上解,超收分成。这样有利于市本级集中精力抓大产业,推进赶超发展;有利于调动临川区的积极性,扩大临川区的发展空间,抑制临川区从市城区完全撤出;有利于统一开放市场的形成和个体私营经济的发展。

三是理顺城市综合管理体制。 按照"两级政府、三级管理、四级负责"模式,在目前城市管理综合执法的基础上,一是突出层级管理,实行市、区、街、居分层管理,合理划分职责,条块结合、形成合力。二是突出属地管理,发挥块块作用。建议将部分规划权和执法权下放给区一级,中小干道及小型基础设施建设由区审批。三是突出群众参与,动员居民、单位参与管理。居委会人员实行下派或公开招聘,其主要职能是集中精力搞好服务和管理,工资由市级适当补贴。

四是赋予临川更多、更灵活的管理权。 鉴于省管县的体制将成定势,建议我们应站在更长远的角度谋划抚州市的发展。第一,如果县全部归省管,今后抚州市的管辖范围只有临川区,所以我们认为目前不宜策划在临川区分设一个临川县。第二,从现在浙江、广东、江苏等地的情况看,区一级都没有财政体制,这很可能也是改革的方向,如果实行这种体制,区级的所有包袱将由市级承担。所以我们要更加重视区的发展,在决策、政策、分配上实行倾斜,给予适当高于县的优惠政策,以放水养鱼、涵养经济。第三,鼓励支持临川区除建设好抚北工业园外,沿京福高速、抚八线、向莆铁路展开生产力布局,建设乡镇工业园或工业集中区,形成若干乡镇工业区和经济隆起区,发展乡镇经济,壮大区级实力。

（本文原载于抚州市委政研室《政研内参》2006年第29期,有改动）

关于增强县（区）发展自主权的调研报告

　　最近,我们深入县(区)就抚州市县域经济发展现状、当前制约县(区)发展的主要因素、增强县(区)发展自主权的基本思路等问题,访谈了县(区)主要领导,召开了座谈会,进行了深入调研,形成专题报告。

一、抚州市县域经济发展处于落后状态

　　近几年来,抚州市县域经济保持了较快的发展势头,取得了长足进步。但在全国、全省范围内比较,仍处于靠后位置,发展步伐慢、总量规模小、平均份额低、结构不合理的矛盾仍然较为突出;尤其需要指出的是,"十五"期间抚州市县域经济综合实力在激烈的竞争中退位,呈现滑坡的趋势。

　　1.总量规模小。 2005 年,抚州市县(区)生产总值只有 224.64 亿元,仅为吉安市的 83.4%、上饶市的 62.4%、宜春市的 59.5%;江西省有 4 个生产总值在 10 亿元以下的县,抚州市有宜黄、资溪、广昌 3 个县,分别处于全省第 96 位、98 位、99 位。县(区)财政总收入 11.12 亿元,仅为吉安市的 52.5%、宜春市的 39.9%、上饶市的 36.5%;江西省有 15 个财政收入没有过亿元的县,抚州市有金溪、黎川、广昌、乐安、宜黄、资溪 6 个,其中乐安、宜黄、资溪在全省排第 96 位、97 位、98 位。2005 年,抚州市县(区)财政收入占全市财政总收入的比重为 72.35%,而吉安、宜春、上饶分别达到 77.05%、90.13%和 90.71%。

　　2.平均份额低。 2005 年,江西省 99 个县(市、区)财政收入平均为 2.31 亿元,而抚州市 11 个县(区)财政收入平均只有 1 亿元,最高的临川也只有 2.04 亿元,比全省平均数还少 0.27 亿元;江西省人均财政收入排名中,抚州市只有资溪

进入前 50 名,排在第 40 名,但人均绝对额也只有全省最高湾里区的四分之一,临川、乐安排在全省第 97、98 位。人均生产总值只有临川、南丰、东乡三县进入全省前 50 位,乐安、广昌处于全省第 90、97 位。

3.**结构不合理。** 农业份额大,工业比重小。抚州市县(区)农业总产值与市情相似的吉安、上饶、宜春等县(区)差距不大,但规模以上工业增加值却呈明显的劣势。2005 年,抚州市县(区)规模以上工业增加值只有 35.03 亿元,仅相当于吉安市的 74.75%、上饶市的 67.94%、宜春市的 53.52%、赣州市的 48.85%,其中,宜黄、广昌、乐安、资溪规模以上工业增加值在江西省排第 92 位、93 位、95 位、97 位,乐安、资溪、广昌 3 个县的工业增加值、销售收入、实现税金等 3 项指标,均分别不足 1 亿元、2 亿元、1 000 万元。

4.**排位逐年下降。** 从"十五"初到"十五"末,抚州市大多数县主要经济指标在江西省 80 个县(市)排位中呈逐年下降趋势。五年中,生产总值排位下降较大的县有崇仁、南城、乐安,分别下降了 6 位、11 位、14 位;财政收入排位下降较大的县有南丰、崇仁、东乡,分别下降了 8 位、17 位、19 位;规模以上工业增加值排位下降较大的县有宜黄、东乡、乐安,分别下降了 10 位、13 位、23 位。

5.**竞争力等级低。** 2005 年 11 月,由中国县域经济研究会组织的第五届全国县域经济基本竞争力评价的县域单位(不包括县级市辖区)共计 2 005 个,将县域经济基本竞争力等级由强到弱分为 A 至 J 十个等级,抚州市只有东乡的竞争力为 F 级,在全国排 1 070 位,南城、南丰、崇仁为 G 级,分别排在 1 325、1 335、1 386 位,金溪、黎川、资溪、宜黄为 I 级,分别排在 1 653、1 675、1 739、1 763 位,乐安、广昌为 J 级,分别排在 1 812、1 886 位。

二、当前制约县域经济发展的因素较多

调查认为,当前抚州市县域经济发展的总体环境是好的,广大干部群众加快发展的积极性很高,但是也还存在不少的制约因素,特别是观念、要素、体制和机制等问题需要引起我们重视。

1.**思想不够解放,发展难。** 一是封闭保守。许多地方和同志的眼睛只盯

着市内,而没有放眼全省、全国,对各地千帆竞发、百舸争流的形势认识不足,不少的同志认为2004年我们挤了一些水分,现在数字比较扎实,无法与兄弟市比较,主观上缺乏在全国全省攀高比强、争先创优的思想、信心和勇气。二是小农意识。满足于工资发得出、日子过得去,认为现在11个县(区)都是国家一般转移支付县,还有两个县戴上"国贫"的帽子,国家不会丢下我们不管,发展慢一点,也能保持基本运转,从而小胜则喜、小进则满,缺乏加快发展、赶超发展的基本动力。三是创业文化未兴。"官本位""学而优则仕"仍然是抚州社会的主流意识,人们的内心缺乏告别贫苦、奔向幸福的强烈愿望和创业激情。要么不愿挣小钱,总想一夜暴富;要么缺乏韧性,经不起挫折,赔一次就不愿干了;要么小富即安,挣了一点钱就很满足,习惯于看摊守业。创业者少、市场主体不足、企业做不大,仍是县域经济发展的重要制约因素。

2.产业工人不足,招工难。 据初步统计,抚州市仅县(区)企业就缺工16000余人,其中普通工11200余人、初级工4080余人、高级工720余人。特别是电子、服装等一些劳动密集型企业缺工现象更为明显,一些企业只能维持半负荷运转。缺工现象比较严重的县(区)是崇仁县工业园区约缺8000人,东乡县工业园区缺1100人,金溪县工业园区缺1000余人,宜黄县缺1500余人,南城缺1200余人,乐安县缺1000余人。据悉,造成招工难的主要原因:一是招商引资的快速发展,形成了对产业工人的较大需求,而由于我们对形势预估不足,相应工作没有跟上,导致信息不对称,供求矛盾突出;二是市内劳动密集型企业较多,技术含量较低,与多数农村务工人员想学点技术的心态产生矛盾;三是市内企业工资偏低,与发达地区存在较大差距;四是多数发达地区打工条件逐步改善,城市化的工作和生活条件具有较大的吸引力,加之年轻人抱有"外面的世界更精彩"的心态和预期;五是组织、培训、引导不够。据了解,招工难的现象已引起了各地高度重视,许多县(区)专门组织了劳务市场招聘会,加强了职业技术培训,崇仁县还派出了招工小分队,规定每招聘一个工人进入园区工作由县财政奖励100元。但值得注意的是,这些措施普遍收效甚微,招不进、留不住已成为政府、企业和客商的一大心患。

3.**金融环境不佳，融资难。** 据统计,抚州市"九五"期间银行贷款平均增长10.9%,而"十五"期间下降为4.4%。2005年县(区)存贷差达129.19亿元,接近存款总额的一半。2005年末,工业贷款占全部贷款的比重只有3.32%,比年初还下降了240万元。县域经济发展资金需求增大与国有商业银行县域信贷投入严重不足的矛盾突出。在基层调研,政府、部门和企业反映最多、最强烈的是融资难的问题,金溪精纺制品有限公司是一家效益很好的企业,投资1000多万元,缺300万元流动资金周转几个月,想以资产抵押贷款,先后向几家银行申请,从市分行到县支行几批人进入企业审查,但最终还是没有实现。宜黄凌峰绣业投资600多万元,由于市场行情看好,客商想增加50万元流动资金扩大再生产,从政府、部门到企业忙乎了近两个月还是无功而返。据悉,造成当前融资难的主要原因:一是专业银行贷款权限上收,县(区)银行基本无权放贷,正在逐步沦为存款网点;二是制度门槛过高,由于过去抚州市县(区)银行不良贷款较多,许多企业信用缺失,被上级列为"不良贷款高风险行"和"重点监控行",从而制定了许多极不合理的信用制度;三是信用担保体系缺位,由于县(区)没有建立起中小企业担保机构和基金,政府、企业和社会均缺乏约束、分担银行风险的信用机制,在实行信贷责任终生追究制的政策下,银行和责任人为了规避风险,主观上存在惜贷的情绪;四是小额信贷并未真正启动,目前县(区)能贷款的只有农村信用社的小额信贷,但一些操作方式、信用制度等还不完善,且贷款的资金量较少、贷款的利息较高;五是政府和企业资本运作能力差,对存量资产整合不够、经营无方,对以资产换信贷、以存量换增量束手无策。

4.**发展环境不优,办事难。** 一是程序多、时间长。县(区)许多企业反映,在办理营业执照、许可证时,前置条件和程序太多,严重影响了市场主体的生成和发展。金溪县香料厂反映,从办证到开工生产历经半年多的时间;资溪县反映,市里对小水电站建设审批程序过多,有的项目几年都批不下来;宜黄县反映,外资企业在县(区)落户要经六个部门层层初审、报批、审核,只要一处受阻就全部耽搁,增加了外资企业进入县(区)的难度。二是服务观念差。一些市直单位考虑本部门利益多,大局意识较弱,"雁过拔毛"现象严重。某县反映,去年该县向省里争取到一个 40 万元的拨款项目,需要市发改委盖章转报,被索要服务费 15 万元,且要求钱到账才给盖章。某县反映,市安监局人为地提高进入标准,将省里已审批的证照不发给相关企业,要求企业必须全面安装监控器后,才可领取证照。三是旧"三乱"(乱检查、乱收费、乱罚款)不止,新"三乱"(乱检查、乱评比、乱开会)又盛行。一些基层部门反映,近年来,检查过于频繁,评比接踵而至,会议接连不断,弄得基层无法集中精力工作。他们说,每年的 10 月至次年的 3 月,是工作和发展的黄金时期,但也是检查、评比、开会最频繁的时期。据初步统计,仅县公安局机关每年要接待的检查活动就不下百个,有时班子成员全部出动还不够应付检查和开会。四是"中梗阻"现象严重。调查了解到,办事难,主要难在中间环节,一些部门的具体经办人员经常利用手中权力设置一些障碍,形成"上急下不急,中间梗塞阻"现象。基层普遍反映,现在市集中办事大厅实际上已经沦落为收费大厅,报批项目仍然要一个机关一个机关地跑、一道程序一道程序地走,形式上的串联审批实际上仍然是并联审批,一条龙服务成了一条龙收费。谈到"中梗阻"的问题时,县里同志对市技监、交警部门的意见较大。某县一个客商企业到市技术监督局窗口办理锅炉使用证手续,从上午等到下午都没人接待,要求对锅炉压力表进行检测,需要 10 个工作日才予以答复。一些基层干部群众反映,市交警支队的楼内楼外,到处都是办事的中介组织和中介人,许多手续当事人按正常程序办不下,而交钱给中介组织或中介人,立即就可以办好。

5.体制机制不顺,调控难。 一是部门纷纷上收垂管,县(区)缺乏应有的调控手段。不少县(区)同志认为,现在县级政府在法律规定的"经济调节、市场监管、社会管理、公共服务"四项职能中,实际上只能履行社会管理和公共服务的职能,而经济调节和市场监管的职能基本上掌握在条管部门手中,严重削减了县一级政府的管理权限。二是行政许可权相对集中在省、市两级,县(区)缺乏足够的发展自主权。由于县级政府几乎无权可许,导致县级发展中的办事效率十分低下,有的项目由于报批等程序性因素影响,迟迟不能开工。三是管理体制五花八门。目前,市、县有些部门职责划分不清,管理方式不统一。市里将城管、建设、环保分为三个不同职能单位,各负其责,而许多县仍保持原有体制合为一体,也有的县是城管单独分开,环保与建设没有分离;县(区)外贸系统体制较乱,有企业性质的,也有事业单位性质的,形式多样,直接造成县(区)与市直相关部门无所适从。他们建议,一些重要的机构和需要加强的部门,市里应当协调统一。

三、增强县(区)发展自主权的决策建议

振兴抚州,县域是主体,空间在县、潜力在县、后劲在县、出路也在县。引导好、保护好、发挥好县(区)加快发展的积极性,推动县域经济持续快速发展,是我们实施赶超发展战略的重要环节和着力点。为此,建议市里按照"责权统一、重心下移、能放都放、依法合规"的总体要求,通过简政放权,减少管理层次,理顺体制机制,降低县(区)发展成本,提高县(区)发展效率,为县(区)发展营造更好的环境和空间。

1.简政放权。 按照上述基本思路,通过对县(区)调研并征求市直有关部门意见,我们建议市里从四个方面扩大县(区)26条发展自主权(见下表)。

类别	权限内容
一、税费调整	1.生产性外商投资企业享受企业所得税"两免三减半"税收优惠获利年度的确认、外商投资的先进技术企业所得税享受减免税期满后,延长三年减半征收的审批、外商投资企业的外商税后利润再投资退税的审批由县(区)税务部门审批执行。 2.纳税人全年发生的财产损失税前扣除金额在200万元(含)以下的,由各县(区)国税局审批。 3.资源综合利用产品、民政福利企业、森工企业增值税季度即征即退20万元以下的,由各县(区)国税局审批。 4.企业技术改造项目国产设备投资抵免企业所得税立项,由县(区)国税局直接上报省国税审批。 5.需要呈报省局审批的企业所得税减免,由各县(区)国税局在受理企业所得税减免申请并对纳税人报送的申报资料完整性进行审核后,直接转报省局审批。

续表

类别	权限内容
一、税费调整	6.出口企业退(免)税申报初审工作由各县(区)国税局 3 个工作日内完成。 7.遇有"风、火、水、震"等严重自然灾害或在国家确定的"老、少、边、穷"地区新办的企业,年度减免所得税额 50 万元(不含)以下的,由县(区)税务部门审批,并抄报市税务部门。 8.散装水泥专项基金委托县(区)墙办征收,按一定比例上交市散办。
二、项目审批	9.凡不需要国家、省、市出资或平衡建设条件的政府投资项目(不含党政机关办公楼和培训中心),均由县(区)投资主管部门按照建设程序自行审批。 10.凡《江西省政府核准的投资项目目录》规定可由设区市、县级人民政府核准机关核准的企业投资项目,除中央、省和市管企业外,均可由县(区)核准机关按有关规定自行核准。凡属备案的企业投资项目,除中央、省和市管企业外,均可由县(区)备案机关按有关规定自行备案。 11.中小型水库和水闸控制运行计划(跨县级行政区域除外)、水土保持方案报告书、水利工程规划同意书(跨县级行政区域的除外)委托县(区)自行审批、报市备案。 12.建设项目环境影响报告表审批权委托县(区)环保部门审批。应办理建设项目环境影响登记表的项目,由项目所在县(区)直接办理。 13.总投资 2 000 万美元以下鼓励类、允许类项目由县(区)投资主管部门核准。 14.木材产品耗材折算标准、木竹加工剩余物指标、木材加工许可证及年审、木材生产计划、采伐剩余物指标,由县(区)审核。 15.废旧收购公司审批由市国税部门委托县(区)国税部门办理。
三、证明发放	16.增值税一般纳税人的资格年检、变更由县(区)国税部门办理。 17.冠县(区)行政区划名的企业集团的设立,由县(区)审批。企业集团的设立下放给县(区)审批。 18.县(区)班线经营许可、普通货物运输经营许可、驾驶员培训学

类别	权限内容
三、证明 发放	校开设、客货运输站场管理、机动车维修管理、农村公路建设开工许可由县（区）交通部门审批。 19.注册资本在50万元以下（外商投资企业除外）的有限责任公司登记管理权限下放到县（区）工商局。 20.个人独资企业、合伙企业由各县（区）工商局直接登记注册。申请办理的个体工商户营业执照业务，除涉及前置审批或许可的项目外、均委托辖区所在地的工商分局（所）登记发照和管理。 21.商品展销会登记管辖权委托下放给商品展销会举办地的县（区）工商局登记管辖、户外广告、店堂广告和印刷品广告的监管，下放到县（区）基层工商局（所）。 22.委托符合条件的县（区）工商局对辖区内外商投资企业办理设立、变更、注销等登记注册初审手续以及年检初检。 23.六吨以下锅炉安装、告知、验收、司炉工培训发证由县（区）自行审批，报市有关部门备案。锅炉压力容器表检测、广告经营许可证发放委托县（区）职能部门办理。
四、用地 报批	24.公路两侧红线控制区埋设管线、电缆，超限运输车辆行驶公路，铁轮车、履带车行驶公路，增设平面交叉道口，公路用地范围内设置非公路交通标志、占用或挖掘公路由县（区）审批。 25.县（区）有关部门自行设置乙类矿产中型以下的采矿权。县（区）国土资源部门可自行设置建材类零星分散小型矿产资源储置规模矿产地的采矿权。 26.县（区）享有征、占用林地的预审权。对县（区）的森林资源采伐限额指标实行单列，由县（区）部门审批。面积60亩以内补充耕地由县国土部门验收。

2.**加大财税支持力度。** 调整和完善财政体制，理顺市以下政府间财政分配关系，逐步按照分税分享、向县（区）倾斜的原则，调整市以下财政体制。建议设立县域经济发展专项资金，通过贴息、担保等形式引导和促进县域经济发展。除养路费、客货运附加费和中央规定的规费外，逐步取消市级对县（市）非税收入分成。加快建立政策性农业保险制度，选择部分产品和部分地区进行试点，对参

加种养业保险的农户给予一定的保费补贴。对财政收入增长快、贡献大的县（区），市里应给予一定优惠和奖励。贯彻落实《中小企业促进法》，市县两级政府都要在本级财政预算中设立中小企业发展专项资金，主要用于县域工业发展。市里要采取多种措施支持县（区）、乡镇消赤减债。

3.加大金融支持力度。 创造条件，鼓励引导各类金融机构积极主动支持县域经济发展，努力改善中小企业融资环境。争取县（区）金融机构吸收存款（含邮政储蓄），有一定比例支持当地经济发展。动员各商业银行积极组建中小企业信贷部。鼓励支持市人民银行牵头引进"工农建中"之外的金融机构进驻抚州，开展金融业务，政府应在土地、经费、办公用房等方面给予扶助，充分激活抚州金融市场。要尽快把组建地方商业银行列上议事日程，确定机构和人员专门从事策划、研究和联络工作，争取在1~2年内挂牌运营。加快农村信用社管理体制和产权制度改革，把农村信用社办成由农民、农村工商户和各类经济组织入股的社区性地方金融机构。加快建立中小企业信用担保体系，对信用担保公司按规定实行税费减免政策，适度扩大信贷担保倍数。建立适应县（区）中小企业特点的信用评级和授信制度。努力提高市县两级资本运作水平，学习借鉴先进发达地区资产经营公司、城市投资公司的资本运作模式和经验，不断探索以资产换信贷、以存量换增量的新途径、新方法。积极推行票据融资，扩大抵押和质押贷款范围，大胆探索有利于县域经济发展的信贷产品创新和金融服务创新。县（区）政府要支持金融部门积极盘活不良贷款，共同创建金融服务安全区。支持县（区）的优势企业、支柱企业和高新技术企业等进行规范的股份制改造，培育上市公司后备资源。培育完善多层次资本市场，进一步拓宽融资渠道。建立企业和个人信用信息征集体系、信用市场监督管理体系和失信惩戒制度，防止和打击各种形式的逃废债务行为，创建金融安全区。

4.加大科技和人才的支持力度。 大力发展各类职业技术教育，积极扶持县（区）办好示范性职业学校，鼓励支持民办职业教育发展壮大，为县域经济发展提供更多更好的适用技术人才。市、县（区）政府及其有关部门要适应本地产业发展需要，搞好劳动力就业规划和培训，优先组织农村劳力转移到市内企业工作,在户口、购房、子女入学等方面出台优惠政策,鼓励农民工在本地就业,切实解决本地企业招工难的现象。企业和用人单位既要营造良好的工作环境,又要创造舒适的生活环境,适当提高工资标准,建设文化娱乐场所,不断丰富企业文化,真正以适当的待遇和良好的环境留住和吸引产业工人。要创新人才制度,实行人才"柔性"流动政策,鼓励各类人才到县(区)、乡镇创业。实施职业技能人才和农村实用人才工程,开发人才资源。实行科技特派员或组织专家技术服务的制度,加强产学研、农科教相结合,完善高校、科研院所与县(区)合作机制,鼓励科研机构、科技人员创办经济实体。采取相关优惠政策和措施济,吸引各类专业技术人才和海外留学人员回抚到县(区)创业,鼓励更多大中专毕业生服务县域经济。

　　5.建立激励发展的绩效评价机制。　一是建立扶持资金监管机制。省、市用于支持县域经济和社会事业发展的财政专项转移支付和工资性转移支付资金,科技、教育、文化、卫生、基础设施建设资金等大额专项支出,全面实行国库集中支付;社保、农业、林业、水利、开发式扶贫和农业综合开发重点扶持资金实行县级报账制,专户管理、封闭运行。二是完善扶持资金的监督检查制度。财政、审计、监察等部门要充分发挥职能作用,坚持日常监督和定期检查相结合,对检查中发现的截留、挪用上级扶持资金等违规、违纪问题,通过等额扣减财力方式给予处罚,并按有关规定追究主要责任者和其他直接责任人的党纪和行政责任,确保扶持资金安全有效运行。三是建立综合绩效评价奖励制度。按照科学的发展观设置评价指标体系。健全县域经济发展的统计制度,定期发布统计数据。发挥评价体系的导向作用,建立和完善奖惩办法,使绩效与作用挂钩。重点加强对入库财政收入、国内生产总值和城乡居民收入等经济发展质量指标的考核,实行一年一考核、一年一排队、一年一公布。对综合排序在全省全市排位前移的县(区),给予奖励;对无特殊原因使排位连续后移的县(区),主要领导要进行调整。市财政安排一定的县级财政综合绩效评价以奖代补专项资金,用于对县级财政的奖励。建立县域经济联席会议制度,定期研究制定加快发展县域经济的政策措施,协调解决县域经济发展中的重大问题。对不同发展水平的县(区)实施分类指导,分别制定科学的经济发展目标,实行目标责任管理。

　　6.营造县域经济发展的宽松环境。　建议市委、市政府把更多精力放在县域经济发展上,注重指导,加强协调,督促检查,跟踪问效。要保持县(区)领导干部的相对稳定,保证工作的连续性,防止因为干部调动频繁造成短期行为,真正在县(区)形成干事创业的良好氛围。要加强对市直相关职能部门的监督管理,及时严肃查处破坏经济发展环境的人和事,坚决取缔寄生依附在执法和公共服务部门的非法中介组织和个人,根治少数部门工作人员作风漂浮、遇事推诿、办事拖拉、仗权设卡、要钱索利等现象。要激励引导市直部门不断增强大局意识和服务观念,自觉跳出本部门、本单位的小圈子、"小利益",立足本职,放眼全局,各尽其职,各出其力,完善工作机制,创新服务方式,提高服务质量和水平,真正为县域经济发展提供周到、快捷、高效服务;要大力弘扬求真务实精神,用真心、出实力,积极为企业解决困难,少说多行、多想办法,少点指责、多点宽容,做县域经济发展的坚定支持者和促进者。要完善垂直管理部门地方党委协管机制。垂直机构在县(区)的延伸机构党的关系实行属地管理,其领导干部的任免,主管部门要事先征求并充分尊重所在县(区)、乡(镇)党委的意见;垂直管理部门要始终把执行国家法律、政策、部门规定与支持地方经济发展统一起来,自觉接受地方党委、政府的领导,真正为地方经济发展营造良好环境。

　　(本文原载于抚州市委办公室《抚州工作交流》2006年第10期,有改动)

关于加大对县域经济发展扶持力度的若干建议

据资料显示,江西省 80 个县(市)中,2005 年财政总收入未过亿元大关的有 12 个,其中抚州市占 6 个;按县财政总收入排序,最后 5 位抚州占 4 个,最后 10 位抚州占 6 个;按生产总值排序,最后 5 位抚州占 3 个,最后 10 位抚州占 4 个。抚州县域经济薄弱显而易见。其原因何在? 出路何在? 带着这些问题,我们对经济总量分别处于弱、中、强三个梯队的资溪、黎川、南丰三县进行了调研。

三县经济保持了平稳较快增长。"十五"期间,资溪、黎川、南丰三县生产总值平均每年分别增长 12.9%、14.1%、15.3%,与全省基本同步;财政总收入分别增长 11.5%、15.2%、9.5%,明显低于全省平均水平;农民人均纯收入增长较快,南丰县农民人均纯收入在全省排第三位。

三县特色经济有优势。如资溪县,小面包做成了大产业,全县有 3.6 万人,60% 的劳动力从事面包行业,有 7000 多家面包店开到全国的 1000 多个城市,并已走出国门,进入俄罗斯、缅甸、越南等国市场,农民人均纯收入的 60% 来自面包行业。黎川盛产瓷土,陶瓷业发展历史较早,目前有 10 多家瓷厂聚集于此,康舒耐热瓷煲的销售量和市场占有率居全国前列,环球瓷业公司单个产品出口量居全省第一。目前,该县 3000 亩陶瓷工业园已完成规划,预计明年上半年正式入园投产。南丰县蜜橘产业支撑起一片天,蜜橘种植面积 40 万亩,总产达 6 亿斤,销售收入 10 亿元,全县农业生产总值的 70%、农民人均收入的 60% 来自蜜橘产业。

三县园区经济、外向型经济活力不断增强。资溪在临川区异地建立工业园区,通过市场化运作,财政不出资金,效果较好,被评为全省先进工业园区;他们还立足生态优势,大力发展生态旅游,已引进海南、浙江、福建等地的客商投资16个项目,进资11亿元。黎川县努力建设对接闽台经济的桥头堡,1~10月,全县引进项目19个,实际进资3.8个亿,加上老项目新增净资,共计进资8.53亿元。南丰县工业园区逐渐成为外向型经济的主战场,近3年落户企业42户,财政直接投入园区建设资金8000万元,园区建成面积2000亩。

调查发现,当前抚州县域经济发展总体环境是好的,广大干部群众加快发展的积极性很高,但也存在不少困难和问题,面临诸多制约和瓶颈。

一是经济总量小特别是财政盘子小,缺乏回旋余地。作为抚州市经济发展状况相对较好的南丰县,人均生产总值和财政总收入分别为7870元和365元,分别低于全省平均水平的16.3%和63%。资溪是全国面包之乡,全县有1/3的人在外地做面包,对财政的贡献不大,2005年该县财政总收入位列全省倒数第一。由于财政支出的有些部分有固定性和刚性,财政盘子小必然带来财政保障水平低、配套资金压力大、偿债能力低。据黎川县反映,2005年全县财政收入所能负担的行政事业经费人均仅5676元,机关工作人员收入较低;上级要求的配套资金压力大,财力难以支撑,仅2006年各项配套资金就达500万元;截至2005年底,全县包括世行贷款等项目财政债务达4.55亿元,有些公益项目借款既无收入来源,财政又无法安排资金偿还。

二是基础设施薄弱,缺乏稳固平台。由于长期投入不足,县乡基础设施包括水、电、路、农田基本建设、文化设施建设、卫生设施建设等都相当薄弱。资溪县有大觉山风景旅游区、中国虎野化放归基地等丰富的旅游资源,但公路状况差,境内316国道、资贵线都是低级老路,旅游业受到严重影响。黎川县水厂设施在全省属最差,日供水能力只有1万吨,阻碍了城市化建设步伐。黎川县工业用电已经涨到0.74元/度,比邻县福建光泽等地0.51元/度高出许多,成为招商引资的瓶颈。

三是产业结构不优,缺乏效益来源。抚州市县(区)农业总产值与市情相似的吉安、上饶、宜春等县(区)差距不大,但规模以上工业增加值却呈明显劣势。2005年,抚州市县(区)规模以上工业增加值只相当于吉安的3/4、上饶的

2/3。2005年,南丰县三次产业比为32∶29∶39,与全省县(区)相比,一次产业占比高13.1%,二次产业低18.4%。由于第二产业薄弱、第三产业滞后,一、二、三产业关联度小,造成县级财政稳定增长点不多,一次性财源、非税收入占比偏高,经济和财政发展难以进入良性循环。

四是金融要素缺位,经济扩张乏力。在金融体制方面,基层银行除负债业务发展有一定的自主权外,其他业务权限一律上收,商业银行普遍采取了抵押贷款的形式,但多数小企业固定资产少,往往达不到抵押贷款的要求,致使金融机构存差扩大与企业融资难并存。抚州市"九五"期间银行贷款平均年增长10.9%,而"十五"期间下降为4.4%,2005年县(区)存贷差129亿元,接近存款总额的一半;2005年末,工业贷款占全部贷款的比重只有3.32%,比年初还减少了240万元。南丰县现储蓄存量达15亿元,但2004年至2005年全县金融机构向工业企业贷款总额仅为1 327万元,2005年新增工业企业贷款不足200万元,大多数企业靠自筹或吸纳民间资金扩大再生产。一个好的项目、一个好的品牌、一个好的产品,有时就缺几十万、百万元周转,但还是无法解决贷款问题。

五是人力资源不足,潜力难以发挥。由于管理体制僵化,造成人才流动不活。黎川县设计院还是1984年定的8个编制,因为没有编制,大学生分配不进去,现在已经找不到人做事,严重影响城市规划工作和新农村建设。据工业园区的干部反映,今年公务员登记他们没有着落,心里不踏实。如黎川县工业园区管委会现有30人,有12人原是公务员身份,此次登记他们已离开原单位,不再登记,而管委会是事业单位,不列入公务员序列。各地还普遍反映产业工人不足,存在不同程度的招工难问题。据估计,抚州全市仅县(区)企业就缺工16 000余人,特别是电子、服装等一些劳动密集型企业缺工更明显,一些企业只能维持半负荷运转。同时,企业用工也存在一些新的问题,如南丰县工业企业的不少员工,每到橘子收获和销售的季节(每年11月至来年1月),因为每天可以得到四五十元的工钱,纷纷辞工到橘农的橘园分拣橘子,即使与企业签了合同也照走不误,严重影响了当地工业企业的正常生产和管理秩序。

县级作为功能相对齐备的基本经济社会单元,在其发展过程中,内因和外因都很重要。对底子薄、缺乏积累、要素少、马力不足的弱县,在较高的水平上启动其发展的引擎,寻找外部的支持至关重要,为此建议:

一是将抚州市所属县明年全部纳入财政"省直管县"试点。 根据我省农村综合改革部署,明年我省财政"省直管县"试点要扩大到40个县以上,"乡财县代管"试点范围要扩大到50%以上。抚州目前11个县(区)本身都是国家一般转移支付县,还有两个"国定贫困县",体制变动和工作量增加不会很大,这次我们所调研的县均希望列入试点。抚州是全省财政困难县最集中的市,如将抚州市的县全部纳入试点范围,对该市县域经济社会发展具有十分积极的整体效应。

二是对抚州的基础设施建设给予倾斜。 如公路建设方面,支持对资溪县境内316国道、资贵线全线的老路改造,带动资溪县的生态旅游业,并拉长贵溪—龙虎山的旅游线;支持未通高速公路的县建设与邻近高速路的连接线。电力方面,在电源点布局、电网建设和电价调控上给予照顾,放宽工业用电标准,降低工业用电价格,与外省邻县基本持平。在生态保护方面,逐步建立和完善生态补偿和生态经济促进机制。资溪县是全国生态示范区,森林覆盖率达87.2%,是抚河、信江的上游,为保护好生态环境,该县进行产业结构调整时,作出了一定的牺牲,希望在省生态补偿、环境保护等项目立项、资金配置上得到照顾,并支持该县发展竹木加工和烤烟等产业。

三是积极稳妥地推进加大地方金融机构的发展。 可选择并指导抚州设立地方商业银行及各县分支行,承担为地方和县域经济发展配置金融资源的职责,最大限度地做到金融资源取之于地方、用之于地方。继续深化农村信用社改革,扩大经营范围,创新金融产品,努力成为服务城乡居民、工商户和各类经济组织的主力军。按国家有关规定积极稳妥进行发展民间金融试点,使民间金融规范透明,促进全民创业和农村经济发展。

四是实事求是解决涉及招商引资和工业园区的几个问题。 如招商引资考评,很有必要,各县也很重视,但各地县情、区位、发展阶段和目标都不尽相同,考核标准应有灵活性。资溪县"地无三尺平",近90%的面积是山区,不适合大搞工业,决定走"生态立县,旅游兴县"的路子,把招商引资的重点放在旅游资源项目开发上,要求省市考评时将旅游开发项目纳入工业项目范畴。异地兴办工业园区的,要求在实行财政"省直管县"体制后,维持目前的核算和分账办法,享受实际的"飞地"待遇。工业园区管委会工作人员的身份问题在全省具有普遍性,建议明确管委会为派出机构,列行政序列,其工作人员进管委会之前是公务员身份的登记为公务员,同时核减原单位的行政编制,解除他们的后顾之忧。企业招工难、员工素质低的问题,既是当前工业园区发展必须解决的一个迫切问题,又是我省工业化、城镇化深入发展必须考虑的一个战略问题,建议劳动、教育等部门要在农民工免费技能培训、技工学校、高职教育发展方面等给予抚州更大的支持。

(本文原载于抚州市人民政府《决策参考》2006年第14期,有改动)

产业集群是加快县域经济发展的必然选择

——宜黄县发展块状经济的调查与思考

近年来,宜黄县从自身的资源与区位实际出发、科学制定发展战略和发展定位,充分利用资源优势,在推进工业化的过程中,注重产业整合,建立和发展产业链,走产业集群之路,着力发展块状经济,提高了招商引资效果,加快了县域经济发展。今年1~10月,全县完成生产总值5.7亿元,同比增长12.4%,规模以上工业增加值3 851万元,增长26.95%,工业产值首次超过农业产值;实现税收643.1万元,增长31.6%。工业用电量2 664万度,增长41.78%。宜黄缺乏区位优势,经济基础薄弱,但在实施"工业强县"战略以来的短短几年,就形成了产业集群、块状发展的强力态势。工业经济呈现加速发展、"抱团发展"和集群经营的特征,规模化效益逐步显现,目前全县已初步形成水电、造纸、塑料、化工建材四大产业集群。

一、宜黄县产业集群的形成过程

1.立足实情,科学制定发展定位。 宜黄是一个传统农业县,长期以来坚持把农业作为工作的重中之重,就农业抓农业,结果资源开发利用层次低、财政增长慢、农民增收难。新世纪初,宜黄的发展定位面临"两难抉择":是继续吃资源饭建设一个"农业富县",还是发展工业经济建设一个"工业强县"。定位准确,宜黄才能抓住机遇,实现跨越式发展,定位不准,就会丧失机遇,拉大差距,为此,宜黄县委、县政府以慎之又慎的态度和求真务实的作风全力解决好战略定位问题。一方面,眼睛向内。对"家底"进行调查分析,认为宜黄生态良好、资源丰富,而且随着临宜、崇宜、圳口至枫林等公路建设力度加大,交通"瓶颈"制约已经逐渐缩小,但资本稀缺、投入不足是制约全县经济发展的长期性障碍,尤其是制造业小而散,工业的主导地位始终没有形成,资源优势难于转化成经济优势。另一方面,眼睛向外。深刻认识到,面对经济全球化、区域经济一体化的趋势和沿海发达地区产业梯度转移步伐加快的机遇,特别是土地、电力、水等要素资源已成为区域经济竞争的重要条件,作为全国小水电先进县的宜黄县,只要因势利导、抢抓机遇,一定会在招商引资、承接转移、壮大制造业方面大有作为,创造良好的发展空间。通过对内外因素和当前形势、挑战、机遇进行透彻分析和科学论证,县委、县政府认为,只有发展块状经济,建工业强县,实施以工业化为核心的发展战略,才能吸引资本、产业、技术,否则县域经济只能在低水平、低层次徘徊。经过充分讨论、广泛征求意见和深层次宣传发动,建"工业强县"的定位很快地成为全县干部群众的理念和意志,成为各级领导干部的共识和追求,成为各行各业的任务和主题。

2.扬优成势,充分做好利用资源文章。 素有"赣东明珠"的宜黄县,发展环境得天独厚,水电、土地、林木、矿产等资源丰富,其中特色最突出、优势最明显、吸引力最大的就是水电资源。该县水系发达,水能蕴藏量达到 11.78 万千瓦,小水电可开发量达 7.9 万千瓦,是全国首批百家电气化达标县。在当前国内外能源普遍偏紧的形势下,宜黄县拥有能源优势这张"主牌",就能在产业发展中赢得先机,处于不败之地。许多外商投资宜黄,看中的多是该县水电、价格优势,为此,在培植产业过程中,宜黄县始终坚持把水电产业作为"基础工程""黄金工程",通过招商引资、产权置换等形式,全力以赴做大、做强、做好水电产业,并以此引来了造纸、塑料、化工建材等产业。目前,全县拥有中小型水电站 200 多座,水电总装机容量 4.64 万千瓦,年发电量 5 600 万度,其中观音山、下南两座中型水电站,年发电量分别达 1 500 万度、1 300 万度。

3.抢抓机遇,主动承接沿海发达地区资本和产业梯度转移。 近年来,宜黄县在实施"大开放、大招商"战略中,紧紧抓住沿海地区产业升级和结构调整的有利时机,坚持产业招商、特色招商、以商招商,主攻江浙、兼顾闽粤,充分发挥该县资源优势和低成本优势,积极吸引境外企业集团来宜投资。随着引进企业

（项目）的增多，该县注重资源的可持续发展、科学发展，从中选择与自身资源开发利用关联度大的造纸、塑料、化工、建材等产业，加大扶持培育力度，促其迅速壮大、滚动发展，实现更大范围、更高层次与沿海发达地区的对接与互动。1～10月份，全县招商引资引进项目97个，投资总额9.76亿元，实际进资4.22亿元，同比增长47.47%，引进1000万元以上项目36个，增长41.8%，其中工业项目50个；同时，搞好载体建设，构筑承接沿海工业的发展平台。目前，沿宜临公路两旁已建起六里铺、潭坊中黄带状工业园区，形成宜黄工业长廊，基本完成了"三通一平"的工作，全县90%以上的工业企业都落户园区。为了更好地提高园区承接发达地区产业梯度转移和外商资本扩张的能力，宜黄大力实行体制、机制和环境创新，对工业园区实行独立运行、封闭管理，做到"三免四统一"，即免检、免税、免扰，实行统一规划建设、统一项目审批、统一管理企业、统一收缴税费，为企业、项目入驻园区创造良好环境。目前，园区新上500万元以上项目13个，总投资1.54亿元，实际进资6800万元；园区实现工业增加值3270万元，增长114%；上缴税金375万元，增长108%；新增就业人数1500多人。

4.因势利导，科学利用市场调控机制。 随着招商引资的深入、工业企业的增多，宜黄县按照经济发展规律，以特色产业为主导，以骨干企业品牌产品为龙头，以民营企业为主体，实行专业化分工、社会化协作、扎堆化发展、集群化经营，整合特色资源，提升工业经济的竞争力。该县在大千、华南等骨干企业的带动下，集聚了十几家纸张生产企业，主要以再生资源为主，生产沙原纸、白板纸、包装纸等系列产品，年造纸能力达8万吨，2003年实现税收380万元，是以前造纸业的4倍；并以浙江瑞安客商投资5000万元建立的宜黄塑料工业城为龙头，集中力量抓塑料产业，力争3年之内引进50多家塑料企业，投资规模10亿元，把宜黄建成全国中部地区最大塑料编制工业基地。市场调控是最有效的办法。宜黄县充分利用市场机制，发挥价格的导向作用。在培育产业的过程中，宜黄县坚持和落实科学的发展观，既注重眼前利益，更注重长远利益，打好"价格牌"。对高效益、低能耗、低污染，两头在外的企业（项目），以水电、土地、资金等方面的优惠政策，让利外商，鼓励吸引他们落户宜黄。目前，宜黄工业用电价格平均

0.47 元/度,比周边县区低 0.15 元/度左右;对高能耗、高污染、消耗资源多而又低产出、低税收的项目,提高其用电、用水、用地价格,使其无利可图,主动淘汰。目前,该县已经关停了玻璃拉丝、地条钢业等 5 家小企业,对粗加工、低附加值的竹木加工业也予关闭。

5.优化环境,营造良好的发展氛围。　宜黄县牢固树立"环境就是生命力、就是竞争力"的理念,把优化投资环境作为一项永不竣工的系统工程常抓不懈,提出"环境也是硬道理,软环境是生命线"的口号。一是围绕投资成本最低、投资回报最高、投资风险最小、创业环境最佳的"四最"目标,以"四铁"精神整治和优化环境,全力打造优质高效的服务环境、一流的法治环境、诚实的信用环境和舒适的生活环境。二是在全县深入开展"二整治一测评"活动,即整治办证环境。全面推行首问责任制、重大项目代办制、办事程序公开制和限时办结制等 6 项办事制度;整治收费和检查环境。规定未经县委、县政府同意,任何单位和个人不得以任何借口进入企业检查和收费,对投资上千万元以上的大型工业实行重点挂牌。每年组织两次由各方代表参加的行风评议和形象测评活动,对测评中连续两次满意率低于 60% 的部门主要领导进行转岗、降级,单位写出书面检查,并在全县进行通报批评。三是搞好跟踪服务。对每一个新引进项目,确定一名县级领导和责任单位,进行全程跟踪服务,项目进度公开;对已引进企业继续提供各种服务,切实为企业营造最佳的创业环境。

二、块状经济模式和集群发展的路子给宜黄带来深刻变化

1.提高了招商引资效果。　在招商策略上,能够根据现有产业和经济发展水平研究制定项目准入条件,在投资方向、投资规模、投资强度、产业回报率等方面,科学设置"门槛",逐步提高引进项目的质量和档次。在项目选择上,可以通过组织开展境内外招商引资活动,以外引外、以企引外、以企招商、以商引商,全力引进外资项目和内资大项目。尽量多引进税收贡献多、就业岗位多、社会回报大的好项目。在招商思路上,把招商引资的着眼点由侧重于新项目向结合现有企业嫁接重组、特色产业技术升级转变,积极吸引上下游产业链项目。目前,宜

黄县招商引资呈现"特色显、成效好、前景广"发展态势,工业项目占主导地位,工业项目50个,投资额4.39亿元,投资额上千万元的项目17个,500万元以上的项目24个,主要集中在造纸、塑料、水电和化工建材四大产业上。

2.**加快了工业化进程。** 宜黄实施工业强县战略以来,以产业集群为支撑,极大加速宜黄工业化进程。截至2004年10月底,全县工业、加工业企业已近600户,到年底可以突破600户以上。全县完成规模以上工业增加值3851万元,增长26.94%;销售总值112548万元,增长28.31%;上缴税金596.2万元、增长31.6%;完成技改投入3188万元。工业用电量已成为衡量工业发展水平的一个重要指标,2001年宜黄工业用电量1495万度,2002年增加到1592万度,增长6.5%,到2003年,工业用电量达到2493万度,增长56.6%;而截至今年10月底,工业用电量就达到2664万度,同比增长41.78%。这说明宜黄工业经济发展水平已达到一个新阶段,并步入加速发展的黄金期。

3.**优化了县城经济的结构。** 宜黄县随着产业集群的加快,经济运行呈现快速、协调、健康发展的好势头。产业结构取得历史性突破,三大产业结构比为35:36.3:28.7,二产首次超过一产。固定资产投资1.58亿元,增长28.91%,真正实现了财政增长、农民增收的目标。在挤"水分"的基础上,财政收入完成4544万元,增长10.1%;农民人均纯收入达到1670元,增长17.5%。工业企业对社会的贡献率达40%以上。塑料城、五大纸业和其他企业相继建成投产,该县就业和再就业问题得到根本解决,招工难的现象日益减少。随着企业用人激增,外出务工人员大量返乡打工,城市化建设进程明显加快,县城人口由2002年的3万人猛增到现在的5万人。

4.**形成了明显的块状经济优势。** 一是水电产业。引进的小水电建设项目64家,投资总额3.2亿元,新增装机容量3.85万千瓦,是2001年以前全县总装机容量的3倍。小水电的发展为全县其他工业的发展创造了良好条件,这也是该县最明显的优势。二是造纸业。已有大千、星泰、华南、弘泰、祥盛等五家投资总额过千万的纸业落户宜黄,投资总额1.2亿元。全部建成投产后,年实现销售收入2.6亿元,税收1000万元。三是塑料业。全县签约入园的塑料企业共

8家,投资规模1.2个亿。目前,正在全力建设潭坊、桃陂两大塑料城,其中龙华塑料已完成扩建工程,事达塑料、华联塑业、新洋塑业已建好厂房,华硕物业、兴旺塑料、顺胜塑料正在动工。全部建成后,可生产塑料袋、农用薄膜、塑料家用产品等品种。四是化工建材业。全县已有丰乐水泥、浙宏林化、湘赣防水模板、日升建材等化工建材类企业近20户。2003年实现工业税收超过200万元,比消耗资源的近160家竹木加工产业还多几十万元。

三、宜黄县走产业集群之路带来的启示

宜黄发展块状经济产业集群、抱团发展还处于起步阶段,在延伸产业链、打造特色品牌、增强核心竞争力等方面虽有不少待发展、提高的地方,但其显示出强劲的发展后劲和广阔的发展空间,证明这条思路是符合宜黄实际情况的,是正确的。这对欠发达地区加快工业化进程,实现跨越式发展具有很好的启示:

一是选准定位,明确主攻方向是加快经济发展的首要前提。 宜黄县经济基础薄弱、区位条件较差,但其面对竞争,能够主动置身于全市、全省和"长珠闽"的大发展氛围中,既立足当前,又着眼长远,既看到自己的劣势与不足,又看到自己的优势和特色所在,从而找准了定位、明确了主攻方向。在激烈的市场竞争中,凝聚人心、鼓舞士气,全县上下始终保持积极进取和"争、拼、抢"的升位意识,工业化进程明显加快,并初步形成四大产业集群。可见,找准定位对欠发达地区而言,是事关全局的战略问题,是加快发展的关键,是头等大事。必须投入大量的人力、物力和财力,实事求是、深入调研、摸清家底、把握规律、抓住重点、准确定位,这样才能变被动为主动,发挥后发优势,后来居上。

二是善于将资源优势转化为产业优势和市场经济优势,这是加快发展的重要手段。 宜黄县有丰富的土地、森林、水电等资源,但长期以来把自己定位于农业县,对资源的开发利用层次低,停留在卖资源、初加工的基础上,办了一些竹木加工业、笋加工业等附加值低的产业,资源优势难于转化为经济优势,出现"守着金山等穷""抱着金饭碗讨饭"等现象。近年来,宜黄县跳出"就农业抓资源"的圈子,坚持以工业化为主导,以产业为载体,以特色为优势,推动宜黄资源的深

层次、大规模综合开发利用,并充分利用市场经济手段进行有效调控,使资源优势真正转化为经济强势。欠发达地区在加快发展中可利用好自身资源状况,按照科学发展观要求,提高科技含量,推动特色产业方面发展达到资源效益的最大化、最优化。

三是加快产业规划,走产业集群之路,是形成产业特色、优化和提升经济结构的重要途径。 "船多不碍港",超越重复建设的"抱团发展",能极大地增强区域经济的竞争力。宜黄县正是凭借水电、造纸、塑料、化工建材 4 个产业集群,形成了自己的特色产业,优化了经济结构,工业产值第一次超过农业产值;并产生了极强的辐射效应,解决了就业再就业这一难事,吸引广大农民进城务工,推进了城市化进程,县域经济真正步入快速健康的良性发展轨道。作为欠发达地区,在推进区域经济快速发展的进程中,必须选准有潜力、有优势的产业,依靠市场力量和有效规范,创造条件大力培育各展所长的"一县一业""一乡一品"的产业集群,必将极大地增强其经济的竞争力。

四是坚持有所为有所不为,着力发展块状经济是加快县域经济发展的必然选择。 宜黄县委、县政府在发展县域经济中,始终保持清醒的头脑,把第一要务落实到"小县大产业、小县大经济"的奋斗目标上,坚持市场经济规律,明确自己的职能,把主要精力放在营造良好的发展环境、构筑发展平台、培育支柱产业上,使外商企业在宜黄真正引得进、留得住、富得起,使宜黄的块状经济优势越来越明显。欠发达地区,在发展经济过程中,政府的助推作用十分重要,所以一定要避免错位、越位、缺位等现象的发生,按照市场经济需要,迅速转变职能,强化服务意识,提高服务层次,为块状经济的初创、提升和再发展殚精竭虑。

(本文原载于抚州市委政研室《谋略》2004 年第 12 期,有改动)

成败在于操作
——关于提高抚州市工业园区操作能力的调研报告

为认真贯彻落实抚州市委、市政府关于"主攻工业、决战园区、赶超发展"的战略决策,推动工业园区赶超发展,市委政研室成立提高工业园区操作能力课题组,对全市工业园区进行了广泛调研,并赴上饶、浙江衢州、绍兴、金华、永康等地工业园区学习考察,形成此报告。

一、抚州市工业园区发展的基本态势

据调查了解,抚州市工业园区发展从 1996 年创办乡镇工业小区开始,大体经历了三个阶段。1996 至 2001 年为创办起步阶段,主要采取由部门、乡镇和企业投资项目或兴建标准厂房的形式,发展效果不明显;2002 至 2005 年为造势启动阶段,全市发展工业园区的思想开始统一,初步完成了规划、征地和基础设施建设,建成经国家批准的工业园区 10 个;2006 年后,进入了新的发展阶段,新一届市委、市政府审时度势,提出了"全力主攻两区,推进三大建设、三年确保财政收入翻番、五年实现全面进位"的赶超发展思路,明确了"主攻工业、决战园区、赶超发展"战略,将工业园区作为赶超发展的火车头,出台了一系列政策文件,推进了体制机制改革,园区建设焕发了新的生机,呈现良好的赶超发展态势。

1.**体制机制逐步完善。** 10 个工业园区全部成立了党工委和管委会,配齐配强了领导班子,金巢开发区由市委常委任党工委书记,县(区)园区全部由常委或副县级干部担任书记。园区实行党政班子联合办公,核增了机构编制,充实了工作人员,设立了招商、财政、经济发展、社会管理等职能机构,公安、国土、国税等部门在园区派驻了机构,各部门将有关事权逐步移交园区办理,大部分园区授权管理部分乡镇、街办、村组,在一定范围内独立行使决策、经营管理、服务发展职能,园区适应赶超发展的准政府管理体制初步建立。

2.发展速度明显加快。 2006 年,全市 10 个工业园区实现主营业务收入 110.44 亿元,增长 91.43%,园区工业总产值 115.18 亿元,增长 77.5%,基本实现一年翻番。截至今年 4 月底,全市工业园区规划面积 76.6 平方千米,实际开发面积 26.76 平方千米,增长 27%;完成基础设施投入 16.52 亿元,增长 39.4%;入园企业 516 家,增长 36.5%;工业企业资产总计 93.76 亿元,增长 54.63%。今年 1~4 月,园区工业固定资产投资 7.05 亿元,增长 188%;工业用电 12 730 万度,增长 1.3 倍;招商到位资金12.5亿元,增长 2.4 倍,发展速度明显加快。

3.产业特色初步形成。 经过几年的发展,全市大部分园区都形成了几个主导产业,一些园区的产业特色还比较鲜明。金溪园区芳樟类产品在全国市场占有率达 80%,并成功打入欧美市场,成为全国最大的樟科香料生产基地;东乡园区的活性淀粉在全国市场占有率达 8%;崇仁园区机电、纺织二个行业的销售收入占园区的 98%,上缴税金占 97%;抚北园区铜加工、化工、建材三大产业实现产值占园区的 70%;黎川园区的陶瓷、制鞋二个行业实现销售收入占园区的 50.7%;宜黄园区的塑料企业销售收入占园区的 30.8%。

4.经济贡献不断提升。 2006 年,园区主营业务收入占全市规模以上工业的 63.43%,增加 9 个百分点;园区经济总量占工业经济总量的 63.35%,增加 11.5 个百分点;完成各项税收占全市财政总收入的 23.28%,增加 3.4 个百分点。今年 1~4 月,园区上缴税金 22 053 万元,增长 158.7%;安排就业 62 150 人,增长 39.5%。东乡、抚北、黎川、广昌、南丰、宜黄等园区实现税收均成倍或数倍增长,园区对全市经济发展的贡献不断提升。

与此同时,当前抚州市工业园区也存在一些需要重视的问题:

一是企业总体质量不高。 我市企业规模小、层次低、分布散、行业杂的现象比较突出。全市 10 个工业园区、516 家企业,涉及行业 22 个,共有 1 210 个产品,其中有规模以上企业 376 家,仅占 72.9%,有省级高新技术企业 4 家、产品 12 个,分别占 0.78%和 0.99%,目前尚无一家上市公司、无一个驰名商标、无一家上缴税金过5000万元的企业,年上缴税金100万元以上的企业只有89家,占17.2%,5万元以下的195家,占37.8%;有纺织服装企业106家,占20.5%,分布在全市10个园区,多的南城26家、黎川16家,少的也有3~5家,由于重复引进,产业雷同,导致出现了无序竞争的现象;有木竹加工等资源消耗型企业56家,占10.8%,分布在10个园区,年消耗木材和毛竹50万/平方米以上;有农药化工企业72家,占14%,分布在9个园区,二氧化硫和化学需氧量排放量逐年增加;有福利企业20家,实现税收占29.6%,影响园区对经济发展的贡献。

　　二是配套难、融资难、招工难比较普遍。据调查,全市工业园区纯配套企业只有5家,配套供应不足需求量的2%,大多数园区企业的原材料、辅助材料要从外地采购,加上配套因素制约,导致每年增加企业成本约2.5亿元;受金融体制、信用体系建设和银行沟通的影响,贷款难的问题一直没有很好解决,全市园区企业短缺流动资金4亿元左右,一些效益较好的企业因为流动资金不足,影响企业的生存和发展;因为引导、培训和组织不力,园区有效劳动力招工不足,导致熟练工人、技术工人缺额较多,南城、东乡、崇仁等地的纺织、服装行业尤为突出。

　　三是土地利用率偏低。据初步测算,抚州市工业园区平均投资强度只有20.35万元/亩,主营业务收入31.7万元/亩,上缴税金1.37万元/亩,分别只占全省平均水平的39.9%、62%和49%。金巢开发区是全省30家重点园区之一,园区规模及基础设施建设在全省排位较前,但企业建筑密度仅18%,投资强度14.3万元/亩,容积率0.24,税收1.21万元/亩,远低于全省平均水平。

　　四是发展环境有待优化。多数园区尚没有实现封闭运行,企业接受随意检查、重复检查较多。部分职能部门办事效率不高,审批行为不规范,标准不统一,"三乱"现象依然存在。有的执法部门下达了收费、罚没款等内定指标,借执法之名,行罚款创收之实,甚至公开索要咨询费、服务费,企业为此意见不少。抚北园区企业反映,货物仅运出市城区就要经历三四道检查、罚款。此外,金融、公交、商业等配套服务机构没有进入园区,也影响企业生产和经营。

　　五是园区自身操作能力有待提高。园区建设由党委、政府包揽的现象比较普遍,多数园区反映,自己至多是党委或政府的一个部门,主角、主体的功能没有到位,准政府的机能没有完全释放,园区自身的土地开发、招商引资、专业服务、市场运作、资本运作、协作发展的能力较弱。

二、提高抚州市工业园区操作能力的若干建议

调研显示,近两年来,抚州市工业园区快速发展,主要得益于体制机制理顺后操作能力的增强,而当前抚州市工业园区存在的问题,从表面上看是发展过程中的问题,但从深层次上分析还是方法和操作不到位的问题。因此,我们认为,在目前上下认识高度统一、体制机制基本理顺、政策举措逐步完善的情况下,大力提高操作能力是推动抚州市工业园区赶超发展的关键所在。

1.**充分授权,完善职能,提高园区自主发展能力。** 必须肯定,在工业园区发展初期,实行"政府主导型"的开发模式,有利于使园区迅速启动,降低开发成本,提高开发效益。但是,工业园区作为经济组织,要面向市场,参与市场,遵循市场经济客观规律来谋求发展壮大。浙江的成功经验表明,当工业园区规划和体制机制基本形成后,园区自身要逐步从配角向主角转换,增强自主发展能力。**一要转变观念。** 党委、政府要解放思想,重点在配强班子、建设体制、优化机制、完善政策、营造环境上领导和推动园区发展。工业园区自身要积极走向市场,大力进行体制机制创新,重点增强自主融资、自主征地、自主招商、自主服务、自担风险、自谋发展的能力。**二要授权到位。** 政府及其部门要尽量扩大授权范围,使园区基本享受同级政府和部门在规划、环保、国土、建设、公安、城管、工商、税务、招商等方面的职权,代表政府独立承担开发、建设、管理职能,做到入园企业的审批手续基本能在园区办结,对于一些由于法律和政策需要到同级政府和有关部门办理的手续,实行"见章跟章"制,即凡是工业园区相关部门经过论证认定并加盖公章的,本级有关部门不再履行审查、研究和会议程序,直接由业务科室在材料上加盖公章。**三要健全组织架构。** 按照"决策一元化、管理行政化、经营企业化、服务社会化"的要求,重点强化招商、财政、建设、经营、服务等方面的运作功能,健全社会发展、劳动人事、法制等机构,加快规划、环保、国土、国税、地税、工商、公安、消防等派出机构的组建工作,明确派出机构重点接受园区领导,

与园区职能机构同办公、同分工、同考核、同奖惩。学习浙江的成功经验,园区对全部机构实行企业化管理、混岗作业、同工同酬、联勤计酬、联效计酬,有条件的园区可逐步对高层管理人员实行年薪制。**四要提升服务水平。** 建议逐步由现在的领导挂点服务、部门跟踪服务向工业园区链条式专业服务转变,真正将服务主体落实到专门机构和专业人员。加强培训,每年举办 2~3 期园区业务人员培训班,采取"请进来、走出去"的办法,重点培训经济谈判、专业招商、资本经营、市场运作、财务分析、公共服务等方面的知识,提高园区管理人员的专业化素质。**五要完善配套功能。** 金融、邮政、电信、供电、供水等服务部门要在园区设立分支机构和经营网点,主动配合,提供便利。逐步引进担保公司、创业公司、会计师事务所、律师事务所等中介机构进入,为企业提供相应的社会服务。

  2.**放手放权,勇挑重担,提高园区招商能力。** 工业园区是招商引资的主要平台,招商引资是工业园区的生命线,提高工业园区操作能力在很大程度上就是要增强工业园区的招商能力。**一要放手放权。** 将园区招商引资的任务主要交给园区,逐步由全民招商向专业招商转变,由盲目招商向目标招商转变,由招商引资向招商选资转变。**二要在园区建立一支强大的招商队伍。** 学习浙江经验,每个园区招聘建立一支 20~30 人的专业招商队伍,实行企业化管理,按地域和产业分成几个科室,将年度招商任务下达至科室和个人,联效计酬。**三要突出龙头招商和产业招商。** 每年有计划、有目标地引进几个实力较强的龙头企业,通过龙头企业带进一批配套企业。围绕行业分工、产业整合、产品配套、功能延伸招商引资,以企业集中、产业集聚提高招商引资的针对性。**四要注重上会招商。** 浙江等地的成功经验表明,有目的、有针对、有重点、有准备地参加全球、全国或区域性的招商洽谈会、项目推介会、产品展销会、经济技术交流会、区域协作会是招商引资的重要切入点,抚州市工业园区在招商引资过程中要逐步克服四时出击、四处出击的盲目招商行为,派出精干人员多参加会议招商,提高招商引资的实效性。**五要加强对外宣传。** 要建立园区门户网站,介绍园区基本情况、发展理念、招商政策、产业规划、项目建设等情况,通过网站提升开放水平、促进网上招商。要有针对性地制作宣传资料、向重点招商地区的园区和企业推介、疏通招商信息,畅通招商渠道。

3.企业经营,市场运作,提高园区滚动发展能力。 资金是园区发展的血液,努力增强筹措资金和运用资金的能力,是提高园区操作能力的重要环节。

一要实行企业化经营。 成立由园区领导或控制的投资公司、创业公司、担保公司、物业公司等法人实体,在投融资、土地开发、设施引建、资产经营、金融担保、物业服务等方面与市场接轨,实行规范的企业运作、节约开发成本,提高经营效益。**二要城区、园区互动。** 遵循"以城带园,以园促城,两区互动"的思路,在近5~10年内,每年拿出经营城市收入的5%~10%用于园区基础设施投入和滚动开发。按照城市新区的标准建设工业园区,在园区总体规划中安排建设一部分与工业功能区相配套的商业用地,鼓励引导园区以商业开发收益增加工业开发投入,以商业开发促进工业开发。**三要创新资本运作方式。** 探寻向境外投资机构融资、向开发银行借贷、以存量土地抵押贷款、以土地收益抵押贷款、项目包装贷款、中介担保贷款、与信托投资公司联合发债、与大型企业联合开发、与部门共同开发、向社会筹资等资本运作新方式。学习崇仁等地由客商垫资园区基础设施建设、对县属单位非生产性支出征收8%的园区建设资金、鼓励农民把征地补偿金作为园区投资发展资金等创新做法,多管齐下,解决园区启动资金和投入不足的问题。**四要培育企业融资能力。** 学习借鉴浙江永康开发区建立入园企业综合评估体系的做法,由园区管委会与银行联合对企业生产、财务、市场、信用等情况进行量化考核,将考核情况与信贷支持挂钩。

4.进退有序,分类指导,提高园区集约发展能力。 随着国家实行最严格的土地新政,土地要素制约将成为园区发展的主要瓶颈,加强土地管理和科学运作、提高土地利用率和产出效益、推动集约发展是工业园区无法回避而又必须尽快破解的难题。**一要建立进入机制,规范用地。** 根据国家宏观政策形势,从抚州市实际出发,我们建议园区单个企业用地不宜超过100亩,金巢开发区和县(区)工业园区的固定资产投入下限、投资强度、建筑密度、容积率、产出效益分别不得低于1 000万元、70万元/亩、65%、0.9、10万元税收/亩和500万元、50万元/亩、60%、0.8、6万元税收/亩;同时,在合同中对开工时间、建设期限、违约责任等进行明确规定,企业要严格按照合同履行权利义务,确保把有限的土地让给产业层次较高、投资强度较大、产出效益较好的企业。**二要办好创业园,节约用地。** 建议全市每个园区兴办一个中小企业创业园,建设一定规模的标准厂房和写字楼,引进风险投资机构,将达不到单独供地条件的项目安排进园孵化,在场地和租金上给予优惠支持,对毕业出园的企业优先供地,扶持发展。**三要扶优扶强,集约用地。** 制定入园企业"零增地"优惠政策,鼓励引导企业利用现有土地进行技术改造、嫁接项目、改(扩)建多层厂房等,走内涵式扩大再生产之路。对产业整合型龙头项目、重大工业生产性项目和高科技优势产业项目,根据需要与实际,实行一厂一策,尽量满足企业中长期发展用地。**四要"腾笼换鸟",优化配地。** 建立入园企业退出机制,经常性开展项目用地清理活动,通过产业规划、商业谈判、市场运作、退园入创(创业园)、企业托管等方式,将一些圈而不建、产业层次低、投入强度小、效益不明显的企业"腾笼换鸟",促进园区集约发展。**五要发展家庭工业,变动用地。** 鼓励动员城乡群众,利用家庭闲置住宅发展工业,为工业园区龙头企业进行分散生产和配套,节约工业用地,推动全民创业。

5.整合资源,扬优成势,提高园区产业集聚能力。 加快产业集聚,发展块状经济,是中外工业园区发展的成功之路,更是推动抚州市工业园区快速成长和赶超发展的重要途径。**一要制定规划突出产业集群。** 建议按照"融入南昌、参与环鄱、对接海西"的要求,遵循区域经济一体化和错位发展的原则,尽快制定抚州市工业产业集聚规划,引领全市工业园区集聚发展。在此基础上,工业园区要根据自身的比较优势,做好产业规划,在园区总体定位、功能定位、产业布局、发展目标、政策支撑等方面突出产业集聚。**二要依托已有的优势产业和成长性产业,发展产业集聚。** 每个园区确立2~3个主导产业,围绕主导产业,进行前后整合,延伸产业链,按照产业集群分工,展开生产力布局,引导招商资本、技改资本、民间资本重点发展集群内的产业和产品项目,力争经过几年的努力,建成6~7个特色工业园区。**三要扶持龙头企业,提升产业集群。** 龙头企业是指在某一个行业或产业中,具有较强的带动力和辐射力,能够促进和带动整个产业链发展的整合型企业。浙江袍江工业区和衢州开发区分别引进旺仔、王老吉、海南椰树等龙头企业,发展产业集群的成功范例给我们以深刻启示,抚州市工业园区要高度重视通过培育和引进龙头企业发展产业集群,凸显"办好一个企业,带动一个产业"的效应。**四要建设专业市场,助推产业集群。** 浙江的成功经验表明,专业市场是产业集群的助推器,随着抚州市产业集群的发展。要按照逐渐降低原料成本、辅料成本、物流成本、交易成本的原则,适时培育建立与产业集群相配套的专业市场、供应资本品、集散产成品。

6.上下互动、左右联动,提高园区协作发展能力。 现代经济理论认为,工业园区是推动区域分工、产业配套、错位发展和促进区域经济一体化的重要平台。实践证明,凡是开放水平高、协作能力强的工业园区,发展就快,效益就好,对此,我们要有足够的认识,采取措施,尽快改变目前"关起门来搞建设"的现象,促进园区在开放协作中加快发展。**一要高位推动协作发展。** 建议市委、市政府充分挖潜和发挥抚州作为南昌远郊、闽台近邻的区位优势,将"融入南昌,参与环鄱,对接海西"、参与区域经济一体化进程、谋求区域协作发展作为招商引资和工业园区发展的重要切入点,通过建立城市联盟、签订友好合作协议、参与区域合作机制、实施以农业换工业战略等多种形式,加强抚州与南昌和江浙沪闽台地区的经济技术合作。**二要建立园区对外协作机制。** 学习赣州、上饶等地经验,要求每个工业园区都要与先进发达地区 1~2 个园区结为友好园区,建立经济、技术、人才、管理合作机制,推动产业梯度转移,促进园区招商引资,提升园区管理水平,加快园区发展。**三要建立市内园区交流机制。** 建议由金巢开发区牵头,每年举办一期园区发展论坛,每季度举行一次联谊会,通报动态,交流体会,沟通信息,衔接项目,研究布局规划产业,促进全市工业园区联动发展、科学发展、和谐发展。**四要建立园区内企业联谊机制。** 由园区管委会牵头,定期或不定期召开入园企业联谊会议,通报信息、了解情况、发现问题、交流体会、解决困难、推动合作、促进发展。

7.优化环境,规范考评,提高园区持续发展能力。 环境是基础,考评是手段。优良的环境,科学的考评机制能够促进园区持续健康发展。**一要优化舆论**

和发展环境。 要把握正确的舆论导向,加大对工业园区建设的宣传报道,通过多种形式向社会广泛展示园区建设的阶段性、动态性成果,凝心聚力,推动工业园区抢抓机遇,加快发展。要对工业园区高看一格、厚爱一分,把更多的精力、更多的财力、更优惠的政策投入工业园区,促其更好、更快地发展。**二要建立整治经济发展环境的长效机制。** 各级党委、政府及其纪检监察部门要对扰乱和破坏环境的行为保持长期高压态势,把营造良好的经济发展环境纳入对部门综合考评、政风行风测评和机关干部岗位责任制范畴,继续采取明察暗访等有效形式,铁心硬手,严惩破坏环境行为。**三要建立工业园区封闭式运行机制。** 企业和客商的全部手续由园区有关机构限时办理,园区内的执法行为主要由园区机构和派驻园区机构进行,其他执法主体进入园区开展执法行为必须经园区管委会同意,并由园区有关机构陪同进行,制止和严查入园"三乱"。**四要规范园区的考评活动。** 要把园区真正作为经济发展的特区,实行区别于其他区域的特殊政策,减少并逐步取消对于园区的达标升级活动,将社会治安、农村合作医疗等社会发展的任务主要赋予同级政府的有关业务部门,让园区集中精力进行开发建设。要按照"科学、精简、管用"的原则,加强对工业园区综合考评,主要考评园区滚动发展、招商引资、项目建设、产出效益、财税贡献、产业集聚、品牌争创等方面情况,激励园区科学发展。

(本文原载于抚州市委办公室《抚州工作交流》2007 年第 4 期,有改动)

让朝阳在赣东大地冉冉升起

——抚州实施"朝阳计划",加快食品工业发展研究报告

民以食为天,食品工业是充满希望的朝阳产业。世纪之交,省委、省政府作出"将江西建设成为食品工业大省"的重大战略决策,既符合我省实际,又顺应了市场经济发展规律,是"把江西经济大厦建立在现代农业基础之上"和"立足农业,主攻工业"决策思路的顺延和深化,是实现我省跨世纪可持续发展的重要保证。

抚州是典型农业资源型大区,农业原料加工食品在抚州有着悠久的历史,南城麻姑酒、金溪藕丝糖、浒湾油面等都是抚州传统的美味食品。中华人民共和国成立50年来,特别是改革开放20多年来,抚州食品工业获得长足发展。20世纪80年代东乡县就被列入全国100个食品工业重点县,"七五"计划后,地区连续三个"五年计划",将食品工业列为全区工业的三大支柱产业之一。到目前为止,抚州各类食品工业企业已达2 600余家,从业人员17 000余人,生产20余大类,共1 000多个品种食品。"九五"计划前三年,全区食品工业产值分别增长26.26%、32%、27.36%,发展速度保持在全省前三名。但是,与全省建设食品工业大省的要求相比,与食品工业发展较快的地市相比,抚州食品工业的差距仍然十分明显,主要是规模偏小、骨干企业不多,结构不合理、高利税产品少,知名品牌少、市场占有率低,科技含量不高、高附加值产品少。可以说,抚州食品工业发展总体上尚处于幼稚时期。抚州食品工业要进一步发展壮大,实现世纪之交大跨越、大提高,必须打破常规,以超常的气魄和胆识,确立新思路,实施新计划,开辟新途径,采取新举措。

基于上述认识,最近,我们就如何进一步加快抚州食品工业发展问题进行了

专题调研,广泛征求了有关专家和业内人士的意见,在认真梳理分析全区食品工业发展现状的基础上,经过研讨论证,提出了加快抚州食品工业发展的"朝阳计划",旨在通过实施计划,尽快托起希望的朝阳,将一个充满生机和活力的抚州带入 21 世纪。

一、"朝阳计划"的基本内涵及实施条件

所谓"朝阳计划",就是从抚州实际出发,策应省委、省政府建设食品工业大省的战略部署,通过规划、布局、投入和举措,推动尚处于幼稚时期的抚州食品工业加快发展,使食品工业这一朝阳产业尽快在工业行业和产业体系中脱颖而出,经过成长期,进入成熟期,如朝阳般在国民经济中冉冉升起,成为支撑和带动抚州跨世纪可持续发展的第一大支柱产业。

抚州地处江西腹地,素有"赣抚粮仓""鱼米之乡"之称,发展食品工业,实施"朝阳计划",具有许多得天独厚的条件和优势。**一是资源条件优越。** 抚州具有丰富的农业资源和地表资源,有优越的种植业、养殖业发展气候,有良好的生态环境,特别是大宗农产品、特色农产品、野生资源丰富,可为食品工业提供可靠的原料保证。这些都是抚州发展食品工业的潜在优势。**二是市场条件有利。** 抚州区位条件独特,处于长江三角洲和珠江三角洲的过渡段,北接省会南昌,东邻闽台,南通粤港,与沪浙同属华东地区,是东南沿海发达地区的后方和中西部地区的前沿。随着"京九铁路""昌厦公路"和"京福高速公路"的建成,抚州交通四通八达。抚州作为农业大区,独特的资源优势、地缘优势和成本优势,为抚州食品工业参与前沿市场产业、产品分工和南北市场互补,进军闽粤和京津沪市场提供了良好的条件。**三是基础条件较好。** 抚州食品工业经过几十年的发展,已经在生产技术、销售渠道、软硬环境、科技条件等方面取得了长足的进步,为食品工业下一步发展打下了扎实基础;特别是全省发展食品工业大气候的形成,更为抚州食品工业的发展插上了政策和环境"翅膀"。因此,可以说,抚州大力发展食品工业的各种条件基本具备,实施"朝阳计划"时机完全成熟。

二、"朝阳计划"的总体思路和目标

从抚州实际出发,实施"朝阳计划"总体思路和目标:坚持一个原则,力争二项指标,发挥三大优势,拓展四个市场,实现五个提高。即:在整个计划实施过程中,坚持工农联动的基本原则;力争全区食品工业总产值年平均增长 22%以上,食品工业利税年平均增长 20%以上,高于全区工业和全省同行业的平均水平;充分发挥区内农业生态资源优势、人文资源优势和区位优势,加快资源优势向市场竞争优势和经济增长优势的转换;重点开发闽粤市场、沪浙市场、京津市场、省内区内市场;坚持深度和广度开发并重,提高食品工业在整个国民经济中的比重,坚持以优势企业为龙头,走农业产业化的路子,提高食品工业与农业的相关度,坚持依靠科技进步,提高产品的科技含量和附加值,坚持以特色、质量、品牌和规模取胜,提高产品的市场占有率,坚持产品经营与资产经营相结合,提高食品工业企业的整体素质。通过大体两个"五年计划"的努力,使抚州食品工业总量和主要经济指标在全省位次有较大的前移,农业加工制成品实现净调出,把抚州建成全省重要的食品工业基地。

按照上述思路和目标要求,未来 10 年抚州食品工业发展的主要任务:第一阶段,从现在开始,用 3~5 年时间,完成抚州食品工业从幼稚期进入成长期的发展过程,使全区食品工业产值占工业总产值的比重争取上升 3~5 个百分点,达到 25%以上;销售收入、利税及产品市场占有率居全省位次前移 1~2 位,精深加工的食品工业产值占全部食品工业产值比重提高到 30%~40%,形成食品工业年销售收入达 2 亿元以上的县(市)6 个,5 亿元以上的县(市)1~2 个;年创利税 1 000 万元以上的企业 5~10 个,5 000 万元以上的企业 1~2 个。第二阶段,再用 5~8 年时间,使抚州食品工业进入持续、快速、健康发展的成熟期。即食品工业总产值、销售收入、利税总额进入全省前 4 名;主要经济效益指标居全省先进水平;食品工业与农业产值之比达到 1∶1,精深加工的食品工业产值占食品工业总产值的比重达到 50%以上。形成年销售收入 5 亿元以上的县(市)6 个,10 亿元以上县(市)1~2个;年创利税 1000 万元以上的企业 15~20 个,5 000万元以上的企业 5~8 个,创出省级名牌产品 10 个以上,全国名牌产品 2 个以上。

三、"朝阳计划"的主攻方向和产业规划

抚州食品工业发展要实现上述目标和任务,必须坚持以市场为导向,以资源为依托,以科技为动力,以效益为中心,坚持"有所为、有所不为"和"扶优扶强"的原则,调整结构,提高档次,重点突破,特色取胜。根据抚州资源条件、现有基础和当前食品市场多样化趋势,抚州发展食品工业的主攻方向:①饮料酒、软饮料和烟草复烤业;②粮、畜、禽、果等大宗农产品精、深加工和综合利用;③传统名特产品加工的产业化、集约化;④绿色食品和森林、蔬菜的开发和加工。具体而言,应重点发展以下十大产业。

饮料酒制造业。　以临川酒厂、江西松翔啤酒有限公司、南丰飞环公司分别作为白酒、啤酒和果酒、黄酒的龙头企业,以临川贡酒、麻姑玉液、松翔啤酒、南丰贡橘干型果酒为主导产品,力争"十五"期间全区酿酒行业总产量达 20 万吨(其中白酒 4 万吨、啤酒 15 万吨、果酒和黄酒 1 万吨),实现销售收入 16 亿元,利税 2.9 亿元。

软饮料制造业。　以南丰蜜橘果业集团公司、广昌莲蒂饮品有限公司、金溪清秋特素厂和拟意组建中的临川芦笋食品开发公司为龙头企业,以"蜜橘果汁""莲蒂饮品""芦笋饮液""竹荪饮料""清秋特素"为主导产品,力争"十五"期间全区"蜜橘果汁"系列饮料年产量达到 1 万吨,"莲蒂饮品"系列饮料年产量达到 2 万吨,"芦笋饮液""清秋特素"系列饮料年产量分别达到 5 000 吨和 2 000 吨,实现销售收入 4.2 亿元,利税 1.04 亿元。

粮食加工及饲料工业。　以全区 18 家重点粮办工业企业、南丰金达企业集团和永惠饲料公司为龙头企业,以优质大米、麻姑米粉、祺龙米粉、威豹食用油和永惠饲料为主导产品,力争"十五"期间全区年加工优质大米 50 万吨、米粉 5 万吨、食用油 2 万吨,实现销售收入 18.2 亿元,利税 1.39 亿元;年产饲料 50 万吨,实现销售收入 6.5 亿元,利税 1 亿元。

禽畜水产加工业。 以东乡畜牧集团公司、东乡华绿企业集团、崇仁麻鸡集团公司和南城水产开发公司为龙头企业，以东乡生猪、华绿神蛋、崇仁麻鸡、南城水产加工转化为主导产品，力争"十五"期间实现年加工东乡生猪60万头，华绿神蛋1亿枚、崇仁麻鸡2000万羽、水产品5000吨，创产值10亿元，实现利税1.4亿元。

果蔬保鲜及加工业。 以南丰蜜橘集团公司、金溪果业开发公司、广昌白莲果品公司、广昌昌顺公司为龙头企业，以南丰蜜橘、金溪蜜梨、广昌白莲、临川菜梗、南丰腌菜、宜黄红薯粉丝为主导产品，力争"十五"期间全区实现年季节性果品贮藏、保鲜10万吨，加工商品蔬菜4万吨，实现增值5.3亿元，利税5500万元。

食用菌加工业。 以广昌远泰公司、黎川食用菌开发公司、资溪食用菌开发公司为龙头企业，以广昌茶薪菇，黎川曝花菇、草菇，资溪香菇、竹荪为主导产品，力争通过3~5年的扶持与发展，全区达到年产干菇5万吨，创产值10亿元、利税1亿元。

制糖及乳制品制造业。 以江西惠东糖业有限公司和红星企业集团公司为龙头企业，以机制糖、培力奶粉、巧克力为主导产品，通过延长产业链，搞好甘蔗、乳品精深加工和综合利用，力争抚州制糖业和乳制品业在3~5年内实现扭亏为盈，使工业蔗每年稳定在20万吨左右，年产工业糖2万吨，加工纸板快餐盒、饮料、食用酒精、白酒等创产值1亿元；乳用牛每年稳定在1万头左右，年产鲜奶2.5万吨，乳制品2000吨。

制茶业。 以金溪金丰茶业有限公司、黎川藤茶厂、南城麻姑茶厂、广昌莲心茶厂为龙头企业，以秀谷绿茶、麻姑茶、藤茶和莲心茶为主导产品，力争经过3~5年努力，全区年产精制茶100吨，创产值4000万元，实现利税1000万元。

烟草复烤业。 以广昌、临川、乐安为基地，以黑老虎晒烟和优质烤烟为主导产品，力争经过3~5年努力，使全区烟叶种植面积稳定在10万亩左右，年产烤烟和晒烟15万担，创产值5000万元，实现税收1000万元。

其他土特食品和小食品加工业。 以抚州名特食品开发公司、临川华溪茂兴瓜子集团有限公司、南城康佳淮山制品有限公司为龙头企业，以金溪藕丝糖，浒湾油面,乐安雪鱼和幸福牌、四梦牌系列瓜子,康佳牌系列淮山制品为特色产品,力争通过3~5年的发掘和改造提高,全区土特食品和小食品销售收入达到2亿元,利税2000万元。

四、实施"朝阳计划"的对策措施

1.**统一思想,形成共识共举。** 做好广泛、深入的宣传发动工作,使全区上下清楚实施"朝阳计划"大力发展食品工业的重大意义,深刻认识加快食品工业发展的重要性和紧迫性。进一步解放思想,转变观念,冲破"农业生产什么就加工什么"的思想束缚,树立"市场第一、反弹琵琶搞加工"的新观念;冲破"小打小闹作坊式生产"的思想束缚,树立"小食品、大产业"的新观念;冲破"荷叶包尖子,个个想出头"的思想束缚,树立抓重点、实施不平衡发展战略的新观念。通过统一思想、转变观念、搅动升温,在全区上下营造一种"以加快食品工业发展为己任""以食品工业兴抚州"的氛围。

2.**科学布局,实行有序发展。** 根据抚州区情,初步设想:(1)将昌厦公路沿线基础条件较好、技术力量雄厚的工业小区建成"高新技术食品园"。如南城县金山口工业小区,可考虑建设成为集食品加工、包装、储运和食品技术研究推广为一体的食品工业密集园区。(2)在生态环境和特色资源具有明显比较优势的地方,如广昌、黎川、资溪、乐安等县,可考虑建设"绿色食品开发区"。(3)将临川、崇仁、南丰、东乡、南城、广昌作为食品工业发展重点县(市),进行重点规划、布局和调度,在项目、资金、政策等方面给予倾斜。

3.**突出重点,抓住关键环节。** 一是建基地,抓好食品工业"第一车间"。重点建设好优质稻、瘦肉型猪、南丰蜜橘、广昌白莲、崇仁麻鸡、南城淮山、商品蔬菜、水产养殖、食用菌、芦笋等十大食品工业原料基地。二是扶龙头,带动相关产业发展。重点扶助发展临川酒厂、南丰蜜橘果业集团公司、崇仁麻鸡集团公司、广昌昌顺公司、莲蒂饮品有限公司、江西松翔啤酒有限公司、江西惠东糖业有限公司、东乡华绿企业集团等20家优势企业。三是创品牌,实施名牌战略,充分利用好中国蜜橘之乡、白莲之乡、麻鸡之乡、西瓜之乡的名声和资源特色,打好

"四乡"特色牌、开发生产区域性系列特色食品。四是抓市场,搞好先导工程。以临川、崇仁、南城、南丰、广昌、东乡为重点,建设若干个大中型食品批发中心。五是兴科技,提高企业竞争能力。继续实施"借脑攀亲"和"科工联姻"工程,加大先进适用高新技术成果的推广和转化。

4.深化改革,加大投融资力度。 改变以往政府定项目、出投资、办企业的老办法,大力推行投资主体多元化,通过内挖外扩、内引外联等途径,形成国家、集体、个人、外资共同投资发展食品工业的新格局;特别要多渠道、多形式搞好招商引资,放手放胆发展个体私营经济。今后新上食品工业项目以发展非国有经济为主,尽量少走国有企业发展之路。同时,大力推行资产重组,盘活现有的食品工业存量。组建以临川酒厂为主体的临川酒业股份有限公司,争取上市运行,募集资金,加快发展。

5.加强领导,优化发展环境。 转变政府职能,加强宏观指导和协调,把发展食品工业作为工业经济的重中之重,列入党委政府的重要议事日程,强化各级食品工业主管部门的职能,搞好行业指导、协调和管理。制定必要的财税扶持政策和以"放水养鱼"的形式,增强企业的自我积累和发展能力。优化经济发展环境,坚决制止"乱收费、乱摊派、乱处罚、乱集资、乱拿要",切实减轻企业负担。推行企业经营者股权制、年薪制和重奖重罚制度,营造优秀企业家脱颖而出的社会环境。

(本文原载于《江西食品》1999 年第 2 期,有改动)

论经济欠发达地区发展工业园区的基本方略

工业园区是工业化过程中一定历史阶段的产物,工业园区的产生、发展是认识、把握和运用客观经济规律的结果。工业园区的基本理论认为,发展水平不同的地区,由于其经济内外部条件不同,发展工业园区的战略和方法也不同。实践证明,经济欠发达地区发展工业园区不应也不能照搬经济发达地区的模式,而必须从客观实际出发,选择符合实际的基本方略。

一、在规划布局上应选择在县以上的城市建设工业园区

"增长极"理论认为,一国或区域经济的发展,并不是同时出现在所有地区,而是以不同的强度出现于一些增长点和增长极上,然后通过各自的渠道向外扩散,从而形成以增长极为核心、周边地区不均衡增长的地区性经济综合体,推动性工业所诱导的增长发源于推动性工业所在的地理中心,这种地理中心称为增长中心。可见,工业园区的设立、发展必须具备一定的经济地理环境。经过大量的实证分析,我们认为,目前经济欠发达地区在进行工业园区的规划布局时应在地理环境上把握以下几点。

1.工业园区应建在县以上的中心城市(镇),乡镇一般不宜设立工业园区,一个县原则上只能集中办好一个工业园区。原因如下。

(1)乡镇一级无法承担进入成本。据测算,目前工业园区"三通一平"成本开发价格大约在6万元/亩左右,以500亩计,光开发成本就需要3000万元。经济欠发达地区的乡镇财政收入一般在500万元以下,因此无法承担进入成本。

(2)经济欠发达地区乡镇的经济区位、交通状况、人居环境、市场信息、服务

功能不具备招商条件,从而决定其无法降低兴办工业园区的经营成本,由于间接成本的提高导致产品边际成本提高,从而降低边际效益。

(3)经济欠发达地区县域工业普遍落后,过去发展乡镇企业所采取的"村村点火、户户冒烟""遍地开花式"的方法,已经留下了沉痛的教训,如果仍在乡镇兴办工业园区,则不利于产业集中和集聚。

(4)经济欠发达地区的县城基本上具备了城市的功能,具备发展工业园区的基本条件,但其经济实力、技术水平和管理水平决定了该地一般只能集中搞好一个工业园区,否则将欲速而不达。

2.区位优势差、经济落后、人口较少的山区偏远县也不宜兴办工业园区。如江西抚州市经过反复调查论证,决定其所辖资溪、宜黄、乐安三个县不兴办工业园区,其主要理由是不具备兴办工业园区的功能和条件。

3.解决现行"分灶吃饭"的财政体制与"谁办园区、谁发展"的矛盾,可以探索实行异地兴办园区的办法。如江西省制定优惠政策,采取"谁引进谁受益"的办法,鼓励县(区)引进企业进入市级工业园区、鼓励乡镇引进企业进入县级工业园区。这一点,应当有更权威的制度安排,可以考虑以省为范围,采取参股合办、经济托管、一厂一策、一园一策等多种形式兴办工业园区,解决一些不具备办园区条件的地区寻求发展的问题。

二、在开发模式上应当选择先政府后市场的混合型模式

工业园区尽管超越了社会制度、经济发展水平和地域上的限制,在世界上得到了普遍的发展,但由于各国和地区在社会制度、文化制度、经济实力上存在着差异,因此开发模式也不尽相同。目前,国内外的工业园区主要有以下三种开发模式。

1.**市场主导模式**:这类工业园区属于先发型,附近存在着与工业界有着广泛联系的研究型大学,而且所在地区的宏观环境较好、市场体制比较完善、商业气氛较浓、法制较健全、金融服务体系完善。美国硅谷和"128号公路"地区就属于这一模式。此类模式的工业园区资源配置比较灵活,市场竞争力较强,充满活力,缺点是缺乏统一规划,资源集中不够,容易产生外部经济问题。

2.**政府主导型模式**：此类工业园区属于后发型，其所在地区综合优势不明显、条件不充分，因而需要政府力量作为推动力。如新加坡的肯特岗工业园区、我国的苏州工业园区、中关村高新技术开发区等，都是由政府或当局进行统一规划、建设和投资的。这类模式具备集中统一、权威性高、规划性强的特点，但也有缺乏灵活性和创造性、活力不够的缺点，甚至可能造成资源浪费。

3.**混合型模式**：这类工业园区既发挥了政府的作用，同时也发挥了民间和市场的作用，把政府的力量与市场的力量有机地结合起来，既具有政府主导型所具有的集中统一、权威性高、规划性强的特点，又有市场主导型所具有灵活性、创造性和竞争力强的特点，总体效益较好。

经济欠发达地区因为市场发育不够、市场体系不完善、市场中介组织不完备，实行市场主导型模式的条件不具备；而单纯地实行政府主导型模式，又因为经济实力不够财政负担不起。所以，经济欠发达地区发展工业园区，必须探索实行政府与市场相结合的混合型模式，目前主要有负债经营（主要方法是由园区开发公司向银行或金融机构贷款开发）、委托开发（将园区委托给有实力的企业、财团开发）、"借鸡生蛋"（将园区主要设施交给有实力的公司先期开发，然后由政府或管委会还本付息，对土地实行先租后征）等形式。

最近抚州市总结推广了黎川县工业园区的"政府规划、封闭运行、公司运作、市场经营、自谋发展、滚动开发"的模式，值得各地借鉴。其主要做法：一是政府做好规划，将园区建设纳入城市总体规划，选择在京福高速公路的下线区域旁，按照城市"新区"的标准规划建设园区；二是成立了工业园区管委会和工业园区开发经营公司，实行两块牌子，一套人马，账户分设；三是开发经营公司实行股份经营，其资本构成包括三部分，政府财政投入540万元、园区原有12家企业资产、园区土地；四是政府在园区规划时除工业用地外，在园区周边控制一部分商业用地，在园区内控制一些配套服务的准商业用地，授权经营公司拍卖经营，所得资金用于园区开发；五是园区实行税收优惠不送地的政策，对工业用地以高于成本的价格，在二级市场上由经营公司协议供应；六是按照"谁受益谁投资"的原则，组织供电、供水、电信、移动、有线电视等部门做好基础设施建设；七是园区实行全封闭运行，真正实现零收费管理。实施这一开发模式后，黎川县工业园区一期开发 1 000 亩,经营公司盈利 400 多万元,还有近 200 亩商业用地和配套服务设施用地可以用于市场经营,他们表示二期再开发 1 000 亩,不要政府出一分钱,完全可以实现自谋发展、滚动开发的目标。这种模式的特点体现在,政府只是规划引导,配备一个强有力的操作机构,不当主角,园区基本上以法人实体的形式,按照市场的办法进行运作;特别是土地政策与税收政策分开,实行管理高度权威化、经营基本市场化、发展企业化、开发滚动化,形成了良性循环。

三、在发展模式上应当走先综合后特色之路

工业园区的发展模式是关系工业园区兴衰成败的关键问题,世界工业园区从诞生到现在已经历了 50 多年的历史,既有获得巨大成功的典范,也不乏许多失败的教训。究其原因,发展模式的选择不同是一个重要的因素。概括起来讲,目前工业园区的发展模式主要有以下三种。

1.**优势主导模式。** 这种模式多见于发达国家和地区,是以一个地方具有的特色优势,包括工业技术优势、智力人才优势、学科专业优势、地理位置优势、投资环境优势、资源优势和市场优势等为主导来谋求发展,其特点是扬长避短、重点倾斜、注重实力。这类模式的发展结果是知识、技术、人才密集,产品和产业具有独立、鲜明的特色。

2.**优势导入模式。** 这种模式源于该地区优势不突出,科技、工业技术基础薄弱,或原有的传统产业失去优势,面临困境,而改弦易辙,创造条件谋取未来的优势,其特点是因势利导,借人之长补己之短,从而带动本地区的科技进步和经济发展。但是这种模式,有一个从粗放到集约的积累过程。

3.**优势综合发展模式。** 这种模式是综合利用本地区的多种资源优势、科技优势、产业优势、人才优势等发展起来的,并且投资少、见效快。如法国法兰西岛科学城、美国"128 公路"工业走廊、英国"M4 号"公路工业走廊、北京的中关村均属于这种模式。

我国中西部经济欠发达地区发展工业园区应当选择什么样的发展模式? 目前,理论界和各地政府都有不同的观点和具体的发展战略,有一种比较普遍的观点认为,经济欠发达地区应该利用后发优势,立足和依托自身的要素资源,走特

色之路,即重点发展特色工业园区。我们认为这是工业园区的发展方向,也是工业园区发展到一定阶段的结果。但是对于工业园区刚刚处于起步阶段的大多数中西部欠发达地区来说,这种规划和产业政策是不现实的,也是很难实现的。究其原因:一是多数经济欠发达地区原有的工业基础较弱,主导产业和支柱产业的市场比较优势不明显,而且生产技术普遍落后,很难在较短的时间内整合资源,形成特色产业群;二是由于科技、人才、管理和区位因素的影响,不可能大面积地引进资金、技术密集型的企业,而只能以科技含量较低、劳动密集型、资源消耗型的梯度转移产业为主,因而要在较短的时期内,使引进产业具有鲜明的特色则难度较大。

基于这些认识,笔者认为经济欠发达地区发展工业园区必须以优势导入型模式和优势综合发展型模式为主,在具体运作过程中应当走先综合后特色的发展之路。

第一,在发展初期应当充分利用劳动力、土地、水、电、原材料等直接成本较低的优势实行"铺天盖地"与"顶天立地"相结合的发展战略,在产业政策上不应做过多的规划和引导,而应放开手脚任其发展。有条件的地方可以有意识地引进几个大的项目,没有条件的地方,只要不违背国家产业政策,就应当让其"自由进退",先把物流、资金流、信息流、产业流搞活,以人气和流速带动产业发展。

第二,经过4~6年左右的积累和发展,逐步用市场的办法竞争淘汰一批产业或产品,用行政和经济的办法扶持一批产业和产品发展,使其产业特色和优势初步显现。此时,再制定一定的产业规划、扶持和引导政策,如考评激励、资源配置、财政扶持等,促其做强做大,适时发展块状经济。

第三,切忌"一刀切"和"一哄而上"。经济欠发达地区即使经过几年的积累和发展,也不宜提倡普遍发展特色工业园区,按照重在发展的原则,注重用增量换发展,用增长换发展,一般以地(市)为单位,在辖区工业园区的总量中规划建设特色工业园区,其他工业园区仍应当走以综合发展为主之路。

第四,注意依托已有的工业产业优势和区域资源优势发展特色工业园区。当一个地方的产业和资源具有明显的比较优势和对外招商的条件时,地方政府应当因势利导,适时建设特色工业园区,走产业集聚之路。如,抚州市的东乡县、南丰县、黎川县、崇仁县分别利用自身的优势,规划建设化工工业园区、蜜橘产业化工业园区、陶瓷工业园区、变压器工业园区,初步显现集聚效应。

四、在发展步骤上应当走先集中后集聚之路

培育和发展企业集聚是现代工业园区发展的目标和方向。波特认为,企业集聚是指在某一特定领域内相互联系、在地理位置上相对集中的公司和机构的集合,集聚内部的协同效应和自强化机制可以极大地提升产业的竞争力,从而促进区域经济快速发展。但是,企业集聚效应的产生必须具备四个条件:一是企业在地理位置上集中,二是企业经营的产业具有一定关联性,三是企业之间形成了良好的分工协作,四是企业之间因为长期合作建立了良好的信任基础。因此,我们认为,经济欠发达地区工业园区在发展步骤上应当走先企业集中后产业集聚之路。

1.建园的前几年要加速企业集中

(1)要边建设边招商。实践表明,兴办工业园区最大的忌讳和失败主因是空壳区、盘景区和房地产开发区,因此,发展工业园区首要的任务,是迅速引进企业,带动人气。笔者作为市县工业园区政策的制定者和建设的参与者,近两年来最深刻的体会是,要边建设边招商,千万不能等到基础设施建设好了再去招商,那样会影响人气,也会动摇客商的信心;而一旦基础设施全面竣工,就应当在一个较短的时间内填满企业。完成了企业的集中,工业园区就成功了一半。

(2)进入壁垒不宜过高,退出机制应当灵活。为了迅速完成企业集群,经济欠发达地区工业园的进入门槛应当从实际出发、以适中偏低为宜。以抚州市为例,目前市工业园区的进入条件为企业投产后,年纳税额100万元人民币以上,企业用工500人以上,企业年产值1亿元人民币以上,部分县工业园区的进入条件为年纳税额50万元人民币以上,用工人数在100人以上,年产值1000万元以上。对此,我们感到市工业园区的进入门槛仍然偏高,应当适当降低。与此同时,企业退出机制应当严厉而灵活,对只圈地不动工或建设要求达不到规划标准的,要勒令其限时退出,腾出土地让给别的客商,这样可以相对保证进园企业的整体素质。

（3）控制性指标应当适中。根据我们的调查研究和实证分析,并经过实践检验,作如下定位比较合适:①市工业园区单个企业投资密度以 50 万元/亩为底线,园区企业平均投资密度应高于 60 万元/亩,市工业园单个企业销售产出率应以 100 万元/亩为底线,园区平均销售产出率应高于 120 万元/亩单个企业税金产出率应以 4 万元/亩为底线,园区企业平均税金产出率应高于 5 万元/亩;②县（区）工业园区单个企业投资密度底线应为 25 万元/亩,园区企业平均投资密度应高于 30 万元/亩,单个企业销售收入产出率应不低于 50 万元/亩,园区企业平均销售收入产出率应高于 70 万元亩,单个企业税金产出率应以 2 万元/亩为底线,园区企业平均税金产出率应高于 3 万元/亩。

2.要高度注意产业集聚

（1）园区在招商过程中应将同类企业或关联企业相对集中,以便进行产业整合提高集聚效益。当进园企业达到一定的数量,特别是产品和产业特色开始显现时,要立即围绕进园企业的配套产品、配套产业开发招商项目,特别要实施以商招商和产业招商政策,用市场运作的办法,着手产业整合和配套工作,引导产品和产业相对集中,促进园区内产品交换网络和共同的市场销售网络的形成,提高资源配置效应,节约边际成本,促进边际效益的提高。

（2）从实际出发,选择适当的企业集聚模式。基于企业集聚方式形成的多样性,工业园区的发展不宜照搬某一成功的模式,而应根据区域内已经具有的产业集聚基础,或者可能形成的企业集聚来加于引导和扶持,以提高园区的竞争力。

①以市场为基础,发展企业集聚。波特认为,企业集聚成功与否,最终取决于市场。浙江"块状经济"蓬勃发展就是得益于市场的发展。在浙江,专业化生产集聚与贸易集聚相得益彰,例如,绍兴有纺织企业集聚和纺织商品城,嵊州有领带企业集聚和领带商品城,义乌有各类小商品生产企业集聚和小商品城。生产集聚与贸易集聚(或专业化市场)的并联耦合与联动发展,是企业集聚发展的显著特点之一。这种模式尤其值得经济欠发达地区借鉴。

②在产业链条上寻求优势环节,发展企业集聚。地区特有的经济、技术、社会、文化基础决定了该地区的竞争优势。在产业链上基于优势环节形成产业集

聚,是发展工业园区的又一可选模式。例如,从中国台湾地区新竹工业园区的产业构成上看,虽然它与美国的硅谷是类似的企业集聚,但两者之间在产业层次和产业链分工上具有较好的互补性,硅谷的产值主要来源于原创性新技术产品的开发,新竹工业园区则集中于科技产品的产业化和规模化生产。从自身的优势出发,合理定位,而不是单纯模仿硅谷模式,是新竹工业区园区的成功关键,更值得经济欠发达地区工业园区规划建设者借鉴。

③依托现有或具有形成可能的企业集聚,发展企业集聚。波特认为,企业集聚有外生的,但更多的是内生的。因此,工业园区的建设者要优先选择现有或具有形成企业集聚可能的区域,要充分考虑具有支撑产业发展独特的地区,单纯靠优惠政策吸引和扶持一批所谓高技术企业难以达到工业园区发展的目的。更为重要的是在经济全球化时代,靠优惠政策构建的优势将会减弱,工业园区的竞争,优势只能建构在具有独特区域优势的企业集聚上。

④集聚适应性技术企业,发展企业集群。工业园区发展不能仅限于所谓高技术工业园区,对基于传统产业改造和升级的工业园区发展同样也应给予高度关注。在我国特别是中西部经济欠发达地区,传统产业在工业体系中占有突出的位置。正如波特所说,没有低技术产业,只有低技术生产的产业——关键是形成竞争优势的特色产业。浙江的企业集群几乎都属于传统产业,但是浙江产品的市场竞争力却很强。因此,基于传统产业集群的特色工业园区,是我国尤其是经济欠发达地区工业园区发展的有效模式。

五、在管理体制上应当实行政企合一的模式

工业园区管理模式与经济发展阶段相联系,一定的经济发展水平决定了一定的管理模式。一般认为,市场机制较完善、经济较发达、社会生产力水平较高的地区兴办工业园区,可以实行企业主导型的管理模式。地方财政实力较强的发达地区,为了迅速、自动、尽快生效,在工业园区兴办之初可以实行政府主导型的管理模式;而经济欠发达地区,由于市场发育不完善,法制不健全,外部环境较差,同时,政府财力有限,无法承担大量的进入成本,工业园区的管理体制应当坚持以政府为主导,同时挖潜市场的功能,实行有特色的政企合一的管理模式。

1.**总体构想**：从经济欠发达地区的实际出发，按照"小机构，大服务"和"精减、效能"的准政府体制，贯彻"强化决策，突出管理，市场服务"和"机构政企合一，职能政企分开，管理政社分开"的理念，在决策和管理上体现政府强有力的领导，在经营服务上挖掘和发挥市场的功能，建立"决策机构一元化，管理机构行政化，服务机构企业化"的扁平式直线职能型组织结构。

2.**决策机构**：按照一元化的要求，成立工业园区管理领导小组，由地方政府主要领导任组长，党委副职、政府分管副职任副组长，政府办、经贸委、招商局、外经贸局、财政局、公安局、国税局、地税局、国土局、环保局等部门主要负责人为成员，代表政府对工业园区进行统一领导、宏观调控、指导和管理。其主要任务和职能为：(1)审议决策工业园区的设置地点、范围和总体开发目标；(2)审议制定工业园区的总体规划、产业政策和财政、地政、投资政策；(3)审议制定工业园区管理条例；(4)协调工业园区运行中与外部发生、联系的重大事项，从制度上确保工业园区封闭运行；(5)筹措工业园区基础设施建设主体经费，审议工业园区年度财政预结算；(6)研究确定工业园区管委会机构设置、经营机制和主要组成人员选拔事宜。领导小组实行组长负责制，最高决策机构和决策形式为领导小组成员会。

3.**行政机构**：成立工业园区管理委员会，为同级政府派出的常设机构，赋予其准政府职能，由党委或政府一名副职担任管委会主任，主要精力用于园区工作。管委会设副职2~3名，选调一名熟悉经济工作的政府工作人员和1~2名从事过企业正职工作的人员担任副主任。管委会的主要职责：(1)负责制定园区发展、建设规划和产业政策；(2)负责园区统一规划，统一招商，统一开发，统一管理；(3)负责园区水、电、路等基础设施开发建设与管理；(4)负责园区项目立项、可行性研究报告、年度基建计划的审批；(5)负责进园投资企业的审批。

4.**管理机构**：管委会下设办公室，财政局、国土规划局、经济发展局建立相对独立的园区财政、国土规划和经济发展管理体制，代表政府行使同一级综合管理权限和部分行政管理权限，实行以"一站式服务""一个窗口收费""一个部门执法"为主要内容的封闭运行机制。其主要管理职能：(1)实行园区财政单独核算，采取"划分收支，核定基数，超收分成，风险共享，一定几年"的财政管理体制,这样有利于调动园区发展的积极性;(2)由同级国土规划部门授权对园区内国土规划、土地资源配置、地政执法进行综合管理;(3)由同级建设、环保部门授权,负责办理选址意见书、建设用地规划许可证、建设工程许可证,依法对建设项目报建、招投标、施工许可证合同管理、工程监理、建设工程竣工验收和环境保护等进行管理。

5.经营机构:成立园区开发建设总公司,对外作为独立的法人实体和国资营运机构,与管委会实行两块牌子一套人马,由管委会一名副主任兼任总经理。其主要经营机制和功能:(1)作为债务法人实体,对外进行融资,筹措园区建设资金;(2)作为债权法人实体,用市场的办法组织对园区商业用地进行公开拍卖;(3)作为经营法人实体,直接投资园区基础设施,或按照"谁投资谁受益"的原则,与其他法人实体签订合约,投资基础设施;(4)作为国资营运机构,经营园区国有资产;(5)有偿为进园企业开展物业管理、信息咨询、经营代理等社区服务;(6)用市场的办法组织有关中介服务机构进入园区开展有偿服务活动。一般总公司下设2~3个专业经营公司,开展具体的经营业务活动。

(本文原载于《当代财经》2004年第6期,有改动)

关于提高工业园区操作能力的几点思考

工业园区作为企业集中、集聚发展的主阵地,担负着推进工业化、城市化和区域经济发展的重任。发挥园区在区域发展中的主体作用,进一步理顺园区管理体制,创新工作机制,大力提高园区参与市场、自我运作、自主管理、自谋发展的操作能力,是实现工业园区又好又快发展的关键所在。

一、充分授权,完善职能,提高园区自主发展能力

1.**转变观念。**各地党委、政府要解放思想,重点在配置强的领导班子、建设体制、优化机制、完善政策及营造环境上领导和推动园区发展。工业园区自身要积极走向市场,大力进行体制机制创新,重点增强自主融资、自主征地、自主招商、自主服务、自担风险、自谋发展的能力。

2.**授权到位。**政府及其部门要尽量扩大授权范围,使园区基本享受同级政府部门在规划、环保、国土、建设、公安、城管、工商、税务、招商等方面的职权,代表政府独立承担开发、建设、管理职能,实现入园企业的审批手续基本能在园区内办结。

3.**健全组织架构。**按照"决策一元化、管理行政化、经营企业化、服务社会化"的要求,重点强化招商、财政、建设、经营、服务等方面的运作功能,健全社会发展、劳动人事等机构,加快规划、环保、国土、地税、工商、消防等派出机构的组建工作,明确派出机构与园区职能机构同办公、同分工、同考核、同奖惩。

4.**提升服务水平。**由领导挂点服务、部门跟踪服务向工业园区链条式专业服务转变,真正将服务主体落实到专门机构和专业人员。加强培训,每年举办

2~3期园区业务人员培训班,采取"请进来、走出去"的办法,重点培训经济谈判、专业招商、资本经营、市场运作、财务分析、公共服务等方面的知识,提高园区管理人员的专业素质。

5.完善配套功能。 金融、邮政、电信、供电、供水等服务部门要在园区设立分支机构和经营网点,主动配合,提供便利。逐步引进担保公司、创业公司、会计师事务所、律师事务所等中介机构进入园区,为企业提供相应的社会服务。

二、放手放权,勇挑重担,提高园区招商引资能力

1.放手放权。 将园区招商引资的任务交给园区,逐步由全民招商向专业招商转变,由盲目招商向目标招商转变,由招商引资向招商选资转变。

2.建立强大的招商队伍。 每个园区招聘并建立一支20~30人的专业招商队伍,实行企业化管理,按地域和产业分成几个科室,将年度招商任务下达至科室和个人,联效计酬。

3.突出龙头招商和产业招商。 每年有计划、有目标地引进几个实力较强的龙头企业,通过龙头企业带进一批配套企业。围绕行业分工、产业整合、产品配套、功能延伸招商引资,以企业集中、产业集聚提高招商引资的针对性。

4.拓宽招商思路。 有目的、有针对性、有重点、有准备地参加全球、全国或区域性的招商洽谈会、项目推介会、产品展销会、经济技术交流会、区域协作会等会议,拓宽招商思路,提高招商引资的实效性。

5.加强对外宣传。 建立园区门户网站介绍园区基本情况,通过网站提升开放水平,促进网上招商。要有针对性地制作宣传资料,向重点招商地区的园区和企业推介,疏通招商信息,畅通招商渠道。

三、企业经营,市场运作,提高园区滚动发展能力

1.实行企业化经营。 成立由园区领导或控制的投资公司、创业公司、担保公司、物业公司等法人实体,在投融资、土地开发、资产经营、金融担保、物业服务等方面与市场接轨,节约开发成本,提高经营效益。

2.**城区园区互动。**遵循"以城带园、以园促城,两区互动"的思路,每年拿出收入的一部分,用于园区基础设施投入和滚动开发。按照城市新区的标准建设工业园区,在园区总体规划中安排一部分与工业功能区相配套的商业用地,鼓励引导园区以商业开发收益增加工业开发投入。

3.**创新资本运作方式。**探寻向境外投资机构融资、向开发银行借贷、以存量土地抵押贷款、以土地收益抵押贷款、项目包装贷款、中介担保贷款、与信托投资公司联合发债、与大型企业联合开发、向社会筹资等资本运作新方式,采取由客商垫资园区基础设施建设、鼓励农民把征地补偿金作为园区投资发展股金等创新做法,解决园区启动资金和投入不足问题。

4.**培育企业融资能力。**逐步建立入园企业综合评估体系,由园区管委会与银行联合对企业生产、财务、市场、信用等情况进行量化考核,将考核情况与信贷支持挂钩。

四、进退有序,分类指导,提高园区集约发展能力

1.**建立进入机制,规范用地。**规定入园企业的固定资产投入下限、投资强度、建筑密度、容积率和产出效益,同时在合同中对开工时间、建设期限、违约责任等进行明确规定,严格按照合同履行权利义务,确保把有限的土地让给产业层次较高、投资强度较大、产出效益较好的企业。

2.**办好创业园,节约用地。**园区要兴办中小企业创业园,建设一定规模的标准厂房和写字楼,引进风险投资机构,将达不到单独供地条件的项目安排进园"孵化",在场地和租金上给予优惠支持,对"毕业"出园的企业优先供地,扶持发展。

3.**扶优扶强,集约用地。**制定入园企业"零增地"优惠政策,鼓励引导企业利用现有土地技术改造嫁接项目、改(扩)建多层厂房等,走内涵式扩大生产之路。对产业整合型龙头项目、重大工业生产性项目和高科技优势产业项目,根据需要与实际,实行一厂一策,尽量满足企业中长期发展用地。

4.**"腾笼换鸟",优化配地。**建立入园企业退出机制,经常性地开展项目用地清理活动,通过产业规划、商业谈判、市场运作、退园入创(创业园)企业托管

等方式,将一些圈而不建、产业层次低、投入强度小、效益不明显的企业"腾笼换鸟",促进园区集约发展。

五、整合资源,发扬优势,提高园区产业集聚能力

1.**制定规划,突出产业集群。**遵循区域经济一体化和错位发展的原则,尽快制定工业产业集聚规划,在园区总体定位、功能定位、产业布局、发展目标、政策支撑等方面突出产业集聚。每个园区确立2~3个主导产业,围绕主导产业进行整合,延伸产业链,按照产业集群分工展开生产力布局,引导招商资本、技改资本、民间资本,重点发展集群内的产业和产品项目,建成特色工业园区。

2.**扶持龙头企业,提升产业集群。**积极引进扶持在某一个行业或产业中具有较强带动力和辐射力,能够促进和带动整个产业链发展的整合型企业,通过培育和引进龙头企业发展产业集群,凸显"办好一个企业,带动一个产业"的效应。

3.**建设专业市场,助推产业集群。**专业市场是产业集群的助推器,随着产业集群的发展,要按照逐渐降低原料成本、辅料成本、物流成本、交易成本的原则,适时培育建立与产业集群相配套的专业市场,供应资本品,集散产成品。

六、上下互动,左右联动,提高园区协作发展能力

1.**高位推动协作发展。**把充分挖潜和发挥工业园区区位优势,参与区域经济一体化进程,谋求区域协作发展作为招商引资和工业园区发展的重要切入点,通过建立城市联盟、签订友好合作协议、参与区域合作机制等各种形式,加强经济技术合作。

2.**建立园区对外协作机制。**与周边园区对接友好园区,建立经济、技术、人才、管理合作机制,推动产业梯度转移,促进园区招商引资,提升园区管理水平,加快园区发展。

3.**建立园区交流机制。**每年举办一期园区发展论坛,每季度举行一次联谊会,通报动态、交流体会、沟通信息、衔接项目、研究布局、规划产业。定期或不定期召开入园企业联谊会议,促进工业园区联动发展、科学发展。

(本文原载于《中国建材报》2007年第4794期,有改动)

抚州主攻工业应引起重视的几个问题

抚州市委、市政府针对全市工业发展现状,决定今年为主攻工业年,召开了动员大会,出台了若干意见,在全市引起了反响,目前工作的关键是狠抓落实。前不久,笔者随市四套班子领导参加全市县域经济考察调研,察看了全市 11 个县(区)近 50 个工业项目,又走访了几家市直重点企业负责人,结合平时了解的情况,对主攻工业形成了一些粗浅认识,是为一孔之见,仅供参考。

一、关于加快发展产业集群的问题

应当肯定,进入 21 世纪以来,抚州市工业发展再一次取得了重要的阶段性成效,不仅有量的扩张,也有质的提高。但是从全市看,产业集中度低、结构层次低、数量规模小的情况仍然没有改变。一是县(区)对发展工业普遍缺乏明确定位。多数地方有什么项目就搞什么项目,没有中长期产业规划。主攻方向不明确,县(区)之间项目雷同现象比较普遍,重复建设、无序竞争已经显现。二是企业规模小,产品竞争能力弱。省经贸委调度的前 25 位重点企业没有一家属于抚州市。全市尚没有销售收入超 5 亿元、利税超亿元的企业。三是工业整体效益不高,创税能力不强。2005 年抚州市工业宏观税负率为 3.15%,比 2004 年降低 0.09 个百分点,比全省平均水平 5.85% 少 2.7 个百分点。全市年度国税收入 57 195 万元,列全省倒数第一,比倒数第二的景德镇少 16 529 万元,只相当于倒数第三的吉安市的 1/2。四是县域工业落后。乐安、资溪、广昌三县的工业增加值、销售收入、实现税金分别不足 1 亿元、2 亿元和 1 000 万元。针对这种情况,我们认为,在国家开始实施"工业由大变强,着重提升产业结构"的宏观背景下,抚州市主攻工业要充分利用后发优势,学习浙江经验,重点走好产业集群和块状经济之路。

一是各个县(区)都要依据现有的比较优势和发展潜力,对自身的工业发展作出基本定位。 按照"有所为,有所不为"的原则,实施错位发展战略,每个县(区)确立1~2个(最多不超过3个)主导产业,围绕主导产业进行前后向整合,按照产业集群分工展开生产力布局,引导招商资本、技改资本、民间资本,重点发展集群内的产业、产品项目,鼓励集群外的项目到市内集中度较高的县(区)落户,使各个县(区)主攻工业方向明确、重点突出、特色鲜明。如东乡可重点发展医药、化工产业集群,临川、崇仁可重点发展机械、纺织产业集群,黎川可重点发展陶瓷产业集群,宜黄可重点发展塑料产业集群,南城可重点发展服装产业集群,金溪可重点发展香料产业集群,南丰可重点发展蜜橘产业集群。

二是要加强全市的产业规划和引导。 建议由市级领导牵头,每个支柱产业成立一个课题组,对全市五个支柱产业进行充分的调查研究,分别拿出详细的发展方案,将主攻工业落实到科学发展的实际行动中。要通过调研,全面摸清产业内的企业、产品、技术、管理、市场、进出壁垒等基本构成,深入分析产业发展现状、产业链条结构、上下游产品开发潜力、自主创新能力、主要目标市场、生产力布局等问题,全面研究产业整合、企业重组、产品集群的基本方略。在此基础上进行全市的工业产业规划,明确产业重点、产业导向、产业政策,引导抚州工业走块状经济发展之路,推动抚州市工业在集群中形成特色,在集群中优化结构,在集群中增强竞争力。

三是适时规划建设专业市场。 浙江经验表明,专业市场是产业集群的助推器。随着抚州市产业集群的发展,要按照逐渐降低原料成本、辅料成本、物流成本、交易成本的原则,适时培育建立与产业集群相配套的专业市场,供应资本品,集散产成品。

四是依据产业规划研究、开发、建立动态项目库。 将项目信息在网上发布,作为争取项目、招商引资、经济协作、企业重组、技术改造、民间创业的基本依据,引导工业合理布局、形成链条、集群发展。

五是加强考评激励和引导。 建议市里只对每个县(区)的1~2个支柱产业发展规模、质量、效益进行考评,在产业政策、资金扶持等方面鼓励和引导县(区)实行分工、错位和配套发展。

二、关于积极参与区域经济一体化的问题

市委一届十五次全体(扩大)会议在原来提出"融入大南昌,对接长珠闽"的基础上,进一步从实际出发,经过提炼和升华,提出"融入南昌城市群,对接海峡西岸经济区,联结江浙粤和港澳台,把抚州建设成为赣闽台经济走廊上的产业转移区、名优特农产品供应区、物流集散区、优质教育区、文化生态宗教旅游区"。我们认为,这是抚州市策应经济全球化和区域经济一体化趋势的明智之举、科学之举。现在的关键是尽快按照这一定位,狠抓落实。

一要树立协作发展的指导思想。 按照"甘当配角,错位发展,优势互补,互惠互利,实现双赢"的原则,将"融入南昌城市群,对接海峡西岸经济区,联结江浙粤和港澳台"和参与经济一体化,作为我们对外开放的主战略,作为我们加快发展的一个重要助推器。通过加强区域经济、技术、文化交流与合作,在继续推进以商招商、机动招商的同时,逐步加快协作招商、产业招商和企业招商的进程。

二要明确协作发展的基本思路。 按照"基础设施共接,传统产业配套,新兴产业分工,科技人才互动,政策制度统一"的基本理念,以思想观念融入为先导,以产业要素融入为重点,以体制机制接轨为保障,将抚州的经济社会发展融入南昌城市群和海峡西岸经济区,增强关联度,提高依存度。

三要把握科学的方法和步骤。 按照"政府主导,先易后难,互访互动,部门合作,企业融入,协议签约,形成机制"的基本步骤,科学安排,分步实施,稳步推进。必须特别指出的是,抚州市作为欠发达地区,在推进区域协作的过程中一定要克服悲观消极的心理障碍,落实责任,完善机制,明确目标,始终以积极的姿态、虔诚的心态、学生的激情、配角的勇气,放下包袱,主动上门,热情邀请,高位推动。

根据上述思路和方法,建议确定当前和今后一个时期的工作重点为:巩固近

年两市合作成果融入南昌城市群,争取推动双方高层率队互访,并签订两市友好合作协议,力争一年起步、三年见效,五年形成良性互动;对接海峡西岸经济区要以"增强挤入意识,提高挤入效应"为重点,着重抓好以下六项工作:

1.**争取建立城市联盟。** 利用共同修建向莆铁路结下的良好友谊,主动呼吁、沟通、协调、争取牵头建立抚州、三明和莆田 3 市联盟,通过开展 3 市经济技术合作,力争抚州参与湄洲湾港口建设,分享出口平台和设施,以积极的姿态策应海峡西岸经济区建设,以良好的合作成果,争取福建将抚州列为海峡西岸经济区的内地重点辐射区。

2.**提高协作效能。** 利用抚州参与的闽浙赣皖 9 市合作机制和闽粤赣 13 市合作机制,重点加强与机制内的三明、南平、漳州、泉州、厦门、龙岩的经济技术交往,力争参与产业、市场分工,承接产业转移,寻求产业配套,实行错位发展,提升产业结构。

3.**积极主动融入。** 落实专门机构和经费,主动参与福建组织的中国国际投资贸易洽谈会、中国福建项目成果交易会、海峡两岸经贸交流会暨中国福建商品交易会、中国(晋江)国际鞋业博览会、海峡两岸纺织服装博览会、海峡两岸(福建漳州)花卉博览会和海峡两岸机械电子商品交易会暨厦门对台出口商品交易会(简称台交会)等重大经贸活动。了解信息,把握动态,寻求商机;同时,以观察员的身份,积极参与抚州市尚未进入的闽浙赣皖 13 地市经济协作区、福州经济协作区、闽粤赣边区经济技术协作区的各项交流活动,力争更多的合作机会。

4.**实施以农业换工业的战略。** 抚州市是全国商品粮基地,每年调出商品粮 100 多万吨,而福建粮食自给率不到 50%,每年粮食缺口 790 万吨。抚州市可与福建 1~2 个缺粮市签订长期粮食供求协议,以此为纽带,在互惠互利的基础上,建立相对紧密的经济技术协作关系,力争由对方政府牵头,对抚州市进行工业技术和项目援助。

5.**加快工业园区协作与对接。** 一是通过积极努力,争取与泉州、莆田、漳州、龙岩、三明等地工业园建立友好合作关系,定期召开有关会议,举办发展论坛,形成互通信息、技术合作、项目对接机制。二是派出抚州市园区干部到福建园区跟班学习,重点提高抚州市园区管理人员的项目洽谈和资本营运素质。三是学习广东经验,利用抚州市土地、水电、劳力、资源等优势,积极探索福建发达地区到抚州市整体开办工业园区的新途径,实行"你帮我发展,我为你创税"的发展模式。

6.加强对台联络宣传和推介工作。 据悉,目前台湾在福建投资仅农业产业化企业就达5400多家,而实际上抚州市比福建更具有发展农业产业化的资源和气候优势,由此我们要尽快加强与台湾地区的联系,以农业产业化为切入点和突破口,建立诚信良好合作的关系,再利用抚州市丰富的土地资源优势,吸引台湾电子、机械、纺织产业向抚州市转移。

三、关于发展工业主体的问题

在日常调研工作中我们发现,目前有的地方政府在推进经济发展的过程中存在几种错位现象:一是以招商引资为总抓手,强化了政府参与微观经济活动的功能,却忽视了对企业、企业家、创业者主体积极性的挖潜和发挥。二是注重抓外延扩大再生产,将工作重心放在引进新的项目上,而对依靠现有企业走内涵扩大再生产之路关注不够、研究不够、重视不够。三是争取项目能力相对较弱。目前,国家对项目管理实行自上而下不平衡的分配制度,随着科学发展观的深入落实,这种项目资源配置方式还会增强。因此,争取项目的过程实际上是各级政府综合博弈的过程,具有很强的科学性、竞争性和功能性。抚州市在这方面有过太多的教训,但还没有引起有关部门的高度重视。与发达地区相比,我市相关机构的体制、机制都很落后,相关人员、经费配备不到位,导致错失了不少发展机会。四是营造良好的发展环境是建设公共服务型政府最基本的要求,是地方政府最应该强化的功能,而许多地方总是铁不了心、硬不了手,时松时紧,导致恶性循环。这些现象警示我们,政府、市场和企业有它们内在的职能,错位、缺位、越位都会事倍功半,甚至适得其反。主攻工业要更多地调动工业主体的积极性,着重抓好"一个平台、两个环节、三项重点"。

1.强力抓好工业园区这个发展平台。 将工业发展的任务、工业招商的任务、产业规划的任务、产品集群的任务主要下达给工业园区,给工业园区较大的压力,也赋予其较多的、较灵活的经营管理权力,让其真正成为主攻工业、发展工业的主力军,提高工业园区产值占工业总值的比重和税收占财政收入的比重,使工业园区真正成为经济发展的苗床和增长极。当前要针对性地解决好三个问题。一是要理顺管理体制。学习发达地区经验,实行政企合一的准政府管理体制。按照"强化决策,突出管理,市场服务"和"机构政企合一,职能政企分开,管理政社分开"的理念,建立扁平式直线职能型组织机构,切实增强资源配置功能和效应。二要着力提高市场运作水平。成立 2~3 个专业公司,作为独立的法人经营园区土地、设施资产,筹措滚动发展资本;开展物业管理、经营代理、信息咨询、中介服务,增强园区发展机制。三要配齐配强干部。要按照"资本运作的高手、招商引资的里手、攻坚破难的好手"的标准,将最强的干部配置到园区任职,将最有希望的后备干部放到园区锻炼,将招商小分队的干部放到园区托管,使园区真正成为招商中心、人才中心、培训中心。为此,一些同志建议市委、市政府在全国范围内选拔几名工业园区的高层管理人员,实行年薪制,以推动抚州市工业园区迅速走出困境。

2.真正抓好企业家队伍建设和营造良好环境这两个环节。 一位本地企业家认为我们对企业家的进步、成长和出路研究、重视、关心不够,建议我们不要把企业家当政治家培养,而应当把企业家作为发展最稀缺的要素来认识,作为实践"三个代表"的桥梁和纽带来对待,从制度安排和实际操作等多个层面鼓励、激励、引导、帮助。促进地方企业家精神和文化的培养,推动企业家群体的进步和成长。谈到如何营造良好的发展环境时,有的企业家认为,关键是要政企分开、政事分开、政社分开,坚决纠正和制止执法部门下达罚没收费指令的现象,割除以收养人、以收牟利的毒瘤。

3.集中力量抓好重点产业、重点企业和重点产品。 走访中,许多企业认为政府要真正在资源、资本、技改、培训、环境等方面实行一产一策、一厂一策、一品一策,做到一个产业一套帮扶班子,一个企业一名领导挂点,一个产品一个扶持方案,想企业所想,帮企业所需,解企业所困。一些企业建议政府在招商引资的同时,要十分重视现有企业的技术改造。江底负责人说,近三年他们技改投入8 000多万元,每年增加税1 000多万元,这比一般的招商引资来得更快。

四、关于增强外来企业根植性的问题

近年来,抚州市招商引资企业中出现的生存能力不强、发展能力不大、说走就走、快进快出的问题给我们带来深刻教训。随着外来经济占国民经济比重的增大,如何增强外来企业的根植性,提高外来企业生存发展能力,已经成为我们主攻工业需要破解的难题。对此,我们做过一些调研,总结出以下几点想法。一要引导本地民间资本与外来企业资本进行嫁接。以资本和利益为纽带,鼓励本地企业家、创业者资本进入外来企业参股、合资、合作,将外来企业利益与本地资本利益相融合,既可解决外来企业融资难和流动资本的问题,又可促进外来企业文化与本地企业文化交融,不仅能增强外来企业的根植性,还能提升外来企业的经济孵化功能。二要深入研究外来企业的基本经营目的。除"三个不搞"的企业外,凡单纯的资源消耗型企业,也要慎重引进。三要鼓励引导外来企业在本地聘请中高层管理人员。使本地管理者参与外来企业文化培育与形成,促进企业非正式组织中本地文化的渗透、融入,提高外来企业对本地文化、管理的依存度。四要调整职业教育结构。面向企业开门办学,确保通过职业技术学校为外来企业输送合格的产业和技术工人,提高外来企业对本地劳动力的依存度。五要改善营商环境。通过营造良好的环境,切实降低外来企业生存与发展的交易成本和商务成本,提高外来企业的盈利能力。

五、关于节约发展的问题

这次参加全市县域经济考察调研,我们看到不少地方对工业用地把握较紧,项目投资密度较大。但确实也有一些地方工业项目占地面积太大,动辄几十亩甚至上百亩,大有圈地之嫌,这与国家实行最严格的土地管理政策的宏观背景格格不入,与科学发展、节约发展的时代要求不相为谋,与抚州市建设用地的资源状况和发展空间也不匹配。许多同志认为,这样下去,不仅会造成土地资源的严重浪费,更会导致建设用地,特别是工业用地资源紧张,增加工业发展成本。从长远看,还会影响整个工业的发展和布局,影响城市规划,增加政府成本,减少政府收益。鉴于此,我们期望这种现象能够引起市委、市政府的重视。一要态度明确地反对和制止这种现象。在政策法律允许和不影响政府信誉的前提下,通过协调运作,能够整改的要尽快整改,不能整改的也要严格厂区规划建设审批制度,坚决纠正先建后批和乱建乱批的现象。二要制定刚性的政策规定。原来抚州市制定的标准是市工业园区不低于50万元/亩,县(区)工业园区不低于30万元/亩,随着宏观土地政策的变化和形势的发展,许多同志感到门槛偏低,而《江西省国民经济和社会发展第十一个五年规划纲要》规定的8亿元/平方千米(120万元/亩)的标准又偏高,实际操作中很难落实。为此,我们建议市县(区)工业园区分别确定70万元/亩和50万元/亩的标准。三要形成导向。将工业项目投入产出效益列入县域经济发展考评范畴,鼓励节约发展、循环发展,实现科学发展。

(本文原载于抚州市委办公室《抚州工作交流》2006年第8期,有改动)

激励创业　孵化企业

——抚州市创新中小企业创业园的做法

抚州市委、市政府于 2006 年 8 月开始在市金巢开发区规划建设中小企业创业园,按照"政府规划投资成本价出售,低租金出租,封闭性运行,公司式管理,滚动化开发"的思路,规划用地 107 亩,投入资金 5 000 万元,仅用 10 个月的时间,就完成了全部 10 万平方米标准厂房及配套设施的建设。目前已有 8 万多平方米的厂房被 25 家企业竞相抢驻,其中 14 家企业已正式投产,走出了一条激励创业、孵化企业和向空间要土地、向民间要资金、向产业配套延伸要项目的集约发展之路。

"百姓工业"的定位。　创业园以金巢开发区"扩容、提升、配套"为抓手,借鉴浙江、福建、广东等地园区经验,按照"区中园"的标准进行规划,使园内企业既能共享开发区优越的区位条件、完善的基础设施和高效服务机制,内部又自成独立体系。生产区、仓储区、职工公寓区和多功能服务区,分区明确,功能完善,完全能够满足入园企业生产生活的需要。更有针对性的是,这种由政府投资、可按企业要求制作的标准式厂房,不管企业规模大小都能在这里找到用武之地,极大地节约了企业的创业成本。富源纺织公司是第一批入园企业,其经理深有感触地说:"租厂房不仅可以大幅度缩短项目建设周期,用 500 万元的投资做 1 000 万元的事,而且可以极大地规避建厂房和购地等投资风险,把企业有限的资金用在生产经营上。"精派量具公司老板到过许多地方考察,最后选定抚州中小企业创业园,他说:"抚州中小企业园是一个很好的创业平台,使我们享受到吃、住、用等一系列配套服务和更优惠的政策。"

市场运作的机制。　创业园积极探索基础设施建设市场化运作方式,采取土地招拍挂、代建制、BOT（建设—经营—转让）等模式，本着"谁投资，谁受益"的原则，引进外来资金、调动社会力量共建园区。园区水、电、通信等管网由供水、电力、电信等部门与园区共同出资完成，铺设到厂区和厂房，只需根据企业生产能力申报负荷就可"即报即装"。在创业园职工公寓区、多功能服务区等二期工程施工期间，为解决先期入园企业员工的食宿生活问题，创业园引进经营机构将一幢4层标准厂房改建成员工食堂和宿舍，可供400人用餐、1000人住宿。同时，筹资20多万元建设环保型垃圾收集站和车棚等设施，积极引进物业管理公司，对创业园实行封闭式物业管理，改善创业园生产生活环境，提高创业园的档次和品质。

专业化合力招商。 创业园不仅鼓励市内有创业激情、有一定创业基础、发展前景良好的中小企业入园，而且千方百计吸引本土在外人才和外地客商企业进园发展。对市内下岗失业人员、退役军人、大中专毕业生、农民等入园创业人员，创业园更是厚爱一分，给予厂房租金优惠、开办创业培训、办理就业贷款等优质服务。在招商项目上注重实效，按照"创业一批、孵化一批、配套一批"的基本思路，先后引进了盛昌达鞋业、柏鑫服饰、富源纺织等8家创业型企业，引进了德友电器、精派量具、联兴机械、转转门实业等科技含量较高的5家孵化型企业，引进了印三红彩印、新星印刷、帅康特种橡胶、新华拉链等6家配套型企业。目前，创业园入园企业涉及电子、机械、包装印刷、纺织加工、鞋类、医药、食品等多个行业，创业、孵化、配套的功能初步显现，提升了开发区的承载功能，加快了企业集中、产业集聚步伐。

个性化创业辅导培训。 免费为入园企业和创业人员开展SYB（创业培训）以及文化技能培训。实施以"跟踪宣传政策法规、跟踪掌握项目动态、跟踪解决企业困难"为核心的入园企业联系服务制度，将入驻创业园的企业分解到园区工作人员，使其成为企业的"辅导员"定期到各家企业进行实地走访，了解企业在融资、市场、人才、管理等方面的实际问题，并针对企业反映的问题开展服务。创业园将用工企业急需的工种、人数、工资标准等列出清单，发挥开发区所辖乡镇的优势，把招工信息传递到每一个家庭和符合招工条件的每一个人手中，并由乡镇机关挂点村（居）委会责任人登门宣传，实行订单式招工。同时，利用周末和群众赶集的有利时机，在周边乡镇的主要集贸市场设置摊位，向赶集群众发放招工简章，接受群众咨询，加深求职者对企业的了解；每逢重大节日还由劳动部门牵头，举办园区用工招聘专场会，切实解决入驻企业的用工问题。

据调查了解，目前进入抚州市中小企业创业园的 25 家企业中有 15 家是本地和返乡创业者，占 60%。联兴机械的总经理说："过去苦于没有合适的场所和载体，许多像我一样拥有技术的人，只能为别人打工，现在有了中小企业创业园，相信会有更多的人走上创业之路。"

（本文原载于《当代江西》2007 年第 11 期，有改动）

三方联动破难题

——关于金融部门如何支持地方工业发展的调研报告

工业企业贷款难、金融部门放贷难,是当前欠发达地区工业化进程中所面临的普遍性问题,随着金融体制改革的深入,这一问题在抚州市愈显突出。为响应抚州市委、市政府"主攻工业"的战略决策,尽快打破工业企业融资难的僵局,抚州市委政研室与市人民银行组成联合课题组,就目前体制下金融部门如何支持地方工业发展问题进行了专题调研。在认真分析研究的基础上,我们认为,工业企业融资难的问题有其深刻的历史背景和诸多的主客观因素,只有政府、金融部门和企业三方联动,紧密协作,逐步建立起银企互信机制,银企合作才有可能迎来新的春天。

一、抚州市工业企业贷款的主要特点

对抚州市工行、农行、建行、中行、农村信用社和银鹰城市信用社6家金融机构的调查显示,2003至2005年底,全市工业贷款余额占贷款总额的比重下降比较明显。三年来,6家金融机构合计工业贷款余额分别为39.4亿元,41.2亿元和24.8亿元,其中工业贷款余额分别占当年贷款总额的30.5%、30.8%和19.3%;2006年5月底,全市工业贷款余额为26.8亿元,仅占同期贷款总额的20.2%,金融机构对抚州市工业支持力度明显减弱,工业企业贷款呈现以下几个新特点:

1.新增工业贷款和获得银行贷款的企业急剧减少。 2003至2005年,6家金融机构当年新增工业贷款分别仅为3.69亿元、5.01亿元和4.64亿元,2006年1~5月新增工业贷款急剧下降,仅为1.4亿元,从金融机构新增贷款的企业也由原来的251家下降至2006年5月底的96家,个别县金融机构长期以来工业贷款没有破零,工业企业发展后劲严重不足。

2.国有商业银行工业贷款主导地位逐渐削弱,城乡信用社已成为支持地方工业发展的生力军。 2003 至 2005 年,在抚州市 6 家金融机构中,工商银行当年新增工业贷款分别为 2.43 亿元、2.64 亿元、2.36 亿元,数额变化不大,占 6 家金融机构新增工业贷款总额的比重分别为 69%、59% 和 56%,是名副其实的"老大",而同期农村信用社和银鹰城市信用社合计新增工业贷款则分别占 26.5%、29.6%、28.3%,逐渐成为支持工业发展的重要力量。金溪县农村信用社连续 3 年来的新增工业贷款分别达到全县新增工业贷款总量的 86%、89.2% 和 95.4%,为当地工业发展作出了巨大的贡献。2006 年 1~5 月,全市金融机构工业贷款情况再次发生变化,农村信用社和银鹰城市信用社新增工业贷款合计 0.99 亿元,已占 6 家金融机构同期新增工业贷款总额的 70.7%,是四大国有商业银行总量的 2 倍多。工商银行则成为全市唯一一家没有新增工业贷款的银行,全市农行系统除崇仁县支行新增工业贷款 1790 万之外,东乡、南城、南城、金溪、乐安等很多县支行没有破零,同时,建行和中行的新增工业贷款也不容乐观。

3.金融机构贷款门槛普遍提高,且程序复杂。 近几年来,各金融机构对工业企业贷款设置了较高的门槛,除普遍要求企业必须提供连续 3 年来的会计师事务所的财务审计报告、资产负债表、损益表和现金流量表外,还分别围绕各自的信贷战略出台了一些特殊的规定,如建行对企业贷款规模要求达到 500 万元以上,农行对近两年内新投资企业贷款要求注册资本必须达到 500 万元以上、净资产 500 万元以上、企业负债率 30% 以下、信用等级要求达到 AA 级以上,工行更是要求新投资企业注册资本达到 5 000 万元以上,条件比较苛刻。在抵押担保方面,各国有银行对通用设备以估价的 30%、专用设备以估价的 10%、土地和房屋以估价的 50% 左右进行抵押担保,企业意见很大。此外,在贷款审批程序上,申请贷款必须由县级支行调查并形成材料后,报市分行审查,再报省分行审批,每级银行审查、审批又分为若干环节,企业从申请到获得贷款少则 3 个月,长则 6 个月以上,在市场瞬息万变的今天,如此烦琐的审批过程让企业承担了巨大的机会成本。

4.改制企业历史包袱沉重，求贷无门。 一些国有企业改制后，由于原企业所欠银行债务没有偿清，改制后的企业为了沿用老企业的无形资产，其名称或法定代表人没有发生变更，在金融部门留下了不良贷款记录，企业无资格再申请贷款。如东乡县红星变性淀粉厂原是国家星火项目落户企业，在经营过程中形成了4 000多万元的农行债务。2002年改制后，红星企业集团仅归还了400万元贷款和转让了200亩土地给农行。尽管该厂改制前后是两个性质完全不同的企业，而且产品有市场、企业连续多年盈利、发展前景看好，但由于未偿清农行贷款，且法人及法定代表人名称未作变更，省级银行多次否决了该厂的贷款申请。这些年来，红星变性淀粉厂只能一直依靠自有资金滚动发展，许多大项目不敢承接，错失了很多商机。类似红星变性淀粉厂的企业如果今后仍得不到银行的资金支持，生存与发展将面临更严峻的挑战。

二、抚州市工业企业贷款难的主要原因

工业企业贷款难与金融部门放贷难的"两难"矛盾，从根本上说，是逐步成熟的金融管理体制与相对落后的工业化进程之间的不协调的产物。具体归纳起来，主要有以下几个方面的原因。

1.商业化背景下的趋利行为和避险动机使得银行"不愿贷"。 随着市场经济体制的逐步建立和完善，银行的商业化必然伴随着地区和项目资金配置的差异。不同地区、不同项目资金收益率差异较大，与之相对应的风险也各不相同，在这种情况下，商业银行的趋利行为和避险动机必然驱使银行将资金投向收益更多且风险相对较小的地方。据统计，目前中小企业的贷款率是大型企业的5倍左右，户均贷款量仅是大型企业的5%左右，贷款管理成本平均是大型企业的5倍左右，而抚州市目前没有一个大型工业企业，绝大多数工业企业规模偏小，银行在"抓大放小"的信贷战略思想指导下，对抚州市的工业企业贷款兴趣不大，"惜贷"便成为一种必然。

2.社会信用状况低下，使得金融机构"不敢贷"。 金融管理体制改革之前，由于贷款审批权下放，造成了大量的逃废银行债务的现象，基层银行产生了

大量的不良资产,使上级银行对抚州市工业贷款审批更为严格。据 6 家金融机构统计,2003 至 2004 年,不良贷款额分别为 61.45 亿元和 67.92 亿元,不良贷款率达 47.6% 和 50.8%。

3.大多数企业管理体制不健全,想贷"贷不到"。 抚州市大多数工业企业实行家族式、粗放式管理模式,缺乏现代科学管理理念,企业总体技术水平不高,财务管理不规范,提供的信息真实度较低,甚至不少企业根本就没有财务报表,资金往来全部通过企业负责人的个人存折进行交易,很难获得金融机构的信用等级评定。加上这些企业规模小,固定资产投入不足,缺少足够抵押担保的资产,因而难以获得银行的资金支持。

4.银企信息不对称,基层银行有钱"贷不出"。 2003 至 2005 年,抚州市 6 家金融机构存贷比逐步下降,从原来的 71.1% 降至 56.6%,2006 年 5 月底,存贷比进一步降至 53.99%,部分银行存贷比更低,如建行为 34.2%、工行为 33.8%、中行为 25.8%,远远低于 75% 的存贷差警戒线,贷款增长乏力。与此相应的是,抚州市绝大多数金融机构近几年资产负债率普遍接近 100%,农行资产负债率则从 2003 年的 114.47% 增至 2006 年 5 月底的 121.91%。为了提高经营效益,基层银行必须寻找到好项目放贷,但是由于不少企业经营信息特别是财务运行信息不透明,金融部门搞不清到底哪些企业是有效益、有潜力的,哪些项目是优质项目,手里握着"钱袋子"却不知投向何处。如南城县建行反映,他们今年计划发放公司类贷款 2 100 万元,但到目前为止仅仅发放了 400 万元,贷款计划执行很不理想。从企业角度看,不少企业一方面对银行贷款应具备哪些材料、应做好哪些资料准备、该如何进行抵押担保等信息知之甚少;另一方面又不愿意将自己的财务状况向银行公开,到了资金紧缺时就发现"贷款难"。正是由于银企之间缺乏沟通和互信,使银企合作变得很不协调。

5.中介机构担保贷款及民间贷款成本高,企业想贷"货不起"。 从今年 5 月份开始,注册资本为 1 000 万元的市中小企业担保公司开始正式运作,先后已有近 100 家企业提出了担保贷款申请。但据不少企业反映,从中小企业担保公司进行担保贷款至少要比直接从银行贷款多支出占担保额 2.4%~3.6% 的费用（按年度计算），交易成本过大且手续同样比较复杂，很多企业不敢贷，加上抚州市中小企业担保公司在运行机制等方面存在不足，到目前为止，竟未促成一笔担保业务；而民间融资付出的利息普遍为银行利息的 3 倍以上，且资金额度小，企业既贷不起，也难于完全贷到位。

三、破解抚州市工业企业贷款难的主要建议

透过了解工业企业贷款难的历史背景及其主要成因，我们认为，在目前国有商业银行普遍无权直接审批贷款的严峻形势下，必须以发展的目光、创新的理念，通过政府、金融机构和企业三方互动，积极探索出一条解决工业企业贷款难的新路子，具体建议如下：

1.**拓宽渠道，千方百计打通资金流通脉络。** 一是要充分发挥好城乡信用社的作用。目前抚州市农村信用社拥有 150 万元的贷款审批权，而城市信用社则完全属于地方金融机构，可以决定 100 万元以内的贷款发放，两者在支持地方工业特别是中小企业发展方面具有极其重要的意义。建议市、县（区）政府通过建立信贷奖励基金或其他途径，对支持地方工业发展成绩比较突出的金融部门予以奖励和优惠政策倾斜，调动金融部门特别是信用社支持工业发展的积极性。鉴于城市信用社的特殊性，市、县（区）党委政府应从进一步加强信用社党组织建设，完善信用社法人治理结构等方面给予大力指导和帮助，推动城市信用社在持续健康发展中更好地发挥金融服务功能。二是积极探索用活用好人民银行的支农再贷款。目前市人民银行尚有约 4.7 亿元的支农再贷款指标没有正式启动，而抚州市农村信用社自有资金不足，存贷比达 78.3%，因此建议由政府出面协调，将这 4.7 亿元的资金对农村信用社进行再贷款，再由信用社对抚州市经济效益好、产品有市场、发展有潜力，但由于各种客观原因无法从银行融资的涉农企业进行低息放贷，再贷款利率与信用社吸收存款利率差（年利率差约 1.2%）可由政府进行贴息，项目可由政府、人民银行及农村信用社共同推荐，审批及贷后监管由市人民银行与信用社共同进行。为减少贷款风险，可考虑先在部分县（区）试点，再逐步推开。如果这 4.7 亿元资金能够用好，仅此一块，就可达到目

前抚州市工业企业一年的新增贷款额,且政府、人民银行、信用社和企业四方均可获益。三是积极争取引进市外金融资金支持。应继续加大与驻昌交通、招商、浦发、兴业等银行的联系力度,争取有一批优质项目能获得市外金融资金支持。四是在实践中不断完善中小企业担保公司的运行机制和管理制度,对市中小企业担保公司实行三年内营业税减免的优惠政策,大力支持中小企业担保公司积极开展中介服务。

2.铁腕治信,重塑良好的社会信用环境。 "人无信不立,家无信不兴",对于抚州来说,真正可怕的不是经济基础差、底子薄,而是整个社会信用的丧失。一旦我们失去了信用,现代金融所赖以运作的基础就会受到挑战,地方经济发展就必然失去资金支持,因此,建议以铁的纪律、铁的手腕在全市上下大力开展信用环境建设。一是要大力开展以"八荣八耻"为主题的社会主义荣辱观教育,加强倡导信用的宣传,在全市营造诚实守信的舆论氛围。二是要进一步加强征信体系建设,工商、供电、银行等相关部门,要确保按期向市人民银行报送相关信息资料,市内新闻媒体要把定期曝光不守信用的单位和个人当作一项硬任务来抓好抓实,同时做好正面典型的宣传工作,引导社会各界共同关心和维护信用环境。三是强力清欠拖欠金融机构的贷款。凡属党政干部私贷私用的,要责令其按期偿还,拒不偿还的,直接由财政扣发工资予以偿还,并对当事人给予政纪处分;对属私贷公用的,要由受益单位作出偿还计划,分期分批按约归还旧欠;对企业贷款不还的,由执法机构依法强力清欠,坚决杜绝企业大量逃废银行债务现象的重演,不断强化信用环境。

3.主动牵线,精心搭建银企"连心桥"。 为减少信息不对称,金融部门平时应注意搜集当地企业信息,主动了解企业的生产经营情况,并及时准确地向上级银行传导抚州市经济发展的良好态势。作为政府,则要更多地为银企搭好"连心桥",热心当"红娘"。一是要确定由工业主管部门加强调查研究,做好企业信息收集整理工作,定期向有关金融机构推介优质项目和优质企业;二是要大力引导企业树立发展战略,关心了解金融机构信贷动态,随时调整生产经营;三是要争取在抚州召开全省银企洽谈会,或在省人民银行指导下精心组织全市银企洽谈会,把好项目、好企业向金融机构推介,为企业争取更多的资金支持。

4.整合资源,切实引导企业做大做强。 要以优惠政策鼓励企业为做大做强所采取的兼并、收购、重组战略,进一步加快行业资源重组,努力培植一批有竞争力的大中型企业。大力扶持一批中小民营企业,对延续贷款的企业在房产、土地评估费用方面一律予以减免,实行只收工本费的优惠政策,减少企业融资成本。市、县(区)可因地制宜地实行政府贴息补助的办法,支持中小企业进行传统生产工艺技术改造、新上项目和进行新产品的开发,促进企业实现产业、产品升级换代和结构调整,推动高新技术成果向商品化、产业化的转变。

5.加强管理,不断完善信贷激励约束机制。 各金融机构应按照"责、权、利"相统一的原则,合理制定信贷激励和约束机制。对争取新增优质工业信贷项目的工作人员要予以更多的物质和精神奖励,切实解决好"干与不干一个样,干好干坏一个样"的问题。同时强化对信贷资金使用的监管,确保资金得到合法合理的使用,预防和减少不良贷款的发生,逐步降低各金融机构的不良贷款率,以自身的积极行动来争取上级银行的支持。

(本文原载于抚州市委政研室《政研内参》2006年第18期,有改动)

香料王国的一匹黑马
——金溪县做强做大香料产业的调查与启示

金溪县是传统农业县,近年来,该县因势利导,积极扶持发展在外香料产业,经过多年创业创新,已声名鹊起,香飘万里。目前,该县樟科类、松木类、杉木类香料的生产规模位居全国前列,其中樟科类产品产量占全国70%以上,市场占有率达80%,天然樟脑粉已超过盛产樟脑的台湾,居全球第一。松节油产品产量在全国居第三位,是全国最大的樟木香料生产加工与贸易集散地。全县香料产业年主营业务收入1.35亿元,上缴税金1100万元,占全县工业比重的26%。

1.顺应市场,乘势而为,宽容进取的创业土壤培育出蓬勃的新兴产业。1997年初,金溪县三个农民在从事香料原材料供应的过程中,发现该行业市场正面临重新洗牌的商机,通过多方筹资,办起了全县首家香料厂。随后,他们抢抓机遇,乘国内几家大型国有香料企业相继改制、市场出现短暂空缺之机,拾遗补阙,凭借过硬的产品质量与良好信誉赢得了客户,不仅乘势发展了企业,而且越来越显现出活力。正当香料厂完成原始积累、市场开始扩大、经济效益稳步上升的时候,国内外香料市场出现了新的变化,合成香料新产品不断推出,樟脑油等天然香料市场龙头地位已日渐衰退。为了适应形势,谋求更好的发展,香料厂从2004年开始结构转型,他们将厂一分为四,四大股东分别创办了思派思、依思特、华宇、汇泉等四个香料企业。不久之后,4家企业的一些股东又另起炉灶,新创办了5家企业,并在广西、湖南、云南等地设立了办事处和分公司,建立了稳定的采购、营销网络体系。目前,全县共有香料企业9家,其中4家投向了资产投入更大、技术含量更高的合成香料。2007年1~10月香料产业实现主营业务收入1.1亿元,上缴税金930万元,吸纳1200名劳动力就业,成为金溪县一大支柱产业。

2.合作共赢，和谐发展，既分工又协作的产业集聚激发了企业内在活力。

在自愿、互惠、互利的基础上，2006年底金溪县香料企业强强联合，组建了象山香料化工总公司。产业集聚也带来了分工的细化，集团内企业主动避免同质化竞争，走差异化发展之路，同时又统一对外，联合进行产品、品牌、资本经营，推动了行业龙头地位的形成。一是共享资金流，提高了资金使用效率。由总公司与银行签订协议，实行联包贷款、分散使用，额度与时间由总公司根据单个企业生产经营实行统一调度，提高了行业和企业信用度，加快了资金周转，较好地解决了企业流动资金不足和融资难的问题，增强了企业的输血和造血功能。2007年华宇、依思特、思派思、汇泉公司分别获得银行新增贷款300万元、260万元、200万元和150万元。二是分工合作，增强整体竞争力。总公司成立后，为了避免产品单一、重复生产、恶性竞争，根据各个企业的生产技术、市场、营销特点，经过反复磋商，在行业内部进行了分工合作。华宇公司放弃樟科系列，让给其他厂家，侧重生产月桂烯系列；依思特公司主要开发茴香油系列；思派思公司注重开发蓝桉系列；汇泉公司开发加工柏木油系列。香料产品种类齐全，百花齐放。三是调剂货源，提高行业运行效益。厂家接到订单后，如货源不足，由总公司在其他厂家内部调剂，缩短了供货周期。四是统一商标，打响金溪香料品牌。总公司统一使用"象山"牌商标，树立了金溪香料的形象，扩大了市场影响力，提高了知名度和美誉度。

3.加强研发，拓展新品，技术和管理的创新增强了企业的核心竞争力。

金溪香料企业致力于技术和管理创新，不断开发新产品、探求产品深加工。在管理上，他们注重产品质量、安全生产、人力资源、内部环境和目标效益等每一个环节，企业都设有专门的质检员，每一道工艺流程中都制定了质量管理标准，确保产品纯度保持领先，主导产品芳樟醇的纯度达到99.8%，为国内尖端水平。在技术上他们将生产工艺由樟脑油单一提炼发展到蒸馏等多种方式，提升产品附加值，形成了集樟科、松木、杉木系列及其深层次加工开发为一体的发展格局，芳樟醇、桉叶油、樟脑粉、黄樟油、二氢黄樟素、月桂烯和二氢月桂烯等产品在全省、全国处于领先地位。华宇公司是全国第二家生产二氢月桂烯的厂家，依思特公司开发的新产品茴油填补了江西空白,思派思公司组建了自有研发中心。全县已有的9家香料企业,尽管"师出一门""技源一家",但创业者们不断引进和消化新技术,开发新产品,相互借鉴管理经验,使整个产业的竞争力不断提升。

4.**勇于实践,善于操作,粗放型向集约型经营的迅速转轨拓宽了产业发展空间。** 在发展实践中,金溪香料企业敢于操作、善于操作,注重发挥内力、巧借外力、形成合力,走出了一条合作型、外向型、规模型经济发展新路。一是合作谋发展。香料行业属资金密集型行业,收购原油资金紧缺往往成为香料企业的软肋。金溪香料企业没有仅仅依靠银行信贷,而是充分挖掘自身潜力和优势,寻求资金合作,走出一条企业融资新路。华宇公司利用月桂烯产品技术和市场优势,靠强联大,与中粮集团合作融资,中粮集团投入与华宇固定资产相当的资金作为两年期股份,再追加两倍的流动资金用于收购原油,确保了华宇公司流动资金需求,缓解了资金制约瓶颈。二是外向谋发展。在稳定国内市场的同时,他们积极开拓国际市场,思派思、依思特、华宇、汇泉等龙头企业都拥有自营出口权,思派思等企业还创办了外贸出口公司,产品远销印度、美国、日本、法国等国家,外向型经济已成为金溪香料的发展方向。三是扩容谋发展。金溪香料企业普遍进行了二次创业,企业规模迅速扩大,产值连年翻番。华宇公司在县工业园区购地90亩建设新厂区,扩大月桂烯生产规模。思派思公司扩建后,资产总额达到2 400万元,年生产天然香料油1 500吨、蓝桉油3 600吨,销售收入可达1亿元以上。

5.**政策倾斜,优化服务,政府的倾力扶持为香料产业持续发展增添了动力。**金溪县委、县政府采取了一系列行之有效的措施,力促香料产业又好又快发展。一是科学规划。制定实施了《关于推动香料产业跨越发展的五年规划》,就产业发展、产业布局、企业规模以及企业发展中的征地、融资等事项进行细致谋划,引导企业进行体制创新、机制创新、技术创新,推进香料产业配套和产业升级,力促产业集聚快速形成并发挥效益。二是大力培植原料基地。将原料林建设纳入涉农政策扶持范围,通过"公司+基地""公司+农户+基地"的模式,扩大香料原料林种植面积,提高原料的本地供应率,增强企业根植性。三是实行技术创新奖励。采取"政府引导、企业为主、协会牵头、民办公助"形式,支持企业技术创新,企业每年可按年主营业务收入的 10% 在税前提取技术开发准备金,计入企业成本,用于技术开发。对建成国家级技术中心的由县财政一次性奖励 30 万元,对建成省级技术中心的一次性奖励 10 万元。财政技改贴息资金和担保资金也重点向香料产业倾斜,支持率在 40% 左右。四是加大服务力度。定期邀请科研机构、高等院校的专家和学者来考察研究香料发展工作,为企业作现场指导咨询,建立长期校企合作关系。发改、经贸、林业、税务、工商、外贸等部门经常深入香料企业提供产业政策、政务信息、市场信息等方面的服务,主动尽心为香料企业做好基地建设、商标申报、外贸出口、企业扩建发展等服务工作,促进了香料产业更好更快发展。

创新创业是企业发展的活力源泉。金溪县香料企业不断创新机制,创新技术,科学运作,闯出了一条从无到有、有而大、大而分、分而合、合而强的"小企业、大协作"发展道路,产业集聚得以快速形成,其鲜活的经验给予我们深刻启示。

启示一:民营经济在赶超发展中大有可为。 时下,招商引资如火如荼,一些地方政府认为本地民营企业规模小、效益低,带动性不强,优惠扶持政策向客商企业倾斜。金溪民营香料企业经过 10 多年创业,由小到大,逐步发展成了新兴的香料产业,再一次证明了民营企业是大有可为的。改革开放以来,抚州民营经济得到了较快发展,一些企业还具有较好的基础和产业发展前景,他们内生力量积聚,是抚州发展的星星之火和宝贵财富,只要积极引导推动,充分调动他们的激情,民营企业将成为引领抚州赶超发展的生力军。

启示二:产业联合天地宽。 金溪香料产业之所以能实现又好又快发展,很重要的一个原因是组建了"象山香料化工总公司"这个联合体。这个建立在平等、自愿和利益互动机制上的经济联合体,具有较强的调控、协调和资源配置功能。总公司将金溪香料企业联合在一起,通过银行联包贷款、企业内部产品分工、经济技术协作、内部调剂货源、统一商标等有效操作方法,不仅强化了分工协作,避免了同质化恶性竞争,消除了市场失灵,还优化了资源配置,提升了产品结构,强化了资产经营功能,打响了产业品牌,实现了规模经济效应。这些成功经验启示我们,当一个产业发展到一定阶段的时候,适时地进行有效的组织联合是加快产业集聚的有效途径。

启示三:**创新是产业扩张的不竭动力。** 金溪香料正是凭借思派思公司的蓝桉、华宇公司的二氢月桂烯以及依思特公司的茴油这些响当当的新产品,才得以唱响品牌、站稳市场。思派思公司为避免外调原料受制于人,从2003年起就建立了500亩樟科原料林示范基地,并采取"公司+农户"模式,引导更多农民投身"第一车间"生产。华宇公司率先跳出了对原料的过度依赖,放弃天然向合成转型,并依托产品优势,借助外力,与中粮集团融资合作,为企业插上了一双腾飞的翅膀。金溪香料企业的成功经验说明,企业和产业只有不断创新、调优产品结构,挖掘可替代资源,提升产品质量,才能赢得市场、领跑市场。

启示四:**要转变发展方式,实施赶超发展。** 作为一个欠发达的县,金溪在发展香料产业过程中,县委、县政府以长远的战略眼光、有效的操作和创新的政策措施,充分激发了企业创新创业的激情,推动了香料产业又好又快地发展,成为香料王国的一匹黑马。当前,市场经济体制还在建立和完善之中,特别是像抚州这样的欠发达地区,要转变发展方式,实施赶超发展,绝不能在市场经济中放任自流、无所作为,仅仅充当"守夜人"的角色,而应该充分运用"看得见的手",在产业规划、资源配置、环境营造、政策服务等方面更多地顺应市场、尊重市场、培育市场、引导市场,才能促进区域和产业又好又快地发展。

(本文原载于江西省发改委《发展》2008年第2期,有改动)

一个拥有国际话语权的好产业

——金溪县香料产业在金融危机中逆势腾飞

二月的赣东大地乍暖还寒。当人们正在热议金融危机对实体经济的影响越来越大,企业在春天如何"过冬"的时候,金溪县香料产业园却是车水马龙、机声隆隆,不仅国内客户派专员驻厂提货,就连欧美的客商也络绎不绝,小小的金溪县一时"声名大噪"。

有话语权,金融危机更是生机

金溪县的香料产业,是从合市镇的几个农民进行樟油贩卖,到 1997 年创办第一家小型香料厂开始的,产业从无到有、从小到大、从弱到强,集聚效应日趋明显。目前,金溪香料产品不仅畅销国内,还远销欧美、日本和东南亚等国际市场。2008 年,全县香料产业主营业务收入突破 6 亿元,税收突破 2 000 万元,同比分别增长 200% 和 186%。全县规模以上香料企业已达 14 家(其中投资亿元以上 2 家),形成了 2 大系列(天然和合成)8 大类别(樟、茴、桉、松、杉、柏、山苍子、香茅草)60 余个品种,年产量达 1 万余吨,成为国内仅次于江苏昆山的第二大香料生产基地,被省政府授予"江西省香料产业基地"称号,其中天然芳樟醇、天然樟脑粉产量分别位居全国第一、全球第一,并拥有国际市场定价权。

江西华宇香料化工总公司董事长周振华认为:"对于有话语权的好产业来说,金融危机便是发展的生机。"金溪香料产业经历多次调整、洗牌,现在拥有真正的市场话语权,时处金融危机,产品却一不降价、二不滞销,总体呈现供不应求的态势,该公司下属的 10 多家企业都在加大马力,满负荷生产。

江西思派思香料化工有限公司董事长李祥林认为,从市场行情来看,香料尤其是天然香料的需求量远远超过供应量,金融危机不仅没有影响到他们的正常生产和销售,而且生产和销售还在不断扩大。

金溪香料产业经过长时间的技术攻关,2006 年 6 月终于掌握了清除山苍子油内铁离子的新工艺,这一世界性工艺难题的突破,推动桉叶素、蔬烯、松油醇等高新产品在该县思派思、依思特等香料公司正式大批投产,并达到欧盟标准,取得显著经济效益。此后,华宇香料公司又率先研发出二氢月桂烯和二氢月桂烯醇两个合成香料新品,填补了国内空白,成为国内能够生产二氢月桂烯的 3 个厂家之一。至此,金溪香料产业掌握了核心技术并拥有了自主品牌。

产业发展最需要政府的扶持

金溪县委、县政府以长远的战略眼光、有效的操作和创新的政策措施,营造良好的产业发展环境,激发企业创新创业的激情,吸引外地香料企业慕名而来,推动了香料产业快速崛起。

产业规划战略化。 早在 2003 年,金溪就专门成立了香料产业推进领导小组,制定了分“三步走”、打造“中国香都”的目标定位。第一步,至 2005 年,加快香料产业集群;第二步,至 2007 年,建成国内第一大樟科类香料生产基地;第三步,至 2012 年,初步建成“中国香都”,企业达 40 家以上,年产值达 50 亿元。

土地承接优先化。 实行“三优先”,即优先审批、优先供地、优先入园,在工业园区规划了 1 000 亩土地作为香料产业园,专门承接香料企业。

资金扶助差异化。 县财政每年安排 1 000 万元专项资金用于扶持香料产业发展;鼓励企业提高出口水平,对自营进出口的企业,县政府按企业当年出口创汇的数额,按每 1 美元给予 5 分钱人民币的标准进行奖励。

基地建设项目化。 通过“公司+基地(本地或异地)”“公司+农户+基地(本地或异地)”的模式,扩大香料原料林种植面积,提高原料的本地供应率,增强企业根植性。目前,已建成原料林基地 8 万亩,预计到 2012 年可发展到 30 万亩。同时,县直各部门主动尽心为香料企业做好基地建设、商标申报、外贸出口、企业扩建发展等服务。

招才引智人性化。 设立人才贡献奖,对为香料企业作出特殊贡献的人才,一次性奖励 5 万~20 万元,对外来人才及家属入户、子女入学给予优先安排。加大对香料企业科技研发扶持力度,建成国家级技术中心的,由县财政一次性奖励 50 万元,对建成省级技术中心的,一次性奖励 30 万元;每家企业每年可按上年主营业务收入的 10% 提取技术研发准备金,用于组建技术研发中心。

招商引资专业化。 组建了 2 个香料产业驻点招商专业小组,长期蹲点江苏昆山、云南昆明等香料密集地区进行招商,聘请了 3 个知名度较高的香料企业负责人为招商代理,并对固定资产投资 5 000 万元以上的香料企业落户金溪,采取"一事一议"的办法,在技改贴息、融资担保和税收奖励等方面给予更加优惠的政策;专门建设香料企业客商生活区,对年纳税达 200 万元以上的香料企业奖励一套高档住宅。江苏昆山、云南昆明等地的一些香料企业纷纷登陆金溪,加快了香料产业向金溪集聚的步伐。

江西东方(依思特)香料化工有限公司董事长徐国平深有感慨地说:"市场经济条件下,产业的发展同样需要政府的扶持,金溪香料产业发展的每一步,都是在政府的扶持下走过的。"

联合是走向强大的关键

2006 年底,在自愿、互惠、互利的基础上,金溪香料企业实行强强联合,组建了"象山香料化工总公司",目前,总公司资产达 5.1 亿元,下属企业达 10 余家。据业内人士介绍,金溪县香料产业之所以能在较短的时间内驶入发展的快车道,一个关键的原因就是走联合之路,创新了发展的体制和机制。

资源共享,错位发展。 为避免产品单一、重复生产、恶性竞争,总公司根据各企业的生产技术、市场、营销特点,经过反复磋商,在行业内部进行了分工合作。各企业形成各自的主打品种,使金溪香料从原来单一樟科类发展到目前的 8 大类别 60 余个品种,目前香料产品种类齐全,百花齐放。

统一管理,提高效能。 在货源调剂上,总公司不定期召开董事会,共同分析香料产业发展形势,商讨发展战略。厂家接到订单后,如出现货源不足、品种不全等现象,由总公司在内部厂家之间调剂,缩短了供货周期,提高了企业信誉。在扩大出口上,为改变代理出口受制于人的局面,总公司积极加大自营出口力度,拓展国际市场份额,先后与日本、印度等10多个国家的企业建立了业务联系。在科学管理上,由总公司牵头,组织全部成员企业加入并通过ISO9000质量管理体系,同时将所有的电机配备变频器,加大安全生产投入,改进生产工艺流程及硬件设施,实现了能耗下降8%,全行业污染零排放,且多年未发生安全事故的新局面。

招才引智,注入活力。 总公司统一在全国范围内广聘良才,仅2008年引进本科以上学历人员90余名,其中硕士6名、高级工程师3名,年薪在10万元以上的有10多名,年薪在20万元以上的有1名,为香料企业引进培养了一大批优秀人才,增强了金溪香料产业的发展活力。

革新技术,拓展市场。 总公司坚持"人无我有,人有我优,人优我精"的发展理念,加大技术研发投入,组建技术研发或产品开发中心,主动对市场、产品、工艺和发展战略进行研究,不断提高企业自身开发能力,推动企业科技创新。目前,华宇公司的二氢月桂烯、二氢月桂烯醇,依思特公司的洋茉莉醛、天然复合子酮,思派思公司超高纯度芳樟醇等主打产品,一直领先国内,并成功进入欧美、日本、东南亚、南亚等国际市场;还实施"走出去"战略,在湖南、广西、云南等地建立了完善的收购网络,各成员企业已达成共识,争取每年吸收新成员2户以上,力争3年内进入上市辅导期,积极为成员企业捆绑上市作准备,通过资本运作做大做强香料产业。

品牌经营,垄断定价。 总公司统一使用"象山"牌商标,树立了金溪香料的形象,扩大了市场影响,提高了知名度和美誉度。为实现利益最大化,总公司成员企业的拳头产品黄樟油、樟脑粉、芳樟醇、桉叶素、蔬烯、苗油、松油醇等均已纳入总公司统一报价、联合销售体系内。由于产品的稀缺性,总公司针对国际市场需求变化,调整销售策略,控制销售节奏,形成垄断优势,取得了在国际市场定价的话语权,其中,樟脑粉销售价格由2007年初的2.5万元/吨提高到当前的7.5万元/吨,涨幅达200%,芳樟醇的价格由2008年初的7万元/吨提高到当前的16万元/吨,涨幅达129%。

"中国香都"之梦并不遥远

打造"中国香都",是金溪县产业发展的坚定目标定位。县委、县政府领导告诉我们,目前金溪县是仅次于江苏昆山的全国第二大香料生产基地。昆山作为全国乃至世界范围内重要的电子产业基地,其主导产业是以通信设备、计算机及电子制造业为主的 IT 产业,香料产业产值只占其工业总产值的 4.5%,政府没有将产业规划和政策扶持的重点放在香料产业,任其自由发展,更由于资源稀缺、原材料严重依赖外源,生态环境难于承载等因素影响,目前该市的香料产业正在逐步萎缩,并陆续转移到金溪县。

香料产业作为无污染的绿色环保产业,是国家鼓励发展的朝阳产业。相比之下,金溪县具有发展香料产业的比较优势和资源环境条件。金溪县森林覆盖率达 55.2%,穿境而过的廖坊灌区为全国示范性生态灌区,周边拥有可建设香料原料林基地的丘陵山地 70 余万亩,目前已有规模以上香料企业 14 家,建成香料林基地 8 万余亩;全国第一家综合性香料研究所将于近期挂牌,中国金溪香料产业发展论坛将于今年 10 月正式启动;中国金溪香料大市场正在规划建设,预计 3 年内可在金溪周边建成矮化芳樟树、松树、桉叶草等原料林、原料草基地 30 万亩以上,正在规划建设的香料产业园可容纳规模以上香料企业 60~80 家,香料产业发展将与建设生态金溪相得益彰。县委书记满怀信心地说:"预计到 2012 年,金溪县不仅可以初步建成中国香料香精生产中心、市场集散中心、产品研发中心、价格形成中心和信息中心,成为名副其实的'中国香都',而且金溪的天会更蓝、地会更绿、空气会更清新,一个更加迷人的金溪将会呈现在世人的面前。"

（本文原载于抚州市人民政府《决策参考》2009 年第 4 期,有改动）

有序、持续、集约发展

——浙江工业园区发展的基本经验与启示

最近，我们先后赴浙江的衢州、金华、永康、绍兴等地工业园区学习调研。浙江工业园区先进的发展理念、创新的发展思路、良好的体制机制、科学的运作方式和全面的操作能力，给我们留下了深刻印象。

政府充分授权，自主开发能力强。 浙江各地经济技术开发区和工业园区均作为政府派出机构，实行准政府的管理体制。政府及其部门对园区充分授权，使其基本独立享受同级政府和部门在规划、环保、国土、建设、公安、城管、工商、税务、招商、经营、管理等方面的权力。入园企业从招商、申报、落地、建设到投产的绝大部分手续基本上能在园区办完。对于一些由于法律和政策，需要到同级政府和有关部门办理的手续，实行"见章跟章"制，即凡是工业园区的相关部门经过论证认定并加盖了公章的，上级有关部门不再履行论证、研究和会议程序，直接由业务科室在材料上加盖公章。由于政府对园区充分授权，园区具有很强的主体意识和自我发展能力。衢州开发区、金华开发区、永康开发区和绍兴袍江工业区都是自主融资、自主开发、自主经营、自主服务、自担风险、自谋发展。袍江工业区不直接参与园区招商项目洽谈、土地审批、企业服务、执法检查等活动，从招商、征地、融资、洽谈到审批、办证、布局、服务、物管等都是由园区机构独立进行。政府除建立园区办公会议制度外，党委、政府班子成员不到园区挂点企业和项目，不直接插手园区微观经济活动。

组织架构科学，服务功能完善。 通过深化改革、大胆探索、不断完善，目前浙江工业园区已经形成了一套组织架构比较科学、服务功能比较齐全、发展模式比较成熟的体制机制。一是管理机构健全完善。园区设立党工委和管委会，党工委书记一般由政府主要领导兼任,副书记、管委会主任主持日常工作,另设 2~3 名专职副书记和 4~6 名专职副主任。管委会普遍设立办公室、行政服务中心(办事大厅)、经济发展局、招商局、财政局、组织劳动人事局、社会发展局、建设局等职能机构,成立 3 至 4 个经营性公司。规划、国土、国税、地税、工商、环保、公安、消防等部门在园区设立分局,作为派出机构,但接受园区领导,与园区职能机构同办公、同分工、同考核、同奖惩。金融、邮政、电信、供电、供水等部门也在园区设立了分支机构和网点,主动配合,提供便利。二是管理机制自主灵活。园区自身拥有机构设置、人员录用、收入分配的自主权,实行政企合一的企业化管理,行政、事业、企业编制人员混岗作业,对管理人员实行年薪制,以岗位责任制为依据,按照职务和层级考核奖惩。目前,绍兴、金华、衢州开发区的管理人员均有 100 人以上,袍江工业区超过 200 人,其结构一般为:行政编制人员 20~30 名,事业编制人员 40~50 名,企业编制人员 50~120 名。三是服务规范高效。园区对企业实行链条式专业跟踪服务,对外宣传、洽谈、签约等服务工作由招商局负责,项目签约后办理审批手续由行政服务中心负责,项目开工后的服务工作由经济发展局负责。各部门各环节的服务工作全部实行"一个项目、一个目标、一名领导、一名经办人、一个时间限制"的"五个一"制度,对外公示,对内考核。企业一般只与部门分管领导和经办人打交道,绝大多数问题都能在经办人和部门分管领导层面解决,服务效率很高。四是园区人员专业素质高。调研中,我们所接触的人员,从领导到中层和一般员工,他们谈起园区发展,人人如数家珍,定性准确、定量具体,特别是对入园企业的产品性能、目标市场、经济技术指标也了如指掌,显示了其良好的专业服务素质。五是中介服务功能齐全。为了弥补自身服务功能的不足,园区普遍引进了担保公司、物业公司、创业公司、会计师事务所、律师事务所等中介机构,为企业提供相应的社会服务,受到企业欢迎。

市场资本运作,滚动发展迅速。 近年来浙江工业园区发展迅速,衢州、金华、绍兴经济技术开发区规划面积均在 25 平方千米以上,目前工业建成区的面积都在 15~20 平方千米。经济方面,园区投入多的袍江工业区达 60 多亿元,少的衢州开发区也有 30 多亿元,这种良好的滚动发展势头,主要得益于园区的市场化运作。一是实行企业化经营。园区普遍成立了投资公司、创业公司、担保公司、物业公司等企业法人实体,在建设融资、土地开发、商业开发、资产经营、金融担保、物业服务等方面与市场接轨,实行规范的企业运作,把行政管理与企业经营的优势有效地结合起来,节约了开发成本,提高了经营效益。二是以商业开发推动工业开发。将商业开发的经营利润作为园区工业开发和基础设施投入的主渠道,有效地解决了园区建设的资金投入问题。衢州开发区每年有计划地出让100亩左右商业用地,年收益2亿元左右;袍江工业区2006年投入土地收益7亿多元用于工业功能区建设。三是资本运作方法较多。先后成功探索了向境外投资机构融资、向开发银行借贷、以存量土地抵押贷款、以土地收益抵押贷款、项目包装贷款、中介担保贷款、与信托投资公司联合发债、与大型企业联合开发、与部门共同开发、向社会筹资等多种融资方式。2005年,衢州开发区将园区内的4条主干道包装设计获得天津建行1.7亿元低息贷款。目前绍兴袍江工业区正在谋求以工业区发起,入园部分企业参与,共同组成股份公司上市。四是将经营城市的理念引入园区。鼓励社会各方共同参与园区开发,绍兴、金华、永康、衢州开发区内的宾馆、医院、活动中心、购物场所等配套设施都是由社会投入兴建的。金华开发区将园区道路保洁权承包给社会业主,每年节省开支20多万元;将园区29万平方米景观绿化用地,以"零租金"形式出租给园林绿化企业,节约了1000多万元绿化投入和每年30多万元的养护费用。

注重产业集群,块状经济明显。 浙江工业园区产业特色明显,集中集聚度高。袍江工业区的纺织、机械、食品三个行业的销售收入达322亿元,占园区销售收入的92%;金华开发区的汽摩配、医药化工行业的销售收入达146亿元,占园区销售收入的73%;永康开发区五金产业的销售收入达117亿元,占园区销售收入的86.2%;衢州开发区食品产业的销售收入达33亿元,占园区销售收入的43%,矿山风动机械产品占全国市场70%以上。一是制定规划突出产业集群。近年来,他们普遍花大力气制定产业发展规划。在园区总体定位、功能定位、产业定位、产业布局、发展目标、政策支持等方面突出产业集聚,围绕企业集中产品集聚、产业配套进行规划和布局。如永康开发区围绕建设中国五金之都规划设立五金、汽车及配件等三个功能区;袍江工业区在产业规划上注意退出传统纺织业,整合引进新兴纺织服装业,新建现代能源工业功能区;金华开发区围绕汽车配件、医药化工、电子材料等主导产业规划了"一中两翼两三角"的功能布局;衢州开发区在产业规划上重点完善食品和装备机械两个功能区。二是依托优势产业促进产业集群。浙江"原生态""草根经济"的发展壮大,形成了各具特色的区域经济、块状经济,这是浙江得天独厚的产业基础优势。在工业园区起步时,他们优先选择有一定集聚度和关联度的产业,把分布在各乡镇、村组的中小企业规划进入园区,改善工业空间布局,促进同类产业、相关行业、上下游产品在同一园区集聚。在园区形成一定规模时,又从优惠政策、项目资金、技术服务等方面引导,扶持比较具有优势的骨干企业和主导企业做大做强,形成产业集聚。三是通过项目招商提升产业集群。在对外招商中,浙江园区注重从特色产业入手,突出产业链招商,明确把主导产业及关联度大的项目作为招商重点,成功引进了一批投资规模大、科技含量高和发展前景广的集聚型龙头企业。衢州开发区和袍江工业区依托自身的食品产业优势分别引进了旺仔、王老吉、海南椰树等龙头企业落户,吸引了境内外20多家食品企业入园,带动了当地包装业、印刷业、运输业等配套企业的发展,形成了新的食品产业集聚。金华开发区积极招商促进 IT 产业迅速发展,中国服装网、包装网、食品产业网、千禧 100 等一批电子商务企业在全国 IT 行业很有影响和地位,它们也先后入园。

创新进退机制,力求可持续发展。 浙江虽然土地资源十分紧张,但由于工业园区进退有序,投资强度大、建筑容积率高,产出效益好,已经形成了良好的园区经济生态,实现了集约可持续发展。一是建立进入机制规范用地。普遍制定了较高的入园门槛,袍江、金华、衢州、永康开发区都要求单个企业固定资产投入必须在 5 000 万元以上。在投资强度方面,袍江工业区规定不低于 300 万元/亩,金华开发区规定不低于 240 万元/亩,衢州开发区规定不低于 120 万元/亩,永康开发区规定入园企业税收不低于 300 万元。此外,他们还对开工时间、建设期限、产出规模、建筑容积率、违约责任等指标进行较严格的规定,确保入园企业素质和土地的充分利用。目前,浙江全省工业园区工业用地均实行了招拍挂,实际供地价格普遍高于国家规定的最低价格标准。袍江工业区工业用地最高价格达67万元/亩；金华、永康、衢州、袍江工业园区入园企业的建筑容积率均达到92%以上，有的企业高达98%。二是兴办创业园节约用地。袍江、金华、衢州、永康开发区均创办了中小企业创业园，分别建有标准厂房和写字楼，将达不到入园条件的中小企业和高新技术创业企业安排进园孵化，免费提供办公用房，标准厂房按月收取4至6元/平方米的租金，并视情况给予一定的资金扶持。目前，几个开发区的创业园孵化企业均在100家以上，每个园区每年毕业企业10家左右。三是创新政策盘活存地。贯彻落实国家土地新政，普遍制定了"零增地"扩张优惠政策，鼓励引导企业利用现有土地嫁接项目，利用存量土地改（扩）建多层厂房或改造加层，金华开发区23家企业去年通过这一政策增加投入8亿多元。四是"腾笼换鸟"优化配地。通过产业规划、商业谈判、市场运作、退园入创（创业园）、企业托管等方法和途径将一批产业层次较低、投入较少、效益不明显的企业清理出工业园区。金华开发区前两年清理53家企业收回工业用地3393亩，今年还将对45家投资强度在70万元/亩以下的企业进行清理。袍江工业区去年清理收回工业用地2500亩。五是发展家庭工业变动用地。最近，浙江省委、省政府再次作出决定，动员全省大力发展家庭工业，其主要目的是针对建设用地指标严重不足，盘活存量工业用地，缓解工业园区用地压力，通过利用家庭闲置住宅，进一步发展家庭工业，既鼓励全民创业，促进民营经济发展，又为工业园区龙头企业进行分散生产和配套，推动了工业园区和区域经济发展。

"他山之石，可以攻玉。"当前，江西省工业园区尚处发展阶段，发展理念、发展机制、发展效益，特别是加快发展的操作能力，都与浙江工业园区有较大的差距。浙江工业园区的成功经验，给我们深刻启示。

工业园区一定要努力提高自主发展能力。 自主决策、自主经营、自担风险、自谋发展是浙江工业园区具有较强操作能力的基本特征，也是浙江工业园区得以在开放的市场条件下迅速壮大的最主要因素。

工业园区一定要大力提高服务企业能力。 浙江工业园区健全的服务设施、完善的服务功能、良好的服务素质、和谐的园企关系启示我们，园区是企业的家，企业能否在园区这个大家庭中生存、发展、壮大,很大程度上取决于园区的服务功能和服务水平。

工业园区一定要着力增强市场运作能力。 在浙江工业园区,不仅融资、土地、招商、选企实行市场运作,就连设施建设、物业管理、人才引进、中介服务也都引入市场机制。浙江的经验告诉我们,只有将园区管委会的准政府职能与园区若干企业法人实体的市场经营职能有机结合起来,充分发挥园区的企业经营职能,用经济方法强化市场运作功能,才能推动工业园区又好又快发展。

工业园区一定要努力提升集约发展能力。 浙江工业园区源于较发达的家庭工业、民营经济和专业市场,一开始产业集聚程度就相对较高,在此基础上又注重培育产业集群,因此其园区产业集聚度较高,块状明显。浙江的经验说明,工业园区一定要有序、有规划、有目标地发展,只有注重培育产业集聚,营造良好的园区经济生态,才能实现园区可持续集约发展。

(本文原载于《当代江西》2007 年第 7 期,有改动)

绷紧稳定弦　高唱平安歌

——广昌县抓稳定促发展探析

改革开放以来,广昌县政府先后六届领导班子坚持"两手抓,两手硬",在大力发展县域经济的同时,把稳定工作放在首位,绷紧稳定弦,实现 20 年无群体事件和纠纷械斗发生。1991 年以来,先后 7 次被省、市评为综治工作先进单位。1998 年荣获全国"两劳"回籍人员安置帮教工作先进单位。广昌县牵头实施的闽赣三县边际综治联防办法,被中央综治委批转,并在全国推广。

一个山区农业县,何以能连续 20 年高唱平安之歌? 最近,我们经过深入调研,找到了答案。

发展是硬道理

广昌县历届班子坚持党的基本路线不动摇,咬住发展不放松,经济建设取得了骄人的成绩。近三年来,在全区经济工作考评中,先后获特色农业、基础设施建设和财政贡献 3 项第一名,1998 年被农业部命名为"中国白莲之乡"。全县农业结构调整取得突破性发展。莲、烟、药、菇、茶"五色农业"已成为农业支柱产业,产值占农业总产值的 75%以上,优质高效经济作物面积达 16.6 万亩,占耕地面积的 75%;其中白莲面积稳定在 8 万亩以上,年产 360 万公斤,总产值达到 1 个亿。昌顺集团公司、远泰神菇集团、莲藕食品厂等一批农业产业化龙头企业被评为全省、全区先进企业。目前,广昌已成为全国最大的白莲、茶薪菇、泽泻的集散中心和价格形成中心;"昌顺"牌系列食品、"莲蒂"牌莲子汁、"远泰"牌茶薪菇、"莲源"牌精制藕粉、"福海"牌中药材享誉全国,并打入国际市场。1999 年全县生产总值达到 5.17 亿元,比 1979 年增长 10 倍,年均递增 12.7%,实现财政收入 4 135 万元,比 1979 年增长 4.46 倍,年均递增 8.8%,农民人均纯收入比 1979 年增长 9.15 倍,年均递增 12.3%。

县委、县政府主要领导告诉我们"发展是硬道理",不发展是保不住稳定的。广昌之所以能长期维持社会稳定,根本的原因在于经济发展和人民生活水平的提高。

干部是关键

调研期间,我们感受最深的是,广昌县有一支过硬的干部、干警队伍。

盯住"一把手",用组织措施推动保平安责任的落实。从 1993 年开始,全县建立了党政领导干部维护稳定工作述职制度,先后有 23 名乡镇和县直单位"一把手"因"两手抓"成绩突出被提拔到县级领导岗位,有 7 名"一把手"因抓稳定工作不力被降职。1996 年千善乡发生一起土地纠纷,乡党委政府领导调处不力,差点酿成群体事件,县委、县政府按照有关责任追究制作出对书记、乡长停职检查、调离主要领导岗位、降职处理的决定。

抓牢"公仆层",以良好的党风政风促进社会稳定。近年来,这个县着力强化干部宗旨意识、法治意识和廉政意识。开展了党员干部"1+1"帮困扶贫、"1+1"扶贫助学活动,结成帮困扶贫对子 568 对,累计为农村困难群众提供资金和物资 120 多万元;同时深入开展反腐倡廉活动,严肃查处干部违纪案件。1999 年,县纪检监察机关共立案 50 件,其中要案 2 件、大案 1 件。

攥紧"铁拳头",发挥政法队伍的骨干作用。20 年来,广昌县把政法队伍建设作为维护社会稳定的固本之策,全县每个乡镇党委都配备了专职综治副书记,设立了公安派出所。先后有五任公安局局长和一任法院院长因为工作出色被提拔重用。县公安局两度被评为全国优秀公安局,1999 年 9 月作为我省唯一的县级公安局出席全国公安战线英模和立功集体表彰大会,时任公安局局长谢润文受到公安部的表彰,荣立个人一等功。县法院被省高院授予集体二等功,院长周建平荣立个人二等功。

创新是法宝

广昌县地处闽赣两省交界处,近年来周边 3 个县 10 余个乡镇先后发生群体事件,对广昌的社会稳定工作产生较大的冲击。面对新形势的严峻挑战,他们的法宝是以变应变,不断创新工作机制,用创新的办法走出一条独具特色的稳定之路。

制度创新,消除和化解矛盾。20 年来,这个县探索实施了一系列行之有效的维护稳定的工作制度,如形势分析报告制度、重大情况报告制度、矛盾纠纷排查制度、决策出台审查制度和网络制度。先后建立完善了纠纷调解网、接茬帮教网、群防群治网、边际共建网等五道防护网络,全县配备了司法助理员 17 名、乡镇法律工作者 33 名、村级调解员 1 879 名、厂矿企业调解员 86 名。20 年来,共调处各类纠纷 23 524 起,调解成功率达 97%,防止民转刑案件 282 起。

工作创新,使难事变得不难。全县政法部门从 1994 年开始推行"一挂三"的办法,即每一个政法部门分别与一所学校、一个企业、一个乡镇挂钩,通过参与创建安全文明乡镇、村,创建安全文明厂区,创建安全文明学校的活动,打牢稳定的社会基础。党委从 1998 年开始、乡干部累计结交农民朋友 263 户,使一度比较紧张的干群关系得到根本改善,并推动全乡农业结构调整取得突破性发展。高虎脑乡是一个贫困落后的乡镇,社情复杂,纠纷不断,1998 年群众税费收缴率不到 50%。这年冬天,乡党委因势利导,在全乡 8 个村推广实施了村民代表议事会制度,先后 5 次否决村级不切实际的公益事业计划,对村干部违反规定的行为进行质疑性批评 20 多次,调解群众纠纷 45 起,1999 年全乡税费收缴率达 100%。

据有关部门统计,近几年来,该县先后有 8 个创新的工作机制和办法得到了上级的总结推广。

严打显威力

广昌县的政法机关在当地群众中大有很高的威望,一个重要的原因,是他们充分发挥了专政机关打击犯罪、保护人民的职能作用。

1994 年到 1995 年,206 国道广昌县境内的车匪路霸比较猖獗,有时连续接到报案。为了严厉打击这一犯罪活动,全县先后 8 次在国道驿前、头陂、新安路段连续数天 24 小时蹲坑守候,共抓获犯罪分子 18 人,为过往车辆和人民群众挽回经济损失 1 800 万元。1998 年以来,县城盱江镇入室盗窃发案率上升,有时一天发生几起案件,群众对此反映强烈。县公安局先后 4 次开展专项斗争,以旅馆、工地、国道为重点,集中警力进行围追堵截,先后破获此类案件 25 起,抓获犯罪分子 48 人,基本实现了大案必破,有效地保护了人民群众的生命财产安全。

多年来,广昌县政法机关始终保持严打的高压态势,以破大案、追逃犯、打团伙为重点,从重、从快、从严打击各种犯罪活动,共侦破刑事案件 2 532 起,查处治安案件 5 364 起,归案在逃人员 342 名,县法院受理刑事案件 2 142 件 2 538 人,审结 2 142 起 2 538 人,审结率 100%。目前,以公安“110”、司法“114”和各乡镇派出所报警电话为重点,全县已建立一个打击犯罪活动的快速反应系统。县公安局在盱江镇建立由 20 名干警组成的巡逻队,24 小时巡逻,确保城镇发案 20 分钟之内、农村发案一小时之内赶到现场,做到犯罪分子一露头就坚决打击。

(本文原载于《江西日报》2000 年第 18 710 期,有改动)

安民兴区先治水
——抚州地区水利设施建设研究报告

大灾之后,如何在反思中警醒,加快我区水利建设步伐? 最近,我们深入地、县市水利部门和不少现场,进行了比较全面的调查,并查阅了新中国成立以来的有关资料,形成了该研究报告。

一、我区自然条件和新中国成立以来水利设施建设基本情况

抚州地区属中亚热带季风区,处于偏低的纬度,春季多雨低温,初夏高温多雨,盛夏高温炎热,夏秋间晴热干燥,伏秋久晴易旱,冬季寒冷,霜冻期短,是一个自然灾害频发地区,素有"三岁一饥、六岁一衰、十二岁一荒"之说。据史料统计,从公元 674 年至 1949 年,抚河流域共发生大洪水 123 次,平均 10.36 年发生一次;其中,公元 854 年广昌县发生特大洪水,县城冲毁,平地水深丈余,冲毁平西坝,淹死人口数以万计。从公元 808 年至 1949 年,全区发生大旱 102 次,平均 11.18 年发生一次。新中国成立后,随着我区水利建设迅猛发展,各种自然灾害受到了一定程度的控制,但大小灾害仍然不断。从 1949 年至 1987 年,有 10 年发生 17 处圩堤决口,损失惨重;其中,1982 年的特大洪水造成唱凯、中洲、城西、八堡圩堤决口 4 处,小(二)型水库垮坝 5 座,受淹农田 200 多万亩,20 余万群众被洪水围困,抚州至南昌公路中断营运 22 天。2022 年 6 月中旬,我区再次发生百年未遇的特大洪涝灾害,损失之惨重为历史罕见。此外,全区平均 3~4 年发生一次旱灾,其中以 1968 年和 1978 年为最,受灾面积分别达 144 万亩和 160 万亩。

新中国成立后,我区的水利建设大致经历了四个阶段。一是从建国开始至

1957 年,针对我区水利事业基础十分薄弱而国家财力十分有限的实际情况,主要抓了防洪工程、增修坪堤缩短堤线、进行联圩等建设,重点兴建了东乡幸福水库,临川宜惠渠、跃进水库,南丰东山岭水库,乐安石里源水库,崇仁虎毛山水库等水利工程。二是从 1958 年至 1960 年,我区和全国其他地方一样,掀起了兴修水利的群众运动高潮,全区动工兴建了大批大中小型蓄水工程、排灌工程和一些中小型水电站,其中包括金临渠引水工程,赣抚平原水利工程,洪门大型水库,港河、麻源、上游、燎源、高坊、徐坊、何坊、石路、横山等中型水库,以及红旗、龙仪等小(一)型水库。三是从 1961 年至 1966 年,为贯彻党的"调整、巩固、充实、提高"八字方针,积极巩固已建工程,重点兴建了东乡何坊、广昌青桐两座中型水库,建成了南城高桥电力排灌站和灌溉 3.5 万亩的崇仁宝水渠。四是党的十一届三中全会激发了广大群众的生产积极性和创造性,使"文革"期间几乎瘫痪的水利事业在改革中进一步发展壮大,先后建成了宜黄下南电站、观音山电站、乐安洞口水电工程、黎川龙头寨电站,南丰潭湖、金溪马街、乐安东源等中型水库以及数以千计的小型水利工程;同时,广昌杨溪电站、乐安山坑电站正在建设之中。

调查情况表明,我区的水利建设起步于新中国成立初期,发展于 20 世纪五六十年代,停滞于"文革"期间,壮大于党的十一届三中全会以后。经过 40 多年的建设,全区水利设施已初步形成一个集防洪与抗灾、发电与灌溉,除涝与减灾为一体的综合水利体系。截至 1997 年,全区共投入水利建设资金 18.35 亿元,建成各类水利工程 13 万余座,蓄水 27.6 亿立方米。其中,建成大型水库 11 座、中型水库 22 座、小(一)型水库 164 座、小(二)型水库 1 014 座、山塘 11 585 座,总库容 26.02 亿立方米;建成 10 万亩以上堤防工程 1 座、万亩以上堤防工程 12 座、万亩以下堤防工程 413 座,总长 999 公里,保护耕地 77.07 万亩,保护人口 85.45 万人;建成机电排灌面积 64.1 万亩,固定站灌溉面积 48.24 万亩,万亩以上灌区 35 处,引水工程 9 494 处;建成各类水电站 1 057 座,装机 6.23 万千瓦,年发电量 1.57 万千瓦时。

我区水利建设取得的巨大成就,促进了国民经济特别是农业生产的健康快速发展。农业生产条件发生了根本性的变化,全区有效灌溉面积达 311.12 万亩,占耕地总面积81.81%,比解放初期增加77.81个百分点;旱涝保收面积达252.33万亩,占耕地总面积的66.35%,比解放初期增加61.45个百分点;粮食平均亩产已达375公斤,总产21.1亿公斤,每年向国家提供商品粮10亿公斤,农民人均向国家贡献粮食350公斤。与此同时,水利设施在中水年份每年可为我区创造3亿多元的农业增产效益及2亿多元的防灾减灾效益,特别是在2022年我区遭受历史罕见的洪涝灾害中,大小水利设施在防汛抗洪中发挥的减灾效益达20多亿元。

二、我区水利设施总体上比较薄弱,还难以抵御大的自然灾害

检验水利建设成果,既要看利,更要看害。所谓小灾小检验、大灾大检验,我区水利设施虽然发挥了重要的防灾减灾作用,但总体上抗灾减灾能力还比较薄弱,存在的问题仍十分严峻,难以抵御大的洪旱灾害,突出表现在以下几个方面:

一是防洪标准低。 全区13条万亩圩堤到目前为止,只有唱凯、河西、八堡堤3条圩堤达到抗御二十年一遇洪灾的标准,其他多数万亩圩堤只达到十至十五年一遇标准(崇仁县沙堤尚未达到十年一遇标准);千亩圩堤的堤防洪标准都在十年一遇以下,真正达到设计防洪标准的还很少。南丰县都阳堤去年除险加固设计土方2万方,而实际只完成1万方,导致今年汛期决口40多米,淹没农田2000多亩。

二是结构不合理。 突出表现为"三多三少"。一是中小型一般工程多,大型控制性枢纽工程少。全区大型水库只有1座,万亩以上灌区只有35处,均不及赣州、宜春、吉安、上饶。我省赣、抚、信、饶、修等五大河流,只有我区抚河流域尚没有大型控制性水利枢纽工程。二是灌溉设施多,防洪设施少。全区近400座小型水库有灌、排设施,却无反滤层,有的甚至无溢洪道。95%以上的小型水库没有实现"三通"(通路、通电、通信),由此导致防汛物资准备严重不足,大部分地方小(二)型以下水库基本上没有沙石和预备土储备。三是农田工程多,城防工程少。全区11个县(市)除临川文昌桥区建有防洪墙外,其他县市基本处于不设防状态。由此,今年汛期共有东乡、崇仁、宜黄、南丰、南城等5个县城及

临川上顿渡进水,被困人口达 52.5 万人。

三是病险工程多。 截至今年 9 月底,我区共有病险水库 422 座,其中中型 1 座、小(一)型 11 座、小(二)型 410 座。这些病险水库在今年抗洪抢险中共出现险情 623 处次,影响防洪库容 400 多万方。此外,有很多圩堤存在迎流顶冲险段、穿堤建筑物等现象。据不完全统计,今年全区圩堤共出险 1 253 处次 522 公里,决口 1 248.8 米,大大降低了安全度汛能力。

四是功能丧失严重。 首先是河流淤塞严重,抚河等主要河流河床平均每年以 12 毫米的速度抬高,相应削弱了堤防的抗洪能力。不少地方河道违章建筑、涉河建筑以及擅自栽种植物现象依然十分严重,一些地方单位和个人在河道滩地强行建房,严重降低了防洪标准。其次,有 80% 左右的水库有沙土涨积现象,有效库容不断减少。此外,排涝、排灌、防洪设备逐步老化、水利设施实际功效减弱。

五是大流域河流没有得到治理。 近年来,我区一些县市对一些小河流进行了整治(如临川分三期对梦港河进行了治理),取得了一定成效,但全区对较大流域河流的治理力度还远远不够。抚河四大一级支流之一的东乡河历来水旱为患,从防洪工程看,由于堤防矮小单薄,抗洪能力上不了等级,致使上游合市、陈坊、东乡县城、虎圩、站前、中游岗上积、马圩、占圩和下游罗湖、云山等地水旱灾害频繁。据调查统计,大水年流域水灾面积 23 万亩,一般中水年份也有 14 万~ 19 万亩,正常年份每年早稻要浸三五次,每次 5~6 天甚至 10~15 天不等,且都在水稻抽穗扬花期间,成为致命的灾害;尤其是马圩、罗湖长洲坪一带,地形低洼,当地群众反映说:"长洲坪水忧忧,三年两不收。"从灌溉看,流域内有 10 多万亩农田望天讨食,尤其是金溪境内的双塘、合市、陈坊、琉璃、崇麓一带的农业灌溉和东乡县城的工业用水,供需矛盾十分突出,有的地方靠三级提灌才能耕插,每年因争水而引发的纠纷、械斗苗头不断。

调查表明,造成以上情况主要有四个方面的原因:

1.特殊历史背景。 我区的大部分水利工程都是在 20 世纪 50 年代末至 60 年代初建成的,由于特定的历史原因,大多是土法上马,缺乏水文、地质等基础资料,不少水库标准低、质量差、隐患多,造成工程先天不足,加之年久失修老化,险情不断。

2.投入相对不足。 从地方财政投入看,我区1980年地方财政水利包干经费基数是660万元,按照省里规定必须年递增5%,但实际上绝大多数县(市),仍然停留在1980年的水平上,个别县有的年份甚至低于1980年的水平。据初步统计,1981~1997年全区累计水利投入欠账5100多万元。

3.管理机制不健全。 一是项目管理不规范;二是全区有800余座小型水库和近万座山塘水库没有水文、地质及设计资料,使管理过程中无法科学地制定除险加固和防汛方案;三是工程开发与管理关系未协调好。

4.水土流失严重。 据1997年卫星遥感测定调查资料显示,目前我区共有水土流失面积492073平方千米,其中轻度流失面积302.90万亩,中度流失面积189.68万亩,强度以上流失面积245.53万亩,是全省严重的水土流失地区之一。

三、建设我区跨世纪水利设施的对策研究

"善治国者,必先治水。"根据"封山植树、退耕还林,退田还湖、平垸行洪,以工代赈、移民建镇,加固圩堤、疏浚河道"的总方针和"上蓄下泄,两头分治,解决水患"的对策,结合我区实际,拟定我区加强水利建设的总体方略:坚持全面规划、统筹兼顾、标本兼治、综合治理的原则,紧紧围绕保障全区经济和社会可持续发展的总目标,实行"五个相结合"抓住"三个重点",全力实施"六个工程",力争在20世纪末建成我区较为完善的防汛抗旱体系、水资源保障体系、水土保持体系,以达到防汛保安、除洪减灾、灌溉增产、发电增效、改善生态环境和保护水资源的目的。

1.实行"五个相结合",增强水利水患意识。 一是兴利与除害相结合。在水利设施建设上,要注意调整和完善结构,既要考虑到人们生产、生活方面对水资源的需要,又要考虑到抵御水旱灾害的需要,强化灾害意识。水利防灾减灾功能只可加强,不可削弱。二是防洪与抗旱相结合。俗话说:"水灾一条线,旱灾一大片。"旱灾对农业的危害也是毁灭性的。水利的防灾减灾,既要防洪,也要抗旱,两者不可偏废,农业丰收才会有保障,农业基础才能更牢固。从我区的实际出发,区内一些专家认为,必须以抚河流域为中心,实行上游治土、中游蓄水、下游排洪的全流域治理,才能从根本上解决我区的这两大矛盾。三是开发与治

理相结合。正确处理开发与治理的关系,要认真贯彻落实《水土保持法》,严禁在 25 度以上的有林山地进行破坏性的开发,坚持制止乱砍滥伐现象,采取多种形式,引进多种机制、加快"五荒"开发和治理,促进全区生态平衡。四是硬件建设与软件建设相结合。我们要牢固树立"建重于防、防重于抢、抢重于救"的水利建设思想,既要重视有形的硬件建设,从总体上提高我区水利设施抵御自然灾害的能力,同时又加快无形的软件建设,强化水利防灾、减灾的预警预报系统建设和快速反应能力。五是经济效益与社会效益相结合。水资源作为生产和生活的基本要素,要逐步走向市场,以市场为导向对水资源进行开发利用,实行社会效益和经济效益并重,以经济效益确保社会效益,增强水利自我发展的能力。

2.抓住"三个重点",全力实施"六大工程"建设。 一是水利枢纽工程。拟建中的廖坊水利枢纽工程是我省"九五"期间水利建设 12 个重点项目之一,也是我区唯一的全省重点工程。工程建成后,可分别使临川区和南昌市的防洪标准由原来二十年和五十年一遇,提高到五十年和一百年一遇;从水库引水可灌溉临川、东乡、金溪等县(市) 29 个乡镇 50.3 万亩农田,同时年提供城镇工业和生活用水 2 667.7 万立方米。因此必须不负众望,抓紧工作:一要尽快争取国家计委早日批准立项,争取国家更多的投入;二要尽早宣传发动,举全区之力,加紧筹措资金;三要学习借鉴我省南车、大拗等大型水利枢纽工程建设经验,真正把廖坊工程建设作为振兴抚州经济的大事来抓;四要继续抓紧做好勘测划界、征地和"三通"等前期工作,为工程开工做充分准备。二是河流治理工程。主要是搞好东乡河及其他中小河流的治理。东乡河是抚河四大一级支流之一,流经金溪、东乡、临川三县(市)。抚河治理工程实施后,可使 15 万亩耕地解除洪涝威胁,3.8 万亩单季稻变成双季稻。经济效益、社会效益与生态效益都十分明显。为此,我们建议地区将此作为一件大事来抓,对有关工作进行专门研究部署,明确责任,一抓到底;与此同时,全区还要加快其他中小河流的治理。三是圩堤达标工程。必须加快圩堤达标建设和险处整治步伐,力争用 1~2 年的时间,使我区万亩以上圩堤全面达二十至五十年一遇的标准、千亩圩堤全面达到十年一遇的标准、百亩圩堤全面达到五年以上一遇的标准。四是水库加固工程。在对全区422 座病险水库全面核查的基础上,学习推广东乡县"百库保安"大会战的经验,实行分类排队、分类指导、一库一策,全面建立除险加固技术设计档案,力争今冬明春全面完成除险加固任务。五是城市防洪工程要将城防工程建设纳入全区水利建设和城市建设的总体规划,尽快完成城市防洪规划的编制和送审工作,提高城区设防标准,全区力争用2~3年的时间使各县城的防洪标准达到二十年一遇以上。六是水土保持工程。严格按照"预防为主、治管结合、因地制宜、全面规划、综合治理、注意效益"的水土保持方针,坚持以小流域为单元、采取集中连片,工程措施与生态措施一起上的办法,开展山、水、林、田、路综合治理。

　　3.进一步加大水利建设的投入。　千方百计增加有效投入,以解决水利资金严重不足的问题,是加快我区水利建设步伐的治本之道。一要抓住机遇,争取国家更多水利投入。中央已明确表示,要大幅度增加农田水利建设投入,据地区水利部门反映,现在上面的情况是资金等项目,有资金没项目。前段时间,由于我区工作主动,早规划、早申报,已争取中央和省水利投资投入9 250万元,相当于新中国成立以来国家投入我区水利建设资金的总和。我们要进一步抓住这一千载难逢的机遇,充分利用我区作为全国商品粮基地、长江中上游防护林工程建设地区和全国八片水土流失重点治理区等国家重点水利建设布局的优势条件,组织专门力量攻关。二要切实增加地方财政投入。由于我区水利建设欠账较多,据区内有关专家分析认为,今后我区地方水利建设投入至少要保证每年递增10%的速度,建议地区有关部门在科学论证、认真测算的基础上,将与财政增长相适应的水利投入增长指标,纳入全区财政预算规定,建立地、县(市)、乡(镇)三级财政水利投入的合理机制,确保地方水利投入。三要改革水费管理体制。学习借鉴新余、萍乡、宜春等地经验,实行"乡收县管"制度,确保全部水费收入70%以上用于水利建设,逐步实现以水养水。四要积极鼓励社会办水。要坚持按照"谁投资、谁建设、谁管理、谁受益"的原则,引导单位和个人,采取独资、合资、股份合作制等多种形式,大力发展水利事业。五要用好用活群众的劳动积累工。在严格执行国家政策和群众自愿的基础上,实行投工、投劳和投资相结合,采取人民战争和"推盘转磨"等多种形式,加快水利建设步伐。

　　4.积极探索符合区情的水利产业化路子。　水利是基础设施,也是基础产业。据统计,1949~1997年我区水利总投资为18.35亿元,而同期水利促进增产和防灾减灾效益在 190 亿元左右,投资收益率为 10.1%,可见水利是回报率极高的一个产业。必须按照社会主义市场经济的要求,把水利推向市场,加快水利产业步伐。一要进一步制定和完善"准投资,谁受益"的水利产业政策,鼓励和引导外商、单位和个人将更多的资本投入水利产业。近年来,被列为全国 30 个农村水利改革试点县之一的金溪县,成功地建立了"五自办水机制"(自行筹资、自行建设、自行收费、自行还贷、自行管理),截至 2022 年 6 月份,该县共兴办"五自"水利工程 73 座,完成土石方 327.5 万立方米,增加蓄水量 520 万立方米,新增改善灌溉面积 2.12 万亩。二要明晰水利产权,国家作为水利的投资主体,应当参与水利收益的分配和再分配。可以探索建立责任与权利相适应的水利资产营运体系,对国家投入的水利工程进行统一规划、建设和经营,实现以水养水,增强水利自我发展的能力,加快水利经济发展。三要抓大放小,加快小型水利设施产权制度改革。采取租赁、拍卖、承包、股份合作等多种形式,搞活水利经营。

5.全面推进依法治水、科学治水进程。 为使水利建设适应国民经济和社会发展的需要,国家已先后出台了《中华人民共和国水法》《中华人民共和国防洪法》《中华人民共和国河道管理条例》《江西省河道管理条例》《河道管理范围内建设项目管理的有关规定》。现在关键是要加大宣传力度,增强广大干部和群众的依法治水意识,提高广大群众的水利法制观念,将依法治水落到实处。从我区的实际出发,一要对随意占河占堤占滩违章建房、近堤非法采砂以及破坏水利设施等行为坚持查处,决不姑息手软;二要对水资源实行统一管理,对在建已建和准备兴建的水利工程做好取水登记、监督审批、技术指导、落实防汛责任制等工作,消灭我区水利死角,增强全流域的整体防洪能力;三要加快科技治水步伐,建立健全气象、水文和防汛抗旱的预报和警报系统,制定防汛抗旱预案,加强洪泛区管理,提高水利人员业务素质。

(本文原载于抚州市委政研室《谋略》1998 年第 5 期,有改动)

关于廖坊水库水面开发和经营管理的调研报告

廖坊水利枢纽工程是抚州市一座以防洪、灌溉为主，兼顾发电、供水等综合利用的大（二）型水利枢纽工程。目前，廖坊水库即将进入蓄水阶段，为了探索搞好水库水面开发和经营管理，市委政研室和廖坊水库管理局联合组成调研组，于近期先后赴浙江省安吉县赋石水库和我省柘林水库、东津水库及抚州市洪门水库进行学习考察，在借鉴各地水库经验教训的基础上，结合廖坊水库实际，提出廖坊水库水面开发和经营管理预案及相关对策建议，供决策参考。

一、水库水面开发和经营管理的主要模式

赋石水库、柘林水库、东津水库、洪门水库均是兴建于计划经济时代的大型水库，建库时间相对较早。赋石水库主要以防洪为主，兼顾灌溉、发电和供水，水库水面和电站由安吉县赋石水库管理局管理。柘林、东津、洪门水库主要以发电为主，兼有防洪、灌溉等综合功能。其中，柘林和洪门水库主要由中国电力投资公司投资兴建，水库电厂归属中电投资集团公司管理；东津水库主要由江西省电力投资公司投资兴建，电厂归属省电力投资公司管理。上述各水库水面的开发和经营管理模式取决于水库水面经营权属，主要有以下几种：

1.水库水面由业主管理，自主经营。赋石水库和东津水库均属此种模式。水库水面经营权分别由赋石水库管理局和东津电厂掌握，并将经营权向社会转让。以前，两个水库的水面养殖都是由业主自己经营管理，但均亏损较大。为了提高经营效益，自2000年开始，赋石水库管理局将水产生产经营权向社会公开招标，将水库水面承包给有实力的公司或个人经营，承包期5年一轮，2000至

2005 年的承包金为每年 42 万元,2006 至 2010 年的承包金为每年 57 万元,承包经营户中标后需一次性交清 5 年的承包金。东津水库水面经营权由江西东津电厂管理,为发展水库养殖业,他们采取股份制形式,先后组建了水库养殖业有限公司和银鱼水产养殖公司,鉴于水库养殖业有限公司一直亏本经营,为转换企业经营机制,按照所有权与经营权相分离和责任与权利相结合的原则,东津电厂将水产经营权转让给新余市三川贸易有限责任公司,承包期限 10 年,年承包金 28 万元,每年初交清当年承包金。

2.水库水面由渔政部门管理,规划经营。 柘林水库自建库以来,电、渔就实行分开管理,发电经营由柘林电厂管理,渔业生产由当地渔政部门管理,水库水产养殖经营人群主要是库区周边群众。农民从事水产养殖、捕捞必须经过渔政局审查同意,发给养殖证、捕捞证,方可经营。大水面天然捕捞发渔业捕捞证(农业部统一印制),5 年一换,每年交一定数量的水产资源费;小水面养鱼,养殖户首先要向渔政部门提出申请,渔政人员现场勘察后,发放渔业养殖表格,养殖户填写表格并经辖区乡镇政府签字后,渔政部门发给水面养殖使用证,并明确界址、养殖种类。养殖证使用年限 10 年,每年年检一次、渔政部门按水面面积向养殖户收取一定数量的水产资源费。目前,柘林水库发证养殖面积 3 000 余亩。

3.水库水面由当地政府管理、分散经营。 抚州市洪门水库为此模式。洪门水库水面经营权主要掌握在库区周边的南城、黎川等县的乡镇政府手中,经营权属分割;各个乡镇又将经营权分别转让给属地养殖专业户经营,形成现在水产经营户众多、水面分区划块、水里箱网密布、水上电线纵横的局面。

二、水库不同经营管理模式的利弊分析

通过调查分析,我们认为,水库水面经营由业主或渔政部门管理这两种经营管理模式,对加强水库管理和水资源的开发利用较为有利。一是有利于加强水库管理。水面开发经营权相对集中,减少了中间环节,便于统一调度和规划管理,较好地协调解决防洪与兴利的矛盾,充分发挥水库的综合效益。二是有利于确保水库防洪和运行安全。由于作为业主的赋石水库管理局和东津电厂均以合

同形式对水面经营方式作出明确规定,而柘林水库水面经营也受当地渔政部门的严格监管,三大水库的库面尤其是主航道均无乱拉渔网、乱架电线等影响防洪和巡航安全的情况。三是有利于水资源的有效保护。赋石水库是浙江省一级水源保护单位,为确保水库水质不受污染,水库管理局在承包合同中规定水库养鱼只能采取人放天养的方式,不能饲养,以促使水面生物净化;同时根据净化水质的需要,对鱼种(主要是花鲢和白鲢)、投放比例、鱼苗投放总量都有明确要求。东津水库也规定不得在水库使用激素类药物饲养鱼,以保护水库的水质和生态环境。农民在柘林水库养鱼、养什么鱼、在什么区域养鱼,都必须在当地渔政部门监督指导下进行。四是有利于渔业生产可持续发展。赋石水库管理局和东津电厂在转让水库水面经营权合同中,均明确规定承包方每年须向水库投放一定数量的鱼苗(赋石水库为60万尾花白鲢鱼苗、东津水库为10万元以上的鱼苗),同时要求承包者严格执行《渔业法》,不得滥捕滥捞和使用国家禁止的网具和方法捕捞,不得采取"杀鸡取卵"等短期行为,有效地促进了水库渔业生产的可持续发展。

与以上两种经营模式相比较,洪门水库水面经营由属地政府管理,经营权属分割,分散经营,虽然给库区农民带来了一定的养殖收益,但给水库开发经营和管理工作带来诸多不便,影响水库的综合效益。一是影响水库防洪和运行安全。洪水季节或山洪暴发时,极易造成大量养鱼材料及平时淤积的漂浮物集中涌向大坝,危及大坝安全;水面大量的网箱、围网以及在水面上架设的捕鱼电线,阻塞水上通道,既影响水库的防洪工作,也影响水上运行安全。二是影响渔业生产可持续发展。养殖专业户大多采取掠夺性经营,渔业资源遭受严重破坏。三是影响水库旅游开发。无序经营一方面使水库水质和生态环境遭受严重污染,另一方面影响客商投资信心。据了解,洪门水库的旅游开发作为招商引资项目向外推介时,已有过多位有投资实力和经验的客商到实地察看,都因为当地政府满足不了客商提出的要求,无法改变目前这种网箱密布、电线乱拉,影响旅游开发的混乱状况,从而达不成投资开发意向。四是造成业主与库区水面经营的农户之间矛盾纠纷不断。因为巡航艇被渔网缠住螺旋桨,渔网被冲破,洪门电厂和经营水面的农户之间互相埋怨,时常闹得不可开交。

三、廖坊水库运行管理将面临的主要问题

廖坊水利枢纽工程自 2002 年 10 月份开工建设以来,在全体参建单位的共同努力下,大坝土建工程基本完工,正在进行机组安装调试工作,库区防护工程也正在抢抓进度,预计 12 月底第一台机组可投产发电。由于廖坊水利枢纽工程具有防洪、灌溉、发电、供水、养殖和旅游开发等综合利用效益,管理项目多、难度大,随着水库的建成蓄水,运行管理方面的诸多问题将日益显现出来。

1.运行管理费用缺口大。 根据廖坊水库《初步设计报告》,其大坝、防护工程年运行费包括修理费、材料费、库区防护费、库区排涝电费、干职工工资及福利费,年运行费为 1 775.27 万元。现水电站由客商投资经营与管理,剔除电站运行管理费用,按最低运行费标准计算,年运行费约要 1 226.88 万元,其中修理费 780 万元左右,防护工程排涝电费 220 万元左右(理论计算,确切数据要运行 3 年左右才可准确),其他费用如材料费、工管费、工资及福利费等 326 万元。由于有经营收益的电站已由客商经营,仅有按年电费收益 0.33% 比例向客商提取约 135 万~140 万元的运行管理费以及水面经营权出让所得收益,即使不提取修理费,要维护大坝及防护工程的运行管理仍有较大资金缺口。

2.运行管理人员严重不足。 目前,廖坊水库管理局经市编委核定编制数 34 人(实际在编人员 24 人),其主要职责是负责廖坊工程的建设和运行管理。2002 年,廖坊水库《初步设计报告》核定管理运行人员为 162 人(包括电站 30 人)。根据水利部、财政部 2004 年颁发的《水利工程管理单位定岗标准》计算,其管理运行人员应为 83 人。现按照一专多能、一岗多责的要求,结合廖坊水库实际,按最低标准定员,工程建成后,运行管理阶段需配备管理和生产人员 70 人,主要岗位有:水工维护、养护人员(含库区防护堤)、水工观测人员、水库调度人员、水文观测人员、通信人员、电排站运行人员、闸门运行人员、仓库保管和驾驶人员、管理人员。现有人员远远不能满足大坝与防护工程的正常运行管理需要,也难于确保水面开发和经营的监督管理到位。

3.水库防洪和水资源保护难度大。 廖坊水库以抚河河道为主,下游十几公

里就是抚州市主城区,城区供水主要来源于抚河,廖坊水库水质直接影响抚州市城区及下游地区的供水质量。随着水库水面的开发经营以及日后旅游项目兴建,势必对水库防洪运行安全和水质带来影响,如何兴利除弊,确保水库防洪安全以及水资源不受污染,是水库管理面临的一项十分重要而紧迫的问题。

四、廖坊水库水面开发和经营管理的基本预案

廖坊水库大坝即将下闸蓄水,尽快确定水面开发经营权属,搞好水库水面的开发经营,是廖坊水库发展迈出的第一步,也是至关重要的一步。这直接关系到水库的安全运行管理和综合开发效益,影响着不同投资主体的利益分配,影响着廖坊水库的可持续发展,是一个政策性、关联性很强的问题。因此,必须对水库水面开发和经营进行综合考虑、慎重决策、统筹规划,使廖坊水库开发经营开好头、起好步。

1.水面开发和经营管理必须遵循的原则

(1)"安全第一"的原则。始终把水库安全运行放在首位,水面开发和经营必须服从于水库防洪和运行安全,坚决杜绝有碍水库安全运行的经营方式和行为。

(2)社会效益和经济效益相统一的原则。优先考虑水库社会效益,兼顾各方利益,因库制宜,科学制定汛限水位和养殖最低水位,在确保水库抗旱灌溉用水前提下,努力实现社会效益和经济效益的最佳结合。

(3)市场化原则。坚持按市场机制运作,实行开放经营,广泛采用承包、租赁、拍卖、股份合作、联营、公有私营等经营形式,不拘一格搞活水面开发和经营,将资源优势转化为经济优势。

(4)可持续发展原则。坚持全面、协调、可持续的发展观,充分认识水库水源和生态环境对库区经济发展的重大意义,把保持水库水质、渔业资源循环利用和保护生态环境纳入水库水面开发和经营规划,实现水库可持续发展。

2.水面开发和经营管理的备选运作预案

借鉴、吸取省内外一些水利枢纽工程水面经营管理综合开发模式的经验与教训,结合廖坊水库实际,我们对廖坊水库水面开发和经营管理提出以下两种运

作方案,供决策选择和参考。

备选方案一:由市政府授权廖坊水库管理局行使水库水面开发和经营管理职权。

主要理由有二:一是廖坊水利枢纽工程为公益性项目,投资主体是中央、省,工程建设、移民安置资金主要是中央、省资本金。在建设过程中,库区淹没范围内的房屋、土地、林地、果园、水面均已实行补偿征用,水库蓄水后形成的水面属国有资产。二是建设初期,省政府委托抚州市人民政府组建项目法人,其水面资源经营管理权属市政府。廖坊水库管理局作为工程建设和运行管理的法人单位,理所当然应对水库水面开发和经营行使管理、监督权。廖坊水库管理局在搞好水库安全管理和运行管理的基础上,按市场机制通过竞标将水面经营权和旅游开发权整体出让给有经济实力的投资集团、民营企业,整合现有水面和旅游资源,进行综合开发。其出让收益用于维持大坝,尤其是库区6个电排站巨额的排涝运行管理费用。这种方案便于发挥水库管理局统一管理和人力资源优势,更好地加强水库的运行维护、防洪安全和水质保护;不足是在妥善处理与属地政府及库区农民的关系方面会有一定的难度。

备选方案二:由市政府授权南城县政府行使水库水面开发经营管理及防护工程运行管理职权。

主要理由有二:一是南城县为廖坊水库兴建安置了1.4171万移民,淹没了4万多亩耕地、果园等,对廖坊水库建设作出了巨大贡献;二是该县辖区内有水面4万亩,库汊几十个,尤其是蓄水后碧波荡漾的湖面,进行水产养殖和旅游开发大有可为,但辖区内有6个电排站,蓄水后要通过泵站排出的水将导致33.997平方千米县域和15041亩农田及村庄范围内涝,除年排涝运行费200多万元外,排涝过程中将会出现难以预料的矛盾与问题,由属地县、乡负责运行,矛盾纠纷可妥善处理,还可以节省运行管理费用。廖坊库区跨两县一区,如果以县界划分水面经营权属,难以做到水库集中管理和统一规划开发,容易造成无序开发经营。为防止水库水面人为分割划块,确保防洪和运行安全,建议将该县所属范围的水面、库汊、消落区与防护工程一并划给南城县统一经营管理和综合开发利用。由于防护工程排涝费用较大,市政府应从市政府年修资金、防洪保安资金以及廖坊水电站的电费增值税等税费中划定一定比例给南城县。运行维护费用来源:(1)廖坊水库公益性水利工程管理经费,市政府将落实给廖坊水库的公益性水利工程项目管理经费按既定比例划拨给南城县;(2)电站增值税收,市政府可将廖坊电站发电的增值税按一定比例分割给南城县;(3)水库水面经营权转让和旅游开发收入。这种方案有利于调动地方参与水库管理的积极性,但如操作不当,可能在水面养殖经营方面重蹈洪门水库的覆辙,给水库工程运行管理、防洪安全和水质保护诸方面带来隐患。

综合权衡上述两种运作方案的利弊,我们认为第一种运作方案属最佳预案。

3.需要由市政府统筹决策的几个问题

通过调研分析,我们认为,无论选择上述哪一种水面开发和经营管理的运作方案,以下几个方面的问题,宜由市政府一并决策予以统筹解决。

(1)理顺完善水库运行管理体制。水库水面开发和经营管理与水库运行管理密切相关,良好的水库运行管理机制将有利于加强水面开发和经营的监督管理,而且将促进水库资源的开发和经营取得更大的效益。一是要理顺水库管理体制,进一步界定水库管理局的职能。廖坊水库管理局主要职能应为负责大坝安全管理、调度运行、维修养护、公共服务和国有资产监管等公益性任务。要明确其事业单位属性,并按照公益性项目管理的要求,确保公益性支出经费(编制内在职人员经费、公用经费等),由市财政负担,使其步入良性运行轨道。二是加强水库工程运行管理力量。建议由机构编制部门会同财政、水利等行政主管部门,重新核定水库管理局编制总数,按职能定岗位,以满足工程运行管理需要。三是落实水库工程运行管理经费。据测算,廖坊水利工程的正常运行维护经费每年需要1226.88万元,数目较大,因此,廖坊水库的运行管理经费应由市财政预算支出作为主渠道,在防洪保安经费中予以解决,水库资源(电站除外)开发经营收益可采取"收支两条线"方式作为重要补充;如条件允许,可建立公益性水利工程管理专项基金。

(2)统一制定水库综合开发利用规划。廖坊水库具有丰富的水面养殖、旅游开发效益和农业林业等资源,必须统筹规划、有序实施、分步开发、提高效益,实现水库资源开发经营与水库安全、水质和环境保护的有机结合。立足当前,着眼长远,建议市政府尽快组织水库管理局、水利局、农业局、林业局、旅游局等有关方面的专家,科学制定廖坊水库综合开发利用规划,做到有规可依、有章可循。一是制定水库水面开发和经营规划。鉴于水库即将进入蓄水阶段,应尽快确定水库水面开发和经营权属,按照水面开发和经营原则,制定详细的开发、经营管理标准和要求,规范运作,坚决防止分散经营和无序经营,争取早见效益。二是制定库区土地利用规划。根据水库运行方式、水库水位变化规律以及农作物生长特性,科学安排利用水库消落区土地发展高效农业,提高水库利用效率。水库消落区土地的开发经营权归属水面开发和经营管理单位。三是制定库区旅游业开发规划。廖坊水库位于赣抚平原南端,库区上游是历史名镇建昌,下游靠近文化名城临川,库区风景秀丽,人文历史资源丰富,有著名的建昌八堡塔、益王墓碑群、万年桥、江南名山麻姑山等景点,发展旅游业潜力大、前景好。应依托廖坊水库主体工程建设,规划建设库区旅游景点,以利于规范运作,发展库区旅游业,把廖坊水库建成市内一个重要的旅游景区。

(3)建立健全水库运行安全和资源开发经营的保障机制。廖坊库区跨两县一区,牵涉范围广,水域面积大。为确保水库运行,顺利推进水库库区资源开发和经营,必须建立强有力的保障制度。一是成立库区开发经营领导小组,由市政府分管领导任组长。临川区、南城县、金溪县政府及水库管理局、电厂、水利局、农业局、公安局等单位有关领导为成员,统一指导库区渔业、林业、农业、旅游业发展,确保水库运行安全。二是成立渔政管理机构。机构可设在农业局,与农业局的水产机构两块牌子、一套人马,其职责主要为指导、监督库区渔业生产,协调解决经营者间的生产经营纠纷。三是成立水上派出所,负责库区生产经营安全。渔政管理机构和水上派出所的设立,其隶属关系应根据所选水库水面等资源开发和经营管理运作方案来确定,选择前文所述第一种运作方案时,应分别隶属于市农业局和公安局;选择第二种方案时,可隶属于南城县农业局和公安局。

(本文原载于抚州市委政研室《政研内参》2005 年第 10 期,有改动)

花开朋友来　园景满目春

——关于搞好水土保持、加快"后花园"建设的研究报告

　　江西省委、省政府提出"把江西建设成为东南沿海发达地区产业梯度转移承接基地、优质产品加工供应基地、劳务输出基地和旅游休闲后花园"的发展战略,完全符合江西实际,是坚持市场取向、优化资源配置、参与经济大循环、实现江西在中部崛起的科学选择。积极响应省委、省政府的号召,加快"后花园"建设,既是紧跟省委、省政府战略部署,将抚州经济纳入全省总体规划和布局的必然要求,也是抚州摆脱困境、追赶周边、图强振兴的现实途径。为此,市委政研室、市水电局成立联合课题组,经过充分的调查研究,在认真梳理分析抚州后"花园"建设现状的基础上,提出以水土保持为切入点,加快抚州市"后花园"建设的具体方略。

一、水土保持与"后花园"建设的辩证关系

　　所谓"花园",从狭义上讲,即种植花木供人游玩的场所;从广义上讲,是指环境优美的大自然。花园的建设和形成离不开水土保持,它们之间相互联系、相互促进、相辅相成。第一,水土保持是花园建设的基础,没有良好的水土保持,花园难以形成,即使一时建好,也无法长久保住。第二,水土保持是花园建设的重要载体,通过实施工程技术、生物技术,美化山、水、田、林、路,这实际上就是在花园栽花种草、修剪施肥,就是在装点花园。第三,花园建设是水土保持的目的。人们进行水土保持、保护自然、改造自然根本的目的是利用自然、欣赏自然,并建设美好的家园。第四,花园建设是水土保持的最终保证,只有将自然资源转化为经济资源,加快花园建设推进经济可持续发展,水土保持才有投入保证,水土保

持才能真正实现。第五,花园建设为水土保持开辟了新的途径。由于花园建设实行总体规划、总体设计,投入主体、管理主体、发展主体全部到位,工程措施、生物措施、自然修复三轮驱动,不仅从总体上涵养了水土,扩大了水土保持的覆盖面,同时,也必将探索出水土保持新的机制、新的模式和新的途径。所有这些,充分说明水土保持是花园建设切入点,只有牢牢抓住水土保持这个"牛鼻子",花园建设才有物质基础和运行载体,花园才能"翠林芒草连天碧,鸟语花香满地春"。与此同时,随着"后花园"建设的稳步、精心实施,造林绿化,水土保持将会成为更加自觉的行动。

抚州位于江西东部,农业分量大,生态资源好,文化底蕴深,地缘优势强,建设"后花园"具有得天独厚的条件。**一是经济区域优势明显。** 东邻闽台,南通粤港,北连省会,与沪浙相近,处于东南沿海经济辐射的前沿和东西部地区经济联系的过渡带,是西部的东部,中部的前沿农业、旅游业、劳动力等资源与东南沿海发达地区互补性强,参与其产业分工和布局的可能性大,市场前景乐观。**二是地理构造独特。** 东西南三面环山,地势南高北低,群峦叠峰,境内以丘陵山地为主,岗地、谷地广布,河谷平原开阔,抚河水系网及全境,构成较为完整且又自成体系的山水相生、河谷相连的生态系统。**三是生态环境优越。** 气候温暖湿润,日照充足,雨量丰沛,土质肥沃,植物生长期较长、更新力强,森林覆盖率高,自然生态环境人为破坏少,生物资源丰富,有不少国家保护的珍稀植物和动物,并在宜黄和乐安两县发现珍稀濒危动物华南虎踪迹,生态旅游资源众多,灵谷峰、麻姑山、军峰山、岩泉林场、洪门水库、潭湖水库、麻源水库、观音山水库拥有较高的生态旅游价值,发展生态观光农业和生态旅游潜力巨大。**四是特色产品众多。** 南丰、广昌、崇仁、临川分别被国家命名为"中国蜜橘之乡""中国白莲之乡""中国麻鸡之乡"和"中国西瓜之乡",南丰蜜橘,临川西瓜、芦笋,广昌白莲、泽泻,东乡华绿神蛋,金溪蜜梨、黄栀子,黎川食用菌,南城麻姑米粉、淮山,崇仁麻鸡,乐安豌豆,宜黄薯粉丝、霉豆腐等产品享誉国内外,为开发绿色有机食品和生态旅游产品创造了有利条件。**五是文化底蕴深厚。** 抚州自古就有"才子之乡""文化之邦"的美誉。经千年岁月孕育生成的"临川文化",是历史上江西两大支柱文化之一,是抚州独有的丰厚历史遗产;历代才子辈出,俊彩星驰,"唐宋八大家"抚州就有两家,"东方莎士比亚"汤显祖,在家乡临川写就了历史名篇"临川四梦";中国古代舞蹈活化石"傩舞"和地方戏劲旅"抚州采茶戏"蜚声中外,长盛不衰,这些都为发展文化旅游业奠定了良好基础。所有这些都充分说明,只要我们扬优成势,进一步搞好水土保持和生态环境建设,牢固确立"生态立市、绿色兴市"的发展战略,"后花园"建设就会结出累累硕果。

二、抚州市水土保持与"后花园"建设的现状

抚州市水土保持工作坚持以小流域为单元,以国家重点治理工程为切入点,实行山、水、田、林、路、草统一规划,工程措施、生物措施、农业技术措施和自然修复措施相结合,出现了良好的发展势头。

一是水土保持成绩斐然。 抚州市认真实施了国家和省里的重点项目工程,1998 至 2001 年,共投入水保资金 9 969.05 万元(其中中央、省投资 5 723.75 万元、地方配套 2 876 万元、社会投入 1 369.3 万元),兴修水平梯田 68.48 万亩,完善水平竹节沟 11 565 万米,完成土石方量 11 595.7 万方,累计治理水土流失面积 873.71 万亩,通过治理水土流失,大大增强了抚河流域及各小流域的蓄水保土能力,增强了防洪减灾能力。据统计,全市已建各类水土保持防护工程 1 014 座,每年可拦蓄地表径流 23.41 亿立方米;重点治理的 83 条小流域中,水旱灾害程度比治理前降低了约 30%,成灾面积减少 54% 以上。

二是生态环境得到改观。 近年来,抚州市共封禁治理 44.15 万亩,水保造林 680.3 万亩,种草 5.79 万亩,开发建设经济果木林 75 万亩,全市森林覆盖率达 61%;有 3 条小流域被评为全国水土保持生态建设"十百千"示范样板,建成生态环境良性循环示范区 7 个,生态环境进一步改善。广昌县牢固树立"生态立县、水保强农"宗旨,充分用好全国八片水土保持重点治理资金,认真搞好抚河流域源头的环境治理,大力实施以小流域为单元的综合治理,农业生产条件进一步改善,生态环境步入良性循环轨道,重点治理小流域人均纯收入较 1997 年增长了近 300 元,先后被评为全省、全国水土保持先进县。

三是水保产业发展迅速。 抚州市充分利用资源优势,结合当地经济发展特点,大力开发水保产业,做到治理一片、成功一片、见效一片,以产业壮大、促进水保事业发展,以经济效益带动生态效益,努力实现生态、社会、经济效益相统一。全市共形成水保产业 6 项,创办水保经济实体 31 个、开发基地 42 个,开发治理面积达 4.58 万亩,创产值 752 万元,创利税 157.39 万元。

为了加快水土保持和生态环境建设的发展步伐,近年来,我们广泛发动群众,不断进行体制创新和管理创新,涌现了三种具有抚州特色的小流域综合治理开发模式,为抚州市大规模治理水土、发展生态型经济提供了成功典范,发挥着越来越重要的示范样板作用。

一是生态综合型。 这种模式在兼顾水土保持生态效益、社会效益的同时,突出经济效益,通过实施"猪、沼、果(花卉苗木)"工程,大力推行"养猪、建池(沼气池)、种果"的庭院式管理,形成高效产业链,推动生态经济发展,以良好的经济效益带动生态效益和社会效益的提高。广昌县清水小流域水土保持基地距县城 3 公里,1999 年由县水保局与治理开发大户潘行波共同投资创办,基地总面积 360 亩,总投资 52 万元,其中县水保局投资 9 万元,潘行波投资 43 万元,设计建设了高标准水平梯田、坡面渠系配套工程,果园四周建有谷坊、蓄水池、山塘,果园中心建有猪圈、鸡舍和沼气池。实现种养立体开发,在水平梯田上种植黄花梨、美国布朗李、枇杷和油桃;在梯田地梗上种植香根草、百喜草、橡草、小叶雀稗、葛根。同时,基地推行的"一户农户、养一栏猪、建一个沼气池、种一园果、栽一棚菜、养一塘鱼"的"六个一"庭院经济模式,带动了 12 个治理开发基地的建立,面积达 2 000 亩,形成了千家万户办水保的良好氛围。目前养殖业年产值可达 27.5 万元,年创利税 6 万元;预计进入盛产期后,可年产果 16 万公斤,年产值达 18 万元,年创利税 9 万元。临川六岭小流域水保示范基地则以其经营的灵活性、管理的科学性,代表了水土保持与经济发展相结合的方向。基地实行股份制的经营形式,累计投资 120 万元,由管理方、技术方和投资方按 3:3:4 的比例进行控股。管理方负责日常统一管理,技术方负责基地技术指导,投资方协调各方资金投入,分工明确、责任分明、管理科学。目前,基地已形成花卉苗木、果业和养猪三大产业,开发面积达到440亩。其中以培育适合本地生长的木本花卉和高档绿化苗木为主,先后引进栽培檫树、栀子花、西府海棠、广玉兰、五针桦、红枫、桧柏、含笑、小叶女贞、华杜英、春兰等92个品种共200万株,价值1200余万元,为全市水土保持提供了大量种苗。同时,水土流失防治面积达863亩,修建水保工程26座(处),投资40万元完善了自灌溉系统,形成了以水保基地为轴心的综合防治新格局。

二是规模开发型。 主要是以大规模的荒山开发为主体,以经济水保两用作物为主导产业,以加工业为龙头,带动"产加销"一条龙,建立具有地方特色的区域支柱产业和主导产品,达到水土保持和经济效益双丰收。金溪县崇麓、左坊小流域综合治理,利用山地资源丰富、土层深厚、地势平坦等优势,采取"公司加农户"的经营模式,大力发展黄栀子产业。县里成立水土保持黄栀子开发有限责任公司,归口水利系统,采取"四统一""二分开"的管理方式(即统一规划、统一机耕、统一供苗、统一技术标准,分户经营、分户承担债务和还贷),按照"谁开发、谁投资、谁受益"的原则,对开发黄栀子的专业户每亩发放600元项目贷款,承包的山地使用权50年不变,并在签订水土保持开发项目协议和贷款协议后颁发山地使用权证。目前,共有56户农户签订了协议,完成开发面积3400亩,其中栽种黄栀子2600亩,栽种水土保持林和百喜草800亩;总投资190万元,其中水土保持转贷资金79万元,农户自筹和投资斥资110万元,平均每亩黄栀子投资630余元。2001年综合治理区植被覆盖率达到75%,总产黄栀子15万斤,产值21万元。

三是农业园转型。 主要是应用现代科技,推广优质品种,美化生产环境,发展多种经营。南城县现代农业科技示范园于2000年11月开始动工,规划面积1.2万亩,固定资产总投资为1900万元,目前已完成投资800余万元,内设有水产养殖园、菜园、花卉园、果树园、生态畜禽园和休闲园等六大子园区,是一个集科研、示范、推广、培训、生产、加工、经营、观光八位一体的现代农业科技示范园区。园区采取"政府牵头、法人实施、多元投资、单元经营"的办法实行"六制"运行,即土地租赁制、技术承包制、发包竞标制、联结农户合同制、经营股份制、试验开发合作制。以南京农业大学技术为依托,利用石溪水库特有的自然环境和农业生产优势,以开发水库区农业为主导,进行农业高新技术示范、推广应用和开发,不断提供高品质无公害的名特优新农产品。园区已建成繁加州鲈鱼1000万尾的良种繁殖场、年养2000羽的种鹅场、年繁100万羽的五黑鸡原种场、200亩的精养鱼池、100亩名优鱼繁殖基地、1000亩的太空白莲繁育基地、100亩的日本牛蒡种植基地、2000亩的淮山种植基地、10亩的钢架大棚、30亩的大枣母本园、140亩的花卉种植基地和圣诞树生产基地,项目建成后预计年总产值可达6243.5万元,年均收益达1624.95万元。

花园建设按照"创文化名城,建经济强市"的要求,突出生态旅游和文化旅游这两个重点,认真搞好规划,积极开发资源,努力宣传品牌,取得了可喜成绩,迈出了坚实步伐。到目前为止,全市拥有国家级文物保护单位1处(乐安流坑古村),建成资溪马头山、黎川岩泉、宜黄华南虎等3个省级自然保护区和南城麻姑山、广昌旴江森林公园等2个省级森林公园,建成王安石纪念馆、汤显祖文化艺术中心、舒同纪念馆、"千古一村"流坑、临川温泉、法水温泉、金山寺、疏山寺、曹山寺等旅游景点20多处;成功举办了南丰蜜橘节、广昌白莲节,开发了万亩橘海、"赏百里莲乡,品莲乡文化"和太极岩农家乐等旅游项目;组建旅行社3家,拥有三星级宾馆2家、旅游涉外饭店15家和旅游汽车公司2个,并精心编制了临川古文化精品旅游线路。仅2001年"五一"和"十一"期间,全市共接待游客13.9万人次,实现旅游收入3441.8万元。

抚州市水土保持和花园建设虽然进行了一些有益的探索,但仍存在一些亟待解决的问题。**一是全市水土流失状况依然严峻。** 据卫星遥感测定,抚州市现有水土流失面积4920.73平方千米,占土地总面积的26.2%,比全省平均数高出5个百分点,属于水土流失严重地区。其中轻度流失面积2019.33平方千米,中度流失面积1264.53平方千米,强度以上流失面积1636.87平方千米,全市每年流失泥沙1294.4万立方米。严重的水土流失破坏了生态平衡,极大地制约了经济发展,也给抚州市"后花园"建设带来一定难度。**二是边治理边破坏的现象仍然存在。** 从目前情况看,抚州市水土流失还未从根本上得到有效遏制的一个重要原因是人为破坏因素的存在。一些山丘矿山开采、公路修建、开山采石、挖沙取土、毁林毁草、开垦土地、乱砍滥伐导致了新的水土流失;掠夺式、粗放型的农牧业生产方式导致植被稀疏,水土流失加剧;对城市建设和城乡接合部的水土保持工作重视不够,造成城市生态环境的恶化,这些都与抚州市"后花园"建设格格不入。**三是全民水保意识有待加强。**一些地方和部门水土保持工作仍未列入议事日程,重效益、轻环境,重建设、轻生态,重眼前利益、轻长远利益,甚至不惜牺牲生态环境以换取一时的发展。大多数群众的水保观念淡薄,对水保了解不多、关心不够、支持很少,认为"事不关己,高高挂起"。这说明我们的水土保持和"后花园"建设仍缺乏稳固之基。**四是全市"后花园"建设相对滞后。**与国内、省内众多地区相比,抚州市花园产业规模小、结构单一、产品优势不突出,产业组织发育程度低,产业基础薄弱,特别是主题形象不鲜明、精品项目不多,重点景区总体上处于粗放发展水平,大大地制约了全市旅游经济的发展,给花园建设带来不小的压力。

三、搞好水土保持、加快抚州"后花园"建设的对策建议

(一)搞好规划,构筑抚州"后花园"建设宏伟蓝图

坚持"生态为根本,资源为基础,山水为主线,开发为核心,效益为目标"的原则,充分依托抚州自然环境良好、生态环境宜人、文化底蕴深厚的优势,围绕"突出特色,调整结构,培育精品,打造品牌"的思路,大力发展生态休闲旅游,积极发展农业观光、温泉度假等特色专项旅游,完善历史文化、宗教文化、民俗文化等文化型旅游,不断丰富抚州市"后花园"建设的内涵。

一是点线面相结合。 "点"即风景点、风景区。紧紧依托资源优势和市场特色,重点开发生态旅游、农业观光、休闲度假三大旅游龙头产业,形成一批特色鲜明、设施完善、服务良好、功能健全的景点(景区)。生态旅游景点(景区)开发要以麻姑山为龙头,以南丰军峰山、紫霄溪,资溪大觉岩、马头山自然保护区,黎川岩泉自然保护区,抚河血木岭为重点,各城观光水库为补充,形成麻姑山赏秀、军峰山览胜、大觉岩拾翠、马头山和岩泉原始森林求知、紫霄溪漂流、血木岭思

源、水库观光等多样化的产品格局。农业生态观光景点(景区)的开发要围绕抚州农业特产来做文章,重点规划以南丰蜜橘、广昌白莲、临川花卉、金溪黄栀子为主的特色产品观光点,形成万亩橘园风情游、百里莲乡风光游、花卉长廊观赏游、山间赏花(黄栀子花)悦目游等旅游项目,让游客真正体会到大自然的美,享受劳动和收获的乐趣,求得一份开心和满意。休闲度假景点的开发,主要以温泉资源为依托,认真搞好相关设施配套,创造风景秀丽的周边环境,把临川温泉、资溪法水温泉、南丰付坊温泉、金溪高坊水库(白马湖)等地建成集休闲、观光、娱乐、健身、会议于一体的休闲度假旅游胜地。与此同时,还要认真搞好以王安石纪念馆、汤显祖艺术中心、曾巩纪念馆、舒同纪念馆、流坑古村等为主的历史文化景点,以临川金山寺、宜黄曹山寺、金溪疏山寺、广昌龙凤岩、资溪大觉岩为主的宗教文化景点和以南丰傩舞、抚州采茶戏为主的民俗文化景点的规划开发,整合抚州市旅游资源优势,谋求"后花园"建设更快更好的发展。

"线",即把分散的各主要风景点按地缘关系和交通条件联结起来,形成几条各具特色的旅游观赏带。以临川区为中心,依托市内主要交通干线,将人文景点与自然景点相穿插,使观光景点和休闲景点相结合,突出抚州生态、休闲旅游特色,可规划抚西、抚中、抚东三条精品旅游线路。抚西精品旅游线,即临川(金山寺、王安石纪念馆、汤显祖文化艺术中心、临川温泉等)—乐安流坑古村—宜黄(曹山寺、王安石读书岩、谭纶墓、石巩寺等)—军峰山,抚中精品旅游线:临川(金山寺、王安石纪念馆、汤显祖文化艺术中心、临川温泉等)—南城(麻姑山)—南丰(蜜橘观光园、洽村漂流、曾巩读书岩等)—军峰山—广昌(百里荷乡、红色战地、驿前镇明清建筑群、龙凤岩等)。抚东精品旅游线:临川(金山寺、王安石纪念馆、汤显祖文化艺术中心、临川温泉等)—金溪(疏山寺、白马湖度假村、陆象山墓地)—资溪(法水温泉、马头山自然保护区、大觉岩等)—黎川(岩泉自然保护区)。

"面",即立足抚州、放眼四周,以鲜明的主题形象树立全市"后花园"建设"一盘棋"思路,努力实现市内景点与市外著名景点的对接。今后,抚州市旅游业的主题形象应确立为:"赣东休闲福地,华东名胜重心,临州文化摇篮",既体现抚州发展生态休闲旅游的鲜明特色，又表明抚州美丽河山孕育着深厚的文化底蕴，更说明抚州地处华东名山大川之中，应尽快实现市内景点与市外著名景点的对接，促进旅游业的大发展。具体而言，可对接南昌旅游城推出临川文化游、花卉长廊观光游、宜黄太极岩农家乐游、南城麻姑山风景游，对接龙虎山风景区推出金溪白马湖度假游、资溪法水休闲度假游，对接武夷山风景区推出资溪马头山、黎川岩泉自然保护区生态游和百里莲乡风光游、万亩橘园风情游，对接井冈山红色旅游区推出流坑古文化游、华南虎保护区探险游，最大限度地吸引游客，努力实现市内客源循环与市内市外客源联动。

二是美化山川河流与开发风景旅游区相结合。认真搞好全市水土保持总体规划，针对不同区域采取不同治理措施，加快生态环境建设和保护。对于水土流失轻微地区、重要水源型水库库区、抚河源头地区，坚持实施封禁保护，依靠生态自然修复能力促进大面积的植被恢复，确保到2005年全市森林覆盖率达到63.5%。继续实施以小流域为单元的水土流失综合治理，山、水、田、林、路、草统一规划，工程措施、生物措施、保土耕作措施有机结合，发展生态经济，恢复和建设良好生态环境。认真抓好绿色通道、长防林、退耕还林、国家生态公益林等工程建设，把昌厦、京福公路和浙赣、鹰厦铁路沿线建设成为绿化线、风景线、致富线，建设成为抚州"后花园"和对外开放的重要"窗口"。加强对马头山自然保护区、岩泉自然保护区、华南虎保护区珍稀濒危物种和野生动物资源开发利用的监督管理，挂牌保护古树名木，有效地保护生物多样性；同时，积极建设自然保护区和森林公园，确保到2005年全市建成国家级自然保护区3个以上、省级自然保护区5个以上、省级森林公园11个以上。认真搞好旅游景区的造林绿化，力求突出主题和个性，达到成林、成丛、成荫、成景、成境、成趣之功效，表现出景景不同、季季不同的景象，提高景观和生态环境相映成趣的效果，努力实现抚州山川秀美。在开发生态旅游、休闲度假、农业观光景点时，始终注重生态环境建设，强化资源保护、环境保护意识，建设生态停车场，使用生态材料修建观光游客道、观景设施、休息设施，确保生态旅游的可持续利用，真正做到美化山川河流与开发风景旅游区相结合。

（二）创新机制，走产业化可持续发展道路

搞好水土保持，加快"后花园"建设，关键在于机制创新。必须始终按照市场经济的要求，不断推进经营体制创新、投融资体制创新和科技创新，加快水保产业形成，促进生态旅游经济发展，以经济效益促进生态效益，从而达到经济、社会和生态效益的高度统一。**一是创新经营管理体制。** 认真总结临川六岭小流域水土保持示范基地和金溪崇麓、左坊小流域示范基地的经验，大力推广股份制和"公司+农户"等经营管理模式，积极鼓励"政府牵头、农户承包"的经营管理模式，力求以灵活、全新的经营机制确保全市生态旅游产业的形成发展，力争"十五"期末，使全市现有的南丰蜜橘、广昌白莲、金溪黄栀子、临川西瓜、南城麻姑米等几个特色农产品按生态旅游产业发展方向不断壮大，形成临川花卉、南城淮山、金溪蜜梨和资溪、宜黄、乐安毛竹等一批花园产业，着力建设广昌、南丰、南城、东乡等4个"国家生态环境重点县"，实现南丰创橘都、南城创旅游名城的目标，努力提升抚州市生态旅游资源的档次和规模。与此同时，还要重点扶持飞环酒业股份公司、昌顺集团公司、北大东乡生态科技园、临川酒业股份公司、华绿企业集团、广昌莲蒂食品有限公司、莲蒂饮品有限公司、南丰腌菜股份公司、安石菜梗股份公司、崇仁竹胶板总厂、金溪天然色素厂、南城麻姑米粉厂、宜黄新华生态科技园等20家绿色农产品深加工企业，延长水土保持产业与旅游业的产业链，大力开发具有地方特色的绿色旅游产品。**二是创新投融资体制。** 努力拓宽资金渠道，建立政府投资、地方筹资、社会融资、利用外资、群众投资等多元化多层次的投资格局。通过"国家财政拨一点、地方财政给一点、按政策法规收一点"的办法，建立水土保持和"后花园"建设的发展基金，确保长期稳定的资金来源。积极探索政府推动和依靠市场机制推动相结合的办法，出台优惠政策，调动广大群众、专业大户和各行各业参与水土保持和"后花园"建设的积极性。制定切合抚州市实际的土地流转政策，使土地向开发大户集中、向生态产业集中、向"后花园"建设集中。按照"谁投资，谁治理，谁开发，谁受益"的原则，进一步制定和落实"四荒"资源治理开发的优惠政策，加快"四荒"拍卖、租赁、承包和股份合作

治理的力度,明晰所有权,放开治理开发权、拍卖使用权、搞活经营权,并允许使用期内依法转让和继承,吸引社会各方面的资金投入水土保持生态建设。对发展生态产业的还要减免相关税费,最大限度地让群众在开发中尝到甜头、得到实惠。同时,推出一批水土保持生态环境建设和旅游开发的精品项目招商引资,通过优化投资环境,制定优惠政策,提高服务水平和服务质量,吸引外资参与抚州市的生态经济发展,确保“十五”期间抚州市水土保持和“后花园”建设有一个较大的投入。**三是创新科技。**　建立科研与生产相结合的新机制,加大水土保持实用科技的研究,力争每年都有几项新技术应用到抚州市水土保持综合治理工作中。大力推广小流域综合治理、机修梯田、集雨节灌、坡面水系、经济林果栽培、水保造林、地埂生物化、旱作保墒耕作、地膜覆盖穴播、大垄沟耕种、免耕、轮耕等技术,提高水土流失综合治理成效。围绕水土保持主导产业,积极推广品种选育技术,重点推广南丰县特早、特香、特抗、特甜南丰蜜橘母本园技术,广昌县白莲航天育种技术,宜黄县生物试配、试制稻种技术,临川县花卉和金溪县黄栀子母本园技术。大力推广立体开发技术,重点推广以沼气为纽带的生态农业技术,发展“猪—沼—果、猪—沼—苗木(花卉)”等经营模式,推广“果粮经”“果粮菜”间作套种模式。大力推广有机肥技术,提倡使用野生绿肥、食品加工副产物、河流沉积物投田入土等生物养地技术。推广运用无毒、无公害和多功效的新型肥料,着力研发好南丰蜜橘专用有机肥厂和东乡县与北大合作的生物肥料,真正提高抚州市水保产业的科技含量,增大“后花园”建设的生态成分。

(三)通盘运作,协调各方,发挥水土保持生态建设项目资金的整体合力

搞好水土保持,加快“后花园”建设,是一项复杂的社会系统工程,涉及水电、林业、农业、农业开发、计委、旅游、公路等多个部门,这些部门围绕水土保持生态环境建设开展了各自治理项目。目前,在抚州市开展的治理开发项目有长江上中游水土保持重点防治工程、鄱阳湖流域水土保持重点治理一期工程、国家生态环境建设“十百千”示范工程、国家长江防护林二期工程、国家生态公益林项目、京福高速公路绿化工程、国家生态建设综合治理项目等,每年有国家专项

资金3 000余万元。对这些资金,我们要用足用好用活,促其发挥最大效益。**一是要共振共为,合力治理。** 由政府牵头、部门联合,把资金捆起来使用,做到"各投其资、各汇其功、各负其责、各得其利",组织农林水等有关部门密切配合,协同作战,心往一处想,劲往一处使,拧成一股绳,合力治理水土流失,充分发挥整体功能和整体效益,达到治理一条小流域,形成"一山乔灌草、一河清泉水、一条经济带、一个产业链、一道风景线"。**二是要明确资金投入方向和重点。** 当前要围绕抚州市水保产业和生态旅游经济的发展,着力搞好以小流域为单元的综合治理,重点把资金投向生态果业、绿化苗木、观赏花卉、水保经济作物、优质森林产品等绿色产业的开发。**三是要狠抓资金管理。** 大力推行报账制管理,建立专账专户、专人管理,严格专款专用,杜绝资金截留和挪作他用;严格按工程进度经验收签单后拨款,保证国家投资资产部分的保值与增值;严格实行"一支笔"审批制度;加强资金检查审计,确保资金不出问题;强化资金监督管理,确保资金充分发挥效益。

(四)强化领导,加大宣传,营造"后花园"建设的良好发展环境

搞好水土保持、加快后花园建设,是实现抚州山川秀美的重要举措,是促进抚州经济可持续发展的重大战略,需要全市上下和广大群众共同努力,合力推进。**一是大力强化各级领导干部的环境保护观念。** 加快"后花园"建设,实现经济可持续发展,治理好、开发好、保持好环境至关重要。必须从生态安全角度,从可持续发展的战略高度,从"后花园"建设方向大力强化各级领导干部的水土保持意识和环境保护观念,使他们牢固树立"环境也能创造生产力""环境就是生产力"的观点,真正把水土保持工作列入各级政府的重要议事日程,把加快"后花园"建设纳入国民经济和社会发展计划,放在心上、抓在手上、落到实处。**二是切实加强对水土保持生态环境建设的领导。** 建立水土保持生态环境机制,设立市、县、乡三级领导任期目标责任制,层层签订责任状,明确党政领导为第一责任人,同时,将其纳入政府目标综合考评,年终进行统一考核,真正给各级领导干部加压。充分发挥政府的协调职能、理顺并协调好部门与地方、部门与部门之间的关系,加强对水土保持和"后花园"建设的统一组织、统一协调,明确主管部

门职责,促使组织者、管理者、实施者各就其位、各尽其责,保证工作有序开展,杜绝长官意志和短期行为。按照市场运作机制,加快基层水保场站的改制步伐,盘活现有资产和技术要素,使其在搞好服务中求生态、在治理开发中求发展,重新焕发出生机与活力。**三是进一步增强全民的水土保持意识。** 充分利用电视、报纸、广播和广告牌等宣传工具,采取多种形式,从基本国策的战略高度广泛深入地宣传水土保持工作的重要性、紧迫性和加快"后花园"建设的巨大效益,使各级领导和广大群众真正关心支持水土保持与"后花园"建设。当前,要重点抓好临川六岭小流域示范基地,广昌清水小流域示范基地,南丰罗里石生态果园示范基地,金溪崇麓、左坊小流域示范基地等 4～5 个水土保持户外教育点,抓好南丰蜜橘、广昌白莲、金溪黄栀子、临川花卉苗木、南城现代农业科技示范园等几个农业观光旅游示范项目,大力宣传水土保持与"后花园"建设的典型经验及其效益,增强全民的水土保持意识和参与"后花园"建设的积极性。通过广泛深入宣传产生强大的舆论氛围,使水土保持与"后花园"建设真正成为全民性事业,在全社会形成人人参与水土保持工作,积极保护水土资源,加快"后花园"建设的良好风尚。

(本文原载于抚州市委政研室《谋略》2002 年第 3 期,有改动)

当前农产品市场营销中存在的问题及对策

最近,我深入县(市)农贸市场,对全区农产品市场营销情况进行了一次调查,在此基础上,梳理了当前我区农产品市场营销中存在的问题,就如何盘活我区农产品流通,进行了一些思考。

一、找准市场定位,提高农产品流通效益

目前,我区农产品大多没有明确的目标市场,或目标市场定位不切实际,存在以下几种现象:一是心中无数,产品销到哪里算哪里,增加了营销成本,扩大了市场风险;二是贪大求广不分主次,四处出击,市场分散,效果不明显,无法在稳定的市场创出品牌和声誉;三是舍近求远,得不偿失。以上因素,是导致我区农产品流通分散、效益不高的主要原因。我区作为一个农业大区,农产品面广、量多,要实现从粗放经营到集约经营的转变,必须分类指导,找准市场定位。从我区的区位、区情出发,应综合考虑以下几个因素:第一,我区毗邻闽粤,与沪浙同属华东地区,具有很强的地缘优势、互补优势、成本优势和特色优势;第二,随着昌厦高速公路和京福高速公路的建成,必须千方百计研究闽台经济圈市场特点,逐步推动我区经济和产业结构参与圈内分工和布局,进入以厦门为中心的闽东南市场;第三,随着京九铁路运营的逐渐发展,南昌的经济集散、吞吐和辐射功能正在逐步增强,而我区紧靠南昌,接受南昌的经济辐射具有得天独厚的地理优势和交通优势,因此以南昌为中心的省内市场是我区农产品的重要目标市场。第四,区内市场具有信息反馈快、营销成本低、外部环境好的特点,随着区内人民生活水平的提高和市场贸易的发展,区内市场容量和购买力不断扩大。综上所述,我们认为,我区农产品市场定位的基本思路是:立足区内,着眼南昌,瞄准闽东南,主攻珠三角,挤占京沪杭。

二、提高品质，争创品牌，增强农产品市场竞争力

近年来，在激烈的市场竞争中，我区农产品在沿海发达地区的市场占有率并不理想，有的还呈下降趋势。如我区白莲、香菇目前在厦门及周边地区几乎很难看到；崇仁麻鸡在深圳南山三鸟批发市场日销量只相当于广东中山麻鸡、新兴麻鸡的1/10～1/8，相当于广东三黄鸡的1/80、广东信宜鸡的1/40。究其原因：**一是品质老化。**　我区粮食品种单一、老化，质量远不及浙江、湖南产大米，目前厦门市民的生活用米几乎看不到抚州大米，只在米粉加工厂才能看到。红色莲籽和特大、无芯莲籽在东南亚市场俏销价扬，而我们却忽视这一信息，多年一贯只生产白莲。**二是品牌促销跟不上。**　目前我区几种知名的农产品，虽然已经注册或正在注册商标，但品牌宣传、市场公关和促销工作几乎是空白，除了广昌白莲在中央电视台做了广告之外，其余都没有进行媒体宣传，以至于很难在外地市场立足。**三是品质不对路。**　深圳市场对苦瓜的要求是色绿、结节长、苦味淡；对冬瓜的要求是肉实、皮青、个小，对西瓜的要求是皮翠、个大而圆；而我们的苦瓜色白、味苦、结点突出，冬瓜个大、白粉多、不耐运输，西瓜日晒严重、皮黄，逐渐向杂交小瓜发展。为此，我们要注意抓好以下几点：

一是全面提高我区农产品的质量。　当前，要重点抓好：生猪品种的改良，扩大瘦肉型生猪和美国洛克长大猪的饲养量；南丰蜜橘的良种母本园建设，精选出一些特早、特香、特抗、特甜的南丰蜜橘品系；崇仁麻鸡、南城五黑鸡的提纯、复壮；广昌白莲的卫星诱变育种方法，发展红色莲籽和特大、无芯莲籽；金溪苦瓜、冬瓜的品种改良；南城淮山品种的选优栽培，发展药薯、精薯、脚板薯、广西种等四个品种；西瓜的品种改良，扩大个头适中的无籽西瓜的种植面积，恢复发展传统的抚州西瓜品种；食用菌品种结构的调整，重点发展广昌的茶薪菇、黎川的爆花菇等适销对路的产品。

二是实施品牌战略，力创名牌产品。　要强化政府行为。建议地、县（市）对我区农产品争创品牌问题进行专题战略研究，做到统一规划、一致对外、分步实施。要充分开发、利用、运营好"中国蜜橘之乡""中国白莲之乡""中国麻鸡之乡"和临川文化、麻姑传说、流坑古村等文化资产，打好"三乡"和地方文化的特

色牌,以发展绿色食品为目标,在搞好广昌"莲蒂"牌系列产品、崇仁"山风"牌系列产品、南丰"南丰蜜橘"牌系列产品商标营运的同时,积极做好食用菌、麻姑米、麻姑粉、淮山、蜜梨、西瓜、芦笋、豆等产品商标注册工作,力争3~5年内创出一批全国、全省驰名商标,获得一批国家绿色食品证书,丰富并扩大我区农产品的知识产权,提高我区农产品的知名度。

三是搞好公关促销工作。 要有计划地选择一批拳头农产品在一些重点目标市场的广播、电视、报纸、杂志等媒体进行广告宣传。同时,要有目的地定期到市场比较集中的地方举办农产品展销会、洽谈会、招商引资会,全方位地做好农产品推介工作。要广泛地设立销售窗口,既开展农产品外销业务,又收集当地市场信息,反馈市场行情,并积极做好对外宣传工作,形成一个集流通网络、信息网络、宣传网络为一体的功能健全的营销网络。

三、健全防检疫体系,促进农产品流通

目前,一些大城市对进入本地的外来鲜活农产品加强了检疫。如上海市要求进入该市的生猪在无使用生长激素的前提下,于外销前半个月打一次防五号病疫苗,但目前我区的生猪防疫体系还未能达到这一要求,因此生猪一直难以打入上海市场。深圳办事处反映,近年来深圳市实施"放心肉"工程,对动、植物检疫要求十分严格,由于我省自身防疫体系不规范不健全,导致江西供应深圳市场生猪减少,1997年3.5万头,其中抚州1万头左右,1998年为2000头,抚州200头左右,1999年预计江西省只有1000多头。目前,我区用汽车运猪进深圳的途径已基本没有,市场绝大部分被湖南猪占领。这种情况必须引起我们高度重视。农业、畜牧、兽医部门要更新观念,从生产领域延长至流通领域,开展全过程防疫检疫;有关部门要加强横向联系,扩大对外交流,搜集掌握沿海及经济发达地区动、植物防、检疫的前沿信息动态,努力按照国际惯例、政策法规和市场要求建立健全防、检疫体系,完善防、检疫服务网络,要根据不同地区和市场要求,开发设立防、检疫项目,建立防、检疫档案、进行动态跟踪服务。

四、强化营销观念，改善农产品流通环境

据调查反映，目前我区一些干部群众仍然不同程度地存在重农轻商、重生产轻流通的思想和方法，农产品营销观念普遍比较落后：一是在决策和指导本地农业产业和产品结构时，不做市场调查、不进行市场预测和分析，因而在生产规模、生产品种上存在一定的盲目性和无序性。我区有的地方在发展蚕桑、棉花、烟叶、芦笋和特种养殖生产中出现的反复就是例证。二是生产抓得过细、流通抓得过粗，有的根本没有把流通工作列上议事日程。据了解，目前，我区除了广昌县之外，其他县（市）都没有将农产品流通工作纳入政府目标范畴。三是群众营销意识不强，有意识地收集和利用国内外市场信息安排生产结构的农民较少，农民的市场主体尚没有完全形成。

我们认为，这是目前不少地方农业产业产品结构与市场需求相脱节、农产品出现卖难的重要原因，各级党委、政府和广大基层干部要彻底破除传统的重农轻商和农本商末的思想，要重视农产品流通工作。一是要将农产品流通工作，纳入整个农村工作、经济工作和政府目标管理范畴，像抓工农业生产那样抓好农产品流通工作。建议地、县（市）两级成立农产品流通协调领导小组，经常研究和解决农产品流通中的实际困难和问题。二是各级领导特别是分管农业农村工作的领导和农村基层干部，要加强农产品流通的调查研究，以流通和市场为导向指导农业生产，避免农业生产的盲目性。三是要培育壮大主渠道。国合商业特别是农村供销社，要转变经营观念，把自己建设成农产品流通的信息中心、价格形成中心和流通集散中心，提高自身的整体竞争能力，推动全区国合商业走出低谷；地区要积极创造条件，尽快培育组建一个类似于"赣南果业集团"和"广昌昌顺公司"的全区性龙头企业，促进我区农产品市场营销。四是要加强农产品流通信息网络建设。地、县（市）都应发挥驻外办事机构的作用，由其负责收集当地市场农产品销售行情和价格等动态信息，反馈给区内经营者和有关部门；报刊、电视、电台等媒体应定期发布农产品外地市场行情信息，指导生产与经营结构调整。此外，今年是我国"政府上网年"，网络信息、网络交易正在改变传统的销售方式，我区作为一个农业大区，应优先考虑农产品的上网问题。

（本文原载于江西省委政研室《政策广角》1999 年第 7 期，有改动）

加强农村整治是化解建设用地矛盾的重要途径

——关于抚州市农村宅基地浪费现象的调查与对策

最近,市委政研室就农村宅基地浪费现象,在全市 11 个县(区)抽样选取 15 个村进行了普查。这些村具有较强的代表性,其中经济社会发展条件较好的村 7 个,经济社会发展条件一般的村 8 个;人口规模超过 1 000 人的村 3 个,1 000 人以下的村 12 个;平原村 7 个,山区、丘陵村 8 个。调查情况表明:改革开放以来,特别是 20 世纪 90 年代以后,随着农民收入的提高,农民居住条件日益改善,富裕后的农民纷纷建房,但由于缺乏规划和管理,大量新房建在村落周围,占用耕地或土地,农村住宅建新弃旧现象十分普遍,应拆未拆的旧房较多,形成不少"空心村",影响农村的村容村貌,更造成大量土地资源浪费。加快社会主义新农村建设,加强农村整治规划,将大量浪费土地整理复垦,既是落实科学发展观、统筹城乡发展、加快社会主义新农村建设的客观要求,又是应对当前最严格的土地管理政策,争取更多的建设用地指标,缓解土地要素供给矛盾,加快抚州发展的有效方法和重要途径。

一、农村宅基地浪费现象严重

1.农民新建房量持续上升

表一:1995 年以来 15 个村新建房情况一览表

情况 村名	基本情况		新建情况		
	人口(人)	总户数(户)	户数(户)	建房率(%)	面积(m²)
梁宪村	1 711	442	402	90.95	30 476

情况\村名	基本情况		新建情况		
	人口(人)	总户数(户)	户数(户)	建房率(%)	面积(m²)
许家村	220	51	31	60.78	3 946
仓下村	583	146	126	86.30	16 076
官庄村	247	56	55	98.21	5 696
五帝村	1 100	256	208	81.25	20 026
汤村村	390	97	79	81.44	6 780.1
上罗村	196	41	41	100	2 395
陈家村	280	65	32	49.23	4 780
上花村	217	52	52	100	4 870
陀上村	525	105	45	42.86	5 130
风雨亭村	212	55	44	80	4 919
坎头村	482	118	41	34.75	7 303.6
炉油村	270	71	56	78.87	5 538
集贤村	1 508	377	73	19.36	7 387
饶家村	297	58	28	48.28	3 490
合　计	8 238	1 990	1 313	65.98	128 812.7

从表一中可以看出,1995年以来,15个村平均建房率为65.98%,其中建房率在80%以上的有8个村,建房率在90%以上的有4个村,上罗村与上花村建房率最高为100%。这些情况说明,在农民增收比较困难的近10年中尚有六成多的农民建了新房,随着国家惠农政策的进一步实施和农民增收长效机制的建立,农民建新房的速度和覆盖面将会进一步扩大。

2.农村住宅建新弃旧现象十分普遍

表二:15个村目前闲置房面积统计表

情况\村名	闲置旧房面积(50 877.6 m²)		
	总面积	户均	人均
梁宪村	3 948	8.93	2.31
许家村	920	18.04	4.18
仓下村	1 362	9.33	2.34

续表

情况 村名	闲置旧房面积(50 877.6 m²)		
	总面积	户均	人均
官庄村	1 170	20.89	4.74
五帝村	9 650	37.70	8.77
汤村村	3 867	39.87	9.92
上罗村	1 400	34.15	7.14
陈家村	950	14.62	3.39
上花村	6 188	119	28.52
陀上村	8 979	85.51	17.10
风雨亭村	1 213	22.05	5.72
坎头村	1 243.6	10.54	2.58
炉油村	1 690	23.80	6.26
集贤村	7 552	20.03	5.01
饶家村	745	12.84	2.51
平均数		25.57	6.18

从表二可以看出,目前农村旧房闲置现象比较普遍,15 个村户均闲置面积为 25.57 m²,人均闲置 6.18 m²,相当于城市人均居住面积的四分之一,这说明农村建设普遍缺乏规划,农民建房制度安排不规范、不科学。

3.农村土地资源浪费现象严重

表三:15 个村目前空闲地面积统计表

情况 村名	空闲地(131 016 m²)		
	总面积	户均	人均
梁宪村	6 000	13.57	3.51
许家村	6 670	130.78	30.32
仓下村	19 000	130.14	32.59
官庄村	6 670	119.11	27.00
五帝村	20 010	78.16	18.19
汤村村	7 337	75.64	18.81
上罗村	4 600	112.20	23.47
陈家村	5 336	82.09	19.06

情况＼村名	空闲地（131 016 m²）		
	总面积	户均	人均
上花村	4 002	76.96	18.44
陀上村	2 080	19.81	3.96
风雨亭村	21 100	383.64	99.53
坎头村	6 200	52.54	12.86
炉油村	6 670	93.94	24.70
集贤村	10 672	28.31	7.08
饶家村	4 669	80.50	15.72
平均数		65.84	15.90

从表三看出，15 个村累计空闲地 131 016 m²，户均空闲地 65.84 m²，人均空闲地 15.90 m²，其中还有 5 个村户均空闲地在 100 m² 以上，最多的风雨亭村高达 383.64 m²，这说明农村土地资源浪费现象严重。

4.农村宅基地浪费现象带来诸多问题

调查中我们发现，目前农村住宅建设大多采取"摊煎饼"式地不断外扩，旧房的大量闲置，老宅基地和空闲地的大量浪费，形成了不少的"空心村"和"烂心村"，农民戏称"城市包围农村"，"外面像个村，进村不是村，老屋没人住，荒地杂草生"。

一是造成大量土地资源的浪费。一方面是农民建新房占用大量耕地或荒坡地，另一方面是旧屋和老宅基地、空闲地大面积的闲置，这对矛盾博弈的结果便是土地资源的大量浪费。对 15 个村的调查测算显示，旧房和空闲地两项人均闲置面积达 22.08 m²，按此推算，全市农村闲置土地至少在 12 万亩，假如扣除 20% 作为公共和绿化用地，全市农村浪费土地资源也至少在 10 万亩。

二是严重影响村容村貌。从调查情况看，90%以上的村村容村貌都比较差。尽管每个村都盖了不少新房，但房屋杂乱无序，横七竖八，破房、旧房、空房散落在村庄内，"家家虽然盖新房，村庄依然老模样"，有的甚至还不如"老模样"。村内基础设施差、内部道路差，大部分村没有贯通村庄的主干道，汽车不能进出，给排水系统不健全，雨天路泞地滑，晴天尘土飞扬。

三是影响农村卫生状况。由于农村建房无章可循、房屋布局混乱,特别是大多数村猪栏、牛栏、露天厕所与农民住房混建在一起,许多村庄内都散发着猪粪、牛粪、人粪混杂的臭味;大多数空闲地成了"烂泥塘""烂泥坑""垃圾坑",长满杂草,蚊蝇飞舞,是细菌、病毒的繁殖温床,直接产生或传染一些疾病,给人畜正常生活带来危害。在调查15个村中,有12个村曾因卫生差发过鸡、鸭瘟疫。

四是带来农村不稳定隐患。目前农村土地管理普遍较为混乱,一些村庄预留的建房用地,谁先占到就为谁所有,想占多大就占多大。为此,村民之间常常产生摩擦、争吵乃至纠纷,行路、排水等一些问题也往往成为邻里之间大动干戈的"导火索",造成了农村的不稳定因素。同时,大部分旧房是木质结构,无人看管、无人问津,有一些旧房还放置了大量柴火,极易失火,导致火灾发生。

二、农村宅基地浪费的主要原因

1.普遍缺乏规划。 目前,乡村两级规划观念淡薄。在调查的15个村中,除南城五帝村、宜黄集贤村有村庄的整体规划外,其他村都没有规划。广大农民群众更是只管自家建房,不管别人出路,只看眼前利益,不看长远发展,顾"小家"舍"大家",缺乏整体规划和主动参与的意识。

2.管理松散,审批不严。 一是政策宣传不够。许多农民对国家土管政策法规知之甚少,建房报批观念淡薄,认为只要交钱就可建房,而交多交少、交早交迟则由村组来定,弹性很大。二是监管审批不严。有的乡镇将宅基地占有费收取以任务的形式下到村组,建房审批手续由村组统一代办,造成农村建房秩序紊乱,未批先建、批少建多现象普遍。三是有的基层土管部门以罚代管,助长了村民建房"钻空子、挤空间、多占地"之风,无形中造成了农村宅基地的浪费。

3.封建迷信观念影响。 一些农民观念较为守旧,认为旧房是祖辈留下的基业,是祖辈风光的见证,应该予以保留;有些甚至迷信风水,听从风水先生的指点,即使在老宅基地能够拆除的情况下也另选新址。同时,农村的旧房大多是几兄弟甚至几家人共有,拆除难度较大,需要协调几家共同进行。

4.追镇、追路发展。 改革开放以来,特别是近几年来,城乡经济发展迅速,以交通为主的农村基础设施建设呈现出快速发展的势头。受此带动,广大农民从集镇经济和公路经济中看到了极大的商机,于是纷纷沿集镇、沿公路申请建房,出现追镇、追路发展现象,从而造成了原有老村庄旧宅的大量闲置,形成了"空心村"。

5.复垦成本高、难度大。 老宅基地复耕不仅要拆除旧房,还要清除瓦石、平整土地、培植熟土,成本很高,据估算,复耕一亩闲置地约 200 余元。徐家乡有的自然村虽然是成片闲置,有利于整体规划复耕,但由于宅基地如何收回、由谁去复耕、投入由谁出、复耕后土地如何分配等一系列问题解决不了,复垦遥遥无期。

三、加快农村规划整治,破解建设用地矛盾

农村土地资源的这种浪费现象以及由此带来的诸多问题,与落实科学发展观、统筹城乡发展、统筹区域发展、统筹人与自然发展、建设和谐社会的时代背景格格不入。与此同时,按照现行土地政策规定,农村整理复垦地的60%可转为建设用地指标,那么通过对农村规划整治,抚州市至少可以争取 6 万亩的建设用地指标,相当于今年全省建设用地指标的 3/4,是全市建设用地指标的 14 倍。为此,我们建议从抚州市实际出发,学习外地先进经验,在试点的基础上,以"千村整治、百村示范"工程建设为载体,加强农村规划整治,加快社会主义新农村建设,破解建设用地矛盾,推动抚州科学发展。

1.实施"千村整治、百村示范"的指导思想和基本原则

(1)指导思想

全面贯彻"三个代表"重要思想和科学发展观要求,按照统筹城乡经济社会发展的要求,以村庄规划为龙头,以改善农村生产生活条件为重点,从治理"脏、乱、差、散"入手,加大村庄整治力度,加强农村基础设施建设,加快发展农村社会事业,使全市农村的面貌有一个明显改变,为全面建设小康社会,加快实现农业和农村现代化打下坚实的基础。

（2）基本原则

农民自愿，因地制宜。根据村庄的区位条件和经济实力，因村制宜，分类指导，多层次地推进村庄规划、环境治理、旧村改造、新村建设和"城中村"改造等。

规划先行，合理布局。村庄规划要坚持人与环境的和谐，贯穿生态理念，体现文化内涵，反映区域特色，并使之与城镇体系规划、土地利用总体规划、基本农田保护规划及交通、水利等专项规划相衔接。村庄规划的生活、生产区布局要合理，并体现乡村特点，做到实用性与前瞻性相统一。规划一经确定，必须严格执行，调整与修订规划必须按程序报批。

依法整治，协调发展。依照有关法律、法规，采取法律、经济、行政等综合措施，开展农村整治工作。制定的政策措施既要结合实际，又要注重合法性、整体性和可操作性。村庄整治要重视生态环境、文化古迹的建设和保护，与土地整理、产业开发等结合起来，培育新的经济增长点。

以民为本，整体推进。围绕人的全面发展，坚持物质文明、政治文明和精神文明协调发展，坚持生产与生活条件同步改善、建设与管理同步推进，完善村规民约等村庄管理制度，倡导现代文明的生活方式，增强农民群众的民主法制意识、科技文化素质和思想道德素质。

各方支持，分级负责。组织、引导社会各界和农村先富起来的群体，支持、参与村庄整治工作。建立集体和农民自筹为主、政府补助为辅、社会力量支持的多渠道筹集建设资金机制。有条件的地方，也可以运用市场机制吸引外来投资参与建设。各级政府要明确有关部门的任务，整合各方力量，加大扶持力度。

2.建议目标任务和具体要求

总目标是：用5年时间，在全市1790个村普遍开展环境整治的基础上，对1000个村实施重点整治，并把其中的100个村建成全面小康示范村。示范村建设分两个层面，即按城市社区标准建设20个村、按农村社区标准建设80个村。

（1）城市示范村的建设要求

城市示范村要按照城市社区标准建设，基础设施和管理工作纳入城建城管范围，具体有以下要求：

一是按照城市总体规划、分区规划和控制性详细规划的要求,统一进行多高层公寓小区布点,逐步建设一批有规模、上档次的多高层公寓小区,一律停止单家独院住宅的建设。二是多高层公寓规划规模原则上达到居住区组团规模(300户1 000人口)以上。三是多高层公寓规划设计的住宅间距应综合考虑采光、通风、消防、防灾、管线埋设、视觉卫生等要求;配套公建应包括文化教育、医疗卫生、商业服务、社区服务、物业管理、市政公用等设施,配建水平应与人口规模相对应,并与住宅同步规划、同步建设和同步投入使用;居住区绿地率不应低于30%;应设置给排水和电力管线,以及通讯、闭路电视、智能化等管线或预留预埋位置。四是分类指导解决"城中村"问题。对城市核心区和邻近核心区的"城中村",实行全部拆除、整体改造。对远离城市核心区的"城中村",实行分期分批逐步改造。在改造之前,实行控制建房层次面积、冻结用地开发申请。

(2)农村示范村的建设要求

农村示范村要按照"村美、户富、班子强"的标准,实现物质文明、政治文明与精神文明的协调发展,建成农村新社区,具体有以下要求:

一是在基层组织建设方面:村党组织坚强有力,成为市级、县级先进党组织;村级组织统一协调,村务管理民主规范,各项工作运作有序。二是在经济发展方面:形成1~2个支柱产业,集体经济实力强,人均农村经济总收入和农民人均纯收入达到较高标准。三是在精神文明建设方面:社区文化生活丰富,社会风尚良好,达到市级以上文明村要求。四是在环境整治方面达到"六化":①布局优化。村庄建设规划要科学处理生产、生活、生态文化之间的关系,布局合理,组团建筑有个性特色、美观大方,组团建筑间相互协调;建筑布局能充分结合自然地形,灵活自然、错落有致,农户住宅实用、美观。②道路硬化。通村及村内路网布局合理、主次分明,村内主干道硬化;通往行政村的主干公路达到四级以上标准;宅间道路达到消防安全要求。③村庄绿化。山区、半山区、平原的中心村建成区的绿化覆盖率建议分别达到15%、20%、25%以上;村庄中有休闲健身绿地,主要道路和河道两边实现绿化,住宅之间有绿化带,农户庭院绿化。④路灯亮化。村内主干道和公共场所路灯安装率达到100%。⑤卫生洁化。给排水系统完善,管网布局规范合理,水质达到国家卫生标准;村庄内有专用公共厕所,卫生厕所普及率达到100%;农户普遍使用清洁能源,提倡应用沼气技术;保洁制度健全,垃圾废弃物集中处理,生产和生活污水净化处理,达标排放,基本消除垃圾及废水污染。⑥河道净化。保护好村域内现有的水面,河道清洁,水体流动,水质达到功能区划的要求;河道堤防和排涝工程建设符合国家规定标准。

(3)重点整治村的建设要求

建议整治村除了要在村级组织建设和发展集体经济、文化社会事业以及村务民主管理等方面达到一定的标准外,还要根据各村区位特点、经济条件和社会发展水平,开展以治理"脏、乱、差、散"为重点的整治工作。

一是要治理环境"脏",设置垃圾箱(中转站),做到垃圾集中存放,及时清运;无露天粪坑和简陋厕所;积极开展除"四害"工作,降低"四害"密度。二是要治理村貌"乱",整顿村容村貌,拆除破旧房屋,做到按村庄规划搞建设,无私搭乱建。三是要治理基础设施"差",增加基础设施投入,做到村庄主次干道基本硬化;有较完善的给水、排水设施,河道清洁;搞好田边、河边、路边、住宅边的绿化。四是要治理布局"散",有条件的地方应结合新村规划,实施宅基地整理、自然村撤并和旧村改造,实现比较合理的村庄布局和功能分区。

(4)一般整治村的建设要求

除上述村庄外,全市其他村庄要因地制宜,从实际出发,参照示范村建设要求,开展单项或多项整治活动。

3.工作方法和政策措施

(1)合理规划,分期分批进行整治。 建议由各县(区)按照要求,制定和完善村庄布局规划,督促乡镇、村搞好示范村建设规划和村庄整治实施方案。村庄布局规划要通盘考虑农村基础设施、生态环境、交通道路、水利设施等建设项目。在搞好规划布局的基础上,相应确定后五年和分年度的整治村以及高标准建设的示范村名单。示范村建设要体现地方特色、时代特征,融田园风光和现代文明于一体,注意保护并合理开发人文景观,有合理的功能分区,有利于促进城镇供水、供电、公交等向农村延伸,提高基础设施的共享性和综合效益,同时应紧密结合旧村改造、自然村合并一同实施。

（2）规范运作，严格执行工作程序。 要严格按批准的规划实施建设和管理，维护规划的权威性和严肃性。农村村庄整治工作必须充分发挥群众的创造性，发放《征求意见书》，坚持民主讨论、民主决策，实施方案需报县（区）有关部门审核同意后组织实施。要明确各项政策措施，包括规划建设内容、资金筹措渠道及用地政策、拆房补助政策等。对涉及需要农民出资出劳等重大事项，必须按农村税费改革后村内筹资筹劳的有关规定办理审批、备案手续。工程招标要坚持公正、公开、公平的原则，防止以权谋私。工程建设要加强民主监督，建立项目责任制，确保工程质量、安全。

（3）落实措施，加大扶持力度。 "千村整治、百村示范"工程建设资金由市财政每年从土地出让金中安排一定的比例，对有关的规划费用给予补助，通过"以奖代拨"的形式下拨建设资金，支持村庄整治工作；各县（区）按照集中财力办大事的原则，安排必要的建设资金。积极盘活存量土地，保证村庄建设的必要用地。在村庄整治中，允许城乡土地异地置换，对闲置宅基地复耕返林进行适当补助，在宅基地退建还耕实施前，可按规划复垦耕地面积的80%核发用地周转指标，先借后还。减免有关规费，减轻农民负担。对列入市级试点示范村的，对工程建设中涉及的城镇基础设施配套费、散装水泥押金等予以全免；对标底审核费、白蚁防治费、招投标费、土地登记发证等涉及的行政事业性收费给予免收；对定点放样费、质监费、房屋勘丈费等服务性收费予以减半收费。

（4）齐抓共管，各级有关部门形成合力。 建议与当前农村小康示范村镇建设、土地流转、农村公路建设、乡镇机构改革等工作紧密地结合起来，努力发挥集成优势。有关部门要重视村庄整治和示范村建设工作，承担起部门职责，指导各地搞好村庄整治的规划、交通、绿化、土地整理、河道整治、改水改厕、排污保洁等各项工作，帮助基层解决建设中遇到的困难和问题；要在简化审批手续，优先安排农用地转用指标，优先安排建设扶持资金等方面，提供实实在在的服务。

（5）协调发展，提高示范村和整治村建设水平。 村庄整治中硬件建设是重点，要在改造规划、整治方案的指导下，分阶段、有步骤地组织实施，并达到相应的建设标准,努力改变村庄环境面貌,缩小与城市的差距,改善农村居民的生产、生活质量。同时,要加强以党支部为核心的农村基层组织建设,用城市社区管理服务的理念来指导农村社区服务工作。提高农村社区治安、环保、卫生、文体、幼教、老年服务的水平。要发挥示范村的榜样作用。示范村在环境整治上要高起点、先行一步,在经济社会发展上要坚持协调发展,带动面上的整治工作,为其他村作出表率。经过整治的村或建成的示范村,由县(区)组织验收,报市"千村整治、百村示范"工程协调小组办公室,并接受市有关部门考核验收。

4.组织领导

实施"千村整治、百村示范"工程,基础在村、关键在乡(镇)、责任在县(区)。建议各地要实行"一把手"负总责,坚持党政"一把手"亲自抓,分管领导具体抓,一级抓一级,层层抓落实。

(1)强化领导体系。 建议成立市"千村整治、百村示范"的工作领导小组。领导小组下设办公室,负责日常工作,办公室下设三个指导组,即村镇规划建设指导组、村庄整治指导组、工作进度督查组。规划建设工作由市规划办负责,整治工作由市委农工部负责,工作进度督查工作由市委、市政府督查室负责。各地也要建立相应的领导小组,切实加强对这项工作的政策协调和督促指导。

(2)落实工作责任。 各级党委、政府要制定切实可行的实施方案,做到一年一年排计划,一村一村抓实施,一项一项抓落实。要明确和落实各个单位在各个年度的任务和责任,建立奖惩责任机制,把"千村整治、百村示范"工作作为一项重要内容进行考核。

(3)规范操作行为。 要对旧村拆迁、环境整治和新村建设中的工程项目制定科学合理的操作规程,建立项目申报制、方案评审制、房产评估制、财务审计制、工程招标制、质量监理制、群众监督制等工作制度,杜绝一切违法违规行为。

(本文原载于抚州市委办公室《抚州工作交流》2004 年第 17 期,有改动)

走过去前面是个天

——东乡县小璜镇土地流转的调查与启示

随着工业化和城市化的稳步推进,农村大量富余劳动力跨地区流动,农民逐步进入第二、三产业,就业机会日益增多,随之而来的土地流转问题日益凸显。近几年,东乡县小璜镇对此进行了有效的探索,取得了很多很好的经验,为建立土地流转机制、规范土地流转操作办法、推进土地适度规模经营找到了一条好路子。

一、形势的呼唤

小璜镇位于东乡县东北部,距离县城 13 公里,辖 13 个行政村,人口 41 956 人,其中农业人口 38 495 人,耕地面积 42 830 亩,农民人均占有耕地 1.11 亩,是东乡县典型的自然条件相对较好的农业大镇。随着农村经济发展步入新阶段,越来越多的农民"洗脚上田",进城入厂做买卖,农村土地经营出现了一些新的情况和问题。一是有人有田却不愿种。近几年,小璜镇长年外出务工人员达到 1.7 万人,占全镇人口总数的 44%,占劳动力人口的 50% 以上,有近 1 000 户农户举家外出。青壮年劳动力的大量外流,造成大量农田无人耕种,土地抛荒比较普遍,同时也增加了农业税收取的难度。二是有人有田却种不好。一家一户分散的耕作模式,产业结构以单一的水稻种植为主,农业比较效益低,导致农民的生产积极性不高。三是有人想种田却缺田种。小璜镇农民历来市场经济意识比较强,较早地完成了原始积累,涌现出大批种田能手和率先富裕起来的能人,他们有着扩大规模种植、大面积开发农业的强烈愿望和经济实力,同时部分乡村干部、科技人员和企业急于寻找大片相对集中的土地进行规模化经营。2002 年以来,就有福建、南昌、余干等地的客商慕名而来承包土地,搞大面积成片开发,小璜镇与时俱进,适时推进土地流转,今年全镇土地流转面积16507亩,占耕地总面积的38.5%,涉及全镇13个村6229户农户。土地在农户间流转的有2258户,流向专业大户的有23户,其中承包面积100亩以上的有10户,承包30亩以上的近100户,承包面积最大的达800亩。

二、理性的操作

小璜镇在土地流转中,坚持"依法、自愿、有偿、规范"的原则,把促进土地流转与发展规模经营有机结合起来,支持、鼓励大户和企业前来进行农业生产和农业开发,其主要做法有以下几点:

1.尊重群众意愿,保障农民土地承包权。 土地流转的主体是农户,土地流转必须建立在农户自愿的基础上。为此,该镇广泛宣传发动,做耐心细致的工作,及时召开村组党员干部会,在取得广泛村组干部、党员一致意见的基础上,召开群众大会,征得村民或村民代表会议三分之二以上成员同意后,将土地转包给大户或企业。对外出务工人员暂时不要田的,由本人与村集体签订合同,在一定时期内由村集体收回,但土地承包关系不变;对外出务工农户委托村集体帮助其流转土地的,由农户向集体递交委托书;对在家务农要田的,为相对集中连片和方便耕种,把相对较好的等面积土地换给他们。在充分尊重农民意愿的前提下,由农户与大户、企业签订转包合同并报村集体备案,或由村集体转包给大户或企业;转包合同期满后,按原有承包关系将土地还给农民,以保持二轮承包的延续性。

2.把握土地政策,完善农村土地承包制度。 按《中华人民共和国农村土地承包法》出台了五项政策措施,实现土地资源按市场要求优化配置和合理使用。一是对在外有固定经济收入的农户或不愿耕种责任田的农户,将其责任田进行转包。小璜村有人口3976人,拥有耕地3831亩。该村外出打工人员共有1500余人,其中在外有固定经济收入,且不需要依赖家中几亩田生存的有108户之多,今年他们都自愿将家中的承包土地委托给村组进行转包。二是村集体(即发包方)有权依法收回死亡绝户和抛荒两年以上的承包土地。三是村集体可以在群众自愿的前提下,对收回的承包土地和需要流转的土地与其他耕种承包土地的农户进行适当互换,达到集中连片,以利于重新发包和流转。四是农户土地承包经营权在符合法定程序的前提下可以流转,对无农业生产经营能力的农户,可以将土地经营承包权转让,并且可以获得相应转让收益;对未全面履行承包合同的农户,未经过集体(即发包方)同意备案,其承包的土地不得擅自流转。五是对收回的土地和需要流转的土地,村集体在同等条件下,优先发包给本村有耕种能力的成员。

3.保护农民利益,促进农民通过转包土地增收。　一是承包土地收回或进行流转后,该承包土地所负担的农业税等与原承包人无关,由新的承包人承担。二是土地流转后,原承包农户仍享受国家所有补贴。今年,该镇国家粮食直补26 814元全部按政策发放到农户(原承包人)手中。三是土地流转后,农民可以优先在原承包土地上为新承包人打工,如小璜村通过土地流转,形成了700亩集中连片的优质粮基地和近1 000亩的杨树苗基地,农民在杨树苗基地打工,按30元/日工资现金结算,每亩可获得400~500元的劳务收入。四是土地流转合同签订时,新承包人必须预先支付部分或全部租金,流转收益归农户所有。南昌客商在小璜村承包土地实行先付租金后用地,按178元/亩的标准将租金全部支付到位,村组没有拿农户一分钱。

4.规范流转程序,加强土地流转工作管理。　鼓励农民将承包地委托村组统一进行流转,镇政府根据人民代表大会通过的关于加强土地流转工作管理的议案,下发了指导各村土地流转的文件,规范流转程序,即农户自愿、村组牵线、双方协商、订立合同、完备手续。同时,规范合同管理。一方面,规范合同内容,主要包括双方当事人姓名、住址、流转土地的基本情况、流转期限、流转土地的用途、违约责任等;另一方面,在合同履行期间,镇村加强监督管理,保证新承包人不改变农业用途,防止对承包土地进行掠夺性经营。

三、良好的效应

从调查情况看,小璜镇土地流转带来的经济效益和社会效益十分明显,农村经济得到了发展,广大农民得到了实惠。据不完全统计,全镇流转土地总产值达到 1894 万元,获得流转租金 330.1 万元,农民在原承包地务工收入 295 万元。

1.**加快了现代农业发展。** 土地流转机制的建立,不仅有效化解了农户超小规模经营与现代农业集约化生产的矛盾,而且直接把农业引向企业化管理,成为推动农业现代化经营的新"亮点"。今年,小璜村农民种田大户严助富承包 386 亩土地集中连片栽种优质稻,一次性投资 30 多万元,购置韩国进口收割机一台、旋耕机 2 台,采取抛秧栽插技术和机械化作业,种植金早 47、金优 71 等优质早、中、晚稻,早稻产量已达 16 万斤,预计中晚稻可达 36 万斤,年总产值 44 万元,纯收入达 16 万元。目前,该镇 80 多户种粮大户承包的土地,成片面积达 5 000 余亩,粮食规模化经营的经济优势已初步显现。

2.**促进了农业产业结构调整。** 小璜镇土地合理流转,使种植能人、龙头企业能调整大片土地,向比较效益高、发展前景好的优势产业集中,进行规模生产,有力促进了农业产业结构调整,由单一的种植水稻向蚕桑、蔬菜、粮食、育苗等种植和畜牧养殖多方面发展。今年,全镇粮食面积 6.77 万亩,蔬菜面积 2 000 亩,蚕桑面积 620 亩,生猪饲养量达 2.42 万头,粮经比例调整为 48.75∶51.25,粮经比例趋向合理。

3.**增加了农民收入。** 一方面,土地流出的农户既可得到土地租金收入,又为转入方提供劳力,获得劳务收入。原来的农民承包户现在"不稼不穑",每亩每年就可得收入 200 多元,最高的可得 300 元,农民在原承包地务工工资每亩每年可达 400 元,仅此两项,农民每亩每年增收近 500 元。另一方面,土地流入的农户和客商在通过规模经营增加农业收入的同时,带动了当地农民致富。如去年运作的杨树苗基地,南昌客商不仅自己承包小璜村土地 320.5 亩搞苗木开发,年产杨树苗 128.4 万株,基地产值可达 192.3 万元,纯收入 96.2 万元,而且辐射带动了该村 10 多户农户开展苗木生产,每亩每年增收 1 000 元。据统计,今年约有 100 户栽了 400 多亩与优质稻基地同品种的优质稻,经济效益大幅度提高,农户较前些年每亩增收 500 元。

4.**推动了农民向第二、三产业转移。** 土地流转机制以来,小璜村将 1 595

亩水田承包给大户经营,全村已有 1 640 余名劳力转向第二、三产业,占劳动力总数的 90% 以上,人均纯收入达 2 760 元。目前,全镇农村户籍的非农从业人员为 2.62 万人,超过纯农业从业人员 1.1 万人,来自农业的收入占比全镇农民人均纯收入不足 30%。

四、有益的启示

小璜镇土地流转工作的有益探索和实践,得到了农民群体的拥护和支持,给了我们许多深刻的启示。

1.**最关键的是要认识和把握农村市场经济的发展规律。** 小璜镇在土地流转过程中,杜绝“反租倒包”的土地流转形式,而是按照市场规则流转,争取农民利益最大化。在实际操作中,他们根据土地市场供求状况和土地等级,合理确定一个土地流转价格基数,由农户按市场价格与受让方或受租方协商确定,使土地流转的转包费、转让费和租金等按市场价格流转。由于实行市场化操作,今年该镇土地流转租金从过去 100~150 元/亩稻谷提高到 200~300 元/亩,增加了 130 元,从而使土地流转更加顺畅了起来。这一成功的探索,顺应了新时期新阶段农村土地资源的供求规律,反映了工业化、城市化过程中农村劳务输出的发展趋势,在政策和法律的框架内发挥了市场在配置资源中的基础性作用,提高了土地资源的配置和生产效率,体现了生产关系一定要适合生产力发展的客观规律,解放和发展了农村生产力,这就启示我们在市场经济的新形势下,解决农村发展中的矛盾和问题,促进农村生产力发展,要多将着眼点放在生产关系的调整上,多将着力点放在市场经济规律的认识、把握和运用上,坚持改革的市场取向,尽可能用市场的办法配置资源,实现公平与效率。

2.**最根本的是要保障农民的合法权利。** 小璜镇土地流转得以顺利进行,其成功的经验就是把握好三个前提条件:(1)土地流转的决策权在承包农户,不搞平调和强迫命令,如南昌客商何水林承包的 800 亩杨树苗基地有一户插花田,经乡村干部多次上门做工作都不同意转让,镇村没有强求;后来,他看到其他转出土地农民尝到了甜头,便又主动让出来给客商经营。(2)土地流转全部收益归原承包农户,镇村不与民分利、争利,粮食直补、流转土地租金等全部收益归农民个人。(3)土地流转不超过土地承包期的剩余年限,一般在3~6年,也不改变土地的农业用途,转包期满,按原先的田还给农民,保障了农民的承包权。

3.**最基本的是要理性操作。** 小璜镇在土地流转中,不是放任自流,而是规范管理、正确引导、配套服务、提供支持,使土地流转从自发流转向组织化、有序化流转发展。今年初,镇政府在调查研究的基础上,制定了一个既符合政策又切合实际、操作性强的文件,指导、规范农村土地流转的运作行为,并通过抓点示范,引导农户把土地集中连片实行适度规模经营。对已经形成稳定流转关系的,指导双方订立流转合同,建立土地流转档案,及时调解流转纠纷;同时,改善农业生产条件,为土地流转和规模开发提供环境支持。该镇争取农业综合开发项目资金163万元,建设规模为5 000亩的标准园田化工程;争取水利资金,修建了横山水库支渠配套工程,增加灌溉能力3 000亩。通过上述努力,大大改善了生产条件,极大地推进了土地流转速度和规模经营进程。

4.**最重要的是把农民利益放在第一位。** 土地流转、集中经营之后带来的效益已在实践中得到证明,然而,要动有着千年"土地情结"的农民的"命根子",这项工作不可能一帆风顺。土地流转工作的成败,最重要的要看是否尊重农民意愿,把他们的利益放在首位。小璜镇土地流转成功、顺畅,就在于让农民取得了除土地所有权以外的其他一切权益,农民不仅全额收取了租金,获得国家各项补贴,而且有的农民还直接得到生产环节的劳动报酬,村集体没有截留一分钱,农民在土地流转中真正得到了实惠。如果流转损害了农民的利益,农民不会答应,流转就不可能成功。

(本文原载于抚州市委政研室《政研内参》2004年第11期,有改动)

改革发展是根本出路

——抚州市四乡(镇)农村基层工作的调查

　　为了客观真实地了解当前农村基层的情况和问题,为党委政府决策农村工作提供参考和依据,最近笔者到宜黄县棠阴镇和二都乡、乐安县公溪镇、崇仁县东来乡进行了一次深入调查。其间,分别召开了县乡(镇)村组干部座谈会,上户访谈了部分农民群众,以财政经济运转为突破口,重点解剖、分析当前农村基层存在的一些突出问题,对做好新形势下的农村基层工作进行了一些思考。

一、当前农村基层存在的主要问题

　　调查情况表明,当前农村基层总的形势是好的。一是乡村干部顾全大局精神状态尚好;二是农业产业结构调整力度大,农作物长势普遍良好;三是农村社会基本稳定。但是,也的确存在许多矛盾、困难和问题,主要表现在以下几个方面:

　　1.乡镇财政收支的缺口,导致乡镇运转困难。 1999年度,公溪镇财政决算收入456.7万元,实际税源收入只有383.5万元,决算收入与税源缺口73.2万元,预算内实际可用财力只有31.89万元,年度财政实际支出251.9万元,财政收支缺口220.01万元;棠阴镇决算收入207.6万元,实际税源收入172.6万元,决算收入与税源收入缺口35万元,实际可用财力120万元,财政实际支出125.9万元,收支缺口5.9万元;二都乡决算收入218万元,实际税源162万元,决算收入与税源缺口56万元,预算内可用财力95.67万元,财政实际支出149万元,收支缺口53.33万元;东来乡决算收入108.69万元,实际税源87.36万元,决算收入与税源收入缺口21.33万元,预算内可用财力70.82万元,财政收支缺口

20.61 万元。这些情况说明三个问题：一是任务过重。1999 年经济缺口率：公溪镇为 16.03%，棠阴镇为 16.86%，二都乡为 25.69%，东来乡为 19.62%。二是分配不合理。1999 年公溪镇可用财力只占决算收入的 6.98%，只占实际财源的 8.32%，按实际财源计算，四乡镇财政平均上解率达 45.56%。三是财政入不敷出。1999 年四乡镇财政平均缺口率达 74.99%，加上垫解因素，平均缺口额达 83.6 万元。

预算内财政的这种状况，客观上带来了几个问题。一是有的乡镇"水路不通走旱路"，而伸长预算外"这只手"，加重群众负担。如公溪镇去年预算外各项收费总额达 158.71 万元，相当于预算内实际税源的 70.17%。二是乡镇运转困难。到 6 月底，公溪镇共欠发干部教师工资 8 个月，棠阴镇欠发干部工资 4 个月、教师工资 2 个月，二都乡欠发干部教师工资 16 万元，东来乡欠发干部工资 2 个月。截至 1999 年底，棠阴镇累计负债 75 万元，村级负债 239 万元；公溪镇累计负债 415.3 万元，村级负债 200 多万元。这种状况已经影响了乡镇的正常运转，长期这样下去，终会影响基层政权的稳固。三是导致"靠山吃山，靠水吃水"现象产生。有的乡镇由于入不敷出，拖欠工资，便号召站所和学校分散决策，"自己的孩子自己养"。于是，有的乡（镇）计生办把计划外生育罚款作为"生蛋的鸡"，松管严罚；有的农村学校把目光紧紧盯住学生，收费标准大大高于私立学校。

2.计划经济旧体制与市场经济新要求的矛盾，导致农村工作政出多门。观念落后，创新意识不强。 一是农业站所体制不畅，政出多门，管理脱节。大部分农业站所受县市、乡镇双重领导，业务上受主管局领导，人事财务上受乡镇领导，这种体制在实际运行中造成管理上的脱节。有权的单位成了独立核算单位，其工作重心放在部门业务和经济利益上，对乡镇中心工作常打折扣，如计生办、土管站、水管站、农机站、兽医站等；无钱无权的单位则由乡镇财政背上包袱或靠自身创收解决，如农技站、农经站、水产站等。二是教育体制不顺，财权与事权相互脱节。由于财政包干，拖欠农村教师工资现象就难于避免，同时，县市教育主管部门管不了教师工资，没有经济权，也就没有真正意义上的人事权，因而在教师调配和师资队伍建设上显得无能为力,致使教师不能合理搭配,造成教师资源浪费。有的城郊乡镇教师剩余30%以上,而边远山区乡镇却教师短缺,只有另聘民办教师,增加农民负担,形成恶性循环。

这种上下对口、政出多门、条块分割、人事脱节的计划经济旧体制,导致实际工作与精简、效能的市场经济新要求相距甚远。一是人员庞杂,人浮于事。四个乡镇农业站所共有人员228人,平均每个乡镇57人。"僧多粥少"的现状,既造成了沉重的经济压力,又挫伤了科技人员的积极性。二是观念陈旧,缺乏创新意识。大部分农技人员还心存吃"大锅饭"蹭"铁饭碗"的思想,始终盼望国家扶持或收编,市场经济意识、风险意识淡薄;加之农业站所"有钱养兵,无钱打仗"的实际状况,更使农技人员没有兴趣和精力去考虑技术知识更新,更谈不上技术上的创新。三是农村教育形势严峻,教育经费不足。二类危房仍在使用,三类危房也无钱加固;师生比例失调,有所小学五个年级仅有69名学生,每个年级都安排相应教师任教,造成师资浪费;教师素质偏低,四个乡镇中学第一学历为专科以上的仅占19.8%,中小学聘用民办教师达210多人。

3.市场经济新形势与干群观念方法落后的矛盾,使乡村干部在市场经济面前举轻若重,农民群众无所适从。 调查中我们感到,目前一些农村基层干部群众面对市场经济有点无所适从。一是乡村干部对市场经济知识了解少、研究少,"穿老鞋走新路"的现象比较普遍。一些地方干部仍然采取计划经济老办法,凭经验和感觉指导农业生产,在没有对市场进行调查研究和定位的情况下,仍然沿用依靠行政手段下达种养计划的方式,而且总在一些传统产品的加减上做文章,不仅没有给群众带来增产增收的实惠,而且往往得不偿失,以致群众形成一种逆反心理,对政府号召的结构调整总持怀疑的态度。二是农民群众驾驭市场经济的能力较低,尚没有真正成为市场经济的主体。现在多数农民都懂得"什么赚钱就种养什么"的道理,但是都只是关注本地市场,不懂得收集和运用外地市场的信息,因此70%以上的农产品都是销售在本地,真正到外地批量推销农产品的农民很少。种养什么、不种养什么,大都是根据上年的本地市场行情,大家都这样操作,往往形成供过于求的恶性循环,效益甚低。一些农民这样反复吃亏后,就错误地认为还是种粮保险,基本利益能有保障。三是农村市场发育不健全。目前,农村信息市场、要素市场和劳动力市场尚没有建立,人流、物流、信息流不旺,商品经济发育滞后。与此同时,产地农产品批发市场不健全,有的辐射功能不强。农产品流通渠道不畅,过去计划经济时期,国有、集体商业的主渠道功能已经丧失,而新的民间流通渠道又担当不起主渠道的功能,从而使流通规模偏小,流通效益偏低。

二、改革和发展是解决农村问题的根本出路

我们认为,当前农村基层存在的这些突出问题,如不引起我们高度警觉,各种矛盾将会交织而激化,长此以往,后果不堪设想。对此,我们必须早醒、早起,既要在广大农村开展"致富思源富而思进"的教育,更要贯彻落实江泽民同志"三个代表"的重要思想,把党的爱民富民政策深入基层、交给群众,从巩固政权的高度深化农村上层建筑改革,加快农村经济发展步伐。

1.**身体力行"三个代表",全力化解农村基层矛盾。** 一要全面贯彻落实党在农村的一系列方针政策。各级党政组织和各级领导干部要真正关心农民群众的疾苦,切实引导、帮助他们走进市场,积极成为市场经济的主体。要高举减轻农民负担的旗帜,以即将展开的农村税费改革为契机,规范农村分配制度,萎缩目前已经伸长的乡镇财政预算外"这只手",切实减轻农民负担。二要大力加强农村基层组织建设。要以"三个代表"的重要思想为指导,紧紧围绕深化农村改革,发展农村经济,增加农民收入,加快脱贫致富奔小康步伐这个中心,以创建"五好"村支部、"六好"乡镇党委为载体,深入开展争先创优促先进转化工作,全面提高农村基层组织的凝聚力和战斗力。三要切实减轻乡村负担,改善农村工作环境。当前各级党委、政府要制定政策措施帮助乡镇建立基本兑现工资的财政机制,解决他们生活中的实际困难。地、县(市)两级要率先垂范加快本级经济发展,壮大本级财源和财力,逐步减轻乡镇财政上解比例,使乡镇预算内可用财力明显增强,促进乡镇财政正常、健康运转。

2.**实施科教兴农战略,加快农村生产力发展。** 一是普及干部群众的市场经

济知识。地、县(市)、乡(镇)三级党校要对农村村小组长以上的干部进行轮训，用市场经济知识武装他们的头脑，增强农村基层干部领导和驾驭市场经济的能力。与此同时，建议各地经常开展农村社会主义市场知识教育，采取驻村进户的办法，从帮助农民解决卖难、搞好结构调整、搞活农产品流通入手，向广大农民群众大力宣传社会主义市场经济知识，增强农民群众参与和适应市场经济的能力。二是在广大农民中广泛开展实用技术培训。由地、县、乡三级财政安排专款，规划用1~2年的时间，利用业余党校、农民夜校、农函大等阵地对农民进行拉网式实用技术培训，使每个农民家庭掌握1~2门实用技术，全面提高农民群众的科技素质。三是大力引进和推广良种良法。将此列入重要的议事日程，注重实际效果，建立健全机构，有计划、有步骤地引进新品种，推广新技术，全面提高农产品的科技含量。

3.**转变乡镇政府职能，精简机构和人员，积极开展乡镇机构改革。**　鉴于市场经济新形势下，乡镇职能和管理手段都发生了深刻的变化，建议对行政区划太小、管辖人口在1万人以下的小乡镇进行撤并，精简农村政权机构，真正实现"小政府、大服务"。同时，对乡镇内设机构，做到"可有可无的坚决撤，可分可合的坚决合；可大可小的坚决小"。乡镇农业站所，可根据实际情况，该并的并、该撤的撤、该放的放、该加强的就加强。乡镇要按照人员编制严格控制干部职数，不缺编不进人。今后大中专毕业生不直接分配到乡镇工作，一律进入人才交流中心；乡镇需要人员，向社会公开招聘，择优录用。

4.**改革教育管理体制，提高农村办学质量。**　一是改革农村教育管理体制。现行分级办学、分级管理的教育管理体制，已不适应当今教育事业的发展，产生了人权、财权、事权的不统一，使教师工资得不到保障。要尽快改变这种管理体制，把农村教育的人事权、财政权收归到县市，农村中小学教师调动、工资发放由县市一级负责。二是调整学校网点布局。按照国办发〔1999〕91号文件精神，进行教学网点布局调整，对班额少于30人的学校原则上不办完小，可将四、五年级学生并入中心小学或就近合办，同时撤并规模较小的初中。三是鼓励社会办学。要制定优惠政策，提供便利条件，鼓励和扶持社会力量发展教育事业。

5.加强民主法制建设，转变干部作风，切实维护农村稳定。 一是要深入持久地开展村务公开、乡(镇)务公开活动,给干部、群众一个明白,给乡(镇)村两级组织一个清白。在此基础上建立民主决策、民主监督机制,促进廉洁公务。二是在广大农村开展民主法制教育。通过教育使广大基层干部进一步端正思想工作作风,增强政策和法制观念,坚决按法律和政策办事,不搞土政策,提高依法行政、民主管理农村社会和农业生产的水平。教育农民群众进一步明确自己的权利和义务,遵纪守法,承担合理负担。三是切实转变基层干部作风。要求乡镇干部一定要吃住在乡村,不当"走读生",实行乡镇干部挂村制,落实帮挂责任,促进乡镇干部深入实际,深入生产第一线,与农民交朋友,切实为农民排忧解难,帮助脱贫致富奔小康。四是继续推进农村社会治安综合治理。认真落实《信访条例》,增强村民自治能力,正确处理好人民内部矛盾,打击各种违法犯罪活动,把不稳定的因素消灭在萌芽状态,维护农村社会的持续发展和稳定。

(本文原载于江西省委政研室《政策广角》2000 年第 9 期,有改动)

对抚州市当前农村经济发展的几点思考

近年来,抚州市农业和农村经济得到了快速的发展,农产品市场日益增多,农民生活水平显著提高。但是,我们也应注意到,农业和农村内部一些深层次的矛盾逐渐凸显。一是买方市场已经形成,传统农产品供求出现阶段性结构过剩,农产品品质不优,品种雷同,农产品加工业发展迟缓,流通不畅;二是农业生产正在由资源扩张型向资金技术密集型转变,资金缺乏,科技水平不高,农业和农村经济发展后劲不足;三是农村经济结构单一,经济基础承载的上层建筑负担重,农产经营规模太小,农民增收速度减慢;四是农村市场发育不充分,农业社会化服务体系不健全,农业基础设施建设严重滞后,城乡一体化进程缓慢,乡镇企业经营陷入困境,等等,制约着农村经济的持续稳定发展。面对这些情况和问题,我们要紧紧围绕"创文化名城、建经济强市"的发展战略,以提高农民收入水平为根本出发点,厘清农村经济发展思路,推动抚州市农村经济健康、持续、快速发展。

一、调整农业结构,推进农业产业化

在买方市场条件下,农业的发展必须面向市场、突出特色,着眼未来,紧紧抓住人们消费水平提高及即将加入世界贸易组织的良好契机,及时进行农业结构的战略性调整。从抚州市实际出发,要着重把握以下几点:

一是按照比较优势的原则,搞好农业区域布局,形成以临川、东乡、金溪、南城、南丰、崇仁等县(区)为主的粮食生产带,以山区为主的特色种养带,以城镇郊区为主的蔬菜、花卉带,以昌厦高等级公路沿线为主的旅游观光农业带。粮食主产区要在适当调减早稻面积,扩大优质稻栽培,稳定粮食生产的同时,大力推广一季稻—秋冬菜、早熟菜(早花生、春玉米、西瓜、烟叶)—晚稻等高效耕作模式,积极发展粗蛋白含量高、糙米率高、产量高的饲料稻和食用菌、药材、果蔗等高效经济作物生产,实现"粮—经—饲"三元协调发展。山区要在保证粮食基本自给的基础上,进行退耕还林、退耕还牧,着力发展特色养殖业和林果业,努力提高林果业产值在农业生产总值中的比重。城镇郊区应紧盯城市居民的"菜篮子"和"阳台子",把蔬菜和花卉作为重点产业来抓,通过集约化和规模化经营,形成城郊特色农业。昌厦公路沿线应以金山寺、麻姑山等景点为龙头,以沿线村镇为载体,把农业生产与生态保护和景点开发结合起来,使之成为绿色食品生产和旅游休闲的重要基地,以及展示抚州农业的重要窗口。二要重视发展畜牧业,使畜牧业成为农业及农村经济的重要支柱。畜牧业具有均衡、密集利用劳动资源,加工增值幅度大,综合效益高等特点,也是农民现金收入的重要来源。有关专家分析,加入世界贸易组织后,我国畜牧业以其饲养成本低、特色品种多等优势具有更广阔的发展空间。从抚州市实际来看,应充分发挥粮食资源丰实的优势,大力发展生猪、鸡鸭、水产等养殖业,提高粮食的肉品转化率,同时,利用山区牧草资源优势,积极发展山羊、肉牛等草食牲畜,力争到 2005 年,使抚州市畜牧业生产总值由 1999 年占农业总产值的不足 35% 提高到 40% 左右。三要坚持改良利用本地品种和引进推广外地良种相结合的原则,不断优化农业品种结构。扩大优质高效农业的生产规模,努力提高农产品优质品率。目前尤其要搞好南丰蜜橘的提纯复壮和三元杂交猪的改良换代,夯实两大名牌产业的发展基础。

实践证明,发展农业产业化经营是推进农业结构升级,实现农产品生产、加工和销售之间的有机联系,解决农户的小生产和大市场之间的矛盾,提高农业比较效益的有效途径。近几年来,各地在实施农业产业化经营方面取得了一定的成绩,培育发展了一批支柱型产业和龙头企业,推动了经济的发展,但是也存在着产业化水平低、组织实施力度不够和龙头企业发展后劲乏力等方面的问题。因此,各县(区)要充分发挥政府在推动农业产业化发展中的作用,对产业化发展进行全面的、科学的、系统的规划,引导、规范和帮助农户开展农业产业化经营活动,加强产业化基地建设,避免短期发展行为。同时,把培育和发展龙头企业作为发展农业产业化的突破口,对龙头企业在资金、人才、税收、土地转让等方面给予尽可能多的支持,培植和壮大一批产品科技含量高、市场知名度大、牵引带动能力强、经济效益好的优势龙头企业。

二、依靠科技进步,改造传统农业

科学技术是现代农业竞争的关键。抚州处于经济后发展地区,要根本改变农业的落后状况,实现由传统农业向现代农业的转变,更好地发挥农业在"建经济强市"中的基础作用,仅仅依靠自身的科技力量是远远不够的,必须广借外脑,内外联手,把现代高新技术与改造传统技术和提高农民素质有机地结合起来,建立新型的技术创新体系和农业技术推广体系,提高科技对农业增长的贡献率。一要积极开展与区外科研院所的密切合作,抢占现代农业发展的制高点。各县(区)要结合本地农业的发展,选择一批发展潜力大、带动效果显著的关键性项目,通过科技入股、签订协议等方式,与区外科研院所形成长期的合作伙伴关系,依靠重点项目的发展带动抚州市农业跨台阶、上档次。目前应重点搞好生态农业技术、新品种引进与改良技术、农产品贮藏和深加工技术等的合作开发,以及生态农业示范园和高新农业示范园的建设。二要加快农业科技推广服务体系建设,有效满足农民对科学技术的迫切需求。在已形成的市、县、乡、村四级农村推广服务网站的基础上,重点是改革市、县两级,强化乡一级,充实村一级,落实到农户。各推广服务机构要通过建立科技示范服务基地,与农户结成利益共同体等方式,提高服务功能和服务水平。三要加快农村职业教育和农业技术培训体系建设。各类农村职业技术学校要面向市场、立足农村,不断改善教育教学条件,调整"非农化"的教学结构,使其成为现代化新型农民教育培训的重要基地。同时,利用业余党校、农民夜校、农函大等途径和示范培训、科技下乡等形式,对农民进行实用技术培训,使每个农户至少掌握一门实用技术,全面提高农业劳动者的科技文化素质。

三、培育市场体系,促进农产品流通

进入 20 世纪 90 年代以来,抚州市逐步加大了培育农村市场体系,搞活农产品流通的工作力度,全市先后建成各类农产品市场百多个,并催育出一大批农产品销售组织和销售能人,形成了专业批发市场与城乡农贸市场相结合,传统流通企业、新型营销组织和农村运销能人等多种模式并存的农产品流通格局,活跃了农产品市场,促进了农村商品经济的发展。尽管如此,农产品卖难现象在抚州市仍严重存在。究其原因,既有农业结构不合理,农产品品牌知名度不高,农业产业化水平低等农业自身因素,也存在着市场(尤其是专业市场)服务功能缺位,信息网络不健全,农民组织化程度低等外部制约因素。因此,解决农产品卖难问题必须内外兼顾,要在适应市场需求变化,优化农业结构,壮大"昌顺"等农业品牌,推进农业产业化的同时,一方面搞好农产品市场建设,规范市场管理,发挥市场的综合服务功能。市场不仅仅是提供交易主体的活动场所,它还具有吞吐商品、定等分级、发现价格、传播信息等诸多功能。因此,市场建设是一项整体工程,要求我们既要加强基础性硬件建设,还要搞好配套硬件和软件建设,严格市场法治化管理,不断提高服务水平,彻底转变那种"重建设、轻服务"的传统观念,真正建成一批分布合理、辐射范围广、交易量大、管理规范、服务设施齐全的农产品及其加工品专业市场。同时,抓好市场信息网络建设,充分利用各种途径,尤其是现代传媒渠道,沟通区内外市场信息,发展网络贸易,积极发挥信息网络在联通农产品生产中的作用。另一方面,积极鼓励农村集体经济组织和农民进入流通领域,让农民能更多地分享市场经济带来的利益。大量实践表明,要组织好农民进入市场,提高其竞争地位,减少中间利益的流失,最有效的办法就是成立合作经济组织。因此,各地要把组建专业协会,引导农民发展合作经营作为发展农村经济的一项重要工作来抓,并通过开展形式多样的展销促销活动,促使农民协会成为未来农产品流通的主渠道。

四、实施重点发展战略,积极推动农村城镇化

发展小城镇对于改变我国城乡二元结构、实现农村现代化具有重要意义,是

发展农村经济的重大战略。抚州是个传统的农业大区,城镇资源短缺,发展小城镇不宜遍地开花,要按照本区经济发展的整体部署,科学地对小城镇发展进行总体规划和布局,择优重点扶持全市 10 个县城和 20 个左右的综合优势明显的中心镇,通过规模扩张或向小城市跃迁,推动抚州市农村城镇化发展。小城镇建设要根据各自的自然、经济、社会条件,科学确定小城镇发展的方向,如可以建成贸易城或企业城或旅游城或科技城等,并合理制定小城镇的发展规模和发展速度。要从长远和全局的高度对小城镇建设进行全面规划,重点解决好小城镇的空间布局问题,确定好基础设施和公用设施用地,划分好城镇功能区,避免城建中心的随决性和盲目性。要把小城镇建设与乡镇企业发展结合起来,积极引导乡镇企业向小城镇集中,避免村村点火、户户冒烟,既可节约用地、保护环境,又能形成规模效益。聚集人气,带动商贸、金融、饮食等第三产业的发展。同时通过大力发展农副产品加工和储运等服务业,使小城镇成为带动当地农业发展的农副产品加工储运中心和服务中心,实现小城镇建设和农业产业化发展的良性互动。在小城镇建设中,要建立国家、企业、个人等多元投资机制,多渠道筹集资金。市、县两级银行和财政部门要加大对重点城镇基础设施建设资金的投入,发挥国家投资对小城镇发展的拉动作用;乡镇要进一步推进城镇房地产开发,垄断土地增量,盘活土地存量,充分利用级差地租原理,严格控制开发经营中增值部分,做到"以地生财,滚动开发";要按照"谁投资谁经营谁收益"的原则,鼓励外商、企业、个人参与水电、通讯、医院、学校、旅游和娱乐等基础性项目建设,改善城镇居民的聚居环境,增强小城镇对企业和农民的吸引力。

五、深化乡镇体制改革,切实减轻农民负担

一是转变乡镇政府职能。根据农村社会经济发展的需要,及时转变乡镇政府职能,进而推动乡镇机构变革,是乡镇体制改革的一般规律。近几年来,随着社会主义市场经济的建立,计划经济体制下的"全能型"政府管理模式已经成为农村社会经济进一步发展的桎梏,乡镇政府职能亟须重新调整。乡镇政府要从统包统揽公用事业、过多干预微观经济活动中解脱出来,真正转变到为乡镇经

济、社会发展进行决策、计划、协调、监督,提供社会保障、优化发展环境,并通过市场机制引导、促进市场主体的经营、生产活动符合宏观经济发展目标上来,实现由"全能型"向"服务型"角色的转换。其次,精简乡镇机构。精简机构、分流人员历来是政府机构改革的难点,也是乡镇体制改革成败的关键,各地应本着"减轻农民负担,降低政府成本"的原则,大刀阔斧地精简政府机构,按照区域经济发展的客观要求,重新调整乡镇布局,对一些人口规模过小,经济基础脆弱的乡镇坚决予以撤并。

二是严格控制领导职数。乡镇领导班子配备应本着"精干、高效"的原则,通过党委、人大、政府领导交叉兼任的方式,把领导职数压缩到 7~9 名。三是重新核岗定编。乡镇党政部门按照农村发展的需要,可撤并为 6 个左右的办公机构,即负责原党委办、政府办和政法的综合办公室,负责乡镇企业、农业、城镇建设的经济发展办,负责科教文卫和计生的事业发展办,负责组织、宣传和纪检的政工办,负责共青团、妇联、工会和武装的群工办,负责农村民主法制建设的人大办。编制精简到 20~35 个,小的乡镇不超过 20 个,大的乡镇不超过 35 个。公安、金融、工商、税务、粮食等在乡镇的派出机构,应在上级主管部门的领导下,立足本线,独立履行自身职责,并接受乡镇政府的指导和协调。农技站、兽医站、经管站等事业机构应联合起来,成立农业技术综合服务中心(设事业编 3~5 名),从政府分离出来,进行企业化经营,既减轻乡镇财政压力,又能密切与农民的关系,提高为农服务水平。

(本文原载于《党政干部论坛》2006 年第 3 期,有改动)

第六篇

改革探索

加强工会建设　推动园区发展

崇仁县位于抚州市西部,现辖 7 镇 8 乡,总人口 38 万人,总面积 1 520.1 平方公里,是抚州市工业大县和经济强县。近年来,该县工业园区快速发展,入园项目数量、质量和效益在全市工业园区处于领先地位。2006 年 1~10 月,工业园区完成产值、实现销售收入、上缴税金同比分别增长 48.95%、52.23%、59.9%。崇仁县按照中央和省委关于加强新经济组织工会建设的要求,以工业园区为切入点和突破口,通过加强工业园区工会联合会以及企业工会建设,为职工维权、为企业帮忙、为政府分忧,有效破解了当前工业园区普遍存在的招工难和如何建立新型和谐的劳资关系、企工关系的难题,探索出了一条加强新经济组织工会建设,促进工业园科学发展、和谐发展的新路子。

与时俱进,找准新经济组织工会建设的切入点。　随着新经济组织的兴起,如何适应形势的变化做好产业工会工作、维护广大职工合法权益,曾是困扰崇仁县总工会的一大难题。为了尽快打破工会在新经济组织中说不上话、插不上手、帮不上忙的尴尬局面,县总工会决定由班子成员带队,分成四个组深入全县各地工厂、企业调查研究。调查中发现,全县 90% 的新经济组织、95% 的产业职工在工业园区。做好工业园区工会工作,是加强新经济组织建设的重要切入点和突破口,为了做好这项工作,他们先后赴浙江、江苏、广东等地工业园区学习考察,反复研究在工业园区建立工会联合会和企业工会的方案,这一举措得到了县委、县政府的高度重视,并于 2005 年下半年开始实施方案。一年多来,为推动园区企业工会组织建设,促进园区企业发展,崇仁县总工会的干部们大部分时间都扑在园区。

组建工会，增强园区发展的向心力。 2005 年以来，县总工会联合工业园区管委会，按照"哪里有职工、哪里有工会"的要求，遵循"先搭台、后规范"的原则，以感情联络为切入点，以转化认识为突破口，在试点的基础上加快了工业园区工会的组建工作。一是以情感人，密切与企业主的联系。县总工会坚持每季度召开一次企业主联谊座谈会，接触、熟悉客商和企业领导，联络沟通感情，不断增进他们对工会工作的了解和认可。二是加强引导，增强企业主对工会工作的认识。县总工会先后印发《致园区企业组建工会的一封信》《崇仁县委关于进一步加强新时期工会工作的意见》和《新建企业工会组建手册》等，向园区企业广泛宣传组建企业工会的现实意义和法律法规，提高他们对工会工作的认识和组建工会的积极性。文件下发后仅一个多月的时间，就有近 20 家企业提出组建工会的要求，表现出强烈的愿望。三是讲究方法，稳步推进组建工作。2005 年 10 月份开始，县总工会和工业园区管委会在工商、税务部门的支持下，对园区企业有关方面的情况进行了深入调查，由班子成员带队，组织精干力量，采取"突破重点，带动一般"的方法，制定详细方案，推进组建工作。四是完善制度，促进组建规范化。通过上门帮助指导、组织学习培训、定期检查督促等方法，逐步实现"四个到位"，即依法组建到位、基本要求到位、相应组织到位、工作制度到位。目前，崇仁县工业园区已组建联合工会 2 个，有 51 家企业组建了工会组织，占园区企业总数的 91%，会员总数达 4900 多人，职工入会率达 90%。

手托双方，增强园区发展的和谐力。 县工业园区联合工会和企业工会建立以来，坚持一手抓职工维权，切实维护广大职工的合法权益，一手抓为企业服务，帮助企业解决实际困难，深得职工和企业的拥护和支持，推动了园区和谐发展，呈现出"五无"（无拖欠工资、无职工上访、无工伤事故、无劳资纠纷、无"三乱"）现象和产销两旺的好势头。一是切实保障职工利益。县总工会和园区联合工会经过与有关单位沟通和协调，使园区职工持工会会员证可在卫生、教育等 8 个行业，10 家定点单位享受费用减免、价格打折、优先接待等 39 项优惠待遇，赢得了企业和会员的普遍赞誉。工会组织运用法律手段指导和帮助职工与企业建立了平等协商、集体签订用工合同的制度，明确规定了职工 8 个方面的权益，使园区企业普遍建立了合作、友好、稳定的新型劳动关系。江西赣龙电动工具有限公司在工会组织的协调下,对职工实行双休日制度,承包3辆公交车接送职工上下班,为职工提供免费午餐。二是加强维权协调。园区工会积极参与协调劳动关系和调解劳动争议,重点协助劳动保障部门对企业执法检查,切实纠正一些企业侵犯职工合法权益的行为。通过在企业建立劳动争议调解委员会和劳动保护监督检查委员会,利用劳动争议调解、仲裁和诉讼等工作的开展,为职工提供法律服务和援助。2005年底,曾有2家企业因为资金周转困难,拖欠了职工一个月的工资,在工会组织的帮助下,很快进行了兑付。三是真心为企业排忧解难。2006年来,县总工会和园区联合工会先后帮助51家企业建立了职工档案,组织215名职工代表参与了企业厂规、厂纪、安全生产管理制度和监督制度的建立,先后成功协调了长衡公司与附近村民的排水纠纷和汇联公司的销售代理纠纷,帮助企业消除了不良影响,减少经济损失50余万元。

开展活动,增强园区发展的凝聚力。 县总工会和园区联合工会还在工业园区开展了一系列主题教育活动,促进园区与企业、企业与职工之间的沟通,增强园区和企业对职工的凝聚力。通过开展"双爱双评"(职工爱企业、企业爱职工,评选爱职工的优秀厂长、经理和评选爱企业的好职工)竞赛活动,58家企业的主要负责人先后主持召开职工代表座谈会、征求意见会243次,与工会负责人、车间班组长、职工代表个别交换意见1 100余人次,累计提出整改措施383条,减少了企业与员工沟通协调的障碍,促进了民主管理和科学管理。通过开展"以勤奋对待工作,以敬业对待公司,以忠诚对待老板,以自信对待自己"为主题的读书演讲比赛,吸引了51家企业的120多名一线工人选手和20多名企业管理层选手参赛,在累计16场的初赛、复赛和决赛中先后组织了3 200多名职工代表和200多名企业经营者观看,选手们对企业的赤诚之心和深切期望深深感动了企业领导。有的企业老板激动地说,这种比赛是最生动、最有效的思想政治工作,有利于鞭策老板、激励员工;还有的企业老板告诉我们,通过组织参加工会活动,员工爱岗敬业的生产积极性普遍高涨,工会已成为企业不可缺少的重要组织。

完善功能，增强园区发展的吸引力。据了解，崇仁县工业园区离县城近5千米，建园之初没有配套的服务设施，多数企业员工吃饭在路边店、住宿租民房，加之文化生活贫乏、技术提高无门，严重影响了企业招工和职工队伍的稳定。曾经有一段时间，工业园区短缺工人2000余人，严重制约了生产发展。针对这种情况，县总工会主动争取县委、县政府的支持，通过置换坐落在县城的办公楼、争取上级支持和招商引资等方式筹措资金800多万元，在工业园区兴建了职工生活文化服务中心，包括服务中心、职工公寓和职工幼儿园等设施。服务中心集食堂快餐、百货超市、卫生诊所、技能培训课堂、报刊阅览、音乐茶座、乒乓球室、篮球场、健身休闲房于一体。职工公寓采用大学公寓管理模式，对入住职工提供家庭化服务，每人每月仅需30~40元租金。职工幼儿园聘请任教多年、经验丰富的幼教老师为园区职工提供幼儿托教服务，其中开设的全托服务尤其受广大职工的欢迎，解除了他们的后顾之忧。职工生活文化服务中心的建立，完善了园区功能，优化了园区环境，增强了园区企业的吸引力，不仅迅速改变了园区招工难和在岗职工流动频繁的现象，还吸引了广西、贵州、云南、四川等地1000多名熟练工前来就业，对园区生产发展产生了积极的影响。

有为方能有位。县总工会适应工会工作面临的新形势新任务，不是在机关养尊处优，而是切实转变作风，紧紧围绕服务发展、促进和谐的大局，明确自己的工作职能和工作定位，解放思想、奋发有为，通过加强工业园区工会建设，把新经济组织工会工作做得生动活泼、红红火火，既发展和维护了广大职工的利益，又赢得了企业的广泛信任，更推动了工业园区的和谐发展。

（本文原载于江西省委办公厅《工作情况交流》2006年第14期，有改动）

推进综合评价改革　提升教育教学质量

　　为有效解决学生课业负担过重、体质状况下滑、创新精神不足、实践能力较差等问题,抚州市在积极创建省级"抚州基础教育综合改革试验区"的基础上,主动请缨,争取教育部将抚州市列为全国 30 个中小学教育质量综合评价改革实验区之一,力争通过先行先试,为推进综合评价工作探索路径,积累经验。4 年来,在教育部和省教育厅的关心支持下,经过 3 轮测评实践探索,抚州市基础教育综合评价改革取得了明显的阶段性成效。

一、探索实践,初步建立中小学教育质量综合评价体系

　　围绕"探索路子、建好机制、提升质量、增强活力"的总体思路,积极推进综合改革。一是科学设计,增强改革的前瞻性、方向性。抚州市委、市政府对推进综合评价改革高度重视,主要领导多次听取汇报,分管领导部署,市县两级成立了领导小组,先后召开专家论证会、调研座谈会、动员布置会、培训会、工作推进会 40 多次,形成了推进改革的广泛共识和强大合力。出台了富有特色的实验方案,从指导思想、指标体系、评价方式、评价流程等 9 个方面构建了实验工作框架,明确了改革的时间表、路线图,牢牢把握了改革的正确方向。二是精心实施,增强实验的规范性、操作性。按照一个正确服务导向、一套科学指标体系、一批好的评价工具、一套合理评价机制、一支专业评价队伍、一个可靠合作伙伴、一系列干预措施、一批科学成果"八个一"的工作思路,采取"教研部门+测评机构+第三方专业机构"的工作模式,整合全市 172 位优秀教研员和教师组成 5 个专家组,与知名专业机构开展战略合作,构建了高效的工作团队和技术平台,对

327 所学校 4~12 年级的 130 729 名学生进行了包括体能发展水平、学业发展水平、综合素质发展水平等项目的测评;对 8 958 名校长、教师进行了包括管理风格、教育素养等内容的线上问卷作答与录课观察,提升了测评工作的规范性和操作性。三是完善机制,增强评价的系统性、长效性。经过 4 年 3 轮的测评实践,建立了既覆盖教育部颁发的 5 个方面 20 项核心指标,又具有抚州特色的指标体系;开发了与指标体系对应的测评工具,探索了包括纸笔测评、实地测评、网上量表及问卷和情境测评等有效方式;建立了覆盖全市中小学的评价信息采集系统和"抚州市中小学教育质量综合评价系统"平台;形成了综合评价与质量提升相互促进的长效机制。运用评价成果对教育运行、教育教学改革进行了有效干预,取得明显成效,为全面推进改革奠定了坚实的基础。

二、科学干预,充分运用改革成果提升教育教学质量

我们突出评价的诊断指导功能,坚持问题导向,根据测评报告所反映的问题,深化改革,强化治理。一是优化考评权重,促进义务教育均衡发展。针对报告显示部分县(区)办学条件不足、薄弱学校较多、城乡办学差距较大、师资力量不均衡等问题,我们在科学发展指数和县(区)教育目标考评中增加了教育投入和师资配置的权重,督促县(区)加大投入。"十二五"期间,全市教育投入年均增长 22% 以上,实施了农村学校标准化建设、薄弱学校改造等十大重点工程;积极推进校长教师交流轮岗,3 663 名校长教师实行城乡、校际交流,1 万多名学生回流农村学校,2018 年将全部通过县域义务教育均衡发展国家评估。二是创新德育方式,更加关心关注弱势群体。针对测评发现留守儿童在多数指标上表现欠佳,部分学生存在心理健康等方面的问题,我们积极创新育人模式,在全省率先开展"万师访万家"活动,走访学生 23.3 万名,从学习、生活、心理等方面给予亲情关爱。全面实施"校家同创"德育模式,推广金溪二中"党爸党妈"、东乡三中"校中建家"等关爱留守儿童典型经验,教育部"迎接十九大,教育看变化"采访团组织 15 家中央媒体对此进行了系列报道。三是推进教学改革,积极创建特色示范学校。针对报告显示部分教师教学效益不高、教学观念与方式陈旧落后

等问题,以及部分学校校园文化不生动、特色不鲜明的现状,从 2016 年开始,我们积极实施以"构建充满生命活力的课堂"为主题的教学改革,涌现了金溪二中"315"自主探究课堂实验、临川二中"321"实效课堂实验、抚州一中"2+4"教育实验等创新模式,全面提升了课堂教学效果;《廉洁修身教育》《品读临川文化》《直击高考总复习》等地方教材和优质教辅在全国发行。大力实施"五名工程"和示范校创建工程,培育了一批名学校、名校长、名班主任、名教师、名课例,涌现出南城实验中学、金溪二中等一批文化特色校园。四是坚持质量第一,大力提升教育教学水平。针对不同学校建立了各不相同的"测评指标与学业水平模型",让县(区)和学校了解自身的发展状况、优势与不足,引导学校建立质量内控机制,进一步提高教育教学质量,彰显抚州办学特色与优势。抚州市高考成绩连续位居全省前列,近 5 年录取北大、清华 265 人,7 人夺得全省高考状元,临川一中、临川二中连续跻身全国百强高中行列,临川一中获得联合国教科文组织授予的世界文化遗产教育先进学校奖。

三、总结经验,为全面推进综合评价工作提供借鉴

4 年来,我们坚守初心、上下求索,改革实验获得了许多有益的启示。第一,领导高位推动是改革顺利推进的重要保障。实践证明,综合改革单凭教育部门独木难支。抚州市对综合评价改革实验区建设高度重视,领导高位推动,部门通力协作,基层主动参与。将评价改革列入抚州市原中央苏区振兴发展平台 20 个项目之一,作为全市基础教育综合改革 7 项主攻任务之首;政府以购买服务的方式支持我们与专业机构开展战略合作,每年拨付 100 万元专项工作经费予以支持,为改革提供了坚强的组织和物质保障。第二,建立"教育智库深度参与,行政和专业双轮驱动"机制是改革成功的有力推手。教育质量综合评价改革专业性、研究性、系统性极强。在指标体系的细化、量化及测评工具的研制上,我们得益于与专业机构的合作,得益于专家团队的集体攻关和专业引领。在改革推进中,我们建立了行政和业务部门双轮驱动的良好机制,基教等部门负责组织实施,教研部门负责指标细化、分析解读、业务指导,电教和装备部门负责信息化保

障等。在成果运用上,由教育督导机构牵头负责组织成果考核运用,推进县
(区)和学校改进提升。第三,将实验融入日常工作是减少改革阻力的有效办
法。我们将测评工作与学校日常工作紧密融合,尽可能减少对学校正常教学秩
序的干扰。将学业发展水平测试与学校期末考试在内容和时间上同步,既不增
加学习负担又体现测评对象的自然状态;在学生体能发展水平测评中,直接采用
《国家学生体质健康标准》测试数据,不另行组织测评;在综合素质测评中,学校
利用自习课时间开展,学校及师生没有因测评实施增加负担,极大地减少了评价
改革的阻力。

　　　　(本文系 2018 年 1 月在全国教育改革综合评价座谈会上的讲话摘要)

坚定不移地推进实验区建设

今天的会议很重要，是教育部确定抚州市为全国中小学教育质量综合评价改革实验区之后召开的第一次会议。这既是一次动员会，也是一次培训会，希望大家在实际工作中认真抓好落实。

一、提高认识，切实增强推进综合评价改革的使命感

2013 年底，教育部把抚州市列为全国 30 个中小学教育质量综合评价改革实验区之一，抚州是江西唯一代表，这是教育部和省教育厅对抚州教育工作的充分肯定和信任。抚州列入国家实验区，既代表着荣誉，也代表着我们接受了光荣的使命和沉甸甸的责任。

推进素质教育改革迫切需要抓实评价改革工作。 近些年来，抚州市在坚持立德树人、实施素质教育、减轻学生课业负担等方面措施有力，取得了一定成绩，但单纯以学生学业考试成绩和学校升学率评价中小学校办学水平的传统方法没有得到根本改变，重分数轻素质、重知识传授轻全面育人、学生学业负担过重等问题仍然突出，制约了学生社会责任感、创新精神和实践能力的培养，影响了素质教育的全面实施。十八届三中全会以后，教育部连续推出了教育综合评价改革组合拳，着力破解素质教育难题，其中体现国家意志的重要内容就是中小学教育质量综合评价改革。省委、省政府高度重视，下发了《关于深化教育领域综合改革若干问题的意见》，明确提出了积极推进教育质量综合评价，开展中小学校绿色评价，将课业负担、学习效率、能力培养等作为重要内容，为社会评价学校、政府考评学校提供依据；同时提出，建立普通高校基于统一高考、高中学业水平

考试成绩和综合素质评价为依据的多元录取机制。因此，推进素质教育改革，要紧紧围绕教育领域综合改革这一重大课题，把教育质量综合评价改革作为树立正确的评价导向，努力破解改革难题的重要手段。以综合评价改革促进素质教育发展已经成为各级党委政府深化教育领域综合改革的共识，抓实抓好教育质量综合评价改革已经成为各级教育部门的历史使命。

推进改革试验区建设迫切需要抓细评价改革工作。 省政府批准抚州市设立基础教育综合改革试验区，改革内容涉及 12 个方面，其中一项重要改革任务就是要建立教育质量检测评价机制，将形成性和终结性评价有机结合，推进中小学教育质量综合评价改革。教育质量评价具有重要的导向作用，是教育综合改革的关键环节。用什么样的标准去评价教育、评价学校，在很大程度上会影响到学校发展、影响到教师教学、影响到学生成长。要改变当前广大群众以分数论英雄、以升学率论成败的现状，推进教育均衡发展和多样化办学，就必须用科学的教育质量评价标准来引导。2013 年教育部颁布了《关于推进中小学教育质量综合评价改革的意见》，提出了包括学生品德发展水平、学业发展水平、身心发展水平、兴趣特长养成、学业负担状况等 5 个方面和 20 个关键性指标的评价体系，对评价改革进行了系统设计和全面部署。这一评价体系的实施将淡化以片面升学率和成绩为导向的倾向，把各方追求的利益和国家倡导的素质教育、立德树人要求有机地统一起来。目前，许多国际组织和发达国家、国内先进地区都把改革教育质量评价作为把握教育状况、诊断教育问题、完善教育政策、改进教育教学的重要举措，如经济合作与发展组织国家的 PISA（国际学生评估项目）测试、上海地区的绿色评价、山东潍坊的中考制度改革等，都取得了良好的效果。2014年，抚州市在中考自主命题方面就进行了有益尝试，缩减了考试分数，降低了试卷难度，增加了抚州特色，这个导向就将抚州市的初中教学引导到教材、回归到课堂。黎川、资溪充分利用中考自主命题改革成果有序推进"等级+评语"的中考评价机制，有效改变了只重分数、不重素质的局面。下一步，我们将把中小学教育质量综合评价改革与小学免试就近入学、初高中学业水平考试、期末教学质量检测等工作有机结合起来，细化每一项工作方案，稳步实施每一项改革内容，为抚州市深化教育领域综合改革奠定基础。

提升抚州教育品牌迫切需要抓好评价改革工作。 抚州是著名的才子之乡，长期以来基础教育走在全省前列，尤其是近十多年来抚州市高考学生录取清华、北大人数多，一、二本上线率高，慕名到抚州参观的同志、慕名到抚州读书的学生很多，教育知名度在全省全国闻名。对于推进中小学教育质量综合评价改革实验区建设，有的同志心存质疑，认为不看分数，不看升学率，抚州教育就没有办法搞，高考这个优势就无法得到体现，抚州才子之乡这个闪亮的名字就无法叫得更响。客观地讲，抚州教育这张闪亮的名片来之不易，是抚州人的骄傲，我们要特别爱护好、珍惜好。这次抚州列入全国 30 个教育质量综合评价改革实验区之一，有义务解放思想，大胆尝试，以教育质量综合评价改革为突破口，推动抚州教育改革向纵深发展，为国家中小学教育质量综合评价改革作出有益探索。要积极适应教育宏观政策的调整，顺应教育质量评价改革的潮流，自觉树立科学的教育质量观，坚持育人为本，在保持高考传统优势的同时，通过改革评价和考试招生制度改革使指挥棒更好地发挥推进素质教育的导向作用，引导学校更加重视素质教育，引导家长更加关注学生的全面发展和健康成长，努力探索建立一套符合抚州实际的中小学教育质量综合评价体系。抚州市的评价改革实验工作时间短、任务重，必须策马扬鞭，奋力追赶，切实增强使命感和责任感，通过评价改革实验区建设，不断探索，积累经验，丰富自己，谱写抚州教育新篇章。

二、大胆探索，建立具有抚州特色的综合评价体系

教育质量评价是一项专业性很强的系统工程，关系到每一个教师和学生的切身利益，社会各界高度关注。我们必须遵循教育规律，搞好顶层设计，在教育部《中小学教育质量综合评价改革方案》的统一指导下，先行先试，大胆探索。

要转变观念，强化导向。 教育质量评价改革的关键就是要重视综合考查学生各方面发展情况。在教育质量综合评价改革中，要切实更新观念，注重教育评价的导向性。综合考查学生时，既要关注学业水平，又要关注品德发展和身心健康，既要关注共同基础，又要关注兴趣特长，既要关注学习结果，又要关注学习

过程和效益,逐步引导社会正确评价并理性看待教育质量,引导中小学校自觉主动践行素质教育的需要,最终实现学生全面而有个性的发展。

要明确目标,形成特色。 通过 3 年的努力,基本建立体现素质教育要求、以学生发展为核心、科学多元的中小学教育质量评价制度,切实扭转单纯以学生学业考试成绩和学校升学率评价中小学教育质量的倾向,促进学生全面发展、健康成长。要实现这一工作目标,就是要通过实验区建设,探索完善教育部出台的评价指标体系,包括评价标准、评价方式方法、科学运用评价结果等,为国家层面形成一套更加科学系统的综合评价指标体系提供参考,积累经验。市局制定的《抚州市中小学教育质量综合评价改革实验方案》已印发给各地各校,这是一个指导性的重要文件,各地各校要尽快组织学习,准确把握改革的目标、任务和要求,结合实际制定实施细则,从完善指标体系、开发评价工具、健全工作机制等各方面进行探索,努力形成具有抚州特色的教育质量综合评价模式。

要突出重点,完善体系。 抚州市教育质量综合评价改革的内容很丰富,难度也很大,各地各校要大胆探索,抓住关键,积累数据,形成经验。一要培养好评价专业团队。整合全市教研骨干力量和各学科名优教师,组建教育评价管理团队、研发团队和测评团队,为全市开展中小学教育质量综合评价奠定人才基础。二要建构好抚州市中小学教育质量综合评价体系。以教育部《中小学教育质量综合评价指标框架(试行)》为基础,结合抚州实际,依据党的教育方针、相关教育法律法规、国家课程标准、学生体质健康标准和办学行为要求等有关规定,形成具有抚州特色的中小学教育质量综合评价指标框架和评价标准。三要开发好评价工具包和数字化管理平台。遵循自主研发与外包开发相结合、市级组织开发与县(区)自主研发相结合的原则,重点开发具有抚州特色的评价工具包和数字化管理平台,实现评价工作的信息化、智能化和动态化管理。四要开展好基于监测的教育质量综合评价。建立抚州市教育质量综合评价监测数据库,通过纸笔测试、问卷调查、现场观察、个别访谈、资料查阅等方法评价学生,通过抽样检测学生群体的发展情况评价学校教育质量。五要协同推进教育领域综合改革。要深化课程改革,推进立德树人工作,加强综合实践活动课程,强化艺术教育,减轻学生过重的课业负担。加快中考制度改革步伐,推进分类考试、综合评价、多元录取的考试招生制度,形成对接高考制度改革方向的中考改革与录取模式。

要把握进度,有序推进。 教育部将评价改革实验确定为 3 年一个周期。抚州市第一轮实验周期为 3 年,从 2014 年 1 月到 2016 年 12 月,包括启动、实施和评估验收三个阶段。经过半年的运作,市教育局成立了领导小组,组建了工作团队,制定了《实验方案》,到目前初步完成了教育质量综合评价改革的启动工作。从 2014 年 8 月 1 日至 2015 年 12 月为实施阶段,工作的重点是研制评价体系框架、学生成长电子档案袋,建立综合评价数据库,完善建立全市综合评价电子档案袋系统、测评工具、综合评价分析软件和数字化管理平台,开展全市教育质量监测等工作。2016 年对实验情况进行评估验收,总结展示改革成果,表彰先进,迎接教育部对抚州市的实验验收工作。这三个时间节点,必须严格把握,周密部署,确保教育质量综合评价改革取得实效。

三、精心组织,全力保障综合评价改革有序推进

教育质量综合评价改革是一项全新的工作,毫无先例可循。摸着石头过河,探索抚州教育新的发展路径,要求我们必须全神贯注,高度重视,凝聚多方力量,有序推进综合评价改革实验区建设。

要加强领导。 市委、市政府对抚州市教育质量综合评价改革工作十分关心,市领导多次过问并给予具体指导,并将教育质量评价改革工作纳入市政府对县(区)教育工作考核内容。市教育局成立了抚州市中小学教育质量综合评价改革实验工作领导小组,成员包括有关科室和下属单位负责同志。今天的会议规格很高,市教育局全体班子成员和副科级以上干部都参加会议,县(区)局长、分管基础教育的副局长、教育股长、教研室主任参加会议,目的就是要加强对综合评价改革工作的领导,加强统筹协调,高位推动实验区建设。各地各校都要成立相应的领导机构,切实加强对评价改革工作的领导。

要分层推进。 教育质量综合评价改革牵一发而动全身。教育行政部门的基教、财务、督导、教研、高招、中招、电教、装备等部门要密切协作,协同推进。市

级层面的主要任务是组织评价团队,研制评价标准,研发评价工具,建设管理平台,组织监测与评价活动,反馈评价结果,争取用 3 年时间建立比较成熟的教育质量综合评价体系。各地要积极开展评价改革实验工作,主动作为、敢于创新,按照市局统一部署,全面推进。要注意调动学校的积极性、主动性,推动广大中小学校和教师根据综合评价指标体系的要求,对照检查改进教育教学,激发学校和教师推进素质教育的动力和活力。学校层面要改变评价内容,在学生评价中积极推行素质教育报告书;要探索新的评价方式,探索档案袋评价法,重视学生综合素质评价;要建立教师教育质量评价机制,组织开展诊断式质量监测活动,切实加强体育、艺术、综合实践课程,促进学生全面发展和个性发展。

要强化保障。 要有工作机构。市教育局将领导小组办公室设在基教科,各县(区)要明确牵头部门,设立办公场所,保证综合评价工作的硬件条件。要有专业人员,加强与教育部基础教育课程教材发展中心、基础教育质量监测中心的沟通与联系,积极争取专家深入抚州市开展跟踪指导工作。市、县(区)要充分发挥基教、教研、督导等部门的作用,抓紧培养和建设一支具有先进评价理念、掌握评价专业技术、专兼职相结合的高素质评价队伍,为抚州市教育质量综合评价改革提供专业技术支持。要有经费支持。在财政部门的支持下,市教育局准备每年投入一定经费,保障评价工具开发、专业培训、测试、调查、评价等日常工作必要的开支。各县(区)也要积极争取财政部门的支持,设立实验专项经费,保障评价改革工作的顺利推进。

(本文系 2014 年 8 月在抚州市全国中小学教育质量综合评价改革实验区建设动员大会上的讲话摘要)

深入推进考试招生制度改革

　　一年好景君须记,最是橙黄橘绿时。由抚州市教育局主办、金太阳教育研究有限公司和临川一中承办的"新高考背景下学校课程体系建设"专题研讨会,在与会领导、嘉宾、校长和同志们的共同努力下,就要落下帷幕了。两天来,来自上海、浙江改革先行地区的教育专家和领导,来自新疆、重庆、湖南等省市区的嘉宾,来自省教育厅的领导和全省各设区市教育行政部门的领导和高中校长、一线教师们,聚焦新时代新高考背景下学校课程体系建设、教学管理与评价制度重构等关键问题进行权威解读、研讨交流,取得了丰硕的成果。

　　会议期间,尽管冬寒料峭,但400多位嘉宾高涨的热情,各位领导、专家热情洋溢的讲话,深入浅出的报告,精彩纷呈的演讲,思想碰撞的激越,使整个会场始终在屏声静气中充满温馨和谐,让人如沐春风、倍感温暖、倍受鼓舞。通过这次研讨活动,必将对抚州市乃至全省和兄弟省区市高考招生制度改革、高中新课程方案实施、素质教育深入推进产生积极而深远的影响。一是深化了对新高考的本质认识,坚定了改革信念。考试招生制度改革是引领基础教育改革的龙头,党和国家高度重视,可以说,这次高考改革是恢复高考以来规模最大、涉及面最广、难度最艰巨、影响最深远的一次改革。尽管社会上有不少质疑和不同看法,但通过这两天的研讨交流,通过各位领导、专家对改革政策的权威解读和深度研讨,让我们能够进一步提高认识,更加正确地从深层次把握高考改革遇到的问题,更加坚定了高考改革"方向不能变、原则不能变"的坚定信念。二是增长了推进高考改革的实践智慧,增强了改革信心。再过几个月,我们将在新高考制度下面临新的机遇和挑战。如何推动高考改革落地、落实、落细是我们面临的重大课题,如何适应高考新变化更是许多校长和教师关注的焦点。通过此次研讨交流，深入学习和借鉴浙江、上海改革的成功经验，让我们增长了推进高考改革的实践智慧，让我们能够超前思考、科学谋划、提前布局，进一步增强了改革的信心和决心。三是明晰了应对新高考变化的操作策略，提高了改革的前瞻性。这次研讨会信息量很大，从专家报告中我们了解到，国家高中新课程方案即将推出，整体完善了课程结构，同步提出了包括"选课指导、生涯规划、走班教学、学分管理"等与课程实施相关的制度规划，同步制定了包括"教师配备、教学设施配备、办学经费"等与课程改革配套的指导意见，这都为我们适应高考新变化、推进高中课程及教学改革提供了基本遵循；浙江、上海等地的成功探索，为高中学校特色发展、扬优成势提供了有效借鉴，让我们进一步明晰了应对新高考变化的策略，提高了改革的前瞻性。

本次研讨会的主要目的是做好高考改革落地实施工作，引导各高中学校科学谋划、提前布局、特色发展。通过研讨，收获了许多有益启示。

深入推进高考改革，需要进一步统一思想，提高认识。 本次高考改革是针对唯分数论、一考定终身、课业负担重、不利于个性特长发展等问题，对现有考试招生制度的改进和完善，促进公平、科学选才。改革的实施是系统性、全方位推进，不是单项的、局部的改革，涉及计划调控、考试评价、招生录取、监督管理等多个方面，有明确的时间表和路线图。改革的目的是要进一步推进招生录取的机会均等和公平。江西省高考改革方案在充分吸收、借鉴先行地区成功经验的基础上，结合我省具体情况有所调整，如等级性学业水平考试只考一次的制度设计，有效破解了"田忌赛马"、学生学习和考试负担加重等问题。我们要进一步统一思想，提高认识，增强改革的使命感和责任感，主动适应，积极应对，切实推进高考制度改革。

深入推进高考改革，需要进一步厘清改革思路，做好顶层设计。 本次改革是以高考改革倒逼高中教育教学进行系统性改革，牵一发而动全身。我们要在深入系统学习、研究教育部和省厅有关高考改革的系列文件的基础上，充分借鉴浙江、上海的好做法、好经验，科学谋划、提前布局，厘清改革思路，做好改革路径顶层设计、研制、预演,进一步完善本校改革方案,使改革的各项举措更具有实效,更能体现改革的价值取向。要早做谋划,提前动手,重点在学校课程顶层设计、研制和完善学校课程方案、深入推进教学改革、重建学校教学管理制度等方面下功夫,以最佳的状态应对高考改革。

深入推进高考改革,需要进一步强化责任担当,优化组织保障。 在推进高考改革的过程中,肯定会遇到这样那样的问题。我们要进一步强化责任担当,摸清情况,预估需求,如高中课程实施现状与新高考方案的课程设置建设存在怎样的落差,高中办学条件现状与新方案实施存在怎样的差距,高中师资现状与新方案实施存在怎样的不足,在摸清家底、研判差距的基础上,及时向党委、政府汇报,争取支持,加大投入,完善管理,创造条件,充分做好迎接高考改革的各项准备。

(本文系 2015 年 8 月在全国"新高考背景下学校课程体系建设"研讨会上的讲话摘要)

协商为民　协商于民

——抚州市政协创新民生提案工作的实践与启示

提案是人民政协履职的重要方式,提案工作是各级政协的一项全局性工作。近年来,江西省抚州市政协针对民生问题不断上升的趋势,改革提案生成机制,探索融合协商方式,建立多元征集机制,跟踪问效提案办理过程,提升了提案工作的针对性、实效性,开创了提案工作新局面。

一、先行一步,抓住群众关切的民生问题引导政协委员提案

如何提高政协委员的履职水平,是各级政协组织积极探索、努力改进的重大课题。长期以来,不少委员提案存在立意不高、视野不宽、选题不准、调研不深、表述不准、建议不力、操作不强等诸多问题,个别委员更把提案当作完成任务应付差事,草率而为。针对这一情况,抚州市政协在认真分析委员界别和提案结构的基础上,抓住民生提案这一重点,从改革提案生成机制入手,建立提案多元征集机制,引导委员作答"命题作文",增强了提案选题的精准性。一是改革生成机制,提前谋划年度提案。每年全会召开前两个月,下发提案征集通知,引导委员先行一步,提前谋划思考、遴选、确定年度提案,克服了过去临会"擦枪""靠山"选题、"靠水"提案、随意选题的现象,增强了委员对做好提案工作的主动性、积极性。二是公开向社会征集提案线索,拓宽提案来源渠道。从2017年开始,抚州市政协建立面向社会公开征集提案线索制度,通过公告、座谈、发布等形式,设立提案征集专栏,实行线上线下结合,征集社会各界建议线索,每年征集线索形成最后提案占40%以上,增强了提案的社会性、民本性和参考性。三是召开专题协商座谈会,遴选建议预案。每年全会召开前一个月,召开一次委员和专家协

商座谈会,对征集提案线索进行筛选,去粗取精,去伪存真,形成基本预案,报市政协党组会议和主席办公会议研究形成年度提案意向。四是分类交办,组织委员策划"命题作文"。将经过会议研究的提案线索分门别类交由有关委员调研提出,明确交办提案的立意、定位、目标、方向和成果,大大增强了提案的落地性、决策参考性和工作推动性。

二、紧跟脚步,围绕党委政府关注的民生难题遴选重点提案

民生是党委政府坚持以人民为中心的工作重点,也是人民政协维护核心、围绕中心、服务大局、提升履职水平的基本出发点。近年来,抚州市政协坚持围绕党委政府关注的民生难题遴选并确定重点提案,通过提案办理,发挥专门协商优势,为市委、市政府了解民情、关注民生、决策民事、落实民政、凝聚民心、推动民本作出了积极贡献。一是争取党政领导出题,政协组织科学答卷。每年两会前,以市政协党组的名义向每一位党政领导发一份征询函,征求需要协商解决的重要民生事项,梳理汇总形成年度重点课题和重点提案。近3年来,党政领导交办的如加强电动车管理、强化食品安全管理、提升小区管理水平等23个课题提案,均获得满意成果,党政主要领导批示率100%,解决问题、推动工作率100%,政协帮忙补台、有位有威的形象进一步提升。二是约请重点部门"点菜",政协拿出成果"买单"。在现实治理体系中,一些民生难点、堵点、痛点问题是部门的职责,但单靠部门推动却很难解决。针对这一情况,近年来,抚州市政协先后约请市教体局、市卫健委、市城管局、市房管局等部门"出题",由市政协组织听证、协商、提案,推动了智慧医疗、义务教育就近入学、城乡教育均衡发展、乡村文化建设、"四城"同创、公共卫生应急能力建设、医保基金运行等30多个民生问题的解决,搭起民生部门与社会的桥梁,强化了部门工作手段,提升了政协"一线"形象。三是与人大建议相衔接,形成合力办好民生提案。利用四套班子秘书长联席会议机制、政府人大、政协建议提案办理工作机制、人大、政协建议提案协调机制等工作机制,共同梳理分析年度建议提案,对重复课题商量由代表、委员共同调研、交流形成,对重点课题联合开展调研督办,提升了工作成效。

三、与民同步，坚持开门纳谏办好民生提案

委员提案来自人民群众，反映人民群众呼声，解决落实提案必须广泛听取各方面的意见建议。近年来，抚州市政协在办理民生提案工作中，坚持"从群众中来，到群众中去"的工作方针，组织提案工作部门和政协委员开门纳谏，问需于民、问计于民，把提案工作做到人民群众的心坎上，全面提高了提案工作质量。一是将专门协商与基层协商融合开展，提升了协商质量。如在办理加强小区物业管理、化解学前教育入园难、入园贵矛盾等提案时，由市政协主席率领提案部门、有关专家和提案委员多次与部门、街道、居委会、教师、业主群众沟通协商，了解运行过程、矛盾所在，听取意见，商议办法，形成了既接地气又积极稳妥的操作办法，很快推动了问题解决。二是组织网络议政，听取网民意见。先后在市政协官网、江西抚州网等地方主流网站，以"小区那些烦心事儿，等你吐槽""创国卫，你有什么好办法""油烟专项整治症结在哪里"等为题，开展网络议政活动，收到手机短信 392 条、电子邮件 215 封、来函来电 135 件，获得许多真知灼见，形成了提案方略，推动了提案办理。三是开展电视访谈，现场听取群众意见。市政协先后 3 次组织主管部门、民主党派、市民代表、业主代表等 120 多人次，就拆除"三违"、街道车辆停放等问题在抚州电视台开展现场直播访谈，接受群众监督，听取群众意见，凝聚社会共识，得到群众点赞。

四、不落一步，跟踪问效全过程提升民生提案办理效果

提案办理效果是提案工作的生命。民生提案办理效果好坏直接关乎党委政府和人民政协的形象，关乎民心向背和社会稳定。为了改变"提案年年提、问题年年在"的被动局面，抚州市政协探索建立重点民生提案跟踪问效督办机制，有效提升了民生提案的办理效果。一是建立"市长领办""主席领衔督办""专委会与民主党派联合督办"机制。每年将 20 余个民生重点提案分解落实到正、副市长，正、副主席和专委会、民主党派负责人身上，进行重点领衔督办，实行台账管理，明确时间节点，不达目的决不收兵。二是跟踪问效全过程，化解动态矛盾，提

升整体效果。如我们连续 3 年将城市小区物业管理列为重点提案,2017 年开展了"如何改善抚州物业管理现状"提案办理协商工作,摸清了基本情况,提出了建议办法,整治了物业管理乱象;2018 年开展了"加强小区物业管理财务监管"的提案办理工作,形成了"全面提升抚州市物业管理水平"的协商成果;2019 年开展了"加强住宅小区建设管理"的提案协商工作,在吸收前两年成果的基础上,出台了《抚州市住宅小区物业管理条例》,使小区物业管理朝着规范化、科学化迈进,得到了人民群众的普遍拥护。

抚州市政协创新民生提案工作机制,精准服务了党委政府决策,支持推动了部门工作,化解了民生运行矛盾,推进了社会事业发展,得到了人民群众真心点赞,为做好新时代人民政协工作和政协提案工作积累了许多有益启示。

启示一:谋在前,引在前是提案工作贴近实际的有效途径。 实事求是是党的思想路线,也是人民政协的工作方针。抚州市政协以民生提案为重点,改革提案生成、征集、办理、服务机制,通过提前发文、网络征集、"命题"交办等谋在前、引在前的创新举措,在提案工作中贯彻了党的实事求是思想路线,不仅使提案选题贴近党委政府需求,更使提案服务走进了寻常百姓家,增强了提案的精准性、针对性和实效性。这就启示我们,新时代人民政协提案工作作为党委政府与人民群众的桥梁纽带,只有体现时代性、把握规律性、富有创造性,才能做得好、做得实、做出效果。

启示二:以人民为中心是提案工作的生命线。 坚持以人民为中心是党的初心使命,是做好提案工作的根本出发点。抚州市政协针对民生提案超过 60%并逐年上升的实际情况,认真贯彻"协商为民、协商于民"的精神,通过提案服务,把党委政府的民生情怀与人民群众的所思所想所盼对接起来,每年有计划有目的地推动一批民生决策和民生实事落地见效,为党委政府补了"台"、分了"忧",为人民群众解了"难"、添了"福"。实践证明,人民政协只有把人民群众对美好生活的向往作为政协履职的出发点和落脚点,团结和民主的旗帜才能举得更高,政治协商、民主监督、参政议政、凝聚共识的路才能越走越宽。

启示三:众人的事情由众人商量才能办出好结果。"有事好商量,众人的事情由众人商量,是人民民主的真谛。"抚州市政协在提案工作中深刻领会、全面贯彻习近平总书记的指示精神,通过融合协商、网络议政、电视访谈等多种形式,将众人的民生实事最广泛地听取众人意见,与众人面对面沟通协商,按照绝大多数人的意见办好每一个民生提案,使这些重点提案在办理结果上达到领导批示率100%、提案办结率100%、群众满意率100%。事实说明,人民群众最讲道理,大家的事大家商量办就一定能办出好结果,就一定能够找到最大公约数,画出最大的同心圆。

启示四:跟踪问效提升落地效果是检验提案工作的标尺。 凡事看效果。抚州市政协在办理民生提案工作中,没有热热闹闹部署,冷冷清清收场,而是建立工作台账,实行销号管理,落实市长、主席、主委、主任多层领办、督办、协办、交办机制,坚持跟踪问效,把提升落地效果作为检验提案工作成败的根本标尺。一个小区物业管理的提案连续三年被列为重点提案,逐年跟踪深化梳理出221个具体问题,分为九大类、交给6个部门持续办理,通过建章立制、综合治理、多方联动,完善了治理体系,提升了治理能力,推动该项工作跻身全省先进行列。实践说明,提案无小事,民生是大事,凡事都要用绣花的功夫,率先垂范抓落实,跟踪问效抓落实,只有不断提升落实效果,才能找到找准人民政协的历史方位,才能推动事业奋勇向前。

(本文原载于《中国政协报》2020年11月第6期,有改动)

坚守人民立场　打造履职品牌

——抚州市政协探索民生提案工作的实践与启示

"中国共产党根基在人民、血脉在人民、力量在人民。"人民政协工作作为党的全局工作的重要组成部分,必须始终牢牢站稳人民立场,在一切履职工作的全过程中大力彰显"人民政协为人民"的价值取向。作为基层政协,坚守人民立场,应立足直接面对人民群众这个最大实际,发挥政协委员密切联系人民群众这个最大优势,把不断满足人民群众对美好生活的需求、促进民生改善作为履职根本着力点。特别是政协提案,承载着人民群众的愿望和呼声,表达了人民群众的利益诉求和参与社会治理的民主意愿;通过提案办理,能够切实推动并解决群众身边的操心事、烦心事、揪心事,提升人民群众的获得感、幸福感、安全感。因此,基层政协提案工作要更加自觉扎根人民群众,用更多的时间、花更大的精力,深入基层,贴近人民,服务群众,真心实意地为群众着想,为人民提好提案,诚心诚意地为群众办事,为人民办好提案,用心用情用力,着力打造提案为民履职品牌。

一、先行一步,抓好民生提案的广泛征集

应牢固树立以人民为中心的履职理念,注重发挥提案在政协工作中的全局性作用,突出民生提案这一重点,大力征集民生提案。

1.**广泛动员。** 应着重从党委政府的民生工程任务中分解、从职能部门情况通报反映的问题中提炼、从平时组织开展的视察调研了解的情况中梳理、从中共党员委员工作站等平台收集的社情民意中筛选,列出提案选题提纲,动员委员先行一步,重点围绕民生问题谋划年度提案,增强提案的针对性、操作性。如2020年,我们紧扣"统筹疫情防控与社会经济发展"主题动员委员提案,取得显著成

效,"提升公共卫生应急能力"等与人民身心健康密切相关的提案达59件之多,约占全年总数的三分之一。

2.**专题引导。** 发挥党派团体组织优势,组织召开民主党派团体提案工作座谈会,对各党派团体的提案预选课题进行专题研究,引导各党派团体进一步发挥界别优势,深入调查研究,积极反映界别群众意愿,使提案的立意、定位、目标、方向和成果更为明确,增强提案的界别性、民生性。

3.**公开征集。** 可向社会公开征集提案线索,设立提案征集专栏,实行线上线下结合,直接征集社会各界的意见建议;对征集到的提案线索去粗取精、去伪存真,进行筛选整理,组织委员策划"命题作文",分门别类交由有关委员进一步调研形成提案,增强提案的社会性、民本性。如抚州市政协几年来征集了"加快抚州铁路建设""加强电动车管理"等一批直接来自人民群众的民生问题提案。

二、紧跟脚步,抓好重点民生提案的遴选

抓重点带一般是提案工作的重要方法。提案工作的重点就是人民群众关注的焦点,要以百姓之心为心,积极回应群众所关切的,紧跟时代脚步,注重从民生热点中遴选重点提案。

1.**聚焦委员关注遴选。** 委员关注的焦点应是我们选择的重点,如抚州市政协历史上署名最多、48名委员联名提出的"关于加强小区物业财务监管的几点建议"、22名委员联名提出的"关于市中心城区城南新区学校规划的建议"等社会热点民生提案都被列入当年的重点提案。2021年,我们创新开展的民生提案课题委员视察工作,确定的"加强月子服务机构行业监管""促进乡镇两院融合发展"等8个课题涉及19件提案,提案委员达50多人次。

2.**服务党政中心比选。** 政协全会结束后,应及时对提案进行综合研究分析,列出重点提案预选件,向党政领导征求需要协商解决的重要民生事项,汇总形成党政领导批办、领办重点民生提案,为党委政府了解民情、关注民生、决策民事、落实民政、凝聚民心、推动民本提供参考。

3.**紧扣部门所需挑选。** 如近年来,抚州市政协先后约请市教体局、市卫健

委、市城管局、市房管局等部门"出题",由市政协组织视察、听证、协商,形成了智慧医疗、城乡教育均衡发展、乡村文化建设、"四城"同创、公共卫生应急能力建设、医保基金运行等30多个重点民生问题提案,帮助部门搭建与社会的桥梁,密切与人民群众的联系。

三、与民同步,抓好民生提案的协商办理

我们要走好群众路线,做到"从群众中来,到群众中去",组织提案工作部门和政协委员开门纳谏,问需于民,问计于民,协商办理好民生提案。

1.坚持"请进来",邀请群众直接参与协商。 如在由公开征集线索转化而来的提案办理工作中,应邀请线索提供者参与办理工作,保障他们的知情权、发挥他们的监督作用。如抚州市2019年就"小区物业管理"提案办理开展的电视访谈活动,民主党派、市民代表、业主代表等120多人参加电视直播访谈,当面问政职能部门,提出意见建议,现场沟通交流、解疑释惑、凝聚共识、解决问题。

2.坚持"走出去",深入群众开展协商。 重点民生提案的办理,可通过组织委员视察、现场办案等各种形式,深入基层开展协商。如抚州市在办理化解学前教育入园难、入园贵矛盾等提案时,由市政协主席率领委员多次深入社区、学校,与部门、教师、群众代表沟通协商,了解矛盾所在,听取意见,商议办法。今年,从提案中梳理的"防止金融诈骗""解决老旧小区停车难题""解决电动车充电难问题"等11件"我为群众办实事"任务清单,市政协机关班子成员推动提案办理与基层协商融合开展,深入社区基层一线,与基层群众协商,《江西政协报》多次报道了我们的做法。

3.坚持"开门办",广泛征求群众意见。 涉及广大人民群众切身利益问题的提案,可采取调查问卷、网络议政等方式征集群众意见建议。如抚州市办理"推进素质教育发展"提案时,下发调查问卷3 000多份,征集整理意见建议30多条,为部门改进工作提供参考。2019年的"住宅小区管理"提案办理,通过市内主流网站,以"小区那些烦心事儿,等你来吐槽"为题开展网络议政,收到手机短信92条、电子邮件近100封、来函来电10多件次。这一做法在当年"不忘初心、牢记使命"主题教育中得到省委巡回指导组的高度肯定。

四、不落一步,抓好民生提案的督促落实

一项工作,抓而不紧,等于没抓。我们要始终以求真务实的工作作风,紧盯民生提案"大抓落实、大干实事"。

1.建立机制抓落实。 建立健全督办机制,通过电话督办、上门督办、与市委、市政府督查部门联合督办等多种形式,做到平时督促与集中督查、重点督办与全面检查相结合,全程跟踪,不落一步。如2020年,抚州市向50家提案办理单位主要领导发出提示函,既克服了当年疫情影响,全面完成办理任务,更首次取得提案办结率、委员回复率、委员满意率3个"百分之百"的工作佳绩。

2.突出重点抓落实。 如抚州市政协每年将20余个民生重点提案分解落实到市政府领导、市政协领导和专委会、民主党派负责人领办、领衔督办,实行台账管理,明确时间节点,不达目的决不收兵。市政协常委会每年专题听取市政府领导领办重点提案办理落实情况通报。近3年来,党政领导领办的提升城市管理水平、强化食品安全管理等23个课题提案,党政领导批示率100%,解决问题、推动工作率100%。

3.持续跟踪抓落实。 热点也是难点,我们要以"咬住青山不放松"的韧劲,持续跟踪问效。如我们多次对"规范电动车管理""禁止烟花爆竹燃放"等提案开展督办,促成抚州市出台相关"管理条例"。特别是关于"小区物业管理"的提案,我们连续5年开展协商督办,后期跟踪《抚州市住宅小区物业管理条例》贯彻落实情况,既努力推动具体问题解决,提升群众获得感、幸福感;也督促部门依规管理,提升基层社会治理水平。

抚州市政协积极打造协商为民的提案履职品牌,不断创新民生提案工作机制,精准服务了党委政府决策,支持推动了部门工作,化解了民生运行矛盾,推进了社会事业发展,得到了人民群众真心点赞,为做好新时代人民政协工作和政协提案工作积累了许多有益启示。

(本文荣获2021年江西省人民政协理论研究会"庆祝中国共产党成立100周年,更好发挥人民政协专门协商机构作用"研究论文一等奖,有改动)

创新机制全盘活

——广昌县做好农村工作纪事

当前农业已进入战略性结构调整新阶段，农村工作面临许多普遍存在的新情况、新问题，一些农村基层干部甚至认为，目前是 20 世纪 80 年代以来农村工作最困难的时期之一。然而，笔者最近在广昌县农村调研，却有一种柳暗花明、春风拂面的感觉。这个县通过解放思想，转变观念不断创新农村工作机制，破解了许多困惑农村基层干部的难题，使许多难事变得不难，得到了广大农民群众的拥护和欢迎。

示范服务，做给群众看，引导群众干

如何变乡镇的人员包袱为人才优势？怎样降低农民参与结构调整的市场风险？解决农民不愿调整和调整效益低的问题，是各地农村普遍遇到的难题。广昌县委、县政府把干部分流创办示范服务基地作为推进乡镇机制改革、引导农民进行结构调整的突破口，政策驱动，干群联动，坚韧不拔，持之以恒，闯出一条"人往何处去，钱从哪里来"的新路。他们将最优秀的干部分流搞示范服务基地，并把创办服务基地与农业产业结构调整紧密结合起来，从实际出发通过创办生产、流通和服务实体引导和促进农业结构调整。经过几年的实践，这种做给群众看、引导群众干的模式在广昌县结出了丰硕的成果。到目前为止，全县 16 个乡镇已分流干部 112 人，其中科级干部 25 人，大专以上文化程度的占 92.3%。创办各种服务基地 58 个，年实现经营收入 2 000 多万元；2000 年上半年全县早稻面积调减 77%，白莲、烟叶、泽泻、瓜菜等优质高效经济作物面积达 16.6 万亩，其中白莲面积 8 万亩，白莲及其系列产品总产值达到 1 个亿，超过粮食总产值。

盱江镇分流 7 名干部,从创办 100 亩太空莲生产服务基地起家,推动全县白莲产业革命,亩均单产比传统的白莲提高了 3~4 倍;尖峰乡通过分流干部示范推广泰宁烤烟种植模式,使全乡烤烟种植面积猛增至 4 000 多亩,农民人均增收 300 多元,乡财政增收 60 多万元,初步改变了财政落后的状况。

与农民交朋友,架起干部与群众的连心桥

农民是"三农"工作的核心。近年来,一些农村基层干部总感到与农民有隔阂,工作无从下手。新安乡党委从 1998 年开始通过实施干部职工结交农民朋友制度,有效地破解了这一难题。他们的主要做法是:乡几套班子成员每人结交 10 户农民朋友,一般干部每人结交 6 户农民朋友,乡拨款单位干部职工每人结交 3 户农民朋友。对参与交友的干部职工明确 5 项职责:一是了解所交朋友的家庭基本情况;二是每月至少 1~2 次到所交朋友家帮助解决生产中的资金、技术等问题,宣传党的农村政策;三是帮助农民朋友调整种养结构,推广先进种养技术,引导搞活农产品流通;四是帮助提高经济收入,在上年的基础上人均增加 100 元;五是帮助履行各项义务,做到勤劳致富、遵纪守法。乡党委建立考核手册,每月检查通报一次,年终进行综合考评,奖优罚劣。乡党委书记谢克侵告诉笔者,通过认真实施干部职工结交农民朋友制度,乡干部职工累计结交农民朋友 263 户,从而架起了干群之间的连心桥,使一度比较紧张的干群关系得到了根本的改善,同时推动全乡农业结构调整取得突破性发展。2 年来,全乡共开发果园面积 5 000 余亩,2019 年农业税收和农民合理负担收缴率达 95.5%,2000 年上半年西瓜、烟叶、白莲、蔬菜等经济作物种植面积占全部耕地面积的 85%,人均手持现金同比增长 52%。

村民代表议事会为百姓当家,为政府分忧。高虎脑乡是当年红三军团第五次反"围剿"的主战场,著名的"高虎脑战斗""万年亭战斗"给当地人民留下了不朽的精神财富,而改革开放新形势下的老区人民却依然没有走出这片群峰耸立、巍峨险要的大山,全乡 8 个村有 4 个村不通公路、不通电,1998 年以前在全县乡镇综合考评中总是名列后几位。年轻的苦竹村支部书记张会金在广大村民的支

持下,在村里建立实施了村民代表议事会制度,将村里部分党员、村组老干部、威望高的长辈、群众认为办事公道的村民选为村民代表,在村支部的领导下,定期召开议事会,审查村里财务收支,分析村里社情民意,商量做好群众工作的具体对策。在实践中收到了良好的效果,先后一次否决了村里不切实际的公益事业发展计划,调解群众纠纷 23 次,对村干部违反规定的行为进行质疑批评 5 次,将村里的结构调整意图宣传解释动员到家家户户;同时,代表们还带头缴纳税费,村里出现了空前繁荣稳定的景象。1999 年高虎脑乡党委因势利导,在全乡其他 7 个村推广实施了苦竹村的村民代表议事会制度,大大地推动了全乡的"两个文明"建设,全乡税费收缴率达 100%,乡财政初步实现了收支平衡。乡党委书记张德胜说,村民代表议事会是乡村两级组织做好群众工作的桥梁、纽带和助手,而村民们却亲切称其为"娘家"。

广昌县做好农村工作的创新做法还有很多,诸如农村群防群治机制,甘竹镇稳定干部队伍的做法,新安乡政务公开机制,赤水镇教育基金理事会的运作办法等,都在一定程度上解放和发展了农村社会生产力,维护了农村社会稳定,都给我们以深刻的教育和启示。广昌的实践再次说明,只要思想不滑坡,办法总比困难多。

(本文原载于《江西日报》2000 年 10 月第 18 689 期,有改动)

打造"循环链" 培育新支点

——宜黄县探索发展循环经济新模式

发展循环经济是落实科学发展观、实现可持续发展的重要途径。近年来,宜黄县立足本地资源顺势而为,精心规划发展循环经济,以"减量化、再利用、资源化"为目标,构建循环经济产业框架,通过政策支持、招商引资,强力打造水电产业、木竹产业、再生资源和生态农业四大产业循环链,使循环经济成为全县经济快速发展的新支点,进一步推进了全县工业化、城市化、农业产业化步伐,使发展之路越走越宽。

一、梯级开发,打造水电产业循环链

宜黄县境内水系发达,水力资源丰富,全县水能蕴藏量共 11.78 万千瓦,每平方千米蓄能力为 60.6 千瓦,小水电可开发量达 7.9 万千瓦,是全国首批电气化达标县。近年来,该县抓住电力短缺、电煤供应紧缺机遇,充分发挥水力资源优势,大力开发水电产业,发展资源节约型经济,形成了"以林涵水、以水发电、以电兴工、以电护林"的循环经济链,实现水电能源在不同产业、领域大循环。目前,全县通过招商引资、全民创业、鼓励干部群众投资建设等方式,已建成小水电站 89 座,新增投资 2.6 亿元,装机容量达 4.3 万千瓦,年发电 12 亿千瓦时,每年为财政增收 600 多万元。

1.以水发电,循环开发利用。 为了充分发挥、利用水资源优势,宜黄县制定了小水电站开发建设规划,实流域性梯级开发,使河流保持均衡流量,上一级电站排放的水成为下一级电站利用的资源;同时依法实施规划环评,切实做到低消耗、再利用、高效益、无污染。仅黄水流域,目前已建成小水电 51 座,总投资

134亿元,装机容量23方,年发电7800千瓦时,收入1600万元。通过多年的规划建设,水域面积不断开发,美化了环境,促进了旅游业和水产养殖业的迅速发展。2003年,坐落在黄水流域的观音山水库通过招商引资进行改制后,现已开发养殖水面5000多亩,年水产养殖产值200多万元;同时旅游业也得到开发,购置了游艇、快艇,并利用沿库第四次反围剿战役遗址以及原始森林较为完备的优势,开通了红色旅游和休闲旅游线路,年接待游客人数1万人次以上。

2.以电兴工,带动新兴产业。 通过大力发展小水电产业,不仅满足了人民生产生活用电,而且为宜黄工业发展提供了丰富的电能资源,工业用电均价0.47元/千瓦时,比周边县区低0.15元/千瓦时左右,是全省工业用电价格最低的县之一,吸引了众多的客商到宜黄投资办厂兴业,带动了环保造纸、塑料、化工建材等新兴产业的发展,资源优势转化为经济优势。截至目前,全县共引进工业企业312家,规模以上工业企业年实现产值2.74亿元,年工业用电量达到4190万千瓦时,同比2001年翻了一番。

3.以电护林,保护生态林境。 宜黄县处于边远山区,现仍有部分山区农民生产生活燃料主要是柴草,县年均耗薪柴5000余吨。农户烧柴草做饭、取暖,一方面容易造成滥砍滥伐、破坏森林资源,另一方面燃料形成的二氧化硫、一氧化碳等有害气体的排放,对空气造成污染。目前,宜黄县正着手在全县农村大力实施以小水电代燃料生态保护工程,改善农民的生产生活条件,鼓励农民以小水电替代柴草做饭、取暖,并且在政策上进行扶持,实行洪水季节电价减半收取。据测算,实施以小水电替代燃料工程,每年可新增用电360万千瓦时,节约柴草2600余吨,有利于巩固退耕返林、天然林保护成果,保护和改善农村的生态环境。

二、资源互补,打造木竹产业循环链

宜黄县木竹资源丰富,木竹加工业相对发展较快。过去,一根竹、木弃其首尾、枝叶,可用部分只占原材料的70%左右,再加上加工过程中的剩余废料,资源利用率只有23%左右,资源大量浪费,也造成环境污染。针对这种情况,宜黄县着力加强产业引导,重点培育和引进一些相互配套的关联企业,实现产业之间的有序链接和循环利用,以"资源—产品—再生资源"的发展模式,取代"资源—产品—废弃物"的发展模式。

1.在企业内部循环。　实行清洁生产、生态管理,让生产过程中一个环节产生的废物变成另一个环节的原料。投资 1 000 多万元的宜黄县金鑫地木竹制品有限公司实行清洁生产,毛竹表面青皮生产竹拉丝,竹黄生产竹胶片,杉木主料生产指节料,锯过主料的边皮料用于制细木工板,竹头、竹节、竹尾作锅炉燃料,每年节省煤炭能源 1 000 余吨,资源利用率达到 99%。

2.在企业之间循环。　上游企业的废料成为下游企业的原料。金鑫地木竹制品厂、荣腾板业、华南竹胶板厂等企业产生的竹屑被其他企业用来生产活性炭和竹荪菇,其产生的锯末是诚鑫刨花厂的主原料。诚鑫刨花厂每年生产刨花板8 000 吨,相当于节约原木 4 000 立方米。通过产业延伸、资源互补,大大提高了木竹资源的利用率和木竹产品层次,进一步促进了木竹产业的大发展。目前,全县已有木竹加工企业 60 多家,开发木竹制品 5 大系列 100 多个品种。

三、变"废"为宝,打造再生资源产业循环链

利用再生资源生产,不仅可以节约自然资源,遏制废弃物泛滥,而且具有比利用原生资源生产消耗低、污染物排放少的特点。近年来,宜黄县积极鼓励发展废旧物资精加工业,使废物变成再生资源重新进入生产系统,实现废物的再生利用,逐步形成了"废物—收购加工—再利用—再循环"的再生资源产业循环链。

1.鼓励收购、加工,促进废品增值。　目前,全县已有再生资源回收公司 13家,年回收各种废旧物资 4 000 余吨。收购废旧物资加工成产品,实现新的增值。宏远塑料制粒公司每年以 600 元/吨从本地以及外地收购废旧塑料 1 万余吨,经过清洁冲洗、压模,制成塑料粒子 5 000 余吨,以每吨 3 000 元的价格卖给本地塑料制品企业作为生产原料,粒子产品相较于废旧塑料增值了 5 倍。

2.大力发展新型再生资源企业。　延伸再生资源产业链条,做到废旧物资就地消化。2001 年以来,宜黄县一方面将拟投资 1 亿多元的严重污染项目拒之门

外,同时为保护环境,积极抓好造纸行业环境治理,引资将本县5家造纸厂从以竹木为原材料全部改成以废旧纸为原材料。仅大千纸业关闭原木化学制浆生产线改采用废纸造纸技术,每年可节约松木原木1.3万~1.5万立方米。目前,5家造纸企业都建成了污水处理设施,通过了省环保局的竣工验收。另一方面,加大政策扶持力度,重点引进了一批以废旧塑料为主要原料的新兴企业,大力发展环保型造纸业和塑料业。通过招商引资,全县现已形成有5家环保造纸企业和10家塑料制品企业的再生资源产业链,年加工废旧纸、塑料20多万吨,新增税收1000多万元,安排就业2000余人。江西事达塑料有限公司年生产蔬菜塑料袋4000吨,产品远销欧美创汇500万美元。

四、项目带动,打造生态农业产业链

积极转变传统农业的发展方式,用循环经济的理念发展农业。在打造生态循环链中做大做优农业产业,使物质和能量在发展生态农业中实现大循环。

1.以发展农产品加工延伸生态农业产业链。 重点培育和积极引进本地、外地农产品加工企业,实施龙头带动产业化发展,对各类农产品及其初加工后的副产品与有机废弃物进行系列开发,深度加工,不断增值。目前,全县已扶持发展农副产品加工龙头企业10余家,其中江西红妹子食品有限公司、江西华南板材有限公司等5家企业为市级龙头企业。浙江钱江油料科技开发有限公司投资5000万元正在兴建的甲醇燃油有限公司,建成投产后年产值可达1亿元。江西红妹子食品有限公司年加工生产"红妹子"豆腐乳150万瓶,产值450万元。

2.以发展食用菌产业再利用木竹加工业废弃物。 木竹加工企业产生的锯末是培育食用菌的优质原料,栽培食用菌后产生的废渣变成了有机肥,有利于改良土壤、培养肥力、降低种粮成本。宜黄县充分利用木竹加工业产生的废弃物,大力发展食用菌产业,通过典型引路、示范带动、搞好服务,形成了专业村家家户户发展食用菌产业的模式。2006年,全县栽培食用菌达2000多亩,产值2300多万元,主要生产品种有大球盖、竹荪菇、地栽香菇等,参与食用菌生产的农户1000余户,户均增收900多元。中港乡今年栽培大球盖、竹荪菇1500亩,其中竹

荪菇生产400亩,耗去锯末500多万吨,亩创产值1.4万元,亩均纯利1.1万多元。

　　3.推进沼气建设为农民生产生活提供清洁能源。　农作物秸秆喂牲畜—牲畜粪便发酵变成沼气—沼液成为肥料,这种对资源再利用的循环经济模式,是生产无公害绿色产品的有效途径,也是对生产、生活污染进行无公害处理的有效方式。一个8立方米的沼气池每天可产沼气2~3立方米,足可维持4口之家做饭、照明所需。从2006年8月份开始,宜黄县按照循环经济发展规划,把沼气建设作为一个惠民工程来抓,计划至2007年在10个村1 200户农户家中建1 200个沼气池,以沼气为纽带,推动生物质能的循环利用,为农民的生产生活提供清洁能源,形成"猪—沼—果""猪—沼—菜"等生态农业发展模式,促进农村种养业发展。

　　　　　　　　　　(本文原载于抚州市委政研室《谋略》2006年第2期,有改动)

探索依托农民专业合作经济组织扶贫的新路子

抚州是一个欠发达的农业市,全市现有国家扶贫开发重点县 2 个,省定重点乡 56 个、重点村 92 个。通过"八七"扶贫、攻坚,特别是近两年的扶贫开发,农村贫困人口大幅度下降,至 2002 年底,全市 92 个扶贫重点村农民年人均纯收入达到 1 623.75 元,未解决温饱的贫困人口由 2001 年的 7.1 万人下降到 6.9 万人,低收入人口由 36.36 万人减少到 31 万人。可以说,扶贫工作成效是显著的,但依然任重道远。因此,积极探索扶贫开发的新途径,实现政府扶贫与市场扶贫的有机结合,是当前扶贫工作面临的重要课题。最近,通过对抚州市农民专业合作经济组织发挥扶贫功能的情况进行专题调研,我们认为,这种联结农民与市场的新型组织形式和运营方式,正在逐步成为农民增产增收、脱贫致富的"启动器",依托合作经济组织为载体,开辟出一条扶贫开发的新路子,不仅可能,而且大有作为。

一、农民专业合作经济组织显露出天然的扶贫功能,在自身的发展壮大中为广大农民脱贫致富带来了实惠

农民专业合作经济组织,是指由从事农产品生产经营的农户(专业户)自愿组织起来,在技术、资金、信息、购销、加工、储运等环节实行自我管理、自我服务、自我发展,以提高竞争力、增加成员收入为目的的专业性合作经济组织。抚州市的农民专业合作经济组织(下文简称"合作经济组织")萌发于 20 世纪 90 年代初,在各级政府的鼓励扶持下,于 20 世纪 90 年代中后期得到迅速发展。至目前,抚州市已有各类合作经济组织 10 102 个,主要有三种类型:(1)个体贩运户。

主要从事农副产品收购,为农民提供信息服务,他们与农户之间主要是以居住地为中心进行辐射式联结,联系的农户相对固定,但双方之间无合同约束,以"随行就市"的方式形成农产品供销关系。这类合作经济组织约占总数的79%,如广昌县目前有1770多名个体贩运户活跃在农户和市场之间,临川区挂牌上岗的西瓜经纪人就有300多名。(2)运销企业或专业大户。他们直接或间接地从农户手中收购农副产品,进行简单加工包装后销往外地市场。他们与农户之间的联结处于松散状态,既无固定的联系农户,更没有规范的合同契约关系,主要通过组织内部农户获得二、三产业收入和外销农产品形成与农户的联系。这类合作经济组织约占总数的18%,每个企业或大户都有10~20名从业人员,如广昌县莲峰贸易有限公司,2002年加工运销白莲等农副产品30余万斤,实现利润40余万元。(3)专业协会。由农村某一专业生产的农户自愿联合起来,组成经济技术协作团体,形成区域性的群体生产。专业协会都制定了章程,联结农户广泛,与农户的联结处于半紧密状态。专业协会已形成县、乡、村三级管理机构,通过对入会农户提供统一的良种、技术和销售服务,形成农户之间的互助合作。这类合作经济组织约占总数的2%,如临川的西瓜协会、广昌的果业协会。临川区目前已有7个乡镇创办了西瓜协会,联系农户1万多户;广昌县仅上凡村果业协会就已发展会员160余户。

合作经济组织的组织结构虽然不尽完善,与农户的联结仍处于松散半松散状态,但这些合作经济组织特别是各类专业协会为农民打通了信息渠道,扩大了经营规模,降低了生产和流通环节的中间成本,提高了产品的市场竞争力,主观上使组织内部的农户走上了增收致富的道路,客观上又间接充当了政府扶贫开发的角色,帮助联结的农户特别是低收入贫困户加快了增收脱贫的步伐。

1.**解决卖难价贱问题,让农民在农产品商品化率和价格的提高中得到了实惠。** 合作经济组织广泛联结农户,从生产到流通环节都向农民提供各种服务,不断拓宽销售渠道,有效解决农副产品价贱卖难问题,带动农民增加收入。临川区鹏田乡西瓜协会2800多户瓜农生产的西瓜,外销率达98%以上,且外销均价比本地市场每公斤高0.25元,2002年人均收入803元,按本市市场价格计算,人均净增收入 350 元。

2.推动产业结构调整,让农民在基地化规模生产中得到了实惠。 合作经济组织以市场为取向,引进推广名优特新品种,合理安排生产季节、种养规模和区域布局,有计划地开拓市场,指导农户有序竞争和加强合作,抢占市场份额,形成了产业结构依托市场自觉调整的机制,促进了当地支柱产业和特色产业的发展和壮大,农民获得了规模效益。2002 年,广昌县五大扶贫支柱产业莲、烟、药、果、菇栽种面积(规模)共达 18.3 万亩、7 000 万袋,覆盖贫困人口 2.47 万人,总产值达 1.5 亿元,农民从五大产业中所得的人均收入达 720 元,占当年农民人均收入的 60%。

3.提高生产技术水平,让农民在提高农产品品质和产量、降低生产成本中得到了实惠。 广昌县贫困村上凡村果业协会每年都不定期地举办 3~4 期培训班,对会员进行技术培训,并从外地聘请技术专家对会员进行现场技术指导。目前,协会里的 160 多名会员全部掌握了果树嫁接、套装、疏花疏果、病虫防治等果业栽培、管理新技术,生产成本普遍降低,果品产量大幅度提高,其中黄花梨亩产由原来的 300 公斤左右提高到现在的 500 多公斤,果品品质得到提高,提升了市场竞争力,2002 年全村共外销黄花梨 150 多万斤,户均收入达 3 000 元。近三年,全村共有 56 户贫困农户摘掉了"穷帽",目前,该村 95% 以上的贫困农户已摆脱贫困,实现了温饱。

4.增加农村就业岗位,让农民在本土打工从事第二、三产业生产中得到了实惠。 许多合作经济组织通过发展新产业或延长原有产业的经营链条,或扩大生产规模,使部分农民能够离土不离乡地从事第二、三产业生产,增加现金收入。广昌县专业大户卢胜祥,其白莲茶树菇经营部长年雇请 15 个农民帮工,2002 年共向这些农民工支付工资达 7 万多元,人均 5 000 元。广昌县莲峰贸易有限公司现有 20 余个农民工从事冷藏、加工生产,他们的人均年收入达 6 000 多元。

二、探寻政府扶贫与市场扶贫的结合点,开辟依托农民专业合作经济组织进行"开发式"扶贫的新路

农业现代化的根本出路在于农业产业化,而推进农业产业化经营的关键是

要搞好龙头企业的培育。抚州市的实践证明,合作经济组织是形成产业化龙头的前提和基础,也是参与式扶贫开发方式的切入点和载体。作为农业地区,在一个较长的时期内,农业依然是抚州市大部分农户特别是低收入贫困农户家庭收入的主要来源。因此,认真实施"以点带面,项目扶助,利益驱动,政策支持"的战略,充分调动合作经济组织参与扶贫开发的主动性和积极性,促使他们的扶贫实践由自发变成自觉,由客观效应变成主观追求,实现政府扶贫与市场扶贫的有机结合,这是新形势下探索"开发式"扶贫方式的一条有效途径。

1.着力抓好试点,选准依托合作经济组织扶贫的突破口。 以合作经济组织为载体扶贫致富,是扶贫开发工作的一种新尝试,在实施过程中,措施必须得当,方法、步骤要严密。具体操作上应切实做到"四有":一是有人办事,成立试点指导机构。县(区)可由扶贫办牵头,农业、财政、工商、税务、金融等部门参与,成立合作经济组织扶贫试点办公室,县(区)有关领导为负责人,对合作经济组织扶贫试点进行具体的指导。乡(镇)也应按县(区)的做法成立相应的组织机构。二是有规可循,明确试点原则。依托合作经济组织扶贫的原则是:以扶助贫困户和低收入农户脱贫致富为根本目的,以扶持省定扶贫开发重点乡、村合作经济组织或可辐射和牵引重点乡、村贫困户脱贫致富的合作经济组织发展为直接途径,用市场经济的观点和手段来引导合作经济组织进行扶贫,使合作经济组织的经营和扶贫开发工作协调发展。三是有的放矢,选准试点对象。从调查情况看,个体贩运户、运销企业或专业大户与农户的联结松散,其扶贫作用有限,也不便于进行试点操作。而各类专业协会内部运作相对规范,联系农户也较广和紧密,可塑性强。因此,依托合作经济组织扶贫的重点在专业协会,潜力也在专业协会,应把专业协会作为扶贫试点的对象。由于各专业协会内在条件不一,在确立试点对象时,必须对各类专业协会章程完善程度、发展规模、以及辐射牵引重点乡、村农户尤其是贫困户的数量等情况进行认真调查摸底并综合评估,在此基础上择优确立一批运作机制相对完善、扶贫潜能相对较大的专业协会作为试点对象,开展试点工作。四是有"经"可传,做到以点带面。试点成功后,要认真总结,并利用各种渠道、各种媒体,大张旗鼓地宣传试点的成功经验,切合实际地进行推广、创新,拓宽和走活依托合作经济组织扶贫的路子。

2.实施项目扶助,提高依托合作经济组织扶贫的效益。 要认真吃透《中国农村扶贫开发纲要》(以下简称《纲要》)的精神实质,将扶贫到户理解为"扶贫工作到户、项目辐射到户、效益反哺到户",而不能理解为"资金扶持到户"。这种全新的扶贫开发理念已被各地的实践证明是正确并卓有成效的。合作经济组织的组成人员本身是农民,以其作为载体进行扶贫开发,通过项目扶助的办法,给予适度的扶贫资金支持,促使合作经济组织实现上述"三到户"的目标,这是完全必要的,也是符合《纲要》精神的。实施项目扶贫,应当建立起规范的运作机制,要建立严格的项目申报、评估、立项、管理和监督机制,坚决做到"三严"。一是严把资金投向,为了让扶贫资金真正用于扶贫,项目申报要以能直接增加重点乡、村贫困户和其他农户收入的种养业特别是特色主导产业项目为主,资金投入以信贷扶贫资金为主;同时,注重把基础设施建设和良种、科技推广与生产开发性项目有机结合起来,配套安排一定的无偿扶贫资金,用于基础设施建设和良种科技推广等项目。申报项目应当同时申报该项目辐射覆盖重点乡、村人口数,并就效益反哺贫困户的目标作出承诺。二是严格操作程序。在项目管理上,始终坚持"项目跟着扶贫走、资金跟着项目走、服务跟着资金走"。具体操作上,财政扶贫资金项目,由合作经济组织申报扶持项目,县扶贫部门组织进行筛选评估立项,报上级扶贫部门审查、审批;扶贫信贷资金项目,由扶贫部门与农业银行按"共同考察、共同申报、共同审批、共同管理、共同回收"的项目管理原则,由县级扶贫部门立项,报上级扶贫部门审查、审批,农行按审批项目拨款。三是严加监督。检查、扶贫部门每年要会同审计等部门对受扶持合作经济组织的项目资金使用情况进行专项审计,对项目实施情况进行跟踪监督,对承诺的扶贫目标实现情况进行检查和验收,对不符合扶助项目资金规定用途和达不到目标要求的,要及时发现并责令有关合作经济组织认真整改、兑现诺言,从而最大限度地发挥项目资金的扶贫开发效益。

3.加大扶持力度,为合作经济组织强化扶贫致富功能营造良好的外部环境。 在认真实施项目资金扶助机制的同时,各级政府及有关部门还应在优化合作经济组织的发展环境方面狠下功夫。一要强化政策支持。加入世界贸易组织后,政府对农业的直接补贴受到很多限制,发达国家的惯例是,通过支持合作经济组织来实现对农业的补贴。因此,各级政府要在扶持农业产业化项目、开展农业科技推广、建设农产品质量安全体系等方面,优先选择进行扶贫试点的合作经济组织作为重要的实施载体,并在财政、信贷、税收等方面制定优惠政策,为合作经济组织开展扶贫工作创造条件。二要改善融资环境。政府扶贫部门要主动帮助合作经济组织协调好与金融部门的关系,解决流动资金贷款难题。金融部门要创新借贷方式,可以尝试流通资金短期小额贷款信誉担保制度,也可探索建立担保公司的方法,选择一些有较强经济实力、运作规范的合作经济组织本身,或经营业绩好、信誉优良的龙头企业成立担保公司,疏通合作经济组织的流通资金贷款渠道。三要加大扶智力度。扶贫部门可专门切出一块资金作为培训专项经费,用于搞好合作经济组织特别是开展扶贫试点的合作经济组织成员及联结农户,特别是贫困户的技能培训,聘请各方面的专家和科技人员给他们传授市场经济、营销及农业实用等方面的知识和技能,促使合作经济组织进一步改进生产方式,提高经营水平,增强开拓市场和牵引农民发展生产的能力;促使重点乡、村贫困户和低收入农户都能掌握一至两门实用技术,在合作经济组织的牵引下走上脱贫致富道路。四要做好市场准入工作。动员尚未进行工商登记注册的合作经济组织尽快登记,以正其名,使他们能以合法的市场主体资格参与市场竞争;在商标的申请、注册过程中做好指导和协调工作,引导合作经济组织积极创品牌、创名牌,增强他们开拓市场的竞争力,从而为牵引农民脱贫致富作出更大贡献。

三、按市场经济要求规范发展,全面提升农民专业合作经济组织的经营水平和扶贫功能

当前,农民专业合作经济组织的发展态势良好,它们在牵引农民脱贫致富方面所作的贡献也功不可没。但毋庸讳言,合作经济组织在发展前进中仍然存在着诸多亟待解决的矛盾和问题,与充当扶贫开发重要载体的需要不相适应,主要

表现在：一是发展层次不高、绝大部分合作经济组织属于松散半松散型组织，规模小、联结农户少的个体贩运户、运销公司和专业大户占合作经济组织总数的95%以上，而与农户联系相对较紧、联结农户较多、扶贫潜能相对较大的专业协会只占2%。二是运作机制不规范。现有的合作经济组织与联结的农户之间，在农产品的供与购、生产技术授与受等方面，都没有严格的合同契约，随意性大，导致双方进行农产品交易的来源、去向以及对农产品的质量要求都缺乏稳定的保障。即使是与农户联结相对较紧的专业协会，与农户之间也没有建立合理的利益分配机制，农户的利益只体现在生产环节，而与加工、销售环节的利润无关；没有建立风险保障机制，当双方在利益上发生冲突或发生严重的市场价格波动时，合作经济组织可以采取拒收或压低收购价的方式保护自身利益，而农户却不得不独自承担市场风险。三是整体素质偏低。合作经济组织的主体是农民，文化底子薄，缺乏搞市场经济必备的知识和发展合作经济的经验，自我完善、自我发展、自我服务的能力较弱，驾驭市场风险的能力较差。

农民专业合作经济组织是市场经济的产物。要把合作经济组织建设成为既按市场经济规律办事，又在扶助农民脱贫致富方面大有作为的有效载体，关键是要切实帮助和引导它们尽快走上规范发展的轨道，不断提升其经营水平和扶贫功能，发展层次越高，其联系农户就越紧密，扶贫带动能力就越强。按市场经济要求推进合作经济组织的规范发展，当前主要应着力指导它们完善"三大机制"。

1.建立健全规范的合作经济组织内部运作机制，强化其作为扶贫致富重要载体的牵引功能。 要帮助合作经济组织以经济合同法、民法及其他经济法规为根本依据，认真建立和完善章程，对入会各方的权利、义务，包括违约责任要平等条款设置要公正合理、措辞准确，符合国家法律法规。合作经济组织决定章程、制度中规定的重大事项执行前，都要通过会员大会表决通过，实行一人一票制。通过健全民主、科学的决策运行机制，使合作经济组织的经营水平不断提高，实力不断壮大，成为牵引农民脱贫致富的"龙头"。

2.建立健全规范的利益联结和分配机制，形成合作经济组织与联结农户

"利益共享"的"双赢"局面。 要使合作经济组织成为扶贫开发的有效载体，利益联结机制是一条十分重要的纽带。在实际操作中,要按照市场经济规律和价值规律的要求,帮助合作经济组织与重点乡村农户特别是贫困户和低收入农户之间完善以下具体的利益联结机制:一是订单联结机制。把发展订单农业作为发展壮大合作经济组织、增加贫困户收入的一条主要措施并抓好,促使双方通过签订合同订单的方式形成稳定的农产品供销关系,包括建立起被市场价格冲击时的"保护价"机制,实现共同发展目标。二是技术联结机制。要让覆盖农户按照合作经济组织对高质量农产品的需要进行生产,以提高合作经济组织加工、销售增值的效益,完善双方之间的技术联结机制就显得十分重要。应当通过合同协议等形式,对合作组织为农户进行技术服务的项目、方式以及农户生产的农产品应达到的质量要求等作出明确界定。通过这种有效的技术联结,使贫困户的科技素质得到提高,脱贫致富的手段从依靠体力转移到依靠科技进步的轨道上来。三是劳务联结机制。引导合作经济组织在有增加劳动力需求时,优先雇用贫困户劳力,给贫困户带来稳定的收入,拓宽其增收渠道。由于贫困农户对劳动工种和报酬的要求相对较低,这也有利于合作经济组织扩大生产规模,降低生产成本,从而实现双方的利益互补。

3.建立健全规范的"风险共担"保障机制,共同应对激烈的市场竞争。市场是千变万化的,市场竞争是残酷的,依托合作经济组织开展扶贫开发工作,必须未雨绸缪,重视规避市场风险。当前,政府及扶贫部门应积极帮助和引导合作经济组织,特别是对牵引本地支柱产业发展具有重大影响的合作经济组织建立起"风险保障基金"制度,采取"扶贫资金给一点,合作经济组织筹一点,联结农户交一点"的方法,设立风险保障专项基金,并建立起规范的基金使用、监管办法。通过风险保障基金的有效运作,确保支柱产业及相关合作经济组织在遭遇市场风险时不致受到毁灭性的打击,不致出现"谷贱伤农""瓜贱伤农"、滞缓农民致富步伐、已脱贫农户重返贫困的现象。

（本文原载于抚州市委政研室《政研内参》2003年6月第6期,有改动）

抓好考评　激励创优

1995 年以来,我们坚持每年对县(市)委办公室工作开展综合考评活动,鼓励先进、鞭策后进,逐步建立起办公室工作竞争激励机制,推动了全区党委办公室工作的规范化、制度化和科学化进程,提高了办公室工作的层次、质量和水平。

一、端正认识,在考评指导思想上注重务实

考评工作取得成功、收到实际效果,关键在于端正考评指导思想。首先我们在全办统一思想,明确地委办公室是县(市)委办公室的业务指导部门,而不是工作领导部门,考评只是手段,目的是互相学习交流,推动工作,不能人为地增加框框套套,使县(市)委办公室被动地围绕地委办公室转。因此在制定考评方案时,我们坚决摒弃了计划经济的旧思想、旧观念,力求方案能符合县(市)委办公室工作实际,全面体现党委办公部门适应党委领导两个根本转变,总揽改革、发展和稳定大局的新要求。为了确保实际考评工作贯彻这一思想,我们还制定了地委办公室工作人员下基层工作纪律和各科室考评工作规程,同时建立了县(市)委办公室考评地委办公室工作的"下评上"监督机制,避免了人为的考评因素,推动了考评工作朝着健康的方向发展。

二、突出重点,在考评工作基调上把准方向

为了强化新形势下办公部门的参谋、助手职能,我们在制定考评方案时,着力突出重点,实行分类指导,通过加大重要工作、重要方面的考评权数,发挥综合考评有益的导向性作用。一是突出考评县(市)委办公室为本级党委服务的力度、质量和水平。重点考评办公室预案、意见、调研成果进入本级党委领导决策

层情况和获得领导批示的情况,有效地克服了过去县(市)委办公室为了应付上级考评而在参谋服务工作中颠倒主次,重上(级)轻下(本级和基层)的不良现象,促其全力搞好工作为同级党委服务。二是把为改革开放和经济建设服务的情况纳入考评范围,鼓励引导办公部门支持、参与、服务中心工作,使县(市)委办公室更多地从感性认识中增强贯彻执行党的基本路线的自觉性。三是加大对信息调研、督促检查和日常运转等重要工作的考评权数,引导县(市)委办公室将力量和精力向重点工作倾斜。为了在考评中推动县(市)委办公室工作牢牢抓住这些重点,地委办公室连续在全区开展了"领导思路知多少""区域经济运行方略"等调研成果竞赛活动。同时,由科室牵头,定期不定期地开展课题和业务研讨活动,加强对基层的工作联系和业务指导,有效地增强了办公室工作的针对性,通过考评的引导,真正使县(市)委办公室明确了工作的服务重点,办公室的参谋助手职能得到较好的发挥。

三、整体推进,在考评内容上讲求全面

考评内容科学与否,直接影响考评效果。我们按照全国党委秘书长、办公厅主任会议确立的指导思想,以邓小平理论为指针,坚持党的基本路线,紧紧围绕实行两个(领导与群众、个别与一般)结合,搞好三个"服务"(为党委、为各部门、为基层人民群众),加强"四项"(思想、业务、队伍、作风)建设,在综合、系统上做文章,全方位、多角度地从政务与事务、重点与非重点、硬件与软件、基础建设与自身建设等各个方面、各个环节上进行考评。一是横到边:将考评扩大至办公室工作的各个方面,经过不断充实完善,确定 1997 年考评的项目包括信息、督查、调研、机要、秘书、机关事务管理、办公室自身建设等 7 个方面;二是纵到底:将考评触及每项工作的各个环节,如秘书工作考评至发文稿、材料上报、重大情况报告、值班、文档管理、保密等 6 个方面的内容,机关事务管理考评财务管理、机关行政管理、卫生管理、创收管理、车辆管理、安全保卫管理等 6 个方面的内容,从而促进县(市)委办公室工作统筹兼顾,全面推进。

四、实事求是,在考评方法上力求公正

为了使考评结果客观公正,我们实行了动态考评与年中集中考评相结合的

考评办法。动态考评,即由地委办公室各科室在平时工作中进行,具体办法是科室根据各自工作职能、项目、目标、任务制定相应的行为规范和记录、通报制度,将各县(市)委办公室相应工作情况记录在案,定期通报。其主要特点是以事实为依据,客观、公正,同时寓考评于指导改进工作之中,各科室能及时发现县(市)委办公室动态工作中存在的问题和缺点,并提出建设性的改进意见,县(市)委办公室据此可以及时改进工作,形成工作的良性循环。集中考评,即在年度工作结束后,由地委办公室组织各科室负责人和各县(市)委办公室负责人,分组交叉对县(市)委办公室工作进行实地考评,在考评中将动态考评情况与实际调查了解情况结合起来,最后确定年度考评成绩。其特点是既要接受地委办公室的考评,还要接受兄弟县(市)同行的考评,不仅使考评结果接近实际,也使县(市)之间获得学习交流的机会。

五、激励全盘,在考评表彰上鼓励争先

如何体现考评的严肃性,使考评真正起到推动工作的作用?我们的体会是,用政治和经济的方法鼓励先进,用行政的方法鞭策后进,用辩证的方法对待前进,以此激活全盘。一是让先进真正感到光荣和实惠。在综合考评中,我们设立了4个综合先进奖和5项单项先进奖,规定凡获得综合先进奖的县(市)委办公室主任评为全区优秀县(市)委办公室主任,获得单项先进奖的分管领导和工作人员评为先进工作者,除了在经济上给予一定的奖励外,还力争在政治使用上向地委和县(市)委推荐,从而较好地调动了争先创优的积极性。二是让后进真正坐不住。对综合考评成绩最后3名的单位,我们不仅发文通报批评,同时运用组织手段与县(市)委通气,对连年落后确实不适应办公室工作的负责人,建议县(市)委进行组织调整,让县(市)委办公室的领导们真正感到落后可耻,落后就要"挨打",落后就待不下去。三是通报表扬年度工作有进步的单位。对当年考评成绩比上年进步的单位,无论综合与单项获奖与否,无论进步大小都发文通报表扬,让其在前进中看到希望,增强争先创优的信心和勇气。

(本文原载于中央办公厅《秘书工作》1998 年第 1 期,有改动)

转机建制添活力　招商引资促发展

——抚州市水利工程产权制度改革调研报告

自 2000 年 12 月全省水利工程产权制度改革现场会在抚州召开以来,抚州市各级水利部门及广大干部职工以此为动力,因地制宜,制定政策,转机建制,勇于探索,努力推进水利工程产权改革向纵深发展。特别是 2002 年以来,积极实施以招商引资为总抓手的发展战略,全市水利工程产权制度改革石击千浪,空前搅动,内外投资蜂拥而至,民间资金纷纷涌入,大搞水力开发,搞活水库经营,建设城防工程,参与水保治理,掀起了全市水利经济发展的新一轮高潮。截至目前,全市水利工程进行产权制度改革 11 814 处,其中拍卖经营权 88 处,拍卖建设权 36 处,租赁 4 677 处,承包 6 395 处,股份制 432 处,股份合作制 17 处,一库多制 14 处,其他形式 155 处,获置换资金 9973.4 万元,多渠道筹资融资 12 677.1 万元(其中,引进外资 9493.0 万元,吸纳社会资金 2 624.1 万元,各级政府增加投入 560 万元),真正形成了机制灵活、互动共进、投资多元、社会办水的良好发展格局。

一、做法与特点

一是改制与新建并进,开发水力资源,借好"水之力"。 水力资源因其可再生性强、投资回报率高、成本回收快、清洁环保等优点而备受投资者青睐。近两年来,全市共吸引资金 6949.1 万元参与水力资源开发,其中外资超过 3 765 万元,占 54.2%,出现了"三个一批"的良好势头。一是拍卖搞活了一批。截至目前,全市共转制拍卖水电站 18 座,置换资金 7796.7 多万元。乐安山坑电站因建设工期拖长(由最初设计的 2.5 年到最后的 10 年,建设工期比计划工期拖长了

4倍)、投资成本过大(由初设概算2341万元到后投入建设资金5600万元)、技术力量薄弱、机制不够灵活、体制很不顺畅等原因,始终负债运行,亏损严重。乐安县人民政府于2002年4月将山坑电站产权整体出让给抚州电力实业总公司(出让价款2000万元,其中320万元为未完工大坝的续建投入、1680万元用于偿还电站所欠各项债务),至今发电量已达2000万千瓦时,总收入超过660万元,实现了良好的经济效益和社会效益;于2002年11月以2518万元的价格将广昌杨溪电站产权整体转让给浙江云和县客商,目前电站运行一切正常。二是股份制改造了一批。资溪县于2001年将总装机容量为2980千瓦的湾头、瑞溪、初居、柏田等4座小水电站改制为"资溪县嘉顺小水电有限公司",共置换资金450万元,其中划出50万元作为全县水利建设基金,公司实行股份制运作,确定基本股10万元,并优先考虑供电局、水电局职工入股。目前4座水电站的70多名职工全部入股,已召开股东大会,选举产生了董事会、监事会和公司董事长。通过改制,以往吃大锅饭的陋习被一举打破,电站干部职工生产积极性空前高涨,从而延长了电站运行时间,增加了发电量。2002年,4座水电站的总发电量达到1340万千瓦时,比改制前增加240万千瓦时,为财政多提供税收10万余元,每股回报率达20%。三是多元投入新建了一批。一方面,外商纷至沓来,对投资开发水力资源兴趣浓厚。目前,宜黄县新建的小水电站90%由外商投资,共投入资金6268万元,建有14座,装机容量11670千瓦,年发电量4963万千瓦时,水电资源开发量占全县可开发总量的60%,居全省领先水平;资溪县由外商投资6000多万元着手新建刘家山、双门石、槐树下等3座水电站,总装机容量达9210千瓦,目前,可研、初设、地勘等各项前期准备工作正在有条不紊地进行。另一方面,本地民间资金也纷纷进入。据初步统计,两年来全市共新建小水电站20座,总装机容量达16595千瓦,多渠道筹资融资8728万元,其中民间进入资金高达2624.1万元。

　　二是经营与开发并举,搞活一库多制,画好"水彩画"。 近年来,抚州市各地以推行一库多制为契机,认真搞好水库的综合经营和立体开发,用智慧和勤劳描绘出一幅幅"青山绿水、花艳果丰、五畜兴旺,人欢鱼跃"的绚丽图景。一是

"种养加"结合。乐安县自 2000 年实施水库立体开发以来,特别是随着去年招商引资力度加大,水库开发进程不断加快,至 2002 年底,全县小(二)型以上水库 98% 都实行了综合经营,平均每座水库年产值超过 20 万元,不仅大大地发展了水利经济,而且加强了对水库的管理,防止了许多险情发生,真正达到了以水养水的目的,现在,不少小(二)型以上水库都修通了入库道路,建设了管理用房,安装和配备了通信设施。金溪县琅琚镇尖岗水库拍卖经营权,由抚州市工行福鑫农业开发有限公司投资 45 万元搞种养立体开发,建成鸭舍 600 平方米,种植黄栀子 400 亩、银杏树 30 亩、翠冠梨 100 亩,养鱼 20 万尾,使水库面貌发生巨大改观。宜黄县观音山水库在搞好种养开发的同时,大力招商引资,引进耗能企业、兴办工业小区,目前小区内已引进和兴办企业 6 家,年总产值超过 3 000 万元,累计库属工业年总耗电 1000 万千瓦时,占水库年均发电量的 70%,每年增加发电收入 100 万元,既实现了富余电量的转化增值,又提供了 80 多个就业岗位。二是大力开发旅游经济。崇仁县虎毛山中型水库离县城近,植被覆盖率高,景点多、环境幽雅,适宜搞水利旅游开发,通过招商引资,台商与水库管理局签订了独立开发水库旅游业的合同,每年付给水库租金 9 万~15 万元。目前,该客商投资 450 万元建成宾馆及一线天、大石楼、棺材崖、小山峡等 20 余处自然风景点,年收入超过 80 万元。资溪县物资局职工许资堂投资 200 万元,对 316 国道旁的一块临河滩涂进行开发,经过一年努力建起了度假村、游泳池、酒楼、停车场等设施,集旅游、观光、休闲于一体,成为资溪县一道靓丽的风景。南丰县潭湖水库景区生态环境优美、气候宜人、空气清新、水质清澈、冬暖夏凉,素有"小庐山"之称,属全国生态学会生态示范点,为江西省水上运动学校定点训练基地,景区内还盛产"橘中之王"——南丰蜜橘,是开发生态旅游的绝佳场所,许多外商对此产生投资兴趣。目前,潭湖水库已同上海一家旅游公司正在签订"三日游"旅游点开发合同,力争尽快把潭湖建成集旅游、观光、休闲、度假、疗养为一体的"绿色生态"旅游胜地。

三是生态与经济并重,搞好水土治理,打造"生态美"。 在推进水保工程改革中,抚州市始终把生态效益、经济效益放在同等重要的位置,创新经营管理模式,搞好小流域综合治理,推动生态环境建设,着力打造"生态美"。目前,抚州市具有代表性的经营管理模式主要有三种,即股份制、"公司+农户"制和混合制等。临川六岭小流域水保示范基地实行股份制的经营形式,累计投资120万元,由管理方、技术方和投资方按3∶3∶4的比例进行控股。管理方负责日常统一管理,技术方负责基地技术指导,投资方协调各方资金投入,做到了分工明确、责任分明、管理科学、产权清晰。基地已初步形成花卉苗木、果业和养猪三大产业,开发面积500余亩,年产值1200万元,完成水土流失防治面积863亩,修建水保工程26座(处),形成了以水保基地为轴心的综合防治新格局。全国劳模、金溪县农民企业家韩光海采取"公司+农户"的经营模式,外联外商,内联农户,兴办水保基地。目前,公司联系农户150多户,种植黄栀子3200多亩,栽种水保林和百喜草800多亩,不仅有效地治理了水土流失,还取得了良好的经济效益,年产值达300多万元,人均增收200多元,为财政增收20多万元。南城县现代农业科技示范园则是混合制的经营模式,园区采取"政府牵头、法人实施、多元投资、单元经营"的办法,实行"六制"——土地租赁制、技术承包制、发包竞标制、联结农户合同制、经营股份制、试验开发合作制,利用石溪水库特有的自然环境和农业生产优势,以南京农业大学技术为依托,不断开发高品质无公害的名特优新农产品,目前园区已建成年繁加州鲈鱼1000万尾的良种繁殖场、年养2000羽的种鹅场、年繁100万羽的五黑鸡原种场、200亩的精养鱼池、100亩的名优鱼繁殖基地、1000亩的太空白莲繁育基地、100亩的日本牛蒡种植基地、2000亩的淮山种植基地、10亩的钢架大棚、30亩的大枣母本园、140亩的花卉种植基地,年总产值可达6243.5万元,年均收益达1624.95万元。

二、存在的问题

抚州市水利工程产权制度改革迈出了可喜的步伐,出现了良好的发展势头,但审慎客观地看,仍属起步与探索阶段,仍有一些亟待解决的问题。

一是观念难转变。 主要表现为一些干部群众思想不够解放,缺乏改革参与意识,片面强调水利事业的公益性、社会性,认为水利事业应由国家办、包袱应由由政府背,因而不想改;部分水管干部担心拍卖股份会造成国有资产流失,造成人员下岗分流,造成水管部门无职无权,因而不同程度地抵制改革;少数水管部门领导坐而论道、等待观望、心中无办法、手中无典型,结果只能是一筹莫展不会改。这些都与改革的要求格格不入。

二是职工难安置。 目前,抚州市水管企业职工普遍过多,超编现象严重,如金临渠管理局 2000 年经临川编委核定在职人员编制为 40 人,而现在总人数已达 124 人,在职人员超编 48 人;幸福水库、潭湖水库、麻源水库均由 1994 年的几十人分别膨胀到现在的 267 人、244 人、324 人。这给产权改革、职工安置带来很大压力,容易形成新的社会负担。乐安山坑电站、宜黄下南电站拍卖后仅返聘了少部分职工,大部分职工没有搞养老保险,只得到很少的身份置换费,便直接进入市场,把包袱甩向社会,给社会带来隐患。

三是管理难到位。 一些经营者为片面追求效益,不注意按要求搞好改制后工程的维修,甚至出现汛期不服从防汛调度安排的现象;一些新建水利工程,或未报经水行政主管部门审批,或不按流域规划设计开发,或私自降低工程等级与建设标准,或聘请不具资质的队伍施工,给工程带来质量安全隐患。这些情况说明,水利部门对加强改制、新建工程的行业管理有一定难度,责任落实很难到位。

四是水价、电价偏低,难以适应市场经济要求。 目前,抚州市现行水利工程供水价格只相当于成本价的 50%~60%,明显偏低,农电体制改革后,供电部门控制电网,对小水电供电采取限价限量,这就无法体现供水、小水电的真实价值及市场价格,致使不少投资者望而却步,直接影响了水利工程产权制度改革的进程,造成了水资源的较大浪费。

三、启示与建议

加快水利工程产权制度改革是为了进一步优化水利工程的产权和资产结构,改变水利资产非公有制成分比重过小的格局,提高经营性资产比例,推进水利资源向规模化、集约化发展,壮大水利基础设施和基础产业,逐步建立和完善产权明晰化、投入多元化、经营企业化、服务社会化的水利管理及运行新机制,达到促进水利事业健康

快速发展的目标。在具体实施过程中,必须重点把握以下几个问题:

一要妥善处理好社会效益、经济效益、生态效益三者之间的关系。 要站在现代水利的认识高度,深化改革、科学开发、综合利用,充分发挥水资源的综合效益。一是要切实落实好防汛抗旱责任。水利工程改制后仍然要把确保防汛安全放在首位,明确规定工程经营者必须严格遵守国家有关法律法规,坚决服从政府对防汛抗旱的统一调度,服从当地经济社会发展大局,服从和维护公共利益;明确经营者对工程维修和日常管理监测的责任;从改制置换资金和工程每年收益中提取一定比例资金建立防汛抗旱专项基金,专户储存,专款专用,并由水行政主管部门监督使用。二是要搞好对水资源的科学开发、综合治理和可持续利用。切实按照新颁布的《中华人民共和国水法》要求,牢固树立全市科学合理开发利用水资源一盘棋的思想,树立各级水行政主管部门对水资源管理的权威,着力开展水资源的深度开发,综合利用,做到开发建设符合流域规划,严格管理一个标准,最大限度地发挥水资源效益,真正把水资源优势转化为经济优势。加强对水资源开发的管理,坚决杜绝以牺牲长远利益换取眼前利益的短期行为,避免在开发中造成新的人为水土流失和水质污染等现象发生,使水资源的开发利用始终符合可持续发展战略。加强对水利工程的监管,确保项目符合规划,设计符合规定,建设符合标准,施工队伍资质符合要求,防汛抗旱责任落实到人,真正实现经济效益、社会效益、生态效益三者有机统一。

二要妥善处理好体制转换和资产评估、职工安置等的关系。 一是要认真搞好资产评估,防止水利国有资产流失,严格按规定进行产权界定和资产评估,规范产权转让行为;聘请具有合法资质、国家承认的资产评估机构,实事求是地搞好评估,严防评估过程中国有资产的流失。评估中,既要对有形资产进行合理估价,更要对无形资产做科学分析。对效益较好、潜力强劲的水利工程,在充分考虑其建设成本的基础上,更要看到其潜在效益;对资不抵债、效益初显的水利工程,则把建设成本作为参考系数,着重对其效益前景进行客观公正分析,力求作出科学、合理的估价。二是要妥善安置好职工。水利工程改制后置换的资金,首先要考虑安置好职工,办好养老保险,解决他们的后顾之忧,并约定改制后的水工程单位要在同等条件下,优先录用原有职工,让他们重新上岗,切忌把水利职工甩向社会。三是要偿还企业负债。水工程单位改制后,置换资金在安置好职工后,要偿还企业所背负债务,不能让改制剥离出来的纯公益性的水工程(如大坝、水库)继续负债运转。四是要建立水利发展基金。水工程单位改制后,置换的资金安置职工、偿还债务剩余部分,应全部用于水利建设,滚动发展,以促使水利事业不断壮大。

三要妥善处理好"引资""引智"与留住现有人才的关系。 水利事业只有充分依托资源优势,大力招商引资,激活民间资本,广泛吸纳和留住人才,借梯上楼、借"脑"发展,才能促进水利经济快速发展。一是要舍得用好的项目吸引外商。资溪县把三座水电站建设、经营权转让给外商,南丰县用景区等次高、交通条件优、硬件基础好的潭湖水库做旅游开发吸引外商,这些做法很值得推广。要坚决摒弃"肥水不流外人田"的思想,把生态环境好、投资回报率高、能促进经济发展的好项目、大项目积极推介给外商,以项目和资源优势引"资"、引"智",达到"你发财、我发展"双赢。要创造良好投资环境,制定优惠政策,以此吸引更多的客商参与水资源开发,通过引进外资,带动内资,激活民资,最大限度地吸引各种资金参与水资源开发,真正掀起全社会办水利的热潮。二是要妥善安排好现有工程技术人员,真正把"引智"与"留智"结合起来。水资源的开发与利用是一个技术性很强的行业,需要一大批有真才实学的技术人员为其服务。目前,抚州市水利工程技术人员较为短缺,仅22人有高级职称,143人有中级职称,341人有初级职称,特别是随着改制步伐加快和机构改革的进行,工程技术人员分不到、调不进、流失快的现象较突出。为此,我们建议在大力招商引资、广泛吸纳贤才的基础上,留住并安排好现有技术人员,做到三个"一批":改制企业聘用一批,通过为改制和新建水利工程选派专业技术人员,搞好跟踪服务,提供技术指导,确保其在建设质量、生态环境及社会功能上都符合国家有关要求,真正为外商考虑、为人民着想、对政府负责;水利系统内部调整一批;县级政府统一安排一批,真正使年富力强、经验丰富、有真才实学的技术人才为我所用。

四要不断完善政策措施,推进和巩固水利产权制度改革。 调查显示,抚州市目前水价、电价明显偏低,农业灌溉供水水价仍按 1991 年省政府 5 号令规定的 9~13 公斤稻谷/亩执行,上网电价大多在 0.18 元/千瓦时左右,这既未反映市场需求,更未体现水的价值,价格与价值严重背离,难以实现水工程良性运行。此外,要将合理的水费收取与农民负担严格区别开来,水费是生产必须支付的成本,各级要大胆地收取,同时要大张旗鼓地进行宣传。为此,水利部门及参与水资源开发的有关人士强烈要求上级有关部门尽快完善各项政策举措,真正实现水资源开发经营管理由计划经济体制向市场经济体制的转变。一是建立符合市场经济要求的水价机制。科学核定供水成本,合理提高水价,由政府确定指导价或最高限价,并辅以市场调节手段,使供需双方均能接受,充分体现水利的有利可图,让水利工程管理单位能公正公平地参与竞争。二是尽快消除"两限(限制上网电量、限制上网电价)"壁垒,打破行业垄断,实现水电上网公平竞争。农电体制改革后,供电部门搞垄断经营,对水电实行"两限",造成水利部门的水电站窝电弃水,造成社会各界投资开发水力资源的积极性减弱,导致水资源浪费极大,建议上级有关部门尽快出台政策,理顺关系,消除行业壁垒,破除部门利益,实行厂网分开、配电放开、竞价上网、公平竞争,真正让社会各界都积极参与到水资源的经营开发中来。同时,各地还要在政策上不断规范,在招投标制度上不断完善,真正按市场化运作对水资源开发进行拍卖,营造公平、公正、公开的投资环境。三是要科学界定水利工程的经营性质,从抚州市水利工程现状看,除了一些小型拦河筑坝的小型电站是纯经营性的,绝大多数是公益性的,有的是准公益性的。界定的难点在于准公益性工程,它们具有"双重性"。地方政府为了减轻财政负担,对准公益性工程在得不到国家资助的情况下,都有将其划入经营性范畴的可能,在目前这种财力的情况下,确实难于拿出资金补助,地方上的公益性项目又实在太多。界定好水利工程的经营性质,同样有利于推动水利工程产权制度的改革进程。我们认为对于经营性和准公益性的部分工程要大胆地进行改制。

(本文原载于抚州市委政研室《政研内参》2003 年 5 月第 4 期,有改动)

勇闯改革新路

人生百年,立于幼学。加快学前教育发展是贯彻习近平总书记重要指示精神、落实党中央国务院决策部署、坚持以人民中心、办好人民满意教育的重大举措,是党委政府的政治责任。发展学前教育遇到的最大问题是资金、土地、师资等难题,面临的最大困扰是补齐原来欠下的旧账,前进的最大动力是为了千万孩子的未来,如何破困局、解难题、求发展、闯新路,是我们必须面对的时代课题。为了回答好这一时代之问,抚州市高度重视,成立学前教育工作领导小组,市委、市政府主要领导多次听取汇报,专程调研指导,召开全市学前教育推进会,压实县区责任,全市上下打响了一场轰轰烈烈的学前教育发展主动仗、歼灭仗、翻身仗。

一、坚持目标导向,破解学位增长困局

加快推进公办园建设。 近三年,全市投入资金 8.32 亿元,新建幼儿园 159 所,增加学位 36764 个;在建项目 30 个,可增加学位 9560 个;市县城区公办园基本达到 3 所以上。全市 153 个乡镇幼儿园全部投入使用,招收幼儿 21299 人;广昌、南城、黎川、东临新区许多乡镇实现一乡两园或三园。**全力抓好配套园专项整治。** 多措并举推进小区配套园治理,完成转公办学位 15932 个,2000 年完成比例全省第一。临川区一次性将 8 所小区园回购转成公办园;高新区回收 4 所幼儿园;黎川县采取先租后购方法,将民办园转成公办园,并安排 33 名公办教师到园工作;乐安、崇仁、金溪等地通过回购、派驻园长和骨干教师,将 21 所小区配套园办成公办园。**扎实做好闲置校舍处置。** 临川、崇仁、资溪、南丰等地投入经

费2885万元,改造闲置校舍35所,增加学位2920个。市级财政对新建、改扩建的村级公办幼儿园给予奖补,不足部分由各县(区)补足。乐安县将闲置两年的幼儿园重新改造,增加公办学位300多个。

二、坚持政策导向,解决资金土地难题

规划优先部署。 市县均制定了网点布局规划,到2025年仅市本级就规划新建幼儿园47所,新增学位14100个。教育部门作为规委会成员单位,直接参与学校规划建设的审核把关。乐安、广昌等地在城区四个方位各布点一所优质公办园,有效满足城区入学需求。**土地优先安排。** 近三年,全市安排幼儿园用地2315亩,其中市本级在核心地段安排土地102亩;黎川县将公办幼儿园建设用地征迁任务列入乡镇年度目标管理考评。**资金优先落实。** 近三年,全市投入20.78亿元保障学前教育发展。东乡区投资3600万元建成城东幼儿园,新增公办学位450个;投资8870万元新建、改扩建公办园5所,增加学位2700个。南城县投入9000万元建成2所公办园,增加学位1170个;东临新区投资6000万元建设幼教中心,公办学位迅速扩充。**政策优先保障。** 出台《关于推进抚州教育高质量发展的若干意见》《关于学前教育深化改革规范发展的实施意见》等政策,按省定标准拨付生均公用经费,推动学前教育健康发展。乐安县将小区配套园不动产权直接登记到教育部门名下,极大提高了小区配套园治理和转办效率。

三、坚持质量导向,引领队伍内涵发展

定向培养优质化。 依托抚州幼专,近三年共培养幼师2000余人,定向培养300多人。各地依托中职学校开设学前教育专业,设立实习基地,520多名毕业生在当地就业;乐安县每年定向培养幼师150人,直接分配使用。**编制整合多样化。** 落实省文件精神,新增编制优先保障学前教育,鼓励各地探索编制备案等模式。南城、南丰、东乡等地通过编制调剂、内部调配等方式,补充幼师编制116个;临川、黎川将部分教师转岗为幼师,充实了队伍。**购买服务规范化。** 市保育院新园区在全省率先采取政府购买服务方式,招聘合同制教师、后勤服务人员

150多人,与公办教师同工同酬。临川、宜黄、乐安、广昌等地通过规范招考,招聘合同制幼师328人,有效缓解师资短缺问题。**业务培训常态化。**　每年组织园长、教师参与各类培训1.6万人次,暑期集中组织轮训。各县区通过"请进来走出去"、包片督学、园长挂职、送教下乡、跟班学习等方式,带动教师参与园本实践研修,不断提升队伍素质。

四、坚持普惠导向,勇闯学前教育新路

　　落实政策强保障。　对全市330所普惠园给予政策优惠,发放补助金900多万元,制定《抚州市扩充普惠性学前教育资源奖补资金管理办法》,市本级安排资金200万元。**严格考核优奖补。**　各地制定省级、市级优质园奖励办法,确定奖补等级和标准。东乡区安排专项资金1 008万元用于扶持普惠园。**公民结对提质量。**　宜黄县成立幼教学会;南城、金溪等地组建"幼儿教育集团",打造学前教育发展共同体;南丰、东乡两地被推为省普惠性民办园扶持工作试点区。**清理无证重规范。**　按照"准入一批、整改一批、取缔一批"的原则,开展联合整治,取缔无证园149所、准入16所、整改111所;资溪、黎川等地无证园早在2017年全面清零。通过清理无证园,"挤"出了一批学生到公办园和普惠园就读,迅速将公办园学位数转化成在园幼儿数。

　　　　　　　　（本文系2020年7月在全省学前教育工作推进会上的讲话摘要）

先行先试开新路

　　临川教育集团是抚州教育的一面旗帜。2002 年 6 月,市委、市政府将临川一中、临川二中收归市管,与抚州一中共同组建了全省第一个教育集团——临川教育集团。自组建以来,集团学校以独特的办学模式和先进的办学理念,迅速跻身"全国百强""全省十强"名校行列。2005 年以来,高考综合指标连续位居全省第一,630 多人录取北大、清华,15 人荣膺江西高考状元。但是从 2014 年开始,随着中小学生学籍、公办普通高中招生、跨区域招生等制度调整,学校发展遇到了瓶颈。为了有效化解矛盾,2014 年以来,市委、市政府高瞻远瞩,抢抓机遇、大胆探索,推进临川教育集团学校转型升级,采取"名校带民校"的方式,在提升3 所公办名牌学校办学水平的同时,引入社会资本兴办 3 所高标准民办学校,吸纳社会资金 16.38 亿元,新增优质学位 2.4 万个。经过 4 年多的努力,临川教育集团 3 所公办学校成功"瘦身",管理效能提升;3 所实验学校茁壮"成长",2018年、2019 年两届毕业生中有 20 人录取北大、清华,得到了各级领导和人民群众的一致好评,开辟了抚州市高中教育多元办学、快速发展的新篇章。

　　科学决策,稳妥推进改革落地。 临川教育集团转型升级始终贯穿着科学决策和平稳推进两条主线。**一是深入调研。** 2014 年 8 月以来,市领导率教育、财政、发改等部门深入集团学校调研,赴四川绵阳、南京、武汉、温州等地学习考察,形成了调研报告。市委、市政府主要领导多次调度,市政府先后召开专家座谈会、各界代表听证会,面向社会征求意见,并经领导小组会议、市长办公会议、市政府常务会议、市委常委会议四堂会审,最终形成《临川教育集团学校转型升级实施方案》。**二是规范操作。** 制定《临川教育集团民办学校投资人遴选办法》，科学设置了发布公告、自愿报名、签订承诺、招商洽谈、组织考评、会议研究、会后公示7个程序。通过中国教育报、江西日报、抚州日报、中国抚州网等媒体面向全国招商；对42家登记投资企业中的15家进行实地考察，综合其经济实力、教育元素、信用评价、管理经验、公益心态等5个方面的情况，最后遴选出11家社会法人参股3所民办学校建设。通过多轮沟通洽谈，确定每所公办学校占股32%（其中无形资产占15%~16%），其他68%由社会法人投资方占股。市政府主要领导面见客商，主持临川教育集团学校转型升级《合作办学协议》签约仪式。**三是全面保障。** 强化了政策、经费、师资、舆论等多项保障，成立了由市政府主要领导任组长的临川教育集团学校转型升级推进领导小组，定期调度，化解矛盾；发改、财政、规划、国土、建设、法制办、临川区、高新区等对转型升级和民办学校建设实行特事特办，在土地、规划、建设、教师、人事编制等方面开通绿色通道。通过融资方式筹措1.5亿元用于举办民办学校。市政府每年安排5000多万专项经费用于转型升级；3所民办学校建设规费享受公办学校同等优惠政策。3所优质公办学校派出管理团队和优秀教师帮扶民办学校，迅速提升民校办学水平。多次召开新闻发布会和各界人士座谈会，有关负责人两次接受权威媒体专访，通报决策背景和决策过程，解读《临川教育集团学校转型升级实施方案》内容，展望改革前景，形成了较好的舆论导向。

精准帮扶，全面提升办学质量。 落实"名校带民校"战略，3所"名校"精准帮扶3所"民校"，引导临川教育集团6所学校在帮扶、合作、竞争中提升教学质量。**一是建立了管理制度。** 3所民办学校均成立了董事会，组建了学校管理团队，制定了学校章程，实行董事会领导下的校长负责制，按照"五独立"（法人、与公办学校相分离的校园和基本教育教学设施、财务会计制度、招生、颁发学业证书）要求运行，建立健全了现代学校管理制度。公办学校与民办学校之间相互独立，既竞争又合作，确保民办学校独立办学、科学决策、民主管理、集约运营。**二是稳定了师资队伍。** 采取超常举措，实行特殊政策，帮助3所民办学校稳定壮大教师队伍。3所优质公办学校派出管理团队和优秀教师帮扶托带的民办学校。帮扶期间派到民办学校的公办教师身份、人事关系保持不变，帮扶期满可以回原单位工作。3所民办学校的自聘教师合同期满未续聘，参加公办学校教师招聘录用后,其在民办学校的工龄、教龄可以连续计算,职称、业绩等相关部门予以认可。3所民办学校教师职称评聘、评优评先、继续教育等方面享受公办学校教师同等待遇。**三是提高了教育质量。** 一方面,做优公办学校。财政上加大3所公办学校投入,足额保障教职工待遇和办学经费,支持3所公办学校不断提高教育质量,着力深化教育教学改革,推进多样化办学,进一步提升教育品牌,3所公办学校高考继续保持全省领先,临川一中、临川二中连续入选全国百强中学。另一方面,带强民办学校。抚州一中托带一所十二年一贯制民办学校,临川一中、临川二中各托带一所民办完全中学,各创办学特色。公办和民办学校在课程开发、师资培训、教学研究等方面成果共享,迅速提升办学水平,尽快形成品牌。2018年、2019年两届毕业生中共20人录取北大、清华,办学质量受到社会广泛认可。**四是规范了办学行为。** 出台《义务教育免试就近入学工作实施方案》《关于严禁非政策性择校行为的通知》《关于规范招生入学行为严肃招生工作纪律的规定》,进一步明确义务教育免试就近入学和公办高中不择校、不办复读班等规定,为规范招生提供坚实的政策保障。科学制定招生方案,确定招生计划书,明确具体操作和管理办法,防止学校间的无序竞争。

优化供给,转型升级结出硕果。 经过4年多的不断探索和不懈努力,临川教育集团转型升级取得丰硕成果。**一是满足了群众多样化需求。** 3所实验学校自2015年秋季招生以来,一次性增加学位2万多个,市中心城区"大班额""大校额"压力得到有效缓解。一些受国家取消公办普通高中招收择校生、严格控制学校班额校额、禁止举办复读班、严禁跨区域招生等政策影响的学生得以在3所实验学校获得优质教育资源,有效满足了不同教育群体的多样化需求。**二是建设了高标准新校区。** 按照提升城市功能,完善教育规划布局的要求,临川教育集团3所实验学校在市中心城区核心发展方向各选一址,规划建设用地1 123亩,总建筑面积200万平方米,新增优质学位2.4万个。截至目前,3所民办实验学校新校区建设主体完工,配套设施正在抓紧完善,2020年春季开学将投入使用。**三是打造了转型升级样板。** 临川教育集团3所公办学校成功"瘦身",招生进一步规范,管理效能进一步提升;3所实验学校高质量运行,2015年秋季正式开学,招生形势好于预期,初一、高一和高三补习班共计招生8 460人,办学质量得到上级和群众认可;3 所民办学校严格实行"五独立"办学,落实自聘教师 340 多名,学校管理科学规范。

4 年来,抚州市坚持"执行政策不走样,群众利益不受损,学校稳定不动摇"的原则,全力推进临川教育集团转型升级,取得了较好的成效。实践证明,推动临川教育集团学校转型升级,采取"名校带民校"的方式,引进社会资本兴办3 所高标准、高质量的民办学校,是行之有效、切实可行的。我们有以下启示:

启示一:实行"名校带民校"战略,是激活民间资本的有效形式。 这种模式和做法既认真贯彻落实了《国务院关于创新重点领域投融资机制鼓励社会投资的指导意见》《省政府关于鼓励社会资本进入社会事业领域的意见》等文件精神,是抚州市鼓励社会资本进入教育领域的有效形式;同时又创造性地将政府投入与民间资本捆绑在一起,风险同担,利益共享,有效化解了民间资本的进入风险,增强了民间资本的投资信心,对鼓励社会资本进入全市乃至全省、全国教育事业和其他社会事业领域起到了良好的带动和示范作用。

启示二:实行"名校带民校"战略,是推进教育领域供给侧改革的现实途径。 伴随着全面建成小康社会的步伐和新型城镇化进程的明显加快,教育需求总量不断增长,需求结构呈多样化上升趋势,如何调动政府和社会两个方面办教育的积极性,是推进教育供给侧改革面临的重要课题。实践证明,抚州市引进社会资本投资兴办 3 所民办学校,大幅增加了优质学位的有效供给,优化了教育结构,较好解决了市中心城区优质教育资源不足的问题,顺应了社会对优质教育资源的强烈需求,满足了人民群众对接受多元化、多层次教育的迫切愿望,促进了教育事业发展。

启示三:实行"名校带民校"战略,是将资源优势转化为经济优势的科学选择。 抚州市充分发挥教育品牌优势,引进社会资本共同举办民办学校,既增加了直接投资,吸引社会资本 10 亿元以上,又发挥了教育品牌的带动作用,将教育优势转化为市场开放优势、经济发展优势,辐射拉动了全市教材教辅、房地产、交通、饮食、服务、通信等相关产业发展,为抚州市经济社会发展作出了应有贡献。

(本文系 2019 年 7 月在全省教育工作推进会上的讲话摘要)

第 七 篇

观点方法

事业重如山　名利淡如水　团结如生命

视事业重如山,视名利淡如水,视团结如生命,是无产阶级世界观、人生观、价值观的基本内涵,是贯彻落实习近平新时代中国特色社会主义思想的客观要求。在新时代新征程上,我们胸怀中华民族伟大复兴的庄严使命,肩负全面建设社会主义现代化国家的历史重任,坚持运用马克思主义的立场、观点和方法,正确处理好事业、名利与团结的关系,视事业重如山,视名利淡如水,视团结如生命,就能趋利避害、凝聚民心、攻坚克难,积小胜于大胜,从胜利走向胜利。

（一）

事业是劳动的具体形式,是生命的载体,没有事业支撑的人如同行尸走肉。毛泽东同志说:"为人民利益而死,就比泰山还重。"中国共产党是无产阶级政党,共产党人除了人民的利益,没有其他特殊的利益。我们肩负的事业是人民的事业,人民的事业重如泰山。把人民的事业推向前进,就是要树立无产阶级的事业观,树立视人民的事业重如泰山的世界观和人生观。

视事业重如泰山,就是要燃烧起对事业的激情。激情缺失的社会是没有生机的社会,激情消隐的时代是没有希望的时代。从许许多多先进的共产党员身上我们看到,革命理想主义、革命英雄主义和革命乐观主义精神,永远是我们党和国家最宝贵的精神财富。党员和党的领导干部尤其需要保持一种对事业的激情,这种激情源于烽火燎原的战斗,源于雪山草地的跋涉,它是在国家大事、民族大义面前共产党人的满腔热血和高尚情怀。这种激情,是一种强烈的爱国情、高度的责任感、旺盛的战斗力、执着的事业心。面对"千帆竞发,百舸争流"的发展势头,已经落后于周边的抚州要打破多年来形成的"马太效应",走出由经济落后而引发的恶性循环,更要燃烧起对事业的激情,以人一之我十之的激情,打一场超常规发展的硬仗。为此,市委及时决定在全市开展"二问三视四比"教育,希望每一个党员干部牢记"不要问国家为你做了什么,而要问你为国家做了什么"的名言,从思想和灵魂深处问一问,抚州哪一草哪一木是自己所栽,抚州哪一砖哪一瓦是自己所添,如何为抚州的超常规发展树木兴园、添砖加瓦。希望每一个党员干部不忘"苟利国家生死以,岂因祸福避趋之"的道理,比一比自己的境界与英雄人物的差距,比一比自己的眼界与先进发达地区干部的差距,比一比自己的干劲和贡献与先进人物的差距。通过提问和对比,让那些问心无愧的人,鼓舞斗志,增强自信,增加激情;让那些问心有愧的人,无地自容,知耻后勇,奋起直追。让所有的党员干部燃烧起对事业的激情。

视事业重如泰山,就是要培育一种迎难而上、奋勇争先、敢于胜利的崇高精神。在我国革命、建设和改革的各个历史时期,用革命精神武装起来的中国共产党人和中国人民,以少胜多,以弱胜强,战胜了无数的艰难险阻,创造了一个又一个人间奇迹。新中国成立之初,毛泽东同志号召全党一定要保持革命战争时期的那么一股劲,那么一股革命热情,那么一股拼命精神,把革命工作做到底。现在,胡锦涛同志又提出了"万众一心,众志成城,团结互助,和衷共济,迎难而上,敢于胜利"的伟大民族精神。这些都是我们战胜困难、夺取胜利的力量源泉。当前,为打赢抗击"非典"这场没有硝烟的战斗,全国广大医护人员自觉听从党和国家的召唤,积极践行这些精神,将个人的生死安危置之度外,响亮地提出"岗位就是命令,我不上,谁上?"的口号,英勇地奋斗在抗击"非典"的第一线。这种英雄壮举,正在极大地激发全国各族人民战胜困难的信心和勇气,正在极大地鼓舞各行各业艰苦奋斗、开拓创新的斗志。我们每一个党员干部都要认真学习抗击"非典"战士这种召之即来、迎难而上、临危不惧、英勇奋斗的英雄气概,在推动抚州超常规发展这场战斗中,克服强调条件、按部就班、求稳怕乱、无所作为的思想和行为,增强岗位和角色意识,解放思想,冲锋陷阵,迎难而上,敢于胜利,建功立业。

视事业重如泰山，就是要有坚韧不拔、矢志不渝、奋斗不懈的追求。目前，少数单位和干部出现了松懈、厌倦和泄气的情绪。有的满足于去年取得的成绩，有的认为去年很辛苦，应该歇一歇了，还有的因为去年任务完成得不够好，今年信心不足。这些思想、情绪和行为都是十分有害的。应当肯定的是，去年以来，我们通过实施"一招三化"的发展战略，在全市上下空前凝聚了人心、转变了作风、改变了形象、加快了发展。但是，客观地看，这种成效还只是初步的转化趋势。站在全省、全国的大背景下审视抚州，我们应当承认，无论是求发展的激情，还是破解难题的功夫，无论是创新开拓的魄力，还是真抓实干的劲头，抚州都还存在差距。我们决不能因为有进步而自满，决不能因为有变化而松懈，决不能因为有发展而停滞，决不能因为有赞扬而忘乎所以。艰难困苦，玉汝于成。沧海横流，方显出英雄本色。事实证明，事在人为，人在有志，志在奋斗，斗在不懈。只要我们坚定地朝着认准的目标走下去，不怕非议，不怕误解，不怕告状，不怕困难，不动摇决心，不朝令夕改，咬住中心，坚韧不拔，奋斗不懈，就一定能实现抚州经济超常规发展的目标。

（二）

名利观是世界观、人生观、价值观的反映。共产主义人生观与一切剥削阶级的人生观，诸如享乐主义人生观、厌世主义人生观、实用主义人生观，有着本质的不同。共产主义人生观把正确认识世界和改造世界，为实现共产主义和全人类解放而奋斗看作人生最伟大的目标，把全心全意为人民服务看作人生最崇高的价值。一个树立了无产阶级世界观的先锋战士，必然对党无限忠诚，对人民无限热爱，自觉抵制资产阶级腐朽思想和生活方式的侵蚀，在工作和生活中视名利淡如水。

视名利淡如水，就是要淡泊名利，无私奉献。不计个人名利，乐于为人民群众无私奉献，是我们共产党人的优良品质和价值追求。老一辈无产阶级革命家，无数革命先烈，千千万万的共产党员为了人民的利益，不惜牺牲自己，终生奉献和奋斗，才有了今天的社会主义中国。新中国成立以来，广大共产党员用无私奉献的精神,带领和团结群众,取得了社会主义建设的巨大成就。在改革开放和社会主义市场经济的新形势下,我们党面临着更加复杂的环境和更加严峻的挑战。共产党员经受考验和接受挑战的唯一办法,就是要在改造客观世界的同时,努力改造自己的主观世界,牢固树立马克思主义的世界观、人生观和价值观,进一步把淡泊名利、无私奉献的精神发扬光大。

视名利淡如水,对党员干部而言,很重要的一点,就是要树立正确的"官"念。我们每一个党员干部都要有"官无所求,业有所创"的胸怀和境界。为官从政少一点官瘾,对待事业饱含一颗进取之心,对待个人升迁保持一颗平常心,这样就不会一门心思研究宦海沉浮,为职务升迁劳神费力,就能保持坦荡的胸怀和高尚的节操。在这方面,老一辈无产阶级革命家留下了很多佳话。如:粟裕虚怀若谷,希望贤者能者上来;徐海东心胸开阔,多次自愿从高职到低职,从正职到副职;许光达襟怀豁达,致书毛泽东要求降衔。这种"宠辱不惊,笑看庭前花开花落;物利两忘,漫望天上云卷云舒"的境界,令人高山仰止。

视名利淡如水,就是要正确处理好名利与权力、地位的关系,正确对待自己,正确对待同志,正确对待组织,正确对待群众。江泽民同志多次要求领导干部好好想一想:参加革命是为什么? 现在当干部应该做什么? 将来身后留点什么? 这些是党员干部应该经常自省的问题。把这些问题想清楚,想正确,才能在思想上淡泊名利,高尚纯洁;行动上一身正气,堂堂正正。当前,我们的党员干部主流是好的。但在改革开放的复杂环境下,确有一些党员干部经不起考验,世界观、人生观、价值观发生动摇,一个突出问题就是"争名于朝,争利于市"。这种现象的发生,说到底是一些党员干部不能正确对待权力、名利、地位等问题。一个人无论取得了怎样的成绩,都应该清醒地看到,没有党的培养,没有同志们的帮助,没有广大群众的支持,个人的力量和作用是有限的。党员干部特别是领导干部有这样的宽阔胸怀,有这样的精神境界,才能淡泊自守,任劳任怨,任何时候都把党和人民的利益放在首位,不计名利得失,不计荣辱进退,吃苦在前,享受在后,把自己的一切献给党和人民。

我们正处在一个伟大的时代。个人的名利得失比之于壮丽的社会主义现代化建设事业,是微不足道的。古代先贤尚且可以有"先天下之忧而忧,后天下之乐而乐"的情怀,共产党人更应有淡泊名利、无私奉献的精神境界。在前进的征途上,一切坚定、忠实、积极的共产党员,都应当时时牢记宗旨,处处以身作则,日复一日、年复一年地用共产党员的崇高精神激励自己,努力做一个高尚的人,一个纯粹的人,一个有道德的人,一个脱离了低级趣味的人,一个有益于人民的人。

(三)

团结是指社会或组织成员相互理解、相互信任、相互协作的关系。团结的形式是人与人之间的关系,属于生产关系的范畴,与制度安排相联系;团结的内容是生产要素和资源的协调与配置,属于生产力的范畴,与管理水平相联系。可见,团结是生产力与生产关系的统一,是人类生存和发展的基础,是社会进步的源泉和动力。团结出凝聚力,团结出战斗力,团结出生产力,团结就是生命。

回顾抚州改革发展的历程,每个有良知和正义感的抚州人都会承认,"团结问题"的话题对抚州来说,的确是比较沉重的;"团结问题"的教训对抚州来说,实在是比较多的;"团结问题"制约抚州发展,值得总结和反思。历史的事实告诉我们,团结比生命还重要,每一个党员干部务必从历史教训的切肤之痛中,猛醒过来高举团结的旗帜,真正视团结如生命。

视团结如生命,就是要深刻认识团结的极端重要性,建立起维护团结的管理团队和制度安排。**一要抓班子。** 管理学认为,团结的最高境界是管理层的团结。事实说明,不团结的问题出在基层和党员干部,根子还在于各级领导班子。所以,党委一班人要带头坚持团结,带头维护团结。各级领导班子在团结的问题上要一级做给一级看。今后党委配备班子和考察班子,都要把维护团结作为工作目标、工作成果的重要内容,把维护团结作为班子成员党性德性的具体标准。凡是过不了团结关的班子成员,不仅不能重用,而且要视情调离岗位,甚至降职、撤职。**二要抓班长。** 一个地方、一个单位、一个班子出现不团结的问题有很多原因,但主要的原因很可能就是班长缺乏驾驭全局的能力,缺乏维护团结的党性原则,缺乏维护团结的人格魅力。所以班长作为班子的核心,要担负维护团结的主要责任。一名主要领导纵然有再大本事,但不能树立起维护班子团结的威信,带领和协调班子搞好团结,那就不能算是一名好的班长。凡是出现班子不团结的问题,都应首先追究主要领导的责任。**三要抓党员干部。** 官风引导民风,民风是官风的反映。优化团结环境,培养团队精神,重点要增强党员干部的团结意识。要通过民主评议、综合考评等多种有效形式,教育广大党员干部从我做起,站在实践"三个代表"的高度,不说影响团结的话,不做影响团结的事,自觉成为顾全大局、维护团结的模范。四要抓制度建设。要坚持实行党的民主集中制原则,实行党委集体领导下的分工负责制,避免在重大决策和重大问题上出现个人说了算的现象;要建立上级领导找下级班子成员谈话、打招呼制度,发现不团结的苗头和倾向及时提出批评,进行教育和帮助,对一意孤行、不听招呼的及早采取组织措施;要建立广开言路的制度,倾听群众的呼声,采纳群众合理的建议,化解社会矛盾,引导社会舆论,争取全社会的团结。

古人说:"上下同欲者胜。"伟大的团结激励同舟共济。改革涉及一系列利益关系的调整,发展需要方方面面的合作。尤其是我们的事业发展遇到矛盾和困难的时候,理解、支持、协作比什么都重要。在团结起来的力量面前,困难总是渺小的。只要党内党外、上上下下,各地区、各部门都顾全大局,人人尽力、个个争先地为现代化建设这艘巨轮划桨,我们就能够克服一切困难,顺利驶向成功的彼岸。团结是宝贵的,我们要十分珍惜,要不断培育。我们要善于在实现抚州振兴和人民幸福这个根本的共同点上把各方面力量团结起来。干事业总是进取的人、团结的人越多越好。只要全市上下紧密团结、统一思想、统一行动,坚定不移地贯彻党的路线、方针、政策,坚定不移地实施"一招三化"的战略,无论出现什么干扰,我们都能做到"任他风起云涌,我自岿然不动",夺取一个又一个新胜利。让我们唱响"团结就是力量"的雄壮旋律,开拓创新,艰苦奋斗,把我们的伟大事业推向前进。

(本文原载于抚州市委《抚办通报》2003 年第 3 期,有改动)

深学细照补好"钙" 坚定笃行做公仆

近日,我再次连续观看了电视剧和电影《焦裕禄》,反复研读了长篇通讯《县委书记的好榜样——焦裕禄》,焦裕禄这座我儿时的丰碑,在我心中更加丰满、伟岸、高耸起来。我用焦裕禄精神细照自己的思想、灵魂和行为,从汗颜到紧张,从紧张到深思,从深思到自信。我深切地感到,自己一定要坚决响应习近平总书记的号召,深学细照补好"精神之钙",唯有这样,才能坚定笃行做好人民公仆。

一、"心里装着全体人民,唯独没有他自己"的公仆情怀,让我更加深刻体会到,党除了人民的利益没有别的利益,人民永远是我们的出发点和落脚点

焦裕禄同志心里装着全体人民,唯独没有他自己。在他的世界观、人生观、价值观中只有党和人民,只有兰考的 36 万群众,1 800 平方千米的土地、149 个大队、2 574 个生产队。1962 年冬天,正是豫东兰考县遭受内涝、风沙、盐碱三害最严重的时刻,党派焦裕禄来到了兰考。他前往兰考县委报到,衣着简朴,一路步行。当他看到一群饥饿的孩子时,他拿出了自己携带的全部干粮。第二天,当大家知道新来的县委书记是焦裕禄时,他已经下乡去了。当他第一次参加县委会议时,提议与会同志先到兰考火车站去看一看,当看到鹅毛大雪中静静等待的饥民无奈的眼神和火车来临时饥民争先恐后逃离家园的情景,焦裕禄深情地对着班子成员说,"党把这个县 36 万群众交给我们,我们不能领导他们战胜灾荒,应该感到羞耻和痛心",当听说政府的救济粮没有及时发放时,他震怒了;当得知养牛老人被牛角撞伤,生命垂危,想见他一面时,他不顾自己已经被病魔折磨得

十分脆弱的身躯,深夜冒雨前去探望;面对双目失明的老人,焦裕禄深情地说,"我是你们的儿子,是毛主席叫我来看望你们"。这是怎样的人民情怀,这是怎样的宗旨意识,他让我深刻体会到,党除了人民的利益没有别的利益。

对比焦裕禄同志的公仆情怀,盘点自己的为政理念,我发现自己不知从何时起,已经放松了对主观世界的改造,对共产主义的世界观、人生观、价值观感到遥远模糊,自己的理想信念中多了一些"在其位谋其政""谋事重变化""决策看上下"的实用主义政绩观。在自己的行政管理中,我虽然心里装着人民,坚守以人为本,但渐渐疏远了群众。我来市教育局工作已经快两年了,机关院内至少还有三分之一的同事我叫不出名字,真正的一线教师朋友也寥寥无几。想起这些,我感到特别愧疚。今后我一定要以焦裕禄精神为镜,树立正确的人生观、价值观和群众观,像焦裕禄同志那样,对党忠诚,对人民热爱,围绕办好人民满意的教育的总目标,把立德树人作为根本任务,把促进公平作为一把尺子,把提升质量作为一条红线,听取群众呼声,回应群众关切,解决群众诉求,让群众享受更多教育实惠。

二、"吃别人嚼过的馍没味道"的求实作风,告诫我坐在办公室听汇报,永远听不出道儿,只有深入基层调查研究,才能牢牢把握工作的主动权

焦裕禄同志常说"吃别人嚼过的馍没味道",他把调查研究、掌握第一手资料作为工作的根本方法。上任伊始,他做的第一件事就是下乡调查研究。他召开第一次会议,先不确定议题,而是带领大家到火车站实地察看后,再有针对性地开会。为了摸清全县的"三害"情况,他先后抽调了120名干部、老农和技术员,组成三结合的调查队,亲自参与,冒雨涉水,顶风迎沙,跋涉5 000余里,过县界、省界,一直追到沙落尘埃、水入河道,方肯罢休。终于,焦裕禄同志带领着大家摸清了全县大小风口84个和千河万流,淤塞的河渠,阻水的路基、涵闸等情况,并编号绘图,从而掌握"三害"发生的规律,找到了治理的方案。

焦裕禄同志把他的调查研究方法总结为三部曲,即"白天到群众中调查访问,回来读毛主席著作,晚上过电影"。正是他这种住草庵子、蹲牛棚,与群众同吃同住同劳动的理论联系实际、感性上升到理性的调查研究,使他总结了"韩村精神,秦寨决心,赵垛楼干劲,双杨树道路"等四个鲜活的典型,用这四个样板鼓舞了全县人民的斗志,向"三害"展开了英勇的斗争。

相比之下,我作为一个曾经专门从事调查研究工作十余年的领导干部,近年来总是借口工作忙,已经忘记了自己曾经一年数十次下乡调研,半个月在农村一线蹲点调查,为了提炼一个观点,与乡村干部、农民交谈至半夜的好作风;淡忘了自己辛勤劳动的调研成果常常被省市领导批示采用的快乐;也忘却了自己曾经每年在全国报刊发表几十篇文稿的欣喜,而沦落为一个一年下不了几次乡,下乡也只是蜻蜓点水、走马观花的管理者了。我想,这是我常常感到手中没有典型、心里没有底气、决策没有把握的主要原因。像武者毁掉了武功,我从内心感到心虚,感到自己失去了安身立命的本领,分外紧张。坦率地说,这也是我提倡大兴调查研究之风的基本出发点。我希望自己猛醒过来,向焦裕禄同志学习,把调查研究作为谋事之基、成事之道、决策之源,用好这一倾注了自己心血汗水的看家本领,发现基层创造,总结群众经验,探索过河办法,抓点带面,牢牢把握工作主动权,不断开阔视野,提升境界,努力使领导工作体现时代性,把握规律性,富有创造性。

三、"县委书记要善于当'班长'"的领导艺术,让我找到了自身的差距,令我深切感到,一把手的胸怀和境界是班子和队伍建设的决定力量

焦裕禄同志说,县委书记要善于当"班长",要把县委这个"班"带好,必须使这"一班人"思想齐、动作齐;他还说,"干部不领,水牛掉井"。他是这样说的,也是这样做的。作为县委的"班长",他从来不把自己的意见强加于人,他对同志们要求非常严格,但他要求得入情入理,叫你从内心生出改正错误的力量。对于提出装修一下办公室的班子成员,他多次找其谈话,要求他到农民家里去住一住、看一看,不久,这位领导干部便认识了错误。有一位公社副书记犯了错误,当时多数人主张处分这位同志。但焦裕禄经过再三考虑,提出暂时不给处分,而是派他到最艰苦的赵垛楼村去经受考验。后来,这位同志在工作中认识了自己的错误,在抗灾斗争中,身先士卒,表现得很英勇,成了老百姓心中的一名好干部。

焦裕禄的实践,让我深切感到,一把手的胸怀和境界是班子和队伍建设的决定力量。对比焦裕禄同志严于律己、宽以待人、率先垂范、善于教育、通情达理的"班长"风范,我深切感到自己在思想觉悟、人格魅力、领导水平、工作方法、沟通能力、管理技巧等方面都有较大的差距。比如:对待班子成员,总希望用自己的言行来影响大家,总认为大家在一起工作是一种缘分、一种福分,万不得已,最好不要红脸,有时发现个别同志有违规现象,也只是敲敲边鼓,在会上对事不对人地提醒提醒,总盼望其本人醒悟过来,而没有面对面地沟通批评;对待下属则有时过于严格,当工作进展与自己要求有较大差距时,常常不分场合、不注意方法地提出严厉批评,有时伤了别人自尊,也弄得自己心情不愉快。这些都是我没有当好班长的表现。今后,我要坚决响应习近平总书记的号召,向焦裕禄同志学习,锤炼自己坦荡沟通和做细思想政治工作的能力,不断加强党性修养,努力用胸怀和境界抓班子、带队伍、促发展。

四、"敢教日月换新天""革命者要在困难面前逞英雄"的奋斗精神,启示着我,只要思想不滑坡,办法总比困难多

焦裕禄同志受命于危难之时。初到兰考,展现在他面前的,是横贯全境的两条黄河故道,是一眼看不到边的黄沙;片片内涝的洼窝里,结着青色的冰凌;白茫茫的盐碱地上,枯草在寒风中抖动。面对严重的荒灾景象和重重困难,焦裕禄同志没有被吓倒,通过到灾情最严重的公社和大队了解情况,视察灾情,他回到县委对大家说:"兰考是个大有作为的地方,问题是要干,要革命。兰考是灾区,穷,困难多,但灾区有个好处,它能锻炼人的革命意志,培养人的革命品格。革命者要在困难面前逞英雄。"于是,他找县委副书记彻夜促膝长谈,商量思路,问计对策,统一了县委的思想,提振了班子的精神状态。为了调查风沙的起因,剧烈的病痛让他滑下沙丘,但他没有退缩,忍痛坚持工作;为了解决夏季水患,他在洪水季节,带领干部群众,顶风冒雨,察看水情,在看到村干部面对灾情一筹莫展、垂头丧气时,他又用一句句肺腑之言,激起了大家战天斗地的豪情;为了解决干部因饥饿浮肿而影响工作的问题,他冒着政治风险,主动拍板决定购买议价粮,当地区公署派专员调查时,他挺身而出,主动承担责任。他大公无私、一心为公的精神,赢得了党和人民的信任。焦裕禄的奋斗精神深刻地启示我们,只要思想不滑坡,办法总比困难多。

对照焦裕禄同志面对困难毫不畏惧、知难而上、敢于担当、勇于负责的精神,我感到自己的差距很大。曾经,在了解了教育系统的困难后,我对组织的决定有过退缩;当自己说出要让抚州教育这面旗帜永远高高飘扬后,我感到压力很大时有过退缩;当机关出现连续告状的现象时,我也在信心上有过退缩;当自己满腔热情、正派正直的工作方法被人怀疑、歪曲、抹黑时,我也有过战略上的退缩。我想这些退缩都是党性不够强的具体体现,都与焦裕禄精神格格不入。我要向焦裕禄同志学习,任何时候都要坚定理想信念,任何时候都要加强党性锻炼,任何时候都要振奋精神。

五、"任何时候都不搞特殊化"的道德情操,让我深切地感到,领导带头是具体的,而不是抽象的;是全面的,而不是有选择的

焦裕禄同志从参加革命到担任县委书记,始终保持着劳动人民的本色。初到兰考,看到百姓的贫困生活,在主要领导反对的情况下,他带头取消了领导干部的特殊待遇。他常常开襟解怀,卷着裤管,朴实地在群众中间工作、劳动,贫农身上有多少泥,他身上就有多少泥。他穿的袜子补了又补,夏天连凉席也不买,只花四毛钱买一条蒲席铺。当老百姓心存感激送来几条自家养的鲤鱼,孩子们高兴得要吃红烧鲤鱼时,他教导孩子们要尊重别人的劳动,不能不劳而获;当孩子们因为没有吃到红烧肉而将窝头扔到地上时,他没有简单地责怪孩子,而是耐心地教育;当得知儿子到戏院"看白戏"时,他又命令儿子立即把票钱送给戏院,接着起草县委文件,不准任何干部搞特殊化。

焦裕禄同志的这种"任何时候都不搞特殊化"的道德情操,诠释了一个共产党员无私的崇高品格。他以实际行动回答了一个严肃的话题,即领导干部带头是具体的,而不是抽象的;是全面的,而不是有选择的。对照焦裕禄同志无私的道德情操,我感到自己身上特殊化的现象还有很多,比如工作中过紧日子、坐冷板凳的思想也还没有完全树立,由此带来机关和个人都有浪费现象,这是对自己要求不严的表现。我要以焦裕禄精神为镜,坚决落实中央"八项规定"精神,认真践行习近平总书记提出的"三严三实"要求,对一切腐蚀诱惑保持高度警惕,慎独慎初慎微,切实提高拒腐防变的能力。

（本文系 2013 年 5 月在抚州市教育局党委中心组学习时的讲话摘要）

做人　做事　做官

做人、做事、做官三者互为关联、互促互长,有着紧密的内在联系。做人是做事、做官的基础,只有把"人"做得端端正正,做事才可能有正确的动机,当官才可能为群众所称道。

做人——以德为帅、以诚为根、以善为贵

"人"字只有一撇一捺,但真正"写"好并非易事。明代学者高攀龙曾说:"吾立于天地间,只思量做好一个人,乃第一要义。"做人的含义宽如天海,深若渊薮,古往今来很多人都在研究它,每个人都在实践它。

做一个真实坦诚的人。 真实坦诚包含两层意思:一曰诚信,二曰坦率,先说诚信。诚信是做人最基本的道德底线。"君子修身,莫善于诚信。夫诚信者,君子所以事君上,怀下人也。"这是古人对诚信的认知。"真诚换真心,诚信变真金",这是现代人对诚信的理解。现实中诚信的重要性体现在方方面面。没有诚信交不了朋友,没有诚信谈不成生意,没有诚信干不了大事。有位作家说过,"诚实是最好的策略,最大的智慧,而世界上最聪明的人就是最诚实的人",这话非常值得我们深思。在诚信的问题上,也同样适用"100-1=0"的法则。你可能说一百句假话而被别人相信,也完全可能因为一句谎言的败露而身败名裂。在现代社会,信誉被认为是最昂贵的资本,为了一点小小的利益而拿自己的信誉做赌注,委实有些得不偿失。所以,诚以待人、信以处世,是我们最明智的选择。诚信也是为官者必须具备的基本素质。王安石的名言"自古驱民在信诚,一言为重百金轻",讲的就是这个道理。随着社会民主化程度的不断提高,领导干部的

一言一行、一举一动都在人民群众的关注之中。如果说起话来油腔滑调,做起事来虚无缥缈,你的形象就会在群众的心目中大打折扣。有了诚信的品质做保证,做人的信誉度就会逐步提升。如果你在一个单位工作几年,大家都说你不错,换了一个单位,周围的人还说你不错,再到另一个单位仍然如此,这样你的品牌就树立起来了。列宁说过,"政治上采取诚实态度,是有力量的表现,政治上采取欺骗态度,是软弱的表现"。很多人认为,政治缺少真实,其实不然。一个人的政治生涯需要真实来支撑,如果没有真实,就不可能在这个群体当中立足。再说坦率。为人要做到真实可信,必须保持一种坦率的态度。卡耐基说,人的成功15%靠专业技术,85%靠人际关系和做人处世的能力。尤其对于从政的人,工作当中常常需要与人沟通。人与人沟通最好的方法就是坦率,说话直截了当、开诚布公、直奔主题。当然坦率也需要艺术,它既不是口无遮拦,也不是简单的表白,要有侧重、讲方法,把握时机。总之,与人交往,坦率要比虚伪建立的关系更持久,真诚要比圆滑换来的友谊更珍贵。

做一个品行端正的人。 工作当中,人们往往能够原谅一个品行很好但能力稍低的领导,而不能原谅一个能力很强但人品很差的领导。这样说并不是降低能力在领导工作中所起的作用,而是告诉大家,无论是做人还是做官,没有一个好的人品,一切都无从谈起。古人讲"先修身而后求能",还有一句古训叫"人可一生不仕,不可一日无德",这说的都是修养、品行对个人成长的重要性。没有良好的人品做底子,是干不了大事的。一个品行不端的人,仕途上也许能够上升到一定层面,但经不起时间的考验,迟早要栽跟头,现实中这样的例子是很多的。马克思曾经说过:"不可收买是最崇高的政治品德。"所以,有了好的人品做保证,做人才有底气,做事才会硬气,做官才有正气。品行端正至少包含三层意思。一是正直。"其身正,不令而行;其身不正,虽令不从。"人生在世,只有把自己这个"人"字写正了,才会有服众的底气和被尊敬的资格,真正做到"不诱于誉,不恐于诽"。所以,做人一定要堂堂正正、光明磊落,做官一定要一身正气、两袖清风,这是真正的大丈夫所应具备的品质。我们党讲一个党性,老百姓讲一个良心。能不能凭良心说话、按党性办事,是检验一个党员干部品行好坏的重要标准。《礼记·中庸》中讲"在上位，不凌下；在下位，不援上。正己而不求于人，则无怨。上不怨天，下不尤人"，这是古人对"正直"的诠释，同时也应该是一个领导干部的修身之道、立身之本。为人处世也好，为官从政也罢，一个人必须先打好正直高尚的道德根基，"格物、致知、诚意、正心"，然后才能谈得上"修身、齐家、治国、平天下"。二是严谨。严谨是一种负责任的态度，是遵守客观规则的具体体现。严谨体现在工作作风上，是务实、高效、追求完美的一种表现，体现在生活作风上，是洁身、克欲、维系自我的一种手段。作为党的领导干部，手中握有一定的权力，要把"严谨"二字时刻悬于脑际，慎言、慎行、慎独、慎思，否则，权力就有可能成为堕落沦丧的根源，甚至成为祸国殃民的工具。三是忠诚。如果说"正直"和"严谨"还是一种个人修养的话，那么"忠诚"则是对一个人在生活中所扮演角色品格的更高要求，是惠及他人的一种大德。有位作家曾经说过："高于一切的忠诚是伟大的品德，是爱的外延。"关于忠诚，古人也有过很多精辟的论述。东汉马融在《忠经》里谈道："忠者也，一其心之谓也。为国之本，何莫于忠？忠能固君臣，安社稷，感天地，动神明，而况于人乎？"从这个意义上讲，人各有所事，便应各有所忠。作为一名党员，就要忠于党、忠于人民，作为一名干部，就要忠于事业、忠于职守。上，要无愧于国家；下，要对得起百姓。不要让自己成为不忠、不孝、不义之人。

做一个宽厚善良的人。　宽厚善良是一种心境，是一种胸怀，是中华民族传统道德体系的重要内核之一。它包含三个内容：一是宽容之德。有人说，世界上最广阔的是海洋，比海洋广阔的是天空，比天空更广阔的是人的胸怀。这句话很有哲理。关于宽容，这样定义："容许别人有行动和判断的自由，对不同于自己或传统观点的见解有耐心公正的容忍。"宽容是一种美德，你的宽容释放得越多，就越容易获得尊重。宽容还是一种大智慧，其在道德上所产生的震撼比严厉的责罚要强烈得多。有句古训，律己当严，待人当恕。对他人的宽容是对自己人性的一种升华，冰释前嫌可以换来理解、换来和睦、换来友谊，甚至能将敌人变为朋友，而耿耿于怀只会让人与人之间的距离越来越远。对于一个群体来讲，宽容可以凝聚人心，产生无穷无尽的力量。比如：过去，一听到艾滋病这个词，很多人会毛骨悚然,不寒而栗,犹如瘟神避之而不及。而现在,政府和社会正在以一种大度的姿态和博大的胸怀接纳这个群体。对这一弱势群体的宽容和关爱,温暖了千千万万家庭的心,也树立了党和政府亲民爱民的形象。应该指出,宽容需要忍耐,但绝不是放纵,不是任由无理之人恣意妄为,而是在坚持原则的基础上,给他人以足够的空间和改过的机会,做到宽厚而严肃、柔和而坚定,在一定范围内追求与人交往和处理问题的最佳效果。二是厚道之品。厚道是人性中的真善美,它既是以心换心、以情换情,也是以德报怨、以善报恶。厚道不是懦弱、不是无能,而是一种气度、一种雅量。老子讲:"大丈夫处其厚,不居其薄;处其实,不居其华。"始终以一种厚道之品为人处世,会给人一种信任感、一种踏实感,所以古人讲"厚德载物"。厚道的人心底无私、襟怀坦荡、光明磊落,心灵清澈而见底。作为一名党员、一个领导干部,只有具备厚道的品性,群众才会放心,才会发自内心地拥护你、支持你。三是善良之心。曾经有位哲学家问他的一群学生,人的一生最需要什么,多数人答不出来。有一个学生回答说,人最需要的就是要有一颗善心。哲学家听后,会意地点了点头。我们所处的社会好比一个大的家庭,每个人都应该学会与人为善,不以恶小而为之,不以善小而不为。素昧平生之人有难,鼎力相助,是谓小善;国家危难之际,赴汤蹈火,舍生取义,是谓大善。但是不管是小善还是大善,只要永远有一颗善心,便足以让你成为一个高尚的人、一个纯粹的人。民间有句俗话"善有善报,恶有恶报",这是一种因与果的关系,很有道理。人,往往是在忘却自我、舍弃自我之时,获得了自我,往往是在不想索取、不想回报之时,得到了回报。这是人性善良的必然结果。

做一个有责任感的人。"责任"是一个很厚重的概念,是检验一个人做人是否合格的重要标准和尺度。近代学者梁启超说:"人生于天地间,各有责任。一家之人各个放弃责任,则家必落;一国之人各个放弃责任,则国必亡。"可见"责任"对于做人的重要性。成为一个有责任感的人,至少应该在两个方面做出努力。首先要做到尽职尽责。组织行为学上有一个名词叫作"角色期待"。如果将社会看作一个舞台,那么每个成员都在其中扮演着特定的角色,而且任何一种社会角色都与一整套的权利义务和一系列的行为模式相联系。在家庭中,你可能是父亲、丈夫、兄长;在单位里,你可能是领导,也可能是下属;在社会上,你可能是市民,是朋友。但是不论你扮演哪一种角色,人们都会对这个角色有一个相应的期望值。你能否达到这个期望值,就在于你对所扮演的角色有没有足够的责任感。对国家的忠诚是一种责任,对亲人的关怀是一种责任,对朋友的帮助也是一种责任。所以你扮演的角色越多,承担的责任也就越多;你所处的地位越高,肩负的责任也就越重。美国著名管理学家德鲁克说,一个人不论其职位有多高,如果总是强调自己的职权,那么他永远只能是别人的"部属"。反言之,一个重视贡献的人,一个注意对成果负责的人,尽管他位卑职小,他还是可以位列"高阶层",因为他以整体的绩效为己任。领导干部优秀代表郑培民常说:"权力是人民给的,应该为人民办事。"老百姓拥护他,就是因为他把自己对人民的那份责任看得比自己生命还重要。其次,要做到勇于负责。放弃了责任空谈做人是一种可悲,是一个人的不幸,放弃了责任空谈做官则是一种罪过,是人民的不幸。德国政治学家马克斯·韦伯谈到责任时说,在政治领域里,最终有两种罪过不可饶恕:不务实际和不负责任。缺乏责任感使这些政治家纯粹为了权力而热爱权力,没有任何实质性的目的。有些领导干部,不顾民意所向,大搞"政绩工程""面子工程",不仅劳民伤财,也极大地损害了党在群众中的威信;还有一些人,有了好事便大肆渲染自己的功劳,出了问题却不在自己身上找原因。这就是一种不负责任的表现,是为了一己之利而放弃责任的失职行为。一个有责任感的领导干部,必须做到在成绩面前不揽功,在问题面前不退缩。是"推功揽过",还是"揽功推过",这既是一个政治品质问题,也是一个思想境界问题。做人不负责任,就对不起自己的良心;当官不负责任,就有愧于人民赋予的那份权力,有愧于"共产党员"这个神圣的称号。

做事——以谋为基、以实为重、以智为要

人生在世,就要做事,为官掌权,更要为人民、为社会做事。如何做事?古代先贤多有论述。孔子倡导"事思敬",即做事要敬业、要严肃、要认真。荀子呼吁做事要"心不使焉",以至于做到"白黑在前而目不见,雷鼓在侧而耳不闻";庄子

提倡做事要"不徐不疾,得之于手而应于心"。可谓智者见智,各有所得。不过归根结底,方式虽各有千秋,目的却只有一个,不外乎要把事做好、做明白。领导干部为官一任,就要尽全力完成人民赋予的使命,不辜负群众对自己的期望。古人讲"得民心者得天下",诚心诚意为民做事,才能深得民心、顺应民意,获得群众的认可和拥戴;反之,在一个地方干了几年,人们竟想不起他做过些什么,这不能不说是他的悲哀。那么,领导干部应该怎样做事呢?

要高站位虑事。 古语"为一身谋则愚,而为天下谋则智"讲的就是一个站位的问题。做事的站位高不高,对于一个领导干部来讲至关重要。下棋讲究一个"谋势",要通观全盘,不能见子打子,做事也是一样,不可只在乎一事之成败,而必须站在是否有利于全局形势发展的高度,从人民群众的根本利益出发,通盘谋划,全方位考虑。古今中外,凡成大事者,都有一个共同的特点,那就是一事当前,必先考虑全局之成败。在中国革命和建设史上,我们党造就了像毛泽东、周恩来、邓小平这样的伟人和一大批杰出的领导人。他们具有把握社会发展规律的远见卓识,具有领导亿万人民艰苦创业的非凡能力,具有热爱祖国、热爱人民的伟大情怀,其中很重要的就是虑事站位高人一筹,从他们身上体现出来的是一种恢宏大气的深谋远虑。领导干部都有相应的职责范围,或管辖一个地区,或领导一个部门,想问题、做事情,就应当从经济社会发展的大局出发,以是否有利于经济社会发展为标准,以能否满足人民群众的根本利益为尺度,不要只考虑局部利益、团体利益,甚至是个人的升迁荣辱。只有这样,才能干得了大事、成得了大业。眼光的长短,是决策正确与否的重要前提。一个具有远见卓识的领导干部,眼光既要长,又要广。所谓长,就是在科学分析、逻辑推理的基础上,对事态的发展及走向做出准确的预测和判断。能成就大事的人,不会被眼前的暂时利益蒙蔽,能够清晰地辨识事情的轻重缓急,从而正确地进行取舍。秦末农民战争时期,刘邦抵达秦国国都咸阳后,其部属争相瓜分国库里的金银财宝,只有萧何先带人没收了秦国的法律、典章、档案,并妥善收藏好,后来刘邦之所以能全面了解全国的法制、经济、人文、地理等情况,有条不紊地治理国家,萧何接管的这些文件发挥了重要作用。由此看来,前瞻性的眼光是一个人成功的重要砝码。所谓广,就是要通观全局,环顾四方,对其他地区的发展程度和方法策略有一个全面系统的了解,以期对自身的发展有所借鉴、有所帮助。近年来,我们党对干部的培养讲"世界眼光"和"战略思维",就是要着力提高广大领导干部这方面的水准。作为领导干部,切不可闭门造车,低头只看自己的进退,而是要在相互比较的基础上,多走一走经济社会相对发达的地方,看一看自己与这些地方的领导干部有哪些差距,想一想产生这些差距的原因是什么,听一听别人的看法、见解和思路。只有这样,你的眼界才会开阔,站位才能高远。

要高水平谋事。 古人云:愚者暗于成事,智者见于未萌。一个人工作水平的高低,主要取决于其谋事的能力。"谋",在做事的所有环节中至关重要,对一件事的成败起着决定性的作用。有些人对待工作只是简单的执行,有的人则有所创新,这两种人处理事情的结果和层面会完全不同。凡事按规矩去做,不会出问题,但是也不会出亮点。做事前谋与不谋,效果截然不同。所谓"谋事在人,成事在天",其实未必见得。凡事只要认真、科学、积极地去谋划,胜算就会掌握在自己手中。"谋",可以把不可能转化为可能,把常规转化为超常规,甚至把似乎已成定局的失败转化为奇迹般的成功。"谋事在人,成事亦在人。"谋事的高水平取决于谋事者的高素质。做一个高素质的谋事者,首先要做一名"学习思考型"的干部。当今时代,是知识经济的时代,当今社会,正逐步成为学习型社会,身处这样的社会,不学习就要落伍,不思考就要被时代抛弃。共产党员、领导干部身负重任,就更应勤以致学、学以致用,努力做一名好学不倦之官,不做不学无术之官。古人讲"多读书则气清,气清则神正"。要通过学习思考,不断提升自己的理论素养,把握事物发展的规律,增强明辨是非的能力;通过调查研究,克服谋事过程中的官僚主义、经验主义、形式主义,为科学决策奠定扎实可靠的基础。

要高效率办事。 做事高效首先在于一个"勤"字。"勤"体现在三个方面,即"手勤""脚勤""脑勤"。"手勤",就是要及时做好"上情下达、下情上达",确保上级政策传达、落实的时效性和有效性,保证本单位、本地区工作信息及时上报、反馈;"脚勤",就是要多深入基层、多搞调查研究,及时了解和掌握工作动态,争取工作的主动性;"脑勤",就是要结合工作勤于思考,从领导的角度思考应该提供什么信息、做出什么部署,从群众的角度思考他们缺少什么服务、目前有什么要求;从下属的角度思考他们有什么困难,需要什么帮助。总之,作为一名领导干部,切不可惰性缠身,否则就会误事、误民。要立志做策马奋蹄的先行者,万不可做得过且过的撞钟僧。其次,要做到事半功倍,还必须讲求工作方法。凡事要化繁为简,要事急干、急事早办,动必量力、举必量技,切不可把简单的事情复杂化,更不可把复杂的事情离奇化。

要高风格处事。 人的一生经常会面对进退得失,与人交往难免会出现磕磕碰碰。进退得失之际如何选择,磕磕碰碰之时怎样处理,其中就有一个处事风格的问题。作为一名党员干部,以什么样的风格处事,直接关系到党的威信和形象。有的人一事当前先替自己打算,遇荣誉就上、见责任就推,有的人遇到事情斤斤计较、患得患失,生怕便宜了别人亏欠了自己。这都是风格不高的表现。风格不高,威信肯定高不了,就难以让人信服信任,就会缺乏凝聚力和号召力。一名领导干部有人格魅力,很重要的就体现在处事的高风格上。我们讲高风格处事,并不是简单地提倡见荣誉就让、见责任就揽,而是说想问题、办事情要有更高的站位,在处理涉及个人利益的问题时摆正自己的位置,正确对待组织、正确对待同志、正确对待个人。高风格处事体现高风亮节、思想境界,更是一种眼界和胸怀。眼睛盯着事业发展的大局,心里装着人民群众的利益,在对待个人进退得失时就会多一份坦然,在处理同志之间的关系时就会增几分大度。对待事情要有平常心,对待事业要有责任感。以这样的态度处事,就会扎牢成就事业的根基,就能树立起党员干部的良好形象,就能以人格的力量推进事业的健康发展。

做官——以民为本、以正为先、以纪为则

山西平遥古城县衙门前有这样一副对联:"得一官不荣,失一官不辱,勿说一官无用,地方全靠一官;吃百姓之饭,穿百姓之衣,莫道百姓好欺,自己也是百姓。"这副对联既道出了为官的本质,又给上堂喊冤的百姓一种真实朴素的亲切

感。其实，"官"与"民"并没有本质的区别。在人类社会，有许许多多事务需要专人去管理，于是有了"官"。一个人从一般社会成员变成"官"，就意味着多了一种责任，即不仅要管好自己，还要管好别人，管好一个地方或部门。"官"由小变大，也就意味着责任的范围由小变大。为了方便管理，人民赋予"官"一定的权力，做官也就是掌权和用权。不言而喻，权力应当是"官"用来履行职责的手段和工具，而绝非地位高人一等的理由。古往今来，为官之道，各式各样；为官之术，五花八门；为官之招，千奇百怪。为官者千人百面，千姿百态。千古流芳者有之，遗臭万年者有之，名垂青史者有之，烟消云散者有之。有人为了升官费尽心机，挖空心思，不踏踏实实做事，而是研究什么"厚黑学""官场之道"等所谓的"潜规则"，不思为民谋利之道，专攻投机取巧之术。可以说，这些人在政治上走入了迷途，在思想上陷入了"为了当官而当官"的误区。我以为，既然做官，就得做一个人民满意、群众认同的官，做一个"为官一任，造福一方，无憾一生"的官，牢记"为民、务实、清廉"这六个字，不愧对手中这份权力和责任，不愧对人民群众对你的期望和信任。那么，如何做好官，为人民掌好权呢？中共中央组织部有个八字部风：公正、亲切、守纪、创新。这八个字可以说是正确的权力观、地位观、利益观的具体体现，也是对新时期党员、领导干部为官之道的一种归纳和浓缩。

为官要做到"公正"。 古人讲"夫居官守职以公正为先，公则不为私所惑，正则不为邪所媚"。所谓"公正"，顾名思义，"公"就是公道，要"忍所私而行大义"，去除心底的私心杂念，一心为民，秉公办事；"正"就是正派，为官的本质就在于"正"。孔子说："政者，正也。"要做到身正、心正、行正，不愧于己，不负于心。公正对于一个领导干部来讲，应该是做官第一位的原则。做人"正"是做官"正"的基础，而相对于做人来讲，公正做官则有更高的要求。因为做人只是对自己负责，做官则是要对一个群体、一个部门负责。"对己清正、对人公正、对内严格、对外平等"是组织部门自身建设的核心内容和永恒主题，也是对公正全面而深刻的诠释，同样适用于所有的党员和领导干部。处理问题做不到公正，不能一碗水端平，不能为群众说公道话，他的为官准则就会受到质疑，正像老百姓常说的"当官不为民做主，不如回家卖红薯"。说到底，正与不正实际上是一个政治方向的问题,它反映着一个干部从政以什么为目的、以什么为核心、以什么为基础。为官之人如果能够以民为本,视民心为根,心里装着群众,凡事想着群众,工作依靠群众,一切为了群众,就会保持"心在国家,情系群众"的平常心境,保持"利归天下,誉属黎民"的淡泊情怀,想问题、办事情就能够秉持公正,真正做到"以德服人,以正服人"。

为官要做到"亲切"。"乐民之乐者,民亦乐其乐;忧民之忧者,民亦忧其忧。"亲切可以升华为大爱,它不是一种姿态,而是对人民发自内心的热爱。近年来,从习近平总书记到中央政治局常委,每年都要到贫困山区与群众面对面交流,关心关切群众生活,给全国人民留下了极其深刻的亲民爱民的形象。与之形成鲜明对比的是,一些地方领导干部经常出现在"与民同乐"的场合,却很少出现在"为民分忧"的场合。他们的身影时常见诸媒体报端,却不能给人民带来真实的温暖和感动。这些干部跟群众之间不是"鱼水关系",而是一种"蛙水关系",需要群众时,就像青蛙一样往水里跳;不需要群众时,就跳上岸摆官老爷架子。群众眼睛是雪亮的,什么样的行动能够感动群众,什么样的行为令人反感,什么是真心为民,什么是摆谱作秀,老百姓心里都有一杆秤。凡事都是以心换心、以情换情,如果你心里时刻装着人民的喜乐哀愁,时刻把群众的温饱冷暖挂在心上,自然会得到群众的支持和拥护。邓小平同志曾说:"如果哪个党组织严重脱离群众而不坚决改正,那就丧失了力量的源泉,就一定要失败,就会被人民抛弃。"所以,共产党人要立志做大事,不要立志做大官。如果立志做大官,就会滋生官僚主义和衙门作风,就会脱离群众,失去对群众的亲情。百姓是我们的衣食父母,群众是我们的执政基础。作为党员干部,应该也必须像对待父母那样,对广大群众充满真情挚爱,对他们体现出真正的物质和人文关怀。但是,亲切不等于一团和气,更不是没有原则、一味迎合,做老好人。在这个问题上,必须做到亲切与原则的高度统一、亲切与权威的高度结合。《论语》讲"君子有三变:望之俨然,即之也温,听其言也厉。"意为做人要刚柔结合,把握好一个度。任长霞亲手抓住罪犯,看到其年幼的孩子时,不禁流出热泪,并且自己掏出钱来交给村民说:"拿这钱给他儿子买点吃的。"任长霞身上,体现的既有国家权力的威严,又有人间情感的真谛,真正做到了情理兼容、情义并重。这种刚与柔的结合不仅适用于做官,也同样适用于做人和做事。IBM 公司总裁赠给他儿子一句话:心灵如上帝,行动如乞丐。这句话和我经常讲的"低头处世,昂首做人"的道理是相通的。刘劭《人物志》里有一段话,用我们今天的白话说就是"一味刚直而不柔和,就流于僵直;一味强劲而不精巧,就流于蛮干;一味固执己见而不问来龙去脉,就流于愚暗;心气十足而思虑不清,做事就会超越特定的规范;思虑通畅而不平正,就会流于放荡"。这是一种境界,一种阴柔之美与阳刚之气结合起来的为人、为官和处世之道。所以说,处世的低姿态与做人的高风格完美统一,才能体现出高尚的人格和官品。心理学有一个概念叫作"情商",是指理解他人及与他人相处的能力。它包括自我意识、控制情绪、自我激励、认知他人情绪和处理相互关系。自我意识太强,凡事以自我为中心,就容易忽略他人的感受,使人的性格逐渐变得自私、偏执、孤傲。一个人,特别是领导干部,应当具有较高的情商指数。要善于把握自己和他人的情绪,要对人民、对下属有感情,以真心实意、真情实感去对待他人。这不仅仅是一个"情商"的问题,更是对一个党员干部的必然要求。

为官要做到"守纪"。 当前,我们所处的社会正处于变革期、转型期,形形色色的诱惑无处不在。在这种环境下,作为领导干部,要想做到"不为名利失心,不为权欲熏心,不为排场傲心",就必须有力排一切干扰的定力,有不为外物所动的境界,常修为政之德,常思贪欲之害,常怀律己之心,不断加强党性修养。如果说做人是做官的基础,那么,世界观、人生观、价值观则是权力观、地位观和利益观的导向和基础。

做一名"守纪"的干部,必须处理好三种关系

一是工作与生活的关系。 现在有些同志关心生活胜过关心工作,过分在意票子、车子、房子,有的追求物质享受胜过自己所做的工作,热衷于吃喝玩乐,有的甚至被"升官发财""封妻荫子""一人得道,鸡犬升天"等腐朽思想迷住了心窍。这些都是危险信号,很多领导干部腐化堕落的过程都是从贪图享乐、私欲膨胀开始的。所以,作为领导干部,一定要正确区分工作与生活之间的界限,切不

可相互混淆,甚至是相互渗透。要管住自己的脑,不该想的不要想;管住自己的嘴,不该吃的不要吃;管住自己的手,不该拿的不要拿;管住自己的脚,不该去的地方不要去:努力做廉洁自律的表率。

二是感情与原则的关系。 中华民族历来重情重义,有着深厚的道德底蕴。领导干部也是人,也有人之常情,对亲戚、朋友和身边的工作人员,可以给予必要的帮助,但要是非分明,不能只讲亲情、友情,而忘了原则、法纪。有些干部在这个问题上把握不住自己,对配偶、子女、亲友和身边工作人员提出的不合理要求,碍于情面,明知不对也不拒绝;对他们的错误不批评、不教育、不制止,甚至放任庇护,以致在错误的道路上越陷越深,最后为亲情所害。人非草木,孰能无情?但是在处理感情与原则的关系时,必须把握好一个"度"。古人讲"器满则倾,月满则亏",就是这个道理。"度"怎样把握,在于你对事物客观规律的认识程度,在于你对工作和生活的体验和悟性,正所谓"运用之妙,存乎一心"。相声大师侯宝林的座右铭对"度"作出了贴切注解:"恰到好处,留有余地;宁可不够,不可过头。"作为领导干部,"度"把握得好不好,对你的形象甚至前途至关重要,也许一念之差,就会让你跌入万丈深渊。海南省委原书记白克明同志曾经讲过,共产党人要有原则和纪律这两把"快刀",坚持原则,复杂矛盾就会迎刃而解。原则是做人做事最基本的规矩,任何人和事都不能凌驾于原则之上。用人情代替原则,或是用权术改变原则,势必会酿成大错。

三是权力与责任的关系。 权力与责任是对等的,执政是权力,为民就是责任。权力越大,职务越高,肩负的责任就越重,应尽的义务就越多。如果把权力当作谋私的工具,那就背离了权力的责任,损害了权力的尊严,最终会受到人民的谴责,甚至身败名裂。面对复杂的社会环境和各种诱惑,领导干部只有常想着党的宗旨和人民的需要,始终对党和人民负责,时刻有一种如临深渊、如履薄冰的危机感,才能正确处理好权与责的关系,真正把握好自己。要正确对待手中的权力、正确行使手中的权力,绝不能把权力单纯看成个人努力的结果,甚至看成私有财产,否则就会背离权力的人民性。

为官要做到"创新"。 创新既是一个历史范畴,也是一种时代精神。《周易·系辞》中有句话"穷则变,变则通,通则久",揭示了东方哲学的精髓,反映了中华儿女变革求新的渴望。习近平总书记也曾说过,抓住了创新,就抓住了牵动经济社会发展全局的"牛鼻子"。这些年,每每谈及领导干部的综合素质,也往往少不了"创新"一词。之所以如此,就是因为"创新"是融责任、勇气、方法、态度等综合素质于一身的具体实践,是一切工作能否取得进步的关键。循规蹈矩,墨守成规,只是对以往规范和标准的一种沿袭和继承。在循环流转的体系中没有发展,实际上是一种简单的重复过程。做事缺乏创新,最多只能把一件事做对,而不能把一件事做好。有道是"物竞天择,适者生存",人类只有不断地进行创造性活动,才能不断地满足生存发展的需要,这也是历史进步的原动力。历史的经验告诉我们,一个国家、一个民族,如果不善于抓住机遇发展自己,就必然要成为时代的落伍者。那么,同样的道理,一个领导干部如果缺乏创新意识,他所在部门的工作或者地区的发展就会停滞不前。工作中能不能出一些亮点,想一些新点子,提一些好建议,也是一个干部有没有水平的重要体现。邓小平同志曾说:"要克服一个'怕'字,要有勇气。什么事情总要有人试第一个,才能开拓新路。"当前,我国正处于全面建成小康社会的关键时期,很多工作和事情需要我们在实践中去探索、去创新,在摸索中不断前进和发展。很多成功的经验就是来自思想的火花,然后付诸实践得来的。所以,每一名党员干部都要有强烈的创新意识,形成创新的习惯,培育创新的思维,敢为人先而不步人后尘,开拓创新而不因循守旧。鲁迅先生说过,"第一个吃螃蟹的人是很令人佩服的"。为官者一旦有了这种勇气和魄力,便是民之大福、国之大幸。创新不等于蛮干,不等于一味追求标新立异而不考虑成本和效果。在这个问题上,必须做到创新与务实的高度结合。实践是创新的基础,离开实践,创新便成了无本之木,无源之水。每个地区的先天优势不同、经济基础不同,其发展应有适合其自身的模式和规范,因此,必须结合实际情况,制定相应的政策,采取相应的措施,因地制宜地实施创新,使我们的事业在切合实际的创新中不断发展壮大。

(本文系 2016 年 8 月在抚州市直教育系统党员干部上党课摘要)

领导干部要勇于担当、善于落实、敢于争先

全市大政方针已定,幸福抚州的蓝图已就,科学发展的春天已经来临,现在的关键是各级领导干部要勇于担当、善于落实、敢于争先。担当、落实、争先是领导干部推进事业发展的三个核心要素,担当是前提,落实是途径,争先是动力。落实是条"船",担当和争先是两条"桨",只有荡起"双桨","落实"才能推开波浪,驶向事业成功的彼岸。

要勇于担当

所谓担当,就是接受任务并负起责任。勇于担当就是在困难面前不退缩、不推诿,全面认真地负起责任。勇于担当是无产阶级世界观的客观要求,是领导干部的基本品格,也是建设幸福抚州的时代召唤。**要勇于担当任务。** 任务就是命令,军令如山,必须服从。在新的一年里,每一个同志都要重新梳理一下自己的岗位职责,分管什么、职能是什么、有哪些具体要求,厘清自己的"责任田"和"自留地"。围绕如何种好"责任田",对照年度工作目标的要求,按照"谁主管、谁负责""谁家孩子谁抱走"的要求,先把任务拎到自己的"篮子",然后按照"项目化、时间表、责任人"的要求,定性、定量地分解落实到各口、分管领导、科长和科员,真正做到人人肩上有担子,个个身上有任务,千斤重担大家挑。**要勇于担当重担。** 能挑千斤担,不挑九百斤。面对建设幸福抚州的繁重任务,我们都要有这样的英雄气概,十分注意克服四种现象:担"轻"不担"重",能挑千斤担,只挑八百斤,甚至五百斤,干劲不足,精神不振;担"柴"不担"水",对工作挑三拣四,挑肥拣瘦,有选择地担当,缺乏全局观念、大局意识;担"小"不担"大",局长担科长

的担,科长担科员的担,责任意识错位;担"权"不担"义",只想履行权力,不想履行义务,人生观、价值观错位。**要勇于担当责任。** 做工作总会有困难,干事业总会有风险。领导干部要勇于为了事业而承担责任,努力把握三个原则。第一,向上倾斜原则。上级要勇于为下级干事创业承担责任;班长要勇于为成员干事创业承担责任。第二,保护干部原则。要允许干部为了工作和事业进行大胆探索,教育引导干部在政策和法律的范围内规避风险。第三,人人有责原则。大家都要有为事业承担责任的胸怀和境界。**要勇于提高担当本领。** 担当既要担得起,又要讲究速度和效率。担当不是莽撞,不是哥们义气,而是一种素质,一种能力,说到底担当是一种本领。提高担当的本领,关键要提高学习能力、执行能力和驾驭应对复杂局面的能力。

要善于抓落实

落实是唯物辩证法的根本方法,是一切计划、目标、战略、战术的最终目的。俗话说,一打纲领不如一个实际行动。小平同志讲,世界上的事都是干出来的,不干半点马克思主义都没有。落实是行动、方法、效率、成效的集合。善于落实就是要找到落实的规律,把握落实的科学方法,真正把计划变成行动,把行动转化为效率,把效率转化为成果,把成果转化为发展。**要分解立项抓落实。** 全市卫生系统工作会议部署了"12345"的重点工作和 6 项基础保障工作,累计 24 大项 75 小项工作都要层层分解落实到分管领导、科室负责人和全体干部职工执行。市直各医疗卫生单位也必须将年度目标工作任务按照"项目化、时间表、责任人"的要求分解立项,抓好落实。市局将把全局工作、分口工作、科室工作、各单位工作分解立项落实情况编印成册,发至每个干部职工监督执行,并作为年度工作考评的主要依据。**要扑下身子抓落实。** 领导干部必须与干部职工肩并肩而不是面对面,既当裁判员又当运动员,既当指挥员又当战斗员,真正做到率先垂范,身体力行,全过程地驾驭把控工作大局。实际工作中要坚决克服五种现象。第一,当"二传手"。只管布置不抓落实,只管开会不查结果。对集体决定、领导的指示不领会、不思考、不研究,而是原始地甚至变样地把任务交给部下,典型的"人放天养""刀耕火种"。第二,当"双重学生"。大事不知问领导,小事不晓问部下,领导过问问部下,部下请示问领导。第三,当"机器"人。不推不动,推一下动半下,"皇帝不急太监急",管你天塌下来,反正他不急,典型的,得过且过。第四,当"失忆"人。对领导布置的工作一只耳朵进、一只耳朵出,只领任务,不报结果,天天寄希望于领导是"失忆"人,交代的工作都会忘记。第五,当"无手"公务员。奉行"君子动口不动手",层层作报告就是不动手,讲话别人写,材料别人打,一级抓一级,最后抓到打字员。**要挺起胸膛抓落实。** 挺起胸膛就是树立正气,就是敢于较真,敢于碰硬。打铁还需自身硬,抓落实就是要敢于放下一己私利,就是要堂堂正正做人,清清白白为官。要坚决克服几种现象:正不压邪,对不合理、不合政、不合法、不合纪的现象,听之任之,不敢管、不愿管、不会管,久而久之失去群众基础,失去群众信任;凡事先问利,有利的打"篮球"大家抢,无利打"排球",甚至踢"足球",推来推去,乃至一足踢开;正人不正己,用马克思主义要求别人,用自由主义对待自己;对别人算"政治账",对自己算"经济账"。**要跟踪问效抓落实。** 跟踪就是全过程地跟进,全方位地督促检查。问效就是过问工作的成效,过问工作失误的责任。跟踪问效就是研判形势,把握态势,驾驭局势。要领导、指导工作的全过程,增强环节控制效应,促其健康运行。要勤于督促检查,总结经验,发现问题,纠正偏差,促其正轨运行;要加强工作调度,强化压力,增强动力;要敢于、善于、坚持问责,对工作中的偏差实行诫勉谈话、书面说明、追究责任等多种形式的问责制度。

要敢于争先

争强好胜是人的本质,也是事业发展的需要。敢于争先就是用必胜的信心和气魄力争上游。卫生工作只有更好没有最好,创先争优是我们永恒的课题,我们要不断地在系统内形成比学赶超的机制,掀起比学赶超的高潮,真正造就一个后进赶先进,人人争先进,先进更先进的良好局面。**要在理念上敢于争先。** 坚决摒弃中游思想,树立没有当上先进就是落后的理念和为先进而奋斗的思想。无论是业务工作,还是党建、综治、信访工作,无论是公共卫生工作,还是医疗卫生工作,都要力争上游,争当先进。无论是有考评的,还是没有考评的,都要争当标兵,不当追兵。凡是能拿"牌子"、能夺"杯子"、能举"旗子"的干部都是好干部,我们要在政治上高看一格,在使用上厚爱一分。**要在气概上敢于争先。** 气概就是精神。精神是争先的起跑线,做人做事永远都不能输在起跑线上。我们任何时候都要发扬万难不屈的精神,勇于跟强的比,敢于向高处攀,不达目的决不罢休,既争团体冠军,又争单打冠军。**要在定位上敢于争先。** 定位决定进位,进位决定排位,排位决定地位。做什么工作都要有较高的目标定位,形成"跳起来摘桃子"的气势。**要在排位上敢于争先。** 俗话说,是骡子是马拉出去遛遛。我们所做的工作都是历史进程中的一个时段,都是系统中的一个单元,都是全局中的一个局部,决不能"关起门来看自己的老婆",决不能当"井里之蛙",不知自己的纵横坐标。要定性比,看我们的工作是否符合"三个有利于"的标准,不做无效劳动,不做"劳民伤财"的蠢事,真正与群众的所思所想同步合拍。要定量纵横比,纵比看进步,横比看进位;盯住标兵,摔开追兵。**要在创新上敢于争先。** 没有金刚钻,揽不了瓷器活。争先不是口号,靠的是精神、路径和本领。说到底,争先还是战略与战术的争先,是创新的争先。只有不断探索发现利用事物发展的内在规律,努力使我们的工作体现时代性,把握规律性,富有创造性,才能永立潮头、永当标兵。要不断地在体制机制上创新,消除阻碍事业、工作发展的各种壁垒,激发各方面的工作活力。要不断在方法上创新,拿出过人的"绝招"领导推动工作,在人无我有中争先创优。

(本文原载于抚州市委办公室《抚州工作交流》2012 年第 2 期,有改动)

提高境界担当　增强智慧实干

习近平总书记指出："是否具有担当精神,是否能够忠诚履责、尽心尽责、勇于担责,是检验每一个领导干部身上是否真正体现了共产党人先进性和纯洁性的重要方面。"深刻领会习近平总书记的指示精神,深入学习《江西日报》关于担当实干的四篇评论员文章,深切感到担当需要境界,实干需要智慧。作为教育系统的领导干部,面对立德树人的根本任务、办好人民满意的教育的总体目标,我们唯有提高境界担当、增强智慧实干,方能对得起组织和万千家庭的重托。

围绕大局担当,增强实干的方向性。　大局是前进的旗帜,是实干的方向。教育事业是党和国家事业的重要组成部分,必须始终坚持围绕大局、服务大局,找准定位,明确方向,奋勇前行。**一是要牢记宗旨,加大教育改革发展科学谋划力度。**　市委作出"一个坚持、三项重点、四个排头兵"的战略部署,对教育工作提出了新的更高要求,也为教育改革发展指明了方向。全市教育系统要以立德树人为指引,围绕全市发展大局,以新发展理念统领教育改革发展,以教育中长期发展规划和"十三五"教育规划为基础,增强工作的科学性、预见性,进一步高举旗帜、创先争优、不辱使命。**二是要贯彻指示,加大中小学党建创新力度。**认真落实省委主要领导指示精神,坚持政治引领、思想引领、组织引领、工作引领和文化引领,制定出台《关于加强中小学校党建工作的实施意见》,以《江西日报》《中国教育报》《人民教育》宣传报道为契机,总结推广临川教育集团"把支部建在年级学科组上"、金溪二中"'党爸党妈'关爱留守儿童"、南城二中"党员教师帮扶困难学生六个一"等8个党建新模式。通过试点探索、以点带面、制度固化,将探索形成的典型经验综合植入学校,形成了富有抚州特色的"党建+中小学教育"模式，打造江西教育党建的抚州样板。**三是要响应号召，加大服务中心工作力度。**加快推进教育重点项目建设，确保抚州幼儿师范高等专科学校秋季挂牌招生、抚州一中4A景区一期工程9月完工、临川教育集团三所实验学校土建工程如期开工。加大教育精准扶贫力度，以点促面，推广东乡、金溪等地经验，确保政策落地落实。加大招商引资力度，用好教育资源优势，努力招大引强，力争绿茵小镇尽快开工建设，为绿色崛起作出贡献。坚决完成汤显祖国际戏剧节、全省互联网大会、全省旅发大会赋予教育部门的若干工作任务，加快推进"品读临川文化""戏曲进校园""研学旅行"等重大工作，加大绿色校园、文化校园、平安校园建设力度，把以生态文明建设为统领的工作方针落实到进校园、进课程、进课堂的实际行动。

聚焦主业担当，增强实干的针对性。主业是部门担当的"责任田"，全市教育系统要全力聚焦"培养社会主义事业合格建设者和可靠接班人"这一最大主业，围绕"立德树人"的根本任务，把握"人民满意和领导放心"两项原则，坚持"抓班子强队伍、抓作风强精神、抓机制强活力"三管齐下，抓好"深化改革、加快发展、提高质量、推进公平"四个重点，形成"人才效应、安全效应、社会效应、示范效应、品牌效应"五大效应，着力增强担当实干的针对性。**一是高举旗帜不动摇。**抚州教育一直存在一个"旗帜之问"。每次教育法律的修改，每次教育改革的推进，每次教育政策调整，总会引起人们思想波动。面对"抚州教育这面红旗到底能打多久"的质疑，我们始终保持清醒的头脑，始终坚持党的教育方针，始终保持办好人民满意的教育的定力，用智慧推进改革，用自信沉着应对，闯过了一个又一个难关。今后，我们要在市委、市政府的坚强领导下，坚决贯彻"绿色崛起"发展战略，发扬"艰苦奋斗、担当实干、敢于胜利、立德树人"的抚州教育精神，把抚州教育旗帜举得更高，力争在全省率先实现县域义务教育均衡达标，确保2020年实现抚州教育现代化。**二是擦亮品牌更努力。**抚州教育品牌是经过长期努力锻造出来的，代表了抚州的"软实力"，来之不易，弥足珍贵，我们要倍加珍惜、精心呵护。要围绕"丰富内涵、转化优势、促进开放、服务大局、推动发展"的要求，以全国中小学教育质量综合评价改革实验区和抚州基础教育综合改革试验区建设为载体,加快推进临川教育集团转型升级,加大对接高考改革、教育质量综合评价改革、义务教育校长教师交流轮岗等重点改革的工作力度,进一步擦亮品牌。**三是抓住质量不放松。** 始终贯穿提升质量这根主线,以推进素质教育为中心,落实全面发展方针,树立科学的质量观,坚持"面向全体、尊重个性、分层教学、多元发展"的办学思想和"品德高尚、学业优秀、身心健康、全面发展"的育人目标,探索形成具有抚州特色的教育发展模式。**四是促进公平不懈怠。** 全面贯彻起点公平、过程公平、结果公平的理念,围绕均衡配置教育资源、补齐教育软硬短板的要求,从关爱弱势群体、特殊人群着手,严格落实就近入学政策、随迁子女入学政策、健全贫困学生资助体系、实施教育精准扶贫、交流轮岗、联盟办学等措施,推进城乡教育均衡协调发展,保障每一个孩子公平接受教育的权利,不断提升人民群众对教育的满意度和获得感。

坚韧不拔担当,增强实干的有效性。 教育工作人称"八千万"事业,即教育事关千秋万代,涉及千家万户;谈教育千言万语,看教育千差万别;思教育千头万绪,干教育千辛万苦;办教育千军万马,兴教育千方百计。抚州虽是教育之乡,但教育的"短板"其实不少。站在教育现代化的"门口",肩负"高举旗帜、擦亮品牌"的重任,面对"城镇挤、乡村弱"带来的群众上访,破解"先生"抓项目、"书生"去招商的难题,整治"野火烧不尽,春风吹又生"的"三乱"顽症,维护"东边日出西边雨"的系统稳定,需要锤炼"功成不必在我,功成必定有我"的担当,需要锻打"硬着头皮、厚着脸皮、磨破嘴皮"的实干,需要树立"大系统、大作为、大服务、大争先"的情怀,以绣花的功夫、工匠的精神化解矛盾、推进事业。**一是时不我待地化解供给矛盾。** 要瞄准2017年实现县域均衡、2018年消除"大班额"、2020年实现教育现代化的目标,优化城乡教育规划布局,加快教育供给侧改革,推进农村学校标准化建设,加大城镇学校建设力度,全面实行集团联盟办学和校长教师交流轮岗,通过城镇持续增加学位、农村不断提升办学质量两个途径,激活存量,提升增量,保障城乡教育供给,真正让每一个孩子有学上、上好学。**二是刻不容缓地补齐短板。** 抓紧实施学前教育三年行动计划,加快乡镇中心幼儿园和示范幼儿园建设,确保到2018年实现一乡一所中心幼儿园。推进特教学校和资源教室建设,落实"一人一案"精准施策,解决适龄残疾儿童"有书读"问题。

建立与经济社会发展相适应的现代职业教育体系,抓好应用技能型人才培养,加强产教融合,推动学校与园区对接、专业与产业对接、课程与职业对接、教学与生产对接,确保职业学校学生招得进、稳得住、学得好、能就业,提高职业教育吸引力。**三是千方百计地推进多样办学。** 围绕增强满意度、提高获得感、推进多样化的要求,推进临川教育集团转型升级,以三所实验学校为龙头,促进民办教育健康发展。加快教育开放步伐,探索多层次多方位的合作办学形式,提升临川一中、临川二中国际办学水平。巩固扩大艺术、美术、体育、音乐特长办学成果,增加升学就业渠道。

未雨绸缪担当,增强实干的持续性。 教育既是国计,又是民生,既是今天,又是明天。我们要立足当前,谋划未来,统筹兼顾,科学决策,推动抚州教育科学健康可持续发展。当前,在中心城区要根据新型城镇化的特点,结合抚州经济社会发展和教育事业发展的实际,尽快制定中心城区教育网点布局规划,在原来临川区、高新区教育布点的基础上增加对东乡区的统筹规划。新建、改扩建一批城区学校,加快推进抚州一中改扩建工程、市实验学校二部建设、付家完全小学、林源小学、安石学校等重大教育项目建设,尽快投入使用。整合建设九年一贯制学校,抓紧推进临川三中与临川十小、临川实验小学和临川六中整合建设,有效化解"择校热"矛盾;着眼长远科学谋划,学习借鉴先进地区做法,出台相关规定,在旧城改造、新区建设,商品住宅小区开发和政府投资建设保障性住房(含安置房、棚户区改造等)建设中按规划要求配套建设幼儿园、中小学,增加城区教育资源有效供给。在农村要完善学校规划布局,以标准化建设为突破口,大力推进"全面改薄"等十大工程,足额配套资金,保障项目用地,改善农村办学条件。要以示范性学校和"五名工程"创建为平台,围绕建设"小而美"的农村学校,加强科学管理,开齐开足课程,狠抓教学质量,丰富校园文化,提升办学水平,认真办好每一所农村学校。通过城乡互动,两头发力,缩小差距,补齐短板,切实解决"城镇挤""乡村弱"的问题,推动全市教育科学协调发展。

(本文原载于抚州市委《现代抚州》2016 年第 4 期,有改动)

建言新发展　资政新担当
——学习十九届五中全会精神，做好政协工作体会

　　党的十九届五中全会，是在"两个一百年"历史交汇点上召开的一次总结经验、擘画未来，具有里程碑意义的重要会议。会议审议通过的《中共中央关于制定国民经济和社会发展第十四个五年规划和二〇三五年远景目标的建议》，全面系统地描绘了党和国家今后十五年的发展目标和宏伟蓝图，充分体现了以习近平同志为核心的党中央高瞻远瞩、总揽全局、深谋远虑、运筹帷幄的战略眼光，是指导全面建设社会主义现代化国家的纲领性文件，为实现第二个百年奋斗目标和中华民族伟大复兴的中国梦提供了战略指引，为人民政协更好服务党的事业、国家发展和人民幸福指明了方向，提供了根本遵循。

一、新发展阶段宏伟蓝图为人民政协履职提供广阔舞台

　　全会审议通过的《建议》，从统筹推进"五位一体"总体布局和协调推进"四个全面"战略布局的高度，清晰展望了到 2035 年我国基本实现社会主义现代化的远景目标，明确提出了"十四五"时期我国发展的指导方针、主要目标、重点任务、重大举措，为我们描绘了新发展阶段的宏伟蓝图，为人民政协履职提供了更加广阔的舞台。

　　一是全面坚持党的领导为人民政协高举民主团结旗帜提供了坚强的政治保证。 全会把坚持党的全面领导作为"十四五"时期经济社会发展的首要原则，进一步强调要加强党中央的集中统一领导，贯彻党把方向、谋大局、定政策、促改革的要求，推动全党深入学习贯彻习近平新时代中国特色社会主义思想，增强"四个意识"，坚定"四个自信"，做到"两个维护"，全面加强党的建设。这些根

本要求,为人民政协突出民主和团结两大主题,履行政治协商、民主监督、参政议政职能,实现增进民主与扩大团结相互贯通、建言资政与凝聚共识双向发力提供了坚强的政治保证,使人民政协始终在党的领导下维护核心,围绕中心,服务大局,促进民生。

二是全面建成小康社会为人民政协广泛凝聚力量奠定了坚实的社会基础。全会高度评价了决胜全面建成小康社会取得的决定性成就。"十三五"时期,以习近平同志为核心的党中央不忘初心、牢记使命,团结带领全党全国各族人民砥砺前行、开拓创新,奋发有为推进党和国家各项事业,经济实力、科技实力、综合国力跃上新的大台阶,全面建成小康社会,实现第一个百年奋斗目标,创造了世所罕见的经济快速发展、社会长期稳定"两大奇迹"。这些决定性成就极大鼓舞了人心,极大提升了社会各界听党话、感党恩、跟党走的信心,更加坚定了全国各族人民走中国特色社会主义道路的自觉行动,这为人民政协在新的发展阶段更加广泛凝聚力量奠定了坚实的社会基础。

三是全面开启建设社会主义现代化国家新征程为人民政协建言资政提供了广阔的舞台。 全会提出,在即将全面建成小康社会的基础上,我国开启全面建设社会主义现代化国家新征程,到二〇三五年基本实现社会主义现代化。到那时,我们国家将进入创新型国家前列,基本实现新型工业化、信息化、城镇化、农业现代化,基本实现国家治理体系和治理能力现代化,人民生活更加美好,全体人民共同富裕取得更为明显的实质性进展。这幅宏伟发展蓝图,为人民政协围绕经济社会发展目标任务,紧扣高质量发展主题,聚焦创新发展、加快发展现代产业体系、构建新发展格局、提高社会建设水平等重大决策部署建言资政提供了广阔的舞台。

四是百年未有之大变局面临的新挑战对人民政协凝聚共识提出了更高要求。 十九届五中全会既描绘了发展宏伟蓝图,也深入分析了我国发展环境面临的深刻复杂变化。我们要深刻认识我国社会主要矛盾变化带来的新特征新要求,深刻认识错综复杂的国际环境带来的新矛盾新挑战,要清醒认识到当前和今后改革发展稳定任务之重前所未有,矛盾风险挑战之多前所未有,多元思想文化交流交融交锋前所未有。这些新挑战,对人民政协作为统一战线组织,用好统一战线法宝,团结大多数,搞好大联合,更好凝聚共识,找到最大公约数、画出最大同心圆提出了新的更高要求。

二、紧紧围绕新发展阶段目标任务贡献人民政协智慧担当

十九届五中全会强调,"加强人民政协专门协商机构建设,发挥社会主义协商民主独特优势,提高建言资政和凝聚共识水平"。人民政协作为国家治理体系的重要组成部分,要紧紧围绕党和国家在新发展阶段目标任务,全面贯彻习近平总书记的重要讲话精神,在认真履职中为社会主义现代化建设贡献智慧和担当。

一要坚守定位履职担当。 "专门协商机构"是习近平总书记对人民政协作出的新的综合性定位。我们要把协商作为政协的主要工作,充分发挥专门协商机构作用,紧紧围绕全会建议确定的发展目标,聚焦党和国家改革发展重大任务、人民群众普遍关心关注的民生问题,广泛开展深入的调研协商工作,把协商贯穿于履行政治协商、民主监督、参政议政各项职能,着力为服务党和国家事业发展贡献智慧和力量。要深入推动政协协商向基层延伸,与基层协商有效衔接,及时把党的声音和温暖送到人民群众的心坎上。

二要围绕重点履职担当。 双向发力是新时代人民政协的工作主旨,是人民政协工作的中心环节。双向发力既是新时代赋予人民政协的新使命、新担当、新作为,也是政协工作实现提质增效的新理念、新课题、新挑战,我们要在建言资政上更加有效地发挥作用,在凝聚共识上更加主动、自觉地履行职责。既要积极建言资政、服务党政决策,又要增进对党政决策实施情况的了解,形成思想共识;既要宣传阐释党政重大决策,推动执行落地,又要发挥建言立论、启迪后人的智库作用;既要反映广大人民群众的意愿诉求,理顺群众情绪,又要有效解疑释惑,广泛传播共识。

三要抓好宣讲履职担当。 人民政协作为政治组织,要坚持旗帜鲜明讲政治,增强"四个意识"、坚定"四个自信"、做到"两个维护",坚决承担好应有的政

治使命。为此,要组织引导广大委员认真学习领会十九届五中全会精神,激发委员履职担当的责任感和使命感。要通过认真学习领会、深入基层宣讲、开展调研协商等有效履职活动,及时把党中央的重大战略部署向委员干部、基层群众、社会各界传递下去,把社会各界、基层群众的反响和意愿诉求收集上来,广泛汇聚支持、服务党和国家事业发展的强大正能量,努力为"十四五"开好局、起好步凝聚起最为磅礴的基层力量。

三、贯彻全会精神坚持"四步法"做好人民政协提案工作

提案是人民政协履行政治协商、民主监督、参政议政职能最广泛、最直接、最有效的一种形式。贯彻落实全会精神,要坚持"四步法",做好人民政协提案工作。

一是先行一步,围绕"十四五"经济社会发展目标任务引导委员提案。认真学习领会十九届五中全会精神,结合抚州实际,列出提案选题参考提纲,于政协全会召开前一至两个月下发提案征集通知,引导委员先行一步,提前谋划、思考、遴选、确定年度提案;尽早面向社会公开征集提案线索,通过公告、座谈、发布等形式,设立提案征集专栏,实行线上线下结合,征集社会各界建议线索,对征集建议线索进行筛选,去粗取精、去伪存真,交由委员"命题作文",进行调研深化,形成高质量提案;及时组织召开民主党派提案工作座谈会,发挥党派团体的组织优势,广泛征求提案,确保全市政协提案主题鲜明、重点突出。

二是紧跟脚步,围绕党委政府决策部署遴选重点提案。 围绕市委、市政府决策部署中的热点、难点、疑点、堵点问题,特别是市委全会报告、政府工作报告、"十四五"规划所列的重大工作、重点目标、重要任务,分门别类,分解立项,形成重点提案线索,用好协商于决策前、协商于落实中、协商于完善时三种途径,着力提升提案工作服务党政决策、服务中心工作的能力水平。

三是与民同步,坚持开门纳谏办好提案。 在办理提案工作中,坚持"从群众中来,到群众中去"的工作方针,组织提案承办部门和政协委员开门纳谏,通过将专门协商与基层协商融合开展、组织网络议政听取网民意见、开展电视访谈

现场听取群众意见等方式和渠道,既问需于民,更问计于民,推动承办单门开门纳谏主动接受监督,广泛听取意见建议,不断提高提案办理工作水平。

四是不落一步,跟踪问效提升提案办理效果。 完善"市长领办""主席领衔督办""专委会与民主党派联合督办"机制,建立重点提案跟踪问效督办机制,积极推动重点提案办理落地见效。建立提案办理跟踪问效长效机制,加强督促检查指导,及时研究解决提案办理中的困难和问题,推动提案办理质量有效提升。围绕"提质增效"目标,积极做好办理成果的转化运用,不断强化答复后的跟踪落实,逐项对标对表,确保提案办理服务决策、推动落实、化解矛盾、促进发展。

(本文系 2020 年 8 月在抚州市政协党组中心组学习时的发言摘要)

提升调度工作能力

调度会这一个工作机制已运行了半年,我想借这个机会做一个小结,有些事跟大家一起商量,以便更好地发挥调度工作机制的效应,更好地加强和改进机关工作。总体讲,调度会制度是一个非常好的制度,通过制度的实施,有效地加强和改进了机关工作,提高了工作效率,提升了机关形象。但在运行过程中,对照制度设计的功能要求,还有一些差距,需要在今后的工作中加强完善。可以说,通过实施工作调度机制,机关工作发生了"四个明显变化"。

一是机关作风明显转变。 第一,机关全体干部包括班子成员、科室负责人、每位工作人员,通过调度这种形式,都感到工作有了压力,这种压力转化成了工作动力,推动了工作。第二,形成了开放的系统。科室之间、分管领导之间通过调度会这种形式,有了更多的交流和沟通,系统的意识明显增强。第三,全局观念进一步增强。通过工作调度,大家对一段时间的系统工作、全局工作进行分析、研判,了解把握了动态和趋势,对认识规律、把握规律、驾驭全局起到了很好的推动和促进作用。第四,服务观念和质量明显提高。对在调度过程中发现的一些问题,及时点出,作出分析,服务观念得到改变,服务方法得到改进,服务质量得到提升,整个机关始终保持良好的、昂扬向上的精神状态。

二是工作计划明显增强。 每个星期调度一次,没有特殊情况一直坚持下来。我是这么考虑的,作为一个制度,既然出台了、实施了,就必须坚持,哪怕参加的人员少一点,调度的效果差一些,也要按照制度的要求坚持下去。从某种程度上讲,坚持就是胜利。通过调度,一方面把前面的工作梳理清楚了,另一方面对下一步工作的目标也更加明确,这些工作从不同的层次、不同的环节得到很好的布置、落实,工作的计划性明显得到了增强。

三是领导方法明显改进。 第一,各分管领导对全局面上工作更加了解,增强了工作的主动性和主动权。我原来总感觉班子成员之间你在做什么,他在做什么,不一定很清楚,通过这样的调度,我们每个班子成员都要了解面上的情况,都要交流面上的工作,大家对全局工作都会有一个基本的了解,这样有利于我们掌握领导工作的主动权。第二,通过对工作的分析点评,排查一些矛盾和问题,促进了班子成员、科室负责人对工作的分类指导,能更好地抓住一段时间工作的主要矛盾和矛盾的主要方面,从而突出重点推动工作。第三,通过各分管领导分兵把口、一级一级落实责任,一级一级抓落实,推动了层级管理。第四,大家对全局的工作态势有了更宏观、更具体的研判和把握,有利于拓宽工作思路,提高领导的决策水平。

四是运行效益明显提高。 第一,工作节奏明显加快、工作效能明显提高。大家一致反映,通过这个调度会,大家都感到了压力。应该说,过去我们各个口子也会调度工作,有的抓得紧一点,工作节奏就快点;有的抓得松一点,工作就可能做到什么程度算什么程度,有一点"脚踩西瓜皮滑到哪里算哪里"的味道。而自从有了这么一个制度,大家就都有了搞好工作的一根弦,下一步做什么事,都有计划有章法。第二,通过分兵把口、各自为战,形成了一种比学赶超、创先争优的良好氛围。第三,在工作中增进了互相帮助、互相促进的团队意识,工作合力和效益得到增强。所以我感到调度工作作为一种制度和机制,非常有必要,在今后的工作中要进一步坚持,进一步完善,进一步发扬光大。

但是,也必须清醒地看到,这项制度在推行的过程中也还存在"四多、四少"的问题,影响制约了制度本身功能的发挥。

一是"扫雪比较多,除霜比较少"。 这就是平时所讲的"各人自扫门前雪,莫管他人瓦上霜"。各个分管领导、各个口子对自己工作门前的"雪"扫得比较好,对全局的其他工作则认为是别人瓦上的"霜",研究得比较少、思考得比较少、分析得比较少。存在这么几种现象:第一是有纵无横。就是我们每个分管领导对分管口的工作都点评布置得很到位,对全局的工作却很少发表意见,有时在发表意见时还怕引起误会,我觉得这是一种不好的倾向。我以前在市委办公室和政研室工作时,大家也有分工,但大家对待工作能够充分讨论和争鸣,大家发表意见不仅仅是发表自己分管工作的意见,对全局的工作也发表意见。我想,只有大家在种好自己的"责任田"的同时,一起来关心全局的工作,来对我们整个工作运行作出分析、提出意见,这样才能推动我们整个工作向前行。第二是自我封闭,相互割据。总感觉你不要说我这口子上的事,我也不说你口子上的事。必须指出,过分地强调各口为战、各科为战,对我们全局的工作来说,绝对不是什么好事,这影响了机关整体功能的发挥。毛主席说过,我们都是革命战士,来自五湖四海,为了一个共同的革命目标走到一起来,我们的干部要关心每一个战士,一切革命队伍的人都要互相关心。所以,分工只是一个管理的原则,分工不应当分家。我们市卫生局千万不能形成水泼不进、针插不进的状况,作为班子成员、科室负责人对整个工作都可以作出分析、判断,进行研究、进行思考,互相协作,互相促进,互相推动。

二是"记账比较多,盘点比较少"。 首先,大家在汇报时总是"12345",好像都说得很清楚,但这只是记流水账,而没有进行盘点。为什么要盘点?盘点就是要了解库存的总量、库存的结构,要对库存的总量和结构进行分析。当然今天调度会这方面做得很好,好在哪里呢?好在大家对运行中的问题进行了分析排查,提出了意见建议。一个科室对前一周工作进行总结,对后一周工作做出安排,一两分钟就说完了,这是一种不正常的情况。做工作任何时候都只有更好,而没有最好,按照更高的标准去认识,我们工作在运行中永远不可能尽善尽美,而总会存在这样那样的问题。这就要求大家对做得好的要去总结,对做得不好的要去分析,特别是对一些困难和矛盾要进行排查。古人讲,修身以不护短为第一长进。在做工作的过程中,无论是全局工作还是各个口子的工作,都不要粉饰太平、掩饰矛盾,更不要只报喜不报忧,一定要对工作运行的状态进行总结分析。只有这样才能研判形势、把握态势,才能推动下一步的工作,才能真正达到调度目的。其次,在分析的过程中,也要注意方法,既要做定量的分析,也要做定性的分析,只有把定量和定性结合起来,才能更加接近认识事物本身内在的规律。学过哲学的人都知道,规律是事物内在本质的必然联系,规律不是发明的,它是客观存在的,只能去认识、去发现。认识和发现规律就是为了利用规律,从而尊重规律,按规律去办事。所以我们在调度工作的过程中,一定要有这种方法和境界,如果调度工作仅仅是总结成绩或者堆砌工作,我觉得这是一种缺陷。为什么叫调度?调就是你要去做分析,度就是要把握它的趋势,所以不能简单地堆砌和罗列,要分析排查矛盾,要研判形势,只有这样我们才能把握态势、驾驭全局。

三是"动嘴比较多,动手比较少"。可以说每次调度工作拿安排表一看,都是几十项,总结前面的工作有几十项,部署后面的工作也是几十项。我们的摊子确实很大、工作很多,但是每一次调度工作时,都有很多似曾相识的感觉。一些工作上次已经说了,但是经过一周的运行还是这样,这就说明有些工作落实不够到位,各分管领导和科室负责人做给大家看、带着大家干的风气和氛围还要加强。我多次强调,领导干部一定要现场办公,一定要调查研究,一定要亲力亲为,一定要提高执行力、操作力和破解难题的能力。有些工作点了题,也破了题,各分管领导可能交给了科室负责人,但是没有教他们怎么去干,没有对工作完成的情况进行督促检查,所以落实就有差距。可以说,大家在这方面的智慧远远还没有发挥出来。我们的班子成员综合素质都非常高,我每次与大家沟通交流都受益匪浅,思路非常开阔,但是在抓工作的过程中,各人的智慧远远没有完全发挥出来。第一,对科室的工作布置得比较多,调度得比较少。有的科室工作没有很好的方法,运行的秩序比较乱。如何按照分工负责的要求,把这些工作落实到每一个人头上,落实到每一个岗位上,分管领导还要做更加细致的工作。工作和责任一定要非常清楚明了地落到每个人头上,该是谁的工作就由谁去谋划、去准备,分管领导就是要抓落实,这样才不会乱了方寸。与之相反,有的科室负责人什么事都往自己身上揽,当然这也是一种方法,能力强多干一点,但这不是好方法,也不是根本方法。最好的办法就是调动所有同志的积极性,发挥大家的整体功能。第二,原则领导当得比较多,对科室使唤得比较多,而真正亲力亲为做给大家看、带着大家干的比较少。科室负责人不能成为分管领导的拐杖,分管领导绝不是空设的岗位和层级,分管领导绝不能一离开科室负责人就两眼一抹黑,什么情况也不了解,胸中无数、心中无底,这是一个很可怕的现象,要引起我们高度重视。第三,只当二传手,不当守门员。发一个文件,工作人员起草了之后,科室负责人和分管领导签一个字就送到我这里来,工作人员认真负责、会严格把关的,可能质量就高一点,否则就可能漏洞百出。机关的文件太多了,一个科室多的一周要发十多个文件。如果这些文件都要我来把关是不现实的,也是不科学的。所以科室负责人要当守门员,我们分管领导也要当守门员,起码你要把文件从头到尾看一遍,不要科室负责人拿过来以后就签一下字,这样久而久之就会出问题。

四是"专科医生"比较多,"全科医生"比较少。 我们正在组织乡镇卫生院搞全科医生培训,全科医生就是要什么都知道、都能做。由此我想到了我们卫生行政部门的领导,特别是科室负责人和工作人员也要当"全科医生",要全面熟悉卫生工作的方针、政策,千万不要当"专科医生"。我感觉到我们分管领导、科室负责人对口子上的情况非常熟悉,政策也非常了解,是个很好的"专科医生",但一旦顶替开个会,当领导问到我们整个卫生工作时,就不能说出个所以然来。我们卫生行政人员在这方面还要积极改进。第一,要加强学习,除了对自己口子的工作要全面掌握之外,对其他口子的工作也要加强了解。第二,要养成全面摄取信息的习惯。大家对其他口子上的工作很少去了解、去关心,对全局的工作就不能提出意见建议,就不能发挥集体的智慧。我们在做好"专科医生"的同时,要向"全科医生"发展。第三,要在信息沟通载体的创建方面进一步加强,尽可能减少信息的不对称性。最近我们搞了一个卫生工作手册,把各个口子的一些政策文件和今年的工作任务汇编在一起,大家可以多看看、多了解、多学习。只有大家一起来关心、支持、促进我们机关的整体工作,才能避免完全的各自为战,避免画地为牢的情况。

这么一个好的工作制度,如何来坚持完善?昨天是端午节,我们纪念了屈原,这里我想到了屈原的一句话,"路漫漫其修远兮,吾将上下而求索"。为此,我认为要把握以下几点:

一要不断提高主持会议的能力和水平。 调度会为什么要由我们班子成员轮流主持?我想,绝不是我跟张书记两个人偷懒,把担子推给大家担,把自己的工作推给大家做,把自己的"责任田"推给大家种这么简单的理念,最根本就是采取百家争鸣、百花齐放的方法,充分调动我们每个班子成员的积极性,来充分发挥每个班子成员的智慧。事实上,经过这一轮回的工作调度会,大家主持会议的风格各展所长、各有特点,而且是精彩纷呈。但是离制度设计的要求,我觉得还要从以下几个方面来加强。第一,主持会议不打无准备之仗。无论谁主持会议都要做一些准备,怎么把控这个会议、引导这个会议,怎么来对会议做出小结、分析,都要动点脑筋。这点我非常佩服张书记,每次主持会议都能非常科学地概括提炼,布置工作也能抓住本质,非常到位。我想,这除了本身的一些技巧之外,会议之前做好一些准备也是非常必要的。第二,要督促与会同志对工作运行中的矛盾问题作出分析。科室负责人、分管领导在汇报、点评过程中,要把分析排查问题作为一个必要的议题和规定的动作。第三,要对大家提出的观点进行归纳、总结。调度会上形成的一些观点十分精彩,我反复交代办公室的同志千万不要把它遗失掉。观点就是财富,思路就是出路,有些观点就是我们下一步工作的思路,是我们加强改进的方向,所以这个必须要做。第四,要进行全面总结部署。在总结、分析大家汇报点评的基础上,要对下一步工作进行全面布置。

二要着力增强调度工作的针对性和实效性。 各位分管领导、各个科室负责人在工作总结、点评、计划、安排工作过程中,首先要对前一段工作进行简明扼要地总结,同时作出比较适当的概括评价,有些什么特点要进行概括总结,对存在的问题有一个定量的具体分析。特别是对一些矛盾和问题,要进行定性定量分析,进行比较深入的分析,然后对下一步工作提出具体的、明确的目标要求和责任人员。需要把握的一点就是,我们不仅要提出问题,同时要提出解决问题的方法。今天谢局长刚刚讲到金巢存在的问题,然后提出"三个一点"的办法,这就非常好,调度工作就应该这样。光提出问题,把球踢到我和张书记这里,你没有解决问题的办法,这是不可行的。另外,还要善于利用调度这个杠杆来总结经验、反思教训、表扬先进、鞭策后进、举一反三,这非常重要。调度工作就是一个杠杆,做得好的,就应该表扬,做得差的,要通过一定的方法指出来,有的还要提出批评,这样才能形成一种工作导向。

三要抓好督促检查。 各分管领导一定要亲力亲为,一件一件事抓落实,一针见血直面每个科室、每个干部来抓好落实,不要去护短。如果说我们调度会部署的工作到下次又来说,而平时一般又不去抓落实,这就没有任何意义,所以一定要分解立项、跟踪问效,一件一件事抓落实。形成会议纪要的时候,尽可能要科室提出一个时间和目标,不能"明日复明日,明日何其多"。鲁迅说,浪费时间无异于谋财害命。调度工作不抓落实,那就不如用这些时间做点其他的事,要真正通过调度工作狠抓落实,通过督促检查,形成创先争优、你追我赶、争先恐后的良好工作氛围。

(本文系 2011 年 6 月在抚州市卫生局工作调度会上的讲话摘要)

不断提升抓落实的能力

我到市教育局工作只有半个月的时间,已深深感到,班子是团结的、干部是优秀的,我对班子充满信心、对队伍充满信心、对教育工作更加充满信心。这些天,我到市直几所学校调研,看了一些场景,听了一些汇报,记了一些建议,感触很深、感想很多。借这个机会,跟大家传递一些信息,做一些交流。

一、总结成绩,分析差距,大力增强做好工作的紧迫感和责任感

听了大家的发言,我感觉上半年的教育工作可圈可点。**一是教育民生工程稳步推进。** 全市教育民生工程六项工作实现了时间过半、任务过半,市本级发放学生资助资金一千多万元,工作制度成为全省模板。**二是素质教育成效明显。** "校家同创育英才"德育工程被教育部和省厅表彰。廉洁修身教育活动得到了省纪委、省教育厅以及社会各界的高度肯定。校外教育工作典型经验在全省推广。**三是办学条件明显改善。** 市中心城区学校建设如火如荼,校安工程有序推进。资溪教育园区已投入使用,崇仁等县教育园区正在建设之中。崇仁、黎川、东乡等县保育院完成了整体搬迁,南丰县保育院新园区顺利建成。**四是教育质量优势明显。** 高考再创辉煌,文理科 600 分以上的考生占全省的 1/5;一本、二本上线率均高出全省 6 个百分点;50 人录取清华、北大,占全省的 1/3,全省文科状元花落临川二中。**五是教师素质逐步增强。** 选聘优秀教师的途径越来越多,大批高素质高校毕业生进入农村教学一线。全市 3 万多名中小学教师和校长参加了国培计划、骨干教师培训、教育管理者培训、全员培训等系列培训。六是办学行为明显规范。全市教育系统"管理提升年"主题活动开展得有声有

色,违规收费、有偿家教等行为得到了较好的遏制。教育宣传也不错,用稿量在全省各设区市中位居第一。尤其是局属学校亮点纷呈,成为抚州基础教育的"领头羊"。这些好的经验还需要我们进一步总结、消化、运用。

在肯定成绩的同时,我们更要冷静分析教育运行形势,找准差距、找准问题、找到出路。从大家的汇报中,我感到差距主要有以下几个方面:一是学前教育"入园难"没有得到很好地解决。全市登记在册的幼儿园 358 所,大部分是容量小、标准化程度低、作坊式的民办幼儿园,中心城区只有一所优质公办幼儿园。好一点的幼儿园一个学期收费超过 5 000 元,群众"望园兴叹"。二是义务教育"择校热"没有得到很好地解决。大批农村学生涌入城区,大批农村学校资源闲置,市里就这几所优质学校,大家都想进,导致进小学难、小升初难,群众说"读个小学、读个初中比读大学还难"。个别县(区)还借此收取择校费,群众反映非常强烈。三是高中特色"不明显"没有得到很好地解决。纵观全市的普通高中,基本上是一种模式办学,都是围绕着高考拼升学率,特色办学、精品办学、多样化办学模式特点不鲜明,可供学生选择的途径不多。四是职业教育"招生难"没有得到很好地解决。与普通高中教育相比,职业教育规模太小、发展太慢,除了市本级几所普通中专招生情况比较好外,县(区)职业高中在籍在校人数多的有几百人,少的只有一百人左右,职业教育发展形势十分严峻。五是项目建设"不平衡"没有得到很好地解决。全市校安工程开工的多、竣工的少,今年是完成校安工程的最后一年,任务重,压力大。县级教育园区建设有快有慢,很不平衡。六是师资配备"不均衡"没有得到很好地解决。这些年来,从市里到县里,都从农村学校选调了大批优秀教师进城,稍微好一点的老师都想尽办法往城里调,导致薄弱学校的师资更加薄弱,这也是农村家长担心小孩没有好老师教而纷纷涌入城市学校,形成"择校热"的主要原因;而国家规定的"县城教师到农村学校支教一年"的政策没有很好落实,城市优秀教师到农村支教活动也没有开展。我们评选了不少特级教师、学科带头人和骨干老师,也没有利用这些优秀资源对农村教师尤其是薄弱学校教师进行培训。这种做法对我们推进义务教育均衡发展极为不利。

我相信大家和我一样,为取得的成绩感到振奋,也为存在的问题深感忧虑。客观地看待这些成绩和问题,对于我们增强信心、增强发展的紧迫感和使命感至关重要。

第一,抚州教育取得的成绩令人赞叹,我们不能也不会忘记这是历届领导和各级干群心血的结晶。近年来,市委、市政府一直把教育优先发展作为抚州市头等大事来抓,一届接着一届干,一届更比一届强。我们各级教育行政部门尤其是市教育局全体干部职工团结奋进、开拓创新,教育事业取得了丰硕成果。教育已经成为抚州的一张名片、一面旗帜、一个品牌,尤其是基础教育长期在全省位居前列,才子之乡声名远播,享誉中外,为国家培养了大批优秀人才,着实令人赞叹。我们要看到成绩,更要传承这些优良传统,从更高的层面、更高的质量,长期保持抚州教育在全省,乃至全国领先、领跑的地位,让抚州教育这面红旗永远在抚州的上空、在江西乃至中国的上空高高飘扬。

第二,抚州教育面临的挑战令人关注,我们不能也不必背上沉重的包袱开始新的征程。我们清楚地知道,我们的优势在普通高中、在高考质量,但存在的问题还不少,我们还面临着许许多多的挑战。不少人在问:"抚州教育的这面红旗还能扛多久?"各级领导和广大人民群众非常关注。我们必须冷静分析、认清形势,既不要背负历史的沉重包袱,也不要对过去的成绩沾沾自喜、夜郎自大,更不要畏惧面临的困难和问题,而应该振奋精神,轻装上阵,迈开大步往前闯。

第三,抚州教育的明天令人期待,我们不能也不敢有一丝一毫的懈怠。抚州是才子之乡,抚州的教育更是关系着千家万户,在这块教育热土上,人们对享受优质教育资源的需求非常热切,办人民满意教育、建设幸福抚州需要我们付出全部的力量。我们不能辜负市委、市政府对我们寄予的厚望,不能辜负各级部门对我们的信任,更不能辜负广大人民群众对我们的期待,不能也不敢有一丝一毫的懈怠,任何时候都要有坐不住的紧迫感、不进则退的危机感、争创一流的责任感,积极转变发展观念,迅速转变工作方式,切实转变工作作风,用最优异的成绩向党和政府汇报,向广大人民"交账"。

二、完善机制,把握方法,努力提高工作的运行效率

思路决定出路,方法决定成败。多年来,我编过信息、搞过调研,也在部门工作过,深感工作方法的重要性。这次,局领导班子主动领题,形成了六个调研报告,全体干部提出了 121 条建议。这些成果传递了非常重要的信息,那就是机制上还有缺陷、管理上还有漏洞、思想上还有懈怠、改革上还不大胆、行政效能还不够高。我想,这些都是管理方略没到位的问题,我们要切实加强和改进。

第一,工作要有章法。 一个部门、一个单位,任何时候工作都不能乱了阵脚,不能没有轻重,不能没有主次,也不能没有内外。就像小平同志说的,我们要冷静观察,稳住阵脚,把握规律,举重若轻。一个单位、一个主要领导不分轻重、不分主次,不分宏观和微观,眉毛胡子一把抓,必然会乱了阵脚。所以,我在工作中比较注重这么几种方法:一是调查研究。调查研究是发现规律、认识规律、把握规律的一个重要途径。毛主席在湖南师范读书的时候,曾经身上不带一分钱下去搞调查研究,在井冈山时期、大革命时期都非常注重调查研究。延安时期,斯诺在采访他的时候,问他中国革命取得成功他认为有什么内在的、必然的、值得学习的东西,他说没有,他唯一的办法就是搞调查研究。这一次,我们局班子形成的六个课题报告就是深入调查研究的结果,为我们改进机关作风建设、推进教育事业发展奠定了良好的基础。我也希望班子和教育系统各级干部在今后的工作中一如既往地注重调查研究,不能关起门来拍脑袋。二是坚持两手抓。这是唯物辩证法的根本的方法。比如说,我们要一手抓普通高中教育,不管东南西北风、抓住质量不放松,一手抓职业教育,扩大招生比例、服务经济建设;一手抓校长队伍建设,让名校长管学校,一手抓教师队伍建设,让名教师教学生;一手抓业务工作,一手抓中心工作;一手抓改革,一手抓稳定,不能有所偏废。三是突出重点。就是抓主要矛盾和矛盾的主要方面。作为一个单位、一个部门、在每个阶段、每一年、每个时期,都要有一个好的工作抓手。比如说前几年我们先后开展了"规范管理年""创新发展年""提升质量年"活动,今年我们在全市教育系统开

展了"管理提升年"活动,那么明年搞什么? 我就想每年都要确定一个主题活动。突出重点,就会有抓手。四是典型引路。任何时候,任何一个部门,任何一个单位,都要把几个典型抓在手上。我们通常说要有看头、有说头和有想头。例如,我们教育集团的几所学校,全国各地20多个省市上万名领导和教育工作者都点名要求来参观学习,附近的兄弟地市一来就上百号人,抚州才子的名气一下子就响了,这就是典型的作用。我希望各个分管领导、各个科室、各个单位手上都要有一批这样的典型,典型能引路,典型能带动,典型能推动面上的工作。五是工作激励。为什么有些地方做得好,有些地方做得差? 为什么有些地方在做工作中非常自觉,有些地方却推动不了? 一个很重要的原因就是在具体管理过程中,没有形成良好的激励机制。激励机制包括正面的奖励、表扬,也包括负面的批评、惩戒。我想,今后市里面的优秀教师、优秀教育工作者、目标管理先进个人就要优先奖励干出了工作业绩的人、为局里争得了荣誉和资金的人,这样对大家是一个鞭策,也是一种肯定。

第二,运行要有机制。 什么是机制,机制就是系统组织的内在性质和运行规律,说到底就是制度安排。我记得小平同志讲过,一个好的制度能使坏人变成好人,一个坏的制度能使好人变成坏人。可见,制度非常重要。上次班子会上,我们研究了局机关工作规则,包括工作调度机制、学习机制、管理机制等,这些都很好。今天,听了大家的发言,我感觉很多科室和部门就制定了不少好的制度。例如,学生资助管理中心创新管理办法,率先在全省制定了《抚州市学生资助管理工作操作手册》,使学生资助的申请、审核、发放都有一套严格的制度,从制度上杜绝了学校、资助管理中心人员、老师套取、骗取国家资金的行为,他们的做法值得在全省推广。我希望,各部门各单位要学习制度、遵循制度、维护制度,用制度管人,用制度管事。

第三,办事要讲程序。 讲程序实际上是管理学中层级管理的原则。教育部门点多面广线长,是一个完整复杂的大系统,更要运用好层级管理原理,规范工作程序。一是实行层级管理,一级对一级负责。在具体工作中,有时候一个科长、副科长越过分管领导直接跟局长汇报，或者说应该跟这个局长汇报的跟那个局长汇报；有的分管领导本应该签给科长或科室处理的文件，却故意签给科长和办事人员，让办事人员分不清自己是科长还是办事人员；有的领导跳过科长直接把工作交给办事人员，或者直接插手科室或部门的具体工作，或者自己管理分管科室、部门的印章，严重挫伤了科长或部门负责人的工作积极性；有的学校自我意识太强，招生不按计划、建档不按时间、收费不按标准，教育行政部门的指令不执行，社会影响不好。这些都是层级管理理念没有很好落实的具体表现，这些现象必须纠正过来，必须严格按制度办事，必须做到有纲有常、令行禁止。二是分兵把口，分工负责。每个班子成员都是一方诸侯，对你们分管的工作，我的原则就是要有职有权，要充分调动你们的积极性，是你们口子上的事，就是你们自己负责，重大的事情要进行报告。从发言中我感到，大家都在思考问题，工作把握得非常细，部署措施切实可行，今后一定要坚持分兵把口，分工负责。三是集体研究，公开透明。不管是"三重一大"还是其他重要事项，都要建立集体研究、公开透明的原则，一定要实行党务公开、政务公开、校务公开，把一些重要信息向干部职工公开。这里，要特别强调一点，涉及教育乱收费的投诉举报件，一定要按照"谁主管、谁负责"的原则进行处理，不能动不动就跑到学校去。如果确实要下去督办，一定要向局长报告；需要向省厅报告的信访投诉回复件，必须以市教育局的名义上报；重大的信访投诉件涉及教育稳定，必须要向局班子集体报告。

　　第四，用人要讲公正。　我们通常讲用人不公是最大的不公，吏治的腐败是最大的腐败。群众看一个领导干部作风与威信，在很大程度上就是看领导干部的用人导向。一个部门、一个单位的兴衰成败，关键在于择人、用人。开珍同志的调研成果就给了我们很好的建议，"向外推""向下安""向上争"都是我们今后提拔干部的努力方向；制定干部培养使用长期规划，形成干部发展梯队，积极开展干部轮岗。只要对工作有利，行政科室之间、事业单位之间、行政和事业单位的负责人都可以轮岗，这是我们今后解放思想、创新用人思路的努力方向。用人有这几个要求：一要德才兼备，以德为首；二要任人唯贤，多数肯定；三要疆场赛马,效率优先,兼顾公平。

第五,管理要讲人本。 人本管理是管理学中的重要原理,科学发展观的核心也是以人为本。我觉得领导在工作中一定要关心人、依靠人、培养人、激励人,多为干部群众利益着想。具体到我们市教育局,就是要"人出得去、钱进得来、事办得顺",提高干部职工的幸福指数。要把握这几点:一是以更多利益、更多实惠激励人,调动大家的积极性;二是要在政治上关心爱护干部;三是要敢于为下属承担责任;四是办事要公开透明。

三、真抓实干,狠抓落实,全力以赴做好当前各项工作

要牢牢把握"依靠上下、内增信心、外树形象、真抓实干、加压奋进"的工作思路,紧紧围绕"高扬旗帜,带好队伍,创先争优,不辱使命"的发展目标,坚定信心办教育,团结一心办教育,围绕中心办教育,廉洁清心办教育,确保全年工作取得好成绩,不断开创教育工作的新局面。

一是紧紧围绕项目建设抓落实。 以贯彻落实中央苏区振兴规划为契机,积极向上争政策、争项目、争支持;以实施昌抚经济一体化战略规划纲要为突破口,加大两地普通高中名校间的交流合作,实现资源互通共享。加快市教育园区的建设,尤其要加快中医药高专新校区二、三期建设;尽快启动崇仁师范搬迁项目和抚州市高级中学建设;积极推动市实验学校扩建项目建设,形成连成片、集成群的融高等教育、普通高中教育、职业教育和义务教育于一体的聚集地;积极推动百树集团投资兴办幼儿园项目建设,缓解中心城区优质学前教育资源不足的问题。切实抓好农村中小学校舍维修改造、农村初中改造、特殊学校建设、农村教师周转宿舍建设、农村学前教育推进工程等在建项目建设。尤其要加快全市校安工程的建设速度,力争完成三年目标工作任务。

二是紧紧围绕开学准备工作抓落实。 学校是教育工作的主体。现在离秋季开学只有一个来月的时间,各分管领导、各科室、各学校要根据自身的工作职能,就学前教育、义务教育、普通高中教育、职业教育和教育收费等工作,认真作

好开学工作准备,千方百计保证全市各级各类学校按时开学、规范开学、平稳开学。各有关科室尤其是计财科要加强与物价、财政等部门的沟通,确定统一的中小学校收费公告,统一标准,统一印刷,统一在学校显著位置张贴,并保持一个月以上。让广大人民群众明明白白缴费,把教育乱收费的举报投诉件降下来。

三是紧紧围绕化解当前矛盾抓落实。 最近,我局就教育发展提出了6个课题,班子成员积极性非常高,主动领题调研,并已形成6个课题成果,令人振奋。全局干部职工士气高昂,提出了121条建议。目前,我们正在积极消化,充分采取项目化、时间表、责任人的方式,将干部职工的才智运用好,将成果转化为推动抚州市教育发展的长效机制和生产力。最近,特别令我感动的是,临川一中饶祥明校长看到市教育局办公条件简陋的实际情况,主动联系企业家不附带任何条件无偿捐资100万元用于维修市教育局办公大楼,这对于提升我局的对外形象、提振干部士气有很大的作用。

四是紧紧围绕"管理提升年"主题活动抓落实。 继续以主题活动为抓手,着力解决以有偿家教为重点的师德师风方面存在的突出问题,进一步提升教师队伍管理水平;着力解决以违规招生为重点的办学行为方面存在的突出问题,进一步提升学校教学管理水平;着力解决以违规收费为重点的收费行为方面存在的突出问题,进一步提升学校财务管理水平;着力解决以干部作风为重点的效能作风方面存在的突出问题,进一步提升干部队伍管理水平。"管理提升年"主题活动已进入督查整改阶段,我们要进一步扎实抓好,重点开展四个方面专项检查:学校和教职员工师德师风专项检查、招生工作专项检查、教育收费专项检查、教育部门和干部职工效能作风专项检查。对顶风违纪、交而不办、推诿敷衍等情节严重的行为,将依法依规对责任单位(学校)和责任人进行严肃处理。

五是紧紧围绕完成全年工作目标任务抓落实。 对照全年教育工作目标任务要求,我们正在认真梳理查摆,做好分析整改,定性、定量、定目标,缺什么补什么,积极往前赶,争取好名次。当前,我们要积极争取市政府下发《关于加强学前教育发展的实施意见》《关于推进义务教育均衡发展的实施意见》等指导性文件。要全面完成职业教育招生任务、教育民生工程任务、农村义务教育薄弱学校教育技术装备任务、国家二类城市语言文字评估任务、国家和省教育体制改革试点工作任务等,确保全年工作再上新台阶。

六是紧紧围绕创先争优抓落实。 广泛开展比、学、赶、超竞赛活动,在全市教育系统掀起创先争优的高潮,力争教育业务工作继续在全省领先,中心工作进入先进,社会工作不甘落后,样样工作奋勇争先。招商引资、新农村建设、社会治安综合治理、计划生育等工作,这些都是市委、市政府重点考核的内容,尤其是招商引资工作形势非常严峻。我们要加大招商引资的力度,临川教育集团三所学校就是三个招商引资分队。校领导要充分利用全国各地校友会的资源,积极开展招商引资活动,争取每个学校引进一到两个项目。市局全体机关干部和局属单位干部都要想办法、找朋友,走出去、请进来,积极投入招商引资的热潮中来,确保完成我局的招商引资任务。招商引资办公室要积极储备招商引资项目,提供招商引资优惠政策,搞好招商引资跟踪服务,实行一个项目一个领导跟踪、一个科室负责、一套人马服务,确保有根企业留下来、有税企业发展壮大。

七是紧紧围绕教育宣传抓落实。 我们在办好"抚州教育网"的同时,要积极加强与各级媒体的沟通联系,多渠道、多形式大力宣传教育法律法规,大力宣传教育系统先进典型,大力宣传教育发展动态,积极争取社会对教育工作的理解和支持,努力营造全社会共同关心、发展教育的良好环境。尤其是电教馆要承担起教育信息中心的工作任务,重点组织专人做好教育信息的采集、编排和播发工作。每次召开的重要会议都要全程录音、及时整理,做好宣传报道工作。要加强与市广电部门的协调,力争在今年以内使抚州教育电视台进入抚州有线频道,盘活闲置的教育电视资源。

(本文系 2012 年 7 月在抚州市直教育系统工作调度会上的讲话摘要)

方法决定成败

　　召开全市教育工作交流促进会,主要目的是交流教育发展的鲜活经验,以点带面,典型引路,进一步促进全市教育升级发展再上新台阶。我们用一天的时间,风雨兼程,马不停蹄,边走边看,边学边思,现场观摩了南城、金溪几所学校在校园建设、学校文化和特色党建等方面的有益探索,大家共同感到,令人震撼,学有榜样、改有目标;听取了几位局长、校长在校园文化建设方面的典型经验,书面交流了县(区)教育工作特色,形式多样,内容丰富。通过学习交流,我们看到了创造,目染了亮点,感受了经验,找到了方向,点亮了希望,坚定了信心。

　　参观了南城、金溪几所学校,听取了金溪、南城、临川、南丰四位局长和 3 位校长的经验介绍,还请市直 3 所学校的校长作了交流发言,大家共同感到,这些经验有四个明显特点。**一是鲜活性。** 南城实验中学以"书香班级"文化建设为载体,在灯柱、楼道、草坪、表扬台、横梁、回廊、文化墙、英语角等每一个角落张挂名人名言、励志警句,让校园每一个地方都充满书香文化气息。金溪锦绣小学注重传统文化的传承与发展,在师生中大力开展手摇狮、灯谜、足球等社团活动,寓教于乐,被确定为金溪县非物质文化遗产传承基地。这种以文化立校、素质强校的鲜活经验具有强大的生命力。**二是创造性。** 金溪二中"315 自主探究课堂教学改革",通过撤掉讲台、学生分组相对而坐,课堂以教师为主导、以学生为主体、以导学案为路线图,彻底颠覆了传统课堂授课模式,学生的学习兴趣和个性得到充分发挥。南城里塔中心小学大力推进课堂教学改革"班内走组",提倡"自主学习、合作探究、交流展示、达标测评",把课堂还给学生;生态活动课程"校内走班",打破年级、班级界限,开设了怡德类、益智类等 13 门生态活动课程。这种积极探索、自成体系的基层首创精神推动了学校内涵发展。**三是操作性。** 金溪县与江西二建发扬"5+2""白+黑"的拼搏精神,全力推进教育园区(金溪一中新校区)工程建设,1 月成立工程项目部,5 月份正式破土动工,11 月份主体工程封顶,提前实现预期目标,我们感到十分震撼。临川区以迎接国家义务教育发展基本均衡督导认定为契机,积极争取党委政府支持,用三年的时间完成了全区 213 所村小中的 190 所村小标准化建设;61 所乡镇中小学有 36 所扩大了面积;投资 1 亿多元改扩建了一批城区学校;招聘了 1 000 多名教师到农村一线,有效推进了均衡发展。他们不畏艰难、敢于胜利的精神,充分印证了一句老话,只要思想不滑坡,办法总比困难多。**四是可复制性。** 2014 年金溪县在全省率先推进校长教师交流轮岗,采取一系列强力措施。要求名师率先到农村中小学交流一年;义务教育学校教师参评县级以上荣誉必须有农村学校 3 年或城区薄弱学校 6 年工作经历。在职称管理上,实行分校调剂,对边远山区交流轮岗教师进行倾斜。对自愿到农村中小学交流 3 年以上的教师,凡专业技术为中高级职称评而未聘的,县政府按其聘用后应发工资标准给予发放津贴。对下乡交流人员原则上安排在教师周转房或集中食宿,并全部发放边远山区津补贴。在推进校长教师交流轮岗的同时,及时组建了 9 个教育联盟,依托联盟加强党建工作,构建了联盟党建与教育事业共同发展的良好局面。我们上午看到的陆坊乡石溪小学就是这样的典型代表。南丰县以均衡协调为目标,大力实施标准化建设,全县乡镇中学、中心小学都配备了计算机教室,六成以上村小配备了计算机教室,全县 80%的班级联通了网络,实现了网络校校通、班班通,大力推进集团化办学试点和"1+1"联合办学,市山中学在校生人数由交流前的 200 来人增加到交流后的 630 人。

应该说,金溪和南城的经验有形式、有载体、有内容、有内涵、有提炼、有概括、有看头、有想头,集中体现在改革有探索、发展有路径、稳定有实效、点上有经验、面上有载体、运行有机制。特别是金溪县各级领导干部高度重视教育发展,一届接着一届干,取得了卓越成绩。金溪教育、金溪文化、金溪文道、金溪速度、金溪交流、金溪联盟等工作特色明显,亮点纷呈,令人印象深刻。可以说,这四个特点就是抚州市推进校园文化建设、打造一校一品、一县多品的成功经验，可复制、可推广、可操作。这些经验弥足珍贵，给予我们深刻启示。

文化是教育的大方法。　有专家讲道："教育的本质是对人生命的教育，教育既是一种传授知识的科学活动，同时又是引领生命的发展，我们必须用智慧、用技巧、用文化强校。"刚才几位同志在交流发言中也提到，"校园文化建设不等于校园美化装修""文化是一块布，不仅用于遮羞，更用于显美"，给我们留下了深刻印象。古今中外，文化都被视为教育的根基、学校的灵魂。金溪、南城等地的经验表明：文化是教育的历史积淀。自开埠1 600年以来，抚州人以读书为荣，以兴教为乐，教育兴隆，人才辈出，延绵至今，凝结成"崇文尚学""尊师重教"的抚州文化，塑造了闻名中外的才子之乡、教育之乡。文化是学校发展的灵魂。一所好学校，核心是"文化品质"。名校更要有名校的文化，体现在校训中，美国哈佛大学"让真理与你为友"，耶鲁大学"真理和光明"，清华大学"自强不息、厚德载物"，北京大学"兼容并包，思想自由"，无不体现了厚重的办学灵魂。金溪仰山学校提倡"仰先儒之光、攀智慧之山、做高雅之人"，里塔中心小学提倡"善学习、乐探究、勤健身、会生活"，这些校园文化理念如磁石、如明灯，形成引力，凝聚人心，成为推动学校发展的强大驱动力。文化是教育品牌的核心。自20世纪以来，抚州教育界形成了独特的"四苦"文化：学生苦读、教师苦教、家长苦育、政府苦抓。凭借"四苦"，抚州教育名闻天下，才子之乡声名远播。金溪的"文道教育"、东乡的书法教育、广昌的莲文化教育、南城实验中学的"灯柱名言、班树寄语"、临川十中的"孝廉文化"等，无不体现出文化在学校发展中的巨大推动力量。

交流是教育的大方向。　推进城乡、区域、校际校长教师交流轮岗，是推进教育均衡、促进教育公平的大方向、大趋势、大方法。金溪、东乡等地的实践表明：交流是均衡发展的客观要求。当前，优质教育资源主要集中在城区，城乡之间、校际的差距越来越明显，把优质教育资源输送到农村去，输送到边远山区去，是教育发展的客观要求。从金溪、东乡、南丰、广昌等县推进校长教师交流的情况看，校长教师交流轮岗不但可以有效提升农村办学水平，激发办学活力，锻炼教师队伍，带动学生回流，更能有效推进城乡教育均衡发展。去年，金溪因此成为全省样板,得到上级项目和资金支持。轮岗是增强教育活力的源泉。抚州市自2014年启动校长教师交流轮岗以来,金溪、东乡、南丰、崇仁等六县已有1000多名校长教师奔赴农村教学一线,为农村学校点燃了希望、焕发了生机。试点两年以来,金溪、南丰等县通过机制激励,教育活力明显增强,出现了县城教师踊跃下派、城区农村学生大量回流的可喜现象。交流轮岗是均衡发展的大方向。从全国来看,交流轮岗已成为潮流,四川、江苏等地已普遍建立了校长教师交流轮岗制度;南昌、上饶等设区市全面推进校长教师交流轮岗。从2016年开始,全省各县(区)都必须开展义务教育学校校长教师交流轮岗。校长教师交流轮岗已成为推进教育公平的大方向,通过交流轮岗使教师由学校人变为系统人,可以系统管理,极大地增强教育活力。

创新是教育的大出路。"创新是一个民族进步的灵魂,是一个国家兴旺发达的不竭源泉,也是中华民族最鲜明的民族禀赋。"面对教育的新常态,矛盾无时不在、无处不有,困难无时不在、无处不有,只有不断地改革创新,才能够化解矛盾、推动发展。特别是今年以来,为适应国家取消公办普通高中招收择校生、禁止举办复读班等教育宏观政策调整,我们抢抓机遇、先行先试、大胆探索,推进临川教育集团学校转型升级,采取"名校带民校"的方式,在提升三所公办名牌学校办学水平的同时,引入社会资本兴办三所高标准民办学校,与11家社会法人签约,吸纳社会资金10多亿元,可新增优质学位2.4万个,产生了良好的经济社会效应,赢得了很好的社会反响。纵观抚州市基础教育始终立于全省先进行列,雄辩地证明了:创新是时代赋予的使命。从汉唐的举荐到明清的科举,从私塾到学堂,中国教育一直随着时代的变化、顺应经济社会发展的需要而发展变化、推陈出新。党的十八届五中全会提出五个新发展理念,第一个就是创新发展,为我们指明了前进道路。创新是抚州教育的传统,创新发展,是抚州教育长盛不衰的重要法宝。2002年6月,抚州市率先组建了全国第一个公办教育集团,教育航母迎风破浪,"三驾马车"竞相风流,办学活力充分彰显,创造了教育奇迹,抚州教育旗帜高高飘扬。我们积极探索"校家同创"德育模式,开创了学校德育工作的新局面;大力实施"廉洁修身教育"进校园、进课堂,丰富了社会主义核心价值观教育的内涵。创新是抚州教育的出路。抚州教育发展已经处于历史高位,积累的矛盾十分尖锐,改革任务十分繁重。抚州市大力推进基础教育综合改革试验区、国家级中小学教育质量综合评价改革实验区建设,"两区"建设40多个子项目必须通过机制体制创新来完成。针对义务教育就近入学的强烈呼声,我们划分学区,严格规范招生,大力推进了教育公平。下一步,我们还要根据国家马上推行的考试招生制度改革,如何提前布局、积极应对,都需要我们大胆探索、锐意创新。

发展是教育的大道理。 东乡、金溪、广昌等地的经验表明:发展才有出路。近年来,抚州市大力推进教育优先发展,教育投入逐年增加,一大批教育重点工程拔地而起,成为城乡建设发展的亮丽风景。许多县(区)在推进学校标准化建设中大手笔、大规划,投入巨资,划出好地。金溪一中、东乡二中、崇仁一中、南城一中新校区等一大批教育项目蓄势待发,即将落成。发展才能满足群众需求。校园建设是硬实力,强大的师资才是推动教育发展的软实力。近几年,抚州市每年多渠道招聘1000多名高等院校优秀学生到农村教学第一线服务,通过校长教师交流轮岗下派一大批优秀教师,通过推进"三通两平台"建设,广大农村的青年教师都能应用多媒体教学,农村最边远的地方都能通过网络享受到优质教育资源,有效地提升了办学水平。这些软实力让广大农村学生能够在家门口享受优质教育,也让农村群众享受到了真真切切的实惠。上午我们到里塔中心小学参观,学校面积虽小,但校园文化建设、内涵发展和良好的教学设施彰显了办学品质,教学质量上去了,学生就留住了。发展才能保障教育公平。教育部综合改革司刘自成司长在谈到教育公平时指出:要做大蛋糕,提供更多接受教育的机会;要做好蛋糕,扩大优质教育资源覆盖面;要分好蛋糕,着力守住底线。实现共享发展,促进教育公平,就必须始终坚持发展就是硬道理,推进教育优先发展、均衡发展、协调发展,办好每一所学校、教好每一个学生。为加快发展农村教育,抚州市一方面加强农村教师周转房建设,2011年以来,全市10个县落实周转房建设资金1亿元建设周转房2104套,一方面落实边远和最边远山区津贴,让农村学校教师扎下根、教好书,住得安。

党建是教育的大保障。 抓好党建是最大的政绩。抓党建促发展是抚州教育的成功经验。近年来,全市教育系统在加强学校党建方面开展了很多成功的探索。临川教育集团学校开创"把支部建在年级上、建在学科组织上"的党建新模式,受到中组部表彰;南城二中在党员教师中开展的"五带头、五联系"、金溪二中开展的"党员爸爸(妈妈)"与留守学生结对帮扶"六个一"等活动,充分发挥了学校党组织和党员教师的作用,推进了学校健康发展。抓党建强作风是推进改革发展的重要保障。在去年党的群众路线教育实践活动中,全市教育系统党员干部开展了千人大家访活动,推出了 20 条为民便民服务措施,密切了与群众的联系,树立了良好形象,推动全市教育工作取得了可喜成绩。当前我们承担着推进教育"两区"建设的艰巨任务,面临着转型升级的重大挑战,更需要把加强作风建设、保持优良的工作作风作为攻坚破难、推进改革的坚强保障。抓党建强治理是推进依法行政的重要内容。我们要坚持两手抓、两促进,以强化教育系统思想建设、组织建设、作风建设、廉政建设来引领依法行政、依法治教,以党建水平的提升促进治理能力的提升,以党建工作的创新推进教育事业健康发展。

（本文系 2015 年 5 月在抚州市教育重点工作推进会上的讲话摘要）

在用心上做文章　在落实上下功夫

开展"鼓士气、顺民心、树新风"主题教育,要在用心上下功夫,在落实上做文章,在实干上求突破。

一、在"用心"上做文章,用心鼓士气

当前,卫生系统干部职工中存在四种情绪,即"怕"字当头,"怨"字在心,"难"字在前,"悲"字满怀。这四种情绪的核心是用心的问题,大家用心做事,这些情绪就能很好克服,不用心做事,这些情绪将会长期存在,而且会愈演愈烈。静观我们周围,细想我们工作,存在四种做事的人。

一是用"心"做事的人。 用"心"做事的人是用心肠做事、用心得做事、用心灵做事、用心力做事、用心劲做事、用心胸做事、用心魄做事、用心志做事、用心血做事,也是用良心、诚心、身心、公心、信心做事。一句话概括,就是用强烈的事业心做事,其突出的特点就是,树立了正确的世界观、人生观、价值观,具有崇高的理想信念,具有很强的党性观念,具有全心全意为人民服务的思想,具有强烈的事业心、责任感,具有不达目的不罢休的顽强斗志,具有很强的操作力、执行力和破解难题的能力。这是做事的最高境界,这种人是我们干部队伍的主流。

二是用"脑"做事的人。 即用脑筋做事,不是凭直觉、凭印象做事,而是经过一定的思考来确定做事的态度和方法;用脑力做事,发挥自己的主观思维对客观世界的能动反映作用,凭经验、知识、能力和智慧,对事件本身进行归纳、整理、分析后,再作出办事的决定、方法、态度。其突出的特点是,有智慧、有智力、有办法。这种人如果树立了正确的世界观、人生观、价值观,具有为人民服务的思想

和强烈的事业心责任感,就是"用心"做事的人。如果世界观、人生观、价值观有所偏差,就会成为"一心想做正确的事,但做的事不一定正确"的人。"一心想做正确的事",是于其个人而言,做事的方法、态度打上个人好恶、个人取舍、个人利益的烙印;"做的事不一定正确",是指打上个人烙印的事与党和人民的要求存在差距。这种人有智慧、有能力,但智慧、能力不一定能够转化为立党为公、执政为民的实际行动。这种人需要通过教育引导、谈心交心,帮助其端正思想,成为"用心"做事的人。

三是用"手"做事的人。 这种人只管做事,不管如何做事,不注重方法;只知执行,不知如何执行,不懂得发挥主观能动作用;只做事,满足做了事,不计较实际效果,不讲求办事效率;"只顾埋头拉车,不顾抬头看路"。这种人体力有余,脑力不足,方向不明,穿旧鞋,走老路。这种人不学习、不调研,不会总结教训,不懂得举一反三,跌倒了爬不起,总是"踏进同一条河",永远满足于做行动的巨人、思想的矮人。这种人虽然是极少数,但影响很坏,降低机关效能,损害机关形象,是我们需要鞭挞、需要教育、需要引导的对象。

四是用"权"做事的人。 做事需要权力。运用权力做事,是事业发展的内在要求,是管理学的核心理念,更是人类文明的制度安排。但是,用"权"做事需要解决几个问题。首先,要解决为谁用权的问题。是为党和人民用权,还是为自己和亲友用权,不同的指导思想,会得出截然不同的结果。其次,要解决如何用权的问题。权力是把双刃剑,树立了正确的用权观,把握了科学的用权方法,就有利于事业、有利于人民,否则,就耽误事业、祸害人民。再则,要解决用权效果的问题。权力者总要高于被权力者,也就是说掌握权力、运用权力的人,总要在思想、境界、知识、能力上高于接受权力的人。权力者应当是老师,被权力者应当是学生。老师应当传道、授业、解惑。

当前,在机关和系统运行中,还没有完全解决好这三个问题,存在单纯地用"权"做事的现象。突出表现为:权力是他的拐杖,权力是他的护身符,离开了权力便无所适从,不知如何办事,也办不好事。把公权力转化为个人利益。把自己分管的口子、部门、单位和自己主政的单位,视为自己的"自留地",认为何时种、种什么、由谁来种、怎么种、如何分配都是他个人、他家庭的权力,听不进别人的意见、听不得部下的意见,甚至听不懂领导的意见。于是自以为是、自行其是。只用权,不担当。推得动的事让部下去做,推不动的事让领导去做。责任下放,矛盾上交,典型的用权不负责,用权不担当。老师不如学生,干部矮于群众。这些领导同志不读书、不看报、不学习、不调研、不积累、不思考,情况胸中无数,政策脑中无痕,工作心中无底。部下请示问题他问领导,领导问讯情况他问部下,只当指挥员,不当战斗员。认为运用权力是指挥员的事,战斗操作是接受权力者的事,美其名曰角色不同、分工不同,所以既不敢做给部下看,也不愿带着部下干,典型的"二传手、排球手、足球手"。只管布置,不抓落实,认为布置是自己的事,落实是部下的事,跟踪是领导的事,问效是"上帝"的事。部下问起再布置,领导问起再重来,典型的手握两抹泥,脚踩西瓜皮。虎头蛇尾,叶公好龙;办事拖拉,不讲效率。明日复明日,优哉又游哉;任凭东西南北风,就是看不到行动;天不怕、地不怕,领导批评不怕、上级调度不怕、天塌下来也不怕。

总之,凡事贵在认真,成在用心。在主题教育活动中,我们最关键的是要激励用"心"做事的人,这是士气的基础,是事业的主导力量,让用"心"做事的人有岗位、有职位、有市场、有战场;最紧迫的是要团结用"脑"办事的人,这是建设幸福抚州的依靠力量,这种力量会摇摆,我们要用思想、精神去引导,让他们加入用"心"做事的行列;最需要的是鞭挞用"手"做事的人,用组织的手段、机制的力量,敲他们苏醒、起床、上路、跑步;最急切的是要批评单纯地用"权"做事的人,用钟声、用党声、用心声警醒他们跟上步伐、跟上节奏,走进队伍,走在前列。

二、在"落实"上下功夫,落实顺民心

现在党的卫生政策都是予民惠民之策,政府的卫生工作举措都是亲民爱民之举,只要我们狠抓落实,把政策举措转化为人民群众的健康实惠,就一定能顺民心、得民意,就一定能动员更多的力量参与幸福抚州建设,就一定能加快幸福抚州的建设步伐。

要在推进医改上抓落实。 基本医疗保障、基本药物制度实施、基层卫生服

务能力建设、基本公共卫生服务以及公立医院改革,国家和各级政府都投入了大量资金,出台了一系列政策,实施了大批项目,我们要按照"保基本、强基层、建机制"的要求,以"指导、推进、监管、查找"为主线,抓好落实,确保资金不流失、项目不流产、政策不走样、方向不迷失,切实解决群众看病难、看病贵的问题,努力朝着"小病不出乡、大病不出县"和"人人享有基本医疗卫生服务"的目标迈进。

要在加强公共卫生工作上抓落实。 要当好保卫健康的守门人,加强疾病预防控制工作,疾控中心要真正成为疾病的守门、把门、关门中心。认真抓好传染病、流行病的病源病史调查、研究、分析工作,认识规律,发现规律,把握规律,在调研中预防,在预防中控制,在控制中消除。要强化举措、强化手段、强化人员,加强对地方病、慢性病的研究、控制、治疗、根治工作,不断扩大健康人群,让人民群众得到更多的健康实惠。要当好保障健康的"清肠人",加强公共卫生、职业卫生、餐饮卫生、医疗卫生和食品安全的执法监督工作,让人民在卫生安全的环境中工作生活,提高人民群众的幸福指数。

要在营造一流的服务环境上抓落实。 认真落实市委、市政府《关于提高行政效能优化发展环境的决定》精神,按照"进厅、减项、提效"的要求,全面落实"十推行、十严禁"制度,规范审批行为,缩短时间,减少审批环节,切实解决"多头跑""程序多""时间长"的问题,营造一流市场服务环境。要不断加强医德医风建设,巩固医药医务阳光行动成果,落实各项便民措施,深入推进卫生引智工程,加强学科建设,加快人才培养,营造一流的医疗服务环境。

三、在"实干"上求突破,实干树新风

空谈误国,实干兴邦。小平同志讲,不干,半点马克思主义都没有。面对深化医药卫生体制改革的历史重任,面对为建设幸福抚州提供健康保障的时代重任,我们唯有真抓实干才能树立思发展、谋发展、促发展的良好风尚。

要在打好"六大战役"上真抓实干。 "六大战役"所涉及的工作,既是我们已经部署的工作重点、业务难点,又是党委、政府和上级业务要求我们必须完成

的任务,是卫生工作科学发展的必然要求。我们采取战役的形式动员部署,就是要突出重点,强化责任,狠抓落实。现在蓝图已经绘制,任务已经布置,号角已经吹响,只有背水一战,以兵临城下的勇气、勇夺泸定的斗志,凝心聚力,真抓实干,精心组织,加强调度,强化督查,夺取战役的全面胜利,确保4~5个县创建全省农村卫生工作先进县成功、医改任务全面完成、基层改革不断深化、医疗技术水平不断提高、卫生工作基础全面夯实。

要在转变发展方式上真抓实干。 加强工作调度,及时通报工作进展情况,排查工作中存在的问题和不足,及早谋划下一步工作。创新工作机制,创新发展理念、创新服务方式,争取工作的主动性,增强工作的前瞻性,提高工作的实效性。丰富活动载体,把提高群众健康知识、提升防病水平、为建设幸福抚州提供健康保障作为卫生系统开展主题教育最大的亮点和品牌,构建宣讲健康知识的工作平台,开展送健康实惠活动,切实为民服务。

要在干部队伍建设上真抓实干。 把干部队伍建设列上重要议事日程,形成良好的用人导向,真正将那些有事业心、有责任感的人和敢于负责、敢于担当的人用起来。加强卫生人才队伍建设,培养造就一大批在本职岗位创新创业创优的各类优秀人才。目前抚州市医学领军人才比较缺乏,医学学科建设相对落后,医疗技术水平与全省相比有一定的差距,要加强专业技术学科建设,用多种方式加强学科带头人的培养,逐步提高全市卫生系统医疗技术水平。

要在提高应急能力上真抓实干。 加强卫生应急管理工作、提高处置突发公共事件能力,是关系到人民群众生命财产安全的大事,要进一步加强处置突发公共卫生事件工作程序化、规范化建设,按照"分类管理、分级负责、条块结合、属地为主"的原则,形成统一指挥、反应灵敏、协调有序、运转高效的应急管理机制。要全面动员、全员参与,认真组织好霍乱疫情应急演练,按照时间节点要求做好演练各项准备工作,通过模拟演练,切实提高全市卫生系统卫生应急水平。

(本文系2011年10月在抚州市卫生局开展"鼓士气顺民心树新风"主题教育活动工作调度会上的讲话摘要)

必须掌握市场特点和规律

市场是商品交换关系的总和,是商品经济发展的桥梁和纽带。实现农业工业化的过程,归根到底是因地制宜发展商品经济的过程。笔者认为,只有掌握农业工业化条件下市场营销的特点和规律,才能真正将农业资源优势转化为工业产品优势,再将工业产品优势转化为市场经济优势,从而加速和促进农业工业化的进程。

其一,必须根据市场的需求确立产品结构。 生产的目的是消费,企业生产产品的个别劳动只有通过市场交换才能转化为社会劳动。因此,立足农业发展工业,要以产品有市场销路为前提。同时应该看到实现农业工业化是一个渐进的过程,要量力而行,有些产品暂时没有销路就暂时不要开发;有些产品虽有销路,但缺乏资金和技术且无法引进的,也不应该急于开发,浪费资源。

其二,必须遵循市场等价交换的原则。 农业是母亲产业,只有农业产出增加才能为农业工业化创造条件。目前,农业发展中的突出问题是投入不足。而另一方面由于历史的原因,我国工农业产品价格长期以来存在着一种极不合理的"剪刀差"现象(工业品价格高于其价值与农产品价格低于其价值的不等价交换关系),因此必须根据价格管理权限理顺我区工农业产品价格体系,并将工业发展积累的资金中由于价格高于价值的那一部分用于农业投入,在产业利益的分配和再分配中贯彻等价交换的原则,进一步解放农业生产力,促进农业、工业向良性循环方向发展。

其三,需要建立一个合理的市场机制。 区内工商、税务、银行、财政、物价、审计、防疫等部门,应该协同作战,建立一个与农业工业化相适应的配套服务体系,为农业工业化产品创造一个良好的市场环境。同时建立合理的市场宏观调控机制,进行合理的生产力布局,依据资源、资金、技术等条件确定各县、乡发展重点,克服和避免一哄而起,搞地方大而全、小而全,争夺资源,争夺市场,互相残杀的现象。

其四,选择合理的目标市场。 根据农业工业化产品特点和我区所处的经济地理位置,我们认为总体目标市场不应该确定在区内、省内乃至内地,应该从外向型着眼,把沿海地区和国际市场作为主攻目标市场,改过去廉价输出农业初级产品和原材料为倾销多层次较大限度增值后的工业产品,以资源优势促进质量技术水平的提高,以成本优势促进竞争力的提高,从而逐步有效地发展巩固市场占有率,以期达到提高辐射能力的目的。

(本文原载于《赣东报》1990 年 5 月第 2 060 期,有改动)

做好基层政研工作要正确处理好"四个关系"

　　市、县(区)委政策研究室处于党委政策研究系统的基层,职能较虚、人员偏少、经费短缺,在同级部门中处于相对劣势地位,具有生存与发展的压力,广大基层政研工作者如不及时提高综合素质,着力适应党委科学执政、民主执政和依法执政的领导工作新要求,卓有成效地搞好参谋服务,将会导致事实上的边缘化趋势。当前和今后一个时期做好基层政研工作,要正确处理好"四个关系"。

　　第一,正确处理好学习与工作的关系。 学习与工作是相辅相成的,工作是前提,学习是基础。市、县(区)委政研室的同志政治素质好、工作热情高、敬业精神强、作风比较踏实,但不足之处是一部分同志学习抓得不够紧,特别是缺乏学习的系统性、持续性和选择性,这是导致他们知识面不宽、信息摄入量较小、参谋服务层次不高的主要原因。针对这种情况,我们要在努力做好工作的同时,把侧重点更多地放在重视和加强学习上。**一要把学习作为一种人生境界。** 学习既是做好工作的战略,又是做好工作的战术,是战略与战术的连接点,是生存博弈的重要手段,是谋求成功的根本秘诀。但学习是复杂的脑力劳动,学习的机会成本是闲暇和享乐。鲁迅说,天才无非是将别人喝咖啡的时间用在勤奋学习上。所以,学习又是一件很不容易做到的事,只有从灵魂深处极端重视学习的人,才能真正把握工作与学习的均衡点。从事政研工作的同志绝大部分是党员干部,应当从世界观、人生观、价值观的高度,认识、对待和重视学习,把学习作为一种觉悟、一种修养,保持学习的坚定性、坚韧性,方能开卷有益,厚积薄发。**二要把学习作为一种生活方式。** 人生的过程是学习的过程。今天的社会是一个学习型的社会,学习已经成为社会的主旋律,成为创造未来的必由之路,人的一生已经无法区分"教育阶段"和"工作阶段",以学习为标志的终身教育,已经成为一种生活方式。《美国 2000 年教育战略》指出,"今天,一个人如想生活得好,仅有工作技能是不够的,还必须不断学习,学习不仅是为了谋生,而且是为了创造生活"。从事谋士工作的政研人员更要树立终身学习的理念,做学习型的人,不断改善自己的心智模式,不断地超越自我。**三要把学习作为一种工作方法。** 政研工作不是简单劳动的重复,而是不断地创新,政研工作的过程也是学习的过程,学习从本质讲已经成为政研人员的工作方法。政研室的同志要把学习作为工作的组成部分,在工作实践中学习,重视围绕工作加强学习,重视通过学习提高工作效率,重视运用学习提高工作的边际效益。四要把学习作为一种资源配置方式。选择与替代是经济学的核心范畴,也是学习资源的配置方式。有研究表明,进入知识经济时代后,知识老化的速度大大加快,最近 30 年产生的知识总量等于过去 2 000 年的知识总量,到 2020 年知识总量将是现在 3~4 倍,到 2050 年现有的知识只占届时知识总量的 1%。因此,任何一个伟人都不可能占有全部的知识,而必须从实际出发,根据工作需要,有选择地学习。近两年来,抚州市委政研室推行学习中心发言制,对增强学习的针对性进行了有益的探索,收到了良好的效果。今年我们又在全市政研系统开展"五个一"读书活动,即读好一本书(财政学),围绕这本书组织一次知识竞赛、举办一次论坛、作一次中心发言、进行一次综合考试,目的就是推动政研干部了解和掌握经济运行和经济工作的基础知识,使自己的思想和行动自觉贴近以经济建设为中心的工作大局,增强政研工作的针对性、服务性和实效性。

第二,正确处理好政研室与办公室的关系。 目前,县(区)委政研室都与县(区)委办公室合署办公,实行两块牌子一套人马。应当说,这是从实际出发,精简机构和人员,转变机关职能,提高两室整体效能的好形式、好体制,必须在实践中巩固和完善。但是政研室这个机构又单独配备了领导和人员,而且保留了一些独立的职能,这就使得在实际工作中有一个如何处理好政研室与办公室的关系问题,处理得好,大家心情舒畅,工作上相互促进、政治上共同进步。处理得不好,彼此心存芥蒂,影响工作,也影响进步。对此,我们的体会是,要树立"两个"观念,把握"三条"原则。**"两个"观念:一要树立政研室和办公室是一家的观念。** 两室不仅职能相近,服务对象相同,更有现在合署办公的事实,政研室的同志与办公室的同志在一起工作,有的还交叉任职,都是一个大家庭中的成员,只是岗位和分工不同,不要有亲疏你我之分,应当建立共同的愿景目标,相互沟通,相互帮助;否则,人员分边,感情划界、工作划线,人合心不合,似合非合,贻害无穷。**二要树立办公室是领导部门、办公室领导即政研室领导的观念。** 市、县(区)委政研室的同志都要站在事业的高度,听从办公室的统一指挥,服从办公室的工作调遣,完成办公室领导交办的各项任务,参与办公室的重大活动。学习运用经济学的方法,努力变挤出效应为挤入效应,从而获得办公室的理解、支持和帮助,更加创造性地做好职能工作。**"三条"原则:一是依靠而不依赖。** 政研室需要依靠办公室改善工作环境,创造工作条件,增强博弈功能,但做政研工作的同志也要有独立的人格,要靠自己的努力工作争取党委的信任和关怀,而不能什么事情都依赖于办公室,产生等、靠、要、比的思想。**二是合署而不合并。** 两室虽然合署办公,但各自都有独立的职能,政研室的同志要身在"曹营"不忘"汉",既服从办公室的总体安排,又要尽力做好政研室职能内的工作,否则就有辱使命,有负重托。值得注意的是,目前有的基层政研工作者认为做政研工作没有出息、没有前途,而在工作中忘记自己的职责,出现错位、缺位的现象是不正常的,应当引起重视,并逐步纠正过来。**三是多干而不言干。** 市县(区)委政研室与办公室合署办公,要立足于多参与、多干事,用工作数量和质量赢得办公室的信任和支持,但也要注意精干、巧干,努力使政研室的同志获得合理的待遇,取得应有的进步。

第三,正确处理好谋略与谋实的关系。 所谓谋略,是指从宏观和中观的角度,在发展战略、发展定位、发展思路和全局性工作的方略上当好参谋,贡献智慧,建言献策,为党委理清思路、把握方向,驾驭大局服务。谋实主要是指从推动日常运转的角度完成党委和领导交给的各项具体的动态性文字工作任务,为党委上情下达、下情上达、令行禁止、狠抓落实服务。当前基层政研工作者谋实比较主动、踏实、有效,而谋略的意识不强,勇气不足,素质不够。因此,如何伸长谋略这条短腿,推动谋略与谋实平衡、协调发展,是我们面临的重要课题和努力方向。对此,我们要着重把握"四点":**一是谋实要主动而不折扣。** 努力争取领导交任务、压担子,急领导所急,帮领导所需,立说立行,按时、按质、按量完成领导交给的各项任务,做到办事不拖拉、高效率、有回音,办文无差错、求精品、讲风格。**二是谋略要大胆而不偷懒。** 要培育敢于建言的境界,锻炼善于献策的艺术,养成建言献策的习惯,经常主动大胆地将自己的学习心得、研究成果、思考点滴通过适当的载体、场合和方式报告领导,建议党委,服务决策。**三是谋实要多琢磨领导,熟悉情况,当好服务员。** 着力研究服务对象的领导艺术和风格,通过报纸、电视、会议、交谈等多种形式收集、把握领导的思想、言论动态,有意识地调查研究一些领导思考、关注的问题,力求使稿件真正反映领导的意图、思想、观点和水平。要广泛地了解面上情况,收集面上信息,总结面上经验,力求使文稿不讲外行话,不传达过时的信息,不下令违背政策规律的指示,真正起到符合实际、指导面上的作用。**四是谋略要多琢磨工作,熟悉思路,当好研究员。** 要研究世界、全国、全省背景下的区域经济社会运行特点和规律,分析宏观政策变化带给我们的机遇与挑战,调查发现改革、发展和稳定中的重大矛盾和问题,探寻纠偏和完善发展战略、发展定位和发展思路的有效方法和途径,实现谋而有略、略而有用、略而有效。

第四,正确处理好"责任田"与"自留地"的关系。"责任田"是指政研工作者岗位职能内需要承担责任的各项工作。"自留地"是指政研工作者个人在工作之余从事的研究领域、创作领地。古往今来,所有的职业工作者都存在着"责任田"与"自留地"的问题,越是耕耘"责任田"成功的人,越是"自留地"的丰收者,追求"责任田"与"自留地"的同时丰收,是事业发展、社会进步的基本动力。当前,基层政研工作者在"责任田"与"自留地"的问题上存在两种偏差。**一是只种"责任田"不种"自留地"。** 这些同志由于职能工作任务较重,但更多的是因为指导思想的误区和缺乏吃苦耐劳的精神,而放弃了在工作之外独立地思考和研究问题,从而导致信息、情况、素材和研究成果积累不足,职能工作如脚踩西瓜皮,处于一种被动应付状态,无法从更高的层次、更广的角度、更深的层面服务于决策和领导,使自己的工作水平无法取得大的突破,也把自己由研究人员变为一般的工作人员。**二是重"自留地"轻"责任田"。** 这些同志名利思想较重,对职能内的工作缺乏足够的激情,把主要精力放在工作之外的研究上,本职工作能推则推、得过且过,而热衷于发表文章、演讲、上课等,忘记了自己的职责,影响工作,影响形象。应该说这两种现象都不利政研事业的健康发展,要做好新形势下的政研工作,在"责任田"与"自留地"的问题上,应当从认识和行动上把握以下"四点":**一要承认并鼓励"两田"并存。** 从经济学的角度看,"责任田"是生存博弈的直接劳动对象,"自留地"则是生存博弈的间接劳动对象,二者均是生存的内容、形式和手段。因此,我们要在制度安排上承认"两田"并存的客观必然性,在工作机制和工作运行上鼓励、引导政研工作者正确处理好"责任田"与"自留地"的关系,使两者相互促进、相得益彰,用更多更好的成果服务于党和人民的事业。**二要突出主题,用党性浇灌"责任田"。** 做好岗位职能工作是职业道德和工作纪律的客观要求,对于身处机关、身为国家公务员,而且绝大多数是党员干部的政研人员来说,更是基本的行为规范。政研室的同志一定要把种好"责任田"作为人生的第一追求、事业的第一追求,将自己的思想、行动自觉地服从、服务于党委领导工作的大局,把服务内容、服务水平、服务质量作为检验党性和世界观的重要尺度,用更多的时间、精力和智慧做好本职工作,执党为公,报效国家,实现自身的价值。**三要明确目标,用勤奋耕耘好"自留地"。** 政研人员应当从素质锻炼和积累的高度、从对岗位工作促进和补充的高度,来认识、对待"自留地"的问题,用自己的勤奋和汗水积极开拓并耕耘好"自留地",围绕全局工作、本职工作,调整、调优"自留地"的种植结构,自觉地使"自留地"服从、服务于"责任田",把"自留地"建设成为"责任田"的装备车间、后勤车间和原料供应车间,既降低"责任田"的机会成本,也提高自身成功的边际效益。**四要学会利用成果,提高"两田"的综合效益。** 要善于将"自留地"的成果转化为"责任田"的效益,将自己平时的积累、思考、心得和成果指导运用于职能工作,切实解决"临阵磨刀""临时抱佛脚"的问题,以提高工作效率。要注意收集、积累、储存、开发、利用"责任田"的信息、资料和成果,通过"自留地"的耕耘,进行加工、整理和研究,去粗取精,去伪存真,形成理性成果,调优"自留地"的种植结构,从而获得更好的收成。

(本文原载于中央政策研究室《学习与研究》2005 年第 8 期,有改动)

研究经济政策应当成为地方政研部门的主要职能

在市场经济的新形势下,地方政策研究部门如何坚持贯彻执行党的基本路线,将工作职能的追逐线紧贴党委、政府以经济建设为中心的领导工作需求线,是我们一直在探索但尚没有很好解决的重要课题。最近,我们到上海市委政研室和上海市金山区委政研室、嘉定区委政研室学习调研,深受启发,他们把主要工作职能和精力投入经济政策研究的工作机制和成功经验,不仅值得我们学习借鉴,而且应该成为各地政研部门解放思想、转变观念、找准定位、提高服务水平的努力方向。

一、政研部门研究经济政策,是适应党委政府领导工作的客观要求

随着计划经济体制向社会主义市场经济体制的转变,党委、政府领导经济工作的职能,由原来的对企业直接管理为主转变为对企业间接管理为主,由原来的微观管理为主转变为宏观管理为主,由原来的搞项目审批、分钱分物转变为搞规划、协调、监督和服务,由原来的发布指令性计划转变为提出指导性计划,可见,在市场经济的新形势下,党委、政府领导和管理社会经济活动主要是通过经济政策、经济法规等手段来进行。在党和国家的大政方针已定的前提下,地方党委、政府主要靠落实经济政策来推动本地经济发展,实践证明,先进发达地区经济快速发展,最主要的成功经验之一是创造性地执行上级政策,科学地制定和实施地方经济政策,先进发达地区经验也反复说明,给钱给物不如给个好政策,好政策出生产力。因此,我们与先进发达地区的差距,从表象上看是经济发展主要指标上的差距,但从实质上看,在很大程度上是经济政策的研究制定实施与经济发展

形势的不适应。比如,我们有的地方在研究制定发展经济的思路对策时,习惯于讲套话,上面怎么说,下面就怎么办,缺乏结合本地实际的创新性举措。要缩小差距,促进经济跨越式发展,关键要从实际出发,不断地制定和完善一系列行之有效的经济发展的政策举措。党委、政府这种日益沉重的发展经济的任务,客观上要求政研部门主要担当起研究和提出经济政策预案的职能。**一是可以改变政出多门、政策与实际脱节的现象。** 目前,我们相当一部分地方经济政策都是由主管部门提出预案,经党委、政府研究后颁发。这一现象,带有明显的计划经济色彩,导致政出多门、部门利益乘机搭车、政策与实际脱节,可操作性不强。由政研部门来研究和提出经济政策预案,可以增强政策的客观性、宏观性、贯通性,连续性,使政策真正成为调整生产关系,促进生产力发展的重要武器。**二是可以改变对策取代政策、政令不通的现象。** 由政研部门牵头,按照"三个有利于"的标准和"三个代表"的要求,在充分的调查研究的基础上制定的地方经济政策,可以大大地增强基层执行政策的自觉性和积极性,使政策不断地转化现实的生产力。三是可以与"两办"形成合理分工,更好地帮助党委、政府抓好落实。研究经济政策的职能主要交由政研部门后,"两办"可以集中精力推动日常运转,集中精力抓督促检查,推动令行禁止。

二、科学地研究经济政策,必须建设一支高素质的政研队伍

经济政策是经济活动的重要规则,只有深刻认识经济现象,充分反映经济发展客观规律的经济政策,才能解放生产力,发展生产力,才能代表最广大人民的根本利益。经济政策的这种鲜明的自然属性和社会属性,要求政研部门必须建设一支符合"三个代表"要求的高素质的干部队伍。从抚州市实际出发,学习借鉴上海市的经验,我们将着重把握以下几点:**一是整合力量部署,集中精干人员研究经济政策。** 按照把主要骨干力量向经济政策研究倾斜的要求,今年上半年,我们开市直单位之先河,向社会公开选拔了两名科级领导干部,充实了经济政策研究力量。今后,我们将进一步完善选人机制,把编制和职位重点用于配备经济政策研究人员。与此同时,我们将争取有关部门的支持,按照经济研究专业

化的要求,调整科室设置,在室内建设一支熟悉党和国家方针、政策,精通市域经济运行特点,具有政策研究能力的高素质干部队伍。**二是因人而异,明确研究方向。** 根据政研人员所学专业,从主任到工作人员,在自愿申报的基础上进行综合平衡,确定每个人的研究目标和研究方向,把全体政研人员培养成为一专多能的专业型政研人才,为了力促政研人员在各个研究领域有所建树,我们计划通过 2~3 年的努力,鼓励全体政研人员报考本专业的在职研究生或参加研究生进修班学习,着力夯实其专业理论素质,采取请进来走出去的办法,加强与先进发达地区政研部门的信息和成果交流,开阔政研人员视野,把握先进的政策动态,建立调研工作考评机制。引导政研人员深入群众、深入一线、深入基层调查研究,增强感性认识,提高调研能力,丰富政研素材。**三是加强政研网络建设,扩大特约政研员范围。** 目前,我室已在市直单位聘请了 24 名特约政研员。下一步,我们还将在企业、农村聘请一批热爱调研工作,具有一定政研能力的人员担任特约政研员,通过建立联席会议、研讨会议和培训等形式,部署课题、收集信息、交流成果,巩固、扩大政研网络,提高特约政研人员素质。**四是相互学习,共同提高。** 坚持利用周二、周五下午学习时间,由政研人员就专业和研究领域中的重大经济问题和现代新知识、新理论问题轮流进行中心发言,组织集体讨论交流,使大家相互启发、取长补短、共同进步。

三、不断提高经济政策研究水平,必须解放思想建立科学的工作机制

政策和策略是党的生命。经济政策研究是一项技术性、政策性、相关性极强的工作,是党委、政府决策和实施决策的基础和前提。做好经济政策研究工作,必须不断地解放思想、实事求是、转变观念、创新工作机制。从市域实际出发,我们将重点探索实施以下几项工作制度:**一是建立经济形势和政策动态分析研究会制度。** 每月召开一次,由政研室组织,视情况不定期地邀请市直主管部门领导和市内外业内人士及专家参会。主要功能为:在全省乃至全国的大背景中,分析月度或一段时间市域经济运行态势和特点,揭示矛盾和问题,探寻趋利避害的

基本对策和规律;学习中央和省重大政策举措,通报外地先进发达地区主要政策动态,研究上级政策带来的机遇与挑战,寻求外地政策与抚州市发展的结合点。通过会议,使全体政研人员真正进入角色,十分明了市域经济运行趋势,十分熟悉主要政策动态,把政研室真正建设成为研究、解释、解决市域经济问题的"智力库"。同时,会议纪要编发《政研内参》供领导参考。**二是建立完善"一月一重点"自选调研课题制度。** 围绕本市经济发展过程中亟待解决的重点、难点问题,原则上每月确定一个重点调研课题,由主任或分管副主任牵头,指定承办科室,组成课题组,定期完成调研,当好党委、政府驾驭市场经济全局的大参谋。**三是建立课题基金制度。** 课题调研实行组织分配与招投标相结合的制度,指定课题和中标课题一律实行组长负责制,组长与成员双向选择,根据课题大小、客体范围、时间要求等因素实行经费包干。调研成果纳入年度工作考评,以是否进入领导决策层为标准,对服务决策、指导面上、推动工作产生良好效果的课题组及其成员给予奖励,凡年度内没有成果进入领导决策层的人员不能评先。**四是建立信息筛选制度。** 由综合科指定专人收集互联网、报刊和先进发达地区政研部门的最新经济政策动态和经济观点信息,每周筛选汇集一次,编发一期《政研内参》,主送市几套班子成员和县区党委、政府主要领导参考,使领导及时把握外地政策动态和透视经济问题的主要观点,以增强决策的科学性和有效性。

（本文原载于江西省委政研室《政策广角》2001 年第 11 期,有改动）

对当前地方党政信息系统"五重五轻"现象的思考

近年来,我们在信息工作的实践中深切地感到,地方党政信息系统要适应建立和发展社会主义市场经济的新形势,进一步提高信息服务的层次、质量和工作水平,一项紧迫而现实的任务是,必须有效地克服"五重五轻"现象。

在信息的搜集上重摘编轻调研。 这是当前地方党政信息仍然存在不深、不新、不精、不实等问题的重要原因。从理论上讲:其一,摘编信息由于缺乏深刻的感性认识,很难客观地把握事物的内在动因和发展走势及与其他事物之间的有机联系。其二,所谓"去粗取精","精"来自"粗",无"粗"何谈"精"。摘编信息没有完整地占有第一手资料,因而常常失却精华,不能完整地反映事物全貌,甚至以偏概全。其三,摘编信息实际上是守株待兔,其视野仅仅局限于既有的材料和资料本身,为了把信息尽可能编得充实一点,常常不负责任地自圆其说,不是谈喜过喜,就是言忧过忧。

在信息服务上重上级轻下(本)级。 据统计,1994年1至9月,我区12个县(市)平均上报(地办、省办)信息289期,多的已达400余期,而自办信息(报同级发下级)平均不到20期,少的甚至不足10期。这些情况表明,不少地方没有把信息的立足点和着眼点放在为本级领导和下级领导服务上,而是单纯盯着上级部门和上级领导。许多单位只把被上级部门采用量纳入信息工作人员的岗位目标,而对为本级和下级领导提供信息服务无目标无考核、无工作部署、无督促检查。这种信息服务通上不达下的现象,违背了办公室工作"三个服务"的思想,扭曲了党政信息系统的基本功能,是导致一些地区信息工作无"威"、无"位"的重要原因。

在信息报送上重"碰撞"轻"射门"。 目前,我们基层信息工作人员的指导思想,普遍存在重数量轻质量,重微观轻宏观的现象:在实际工作中追求层次较低的"碰撞"效应,缺乏运动员在竞技场上的那种主动的"射门"意识,搜集报送信息只满足于赶综合,带个名;有的把报送信息当作单纯地唱工作动态性的"四季歌",如农业从春播到冬收,报了春播报田管,报了田管报"双抢",然后是夏粮入库、秋季田管、秋粮入库、三冬工作;有的报送的信息浅、空、虚,甚至看不到思想、看不到观点、看不到地方特色;有的随意嫁接,"他"为"我"用、"点"为"面"用、"古"为"今"用,使信息工作游离于"服务"之外,变成"为信息而信息"的形式主义。

在信息的内容上重报喜轻报忧。 有人做过统计,目前基层信息人员报送的信息85%左右是"喜"信息,只有15%左右是所谓"忧"信息。信息工作中这种重"喜"轻"忧"甚至只报"喜"不报"忧"的现象,削弱了信息服务的力度、深度和广度,是当前党政信息缺乏内部性、情报性、可读性的重要原因。

在信息网络上重纵向轻横向。 应当肯定,党政信息系统经过几年的起步和发展,在网络上已逐步健全和完善。但就总体而言,特别是在地方,目前仍存在着纵向联系、指导、管理、报送信息较多,横向联系、指导、管理、报送信息不够的现象。去年1~9月份我区12个县市委办公室向地委办公室报送信息3 468条,相当于地直200余个单位报送总量的3.4倍,不仅地区情况如此,县市的情况也大多如此。这是当前一些地区党政信息缺乏宏观性的重要原因。

我们认为,造成地方党政信息系统"五重五轻"现象的主要原因有以下几点:一是信息工作环境上下没有疏通,信息工作人员设置错位。一方面,实际工作中由于条件和观念的因素,往往是搞信息的专职信息员阅文、参会、下乡机会少,对上,精神吃不透、政策拿不准,对下,老不出去沉不下去,因而无法全方位地了解和开发信息;另一方面,领导秘书、文字秘书阅文、参会、下乡机会多,了解领导意图、掌握基层情况却不搞信息。二是信息工作考评机制不完善。目前各级党政信息系统普遍只考核下级信息工作部门为上级领导提供信息服务的情况,把上报信息作为评先评优的唯一内容,而没有将为本级领导和下级领导提供信息服务的情况纳入信息工作考评目标。三是各级信息部门采用工作动态性的信息过多，综合信息时不管是否综合其情况，只要内容赶到了就署名的做法不合理；同时，考评时单条信息与综合信息采用一样的标准，也使一些信息人员"捡了芝麻，丢了西瓜"。四是一些地方领导存在"报忧信息是捅娄子""家丑莫外扬"的思想，使得信息人员对"忧"信息漠然视之。五是客观上纵向信息网络起步较早、手段先进、制度完善，而横向网络起步较晚，手段落后，制度尚不完善。主观上囿于传统观念，对横向网络没有足够重视。如目前从中办到县办，条条之间都设立了专线机要电话，建立了传真网络，配备了专职信息工作人员，而横向的地直、县直部门都没有这种条件，也很少配备专职信息员。

克服"五重五轻"现象，既要端正思想、转变观念，也要健全制度、完善机制，既要改进工作方法，也要提高人员素质，必须治标与治本相结合。

一是采取措施解决信息工作环境上下不通的问题。 各级办公部门要努力摆脱传统的计划经济思想的束缚，按照社会主义市场经济体制的要求，更新观念，把党政信息系统建成"开放、有序、高效"的服务系统。为此，在加快硬件建设的同时，更要加快软件建设。要为信息人员阅文、参会、下乡创造条件，使信息人员上通下也通，既了解上级精神，又了解基层情况，改变那种只知埋头编信息，不顾抬头找信息的现象；要发挥和完善办公室做好信息工作的整体功能，各科室和全体文秘人员都应承担一定的信息工作任务，提倡领导秘书和文字秘书兼任信息员，从而解决掌握信息的人不搞信息、搞信息的人不了解信息的问题；要定期向下级信息部门发信息调研课题，部署调研任务，促其培养和形成信息调研之风，加大调研信息的力度和分量。

二是改革信息工作考评办法。 要把为本级领导和下级领导提供信息服务的情况，与上报信息一样纳入信息工作考评目标，与考核上报信息一样定期进行通报和检查，改变目前这种重上轻下的现象，拓宽信息服务面。

三是改进信息工作方法，提高信息人员素质。 各级信息工作部门在编辑处理信息时要坚持实事求是的原则，不搞照顾，不搞平衡，凡没有综合其他思想、观点和情况的信息一律不署其名，不算采用。同时，可以考虑在办公室内部实行信息工作轮岗制,有计划、有步骤地使办公室文秘人员都搞一段时间信息工作,在信息工作中引进竞争机制,激发信息人员奋发向上的工作热情,提高信息工作的总体水平。

四是端正信息工作思想,完善信息工作机制。 各级党政领导要解放思想,实事求是,鼓励、支持和帮助信息工作人员树立对党和人民高度负责的精神,客观、真实地搜集和上报信息。与此同时,中央办公厅应牵头加快信息工作法制化工作,制定全国性的党政信息工作法规条例,对党政信息工作任务、机构、人员设置、工作职能、工作方法、工作内容进行全面统一的规范,从根本上解决信息报喜不报忧的问题。

五是充分认识横向信息网络在党政信息系统中的重要地位和作用,建立和完善横向信息工作运行机制。 各地应按中办、省办有关文件精神,尽快建立和完善部门和单位向党委、政府报送重要信息的工作制度,将直属部门和单位的信息工作纳入目标管理范畴。各级办公部门要通过建立信息联席会议、座谈会议、研讨会议制度,定期或不定期地制发信息调研课题,经常有目的、有针对性地预约信息稿源,健全信息工作考评机制等一系列行之有效的措施办法,加强与直属部门和单位的信息工作联系和指导,强化其信息意识和信息工作竞争机制,提高横向信息的总体水平和质量。

(本文原载于《秘书之友》1995 年第 3 期,有改动)

第八篇

党风廉政

党建引领教育路

近年来,全市教育系统深入贯彻习近平新时代中国特色社会主义思想,把中小学校党建工作摆在突出位置,着力加强党对教育工作的领导,夯实基层党建工作基础,推动中小学校党建工作创新,建立了"五融入、五引领"的党建工作机制,形成了"党建+中小学教育"的党建工作模式,搭建了"活动+示范"的党建工作平台,打造了"标杆+经验"的党建工作品牌,强化了党员党性意识,广大师生"四个意识""四个自信"明显增强,社会主义核心价值观深入校园文化、课堂教学、师生头脑,中小学校党建工作经验在《中国教育报》《人民教育》《江西日报》《江西改革动态》头版刊发,荣获第五届全国教育改革创新优秀奖。实践充分证明,党要管党、全面从严治党必须以习近平新时代中国特色社会主义思想为指导,联系实际,改革创新,找准工作的着力点和切入点。

最根本的是要加强党对教育工作的领导。 习近平总书记指出:"党政军民学,东西南北中,党是领导一切的。"长期以来,市委、市政府和各级党政高度重视教育工作,始终坚持党的教育方针,加强党对教育工作的领导,认真履行教育职责,取得了令人瞩目的成绩;同时也存在一些薄弱环节,如对市属高校党的建设指导督促不够,县区教育分管领导多为党外人士等。建议市委参照兄弟市做法,设置市委教育工委,统筹抓好全市中小学校和高等院校党建、意识形态和思想政治工作,加强市委对教育工作的集中统一领导,确保抚州市教育始终坚持社会主义办学方向。

最重要的是要落实全面从严治党主体责任。 教育系统摊子大、战线长、人员多，涉及家家户户，如果全面从严治党工作抓得不紧、责任落得不实，必将影响到广大人民群众的切身利益。近年来，我们要求机关带头、领导带头、校长带头，坚持党要管党、全面从严治党要求，认真落实主体责任和"一岗双责"，加强警示教育，强化监督检查，引导广大教师切实把纪律挺在前面，把责任扛在肩上，把办人民满意教育的使命记在心中；严肃查处"三违"行为，提升人民群众对教育工作的满意度。今年以来，我们先后查办一批典型"三违"案件，对4所学校进行通报批评，对32名校长、教师进行约谈问责，净化了教育行风。

最核心的是要加强中小学党组织建设。 中小学党组织是党在学校全部工作和战斗力的基础。去年底，市委出台了《关于加强中小学校党的建设的实施意见》（以下简称《意见》），从体系建设、队伍建设、工作机制、品牌创建、思想德育等5方面提出了16条具体举措，是全市中小学校党建工作的纲领性文件。建议市委将《意见》落实情况纳入重点督查范畴，推动各县区落实党建责任，强化人财物保障，健全考评体系，确保《意见》落地落实，解决有人抓、有人管的问题，发挥好中小学校党组织的政治核心和战斗堡垒作用。

最紧迫的是要加强党员队伍建设。 中小学校党员干部是学校党组织开展一切工作的基本力量。由于教育行业、教师职业的特殊性，抚州市中小学校党员队伍存在总量不足、素质不高、吸引力不强等问题。据统计，全市教育系统（不含高校）有不少人加入民主党派，其中大部分是骨干教师，带动影响了一批优秀青年教师向民主党派靠拢。此外，党员教师占教师总量比例偏低，每年安排的党员发展计划相对偏少，需要适当增加中小学校党员发展计划，吸引发展更多优秀青年教师加入党组织，壮大学校党员队伍。

最关键的是要持续推进党建创新。 我们深切地感觉到，只有充分发挥基层首创精神，结合实际开展党建创新，才能形成具有学校特色的党建经验，才能更好地发挥基层党组织的战斗堡垒作用和党员教师的先锋模范作用，才能进一步保持发展定力、增强工作动力、增添发展活力。当前，抚州市在积极推广10个"党建+中小学教育"模式的基础上，积极引导广大中小学校开展党建创新，探索形成党建品牌项目和创新案例。今年,我们将在全市范围培育形成 30 个重点党建示范候选学校,年底前评选出 10 个左右中小学校党建示范点并进行授牌。恳请市委和市委组织部进一步加大对中小学校党建工作的指导力度,推动抚州市中小学党校建工作取得更大成绩。

(本文系 2018 年 6 月在抚州市委调研基层党建工作座谈会上的讲话摘要)

把好"方向盘" 系好"安全带"

在三令五申从严正风肃纪的高压态势下，少数党员干部奢靡享乐病根仍存，明知故犯、阳奉阴违，受到严肃处理，教训极其深刻。教育系统要举一反三，真正把好用权"方向盘"，系好廉洁"安全带"，守初心、担使命、找差距、抓落实，深入推进全面从严治党，坚持问题导向，强化日常管理，以真抓实干锤炼优良作风，以履职尽责诠释忠诚担当。

加强修养，坚定信念。 古人云，"学以励志""学以养德"。高尚的人格、良好的操守不是天生的，而是学习的积累、锤炼的养成。共产党人和教育工作者，唯有加强政治理论学习，才能时刻保持清醒的头脑，在纷乱复杂的现实生活中不为名利所困，不为物欲所诱，不为人情所累。各单位、各学校要强化抓党建是本职、不抓党建是失职、抓不好党建是渎职的思想，坚持"书记抓、抓书记"，领导班子成员和各级领导干部要履行"一岗双责"，严格落实"两个责任"，始终坚持党要管党、全面从严治党，教育引导广大干部师生牢固树立"四个意识"，坚决落实"两个维护"，思想上深刻认同核心、政治上坚决维护核心、组织上自觉服从核心、行动上坚定紧跟核心。要聚焦主责主业，真正发挥职能作用。进一步组织深入学习贯彻习近平新时代中国特色社会主义思想，认真贯彻落实中央、省委、市委重大决策部署和重要会议、文件精神；认真履行全面从严治党主体责任，推动管党治党不断走深走实；坚持"守土有责、守土尽责"原则，全面加强意识形态工作，管好干部师生，守好校园阵地。

守住底线，站稳立场。 教育体育事业关乎民生大计，与群众切身利益息息相关，是百姓关切的重点，尤其需要我们广大教体工作者坚定立场，守住底线，做干净的工作者、有担当的教育人。习近平总书记指出,必须正确处理干净和担当的关系,决不能把反腐败当成不担当、不作为的借口。坚持高要求倡廉洁,严字当头,把纪律挺在前面,深化运用监督执纪"四种形态",抓好纪律教育、政德教育、家风教育,加强对党员、干部全方位的管理监督,一体推进不敢腐、不能腐、不想腐。一方面,鼓励党员干部改革创新、大胆作为,为担当的干部担当,为负责的干部负责;另一方面,落实风险防控,对选人用人、教师职称评定、招生考试、重大工程项目招投标、体育竞赛、学校收费等工作关键环节、重要岗位进行重点防控。坚持对新任干部任前廉政谈话,明确廉洁从政要求。加强廉情监督,抓住重大节日、重要关口,通过"节前提醒、节中暗访、节后公示",做到廉情监督常态化、制度化。要把干净和担当、勤政和廉政统一起来,勇于挑重担子、啃硬骨头、接烫手山芋。践行新时代好干部标准,不做政治麻木、办事糊涂的昏官,不做饱食终日、无所用心的懒官,不做推诿扯皮、不思进取的庸官,不做以权谋私、蜕化变质的贪官,推动抚州教育体育事业发展更上一层楼。

俭朴生活,以俭养德。 "历览前贤国与家,成由节俭破由奢"。清正廉洁作表率是"不忘初心、牢记使命"主题教育的具体目标之一,重点是教育引导广大党员干部保持为民务实、清廉的政治本色,正确处理公私、义利、是非、情法、亲清、俭奢、苦乐、得失的关系,自觉同特权思想和特权现象作斗争,坚决预防和反对腐败,清清白白为官、干干净净做事、老老实实做人。党员干部又是基层的"领头雁"和"标杆",一言一行、一举一动都有着重要的影响,在工作生活中要坚持一级带一级、一级做给一级看,要求下级做到的本级首先做好,上行下效、逐级示范,以此带动和影响整个教体系统形成良好风尚。

管好身边人,防止"灯下黑"。 每个共产党员都要弄明白,党除了人民利益之外没有自己的特殊利益,党的一切工作都是为了实现好、维护好、发展好最广大人民根本利益。要严格落实中央"八项规定"精神和2019年全市教体系统全面从严治党会议精神,推动主体责任和"一岗双责"落到实处。坚决杜绝"吃喝""赌博"问题,念好全面从严治党的"紧箍咒"。落实"一岗双责",加强党员干部日常教育、管理和监督。全力支持驻局纪检监察组工作,运用好监督执纪

"四种形态",对党员干部坚持严管和厚爱相结合,联合驻局纪检监察组开展落实中央"八项规定"精神督查,深挖党员干部和公职人员贪污受贿、欺骗侵占、吃拿卡要、优亲厚友、失职渎职等腐败和作风问题,精准运用"四种形态",点名道姓通报曝光,以监督执纪问责的实际成效保障教体系统健康发展。教体系统党组织开展"不忘初心、牢记使命"主题教育相关活动,不准委托社会机构承办,不准找企业拉赞助和用企业名称冠名,不准在活动过程中"植入"商业广告,切实管好身边人,坚决防止"灯下黑"。

用好批评与自我批评这个武器。 要坚持严管和厚爱相统一,完善监督管理机制,捆住一些人乱作为的手脚,放开广大党员、干部担当作为、干事创业的手脚,把广大党员、干部的积极性、主动性、创造性充分激发出来,形成建功新时代、争创新业绩的浓厚氛围和生动局面。要坚持组织推动和个人主动相统一,既要靠各级党组织严格要求、严格教育、严格管理、严格监督,又要靠广大党员、干部自觉行动,主动检视自我,打扫身上的政治灰尘,不断增强政治免疫力。让"红红脸、出出汗"成为常态,主要领导干部更应有"红红脸、出出汗"的自觉意识,以实事求是的态度主动"照镜子、正衣冠",自我"诊断",带头把自己摆进去,对照自己的"形象",自觉"咬耳朵""扯袖子""洗洗澡",起好"红脸出汗"带头表率作用。党办机关要多讲道理、多摆事实,以润物无声的方式,积极引导党员干部自我剖析、自我批评、自我检查查摆问题,帮助党内同志"扯袖子""揭盖子",确保"红红脸、出出汗""排排毒""治治病"有实效,提升教体系统广大党员干部的党性修养。

（本文系 2019 年"不忘初心、牢记使命"主题教育的心得体会）

坚持"五融入、五引领"　创优中小学校党建工作品牌

党的十九大报告指出,党的基层组织是确保党的路线方针政策和决策部署贯彻落实的基础。抚州市高度重视基层党组织建设工作,市委印发了《关于加强中小学校党的建设的实施意见》,坚持"五融入、五引领",以提高组织力为重点,突出政治功能,把中小学校党组织建设成为宣传党的主张、贯彻党的决定、领导学校治理、团结动员师生、推动教育改革发展的坚强战斗堡垒,积极写好教育奋进之笔,为"才子之乡"抚州教育注入了强劲动力,引领教育事业健康发展。

一、改革背景

随着全球化的加速推进,带来了中小学校师生的思想观念、生活方式、价值取向、利益诉求的深刻变化。在新时代,如何坚持正面引导,破解学校党组织隶属关系不规范、政治功能弱化、党员教育管理松散、思想政治工作薄弱等问题,下决心夯实党的执政基础,成为当务之急。2016 年 6 月 19 日,中共中央组织部、中共教育部党组制定《关于加强中小学校党的建设工作的意见》,对中小学校党建工作提出明确要求。2016 年 12 月 28 日,时任省委书记在全省 2016 年度市委书记抓基层党建工作述职评议会上指示:"希望抚州立足教育资源优势,加大中小学党建工作创新力度,为全省中小学党建工作出经验、树标杆。"市委主要领导多次要求认真落实好上级的指示精神,迅速行动,大胆探索,进一步加大中小学党建工作创新力度,推动全市教育事业科学发展。为贯彻落实文件要求和领导指示精神,抚州市教育局积极推动,认真研究部署抓好新时代中小学校党建工作。

二、改革举措

党的十八大以来,抚州市紧抓"立德树人"这个根本任务,严守中小学校的思想阵地,坚持"五融入、五引领",把党的建设融入教育教学全过程,使红色党旗在全市中小学校高高飘扬。

一是坚持党的领导融入学校治理,以政治引领把牢学校办学方向。 抚州市始终坚持发挥党组织对学校的领导核心作用,牢牢把握好社会主义办学方向,突出"四抓",即抓班子建设、抓制度执行、抓责任落实、抓队伍作风,推行书记、校长"一肩挑",全面推行党政联席会议制度,"三重一大"事项由书记主持召开党政联席会议研究,充分听取两套班子意见,以票决的形式集体研究确定。明确学校党组织书记是抓党建的第一责任人,其他党员班子成员履行"一岗双责",强化党建工作政治性、导向性。崇仁县江重实小党支部书记、校长程海燕说:"只做党支部书记,会远离教学实际;只做校长,容易忽视党建,把握不准政治方向。"

二是坚持思想建设融入师生教育,以思想引领弘扬主流价值观。 抚州市中小学校党建工作围绕"立德树人"这个根本,聚焦价值认同、目标认同、人格认同、理念认同"四个认同",以"办好人民满意教育"为指引,广泛开展争做"四有好老师"和"三节三爱"好学生、教师专业培训等活动,将党的教育方针转化为教育教学的实际行动,让主流价值观在校园落地生根。临川二中给党员教师开设了才乡讲坛,每周一次让党员教师现身说法,激励自己,感染别人,凝聚力量,激活动力,推动工作。抚州一中每学期对要求进步的年轻教师和优秀学生干部、优秀团员开办一期业余党校,每届参与的学员多则上百人少则五六十人。

三是坚持组织建设融入教育教学,以组织引领筑牢战斗堡垒。 抚州市针对中小学校党组织隶属关系不规范、党员教育管理松散等问题,以推进组织领导紧密化、组织设置一线化、队伍建设优质化为切入点,坚持在教育教学一线设置党组织的原则,党支部的战斗力明显增强。全面推动学校党组织由属地乡镇党委管理转为教育行政部门党委统一领导,较好地化解了"管事不管人"和"管人不管事"的矛盾,确保党建工作有人抓、有人管。临川一中、临川二中等学校将党小组建在年级学科组,有效解决了教师上课时间分散、难以频繁集中的实际问题。

四是坚持队伍建设融入师德师风,以骨干引领树起先锋旗帜。 抚州市中小学校党建工作牢牢抓住党员教师这一重点群体,充分发挥党员教师做责任担当的先锋模范、做争先创优的先锋模范、做关爱学生的先锋模范、做化解矛盾的先锋模范、做提升工作的先锋模范"五个先锋模范"作用,引领教师队伍整体素质提升。中小学校推行家校共创岗、教鞭传带岗、业务引领岗、教学监督岗等 10多个"党员责任示范岗",明确各岗工作目标、主要职责、责任分工,动员党员教师各司一个平台,树起一面旗帜,辐射一个层面;构建了县、乡、村、组四级党组织关爱留守儿童网络,建立起一支以党员为主要成员的"代理爸爸""代理妈妈"临时监护人队伍,党员教师进户家访,与留守儿童经常性谈心、帮扶,把党的声音、党员的先锋形象、党的关怀全方位地传送到每名学生、每个家庭,实现党建工作常态化。

五是坚持社会主义核心价值观建设融入校园文化,以文化引领守好育人主阵地。 抚州市各中小学校党组织紧紧围绕增强师生文化自信、培育学校特色文化、遏制不良文化渗透侵蚀"三个重心",扎实推进校园文化建设,牢牢把握学校文化育人主阵地,把社会主义核心价值观建设抓紧、抓实、抓细。建立了一批"党建阵地、德育园地、教学天地"三位一体的校园文化窗口,持续推进"红色文化、绿色文化、古色文化"三项教育,抓好教室、寝室、图书馆、食堂和网络等思想文化阵地建设和管理,打造中小学校"德育工作"活动品牌。广泛开展了"知校史、明校训"活动,引导师生成长与学校发展融为一体,自觉传承优秀文化基因,全面提升学校办学内涵。

三、改革成效

抚州市中小学校党建"五融入、五引领"辐射到校园每个角落,克服了原来就党建抓党建的现象,把党建与教学业务融合在一起,即使广大党员提高了党性意识,促进党员在工作岗位上积极发挥先锋模范作用,也进一步强化和推进了支部建设,提高了教学质量,扩大了抚州教育品牌的影响力。

一是实现支部设置科学化。 通过支部建在年级学科上、设立网络党支部等做法,把支部思想建设与学科业务学习、支部组织建设与学科梯队建设、支部作风建设与学科师德建设有机结合,实现党建工作与教育教学业务工作同布置、同落实、同检查、同考评,形成相互融合、相互促进的良性循环。

二是实现先锋作用自觉化。 通过引导党员参与学校中心工作,着力激发党员"主人翁"意识。全市1.2万名党员教师亮身份、亮承诺、亮本领,带动全市教师比作风、比创新、比业绩,忠诚地守护孩子们的心灵净土。在全市中小学校开展创先争优比业绩、创建品牌比质量、创新载体比特色活动,党员教师带头钻研教材教法,改进教学手段,提升教育质量,实施省级、市级教育教学改革项目44个,开发校本课程800多种。

三是实现创优帮扶常态化。 从2016年开始,在全市中小学校实施以建设"名学校、名校长、名班主任、名教师、名课例"为主要内容的"五名工程",极大地激发了党员教师的争先创优意识,两年来评选的60位名校长、名班主任、名教师中,党员教师占80%。在全省率先开展"万师访万家"活动,党员教师走进千家万户,建立问题台账,明确责任主体,帮助解决问题2万多个。推行"党员代理留守儿童家长制""党爸党妈制",全市4万多名中小学教师通过上门家访、网络家访,访问学生家庭23万多户,建立起一支以党员教师为主要成员的临时监护人队伍,实现中小学党建工作的平面铺开、立体辐射。

四是实现校园文化特色化。 在全省率先开展了"品读临川文化,热爱家乡抚州"研学游活动,全面启动了"戏曲进校园"活动,明确每年组织10万师生参加研学旅行,激发中小学生对家乡、对党、对国家的热爱之情。

四、改革经验与启示

抚州市勇于改革、积极实践,在中小学校党建工作机制、模式、活动和品牌创建上下功夫、出经验。学校党建工作瞄得准、抓得实、做得好,教育质量就一定能上层次、提水平、出精品。通过努力,抚州市不断地把中小学校党建优势转化为现实教育力,义务教育均衡发展、普通高考、校长教师交流轮岗、"家校社"协同育人、"万师访万家"、研学旅行、未成年人思想道德建设等教育工作都走在江西省前列。

一是建立了"五融入、五引领"党建工作机制。 按照新时代党的建设要求,把党的领导融入学校治理、思想建设融入师生教育、组织建设融入教育教学、队伍建设融入师德师风、社会主义核心价值观建设融入校园文化;充分发挥中小学校党组织政治引领、思想引领、组织引领、骨干引领、文化引领作用,把党建的点点滴滴渗透到教学中心工作中,着力破解党建与业务"两张皮"的问题。

二是形成了"党建+中小学教育"党建工作模式。 临川一中把支部建在学科上、临川二中党建带团建、市实验学校"党建+礼廉教育"、临川区教体局"党建+领雁工程"、崇仁县江重实验小学"党建+青蓝工程"、临川区七中"党建+经典育人"、南城县二中"五带头、五联系"党建模式、南城县实验中学"党建+校园文化"建设、金溪县教体局跨学校组建"1+N"联盟党建实体、金溪县二中"党员爸妈"关爱留守儿童等10个党建鲜活典型在江西省起到了示范作用,切实增强了基层党组织的吸引力、凝聚力、战斗力。

三是搭建了"活动+示范"党建工作平台。 通过优化基层党组织设置,实现中小学校学科建设、教学科研与党建工作同进共赢。通过创新党组织活动方式,持续开展党员教书育人、课改、专业发展等系列大比武活动,营造了创先争优氛围。通过发挥党员先锋模范作用,分层分类设立党员示范岗、党员责任区,开展"三联一帮带""五名工程"等活动,不断使每个基层党组织和每名党员充满生机和活力。

四是打造了"标杆+经验"党建工作品牌。 抚州市中小学校党建工作屡创佳绩,吸引了江西省中小学校基层党组织书记示范培训班来抚州举办并参观党建创新示范学校,《抚州市中小学校党建工作案例》荣获第五届全国教育改革创新优秀奖。《江西日报》《中国教育报》《人民教育》《江西教育》等先后同频报道抚州市中小学校党建工作,教育部"迎接十九大,教育看变化"采访团组织15家中央媒体进行了广泛宣传。

(本文原载于江西省委全面深化改革领导小组办公室《江西改革动态》2017年第121期,有改动)

关键要学懂弄通做实

　　根据市委统一部署,工委理论学习中心组今天下午专门进行专题集中研讨,就是为了在学懂弄通做实上下功夫,提升学习效果,推动学习走深走实。大家围绕学习《习近平谈治国理政　第三卷》体会、结合思想收获和分管工作分别作了研讨发言,现在的关键是要学懂弄通做实。

一、要学懂弄通,深刻领会《习近平谈治国理政　第三卷》精髓要义

　　经中央批准,《习近平谈治国理政　第三卷》正式出版发行。这部重要著作生动记录了党的十九大以来以习近平同志为核心的党中央,团结带领全党全国人民立足"两个大局"、推进"两个革命"、全面建成小康社会的伟大实践,生动展示了马克思主义中国化的最新理论成果,是学习习近平新时代中国特色社会主义思想最权威、最系统、最鲜活的原著原典。通过学习系列评论员文章,很多专家学者认为《习近平谈治国理政　第三卷》蕴含最鲜明的精髓要义是:人民至上、崇高信仰、历史自觉、问题导向、斗争精神、天下情怀。

　　人民至上,就是坚持以人民为中心,依靠人民开创历史伟业,带领人民创造美好生活。 研读《习近平谈治国理政　第三卷》,我深刻体会到"人民"二字在习近平新时代中国特色社会主义思想中具有基础性、根本性的地位和作用,人民至上是理论基点、价值支点、实践原点,也是治国理政的出发点、落脚点。把一切为了人民作为执政兴邦的根本价值取向,无论是打赢脱贫攻坚战,还是解决人民最关心最直接最现实的利益问题,习近平总书记都对人民利益尽心尽责,对百

姓冷暖念兹在兹，彰显着"我将无我、不负人民"的使命担当，与人民心心相印、同甘共苦的真挚情怀，把一切依靠人民作为创造历史伟业的根本动力源泉，真心尊崇人民、真诚相信人民、真正依靠人民，凝聚起澎湃向前、不可战胜的磅礴力量。

崇高信仰，就是心有所信、行有所向，矢志不渝为理想信念而奋斗。 研读《习近平谈治国理政 第三卷》，我深切感到对马克思主义的信仰，对社会主义、共产主义的信念，构成了习近平新时代中国特色社会主义思想的鲜明标识和政治底色。这种矢志不渝的崇高信仰，体现在对马克思主义的笃信坚守，坚定不移把马克思主义中国化推向前进；这种矢志不渝的崇高信仰，体现在对方向道路的一以贯之，坚定不移把中国特色社会主义伟大事业推向前进。几年来，我们党着力坚持和加强党的全面领导，深化党和国家机构改革，完善和发展我国国家制度和治理体系，开启了改革开放再出发新征程，打开了经济高质量发展新局面。

历史自觉，就是深刻洞察"两个大局"，牢牢掌握当代中国发展的历史主动性。 研读《习近平谈治国理政 第三卷》，我深切感到这一思想始终站在历史活动实践主体的高度，汲取中华五千多年文明赋予的深沉历史积淀和历史智慧，这是胸怀中华民族伟大复兴战略全局和世界百年未有之大变局的高度自觉。这几年，国际国内形势深入演变，习近平总书记高瞻远瞩、深谋远虑，鲜明指出要胸怀"两个大局"，将其作为"谋划工作的基本出发点"，进一步揭示了我们所处的历史方位、所经历的历史进程。这是勇于自我革命、以百年风华正茂引领千秋伟业的高度自觉，以铁的意志、铁的纪律推进党的革命性锻造，持续革新国家的面貌、社会的面貌。

问题导向，就是坚持实事求是、真抓实干，在直面矛盾、破解难题中砥砺前行。 研读《习近平谈治国理政 第三卷》，我深切感到一切从实际出发、一切由实践检验的科学态度，善于抓住事物主要矛盾和矛盾主要方面的科学方法，感到强烈的问题意识、鲜明的问题导向。问题导向体现为求真务实、实践第一的科学精神。无论是提出我国社会主要矛盾发生变化的重大论断，还是作出适应经济发展新常态、推动经济高质量发展的重大部署，无论是推进精准扶贫脱贫的政策方略，还是要求在制度建设上补短板、强弱项，都来自对"实事"清醒而全面的认识。问题导向体现为苦干实干、攻坚克难的担当作为。推进一系列大事要事，攻克一系列难题难关，持之以恒纠"四风"、刮骨疗毒反腐败，啃下贫中之贫"硬骨头"，打赢蓝天碧水净土保卫战等，都取得了前所未有的显著成效。

斗争精神，就是把握事物本质、增强斗争意识，以自觉的斗争实践打开新天地、夺取新胜利。 研读《习近平谈治国理政　第三卷》，我深切感到习近平总书记对实践进程和时代特征的深刻洞悉，对马克思主义认识论和实践论的自觉运用，深切感到深沉厚重的忧患意识、风雨不动的战略定力、顽强不屈的斗争意志。习近平总书记反复强调，"越是取得成绩的时候，越是要有如履薄冰的谨慎，越是要有居安思危的忧患，绝不能犯战略性、颠覆性错误""坚持底线思维，做好较长时间应对外部环境变化的思想准备和工作准备""凡事从最坏处着眼、向最好处努力，牢牢把握工作主动权"。这些重要论述体现了"生于忧患，死于安乐"的历史辩证法，揭示了斗争的客观现实性、历史必然性，是对全党的谆谆告诫、对全体人民的深刻警醒。

天下情怀，就是顺应世界发展潮流，推动构建人类命运共同体、建设更加美好的世界。 研读《习近平谈治国理政　第三卷》，我深切感到对世界大势的深刻洞察、对人类命运的真诚关切，深切感到习近平总书记作为大党大国领袖，以为人类谋发展、为世界谋大同的高远境界，创造性回答了"世界怎么了、我们怎么办"这一时代之问，为解决全球性问题贡献了中国智慧、中国方案。习近平总书记秉持"天下一家"的情怀，提出推动构建人类命运共同体的重大理念，传承发扬了中华文明"天下大同"的思想精华，超越了一些人奉行的零和博弈和对抗性思维，成为中国引领时代潮流和人类文明进步的鲜明旗帜。

二、要精心组织，认真做好《习近平谈治国理政　第三卷》学习宣传工作

《习近平谈治国理政　第三卷》的出版发行，对于推动全市教育体育系统广大干部师生学懂弄通做实习近平新时代中国特色社会主义思想，系统掌握贯穿

其中的马克思主义立场观点方法,增强"四个意识"、坚定"四个自信"、做到"两个维护",对于帮助我们更好地了解这一重要思想的主要内容,增进对中国共产党为什么"能"、马克思主义为什么"行"、中国特色社会主义为什么"好"的认识和理解,具有重要意义。

全市教育系统要高度重视、精心组织、周密安排,认真学习宣传《习近平谈治国理政 第三卷》。要将《习近平谈治国理政 第三卷》与《习近平谈治国理政 第一卷》《习近平谈治国理政 第二卷》作为一个整体,引导广大党员、干部读原著、学原文、悟原理,更加深刻地把握习近平新时代中国特色社会主义思想这一当代中国马克思主义、21世纪马克思主义的核心要义、精神实质、丰富内涵、实践要求,推动学习贯彻往深里走、往心里走、往实里做,用党的创新理论武装头脑,扎实做好"六稳"工作,全面落实"六保"任务。

市直各学校党委(党总支)和基层党支部要把《习近平谈治国理政 第三卷》作为理论学习中心组学习、"三会一课"、主题党日的重要内容,采取自主学习、辅导报告、集中研讨、体会交流等多种方式,全面系统学、深入思考学、联系实际学,切实把学习成效转化为应对风险挑战、推动教育体育事业发展的治理能力和工作水平。要把《习近平谈治国理政 第三卷》作为教育体育系统干部培训的必备教材和重要内容,做到全员覆盖,作为师生思想政治教育的重要教材,推动习近平新时代中国特色社会主义思想进教材、进课堂、进头脑。

三、要学用贯通,切实做好当前教育体育重点工作

习近平新时代中国特色社会主义思想和《习近平谈治国理政 第三卷》是推动全市教育体育事业高质量发展最根本的遵循,我们要坚持学用贯通、学以致用,用科学的理论指导实践。**一是精心谋划做好开学工作。** 现在距离开学只有不到10天的时间,要切实做好开学准备工作,尽快完成各学段招生工作,调剂好学位安排,确保义务教育阶段学生有书读、能开学。市实验学校要尽快完成新建综合楼扫尾工作,确保按时投入使用。要组织好市直学校教师面试工作,确保平稳有序,做好岗位培训工作。**二是完成市里交办的重点工作。** 最近,市政府主要领导先后调度专门学校建设和东华理工大学长江学院转设工作,提出明确要

求。这两项工作都进入了关键阶段,要积极跟进,做好协调和服务工作。要针对创国卫"回头看"反馈的学校医务室、健康教育、体检、游泳池环境、资料台账等问题,抓紧查漏补缺,确保过关。要积极协助南城县做好教育装备博览会筹备工作,落实体育中心展览场地,加强与省厅有关处室的对接,做好学前、电教、装备等论坛准备工作。**三是做好基础教育重点工作。** 今天省政府召开了全省基础教育工作会议,抚州市围绕普通高中普及攻坚作了典型发言,会议就下一步基础教育工作作了安排部署,要认真贯彻落实会议精神,加快推进小区配套园治理和2000人以上行政村幼儿园建设,不断扩充优质资源供给,确保年底完成三个指标刚性任务。要落实义务教育学校"三个一律"要求,把好进口关,防止大班额。**四是妥善做好临川教育集团三所实验学校搬迁工作。** 三所实验学校要按照搬迁工作方案,落实责任,细化分工,稳妥做好新校区搬迁工作,确保安全、高效投入使用。要抓紧完善治理结构,建立独立校级班子和中层队伍,明确职责分工,按要求向局里报备。要引导社会舆论,密切关注网络舆情,避免炒作。**五是推进学校基层党建"三化"建设。** 今天上午,省委组织部领导到市实验学校、临川一中、临川二中调研指导基层党建"三化"建设,各个学校都做了一些准备,都有明显的变化。从反馈的情况看,各学校在汇报的时候特色不够明显,亮点不够突出,存在同质化现象。希望这几所学校进一步加强谋划,明确定位,凸显特色,展示形象,为全市学校基层"三化"党建作出示范。**六是扎实开展"好人主义之害"解放思想大讨论。** 要结合《习近平谈治国理政 第三卷》《中国制度面对面》等书目,持续深化理论学习,打牢思想基础,组织发动广大党员干部、教师积极参与,加强宣传报道和信息报送,营造浓厚氛围。要充分发挥领导带头作用,发挥支部的战斗堡垒和党员的先锋模范作用,切实抓好学习、调研和检视、整改等工作,确保大讨论取得实效。

（本文系2020年在抚州市委教育体育工委理论学习中心组集中研讨上的讲话摘要）

加强党性修养的方法途径

马克思、恩格斯、列宁、毛泽东对无产阶级政党的党员必须加强自我教育和世界观改造都曾有过重要论述,把它当作无产阶级政党自身建设的一个重要环节。1939年刘少奇同志专门撰写了《论共产党员的修养》一书,对共产党员修养的必要性、内容和方法等作了深刻、全面的论述,是共产党员加强党性修养的纲领性文献。认真学习经典著作,结合个人党性锻炼实际,我有几点体会特别深刻。

一、坚定理想信念

理想信念是总开关。一个民族没有理想信念,就会萎靡不振;一个国家没有理想信念,就会一盘散沙;一个人没有理想信念,就会沉沦颓废。人生如屋,信念是柱,理想信念决定着人生追求。每个人一生一世的所作所为,都能在理想信念里找到根源。我们的权力观、地位观、利益观等,都是理想信念的具体表现。理想信念是事业成功的保障。崇高的理想信念使人产生积极进取、奋发向上的力量和顽强拼搏的决心。古人说"富贵不能淫,贫贱不能移,威武不能屈""士可杀不可辱""三军可夺帅也,匹夫不可夺志也"等,就是指理想信念的力量。在近代,孙中山、黄兴及黄花岗七十二烈士等一大批志士仁人,放弃舒适的生活,散尽家产,四处举债甚至牺牲生命闹革命,为的就是建立"大同世界"。共产主义的理想信念,始终是共产党人保持先进性的精神动力。我们党从小到大,由弱到强,始终保持旺盛的革命斗志,取得一个又一个辉煌成就,靠的就是理想信念。邓小平同志指出:"为什么我们过去能在非常困难的情况下奋斗出来,战胜千难万险使革命胜利呢？就是因为我们有理想,有马克思主义信念,有共产主义信念。"

理想信念的动摇是滋生腐败的重要原因。"物必先腐而后虫生",理想信念决定信心意志,是拒腐防变的最关键防线。胡长清、成克杰、李真及近几年抚州市查处的一批腐败犯罪分子,无一不是理想信念发生了动摇。李真在剖析自己犯罪根源时说:"人可以没有金钱,但不能没有理想信念,丧失信念,就要毁掉一生。"可见,理想信念的动摇,必然导致政治上的蜕变、经济上的贪婪和生活上的堕落。腐败问题,表现在钱财上,根子在理想信念上。

理想信念不是自发产生的,也不是天生就坚定的。理想信念的坚定,一靠理论武装,二靠实践锻炼。只有理论上成熟,才能政治上成熟;只有理论上清醒,才能政治上清醒;只有理论上坚定,才能政治上坚定。大家必须把理论学习当作一种政治责任,当作终生头等大事抓紧抓实,切不可因为职务的升迁、工作的繁忙和应酬的增多而放松、放弃学习。理论上的坚定还要在实践中巩固。在历史和现实中,因在实践中遭受挫折而动摇理想信念的不乏其人。我们也有一些党员干部平时理想信念叫得很响,但一涉及处理复杂事件、触及个人利益就摆不正理想信念的位置了。我们一定要清醒地看到前进道路上的机遇和挑战,时刻保持清醒头脑,增强责任意识、忧患意识,按照市委的要求,积极投身于幸福抚州建设的事业中,在实践锻炼中不断巩固自己的理想信念。

二、正确对待利益

马克思说:"人们奋斗所争取的一切,都同自己的利益有关。"利益追求既是推动社会进步的强大杠杆,又是引发社会矛盾的最终根源。共产党人并不回避利益,事实上党组织也一直充分考虑党员干部的正当利益,包括政治利益、经济利益等。作为党员干部,必须理性地面对各种利益关系,牢固树立正确的利益观。

树立正确的利益观,要求我们坚决反对唯利是图、见利忘义。一个手中握有权力的党员干部,如果整天想着个人发财,就会利令智昏,势必走上以权谋私的邪路。古人讲:"贪如火,不遏则自焚;欲如水,不遏则自溺。"江泽民同志曾用古训告诫领导干部:"大厦千间,夜眠七尺;珍馐百味,无非三餐。"应当说,我们现在的物质生活待遇已经相当不错了,改革开放和现代化建设,公务员是最大的受惠者之一。为此,在对待利益方面,我们一定要胸怀广阔,懂得取舍,做到该得到的不一定都要,不该得到的绝不伸手去捞。

树立正确的利益观,要求我们坚持把群众利益放在首位。我们党立党为公、执政为民,全心全意为人民服务是党的唯一宗旨。党除了最广大人民的利益,没有自己的特殊利益。无论是革命、建设还是改革时期,党都把人民群众的利益放在首位,从而赢得了人民群众的拥护。井冈山时期,红军不拿群众一针一线,群众认定红军是"自己的部队";解放上海时,入城的解放军战士夜宿街头不扰民,赢得市民的信任。历史证明,只有始终把人民群众的利益放在首位,才能得到人民的支持。

树立正确的利益观,要求我们弘扬无私奉献精神。人生的价值在于奉献,古今中外,凡名垂青史的人,都对人类、对社会作出了伟大奉献。"为有牺牲多壮志,敢教日月换新天。"中国共产党的历史,就是为民族解放、国家富强、人民幸福而英勇牺牲、无私奉献的历史,井冈山精神、长征精神、延安精神、雷锋精神等,实质就是奉献。事实也表明,越是有奉献精神的党员干部,就越有人格魅力,个人的价值实现得也越充分,一些老一辈革命家,虽然离开我们多年了,但人们至今仍十分怀念他们。任长霞去世后,登封老百姓自发为她送行;感动江西的最美教师江昭奇四十二年如一日,独腿直行教育路,用一生的执着,坚守教书育人的初心,赢得了全市人民的尊重。

三、正确对待权力

权力是一种责任和义务。对权力的理解,自古就有两种截然不同的观点:一种是"牧民"思想,即凌驾于民众之上,当官做老爷;一种是"敬民"思想,即民为贵、君为轻。在封建时代,所谓"敬民",只是思想家的空想而已,只有中国共产党带领人民建立的政权,才能真正做到为民、爱民。党的宗旨,决定了党领导的政权负有实现好、维护好、发展好人民群众利益的责任。权力有多大,责任就有多大。一个人走上领导岗位,不单是个人奋斗的结果,更是党和人民信任、培养的结果。当组织给予越来越高的地位时,也赋予了更重要的责任,"权大不忘责任重,位尊不移公仆心。"一切权力来自人民,如果我们个别同志把权力看成某个领导的恩赐或者仅仅是个人努力的结果,是完全错误的。

权力来自人民,权力也自当为民所用。为官一任,造福一方,是自古以来对为官者的要求。唐朝大诗人白居易在做县尉时写过一首诗:"今我何功德,曾不事农桑,吏禄三百石,岁晏有余粮,念此私自愧,尽日不能忘。"意在警醒自己要对得起俸禄,好好为百姓做事。河南内乡县古县衙的一对古联也是耐人寻味:"吃百姓之饭穿百姓之衣莫道百姓可欺自己也是百姓,得一官不荣失一官不辱勿说一官无用地方全靠一官。"这里说了三层意思:第一,当官者要为百姓办事;第二,不要欺负百姓;第三,不要脱离百姓。我们每一名党员干部都要把职务看成干事创业的平台,千万不要把心思用在追求职务和级别的升迁上,更不能用来为个人、亲友谋取私利。权力是一把双刃剑,为民则利,为己则害,行使权力要如履薄冰、诚惶诚恐、慎之又慎,万不能手中有了权力就头脑膨胀、得意忘形、妄自尊大。

行使权力要自觉接受监督。失去监督的权力必定产生腐败,这是古今中外反复印证的铁律。自觉接受监督也是一名领导干部政治上成熟的主要标志之一。"心底无私天地宽",光明磊落的干部就应该不怕监督。"良药苦口利于病,忠言逆耳利于行。""兼听则明,偏听则暗。"能否正确对待监督,是党员领导干部胸怀广狭、能力强弱、情操高低的分水岭,是检验党性的试金石。在今后的工作实践中,希望大家都能做自觉接受监督的模范。

四、时刻自警自励

领导干部要常修为政之德,常思贪欲之害,常怀律己之心,为党和人民的事业不懈奋斗。常修为政之德,是领导干部当好人民公仆的起码要求。我国古时圣贤向来把修德看成立命安身之本,今天,我们强调为政之德的本质与核心,就是要坚持立党为公、执政为民,切实做到关心群众疾苦,体察群众情绪,维护群众利益,努力为群众排忧解难,心里要始终装着事业、装着群众,真正做到"权为民所用,情为民所系,利为民所谋"。常思贪欲之害,是避免犯错误的常鸣警钟。所谓贪欲,就是想要得到法律和纪律不允许的、不该享受的、不能占有的利益。当然,我们有追求自己合法利益的权利,但是,我们不能经不住地位、金钱、美色等诱惑和考验,硬是凭自己手中权力去贪去占,陷入欲望的泥潭而难以自拔。常怀律己之心,是保持我们头脑清醒的一剂"良药"。常怀律己之心,就是要管好自己的口,管好自己的手,管好自己的腿。管住自己重在管"心",做到心平如镜,不要心态失衡,不要贪心太重,不要花心放纵。在心态上少一些急躁与轻浮,而要心无旁骛地为人民服务。经常想到手中的权力是人民赋予的,决不能用它来谋取私利,损害人民的利益,真正做到自重、自省、自警、自励。

(本文系 2013 年 9 月为抚州市教育局机关干部上廉政党课讲稿摘要)

坚定不移打好创先争优保卫战

面对全省综合考评相对落后状况，必须对当前教育运行中的薄弱环节进行"大盘点""大曝光"，对干部作风突出问题开展"大起底""大扫除"，雷厉风行转作风，万难不屈树形象，以重点工作为突破口，坚定不移地打好"大系统、大作为、大服务、大争先"的创先争优保卫战，推动抚州教育更好更快发展。

一、对标先进，迅速改变全面落后状况

瞄准高点，聚焦重点，针对弱点，奋起直追，改善面貌，提升形象。总的要求是：省里考评排名的工作，特别是党政履职、高质量发展考评和学前教育、高中普及、特殊教育三项重点攻坚工作等进入前5名，市里组织的所有考评力争进入先进行列，打好"翻身仗"。

以履职考评为抓手，着力解决排位"八九不离十"的状况。 坚持以党政履职考评为抓手，积极争取党委、政府重视，落实"三个优先"战略和"两个提高、三个增长"政策，加大教育投入，优先安排教育项目、用地和配套，完成教育建设任务，落实优先发展目标。要落实党政履职任务分工，定期召开会议研商，争取各部门支持配合，在涉及党建、人事、编制、经费等方面给予支持，在办理项目审批、实施、验收等方面开通绿色通道，提高工程建设进度。要做好基础性工作，创新工作方法，充分吸收近年来各地探索形成的"一校一策""九室三面一改厕""不做预算只做决算"等鲜活经验，加快项目实施，着力解决排位"八九不离十"的状况。今年省政府将教育信息化工作纳入市县高质量发展党政主要领导履职考核评价，其中有教育城域网、专递课堂、信息化专项经费三项硬任务，时间紧、

任务重,各县区务必尽快抓紧启动,抓好落实。

以重点督导为手段,全力破解"年复一年老大难"的问题。 有些工作年年说、次次提,每次开会都强调布置,就是落不了地、见不了效。比如学前教育本身底子薄,经过三期行动计划,全省排位仍然靠后;职业教育要求的多、落实的少,成效不明显;中小学校责任督学挂牌督导工作只有金溪、南丰使用正常,不少地方使用记录没有破零;教育信息化工作醒得早、起得晚、拖得久,至今还未进入实质化操作阶段等。为此,要针对性开展重点督导,加快推进"一乡一园"、教育信息化、职业教育等工作,确保完成任务。要强化优质均衡发展督导,用好督导信息平台,紧盯重点县区,强化过程督导,引导各地对照 38 项省定督导评估标准,加大投入,制定方案,切实解决不平衡、不充分问题,在推进优质均衡中为群众带来教育实惠。

以优化服务为重点,尽快甩掉"办事最难窗口"的称号。 要以猛药去疴、重典治乱的决心,以刮骨疗毒、壮士断腕的勇气,坚决抓好整改,提升服务水平。要着力建好"五大窗口"。根据科室职能和服务对象,分类指导,分类管理,建好社会、教育、家长、教师、智慧等重大窗口,为群众提供更多便利,解决群众办事难的问题。要严格规范"五大路径"。遵循首问引导、微笑茶水、登记介绍、办理送行、汇编结果的服务路径,实现"一站式"服务,解决为民服务不优的问题。要竭诚提供"五大服务"。通过微笑服务、沟通服务、耐心服务、精准服务、结果服务,重塑与人民群众的血肉联系,解决宗旨意识不强的问题。要全力强化"五大举措"。通过出台 6 项工作纪律、聘请 20 名政风行风监督员、颁布若干条便民服务措施、坚持信访接待制度、多渠道宣传教育信息等举措,提高工作效率,切实解决作风不实的问题。要积极回应"五大关切"。主动回应群众对教育规划布局、资源调整、师资配备、教育公平和作风建设的关切,切实解决群众对教育高层次需求的问题。通过"五个五"的整改举措,实现社会了解、群众理解、矛盾化解、难题破解和工作大解"五大目标"。

二、分兵把口,全面掀起比学赶超新高潮

领导干部要分兵把口、分工负责、亲力亲为、以上率下,带着大家干、做给大家看。

领导班子要分工负责，掀起各自为战高潮。 分工就是分责，分管就是总管。抚州市多项教育工作落后，有客观上的原因，但更多的是主观原因，突出体现在各口子工作推进调度不到位、跟踪对接不到位、督导落实不到位，这些方面分管领导是有责任的。各位班子成员要坚持分兵把口、分工负责、分头行动、分工合作，高标准完成分管工作，把自己的"责任田""自留地"种好。要坚持亲力亲为、以上率下，强化行动领导，加强协调指挥，有问题一起商量，有困难一起解决，坚决不当"原则领导"、不当"甩手掌柜"。

县区党政要守土有责，掀起县自为战高潮。 抚州教育的主战场在 13 个县区，县区教育工作的水平决定了全市的水平，也决定了抚州在全省的排位。参照省厅的做法，市局对各县区 29 项教育重点工作进行了量化排位，相关表格也发到了大家手上，请大家认真看一看、比一比。希望工作落后的县区高度重视，牢固树立创优争先意识，按照"七个聚焦""十个注重"要求，围绕"保基本、化矛盾、补短板、亮品牌、上水平"的总目标，迅速动起来、建起来、改起来、比起来，按时按要求完成化解"超大班额""一乡一园"建设等硬任务，真正做到守土有责、守土尽责。

学校领导要勇于担责，掀起校自为战高潮。 今年，市直学校和东乡、南城、黎川、乐安等县区 43 人录取北大、清华，高考成绩保持了优势；各地校园文化建设、多样化办学等工作也取得了新的成绩，值得充分肯定。希望各位校长继续保持和发扬好的做法，认真履行管校治校责任，结合学校实际，探索管理新模式，推进教育教学改革，开展校园文化建设，坚持走多样发展、特色发展、内涵发展之路，提升学校办学水平。市直学校要带头响应号召，带头加强管理，带头提升质量，加快推进三所实验学校建设，积极开展国际教育、竞赛教育、体艺特长教育，拓宽学生升学成长之路，努力在全市形成你追我赶、争先恐后、良性竞争、共同促进的良好局面。

全体干部要尽心尽责，掀起人自为战高潮。 总体上看，大部分干部工作是认真负责的，但是也有不少干部甚至科长主任做工作能推则推、能躲则躲，充当

"旁观者""裁判员""批评家""企业家"的角色;有的干部起草了一份材料,不检查不修改就给了科长,科长看也不看就签了字送给了分管领导,分管领导没有把关就签给了我,最后到我手上的材料公文格式错误、错别字很多,到处是语病,这都是人人不负责、层层不把关造成的。为此,要全党动员,号召每一名党员发挥先锋模范作用,始终冲在最前头;要全民动手,引导每一名干部结合自身岗位职责,把自己摆进去,当好"主人翁"。全体干部职工都要进一步增强责任意识、把关意识,尽心尽责,踏实工作,参与进来,担起使命,干出成绩,创先争优,真正做到"文经我手无差错,事交我办请放心"。

三、转变作风,务必打赢创先争优保卫战

面对严峻的形势,面对落后的状况,不管是对历史、对现在还是对将来,都不能消沉、不能落后,不能让历经千年积淀的教育品牌毁于一旦。

要坚定执着转作风。 今天的落后局面,问题出在作风上,出路也在作风上,要以壮士断腕的决心,坚定执着转作风。要强化宗旨意识。"全心全意为人民服务"是我们党的根本宗旨,只有坚持以人民为中心,把群众放在心上,坚持以百姓心为己心,才能更好地倾听人民的心声,才能从根本上解决作风问题。要提升人格素质。作为一名教育系统的干部,特别是党员干部,在为民服务上绝不能"心有余而力不足"。每一个党员干部都要对照合格党员标准、对照"四有"好老师标准、对照合格干部标准、对照人品人格标准,认真给自己画一张自画像。要加强学习、增进修养、提升素质,掌握过硬的为民服务本领,养成优良的为人处世品格。要养成作风自觉。从小处入手,从一个微笑开始,从一杯茶水开始,从一次基层调研开始,将身子沉下去,沉到基层和群众中去,沉到学校和师生家庭中去,将孩子读书的事当作我们的头等大事,当作我们自己的事。群众有疑难找到我们,要笑脸相迎,一把椅子、一杯热茶、一番解答;群众离开,我们把他送到门口、说声"走好"、挥手再见。只有这样,我们才能养成作风建设的良好自觉。

要求严求实抓整改。 作风问题具有强烈的顽固性和反复性,必须紧抓不放。整改要严要实。各级领导干部要切实在政治上担起责任,严格落实"三个

原则"：谁分管谁负责，谁落后谁整改，谁掉队问责谁。请大家认真对照在全省落后的 24 项工作，一项一项主动认领，从市到县到校建立台账，拿出措施，销号管理。问责要严要重。管行业、管作风必须见实效。对省厅通报的 54 项工作，要严格进行量化考核考评。下一次排名倒数前三的，要严肃追究分管领导和科室负责人的责任。要用好监督执纪利剑，对"怕慢假庸散"等作风问题实行"零容忍"。见效要好要快。只要是问题，迟早要暴露，早暴露早整改，亡羊补牢为时未晚。归总三句话，在全省排名靠后的工作，在省厅下一次工作例会上必须全面进位；被列为全市"办事最难窗口"的基教科，问题整改必须在本月底全面到位；列入全市"办事最难窗口"测评的招考办、毕就办、行审科等 7 个单位，在第二次测评中必须排名前移，不能榜上有名，更不能出现倒数三位。这是硬任务、铁任务，必须完成，必须见效。

要提升服务树形象。 办人民满意的教育，必须接受人民的评判、人民的检验，满意不满意，人民说了算。那么，人民对我们教育满意吗？很多事，也许是在"背黑锅"，但是，老百姓指责教育、批评教育，对教育的负面情绪不是没有根据的，也不是一朝一夕形成的，名目繁多的学校收费、校外补课、教辅资料，"三违"问题屡禁不止，这是客观存在的。敢问：我们的学校、我们的校长、我们的教师，真的问心无愧吗？办人民满意的教育，我们没有任何客观理由为自己鸣不平。面对老百姓的负面情绪，要做的就是深刻反省、主动担当、积极作为，转变作风树形象、化解矛盾树形象、为民便民树形象、加强宣传树形象、凝聚合力树形象，通过热心、贴心、尽心的服务，让人民群众对教育安心、舒心、放心，对我们理解、支持、帮助、点赞。要发挥长处，扬优成势，进一步创优底蕴雄厚、学在才乡的基础教育品牌，创优百花齐放、各具特色的校园文化品牌，创新异军突起、崭露头角的中小学研学实践品牌，提升教育系统形象。

四、牢记使命，全力提升人民群众的教育获得感

面对烽烟四起、风雨飘摇的严峻形势，全体干部职工要牢记历史使命，勇担时代重任，努力担当实干，变后进为先进，办好人民满意学校，当好人民满意教师，办好人民满意教育，切切实实把人民群众对教育的美好向往放在心上、落实到行动上。

要深化供给侧改革，做大教育优质资源。 今年"六一"儿童节，市委、市政府主要领导到临川十三小、市保育院走访，指出市中心城区优质教育资源短缺的问题。我们要深刻领会领导意图，大力推进教育供给侧改革，为群众提供更好更多的优质教育资源。要争取有效投入。要积极争取党委政府加大有效投入，推动发展规划优先安排教育，财政投入优先保障教育，公共资源优先满足教育落实到位。要优化规划布局。经过近一年的努力，市本级《市中心城区教育网点布局规划（2017—2030）》即将出台，规划投入 89.3 亿元，在旧城改造、新城建设、住宅小区开发和保障性住房建设中，新建、改扩建学校 87 所，积极化解学位不足的矛盾。县区要乘风借力，同步推进这项工作。要加快项目建设。前两年，因为沟通协调不够，市城区学区划分存在"盲区""空白点"，部分小区读不了书；曾巩大道周边楼房林立，凤岗河以西、王安石大道以北、迎宾大道以南、福银高速以东范围内却没有一所城区学校，怎么去奢求群众的满意？为此，要痛定思痛，大力推进临川教育集团三所实验学校、第二实验学校等教育重点项目建设，尽快启动曾巩学校和市实验学校扩建工程，确保阳光城小学和名仕小学顺利开学，扩充城区学位资源。

要深化一体化改革，做强教育协调发展。《国务院关于统筹推进县域内城乡义务教育一体化改革发展的若干意见》对推进一体化改革作出了部署，省、市也先后出台了实施意见，这既是政策的要求，更是群众的期盼，我们要切实抓好。要推进城乡一体，增强义务教育均衡力。据了解，去年抚州市全面通过义务教育基本均衡评估认定后，县区普遍存在松口气、歇歇脚、停一停的心态和行动，很多工作发生了倒退。这是很不应该的，大家还是要发扬以前好的做法，以均衡督导"回头看"为动力，落实一体化建设"四个统一、一个覆盖"要求，加大教育投入，统筹城乡义务教育发展，推动抚州市义务教育由基本均衡向优质均衡迈进。要推进普职一体，增强高中教育普及力。继续优化高中阶段教育结构，完善招生计划编制办法，提高中职招生比例，使普职招生规模大体相当，保持普职教育资源相对均衡。加强舆论引导，努力扭转"重普教、轻职教"的倾向，把职教这条短腿伸长。今年要重点推进达标中职学校建设，崇仁、宜黄、乐安、黎川四县一定要迎头赶上，确保过关。要推进强弱一体，增强城乡教育共享力。据了解，金溪、南丰、东乡等县已打造了 50 多个教育共同体、教育联盟,各地要学习推广这种做法,通过大校联小校、强校帮弱校、优质学校带薄弱学校的模式,来缩小城乡差距、缩小区域差距、缩小校际差距,不断扩大优质教育资源覆盖面。

要深化需求侧改革,做实教育各项公平。 随着城市化进程的加快,城镇居民及进城务工人数剧增,人民群众对"上好学"的期盼越来越强烈。提升人民群众满意度,就要顺应好群众这种需求,提供更多优质多样入学选择。要坚持免试就近入学。继续深入实施义务教育免试就近入学政策,推进九年一贯制对口招生;今年我们市区保育院通过电脑随机派位的方式招生,全面实现"零条子、零择校",得到了群众的认可。迟早都要做,迟做不如早做,县区要下决心走好就近入学之路,有效地把自己从"围猎"中解放出来。要精准实施教育扶贫。严格落实覆盖大中小幼的贫困学生资助政策,切实做到资助对象、标准、发放"三精准",让寒门子弟有更大机会通过教育改变命运。要加快智慧教育步伐。围绕信息化项目和"三通两平台"建设,尽快出台建设方案,落实教育城域网、智慧教育、智慧校园等建设任务,建立智慧教育指挥平台,提升智慧教育教学应用能力,以教育信息化推进优质教育资源共享共用。

要深化放管服改革,做优教育服务能力。 去年以来,市教育局下放了 2 项行政许可和 2 项其他行政权力,仅保留了"教师资格认定"这一项行政权力,进一步增强了县区和学校的办学自主权。下一步,我们还要不断深化教育行政审批制度改革,努力做到让群众"最多跑一次"甚至"一次不跑"。要进一步简政放权,督促指导学校建立健全现代学校管理制度,增强办学活力。要认真贯彻落实《民办教育促进法》、国家和省关于支持民办教育的文件要求,进一步放宽教育领域准入门槛,鼓励支持社会力量举办民办教育。对现有的民办教育机构,要加强分类管理,积极予以指导、扶持,努力把抚州教育资源优势转化成经济发展优势。

(本文系 2018 年 7 月在抚州市教育系统转变作风推进重点工作动员会上的讲话摘要)

坚决祛除党风党性上的"好人主义"

"好人"一词最早见于《诗经·魏风·葛屦》中的"要之襋之,好人服之",这时,好人是"美人"的意思。唐朝张鷟《游仙窟》中的"昨夜眼皮瞤,今朝见好人",意思是说,昨天晚上眼皮经常跳动,今天就看到美人了。隋唐时期,"好人"有了"品行端正、善良正直"的内涵。唐代段成式在《酉阳杂俎续集·贬误》中说:"丰乐不谄,是好人也。"就是说,仪表端庄大方、不谄媚献媚,是好人。到了宋代,"好人"有了"坏人"的内涵。《水浒传》第三十七回,宋江道:"惭愧!正是好人相逢,恶人远离。且得脱了这场灾难。"到了我们这一代,"做个好人"成为每个人毕生的追求。儿时,父母教导我们要做"好人";上学后,老师教育我们要做"好人";走上社会了,亲友希望我们要做"好人";参加工作了,领导教导我们要做"好人"。很多人毕生追求的口碑,无不是别人说自己是"好人",像"中国好人榜""江西好人榜"上的"好人",就是品行端正、正直善良、行为世范的先进榜样。"好人"如此美好,但"好人"后面加上"主义",就成了"好人主义"。"好人主义",没有做人原则,没有是非标准,一味说好,当"好好先生"。

一、深刻认识"好人主义"之害

"好人主义"古今中外深恶痛绝。孔子是最早批判"好人主义"的先哲,《论语·阳货》:"乡原,德之贼也。"朱子集注解释为:乡者,鄙俗之意;原,与愿同。荀子解释为:乡原,乡人之愿者也。盖其同流合污以媚于世,故在乡人之中,独以愿称。夫子以其似德非德,而反乱乎德,故以为德之贼而深恶之。可见,孔子对于乡原这类人非常反感,深恶痛绝。随后,孟子在《尽心下》这篇文章中对

"乡原"作了惟妙惟肖的描述："非之无举也,刺之无刺也;同乎流俗,合乎污世;居之似忠信,行之似廉洁,众皆悦之,自以为是,而不可与入尧舜之道,故曰'德之贼'也。"与孔子齐名的西方先哲苏格拉底有句名言："猎人利用狗来捕获兔子,而阿谀者用赞扬来捕获愚蠢者。""阿谀者"其实就是"好人主义"也。可见,"好人主义"不是今天才发现的,而是很早就被人发现并深恶痛绝的;"好人主义"也不是中国人才讨厌的,全世界都讨厌。有副对联刻画得很形象："睁眼闭眼一只眼,你好我好大家好。"横批："好人主义"。

　　"好人主义"背离党的宗旨、破坏政治生态。 我们常说"官僚主义害死人",殊不知一团和气的"好人主义"更害人,甚至比官僚主义还厉害。习近平总书记在党的十九大报告中强调,坚决防止和反对好人主义。好人主义是党内生活中的一种不良风气。一无立场、二无原则、三无底线的好人主义,实际上是侵蚀党内良好政治生态的害人主义、坏人主义。做"好人"是长辈和老师对我们的教诲,是我们每个人的道德追求;但是"好人主义"不是"好人",它钻了"好人"的空子,是腐朽思想文化的遗风,表面上你好我好大家好、"和稀泥",实际上是把个人利益凌驾于党和人民事业之上,用损害单位集体利益来换取社会上"会做人"的所谓"好名声"。"好人主义"对以权谋私、违法乱纪等损害党和人民事业的现象,视而不见、充耳不闻。"好人主义"做什么事总是先私后公、先己后人,瞻前顾后、患得患失,对改革发展漠不关心,认为做与不做、做得好与不好与自己无关。近年来,我们在推进义务教育就近入学工作中就耳闻目睹了"好人主义"的种种表演,遇到学生家长来访,要么躲闪、要么推诿,要么在背地里"看笑话"、出"鬼点子",不仅不做政策解释工作,反而在背后煽动群众情绪,给工作制造麻烦。所以说"好人主义"严重破坏党内健康的政治生态,是腐败行为的温床,是形式主义、官僚主义的温床,是不作为不担当的温床,也是我们擦亮抚州教育品牌的大敌。

　　"好人主义"败坏社会风气、贻误事业发展。 在新民主主义革命时期,毛泽东同志曾为干部队伍中存在的"好人主义"画像:一是"因为是熟人、同乡、同学、知心朋友、亲爱者、老同事、老部下,明知不对,也不同他们作原则上的争论,任其下去,求得和平和亲热,或者轻描淡写地说一顿,不彻底解决,保持一团和气",二是"事不关己,高高挂起,明知不对,少说为佳,明哲保身,但求无过"。寥寥数语,描绘出了好人主义的本质特征。党的十八大以来,习近平总书记也刻画了干部队伍中存在的"好人主义",辛辣地抨击其为"推拉门""墙头草"。"好人主义"者用庸俗的得失观看问题,用扭曲的是非观判对错,用狭隘的利害观干事业,八面玲珑、左右逢源,心中的"小算盘"算计的都是一己私利,将党和国家的需要以及人民的利益弃于脑后。"好人主义"就似"糖衣炮弹",表面甜蜜,危害巨大,"好人主义"是一种腐朽的处世哲学,是事业发展的天敌。联系这几年工作实际,对于"好人主义"贻误事业,大家都有体会。为什么"两区"建设、集团学校转型升级等几项重大改革没有达到理想效果? 比如:推进集团学校转型升级,实际效果如此之好,仍有人说三道四,总有人提出怀疑;教师编制"县管校聘"试点,前几年就提上了议事日程,但迟迟难以实施;几项教育重点工作全省排名处在"八九不离十"的尴尬境地。一个很重要的原因,就是"好人主义"之害! 不少同志奉行"好人主义",当面一套、背后一套,毫无原则、毫无担当,明哲保身、见风使舵,装聋作哑、投机取巧,削弱了我们干事创业的干劲,影响了我们坚忍不拔的斗志。由此我们要说,教书育人绝不允许"好人主义"大行其道!

"好人主义"损害同志关系、终将害人害己。"好人主义"是一种可怕的"厚黑学",误国误民,害人害己。"好人主义"者之所以不愿批评人、得罪人,是想换取"群众基础好"的"美誉",谋的是自己的升迁之路和私利,本该讲原则却变为讲人情,甚至把集体主义庸俗化为圈子帮派,把同志关系和组织关系庸俗化为利益关系和裙带关系。如果"好人主义"盛行,那么一个单位、一个地方必将在"一团和气"中错失发展机遇、损害群众利益。"老好人"用庸俗的得失观看问题,用扭曲的人际观判对错,是对同志、对组织、对党和事业的极端不负责任。当"老好人"不但帮不了人、救不了人,结果只能是害人害己。害人,是指"老好人"多了,一些原本得了"头痛感冒"等小病的同志,一些起初只是犯了"上班迟到、下班早退"等小错的同志,就会在一个又一个小病的围攻下发展成大病,就会在一次又一次小错的累积下铸成大错,乃至脱轨越界、跑偏转向,滑向违纪违规的深渊;害己,是对"老好人"本人来说,为人情所困、为私欲所累,一旦事情败露,到头来不仅人情化为乌有、面子丧失殆尽,还要受到党纪政务处分。中央《关于新形势下党内政治生活的若干准则》提出,"严肃认真提意见,满腔热情帮同志""坚决反对事不关己、高高挂起,明知不对、少说为佳的庸俗哲学和好人主义",我们要认真学习领会,切实抓好落实。各级领导干部要率先垂范,树起标杆,坚决不做"老好人"。党员干部要自觉摒弃"好人主义"思想,在大是大非前坚持原则、坚守底线,面对错误言行勇于发声、敢于斗争,坚决抵制"好人主义"庸俗作风,讲党性不讲私情,讲原则不讲关系,讲真理不讲面子,让"好人主义"无处藏身,让"老好人"没有生存的空间。

二、深入排查身边的"好人主义"问题

"好人主义"现象在很多系统、单位都存在,只是程度不同而已,教体系统也不例外。总体看,近年来全市教育体育系统作风建设铿锵有力、掷地有声、扎实有效,广大党员干部、教师职工勇于担当、埋头苦干,赢得了群众的支持和信任,得到了领导的肯定。去年,我局认真落实十项便民服务措施和六项工作纪律,干部作风明显转变,服务水平显著提升,在市纪委组织的"服务窗口"测评中情况良好,排名靠前。但也清醒地看到,目前全市教育体育系统干部队伍中还不同程度地存在形式主义官僚主义、"怕慢假庸散"等问题,特别是"好人主义"在一些干部身上表现突出,危害甚大。比如,有的人习惯说违心话、办违心事,该提醒的不提醒、该批评的不批评,奉行"多栽花、少栽刺",甚至留着人情办私事;有的人为了个人私利,上级对下级哄着、护着,下属对领导捧着、抬着,同级之间拍着、让着;有的同志在办学治校过程中,说情讨好的多,该主持的公道不主持,习惯做顺水人情,一心想当"好好先生";有的绕开领导要下面工作人员网开一面办事;有的今天说这个走,明天说那个走,当地下组织部长;有的心态阴暗,不管投什么票都是反对,自私自利,认为别人和领导也和他一样,罔顾事实;有的当面微微笑,背后使"枪炮"。如此种种,不胜枚举。还有一种普遍现象,需要引起重视。我们已经进入信息化时代、自媒体时代,网络非常发达,各种平台、各种交流工具都

有。比如微信、微博、QQ、抖音等,每个工具都有"朋友圈",每天、每时每刻都有大量的作品发布、推送,涵盖政治经济、人文历史、恋爱婚姻、教育体育、社会生活等各个方面,众多的朋友圈、海量的信息里鱼龙混杂、泥沙俱下,有些很难分辨真假好坏。但是,我们有的同志习惯于"点赞",特别是在微信朋友圈里,有的同志非常喜欢点赞,对谁的作品都点赞,对领导发的朋友圈看到就点"红心"。点赞是一种鼓励、支持和认可、认同,但是我们不禁要问:你有那么多时间去看这些朋友圈吗?你真的辨别了作品内容的真假好坏吗?自媒体时代,微信、微博、抖音等平台商业化的东西太多了,虚假的信息太多了,分辨起来太难了。个人认为,点赞不是坏事,但没有原则地点赞,也是"好人主义"的一种表现!"好人主义"无处不在、如影随形,已经到了泛滥成灾的地步了。开展"好人主义之害"解放思想大讨论,就是要坚持问题导向,着力解决队伍建设中的"政治不纯、思想不纯、组织不纯、作风不纯"等突出问题,激发广大党员干部进一步增强政治意识、党性观念,进一步增强正义感、提振精气神,进一步增强忠诚于党、忠诚人民、忠诚事业和公道正派、敢于担当的政治定力,不断筑牢全面从严治党的根基;就是要不断激发广大党员干部教师干事创业的蓬勃热情,始终做到方向不偏、干劲不减,为打造美好抚州教育、建设教育体育强市不懈努力。

三、坚决祛除党风党性上的"好人主义"

从孔子开始,"好人主义"被人们厌恶了几千年,到今天仍然大行其道、大有市场,原因林林总总、纷繁复杂。"好人主义"的种种表现以及对事业的危害、对政治生态的危害,要抽丝剥茧,深刻分析,全面整治。

高举党性之剑。 党性是共产党员的力量源泉,是党员干部立身、立业、立言、立德的基石,包括政治修养、宗旨观念、优良作风、纪律观念和道德修养。防止和纠治"好人主义",就是要把讲党性突出出来。要坚定政治立场。粉碎"四人帮"之后,党内曾出现了"两个凡是"的思想,邓小平同志坚决反对,提出"我们必须世世代代地用准确的完整的毛泽东思想来指导我们全党、全军和全国人民。"邓小平同志在全党开展真理标准大讨论,确立了"实事求是"的思想路线,保持正确的政治方向。党员干部就是要学习小平同志这种坚定的政治立场,不断用理论武装自己的头脑,善于从习近平总书记关于从严治党、依法治国的一系列重要论述中,特别是在落实"两学一做"学习教育常态化制度化过程中,感悟总书记在党言党、在党忧党、在党为党的崇高政治品质,感悟总书记的殷切期望和教诲,感悟新常态对党员干部的严要求和新标准,自觉站在对党的事业负责的高度,强化党性观念,践行党性要求。要严肃政治生活。东汉王粲在《仿连珠》中说:"观于明镜,则瑕疵不滞于躯;听于直言,则过行不累乎身。"意思是用明亮的镜子照自己,污垢就不会长时间留在身上;听取直率的批评,错误的行为便能够及时改正。延安整风运动为什么取得那么好的效果?毛泽东同志有一个分析,就是因为开展了正确而不是歪曲的、认真而不是敷衍的批评和自我批评,切实增强了组织生活的原则性。习近平总书记指出:"严肃党内政治生活是全面从严治党的基础。党要管党,首先要从党内政治生活管起;从严治党,首先要从党内政治生活严起。"我们要切实转变观念,扎实开好民主生活会,特别是在对照检查和批评与自我批评时,要自觉纠正把党内积极的思想斗争看成内耗、看作班子不团结,甚至是争名利、争地位的思想偏差,敢于"真刀真枪"剖析自己、帮助同志,切实解决批评难、难批评的问题,真正做到"关起门来各抒己见,打开门来一个声音"。克服"好人主义",进行批评和自我批评需要党性和勇气,如果每个同志都不遮遮掩掩,敢于自我揭短亮丑,别人就没有"只表扬不批评""只说建议不说意见"的余地,想做"好人主义"、想当"好好先生"都没有机会。要厚植民主情怀。党的根基在人民、血脉在人民、力量在人民。党员干部只有牢固树立全心全意为人民服务的宗旨观念,始终把党和人民的利益摆在第一位,坚持以人为本,致力于发展好最广大人民的根本利益,把人民的愿望和需求作为决策的根本依据,自觉做到权为民所用、情为民所系、利为民所谋,多办顺民意、解民忧、增民利的实事,任何阿谀奉承、讨好卖乖都不起作用,"好人主义"想挤都挤不进来。

涵养德性之势。 "好人主义"既然是"德之贼",就要用"德"来纠治它、战胜它。晏殊是抚州先贤,北宋宰相,一生诚实、诚恳,从不弄虚作假、阿谀奉承,对同僚错误言行总能直言不讳地批评指正,为世人所称道。当年北宋有两大神童,一个是福建福清的蔡伯俙,一个就是抚州的晏殊。蔡伯俙3岁入京参加童子试,被宋真宗钦点为进士,入宫做太子赵祯的伴读。晏殊14岁以神童赐进士入宫伴读。两个人都是以神童身份陪太子赵祯伴读。论才华,两个人不相上下,蔡伯俙甚至略胜一筹,他3岁就被钦点为进士。然而,赵祯(宋仁宗)登基称帝后,晏殊官至兵部尚书、副宰相、宰相,而蔡伯俙到死也只是司农卿,一个主管农业的官员。相比之下,蔡伯俙觉得委屈和不解,他认为,自己陪读比晏殊早,抄作业、写作文、弄虚作假、什么调皮捣蛋的事都帮赵祯干,怎么当了皇帝就不提拔重用我呢?于是,他找宋仁宗论理。宋仁宗说:"我以前年纪小整日胡闹,你也跟着我胡闹,可如今我当了皇帝,才知道晏殊的做法是对的,晏殊有才有德,而你有才无德!"听仁宗这样说,蔡伯俙自然无地自容。蔡伯俙的做法就是典型的"好人主义",吃亏也是吃在"好人主义"上。相比之下,再看看晏殊如何诚实:他14岁入京殿试,看到试题正是自己学过的,要求考官另行出题,结果仍然考出好成绩。他做赵祯伴读时,有一次宋真宗来检查赵祯作业,发现作文根本不是赵祯写的,就问三个人情况。晏殊坦言是蔡伯俙代写的,他阻止无效。做官后,同僚经常到外面吃喝玩乐,晏殊关门读书。仁宗问他为什么不出去玩,晏殊回答说,家里经济条件差,如果像其他人家里条件那么好,他也会出去吃喝。他说的是真话,真宗欣赏他的诚实,一路提拔重用。还有王安石,也是以才华和诚实实干著称的抚州先贤。他因为说真话、办实事触及了既得利益群体的利益,得罪了不少人,但他的人品、才华和改革精神令他的政敌敬仰,彪炳千古。抚州自古圣贤辈出,作为党员干部,我们应该学习先贤敢讲真话、能办实事的精神,用实事求是的精神和人格魅力去影响、纠治身边的"好人主义"。不断加强思想改造,始终保持一身正气,光明磊落做人,干干净净做事,敢于同"好人主义"作斗争,勇于纠正身边同志的错误。要努力培育坚持原则、敢于碰硬、勇于担当、较真务实、仗义执言的政治品质,自觉摒弃精于算计、八面玲珑的滑头心态,摒弃说功实、做功虚的漂浮作风,摒弃不讲原则、只讲人情的不良风气。

彰显理性之光。"好人主义"已有几千年历史,为何今天仍大行其道?原因在哪里?说明滋生"好人主义"的土壤很厚,"好人主义"的市场很广。纠治

"好人主义"，制度是根本，智慧也很重要。《邹忌讽齐王纳谏》记述，邹忌是战国时齐国人，善鼓琴，有辩才，曾任齐相。邹忌身高一米八，形象外貌光艳美丽。早晨，邹忌穿戴好衣帽，照了一下镜子，问他妻子："我和城北徐公比，谁更帅？"妻子说："您非常帅，徐公怎么能比得上您呢？"事实上，城北徐公是齐国著名的美男子。邹忌不相信自己比徐公美，又去问妾："我和徐公相比，谁更帅？"妾说："徐公哪能比得上您呢？"第二天，有客人从外面来拜访，邹忌与他相坐而谈，问他："我和徐公比，谁更帅？"客人说："徐公不如您帅。"后来有一天，徐公来了，邹忌仔细地打量着他，自己认为不如徐公帅，照着镜子里的自己，更是觉得自己与徐公相差甚远。傍晚，他躺在床上想这件事，终于明白了："我的妻子赞美我漂亮，是偏爱我；我的妾赞美我美，是害怕我；客人赞美我美，是有事要求于我。"后来，邹忌上朝拜见齐威王，说："我知道自己确实比不上徐公美。可是我的妻子偏爱我，我的妾害怕我，我的客人有事求助于我，所以他们都认为我比徐公美。如今齐国有方圆千里的疆土，一百二十座城池，宫中的姬妾及身边的近臣，没有一个不偏爱大王的，朝中的大臣没有一个不惧怕大王的，全国范围内的百姓没有一个不有事想求助于大王。由此看来，大王您受到的蒙蔽太严重了！"齐威王听后说："非常好！"于是下令："大小的官吏，大臣和百姓们，能够当面批评我的过错的人，给予上等奖赏；上书直言规劝我的人，给予中等奖赏；能够在众人集聚的公共场所指责议论我的过失，并传到我耳朵里的人，给予下等奖赏。"齐威王开门纳谏，国家经济社会快速健康发展，燕、赵、韩、魏等国听说了这件事，都到齐国朝拜齐威王。这就是所说的在朝廷之中不战自胜。反过来看看我们周围，不知从什么时候起，无论是说自己还是说别人缺点，似乎成了一件很难办、很纠结和很尴尬的事情。不少人或避重就轻、隔靴搔痒，或旁敲侧击、声东击西，总喜欢把缺点说得很巧妙、婉转和艺术，好比"思想按摩"，让人听得舒服、易于接受，于是出现了"自我批评谈情况，相互批评提希望"的尴尬现象，就是表面上讲缺点，实际上变着法子表扬，拐着弯兜售优点。比如，讲某个同志缺点时，说他"加班太多不注意身体""平时太顾工作，家里照顾太少""一心扑在工作上，锻炼身体不够"等等，只要凑足了"批评不少于2~3条"就够了。其实这种批评一坑同志，二

败风气。从很多警示案例中看到,近些年一些落马者感慨,倘若当初有人及时指出自己身上的缺点,就不至于愈演愈烈、身陷囹圄、身败名裂。所以,自知之明,百毒不侵! 对于形形色色的"好人主义",我们要像邹忌那样有自知之明,别人再怎么阿谀奉承,"好人主义"的招数再多,都损害不了我们。

蓄积刚性之威。 习近平总书记严肃指出,"遵守党的纪律是无条件的"。在党的纪律和规矩面前,党组织和党员干部无特殊、无例外,必须无条件遵照执行;否则,再好的制度也会成为纸老虎、稻草人。"好人主义"多半是"腐败主义",什么都说好,就是忽视党纪国法的好。古往今来,贪污腐败分子几乎都是在权钱色利面前意志不坚、小错铸成大错的人。《红楼梦》中智通寺有一副对联:"身后有余忘缩手,眼前无路想回头。"说的是积累了下辈子也花不完的财富,但还是贪得无厌,不肯收手,等到走投无路之时想回头,却为时已晚。这副对联恰好对应了王熙凤的结局。王熙凤是个什么人物? 她是贾府的大管家,伶牙俐齿、八面玲珑,把"老太太"和周围的人哄得团团转,在贾府算得上一个典型的"好人主义"者。她生于名门望族王家,嫁到声势显赫的贾家,成为大权独揽的琏二奶奶,有财富有地位,衣食无忧,却还是贪得无厌,拼命敛财。王熙凤利用月钱私放高利贷,一年给自己挣回上千两利钱。自从弄权铁槛寺,坐收三千两银子之后,更加肆无忌惮,借贾琏的名义包揽官司,从中收受贿赂,李纨说王熙凤"专会打细算盘分斤拨两,天下人都被你算计了去"。结果机关算尽太聪明,反误了卿卿性命,最后被丈夫休弃,银铛入狱,苦心经营的一切化为云烟,连女儿巧姐儿都沦落到妓院去了,最后还是穷人刘姥姥帮她把女儿赎了出来。这副对联是对王熙凤的警醒,也是对天下人的当头棒喝,"贪"是苦海,必须及时回头。在今天的现实生活中,但凡有一份稳定工作,都是"身后有余"之人,不仅要谨记"缩手",更要"莫伸手",一旦伸手就缩不回来了,眼前就没有"回头路"了。反对和纠治"好人主义",要遵守刚性的党纪国法,更要蓄积我们自身的刚性,淬炼百毒不侵的钢铁意志。要坚持挺纪在前,抓早抓小、防早防小,惩治腐败"零容忍",执纪问责"零放过"。"抓早",就要把纪律防线设置到党员干部履职用权的第一道关口,发现线索及时追踪分析,出现苗头及时提醒警示,把问题消灭在萌芽状

态,避免滑向违纪违法的深渊,避免对党组织造成更大伤害。"抓小",就是有错及时纠,有"病"及时治,特别是对于违反中央"八项规定"的"微腐败""假日病",要严厉执纪问责,决不姑息迁就,使其"破纪"之初就付出代价,避免"温水煮青蛙",小节诱发失节,小事酿成大祸,"苍蝇"变成"老虎"。"看书须放开眼孔,做人要立定脚跟。"读书一定要放开眼界,胸怀宽广;做人一定要站稳立场,把握原则。读书人如果目光狭隘短浅,只晓文字,不通其理,肯定学不到真正知识。真正的学者能融会贯通,举一反三,从而灵活掌握,求得真知。读书如登山,只有站得高的人,才能领略到远处美丽的风景。做人一定要坚定自己的立场和信念,不可随波逐浪,没有主见。人一旦失去了主心骨,就容易像墙头草一样左右摇摆,不知何去何从,甚至在别人的诱惑下误入歧途走上邪路。只有坚守立场,正确地判断是非,才能发挥自己的聪明才智,书写光辉的人生。

（本文系 2020 年 8 月就"好人主义"之害专题为抚州市教育体育系统领导干部上党课讲稿摘要）

拷问灵魂　问进事业

今天这个专题讨论会，既务虚又务实，拉开了"三问"大讨论的序幕。现在的关键是，要坚持问题导向，围绕讨论中梳理形成的问题，开展调查研究，找出问题原因，提出解决办法。要按照"三问"要求，从分管、分工和岗位实际出发，采取自问自答的形式，通过问领导、问同事、问自己，找到差距、原因和出路，在"三问"中统一思想，在"三问"中解放思想，在"三问"中凝聚力量，在"三问"中转变作风，在"三问"中加快发展、推动事业。

如何提高"三问"质量？我认为，要从方式、方法、目标、战术四个维度来深刻把握。

从方式上看，至少有四种问法。 **一是询问。** 这是比较客气的问法，有了解情况、咨询问题的意图，也有提醒、督促工作的功能。比如，最近我多次询问原体育局同志，过来后感觉怎么样？机关文化是否适应？有什么建议和要求？他们坦诚地与我交流，肯定了机关作风、文化生态和管理效能，也指出了机关工作存在苦乐不均、职能没有完全融合、感情没有完全融洽等问题，给我传递了很多信息，获得了很多启示。又如，当我了解某项工作进展比较缓慢的时候，没有直接提出批评，而是采取询问的方式，提醒督促引起重视，收到了很好的效果。**二是追问。** 当询问督促没有引起重视、作风没有改变、工作没有进展时，可转换口气、加重语气，采取追问的方式，问一问责任人在履行责任的过程中做了什么，为什么是这种状况，什么时候能改变状况。追问虽然不是直接批评，但能起到不怒而威的批评效果。这种方式既提醒责任人工作瑕疵，更恰到好处地让责任人在认识错误中适度自责、改过自新。**三是拷问。** 拷问的原意是拷打审问，出自

《魏书》:"自今月至明年孟夏,不听拷问罪人。"后泛化到文学意义和管理学范畴,一般泛指包含着严厉、严肃、严苛性批评的诘问,如文学意义上的拷问历史、拷问灵魂和管理学范畴上的拷问部下、拷问自己、拷问对方等。在现实生活中,拷问对象包括自己和别人。拷问自己,是指当事人认识到某一思想行为非常错、感到非常后悔,而进行认真反思、深刻检讨、坚决改正的过程。拷问别人,主要是指组织发现管理对象思想行为偏离制度轨迹、严重影响工作、造成很大损失,而对管理对象进行的严厉批评。拷问是一门艺术,作为一名领导干部,既要学会采用拷问的办法激发管理权威、提升管理效能,也要经常严肃地、审慎地拷问自己,在自我检讨中提升领导能力。**四是责问。** 通常是指为追究失责人的责任,而用责备的口气发出的质问。责问分为批评性"责问"和问责性"责问"。批评性"责问",是指领导因为对某一项工作很不满意,而当面向当事人提出的批评性质问。问责性"责问",是指当事人因为工作履责没有到位,给单位、大局造成不良影响,甚至严重后果,组织依据相关法纪在启动问责程序时,对当事人提出的质问式批评和纪律处分。责问是管理的有效工具,领导干部要科学把握"责问"的两种形态,发扬斗争精神,运用"责问"工具推进事业发展。

从方法上讲,要做好"五问"。 **一是问"心"。** 每一个同志都要扪心自问,自己的政治觉悟、思想境界、发展思路、纪律作风、群众观念、工作成效、勤政廉政是否达到了党员干部的要求,是否在思想灵魂深处坚定"四个自信"、强化"四个意识"、做到"两个维护",是否在思想上政治上行动上与以习近平同志为核心的党中央保持高度一致。要通过问心灵、问内心、问良心,找到找准自己各方面的差距,坚持问题导向,纠正偏差,校准方向,跟上步伐,提速前进,做到问心无愧、问心无悔。**二是问"脑"。** 要开动脑筋,充分发挥自己的主观能动性,认真调查研究,深入梳理思考,在脑海深处问一问,我们的工作思路和举措是否符合实际,有没有围绕中心、服务大局、改进作风、推进事业的更好的办法手段。通过问"脑",找到落后的原因、改进的途径、前进的方向、进步的动力、创先的办法、争优的手段。**三是问"手"。** 要深刻反思,看看自己身上是否存在"手短"和"手长"的问题。"手短"就是手上没有功夫,缺少站前列、下一线的操作能力,没有做给群众看、带着大家干的真本领。这些同志只会当"领导",不会搞"施工",对上级唯唯诺诺,对部下吆五喝六。工作心中无数,材料别人写、讲话自己念,部下请示说去问领导,领导过问说去问部下,甘当典型的"二传手",脚踩西瓜皮滑到哪里算哪里。因为"手短",这些领导办事不能服众,威信立不起来,工作推不开来。"手长"就是把利益之手伸得过长,凡事看利益,无利不起早。把分管领域当成"自留地",随意栽种收割,巧取豪夺。把分工协作看成按劳取酬,有利就协作,无利不见面。因为"手长",这些领导常常越过纪律的边界,甚至贪污受贿,走上犯罪的道路。要通过问"手",严肃治理"手短"和"手长"的问题,提升干部本领,纯洁干部队伍。**四是问"脚"。** 要深入排查,自己的工作作风是不是脚踏实地,脚往基层走了多少地方,脚下有多少探索的痕迹,脚上沾了多少一线的泥土,脚跟是否看到困难就发抖,想问题、出主意、做决策、抓落实有没有主观臆断、随意拍板、不切实际的现象。要通过问"脚",做到决策有调研、基层有朋友、手中有典型、胸中有成竹、解剖有麻雀、工作有载体、运转有机制,把实事求是的思想路线、调查研究的方法贯穿于整个工作过程。**五是问"责"。** 要切实盘点,自己的公民义务是否尽责到位,党员作用是否发挥到位,岗位职责是否履行到位,领导职责是否分兵把口到位,协作交流是否出力到位,响应号召是否执行到位,服务大局是否支持到位,令行禁止是否落实到位。通过上下左右、纵横交错地问"责",问出事业心责任感,问出创先争优的氛围,问出欣欣向荣的事业。

从目标上讲,要做到"三问"。 一是问差距。 我们的工作有哪些差距,可以从三个维度来分析。第一,别人怎么评价。目前全省高质量发展考评、四套班子对市直单位打分、市纪委政风行风考评、省厅半年工作调度都反映当前抚州市教育体育运行存在不少问题,有的工作还比较落后,令我们十分汗颜。第二,自己怎么看。至少有两个维度。先看"两区"建设,全国中小学教育质量综合评价实验区、省级基础教育综合改革试验区虽然启动了不少项目试点,有了阶段性成果,但进展比较缓慢,狠抓落实不够;再看"教育之乡"传承,许多历史长板变成了工作的短板,擦亮教育品牌遭受前所未有的压力。第三,领导怎么点评。许多领导认为,教体合并后综合治理能力有待提高。综合分析以上三个维度,大家不难看出,我们已经面临许多严峻形势,需要引起高度重视。**二是问原因。** 我感到,至少有以下几个方面要引起高度重视:危机感、责任感、使命感不强。我们长期在"才子之乡""教育之乡"的荣誉下工作,看到的是高考年年拿第一,听到的是外地来参观的一片赞扬声,享受的是老百姓给予教育人的荣耀。由于基础扎实,用常规的办法工作也能取得很好的成绩,居安思危不够,特别是进入新常态、新时代后,如何适应教育宏观政策变化、发展公平而有质量的教育,没有从战略上有效应对。驾驭协调能力不足。从我自己来讲,经过五六年教育行业的"打磨",深感"边际效益递减",从过去协调各方的市委办公室主任到现在"磨破嘴皮、想破头皮、踏破鞋底"的部门领导,许多坚定的信心在无效的协调中弄得身心疲惫,工作效率不如以前。从班子来讲,面对现实困难,许多同志不愿协调、不会协调、不去协调,工作效果智能减弱。分兵把口不力。突出表现为:只分兵不把口。科室职能边界分得过清,一点工作斤斤计较,领导对分管工作不统筹、不把口,任由科室脚踩西瓜皮滑到哪里算哪里。只分管不把关。一个材料,科员起草后送给科长,科长不把关签个字到了分管领导,分管领导也不把关签个字就到了我这里,这中间谁也没有把关,我成了专业校对手和把关员。只部署不收官。很多同志只抓工作部署不抓工作落实,只求开场不问结果。科室工作疲于应付。不会"弹钢琴",泥一脚水一脚,只知跟着领导脚步走,不知把握工作主导权;不会抓重点,常常是捡到芝麻丢掉西瓜;不会搞协调,出现一点点事,要么推给分管领导,要么直接找主要领导,既没有担当也不会处事。学校创新缺乏动力。市直学校干劲不如县区学校,校园文化不如基层学校。华东师大专家参观临川一中后开玩笑说道:"你们实在太谦虚了,我在学校转了半天,一点真经也没取到。"干部作风不严不实。议论型多,实干型少。局里作出决定,会上不说,但一离开会议室就不负责任地议论。单干型多,合作型少。干部之间我行我素,都想搞"独立王国",不肯合作,不愿合作。享受型多,担当型少。工作不沾边,待遇天天争,困难拿不起,利益放不下。内向型多,阳光型少。思想不阳光,心里不透明,对人设城墙,凡事都存档。**三是问出路。** 出路在哪里?从战略上讲,我有几个观点,与大家共勉。第一,结果最能说明问题。黑格尔讲,一切中介都会消失在结果之中。马克思说,中介只是一个统计的过程、只是一个跳板,最终要看的是结果。现在的问题是，虽然大家很努力，过程很辛苦甚至很精彩，但考评结果却多方面落后，所有的过程精彩都被一纸"通报"洗刷得荡然无存，所有的"苦劳"都被领导批评得没有一点"功劳"。这就启示我们，凡事看结果，时刻盯结果，要以结果为导向引导干事创业、激励选人用人。第二，摆平就是水平。客观地看，我们许多考评落后，不是输在工作，而是输在协调；不是输在"路上"，而是输在了"终点"；不是输在"干劲"，而是输在"韧劲"。这就告诉我们，做工作不仅要有水平，有时候更要能够摆平。每一个同志特别是班子成员，要学会在"摆平"中提升水平，在"摆平"中推进事业。第三，减少"挤出效应"。经济学上有"挤入效应"和"挤出效应"。"挤入效应"是指政府支出增加，创造了良好的私人投资条件，从而引入更多的私人投资的现象。"挤出效应"是指政府支出增加所引起的私人消费或投资降低的效果。如果把政策比作支出，大家要学会运用政策抢抓机遇，增强"挤入效应"，推进事业发展，而不应该对政策变化无所适从、随波逐流，形成"挤出效应"，影响事业发展。第四，不换思想就换人。反观考评落后的原因，有许多人为的因素，一个突出的问题就是跟踪协调不力，这是缺乏事业心责任感的表现，如果任由这样的同志风平浪静地占据重要位置，工作就会从失败走向失败，甚至出现恶性循环，那么对不起，只有不换思想就换人，让那些有干劲、有闯劲、有韧劲的人来推进事业。

从战术上讲，要做到问心无愧，问脑有计，问手有技，问脚有步，问责有力。 **一要提高政治站位。** 要在坚定"四个自信"、强化"四个意识"、做到"两个维护"的前提下，增强四个具体意识。增强认领意识。班子成员、科室负责人要主动来认领矛盾困难，搞好局部支持全局。增强对标意识。坚持问题导向，补齐各项短板，跟上时代步伐，跟进标兵脚步。增强出路意识。在四面楚歌、兵临城下的现实中找到擦亮教育体育品牌的根本出路。增强创先意识。进一步弘扬"大系统、大作为、大争先"的精神，知耻后勇，奋力争先。**二要做好重点工作。**毛主席讲"唤起工农千百万"，邓小平说"不干半点马克思主义都没有"，习近平总书记讲"中华民族的伟大复兴，绝不是轻轻松松、敲锣打鼓就能实现的"。当前学前教育普及、义务教育均衡、高中教育特色、职业教育对接、高等教育突破、体育工作提升、服务能力增强都是难啃的硬骨头，我们唯有苦干巧干加实干，才能化解不平衡不充分的矛盾,才能办出公平而有质量的教育,才能提升传统竞技体育水平,才能摆脱"八九不离十"的考评现状。**三要提高综合素质。** 要提升学习能力。面对本领恐慌,唯有加强学习,才能适应领导工作需要。加强学习最重要的是提升学习方法和能力,真正学懂弄通做实习近平新时代中国特色社会主义思想,把握其立场、观点、方法,用学习能力保障工作能力,用学习成果推进事业发展。要提升业务能力。每一位领导者都要下狠功夫认真钻研业务方针政策、业务知识、业务发展趋势,做工作的行家里手。要提升抓落实能力。抓落实既是领导方法,又是工作能力,要扑下身子抓落实、挺起胸膛抓落实、跟踪问效抓落实、落地落细抓落实,紧紧抓住后半程、最后一公里的关键环节,不见石头落地不松手,不见最后成果不罢休。**四要优化干部人员。** 市委对教体系统的班子建设十分重视,正在考虑调整优化局校班子,增强领导工作战斗力。工委也在谋划科室负责人配备问题,总的原则是德才兼备、量才使用、鼓励干事创业,让那些能干事、会干事、干成事、不出事的干部有舞台有位子,让那些只当评论员不当运动员的干部远离重要岗位。**五要优化体制机制。** 建立市直学校考评机制。引导学校围绕办好人民满意教育,把牢社会主义办学方向,落实立德树人根本任务,加强学校党的建设,开展创先争优活动,提升办学治校水平,增强学校工作运行活力。建立学生竞赛工作机制。适应北大、清华等重点高校自主招生要求,引导抚州一中、临川一中、临川二中和部分县区高中恢复建立参加全国竞赛机制,培养教练员队伍,拓宽优秀人才输出通道。建立综合考评预警机制。由督导室牵头,有关科室参与,了解综合考评进展动态,分析研判工作形势,及早发现差距矛盾,对短板弱项进行预警监测,采取有效措施进行动态干预,提升工作水平,提高考评效果。强化督导机制。加强督导条例宣传,完善督政督学机制,配强专兼督导队伍,坚持督政督学结合、督导督查并重,抓好挂牌督学运行,用好督导成果,提升督导权威。建立工作激励机制。以综合考评、单项考评、业务考评和科室考评为基本依据,建立正负激励两个机制,开展评先、评优、评差、评后工作,作为干部使用主要依据,鼓励争先创优,鞭策落后前进。

(本文系 2019 年 3 月在抚州市教育体育局解放思想"三问"专题讨论会上的讲话摘要)

让法治意识在学生心中生根发芽

抚州是闻名全国的才子之乡、教育之乡,基础教育领先全省,法治教育方面也有很多成功的经验。"六五"普法期间,抚州市教育局创新工作举措,抓好制度建设的同时,推行简政放权,通过典型引路不断提高教师的法治观念和法律责任,深入开展"校家同创"推进法治教育,为学校营造了安全稳定、风清气正的教学环境。

2016 年,"七五"普法正式拉开序幕,抚州市教育局将如何落实全省教育系统"七五"普法规划、加强青少年法治教育? 近日,本报记者专访了抚州市教育局局长吴建发。据吴建发介绍,"七五"普法期间,抚州市教育局将创新工作理念,创新工作方法,开展一系列有效的法治宣传活动,让法治意识在每一个青少年学生心中生根发芽、茁壮成长。

紧贴教育中心工作抓普法

《新法制报》:抚州是闻名全国的才子之乡、教育之乡,基础教育领先全省,法治教育方面也有很多成功的经验。请您介绍一下抚州市教育系统在"六五"普法期间有哪些较好的做法? 如何深入推进依法治教工作?

吴建发:加强青少年法治教育是实施依法治国方略的必然要求,是推进素质教育的重要内容,也是学校法治教育现状的迫切需要。"六五"期间,我们创新举措,深入推进法治教育和依法治教,取得了一些经验,为学校营造了安全稳定、风清气正的教学环境。

简政放权推进依法治教。严格执行《教育法》《教师法》《义务教育法》等法律法规,按照"法无授权不可为"和"法定职责必须为"的原则管好、办好教育。大力推进简政放权,加强教育系统权力清单、责任清单、负面清单和政务服务网等"三单一网"建设,做好审批权限下放后的教育管理和服务工作,保障工作不脱节、服务不脱节。大力治理教育"三乱",对乱补课、乱收费、乱订教辅资料等"三乱"行为实施"零容忍",全市各级各类学校教学环境风清气正。

抓好制度建设推进依法治校。强化依法治校观念,加强民主管理,不断完善教职工代表大会制度,全面实行党务校务公开制度。在招生、财务、物资采购、基建等方面全面实行信息公开,全面落实民主管理、民主参与、民主监督。制定和完善学校章程,强化学校内部治理结构,建立现代学校管理制度。在"五名工程"创建工作中,组织开展"依法治校示范校"创建活动,打造了一批有影响的"依法治校示范校"。

典型引路推进依法治教。健全师德考核机制,加强师德师风教育,广泛开展优秀教师、优秀教育工作者、师德标兵、最美乡村教师等评选活动,通过典型宣传,引导广大教师转变观念,尊重法律,带头遵法守法,认真履行教书育人职责,爱岗敬业、关爱学生,形成良好的教风、学风。加强教师队伍的法治教育和能力培训,提高教师的法治观念和法律责任。加强对任课教师、班主任、法治副校长进行法律知识培训和考核,使教师在教书育人、依法办事方面起表率作用。

"校家同创"推进法治教育。丰富"校家同创"内涵,深入总结"校家同创"德育工程和"千师访万家"工作经验,把法治宣传教育列入"校家同创"和教师家访重要内容,进一步加强校外法治教育基地的建设,沟通学校和家庭、社会的联系渠道,争取得到家长和社会各界有识之士的广泛理解、帮助、参与和支持,使学生在实践活动中增强法治意识。

引导学校探索适合校情的普法新路子

《新法制报》:《江西省教育系统开展法治宣传教育第七个五年规划(2016—2020 年)》已出台,这是我省教育系统法治宣传教育的一个新起点。请您谈谈抚州市教育系统将如何实施"七五"普法规划?

吴建发：我们将从三个方面着手，抓好贯彻落实。首先，确保机构设置、规划制度、法治宣传"三个到位"。学校成立青少年法治宣传教育工作领导小组，明确校长担任领导小组组长。中心小学以上学校必须聘请法治副校长，形成齐抓共管的组织领导机制。与此同时，学校制订青少年法治宣传教育工作规划，校长与班主任签订目标管理责任书，深入开展系列法治宣传活动，确保青少年法治宣传教育工作落到实处。

抓好学校法治教育、社会法治教育、家庭法治教育的"三支队伍"。学校领导干部带头学法、懂法、用法、守法，处处做遵纪守法的模范，处处做维护学校和师生合法权益的"守护神"。广大教职员工在学生面前充分发挥为人师表的表率作用，通过自己的日常言行和课堂教学渗透法制教育的内容，履行教书育人的使命。积极开展"警—校"共建工作，邀请法治副校长、法治辅导员以及公安、司法、交通和法律等部门的专业人士，参与制订学校法治教育计划，定期或不定期对学生举办法治教育讲座。扎实推进"校家同创"。学校保持与学生家长的经常性联系，提高他们配合学校法治教育的能力，努力形成校内与校外相互配合，学校、社会、家庭"三位一体"的法治教育网络体系。

与此同时，我们将以抚州市实验学校为试点，组织开展法治教育现场观摩活动，引导全市学校探索适合校情的普法工作新路子。通过经常性巡回督查、组织成员单位相互检查等，推动中小学生法治宣传教育工作深入开展。学校还可以利用团队活动、国旗下讲话、主题班会等时机，借助班级黑板报、法治专栏、校园广播、橱窗等阵地，采取开展知识竞赛、举办图片展览、播放法治录像、组织法治讨论会、撰写法治教育心得体会、举行"法律知识"有奖征文、观看法治教育影片等形式，对学生进行生动、直观的法治教育。

抓好"四个结合"加强青少年法治教育

《新法制报》：今年7月份，教育部、司法部和全国普法办联合印发了《青少年法治教育大纲》，对青少年法治教育提出了新的更高要求。请您结合抚州实际，谈谈如何充分发挥学校主渠道作用加强青少年法治教育。

吴建发：抚州市共有各级各类学校 1 800 余所，因此，开展青少年法治教育，学校是主阵地。我们将紧密结合《青少年法治教育大纲》，坚持用改革的思路和办法，不断探索青少年法治宣传教育工作的新渠道和新方法，抓好"四个结合"。

抓好法治教育与日常规范结合。注重学生的养成教育，加强学生日常行为规范等的学习和训练，引导学生自我防范、防微杜渐，养成良好行为习惯。

抓好法治教育与课堂教学结合。我们组织编写了《廉洁修身教育》《品读临川文化》系列读本，在全市各级各类学校免费发放，将法治教育渗透其中。我们还将适时组织编写青少年法治教育市本教材，扎实推进"法治教育进课堂、法律知识进头脑"。

抓好法治教育与实践活动结合。让学生在丰富多彩的负责活动中学法、懂法、守法。引导学校紧密围绕"教、听、看、读、写、赛"开展系列法治教育活动：教，将法治教育渗透课程教学；听，聆听法治教育专题报告；看，观看法治教育专题片；读，组织学生阅读法治教育书刊；写，举办法治教育征文活动；赛，开展负责教育的知识竞赛。

抓好法治教育与心理健康教育结合。青少年时期是学生品德、个性、人生观等形成的关键时期，容易产生各种心理问题，如不及时解决，就可能"惹麻烦"，甚至酿成不测。我们将在全市学校逐步配备专、兼职心理教师，设立心理咨询室、心理咨询箱，利用"千师访万家"活动等，及时对学生出现的问题给予心理辅导。

把法治宣传植入各项工作提升实效

《新法制报》：法治宣传教育是推进依法治国、建设社会主义法治国家的一项重要的基础性工作。请您谈谈抚州在创新法治宣传教育形式，丰富法治宣传教育内涵，提升法治宣传工作实效方面有哪些新思考？

吴建发：推进教育系统法治教育，宣传起着引领、引导的重要作用。抚州有悠久的历史、深厚的文化底蕴、厚重的红色基因，我们将运用这些优势，创新形式、丰富内涵、提升实效。

创新工作理念,贴近抚州教育和学校工作实际,贴近教职员工所需,贴近青少年学生学习生活,深入开展法治宣传教育,增强全市教育系统法治信仰。同时,创新方式方法,将法治宣传教育与抚州古色文化、绿色文化、红色文化紧密融合,坚持学校课堂讲授与社会第二课堂教育相结合,集中教育与经常性教育相结合,各年级各学段重点突出与系统培养有序衔接相结合。增强法治宣传教育的精准性、有效性,增强法治宣传教育的灵活性、多样性,增强法治宣传教育的生动性、趣味性,让法治意识在每一个青少年学生心中生根发芽、茁壮成长。

创新载体阵地,进一步落实"法律进学校"工作标准,加强学校第一课堂的阵地建设;充分运用新媒体新技术,推进"互联网+法治宣传"行动,建立线上与线下相融合的法治宣传教育公共平台。研究引领创新。充分发挥教育部门和学校专家学者集中的资源优势,加强对青少年法治教育研究,探索和把握规律,用研究成果引领法治宣传教育创新。把法治宣传植入"五名工程"创建、"千名教师访万家"、"优秀教师巡回报告会"以及党委中心组学习、每周调度会等已建立的工作机制当中,丰富宣传教育内涵,提升宣传教育实效。

(本文系 2016 年接受《新法制报》专访文稿)

深入推进作风建设　促进教育发展升级

党的十八大以来,习近平总书记发表了一系列治国理政重要讲话,多次前往革命老区、贫困地区看望慰问群众,到深圳视察轻车简从,在庆丰包子铺排队买包子,这些都是对广大党员干部的言传身教,目的是教育大家不忘优良传统,不忘艰苦朴素、勤俭节约,亲民爱民,做人民的公仆。唐朝贞观时期,唐太宗李世民写了一篇《百字箴》:"耕夫碌碌,多无隔夜之粮;织女波波,少有御寒之衣。日食三餐,当思农夫之苦;身穿一缕,每念织女之劳。寸丝千命,匙饭百鞭;无功受禄,寝食不安。交有德之朋,绝无益之友;取本分之财,戒无名之酒。常怀克己之心,闭却是非之口。若能依朕斯言,富贵功名可久。"短短的一百来字,提醒、告诫臣子不忘劳动本色,保持勤俭作风。只有做到慎言、慎友、克己、清廉,才能保持功名富贵的久远。这篇《百字箴》成为大唐王朝近 300 年大小官吏为官做人的基本遵循,成就了"贞观之治"和"开元盛世"两个阶段的辉煌。这在中国历史上是少有的,在今天仍有借鉴意义。去年 3 月,习近平总书记在参加全国"两会"安徽代表团审议时首次提出:"各级领导干部都要树立和发扬好的作风,既严以修身、严以用权、严以律己,又谋事要实、创业要实、做人要实。"之后,习近平总书记多次在不同场合强调"三严三实",在全党、全社会引起高度共鸣,形成了广泛共识。习近平总书记提出的"三严三实"只有短短 6 句话 24 个字,言简意赅,却内涵丰富、精辟深刻,是我们做人做事、为官用权的警世箴言。

"三严三实"既是世界观又是方法论。 世界观,是人们对整个世界以及人和世界关系的根本观点和根本看法;方法论,是人们认识世界和改造世界的根本原则和根本方法。"严以修身、严以用权、严以律己"是世界观,"谋事要实、创业要实、做人要实"是方法论。"三严三实"的内涵集中表现为:严以修身是党性修养的根基,体现的是操守境界;严以用权是从政为官的核心,体现的是岗位责任;严以律己是遵纪守法的根本,体现的是政治本色;谋事要实,就是尊重实践、尊重科学,体现的是思想方法;创业要实,就是脚踏实地、真抓实干,体现的是担当精神;做人要实,就是襟怀坦白、光明磊落,体现的是道德品行。"三严三实"之间密切相连、相辅相成、相互促进。"三严"是内在要求,"三实"是行为取向。有了"三严","三实"就有了基础;有了"三实","三严"的实际价值才得以体现。内在自律和外在约束的有机统一,是干事创业的世界观、方法论和行为准则,是推动事业发展的行动指南。

"三严三实"既是党性要求又是宗旨体现。 党性是一个政党固有的本性,是阶级性最高和最集中的表现。党性具有鲜明的时代特征,是千百万共产党员为了完成党在各个时期的任务,英勇奋斗、忘我牺牲、开拓进取实践的升华。党的宗旨是全心全意为人民服务,这是党的最高价值取向。"三严三实"是中国共产党人党性修养的最新概括,是宗旨意识的形象体现。党性修养关乎党员个人道德品性,关系党和国家发展兴衰。党的性质宗旨要求党员领导干部在修身、用权、律己方面"严"字当头,在谋事、创业、做人方面"实"字托底。"三严三实"最根本的要求就是,通过正心修身增强党性修养,坚定理想信念,提升道德品质,培养高尚情操,脱离低级趣味;时刻拧紧思想闸门,始终保持心正、身正、公正,以思想上的返璞归真,保证党性上的固本培元,自觉做到正人以养德,走正道以律己,树正气以培元,聚正能以创业,干正事以兴教。"谋事要实""创业要实",是对宗旨意识最朴素的解释,要求党员干部心中树牢立党为公、执政为民的公仆思想,带头践行全心全意为人民服务的宗旨。

"三严三实"既是政治品格又是纪律规矩。 政治品格,是一个人的基本政治素质,是从政者的道德操守、政治伦理。自从人类社会出现政治现象之后,政治便与伦理道德产生了极为密切的关系。在古代社会,政治伦理笼统的意义就是治国之道、做人之道、为官之道。在古代中国,政治伦理观以"仁"为核心,政治规范道德化。在当代,随着人类面临的各类问题日益成为政治问题,政治领域也出现了与道德有关的新问题,如政治发展、生态平衡、资源调配等,政治仍离不开伦理。"三严三实"正是习近平总书记立足于世情党情,给党员干部特别是各级领导干部提出的政治伦理新要求。"三严三实"不仅给各级领导干部在政治公共领域应该遵循的政治道德体系定了位,也给公职人员明确自己的身份、优化自己的评价标准,并自觉调控自己行使权力的活动确定了道德标准,所以"三严三实"既是政治品格又是纪律规矩。对党忠诚是党员干部的基本政治品格,讲纪律、守规矩是党员干部政治品格的起码要求,没有规矩不成方圆,做人、做事要有法度,纪律、规矩非常重要。习近平总书记特别强调,要加强纪律建设,把守纪律讲规矩摆在更加重要的位置。遵守党的政治纪律和政治规矩是党员干部最起码、最基本、最重要的要求,对党忠诚才会守纪律守规矩。严守党的政治纪律和政治规矩是对党员干部党性的重要考验,是对党员干部对党忠诚度的重要检验。党的纪律是刚性约束,政治纪律更是广大党员干部在政治方向、政治立场、政治言论、政治行动方面必须遵守的刚性约束。每个党员干部都要自觉遵守党章,用党的纪律、党的要求来规范自己的一言一行,决不搞团团伙伙、拉帮结派,决不能自行其是、阳奉阴违,决不可自由散漫、目无组织。在任何情况下都要做到政治信仰不变、政治立场不移、政治方向不偏,在思想上、政治上、行动上坚定自觉同以习近平同志为核心的党中央保持高度一致。守纪律守规矩才能个人干净。个人干净是党员干部的立身之本,要牢固树立纪律和规矩意识,自觉做到敬畏人民、敬畏法纪、敬畏组织、敬畏权力,正直为人、干净做事、坦荡为官。守纪律、守规矩就是一种责任担当。当前,教育改革进入关键期,"两区"建设进入攻坚段,集团学校转型升级已经拉开帷幕,既是难得的发展机遇,也面临不少难题挑战,尤其需要党员干部严守党的政治纪律,坚定不移贯彻落实市委、市政府的决策部署,以高度的政治责任感去开拓进取、攻坚克难,把全部心思和精力用在干事创业上,用心、用情、用力做好各项工作。

"三严三实"既是为官之道又是为人之要。 什么是"道"?"道"是一个哲学概念,是道家始祖老子首先提出来的,用以说明宇宙的本原、本体、规律、原理、境界、终极真理等。在中国以及受中国文化影响的日本与朝鲜、韩国,"道"是表达技术、方法、学术观点、方法论或思想体系的"普遍哲学"。例如日韩的空手道、跆拳道、柔道、剑道、茶道等。"道"字的最初意义是道路,后来引申为做事的途径、方法、本源、本体、规律、原理、境界、终极真理和原则。"为官之道",就是指为官做事的方法、本源、本体、规律、原理、境界,就是做官的终极真理。三百六十行都有规矩,做官更不例外。什么是"要"?"要"是要害、要点的意思。"要"字在古汉语中与"腰"字相同,腰部是人体的关键部位,引申为要旨、要害、要冲、要津、要地、要道、要点、要领、要义、要素。"为人之要",指的是做人的关键,为人的根本。"三严三实"传导的既是为官之道,又是为人之要。古人说"做官先做人,万事民为先"。做官的学问,其实就是做人的学问。为人之道,就是做人要善良,勿以善小而不为,勿以恶小而为之;做人要本分,富贵不能淫,贫贱不能移;做人要诚实,诚信是做人的根本;做人要自重,严于律己宽以待人。"三严"是为官之道,"三实"是做人准则。"三严"是共产党人党性原则的体现。铁的纪律、坚强的意志、自觉的奉献,使我们战胜了困难、干成了事业,赢得了群众的信任。"严"是一种精神状态,一种精神追求,一种道德境界。"严"是作风建设的根本保障。孔子说过,为政与施教一样,"其身正,不令而行,其身不正,虽令不从"。要把"四风"的势头遏制住,党员干部必须严格要求自己,以修身增强党性,以慎行管好权力,以守纪保持形象。要谨言慎行、谨小慎微,生活和工作上,小的错误不纠正,就会铸成大错,小的毛病不及时诊治,就会发展为大病,等到病入膏肓,再治就悔之晚矣。"三实"既是领导干部做事的基本行为准则,又是为政之道的必然要求。谋事、创业、做人,都要接地气,要脚踏实地,脱离实际的决策不仅做不成任何事,还会损害群众利益,破坏党群干群关系。为官一任,造福一方,是很多领导干部的良好愿望,但要真正创一番事业,就要脚踏实地,真抓实干,敢于担当责任,勇于直面矛盾,善于解决问题,不怕困难,艰苦奋斗。"三实"的关键是做人,要义是诚信、忠诚,襟怀坦白,公道正派。"做人要实"就是要对党、对组织、对人民、对同志忠诚老实,襟怀坦白,公道正派,做老实人就要自觉抵制各种假冒伪劣现象,讲真话、察真情、动真功,真干、实干、苦干、巧干,以实实在在的行动给人民群众带来实实在在的利益。落实到我们身上,就是要办好人民满意教育,努力提升人民群众对教育的满意度。

满意教育,努力提升人民群众对教育的满意度。

这次专题教育体现了中央驰而不息推进从严治党的决心和态度,大家要以饱满的热情和有力的举措做好这次专题教育,坚决防止形式主义,避免出现"空、虚、偏"和"抄、套、仿"的问题。

1.加强党性教育,提升党员干部政治品格。 习近平总书记强调,党性是党员干部立身、立业、立言、立德的基石,必须在严格的党内生活锻炼中不断增强。广大党员干部要充分认识严格的党内生活对于增强党性修养的重大意义,认真严肃地对待党内生活,不断提升政治品格。**坚定信念是首要前提。** 理想信念就是共产党人精神之"钙",没有理想信念,理想信念不坚定,精神上就会"缺钙",就会得"软骨病"。教育系统党员干部要加强学习,勤补精神之钙;要坚定信念,做到心中有党、心中有民、心中有责,心中有戒,始终保持昂扬的斗志和奋发有为的精神状态,积极投身教育改革发展事业,用信仰的旗帜去造就生命的传奇,用勇于担当的精神彰显共产党员的人格力量。党员干部一定要心胸开阔、襟怀坦荡,敢于亮思想、晒观点,勇于开展批评和自我批评。同行共事能够同舟共济,荣辱与共,把个人完全融入集体;同行共事能够推心置腹,肝胆相照,把同事当成同志;同行共事能够光明磊落,明辨是非,人前人后一个样,维护团结,顾全大局。**为民服务是根本使命。** 全心全意为人民服务是党的根本宗旨,也是每一名党员干部的根本使命。教育系统的党员干部担负着培养接班人的历史重任,要有宗旨意识,还要有使命意识,要有更高的思想境界和精神海拔,真正把群众当主人,把自己当公仆。要增强法治观念,党员干部一定要讲规矩、守纪律,"法无授权不可为,法定职责必须为"。屡禁不止的教育"三乱"等损害群众利益的行为必须令行禁止;要摈弃一切私心杂念,跳出"领地意识"和"团团伙伙"的怪圈,秉公用权,真心实意为群众办实事;要经常深入各级各类学校,了解学校、教师、学生和家长的情况,多为困难师生和家庭解决实际问题,把群众的事情当成自己的事情来办。**勤政务实是基本作风。** 焦裕禄是共产党员的楷模,勤政务实的楷模。他参加革命后的历史,就是一部全身心干事创业的光辉史,到兰考任县委书记后,面对"三害"肆虐、面对多重困难,在极为艰苦的条件下,他以自己的重病之躯带领兰考人民创造了令人惊叹的业绩。教育是培养接班人的事业,干部队伍中容不得"假大空""庸懒散"。"两区"建设进入攻坚期,转型升级步入了"深水区",就近入学处在试水阶段,大量难题需要破解,我们一定要学习焦裕禄精神,以勤政务实的作风来抓学习、抓工作、抓提高。**敢于担当是内在品质。** 担当精神是一个人的重要品格,没有担当、不敢担当的人很难干成事、干大事。领导干部作为人民群众的引路人,更要敢于担当、勇于负责、善于创新,只为成功找方法,不为失败找借口。对教育改革中的大事、项目建设中的难事、安全稳定的急事,要一抓到底,推动落实。要把集体领导与个人分工负责结合起来,充分发挥班子整体作用,既各司其职、各负其责,又团结协调、步调一致。要自觉走出办公室、走出会议室,到项目建设第一线去,到教育改革最前沿去,点对点、面对面地协调解决问题,做到认准的事情扭住不放,决定的工作一抓到底。

2.**加强廉政建设,提升党员干部拒腐能力。** 清代陈弘谋说"贪欲二字,坏尽世间人",劝导为官千万不能贪。清正廉洁是对所有公职人员的基本要求。教育工作者为人师表,应该在清正廉洁上展现更高水准。保持清正廉洁,关键是要敬畏权力、慎用权力。要将权力当成"公器",只为公众利益用权。**落实"两个责任"。** 建立健全主体责任体系。把党风廉政建设作为党的建设的重要内容,按照"谁主管、谁负责"的原则,划分责任区域和责任范围,明确责任单位和责任人,防止出现责任虚置、责任不清的现象。"一把手"是党风廉政建设的第一责任人,要勇于担当、敢抓敢管,既管好自己,又要对班子和队伍严格教育管理。班子其他成员要根据工作分工,切实做到"一岗双责"。领导干部要履行"一岗双责"的义务,党风廉政建设责任体系就会形成完整的封闭链条,形成闭环效应。**增强廉洁自律意识。** 古人说"当官之法,唯有三事,曰清、曰慎、曰勤",讲的就是自我修炼,守得住清贫、耐得住寂寞、稳得住心神、经得起诱惑。增强廉洁自律意识,就是要心存敬畏、手握戒尺,慎独慎微、勤于自省,遵守党纪国法,做到为政清廉。领导干部能不能经受住错综复杂的考验和形形色色的诱惑,关键靠自省自律、靠节制私欲、靠个人修为、靠自我约束,始终保持对党纪国法的敬畏之心。**树立正确权力观念。** 陈弘谋说"夫权者,天下之大利大害也,小人窃之以成其恶,君子用之以济其善"。古往今来,由于滥用权力、以权谋私而身败名裂、锒铛入狱的官员不胜枚举。权力炙手可热,掌权人的心性、品行至关重要。党员领导干部树立正确的权力观,要坚持用权为民,按规则、按制度行使权力,任何时候不搞特权,不以权谋私。习近平总书记反复强调,权力是党和人民赋予的,是为党和人民做事的,只能用来为党分忧、为国干事、为民谋利。这就告诫我们,公权民用,一丝一毫不能私用,公款姓公,一分一厘都不能乱花。领导干部应当把秉公用权作为底线,时刻做到公私分明、公而忘私,确保公权行使不越轨、不谋私。

（本文系 2015 年 6 月在抚州市教育系统"三严三实"专题教育动员部署会上的讲话摘要暨专题党课报告）

为有牺牲多壮志

——读《红色家书》有感

"烽火连三月，家书抵万金"。《红色家书》是一部凝聚了无数英雄儿女血泪的泣血之作。读《红色家书》，仿佛置身于烽烟四起、救国图存的革命战争年代，仿佛看到了毛泽建、李大钊、吉鸿昌、方志敏等先辈为革命理想、面对刽子手的屠刀时的不屈、凛然和悲壮，仿佛置身于邓恩铭、王器民、贺锦斋、李鸣珂、赵一曼等作为子女、丈夫、妻子、兄长、战友、父母对至亲至爱的恋恋不舍和人间真情，感慨万千、令人动容，既为革命烈士舍身离去感到伤心难过，也为革命先辈所展现的乐观主义精神而畅快淋漓，让我对中国革命有了更深更具体的体会，对实现中华民族伟大复兴的中国梦充满信心。

诵读红色家书，就是要传承"革命理想高于天"的政治信念。 白色恐怖下，王孝锡坚持理想信念，发出"满腔热血，洒遍地北天南"的豪情壮语；毛泽建就义前宁死不屈，在遗书中写道"只要革命成功了，就是万死也无恨"；赵一曼女本柔弱，为母则刚，面对强权，甘将热血沃中华……他们都为了共产主义事业流尽了最后一滴血。作为一名党员干部，我们要始终秉承"革命理想高于天"的政治信念，树立共产主义理想，自觉提高政治站位，牢固树立"四个意识"，在思想上政治上行动上同以习近平同志为核心的党中央保持高度一致，始终做习近平新时代中国特色社会主义思想的传承者、实践者，以实际行动为共产主义事业而奋斗。

诵读红色家书，就是要传承"为有牺牲多壮志"的革命意志。 行刑前，共产党人邓贞谦在狱中留下"杀不尽头颅流不尽鲜血"的绝笔书，不畏狱中严刑拷打，高唱着共产国际歌，英勇就义；邓雅声在狱中拒绝劝降，写下"生平从不受人怜，岂肯低头狱使前，饮弹形容向天啸，长留浩气在人间"的遗书，展现了革命先辈不怕牺牲的革命意志。习近平总书记指出："行百里者半九十，中华民族的伟大复兴，绝不是轻轻松松、敲锣打鼓就能实现的。"当前，抚州市正在大力开展作风建设活动，我们将以此为契机，全面排查梳理，扎实开展整改，着力解决"怕慢假庸散"等作风问题，以敢想敢做、能做善成的工作作风推进教育事业取得新成绩。

诵读红色家书，就是要传承"敢教日月换新天"的使命担当。"你的前途应当是干！你的责任应当是干！干啊！只有干才是你的出路——人类的出路！""刀放头上不胆寒""把全部爱我的精神，灌注在我们的事业上""我决心向培养者教育者贡献全部力量，虽赴汤蹈火而不辞"……这一句句铿锵誓言，生动体现了共产党员的使命担当。时代呼唤担当者，当前，全市教育系统要紧紧围绕市委、市政府"一个坚持、三项重点、四个排头兵"决策部署，以"计利当计天下利，求名应求万世名"使命感，担当实干勇作为，撸起袖子加油干，为抚州市生态文明建设、打造历史文化名城和基础教育名城再立新功。

诵读红色家书，就是要传承"心无百姓莫为官"的为民情怀。为民者，民之所向。李大钊在狱中自述道为谋中国民族之解放，"为功为罪，所不暇计"；贺锦斋为践行"吾将吾身献吾党"的誓言，誓为人民灭虎狼，赴汤蹈火不辞、刀锯鼎镬不惧。党的宗旨是全心全意为人民服务。习近平总书记在《心无百姓莫为官》一文中写道："古往今来，许多有作为的官都以关心百姓疾苦为己任。从范仲淹的'先天下之忧而忧，后天下之乐而乐'，到郑板桥的'些小吾曹州县吏，一枝一叶总关情'；从杜甫的'安得广厦千户间，大庇天下寒士俱欢颜'，到于谦的'但愿苍生俱饱暖，不辞辛苦出深林'，都充分说明心无百姓莫为官。"我们建设教育强市、办人民满意教育，更需要时刻把人民群众放在心上，牢固树立为人民服务的意识，切实改进作风，切实解决教育发展不均衡不充分的矛盾，努力提升人民群众教育获得感和满意度。

（本文系 2018 年 6 月诵读《红色家书》的心得体会）

全面从严治党关键要 "严"

马森述同志的报告全面贯彻了习近平新时代中国特色社会主义思想,立意高远、思想深刻、指导有力,听后深受教育,深切感到全面从严治党关键在严,要把握严的基调、强化严的监督、坚持严的教育,用严的方法和定力提升管党治党效果。

把握严的基调,把"全面"落到实处。 全面从严治党基础在"全面",关键在"严",要害在"治"。要提升全面从严治党的效果,最重要的是把"全面"落到实处。实践证明,要做到全面落实,必须坚持严的主基调。一要以真管真严的举措把全面加强党的领导贯彻到"工农商学兵,东西南北中"的方方面面,使地方、部门、单位、组织都在党的领导下投身中国特色社会主义事业建设大潮,让党旗在祖国的四面八方高高飘扬,动员全体人民听党话、跟党走、感党恩。二要以敢管敢严的定力把"主体责任、监督责任"落实到各级党组织,使各级党组织敢于全面履行责任,勇于承担全面责任,严于完全落实责任,把"全""严""管""治"结合起来,着力提升全面从严管党治党的实际效果。三要以长管长严的坚毅全面落实党的方针政策,把增强"四个意识",坚定"四个自信",做到"两个维护"落实到党的制度体系建设和制度的执行之中,用制度保证党的团结统一,用忠诚坚定政治方向,用灵魂守牢理想信念,用行动为党多做工作。

强化严的监督,把"三不"引向深入。 党内监督是党的建设的重要内容,也是全面从严治党的重要保证,是一体推进不敢腐、不能腐、不想腐的重要内容和方式。针对党内监督存在的问题,要在严肃严格严密上下功夫,切实加强和改进党内监督。要在工作机制上落实《中国共产党党内监督条例》,强化责任意识,维护党内监督的严肃性,推动各级组织、领导干部把责任扛在肩上,做到知责尽责负责,敢抓敢管干敢严,营造不敢腐的氛围;要在工作思路和方式上坚持依法依规,明确政治监督要求,强化监督综合功能,提升监督力度和实效。强化自上而下的组织监督,改进自下而上的民主监督,发挥同级互相监督作用,形成不能腐的威力;要在工作拓展上,把党内监督与其他监督贯通起来,以党内监督为主导,推动各类监督有机贯通、相互协调,增强监督的严肃性、协同性、有效性,提升不想腐的功能。

坚持严的教育,把"保先"贯穿党建过程。 重视思想建党是马克思主义政党建设的基本原则,是党的优良传统和政治优势。用好思想建党这个传家宝,抓好思想教育这个全面从严治党的根本,不断增强党的自我净化、自我完善、自我革新、自我提高的能力,始终保持党的先进性和纯洁性,才能确保党始终成为中国特色社会主义事业的坚强领导核心。要严格抓好理论武装,学懂弄通做实习近平新时代中国特色社会主义思想,切实把握马克思主义立场观点方法,使党的创新理论真正成为改造思想的武器;要严格抓好党性教育,加强党的宗旨和群众路线教育,强化党章和党纪党风教育,开展党史国史和革命传统教育,坚持理论与实践、历史与现实、内容与形式相统一,把普遍性要求和个性化需求结合起来,不断增强教育的说服力、感染力、持久力,解决内化、深化、强化问题,提高教育的针对性和实效性;要严格抓好道德教育,深入开展政治品质教育、社会主义核心价值观教育、中华优秀传统文化教育,积极引导党员干部明大德、守公德、严私德,老老实实向人民群众学习,时时处处见贤思齐,努力以道德力量赢得人心、成就事业;要严格抓好警示教育,让党员干部受警醒、明底线、知敬畏,主动在思想上划出红线、在行动上明确界限,真正敬法畏纪、遵规守纪,增强拒腐防变和抵御风险的能力。

(本文系参加江西省委党校第 104 期市厅级领导干部进修班撰写的心得体会)

后　记

在大家的关心帮助下,结集文稿《乐中问道》付梓。文稿教化了我懵懂的心,拓荒了我孜孜的路,记录了我奋斗的梦,是我听党话、跟党走,乐中问道途中经受"阵痛"产下的"孩子",是我的精神骨血。

心怀高朋身自富,君有奇才我不贫。感谢江西教育出版社的领导和编审老师,感谢参与文稿整理的同事!

本文集涉及政治、经济、文化、社会、生态等多个领域,其中教育、卫生系统文字占较大篇幅,这也是长期萦绕我心中的一种情结。我始终认为,耕读智慧是临川文化的核心,博大精深、源远流长。缘此,我始终对抚州教育、卫生事业保持敬畏、敬仰之心,我的文字不求珠零锦粲、月章星句,只为寻常表达。

《乐中问道》初意取名《乐中问道跟党走》,后几经商榷,确定此名。虽未选取后者,但"跟党走"既是我政治思想行动的初心,也是本文集内容的核心,她如一根红线串联起每一篇文章、润泽每一段文字;既是我世界观、人生观、价值观和党风党性的根本遵循,也是我工作、学习和生活的行为准则。"问道",是探索规律、认识规律、学习规律、遵循规律、把握规律的过程,是艰难的历程、艰苦的修行。40多年来,我身在其中不畏艰难险阻,心在其中感悟真理味道,乐在其中品茗奋斗幸福。

编辑文集是一项艰苦的工作,劳神费思、伤筋动骨。本文集篇目浩繁,纵贯40多年时间,横跨20多个领域,在文章时空编排与内容归类方面几经调整、变更,其间刘小奇、黄萍萍、蔡志翔、李凡、唐国华等同志耗费了大量精力。他们不辞劳苦、不厌其烦的工作态度让我感动。在编审过程中,江西教育出版社的桂梅总编辑巾帼不让须眉，审稿细如发丝，意见精准精确，广博的知识与精湛的业务相得益彰，尽显女性周至细腻之美；编辑们付出了辛勤劳动，其严谨细致的职业精神感人至深，晨兢夕厉、讳树数马，令人感佩！

文章千古事，得失寸心知。一部文集的问世升华了人间诸多珍贵的友谊。《乐中问道》的编辑出版，要特别感谢尊敬的何建辉先生，他是我的良师益友，我们相知相交数十年，聆听教诲大半生，他直接促成了本文集的成书成集，并欣然作序，高山流水、古道热肠，令人敬仰！要特别感谢江西教育出版社的桂梅总编辑、周欢副总编辑、周婷编辑等，为了本文集的出版发行，不辞辛劳多次专程赴抚州面商文集整理、文章编排、图文、版式设计及装帧等具体事宜，范张鸡黍、敦本务实，可钦可佩！

遵循孔子"为尊者讳、为贤者讳、为亲者讳"的倡导，本文集力求在不影响文章内容完整性的情况下，尽可能避免或隐去有关个人的名讳，其中也包括部分文章的联合署名。在前期，主要是《参谋服务》篇中的调研文章，有一些是我与几位同气相求、同声相应的同事吴越同舟、同力协契的成果。在此，谨向何建辉、黄文贤、赵立、江志坚、李卫东、罗崇辉、周国旺、杨利文、左锋、张雪明等先生致以崇高的敬意！

《乐中问道》收录本人文稿 158 篇，其中《融入是人生的第一条路》《调查研究是一所大学校》《文字是磨炼出来的》《挫折是成长的财富》《大部门应当有大作为》《办法总比困难多》《缘来缘去在珍惜》《凭党性工作　凭人性做人》是我人生问道的深刻体会；《立德树人》《医者仁心》《履职尽责》《参谋服务》《改革探索》《观点方法》《党风廉政》是我工作问道的奋斗足迹。如人饮水，冷暖自知，《乐中问道》不是著书立说，不为功名利禄，不为名垂青史，只是给自己的"孩子"安个家，记录自己探索工作生活规律的历程，如有不妥之处，恳请诸君海涵！

吴建发

2023 年 3 月